Israel Regardie

Das magische System des Golden Dawn

Israel Regardie

Das magische System des Golden Dawn

Band 2

Herausgeber der deutschen Ausgabe:
Hans-Dieter Leuenberger

Verlag Herman Bauer
Freiburg im Breisgau

Die Deutsche Bibliothek – CIP-Einheitsaufnahme

Regardie, Israel:
Das magische System des Golden Dawn / Israel Regardie.
Hrsg. der dt. Ausg.: Hans-Dieter Leuenberger.
[Ins Dt. übertr. von Roland Pawlowski (Teile I und II)
und Jörg Wichmann (Teile III bis X). Bearb. von
Hans-Dieter Leuenberger]. – Freiburg im Breisgau : Bauer.
  Einheitssacht.: The complete Golden Dawn system
  of magic ⟨dt.⟩
  ISBN 3-7626-0504-1 kart.
NE: Leuenberger, Hans-Dieter [Bearb.]
Bd. 2 – 3. Aufl., Sonderausg. – 1996
  ISBN 3-7626-0506-8

Die amerikanische Originalausgabe erschien 1984 unter dem Titel
The Complete Golden Dawn System of Magic
bei Falcon Press, Santa Monica, Kalifornien
© 1984 by The Israel Regardie Foundation
© für die Abbildungen 1983 by Falcon Press

Der Übersetzung ins Deutsche liegt die 2. amerikanische Auflage
aus dem Jahr 1985 zugrunde

Ins Deutsche übertragen von Roland Pawlowski (Teile I und II)
und Jörg Wichmann (Teile III bis X); bearbeitet von Hans-Dieter Leuenberger

Die hier vorliegende kartonierte Sonderausgabe ist ein
unveränderter Nachdruck der 1987 im Verlag Hermann Bauer KG,
Freiburg im Breisgau, erschienenen gebundenen Ausgabe

ISBN 3-7626-0504-1 (Gesamtausgabe)
ISBN 3-7626-0505-X (Band 1)
ISBN 3-7626-0506-8 (Band 2)
ISBN 3-7626-0507-6 (Band 3)

Mit 415 Zeichnungen

3. Auflage 1996
© für die deutsche Ausgabe 1988 by
Verlag Hermann Bauer KG, Freiburg im Breisgau
Alle Rechte der deutschen Ausgabe vorbehalten
Umschlag: Grafikdesign Wartenberg, Staufen
Satz: Typomedia Satztechnik GmbH, Scharnhausen
Druck und Bindung: Freiburger Graphische Betriebe, Freiburg im Breisgau
Printed in Germany

Gedruckt auf chlorfrei gebleichtem Papier

Inhalt

Teil V
Grundlagen der Magie

Die geomantischen Symbole für Talismane 489 Die Eigenschaften der Figuren 495 Talismane und blitzende Tafeln 498 Prinzip und Methode zur Bildung eines Telesmas 498 Die geometrischen Figuren für die Namen der Sephiroth auf dem Lebensbaum 507 Polygramme und Polygone 514 Das Dreieck 514 Das Quadrat 515 Das Fünfeck 516 Das Sechseck 518 Das Siebeneck 522 Das Achteck 525 Das Neuneck 528 Das Zehneck 532 Das Elfeck 536 Das Zwölfeck 540 Das Kreuz im Kreis 546 Sigille 547 Sigille und Kameas 549 Telesmatische Figuren 557 Telesmatische Zuordnungen zu den Buchstaben des hebräischen Alphabetes 564 Die Vibrationsmethode zur Aussprache der Gottesnamen 567 Eine andere Methode zum Vibrieren der Gottesnamen 569 Geomantie 572 Hellsicht 601 Über das Hellsehen 623 Regeln für das Hellsehen 625 Astralprojektionen 627

Teil VI
Die Rituale des Äußeren Ordens

Einführung in die originalen Rituale des Golden Dawn 641 Die Eröffnung im Grade des Neophyten 0 = 0 643 Anbetung 647 Aufnahmezeremonie 648 Die Verpflichtung 649 Die Besprechung der Z-Dokumente 665 Z-2 – Die Formel der Lichtmagie 676 I. – Jod: Evokation 678 II. – Heh: Die Weihung von Talismanen 684 III. – Shin: Aleph – Unsichtbarkeit 688 Mem – Gestaltungswandlungen 691 Shin – Spirituelle Entwicklung 693 IV. – Vau: Divination 696 V. – Heh (schließendes): Alchemie 698 Z-1 – Der über die Schwelle Eintretende 705 Die Symbolik des Tempels 709 Die Stationen der Amtsträger 710 Über die drei Oberen 722 Die unsichtbaren Stationen 723   Die Symbolik der Eröffnung im Neophytengrad 726   Z-3 – Die Symbolik bei der Aufnahme des Kandidaten 733   Die Symbolik und Bedeutung der Schritte, Gesten, Griffe, Kennzeichen und Worte 744   Das Grußzeichen 745   Das Zeichen des Schweigens 746   Der Griff und die Paßworte 747   Das Paßwort 748   Die Äquinoktialzeremonie 748   Bemerkungen zum eröffnenden Exordium von Z 750   Das besondere Exordium 750   Zelator $1 = 10$ 752   Grad des Theoricus $2 = 9$ 770   Das Ritual des 32. Pfades 773   Zeremonie des Theoricus 780   Der Grad des Practicus $3 = 8$ 788   Das Ritual des 31. Pfades 790   Beförderung im 30. Pfad 798   Die Zeremonie des Practiucusgrades 802   Der Grad des Philosophus $4 = 7$ 809   Die Beförderung im 29. Pfad 811   Das Ritual des 29. Pfades 812   Die Beförderung im 28. Pfad 819   Die Beförderung im 27. Pfad 827   Aufnahmezeremonie des Philosophus 833

Teil VII
Die Rituale des R. R. und A. C. sowie aus der Gefolgschaft Waites

Das Ritual der Pforte zum Gewölbe der Adepten 843   Das Ritual des Kreuzes und der vier Elemente 848   Die sieben heiligen Paläste 855   Das Ritual des Pentagramms und der fünf Pfade 858   Die Zeremonie des Grades Adeptus Minor 875   Die Gefolgschaft des Rosenkreuzes 907   Die Aufnahmezeremonie in den Grad des Neophyten 908   Die Amtsträger des Grades 908   Die Bekleidung der Zelebranten und der Amtsträger 909   Der heilige Orden des Golden Dawn 910   Die feierliche Eröffnungszeremonie des Tempels im Lichte 910   Das Gebet vor dem Thron 912   Die zeremonielle Aufnahme eines Neophyten in die Pforte des Golden Dawn 918   Die Ansprache 934   Adeptus Minor. Die Zelebranten des Grades 940   Roben und Schmuck der Zelebranten und Teilnehmer 940   Die Gefolgschaft des Rosenkreuzes. Die Eröffnung des Hauses und Heiligtums der Adepten 942   Der erste Punkt 948   Das Gebet des Hauptzelebranten 953   Der Eid des Grades 956   Der zweite Punkt 959   Die Legende des Rosenkreuzes 960   Das Gebet des Tempelhofes 963   Der dritte Punkt 969   Das Abschlußamt des Hauses und Heiligtums der Adepten 976   Die Zeremonie des Adeptus Major 978   Der erste Punkt. Die Pfade des Grades 6 = 5 980   Der zweite Punkt. Das Amt der heiligen Wache 1000   Die Einrichtung der Halle für den dritten Punkt 1004   Der dritte Punkt. Die Zeremonie des S.O.S. 1004   Das Ritual des S.O.S. 1006   Die Zeremonie der Tempelschließung 1011

Vorwort zum zweiten Band
der deutschen Ausgabe

Die Rituale bilden den zentralen Kern des magischen Systems des Golden Dawn. Bei der symbolischen Wanderung durch die Pfade des kabbalistischen Lebensbaums wurde der Kandidat im ersten, äußeren Orden Schritt für Schritt mit dem wichtigen esoterischen Wissen konfrontiert, das er dann mittels der entsprechenden Lehrschriften zu vertiefen und zu integrieren hatte, bis er dann im zweiten, inneren Orden durch das Adeptus Minor-Ritual Kontakt zum eigentlichen rosenkreuzerischen Kern des Ordens erhielt. Die Rituale sind daher mehr als bloßer Lesestoff, und ihre Schönheit sowie die in ihnen enthaltenen dichten Informationen erschließen sich erst durch ein eingehendes, oft wiederholtes Studium.

Der Text der Rituale ist gegenwärtig in drei Ausgaben öffentlich zugänglich. Da ist zunächst die berühmte, bereits klassische Ausgabe von Israel Regardie aus dem Jahre 1937 (erweiterte Neuausgabe 1971) *The Golden Dawn*; dann die von Regardie selbst gestaltete Neuausgabe *The Complete Golden Dawn System of Magic* aus dem Jahre 1984, auf welcher die vorliegende deutsche Ausgabe beruht. Dann ist als dritte Textvorlage *The Secret Rituals of the Golden Dawn* (Samuel Weiser, New York) vorhanden, die R.G. Torrens im Jahre 1973 herausgegeben hat. (Das von Crowley in *Equinox* publizierte Material zähle ich aus Gründen, die im Vorwort zum ersten Band näher erläutert sind, nicht dazu, da Crowley das Material des Golden Dawn lediglich als Basis für seinen eigenen Orden A.A. benutzt und zu diesem Zweck stark verändert hat.

Für die Textgestaltung der deutschen Ausgabe sind diese drei Quellen eingehend miteinander verglichen worden. Wie bereits Regardie in seiner Einleitung zu den Ritualen (siehe Seite 641) bemerkt, beruht die Ausgabe von 1937 auf Vorlagen der damaligen Stella Matutina, höchstwahrscheinlich Regardies eigene Abschriften. Dem entsprechend sind die Texte der Rituale gegenüber der Originalfassung von Mathers vor der Spaltung des Ordens im Jahre 1900 stark verkürzt und teilweise korrumpiert. Glücklicherweise hatte Regardie für die vorliegende Ausgabe die Möglichkeit, Manuskripte der Rituale von 1894/1895 zu verwenden, also noch aus der Anfangszeit des Ordens, aufgrund derer sich teilweise ein neues, differenzierteres Bild der Rituale ergibt. R.G. Torrens seinerseits scheint sich auf Vorlagen zu stützen, die von denen Regardies unabhängig sind, sowohl was die Ausgabe 1937 als auch diejenige von 1984 betrifft. Dies läßt sich aus teilweise veränderter Wort- und Satzgestaltung bei gleichbleibendem Sinn schließen. Dennoch scheinen gewisse Querverbindungen des Textes von Regardie 1985 zu dem von Torrens zu bestehen, da sich in beiden gleiche Fehler vorfinden, die wiederum im Text von 1937 nicht vorhanden sind. Manche dieser Fehler lassen sich darauf zurückführen, daß offensichtlich handschriftliche Bemerkungen und Gedächtnisstützen von Amtsträgern in ihren Ritualtexten in den gedruckten Text mitübernommen wurden. Diese Stellen wurden korrigiert und in den Fußnoten teilweise vermerkt.

Leider gibt Torrens seine Quellen nicht an, sondern erwähnt nur, daß sie das Datum des Jahres 1899 tragen. Dies kann auch symbolisch, das heißt vor dem Schisma des Ordens, verstanden werden, umsomehr als Torrens, übrigens zu Recht, ausführt, daß alles Ordensmaterial nach 1900 als suspekt zu betrachten sei. Alle drei Textvorlagen enthalten Stellen, die für sich allein betrachtet unverständlich sind, was auf die manchmal recht nachlässige Kopierarbeit der betreffenden Ordensmitglieder zurückzuführen ist. Durch Vergleich aller drei Quellen konnten die meisten dieser Passagen geklärt und nach Möglichkeit rekonstruiert werden. In seinem Vorwort behauptet Regardie, daß die Ausgabe von 1984 sämtliche Texte der Rituale enthält. Demgegenüber muß gesagt werden, daß die Ausgabe von Torrens Text hat, der in beiden Ausgaben von Regardie fehlt. Aber alle drei Ausgaben enthalten Textteile, die in den jeweils anderen Editionen nicht enthalten sind. Diese gesonderten Texte wurden jeweils unter Vermerk in die deutsche Ausgabe übernommen. Es kann nicht garantiert werden, daß diese Passagen alle echt, das heißt auf die Originalmanuskripte von Mathers zurückzuführen sind. Dennoch soll dem Studierenden der deutschen Ausgabe die Möglichkeit gegeben werden, diese Stellen kennenzulernen und selbst zu entscheiden, ob er sie in seinen Studien berücksichtigen will oder nicht.

Im Verlauf der Rituale wurden die Kandidaten mit zahlreichen Symbolen, Bildern und Diagrammen vertraut gemacht. Regardie hat in seinen beiden Ausgaben diesbezügliche Skizzen ziemlich spärlich verwendet und teilweise über das Gesamtwerk verstreut abgebildet. In den Fußnoten werden dem Studierenden Hinweise gegeben, wo die entsprechenden Abbildungen zu finden sind. Torrens hat in seiner

Ausgabe zahlreiche Abbildungen, die bei Regardie fehlen. Um ein anschauliches Studium des Ritualgeschehens zu erleichtern, wurden nach der Vorlage des Bildmaterials in Torrens' Ausgabe die bei Regardie fehlenden Skizzen neu gezeichnet und ohne Vermerk an den entsprechenden Stellen eingefügt.

Um dem Studierenden Gelegenheit zu geben, nachzuvollziehen, auf welche Weise Mathers und später Waite die Skizzen des Chiffre-Manuskripts zu ausführlichen Ritualtexten erweiterten, sollen Beispiele aus dem Chiffre-Manuskript im Anhang des dritten Bandes abgedruckt werden.

Im Januar 1988　　　　　　　　　　　　　Hans-Dieter Leuenberger

Teil V

Grundlagen der Magie

Grundlagen der Magie 489

G.H. Frater S.R.M.D. (Mathers)

Die geomantischen Symbole für Talismane

Puer	Amissio	Albus	Populus
Via	Fortuna Major	Fortuna Minor	Puella
Rubeus	Acquisitio	Carcer	Tristitia
Laetitia	Conjunctio	Caput Draconis	Cauda Draconis

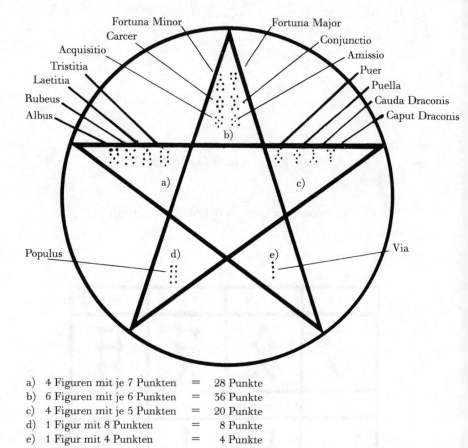

a) 4 Figuren mit je 7 Punkten   =   28 Punkte
b) 6 Figuren mit je 6 Punkten   =   36 Punkte
c) 4 Figuren mit je 5 Punkten   =   20 Punkte
d) 1 Figur mit 8 Punkten   =   8 Punkte
e) 1 Figur mit 4 Punkten   =   4 Punkte
                                     ─────────
                                     96 Punkte

Bei der Untersuchung der Punkte, aus denen sich die sechzehn (16) geomantischen Figuren zusammensetzen, wird sofort deutlich, daß die Anzahl zwischen wenigstens vier (4) und höchstens acht (8) Punkten schwankt, die eine Figur bilden können.

Nur eine der Figuren, nämlich Populus, besteht aus acht (8) Punkten, der Anzahl der Buchstaben des Namens JHVH ADNI.

Vier Figuren setzen sich aus sieben Punkten zusammen, der Zahl der 28 Häuser des Mondes im Zodiak: Rubeus, Albus, Tristitia und Laetitia.

Sechs (6) Figuren enthalten je sechs Punkte – die Zahl der 36 Dekanate des Zodiaks: Carcer, Conjunctio, Fortuna Major und Minor, Amissio und Acquisitio.

Vier (4) Figuren bestehen aus jeweils fünf (5) Punkten – die Zahl der Sephiroth in beiden Aspekten (positiv und negativ) und des Wor-

Grundlagen der Magie

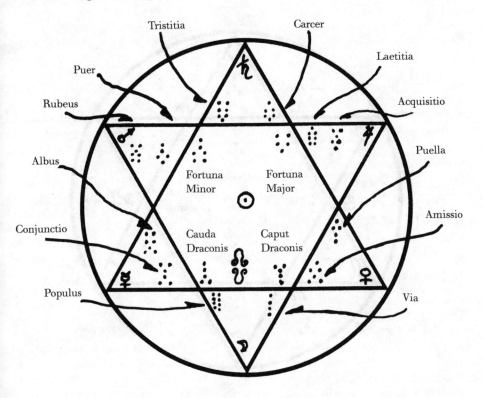

tes JOD, wenn es voll ausgeschrieben wird: J- 10, Vau- 6, Daleth- 4, ergibt 20. Puer, Puella, Caput und Cauda Draconis.

Nur eine (1) der Figuren besteht aus 4 Punkten, Via, die Zahl der Buchstaben des Namens JHVH.

Die Summe aller Punkte in allen Figuren, 8 + 28 + 36 + 20 + 4 ergibt 96. 8 × 12 entspricht dem Namen mit 8 Buchstaben mit den 12 Unterteilungen des Zodiaks multipliziert. Nach der Zahl der Punkte eingeteilt, ergeben sich fünf (5) Gruppen von Figuren, wie oben dargestellt, die den Ecken des Pentagramms entsprechen.

Die Gesamtsumme 96 drückt weiterhin 16 mal 6 aus, die im Hexagramm verteilten geomantischen Figuren. Diese Entwicklung der Figuren nach der Anzahl ihrer Punkte wird in den folgenden Diagrammen eingeteilt und zusammengefaßt.

Außerdem werden die 16 Figuren nach den vier Elementen aufge-

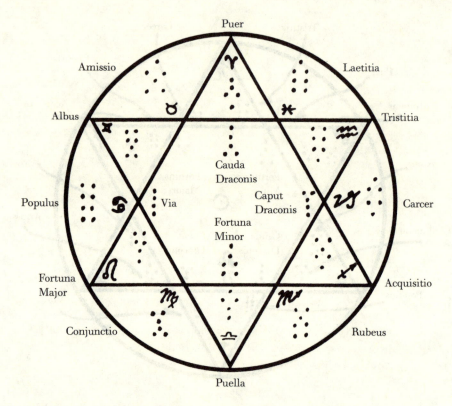

teilt, so daß zu jedem Element vier gehören. Zur *Erde* gehören drei Figuren mit sechs Punkten und eine mit fünf. Das ergibt zusammen 23 Punkte: Carcer, Amissio, Conjunctio und Caput Draconis.

Zur *Luft* gehören zwei Figuren mit sieben Punkten, eine mit sechs und eine mit fünf. Das ergibt zusammen 25 Punkte: Tristitia, Puella, Albus und Fortuna Minor.

Zum *Feuer* gehören zwei Figuren mit sechs und zwei mit fünf Punkten. Das ergibt zusammen 22 Punkte: Acquisitio, Puer, Fortuna Major und Cauda Draconis.

Zum *Wasser* gehören eine Figur mit acht, zwei mit sieben und eine mit vier Punkten. Das ergibt zusammen 26 Punkte: Laetitia, Rubeus, Populus und Via.

Der geomantische Lebensbaum wird gebildet, indem die 16 Figuren ihrer planetaren Zuordnungen gemäß auf diejenigen Sephiroth verteilt werden, denen die jeweiligen Planeten entsprechen. Saturn repräsentiert dabei die drei übernatürlichen Sephiroth Kether, Chokmah und Binah, während Caput und Cauda Draconis auf die zehnte Sephirah, Malkuth, bezogen werden.

Grundlagen der Magie

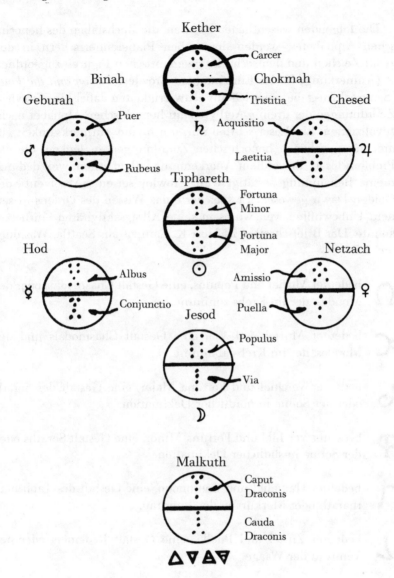

Die folgenden wesentlichen Zeichen, die Buchstaben des henochischen Alphabetes, werden den sieben Planetenherrschern in den zwölf Zeichen und den sechzehn geomantischen Figuren zugeordnet. (Anmerkung: In der Einleitung zu Crowleys *Vision and the Voice* [Sangreal Ausgabe] wies ich auf Schwierigkeiten dabei hin, Crowleys Zuordnungen der dreißig Aethyre zum henochischen Alphabet nachzuvollziehen. Ein Leser schrieb mir, um meine Aufmerksamkeit auf die hier gegebenen henochischen Zuordnungen zu lenken, die das Problem lösen. Er verdient Anerkennung, allein schon, weil dadurch meine Behauptung bestätigt wird, Crowley sei ein »Absolvent« des Golden Dawn gewesen. Er speicherte das Wissen des Ordens in seinem Unbewußten, von wo es in seine Alltagsaktivitäten einfließen konnte. Der Briefschreiber ist Herr K. Campos aus Seattle, Washington. I.R.)

Ω bedeutet Muriel und Populus, eine Gestalt Chasmodais oder des Mondes, der im Krebs zunimmt.

C bedeutet Muriel und Via, eine Gestalt Chasmodais und des Mondes, der im Krebs abnimmt.

b bedeutet Verchiel und Fortuna Major, eine Gestalt des Sorath oder der Sonne in nördlicher Deklination.

P bedeutet Verchiel und Fortuna Minor, eine Gestalt Soraths oder der Sonne in südlicher Deklination.

ᔭ bedeutet Hamaliel und Conjunctio, eine Gestalt des Taphthartharath oder Merkurs in der Jungfrau.

L bedeutet Zuriel und Puella, eine Gestalt Kedemels oder der Venus in der Waage.

Ɔ bedeutet Barchiel und Rubeus, eine Gestalt des Bartzabel oder Mars im Skorpion.

L bedeutet Advachiel und Acquisitio, eine Gestalt des Hismael oder Jupiter im Schützen.

ᴧ bedeutet Hanael und Carcer, eine Gestalt Zazels oder Saturns im Steinbock.

Ɛ bedeutet Cambriel und Tristitia, eine Gestalt Zazels oder Saturns im Wassermann.

Ɛ bedeutet Amnitziel und Laetitia, eine Gestalt Hismaels oder Jupiters in den Fischen.

⤴ bedeutet Zazel und Bartzabel in allen Aspekten, steht für Cauda Draconis.

ᒐ bedeutet Hismael und Kedemel in allen Aspekten, bildet eine Gestalt des Caput Draconis.

Ⅴ bedeutet Melchidael und Puer, eine Gestalt des Bartzabel oder Mars im Widder.

⤨ bedeutet Asmodel und Amissio, eine Gestalt Kedemels oder der Venus im Stier.

ᒣ bedeutet Ambriel und Albus, eine Gestalt des Taphthartharath oder Merkurs in den Zwillingen.

Die Eigenschaften der Figuren

(Diese Eigenschaften der Figuren hat S.R.M.D. [Mathers] aus Heydons *Theomagia* [siehe Band 1, Seite 205] extrapoliert. Der Rest ist aus dem Chiffre-Manuskript des Golden Dawn.)

Hier folgen die besonderen Eigenschaften der 16 geomantischen Figuren. Es sollte festgestellt werden, daß diejenigen, die oben mehr Punkte haben als unten, *hineinkommen* – außer Tristitia. Diejenigen, die unten mehr Punkte haben als oben, *gehen hinaus* und sind übel – außer Laetitia. Diejenigen, die oben so viele wie unten haben, stehen in der Mitte – außer Carcer; das heißt, dies ist ihre natürliche Bedeutung.

Für eine Reise günstig und schnell: Acquisitio, Caput Draconis, Fortuna Major, Fortuna Minor, Laetitia.
Auf dem Land günstig: Populus, Laetitia, Albus, Conjunctio, Via.
Auf dem Wasser günstig: Populus, Laetitia, Puella, Albus, Acquisitio.

Langsam für eine Reise, aber gewinnbringend: Puella.
Schlecht für den Weg: Rubeus, Conjunctio, Populus, Tristitia.
Außerdem Raub: Cauda Draconis, Rubeus.
Schlecht für die Angst: Conjunctio, Acquisitio, Rubeus, Caput Draconis, Fortuna Major, Albus.
Gut für Ehre und Würde: Acquisitio, Fortuna Major, Fortuna Minor. Laetitia, Albus, Caput Draconis, Conjunctio.
Schlecht für die Ehre: Amissio, Via, Rubeus, Puella, Tristitia.
Gut, um frei zu sein und aus dem Gefängnis zu kommen: Fortuna Minor, Via, Cauda Draconis, Puer, Amissio, Laetitia.
Schlecht, um aus dem Gefängnis zu kommen: Acquisitio, Fortuna Major, Tristitia, Carcer.
Mäßig, um aus dem Gefängnis zu kommen: Rubeus, Puella, Albus.
Gut für den Körper: Populus, Conjunctio, Fortuna Minor.
Mittelmäßig für den Körper: Fortuna Major, Albus, Puella, Puer.
Schlecht für den Körper: Carcer, Rubeus, Amissio.
Gut für Frauen (schwangere): Amissio, Fortuna Minor, Via, Laetitia.
Das Kind wird sterben: Tristitia.
Mäßig für eine Geburt: Amissio, Fortuna Major, Cauda Draconis, Populus.
Besser als zuvor: Via, Cauda Draconis, Laetitia, Tristitia.
Gute Ehe: Fortuna Major, Laetitia, Caput Draconis.
Am besten: Tristitia.
Mäßig: Cauda Draconis, Carcer.
Schlechte Ehe: Fortuna Major, Amissio, Via, Fortuna Minor, Rubeus.
Gut bei Angst und Schrecken: Amissio, Via, Cauda Draconis, Puer, Fortuna Minor.
Gut für die Liebe einer Frau: Laetitia, Caput Draconis, Puer, Fortuna Major.
Schlecht für die Liebe einer Frau: Amissio, Via, Rubeus, Cauda Draconis.
Gut, um gestohlene Dinge wiederzufinden: Acquisitio, Caput Draconis, Conjunctio, Carcer, Puer, Tristitia.
Mittelmäßig: Puella.
Schlecht für gestohlene Dinge: Fortuna Minor, Laetitia, Caput Draconis, Populus, Via.
Gut für die Seefahrt: Acquisitio, Laetitia, Fortuna Major, Fortuna Minor, Via.
Mittelmäßig: Cauda Draconis.

Schlecht zur Seefahrt, weil sie ertrinken werden: Conjunctio, Populus, Amissio, Tristitia.
Gut zum Umziehen und Wegräumen: Fortuna Major, Cauda Draconis, Laetitia, Caput Draconis, Acquisitio.
Mäßig zum Umziehen und Wegräumen: Albus, Conjunctio, Puer, Amissio.
Schlechte Figuren, die Böses anzeigen: Via, Carcer, Puer, Tristitia, Caput Draconis, Rubeus, Amissio.
Mittelmäßig: Conjunctio.
Figuren der Keuschheit und Jungfräulichkeit: Albus, Fortuna Major, Laetitia, Carcer, Caput Draconis, Tristitia, Puella.
Figuren der Zügellosigkeit und Lüsternheit: Puer, Cauda, Amissio, Rubeus, Populus, Conjunctio, Via, Acquisitio, Fortuna Minor.
Figuren des Diebstahls (alle anderen zeigen Diebstahl an): Acquisitio, Fortuna Major, Albus, Caput Draconis, Laetitia.
Figuren, die Krieg anzeigen: Tristitia, Rubeus, Puer, Cauda Draconis, Fortuna Minor, Amissio.
Figuren, die Frieden anzeigen: Fortuna Major, Acquisitio, Caput Draconis, Laetitia, Albus, Puella.
Figuren des Verlusts: Carcer, Conjunctio, Albus, Laetitia, Populus, Via, Amissio, Puer, Rubeus, Fortuna Minor, Cauda Draconis.
Figuren des Gewinns: Acquisitio, Fortuna Major, Tristitia, Puella, Caput Draconis.
Edle Figuren: Acquisitio, Laetitia, Puella, Fortuna Major, Fortuna Minor, Caput Draconis.
Schändliche Figuren: Tristitia, Carcer, Via, Cauda Draconis, Conjunctio.
Figuren des Lebens: Albus, Fortuna Major, Laetitia, Puella, Acquisitio, Populus, Caput Draconis, Via.
Im 8. Haus Figuren des Todes: Tristitia, Cauda Draconis, Carcer, Rubeus, Puer, Conjunctio, Acquisitio, Amissio, Fortuna Minor.
Figuren der Großzügigkeit: Amissio, Cauda Draconis, Fortuna Minor, Via.
Figuren der Habgier und Begehrlichkeit: Tristitia, Carcer, Conjunctio, Fortuna Major.
Figur der Gerechtigkeit: Puer.
Figur der Klugheit: Acquisitio.
Figur der Stärke: Amissio.
Gut, um Vieh zu kaufen: Puella, Populus, Caput Draconis.
Verluste bei Viehkauf: Tristitia, Carcer.
Figur der Mäßigung: Conjunctio.

G.H. Frater D.D.C.F. (Samuel L. Mathers)

Talismane und blitzende Tafeln

Bei der Konstruktion eines Talismans sollte die Symbolik exakt und in Harmonie mit den universellen Kräften sein.
Eine blitzende Tafel wird mit Komplementärfarben hergestellt (das heißt in der Königstabelle).
Mit einer blitzenden Farbe ist also die komplementäre gemeint, welche in Verbindung mit der Ausgangsfarbe in gewissem Grade den Strom des Akasha aus der Atmosphäre und von einem selbst anzuziehen vermag. So wird ein Wirbel gebildet, der sein blitzendes Licht aus der Atmosphäre anziehen kann. Die Komplementärfarben sind:

Weiß zu Schwarz und Grau
Rot zu Grün
Blau zu Orange
Gelb zu Violett
Oliv zu Orange
Blaugrün zu Rotbraun
Violett zu Zitronengelb
rötlich Orange zu grünlich Blau
dunkel Bernsteinfarben zu Indigo
Zitronengelb zu Purpurrot

Prinzip und Methode zur Bildung eines Telesmas

1. Es ist nicht immer richtig und gerecht, einen Talisman mit dem Vorhaben herzustellen, den *Strom* des Karma eines anderen *völlig* zu ändern.
2. Was in materieller Hinsicht nützt, stellt oft eine spirituelle Behinderung dar, denn damit eine Kraft tätig wird, müssen die entsprechenden Elementarkräfte angezogen werden, die so in gewissem Maße das spirituelle Wesen gefährden können.
3. Um ein Telesma für eine andere Person anzufertigen, isoliere dich völlig von ihr, banne Liebe, Haß, Ärger und so weiter.

Grundlagen der Magie

4. Achte darauf, daß du dich in Harmonie mit der Wirkung befindest, die du erzielen möchtest.

5. Bei der eigentlichen Weihung ist es hilfreich, den Raum mittels des bannenden Pentagrammrituals zu reinigen.

6. Es ist besser, ein Telesma in einer Sitzung fertigzustellen.

7. Talismane und Symbole, die ihren Zweck erfüllt haben, sollten sorgfältig *entladen* und dann zerstört werden. Führe die Entladung mit Pentagramm oder Hexagramm durch, je nach planetarischer oder Tierkreisentsprechung. Diese Bemerkungen beziehen sich auch auf die blitzenden Tafeln. Kann astral durchgeführt werden.

8. Blitzende Tafeln in zwei Farben sollten nach Möglichkeit ausgewogene Farbanteile enthalten, der Untergrund eine Farbe, die Ladung eine andere.

Es gibt auch eine Methode, bei der für einen planetarischen Talisman drei Farben benutzt werden können. Man verteilt die sieben Farben des Heptagramms und zieht zwei Linien zu den genau gegenüberliegenden Punkten, woraus sich zwei blitzende Farben ergeben.

9. Die Methode des Ladens und Weihens sollte der Operation angemessen sein. Bestimmte Worte und Buchstaben werden beim Laden einer Tafel invoziert, nämlich die Buchstaben, die das Zeichen regieren, unter welches die Operation fällt, zusammen mit dem dazu gehörigen Planeten (letzteres nur bei einem planetarischen Talisman). Bei Arbeiten der Elemente nimmst du also die Buchstaben der entsprechenden Dreiergruppe, fügst AL hinzu und bildest so einen Engelnamen, der die betreffende Kraft ausdrückt. Hebräische Namen vertreten in der Regel die Ämter bestimmter Kräfte, während die henochischen Tafeln eine Form genauerer Ideen darstellen. Beide Namensgruppen sollten bei diesen Arbeiten verwendet werden.

Nach der Vorbereitung des Raumes formuliere das große Pentagrammritual in die vier Richtungen, wie du belehrt wurdest. Rufe dann die Gottesnamen an, indem du dich der Richtung des jeweiligen Elementes zuwendest. Setze oder stelle dich dann vor die Tafel und schaue dabei in die betreffende Richtung der Kraft, die du anzurufen wünschst; nimm mehrere tiefe Atemzüge, schließe die Augen und halte den Atem an; sprich dann im Geiste den Buchstaben der invozierten Kraft. Wiederhole dies, bis du das betreffende Element mit geschlossenen Augen spüren kannst. Danach formuliere die Buchstaben mehrmals, als ob du auf die Tafel atmest, und vibriere sie dabei. Erhebe dich, und schlage über der Tafel das Zeichen der Rose und des Kreuzes. Wiederhole die erforderliche Formel oder andere passende Worte, und beschreibe unterdessen mit dem entsprechenden magischen Werkzeug einen Kreis um das Telesma, um es zu weihen. Schlage dann fünfmal das entsprechende anrufende Pentagramm darüber, als ob es aufrecht auf der Tafel stünde, und vibriere dabei die Buchstaben der zugeordneten Dreiergruppe (der Tierkreiszeichen) mit hinzugefügtem AL; zum Beispiel für Feuer (Halsael) und (She-Halsael). Rezitiere dann die erforderlichen Invokationen und ziehe die passenden Sigille von der Rose, während du die Namen aussprichst.

Die erste Operation besteht darin, aus dir selbst einen Wirbel zu erzeugen. Zweitens ziehst du dann die atmosphärischen Kräfte in den von dir gebildeten Strudel. Lies dann die Gebete der Elemente wie in den Gradritualen (für Feuer zum Beispiel das der Salamander), und beschließe die Arbeit mit dem Zeichen des Kreises und des Kreuzes – nach Ausführung des nötigen Bannungsrituals. Banne aber nicht über einem gerade geweihten Telesma.

Wickle das Telesma vorsichtig in Seide oder Leinen, vorzugsweise weißes.

Die Symbole der Talismane oder telesmatischen Embleme, wie sie manchmal genannt werden, werden aus den geomantischen Figuren gebildet, indem man zwischen ihren Punkten verschiedene Linien zieht.

Diese Zeichen werden dann den herrschenden Planeten und Ideen zugeordnet. Die einfachsten Formen sind zum Beispiel:

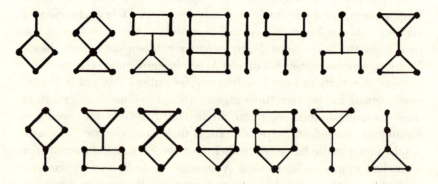

Hier folgt eine vollständige Tabelle aller talismanischen Figuren, wie sie den Planeten und Zeichen unterstehen.

Grundlagen der Magie

Die Zeichen für Saturn und Zazel, die aus Carcer gebildet werden, entsprechen dem Steinbock.

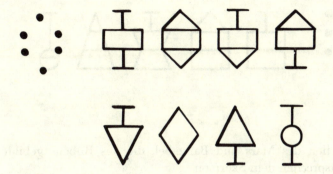

Die Zeichen des Saturn und Zazel, die aus Tristitia gebildet werden, entsprechen dem Wassermann.

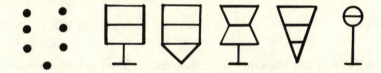

Die Zeichen des Jupiter und Hismael, die aus Acquisitio gebildet werden, entsprechen dem Schützen.

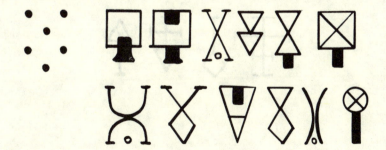

Die Zeichen des Jupiter und Hismael, die aus Laetitia gebildet werden, entsprechen den Fischen.

Die Zeichen des Mars und Bartzabel, die aus Rubeus gebildet werden, entsprechen dem Skorpion.

Die Zeichen des Mars und Bartzabel, die aus Puer gebildet werden, entsprechen dem Widder.

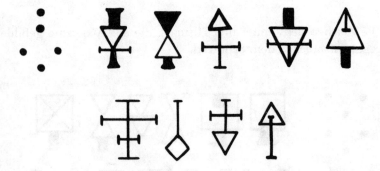

Grundlagen der Magie

Die Zeichen der Sonne und Soraths, die aus Fortuna Major gebildet werden, entsprechen dem Löwen.

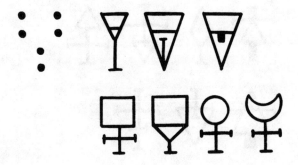

Die Zeichen der Sonne und des Sorath, die aus Fortuna Minor gebildet werden, entsprechen dem Löwen.

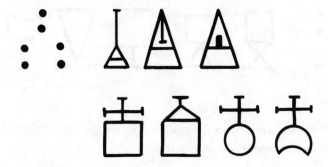

Die Zeichen für Venus und Kedemel, die aus Amissio gebildet werden, entsprechen dem Stier.

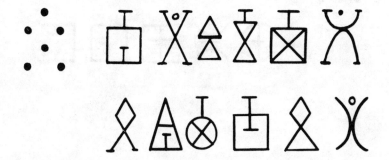

Die Zeichen für Venus und Kedemel, die aus Puella gebildet werden, entsprechen der Waage.

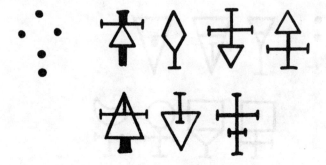

Die Zeichen für Merkur und Taphthartharath, die aus Albus gebildet werden, entsprechen den Zwillingen.

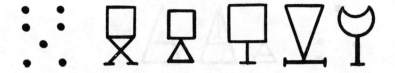

Die Zeichen für Merkur und Taphthartharath, die aus Conjunctio gebildet werden, entsprechen der Jungfrau.

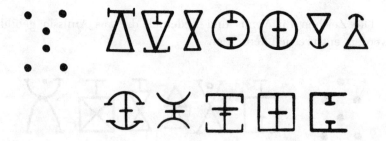

Grundlagen der Magie

Die Zeichen für Mond und Chasmodai, die aus Populus gebildet werden, entsprechen dem Krebs.

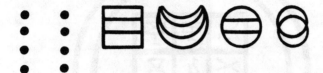

Die Zeichen für Mond und Chasmodai, die aus Via gebildet werden, entsprechen dem Krebs.

Die Zeichen für Caput Draconis sind:

Die Zeichen für Cauda Draconis sind:

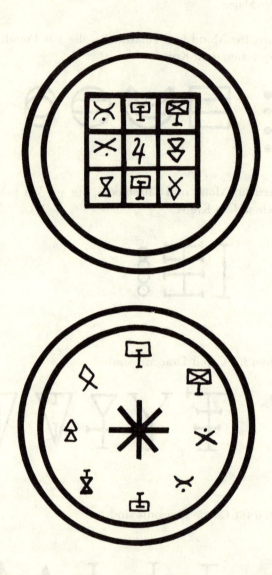

Die Methode zur Bildung von Talismanen und Pentakeln

Man benutzt die aus den geomantischen Figuren gewonnenen talismanischen Zeichen zur Konstruktion eines Talismanes oder Pentakels, indem man die dem gewünschten Planeten entsprechenden Zeichen nimmt und sie an die Enden eines achtspeichigen Rades schreibt, wie gezeigt. Oder man legt sie in die Abschnitte eines Quadrates. Ein zur Arbeit passender magischer Spruch wird dann in die Doppellinie geschrieben.

Die geometrischen Figuren für die Namen der Sephiroth auf dem Lebensbaum

In der Anfangszeit des Ordens trug dieses Papier einen Anhang von Dr. Westcott unter seinem Ordensnamen Non Omnis Moriar. Er sagte, dieses Dokument sei nur für diejenigen im Inneren Orden bestimmt, die die Pentagramm- und Hexagrammrituale gemeistert und ihre Elementarwaffen geweiht hatten.

Das hier wiedergegebene Originaldokument gab die Namen der Sephiroth in Hebräisch an. Da diese in einer früheren Lehrschrift bereits in Hebräisch angegeben wurden, habe ich sie der Einfachheit halber in lateinischer Schrift wiedergegeben. Die Zahlenwerte, die benutzt werden, um die entsprechenden geometrischen Figuren zu beschreiben, beziehen sich auf *die Zahl der hebräischen, nicht der lateinischen Buchstaben.* Es ist wichtig, daß der Studierende stets daran denkt, damit er nicht völlig verwirrt wird.

Ich möchte dem Studierenden auch dringend raten, seine innere Ruhe nicht vom ersten Eindruck großer Komplexität stören zu lassen, was ihn dazu bringen könnte, die Bearbeitung dieses Aufsatzes zu vernachlässigen. Er verdient wirklich eine Menge Beachtung. Zugegeben: Es ist rein spekulativ und eine Übung intellektueller Virtuosität. Das Endergebnis ist, fast wie bei einem Zen-Koan, ein Produkt einer höheren Wahrnehmungsebene. Der Gebrauch eines Koans kann das Hinüberspringen auf die gleiche Wahrnehmungsebene zur Folge haben, die derjenige erlebte, der den Koan ursprünglich entwickelte. Das Studium der geometrischen Figuren und verschiedenen Gottesnamen hat viele Ähnlichkeiten zu den oben beschriebenen Prozessen.

Ich gebe diese Namen der Sephiroth in lateinischen Buchstaben an. In einem der vorigen Kapitel findet man die hebräische Schreibweise.

Bei der Betrachtung der hebräischen Buchstaben in den Namen der Sephiroth auf dem Lebensbaum wird man feststellen, daß Kether aus drei Buchstaben besteht. Dem entspricht als geometrische Figur das Dreieck. Chokmah und Binah haben je vier Buchstaben, ebenso Jesod; die dazugehörige geometrische Figur ist also das Quadrat. Gedulah, Geburah, Tiphareth und Malkuth haben je fünf Buchstaben, passend zum Pentagramm. Chesed, Pachad, Netzach und Hod haben je drei Buchstaben wie Kether, und das gilt auch für Daath.

Die Gesamtsumme der Buchstaben dieser Namen auf dem Lebensbaum beträgt 50, die Zahl der Tore der Einsicht, wie es in der Kabbala beschrieben ist.

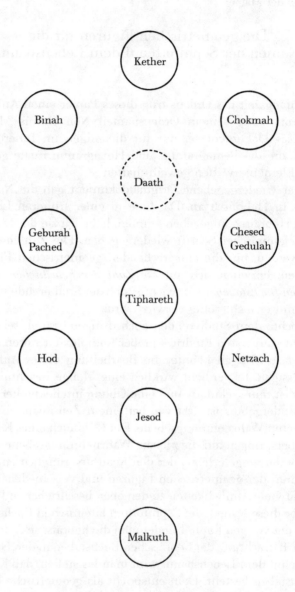

Bei der folgenden Übersetzung der Namen der Sephiroth in geometrische Symbole wird sofort das völlige harmonische Gleichgewicht der Formen deutlich, das daraus entsteht. Pachad ist eine Entsprechung zu Geburah und bedeutet Furcht. Gedulah ist eine Entsprechung zu Chesed und bedeutet Großartigkeit.

Die übernatürliche Dreiheit wird durch ein Dreieck repräsentiert, welches auf den beiden Quadraten thront.

Grundlagen der Magie

Die Sephiroth könnten also in drei Gruppen eingeteilt werden, die der Dreiecke, Quadrate und Pentagramme, die zu Chesed, Binah und Geburah passenden geometrischen Formen. Sechs fallen unter das Dreieck: Kether, Pachad, Chesed, Netzach, Hod und Daath. Drei fallen unter das Quadrat: Chokmah, Binah und Jesod. Vier fallen unter das Pentagramm: Gedulah, Geburah, Tiphareth und Malkuth. Nun ziehen wir im Diagramm Linien, um diejenigen Sephiroth zu verbin-

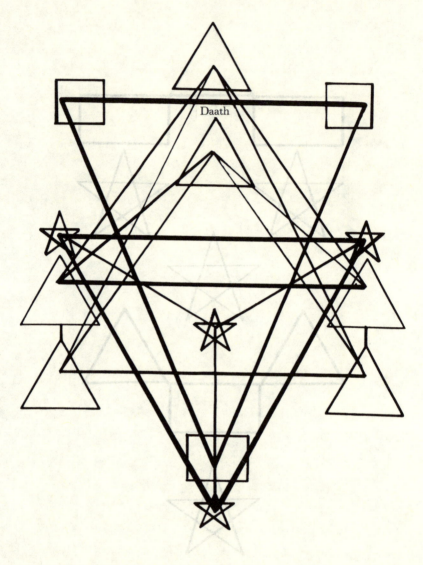

den, die den gleichen geometrischen Formen entsprechen. Dabei finden wir, daß die Zahl der Linien 22 beträgt, die Anzahl der Pfade im Lebensbaum. Man braucht nämlich dreizehn Linien, um die Sephiroth des Dreiecks zu verbinden, drei für die des Vierecks und sechs für die der Pentagramme, was zusammen 22 ergibt.

Die Buchstaben eines jeden Namens der Sephiroth können dann in die geometrischen Symbole der Sephiroth übersetzt werden, deren

Grundlagen der Magie

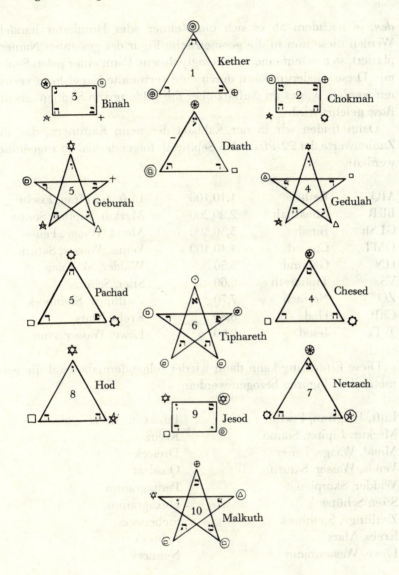

Zahlenwert ihnen durch die Kabbala der neun Kammern zugeordnet wird.

Werden diese Buchstaben wiederum in ihre Zuordnungen aus Jetzirah zurückübersetzt und diese mit den vorigen kombiniert, so erhalten wir eine Analyse beider Interpretationsebenen. Im Diagramm werden *die geometrischen Figuren der Zehner und Hunderter von denen der Einer durch einfache oder doppelte Umkreisungen unterschie-*

den, je nachdem ob es sich um Zehner oder Hunderter handelt. Werden diese nun in die geometrische Figur des gesamten Namens plaziert, so entsteht eine Art hieroglyphische Form einer jeden Sephirah. Diese wiederum kann durch eine verwandte Engelsform vertreten werden, wie es im Aufsatz über die Bildung von Sigillen aus der Rose gelehrt wird.

Dann finden wir in der Kabbala der neun Kammern, daß die Zahlenwerte der 22 Pfade den Sephiroth folgendermaßen zugeordnet werden:

AIQ	Kether	1,10,100	Luft, Jungfrau, Fische
BKR	Chokmah	2,20,200	Merkur, Jupiter, Sonne
GLSh	Binah	3,30,300	Mond, Waage, Feuer
DMT	Chesed	4,40,400	Venus, Wasser, Saturn
HN	Geburah	5,50	Widder, Skorpion
VS	Tiphareth	6,60	Stier, Schütze
ZO	Netzach	7,70	Zwillinge, Steinbock
ChP	Hod	8,80	Krebs, Mars
T Tz	Jesod	9,90	Löwe, Wassermann

Diese Einteilung kann dann wieder folgendermaßen auf die geometrischen Figuren bezogen werden:

Luft, Jungfrau, Fische	Punkt im Kreis
Merkur, Jupiter, Sonne	Kreuz
Mond, Waage, Feuer	Dreieck
Venus, Wasser, Saturn	Quadrat
Widder, Skorpion	Pentagramm
Stier, Schütze	Hexagramm
Zwillinge, Steinbock	Siebeneck
Krebs, Mars	Achteck
Löwe, Wassermann	Neuneck

Grundlagen der Magie

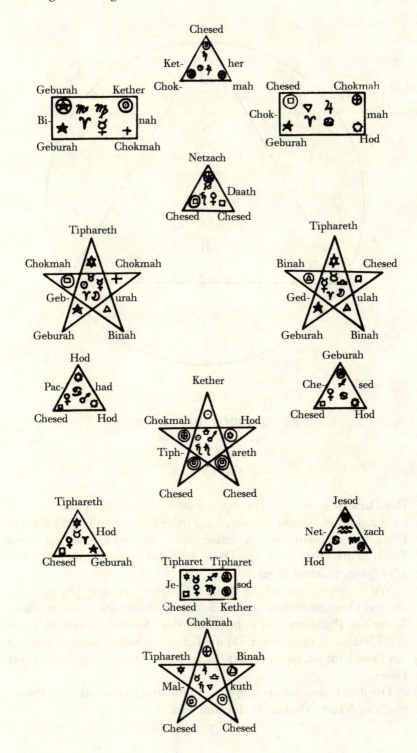

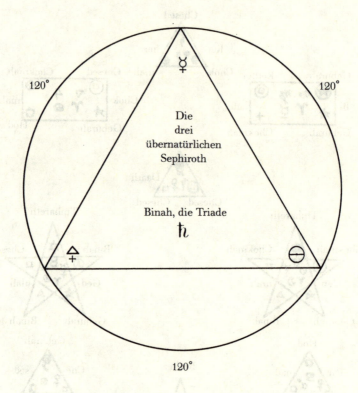

Polygramme und Polygone

Das Dreieck

Das Dreieck ist die einzige geometrische Figur, auf welche alle Flächen reduziert werden können, denn jedes Polygon (Vieleck) kann in Dreiecke eingeteilt werden, indem man von jeder Ecke aus einen Strich in die Mitte zieht. Das Dreieck ist also die erste und einfachste aller geometrischen Figuren.

Wir beziehen uns auf die in allen Dingen wirksame Dreiheit, auf die drei übernatürlichen Sephiroth und auf Binah, die dritte Sephirah. Unter den Planeten wird es besonders dem Saturn zugeordnet, unter den Elementen dem Feuer. Da die Farbe des Saturn schwarz und die des Feuers rot ist, repräsentiert das schwarze Dreieck Saturn, das rote Feuer.

Die drei Ecken symbolisieren auch die drei alchimistischen Prinzipien der Natur: Merkur, Sulfur und Salz.

Grundlagen der Magie

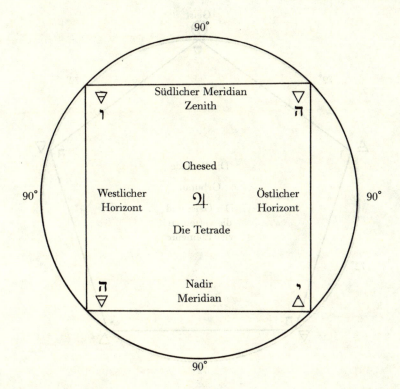

Da ein Kreis in 360 Grad eingeteilt wird, beträgt die Gradzahl, die von den Ecken eines in den Kreis eingeschriebenen Dreiecks abgeteilt wird, 120 Grad, die Zahl des astrologischen Trigons.

Es gibt nur eine Art, ein Dreieck in einen Kreis zu beschreiben, nämlich durch Führung der Linie zum jeweils nächsten Punkt.

Das Quadrat

Das Quadrat ist eine wichtige geometrische Figur, die natürlich Stabilität und Gleichgewicht ausdrückt. Sie beinhaltet auch die Idee der Oberfläche und des Flächenmaßes.

Es hat Bezug zur Vierheit in allen Dingen und zur Tetrade der Buchstaben des heiligen Namens Tetragrammaton, der durch die Elemente Feuer, Wasser, Luft und Erde wirkt. Es wird Chesed zugeordnet, der vierten Sephirah, und dem Planeten Jupiter. In der Darstellung der vier Elemente vertritt es ihre Vollendung in der materiellen Form. Die vier Ecken stehen auch für die zwei Enden des

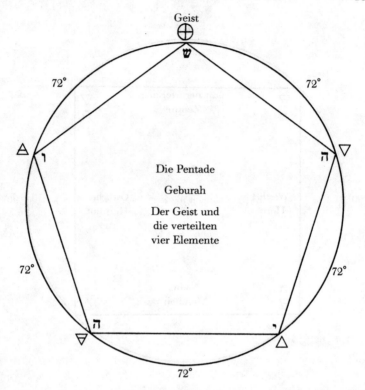

Die Pentade
Geburah
Der Geist und
die verteilten
vier Elemente

Horizontes und die zwei Enden des Meridians, gewöhnlich Zenith und Nadir genannt, also für die vier Kardinalpunkte.

Ein Quadrat schneidet aus einem Kreis Abschnitte von 90 Grad, die Zahl des astrologischen Quadrataspektes, stark und übel.

Es gibt nur eine Art, ein Quadrat in einen Kreis zu beschreiben, nämlich durch Führung der Linie zum jeweils nächsten Punkt.

Das Fünfeck (Pentagon)

In der ersten Form wird das Pentagon über jeden zweiten Punkt gezogen.

Das Fünfeck kann auf zwei Weisen gezeichnet werden: durch jeden nächsten Punkt gezogen, dann heißt es Pentagon, oder über jeden übernächsten Punkt, dann heißt es Pentagramm.

Das Fünfeck als Ganzes wird mit der fünften Sephirah Geburah in Verbindung gebracht. Das Pentagon steht natürlich für die Kraft der Fünfheit, die in der Natur durch die Ausbreitung des Geistes und,

Grundlagen der Magie

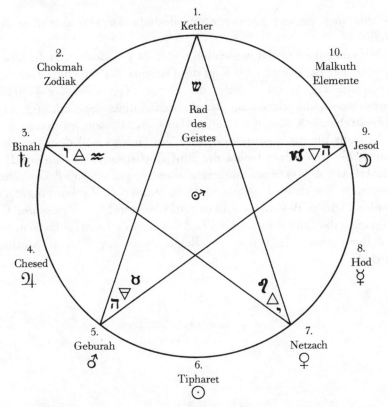

mittels desselben, der vier Elemente tätig ist. Die Gradzahl im Kreis, die von den Ecken abgeteilt wird, beträgt 72 Grad und bildet einen Quintilaspekt in der Astrologie, der dem Wesen und der Wirksamkeit nach gut ist.

Es entspricht außerdem der ausbreitenden Kraft der fünf (hebräischen) Buchstaben JEHESHUAH.

Es ist dem Wesen des Mars nicht so gemäß wie das Pentagramm und ist im allgemeinen auch kein so mächtiges Symbol wie dieses.

Der Fünfstern (Pentagramm)

Das Pentagramm, zweite Form, wird über jeden übernächsten Punkt gezogen.

Das Pentagramm mit einer nach oben weisenden Spitze wird als »Zeichen des Mikrokosmos« bezeichnet und stellt ein schönes Symbol des Menschen dar, der mit ausgestreckten Armen und Beinen den Schöpfer verehrt, und besonders auch ein Symbol der Herrschaft des

Geistes über die vier Elemente und deshalb der Vernunft über die Materie.

Mit einer nach unten weisenden Spitze ist es jedoch ein sehr böses Symbol, der Bockskopf, oder Kopf des Dämons, der die Unterwerfung der Kräfte der Vernunft unter die blinden Gewalten der Materie repräsentiert, die Erhebung der Anarchie über die Ordnung und widerstrebende Kräfte, die zufällig über Gott erhoben wurden.

Es steht für die gesammelte Kraft des Geistes und der vier Elemente, die unter dem Gebot der fünf Buchstaben des Namens JEHESHUAH stehen, des Erneuerers aller Dinge, und auch der zehn Sephiroth, die in fünf gerade und fünf ungerade Zahlen eingeteilt werden können. Besonders wird es dem Planeten Mars zugeordnet. Es zeigt auch die Cherubim und das Rad des Geistes. Es stellt das Symbol des Buchstaben HEH dar, des Buchstabens der Großen Mutter, AIMAH.

Das Sechseck

Das Hexagon, die erste Form, wird durch jeden zweiten Punkt gezeichnet.

Das Sechseck kann auf zwei Arten als ein vollständiges Symbol gezogen werden: von jedem zweiten Punkt fortlaufend, dann heißt es Hexagon, und von jedem dritten Punkt fortlaufend, dann heißt es Hexagramm. Es gibt noch eine dritte Form, die als Pseudo-Hexagramm bezeichnet wird.

Das Sechseck als solches gehört zu Tiphareth, der sechsten Sephirah.

Das Hexagon vertritt vom Wesen her die Kraft der Sechsheit, die in der Natur wirksam ist, indem sie die von der zentralen Sonne ausgehenden Strahlen über die Planeten und Tierkreiszeichen verteilt. Die Anzahl der von seinen Ecken abgeteilten Kreiswinkel beträgt 60 Grad und bildet so den astrologischen Aspekt des Sextils, der im Sinne des Guten machtvoll ist.

Es ist nicht so stark mit der Sonnennatur verbunden wie das Hexa-

Grundlagen der Magie

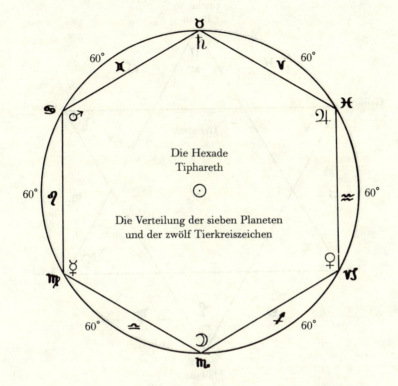

gramm. Man denke dabei daran, daß das Hexagon Kräfte der Verteilung, Zerstreuung und Ausstrahlung anzeigt, wohingegen das Hexagramm für Konzentration steht. Benutze daher das Hexagon für die Ausbreitung, das Hexagramm für die Sammlung und Versiegelung. Wo Bedarf besteht, kannst du sie also miteinander vergleichen, überlagern und kombinieren; aber das »Gon beginnt den Wirbel«.[1]

Das Wesen des Wirbels wird in einem Dokument beschrieben, das sich auf die Vibrationsformel der Mittleren Säule bezieht sowie auf die Bildung telesmatischer Bilder (siehe Band 1, Seite 337).

---

[1] Anm. d. Übers.: Hier liegt offensichtlich ein Fehler des Kopisten vor, der diese Stelle schwer verständlich werden läßt. In der Ausgabe von 1937 lautet der Text: »Denke daran, daß das -gon Kräfte der Verteilung und Ausstrahlung zeigt; wohingegen das -gramm für Konzentration steht. Benutze daher das -gon für die Ausbreitung, das -gramm für Sammlung und Versiegelung. Wo Bedarf besteht, kannst du sie also miteinander vergleichen, überlagern und kombinieren; aber das -gon beginnt den Wirbel.«

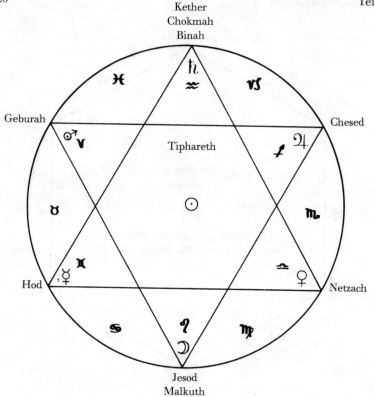

Das Hexagramm

Der Sechsstern in der zweiten Form wird über jeden dritten Punkt gezogen.

Das Hexagramm mit einer nach oben weisenden Spitze wird »Zeichen des Makrokosmos« genannt oder ›größere Welt‹, weil seine sechs Ecken die sechs Tage oder Phasen der Schöpfung passend ausdrücken, die der Manifestation der Dreieinigkeit entspringen. Seine Synthese bildet der siebente Tag oder die Ruhephase, die im Zentrum des Hexagramms ausgedrückt ist.

Es vertritt besonders die konzentrierte Kraft der Planeten, die durch die Tierkreiszeichen wirksam werden, und besiegelt auf diese Weise das astrale Bild der Natur unter der Vorherrschaft der Sephiroth sowie ihrer sieben Paläste. Es wird besonders der Sonne zugeordnet und ist ein Symbol großer Kraft und Macht. Zusammen mit dem Kreuz und dem Pentagramm bildet es eine Dreiheit mächtiger und guter Symbole, die miteinander in Harmonie stehen.

Grundlagen der Magie

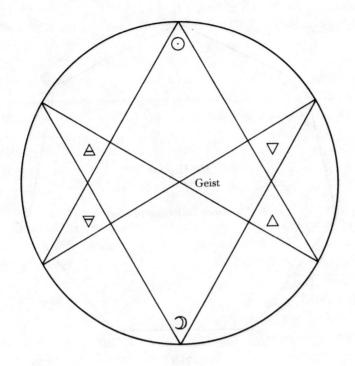

Das Sechseck

Das Pseudo-Hexagramm, die irreguläre dritte Form.

Das Pseudo-Hexagramm, die irreguläre dritte Form, wird manchmal benutzt, um die Herrschaft der Sonne und des Mondes über die vier Elemente zu bezeichnen, die im Geist zusammengefaßt werden und von diesem ausgehen.

(Bis vor kurzem glaubte ich, Aleister Crowley habe das durchgezogene Hexagramm erfunden. Bei der Durchsicht dieses Papiers entdeckte ich natürlich, daß es schon lange vor ihm existiert hatte. Bei der Behandlung des Rituals des Hexagramms werde ich an anderer Stelle noch mehr über dieses Hexagramm und seinen Gebrauch im magischen Ritual zu sagen haben. I.R.)

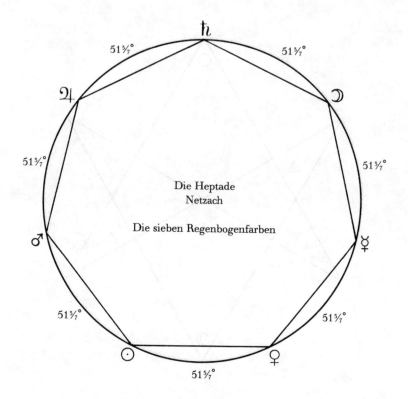

Das Siebeneck

Das Heptagon, erste Form, von jedem zweiten Punkt ausgehend.

Das Siebeneck kann auf drei Weisen gezeichnet werden: von jedem zweiten Punkt aus als Heptagon, von jedem dritten oder jedem vierten Punkt aus als Heptagramm.

Das Siebeneck als solches wird der siebenten Sephirah, Netzach, zugeordnet.

Das Heptagon repräsentiert seiner Natur nach die Kräfte der sieben Planeten in der Woche und im Jahreslauf. Die aus dem Kreis abgeteilte Gradzahl ist 51 $3/7$ Grad.

Weiterhin besteht ein Bezug zur Kraft der Siebenheit, die in allen Dingen wirksam ist, wie zum Beispiel die Regenbogenfarben zeigen.

Es ist nicht so stark mit dem Wesen der Venus verbunden wie das über jeden vierten Punkt gezogene Heptagramm.

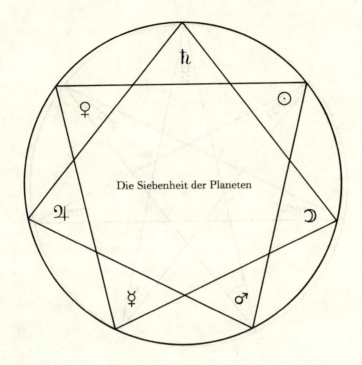

Die Siebenheit der Planeten

Das Siebeneck

Das Heptagramm, zweite Form, von jedem dritten Punkt ausgehend.

Das über jeden dritten Punkt gezogene Heptagramm läßt an seinen Spitzen sieben Dreiecke entstehen. Diese stehen für die in jedem Planeten wirksame Dreiheit, sowie für die Planeten selbst in Woche und Jahr.

Die Ordnung der Planeten in der Woche wird durch ihre natürliche Folge gebildet, indem man den Linien des Heptagramms folgt, wie schon im zweiten Punkt beim Grade des Zelators gezeigt worden ist.

Es paßt nicht so gut zur Art der Venus wie die folgende Form.

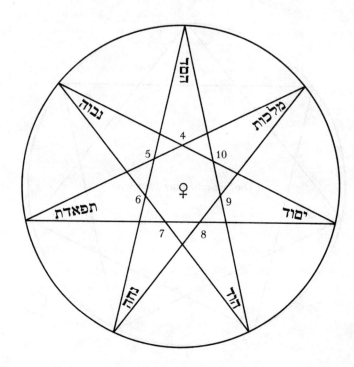

Das Siebeneck

Das Heptagramm, dritte Form, von jedem vierten Punkt aus gezogen.

Dieses Heptagramm stellt den Stern der Venus dar und ist ihrem Wesen besonders angemessen. Wie der Siebenstern die geometrische Figur der sieben Planeten darstellt, so gilt auch die Venus als ihr Tor, ihre Eingangspforte, das passende Symbol der natürlichen Isis und der sieben niederen Sephiroth der Braut.

Studiere diesen Bezug auch in Verbindung mit der Tür der Venus im Gewölbe der Adepten, wie im Grade des Adeptus Minor beschrieben.

Grundlagen der Magie

Das Achteck

Das Oktagon, erste Form, von jedem zweiten Punkt ausgehend.

Das Achteck kann auf drei Arten gezeichnet werden: von jedem zweiten Punkt ausgehend, dann heißt es Oktagon, von jedem dritten oder jedem vierten Punkt ausgehend, dann heißt es Oktagramm.

Das Achteck repräsentiert vom Wesen her die Achtheit. Das Oktagon zeigt die Wirksamkeit der Achtheit in der Natur, durch die Verteilung der Strahlen der Elemente in ihrem dualen Aspekt unter der Herrschaft der acht Buchstaben des Namens Jod Heh Vau Heh und Aleph Daleth Nun Jod.

Die Gradzahl, die von den Ecken in einem umschriebenen Kreis abgeteilt wird, beträgt 45 Grad und bildet das schwache astrologische Halbquadrat, das dem Wesen und der Wirksamkeit gemäß übel ist.

Das Oktagon ist dem Wesen des Merkur nicht so entsprechend wie das Oktagramm, das von jedem vierten Punkt ausgeht.

Das Achteck

Das Oktagramm in der zweiten Form wird über jeden dritten Punkt gezeichnet.

Das über jeden dritten Punkt laufende Oktagramm erzeugt an jeder seiner Spitzen ein Dreieck, welches die in jedem Element wirksame Dreiheit repräsentiert, das heißt, das Positive und das Negative unter der Macht des Namens Tetragrammaton Adonai, oder wie es in Verbindung geschrieben wird: Jod Aleph Heh Daleth Vau Nun Heh Jod.

Es ist aus zwei Quadraten im Kreis zusammengesetzt und paßt zum Wesen des Merkur nicht so wie die nächste Form.

Grundlagen der Magie

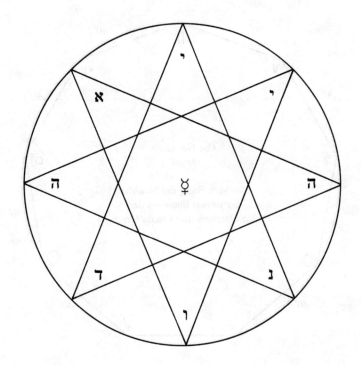

Das Achteck

Das Oktagramm in der dritten Form wird von jedem vierten Punkt aus gezogen.

Das Oktagramm ist der Stern Merkurs und seinem Wesen besonders angemessen. Ferner stellt es ein mächtiges Symbol dar, das die konzentrierten positiven und negativen Kräfte der Elemente unter dem Namen JHVHADNI verbindet. Und vergiß nicht, daß ADNI den Schlüssel zu JHVH bildet.

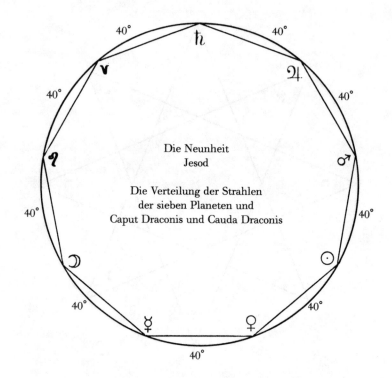

Das Neuneck

Das Neuneck in der ersten Form wird von jedem nächsten Punkt aus gezogen.

Das Neuneck kann auf vier Arten gezogen werden: von jedem zweiten Punkt aus und heißt dann Enneagon, von jedem dritten, vierten oder jedem fünften Punkt aus und heißt in diesen Fällen Enneagramm.

Das Neuneck als solches wird der neunten Sephirah Jesod zugeordnet.

Es vertritt seinem Wesen gemäß die Kraft der Neunheit. Das Enneagramm zeigt die natürliche Wirksamkeit der Neunheit in der Verteilung der Strahlen der sieben Planeten und des Drachenkopfes und -schwanzes, der Mondknoten.

Die von seinen Ecken abgeteilten Winkel in einem umschriebenen Kreis betragen 40 Grad.

Das Enneagon paßt zur Natur des Mondes nicht so sehr wie das von jedem fünften Punkt ausgehende Enneagramm.

Die dreifache Dreiheit
der sieben Planeten mit
Caput Draconis und Cauda Draconis

Das Neuneck

Das Enneagramm in der zweiten Form wird über jeden dritten Punkt gezogen. Das von jedem dritten Punkt ausgehende Enneagramm repräsentiert die dreifache Dreiheit der sieben Planeten mit dem Kopf und dem Schwanz des Monddrachens, sowie ihrer wechselwirkenden und verwobenen alchimistischen Prinzipien.

Es ist der Natur des Mondes nicht so verbunden wie das Enneagramm, das von jedem fünften Punkt ausgeht.

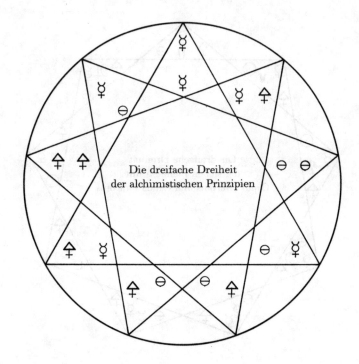

Das Neuneck

Das Enneagramm in der dritten Form geht von jedem vierten Punkt aus.

Das von jedem vierten Punkt ausgehende Enneagramm wird aus drei Dreiecken gebildet, die in einem Kreis vereint sind, und hat Bezug zur dreifachen Dreiheit der drei alchimistischen Prinzipien selbst. Es stimmt nicht so gut mit dem Wesen des Mondes überein wie die nächste Form.

Grundlagen der Magie

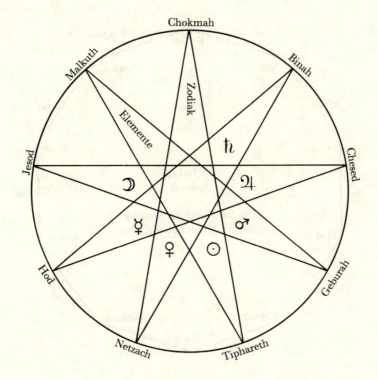

Das Neuneck

Das Enneagramm in der vierten Form geht von jedem fünften Punkt aus.

Dieses Enneagramm stellt den Stern des Mondes dar und ist mit seinem Wesen in besonderem Einklang. Es vertritt ihn der Erde gegenüber als Verwalter für die Tugenden des Sonnensystems unter den Sephiroth.

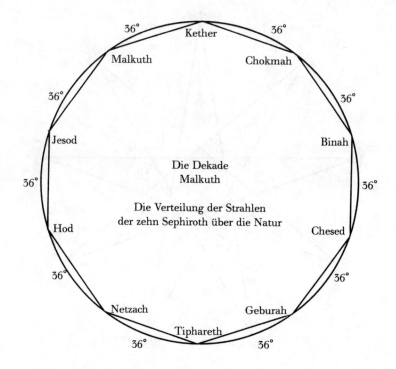

Das Zehneck

Das Dekagon in der ersten Form wird über jeden zweiten Punkt gezogen.

Das Zehneck kann auf vier Arten gezeichnet werden: von jedem zweiten Punkt ausgehend, wobei es Dekagon genannt wird, und von jedem dritten, vierten und fünften Punkt ausgehend, wobei es als Dekagramm bezeichnet wird.

Das Zehneck als solches wird der zehnten Sephirah, Malkuth, zugeordnet.

Vom Wesen her repräsentiert das Zehneck die Kräfte der Dekade. Das Dekagon zeigt die Dekade in ihrer Wirksamkeit in der Natur, indem sie die Strahlen der zehn Sephiroth darin verteilt.

Die Gradzahl, die durch seine Ecken in einem Kreis abgeteilt wird, beträgt 36 Grad, astrologisch ein Halbquintil.

Grundlagen der Magie

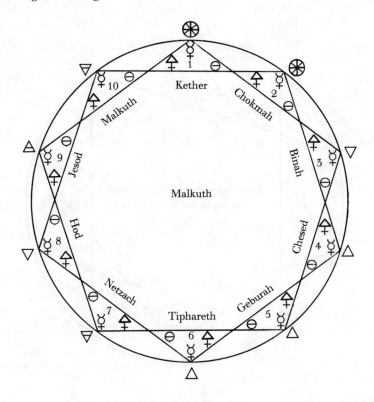

Das Zehneck

Das Dekagramm in der zweiten Form wird über jeden dritten Punkt gezogen.

Das Dekagramm über jeden dritten Punkt gehört besonders zu Malkuth und zeigt die Dreiheit, die in jedem Winkel der beiden Pentagone wirkt, aus denen es sich zusammensetzt. Es bezieht sich auf die drei alchimistischen Prinzipien mit dem Geist und den Elementen in ihren positiven und negativen Formen unter der Herrschaft der zehn Sephiroth selbst.

1: Geist, positiv
2: Geist, negativ
3: Wasser, positiv
4: Luft, negativ
5: Feuer, positiv
6: Feuer, negativ
7: Erde, positiv
8: Wasser, negativ
9: Luft, positiv
10: Erde, negativ

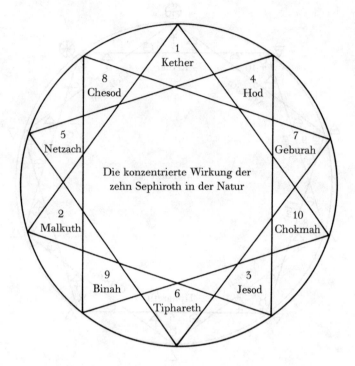

Das Zehneck

Die dritte Form des Dekagramms wird von jedem vierten Punkt aus gezeichnet.

Diese Form des Dekagramms bezieht sich besonders auf die konzentrierte und ständige Wirkung der zehn Sephiroth in der Natur. Diese wird ständig von jedem vierten Punkt aus weitergegeben.

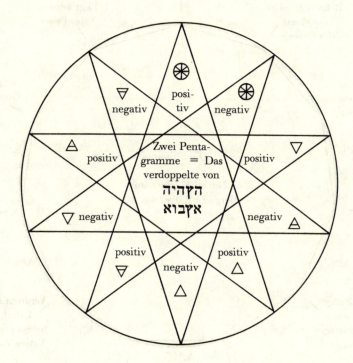

Das Zehneck

Das Dekagramm in der vierten Form wird von jedem fünften Punkt aus gezogen.

Das von jedem fünften Punkt ausgehende Dekagramm setzt sich aus zwei Pentagrammen in einem Kreis zusammen. Es verdeutlicht die Wirkung des verdoppelten HEH des Tetragrammatons und die Konzentration der positiven und negativen Kräfte des Geistes und der vier Elemente unter Vorherrschaft der Mächte der Fünf in Binah, der Umkehrungen der Kräfte unter AIMA, der Großen Mutter.

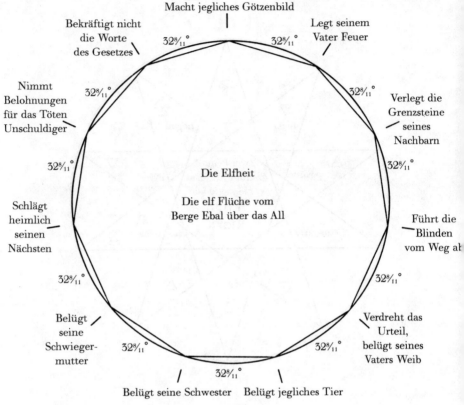

Das Elfeck

Das Elfeck in seiner ersten Form wird über jeden zweiten Punkt gezogen.

Ein Elfeck kann auf fünf Arten gezeichnet werden: Von jedem nächsten Punkt ausgehend wird es Endekagon genannt, von jedem dritten, vierten, fünften und sechsten Punkt aus wird es als Endekagramm bezeichnet.

Das Elfeck als solches wird den Qlippoth zugeordnet. Unter seinen Formen bedeutet jedoch diejenige, die über jeden vierten Punkt geht, die Einschränkung derselben und sollte deshalb nicht mit jenen zusammengruppiert werden, die direkt ihre Wirkung in der Natur ausdrücken. Es ist deshalb hier ausgespart und allein ans Ende des Kapitels (siehe Seite 545) gesetzt worden.

Das Elfeck repräsentiert vom Wesen her die üble und unvollständige Natur der Endekade (Elfheit). Das Endekagon steht für die Verbreitung der elf Flüche vom Berge Ebal (5. Moses 28,11-26) über das All. Obwohl sie in der englischen Bibelfassung in zwölf Abschnitte

Grundlagen der Magie

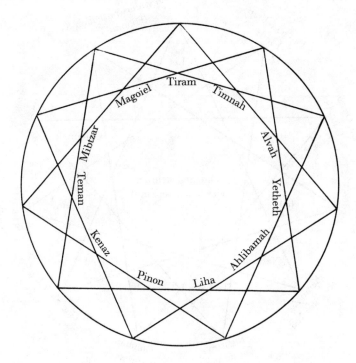

eingeteilt sind, finden sie sich in der hebräischen in elf, wobei zwei zusammengefaßt werden.

Die aus einem umschriebenen Kreis abgeteilte Gradzahl zwischen seinen Ecken ist 32 $8/_{11}$ Grad.

Das Elfeck

Das Endekagramm in der zweiten Form wird über jeden dritten Punkt gezogen. Die hier dargestellte Abbildung zeigt das Elfeck über jeden vierten Punkt gezogen. Die Abbildung des über jeden dritten Punkt gezogenen Elfecks fehlt. (Siehe auch Seite 538)

Das von jedem dritten Punkt ausgehende Endekagramm vertritt die konzentrierte Wirksamkeit des Bösen in der umgedrehten Triade, symbolisiert durch die elf Fürsten von Edom, die Hörner des roten Drachen, wenn er sich erhebt. Darin liegt eine Beziehung zu einem der Altardiagramme, dem Garten Eden nach dem Fall.

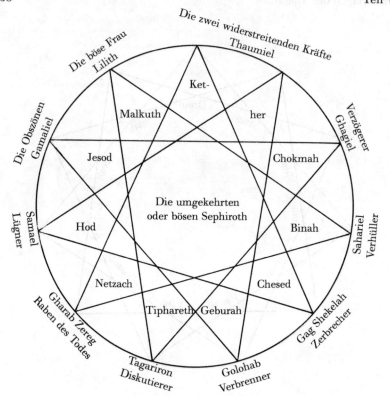

Das Elfeck

Die vierte Form wird über jeden fünften Punkt gezogen.

Es ist eine merkwürdige Tatsache, daß das Endekagramm, das von jedem vierten Punkt aus gezeichnet wird, nicht so übel ist wie der Rest. Es repräsentiert die Eingrenzung der Bösen. Diese Abscheu und Unvereinbarkeit mit der Zahl 4 ist ein weiteres Zeichen für die unvollendete Natur der Endekade (Elfheit), wenn sie auf die Symbolik der Qlippoth bezogen wird, denn durch das gleiche Prinzip, das sie ausdrückt, werden sie auch eingeschränkt. Dennoch ist nicht einmal das durch jeden vierten Punkt laufende Elfeck in seiner Wirkung gut, sondern weist nur auf die Einschränkung des Bösen hin, wie später gezeigt wird.

Das Endekagramm, das von jedem fünften Punkt ausgeht, steht für die konzentrierte Kraft der umgekehrten und bösen Sephiroth.

Grundlagen der Magie

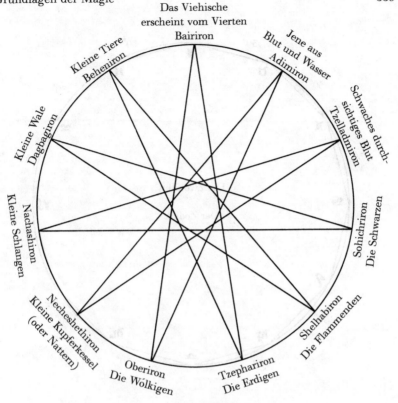

Das Elfeck

Das Endekagramm in der fünften Form wird durch jeden sechsten Punkt gezogen.

Dieser Form des Endekagramms werden die zwölf Prinzen der Qlippoth zugeordnet, die die Herrscher des Bösen in den zwölf Monaten des Jahres sind.

Das Zwölfeck

In der ersten Form wird das Zwölfeck durch jeden zweiten Punkt gezogen.

Das Zwölfeck kann auf fünf Weisen gezeichnet werden: über jeden nächsten Punkt und wird dann als Dodekagon bezeichnet, über jeden dritten, vierten, fünften und sechsten Punkt und wird dann als Dodekagramm bezeichnet.

Das Zwölfeck als solches wird dem Tierkreis zugeordnet und steht seinem Wesen gemäß für die Kräfte der Zwölfheit, der Dodekade. Das Dodekagon zeigt die Verteilung der Einflüsse des Zodiaks in der Natur.

Die Zahl der von seinen Ecken abgeteilten Winkelgrade beträgt 30 Grad und bildet den schwachen astrologischen Aspekt des Halbsextils, der dem Wesen und der Wirkung nach gut ist.

Der Zodiak in maskuline und feminine Zeichen eingeteilt

Das Zwölfeck

Das Dodekagramm in der zweiten Form wird durch jeden dritten Punkt gezogen.

Das durch jeden dritten Punkt laufende Dodekagramm wird aus zwei Hexagrammen in einem Kreis gebildet und steht für die Verteilung und Konzentration des Zodiaks in maskulinen und femininen Zeichen. Die maskulinen sind: Widder, Zwillinge, Löwe, Waage, Schütze und Wassermann, die femininen: Stier, Krebs, Jungfrau, Skorpion und Fische. Wo dieses Dodekagramm zwölf Dreiecke im Kreis bildet, spielt es auf die drei Dekanate, Ansichten *(faces)* oder Sätze *(sets)* von 10 Grad eines jeden Zeichens an.

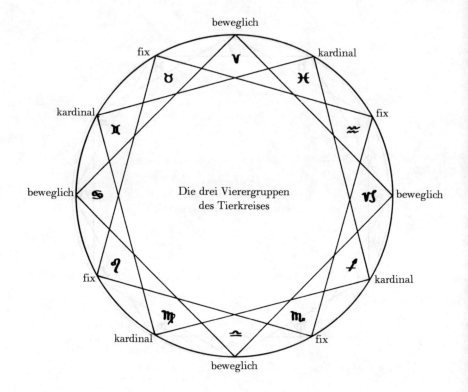

Das Zwölfeck

Die dritte Form des Dodekagramms wird über jeden vierten Punkt gezogen.

Dieses Dodekagramm besteht aus drei Quadraten, die die drei Vierergruppen der kardinalen, fixen und beweglichen Zeichen[1] vertreten.

---

[1] Anm. d. Übers.: Im Englischen werden dafür zwei verschiedene Begriffsfolgen gebraucht: kardinal = *angular, movable*; fix = *succedent, fixed*; beweglich = *cadent, common*.

Das Zwölfeck

Die vierte Form des Dodekagramms wird über jeden fünften Punkt gezogen.

Das Dodekagramm von jedem fünften Punkt aus wird aus vier Dreiecken im Kreis gebildet und drückt die konzentrierten Kräfte der vier Dreiergruppen (Elementgruppen) des Tierkreises aus, wie sie in der Natur wirken.

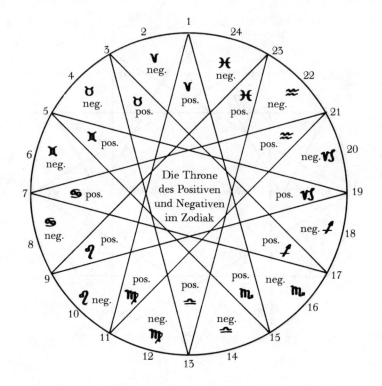

Das Zwölfeck

In seiner fünften Form wird das Dodekagramm von jedem sechsten Punkt aus gezeichnet.

Das durch jeden sechsten Punkt laufende Dodekagramm ist eine kontinuierliche Figur und symbolisiert die 24 Throne des Schemas, das die positiven und negativen Kräfte über den Elementen im Zodiak aufstellt, sowie in den 24 Stunden des Tages.

Grundlagen der Magie

Die elftägige Reise von Horeb nach Kadesh Barnea Deuteronomium I,2 Deuteronomium XXXII, 37 אִי = II

Das Elfeck

Das Elfeck in der dritten Form wird über jeden vierten Punkt gezogen. Die hier dargestellte Abbildung zeigt das über jeden fünften Punkt gezogene Elfeck. (Vergl. Seite 539)

Es symbolisiert die Eingrenzung der Qlippoth, Esther IX, 3 heißt »Verhachashdrapanim«, was die Leutnante oder abgeordneten Gouverneure der Provinzen bezeichnet.

Deuteronomium I,2 »Es ist eine Reise von 11 Tagen von Horeb über den Berg Seir nach Kadesh Barnea.«

Deuteronomium XXXII,37 heißt VeOmar Ai Elohim Tzur Chasjahbah. »Und er soll sagen: ›Wo sind ihre Götter, der Fels, auf den sie vertrauen?‹ oder ›Elf ist die Zahl ihrer Götter.‹ und so weiter, oder Ai sind ihre Götter (Elohim).«

Das Kreuz im Kreis

Der Punkt im Kreis repräsentiert allgemein die Tätigkeit Kethers, das Kreuz im Kreis diejenige Chokmahs, denn darin liegt die Wurzel der Weisheit. Beim Gebrauch dieser geometrischen Figuren zur Bildung von Talismanen unter den Sephiroth bedenke stets:

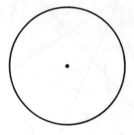

Der Punkt im Kreis ist Kether

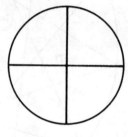

Das Kreuz im Kreis ist Chokmah

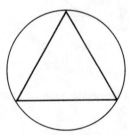

Das Dreieck im Kreis ist Binah

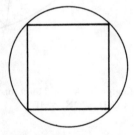

Das Quadrat im Kreis ist Chesed

Bei den übrigen Sephiroth sollten die doppelten, dreifachen oder vierfachen Formen ihrer geometrischen Figuren in den Talismanen vereint werden. Bei Netzach zum Beispiel werden die beiden Heptagramme und das Heptagon des Siebenecks im gleichen Talisman zusammengebracht, wobei die Spitzen der Winkel aufeinanderfallen.

Den Qlippoth entspricht das Elfeck.

Das Zwölfeck paßt zu den Kräften des Tierkreises in Malkuth. Kether ist der Bereich des Primum Mobile, Chokmah derjenige der herrschenden Tierkreissphäre, Malkuth derjenige der Elemente.

Außer den hier angegebenen werden noch viele andere Bedeutungen mit den geometrischen Figuren verbunden. Zwei oder mehr unterschiedliche Formen können in einem Talisman verbunden werden.

G.H. Frater D.D.C.F. (Mathers)

Sigille

In der Eröffnungszeremonie des Grades Adeptus Minor wird das vollständige Symbol der Rose und des Kreuzes als »Schlüssel zu den Sigillen und Ritualen« bezeichnet. Weiterhin wird gesagt, daß es die Kräfte der 22 Buchstaben in der Natur vertritt, wenn sie in eine Drei, eine Sieben und eine Zwölf unterteilt werden.

Die inneren drei Blätter der Rose symbolisieren die aktiven Elemente der Luft, des Feuers und des Wassers, die in der Erde wirksam werden, als sei sie ihr Empfänger, ihr Behälter und Basis der Wirkung. Sie sind farbig wie alle anderen Blätter den Schattierungen der maskulinen Skala entsprechend. Die sieben nächsten Blätter entsprechen den Buchstaben der sieben Planeten; die zwölf äußeren den zwölf Tierkreiszeichen.

Willst du das Sigill eines Wortes oder Namens in die Luft oder auf Papier zeichnen, so beginne mit einem Kreis am Anfangsbuchstaben in der Rose, und ziehe mit deiner magischen Waffe eine Linie von diesem Kreis zu dem Ort des nächsten Buchstabens des Namens. Fahre damit fort, bis du das Wort aus den Buchstaben zusammengesetzt hast. Wenn zwei gleiche Buchstaben, etwa zwei Beths oder zwei Gimels zusammentreffen, sollst du sie an diesem Punkt durch einen Knick oder eine Welle in der Linie kennzeichnen.

Wenn die Linie durch einen Buchstaben, wie das Resh in Metatron, hindurchgeht, der auch zum Wort gehört, dann mache an dieser Stelle eine Schlinge in die Linie (─────o─────), um die Stelle zu kennzeichnen.

Wenn du ein Sigill zeichnest, dann kannst du die entsprechenden Farben der Buchstaben nehmen und sie zu einer Synthese der Farben zusammenfügen. Das Sigill für Metatron sei also: blau, grünlich-gelb, orange, rot-orange und grünlich-blau: ihre Synthese ergibt ein rötliches Zitronengelb.

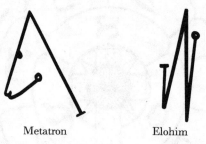

Metatron   Elohim

Nun besprechen wir als Beispiel das Sigill der Kräfte unter Binah, der dritten Sephirah. Die Sigille für die Ebene einer Sephirah werden immer nach diesem System und in dieser Reihenfolge ausgearbeitet:

Erstens: Das Sigill der Sephirah selbst – Binah.
Zweitens: Das Sigill des Gottesnamens, das die Kraft dieser Sephirah in der Welt Atziluth vertritt. Für Binah ist das JHVH ELOHIM.
Drittens: Das Sigill des Erzengels, das die Kraft der Sephirah in Briah ausdrückt, TZAPHQIEL.
Viertens: Das Sigill des Engelchores, das die Kraft der Sephirah in Jetzirah vertritt, ARALIM.
Fünftens: Das Sigill der Planetensphäre, das die Kraft der Sephirah in Assiah ausdrückt, SHABBATHAI.

Grundlagen der Magie 549

Schließlich noch das Sigill jedes anderen Namens, dessen Zahlen einen Bezug zu den Kräften der Sephirah oder ihres Planeten haben. Diese letzteren Sigille der Intelligenzen und Geister werden jedoch eher der magischen Kamea oder dem Quadrat des Planeten entnommen, nach einem etwas unterschiedlichen System, das anschließend erklärt wird.

Sigille und Kameas

Die alte Methode zur Bildung von Sigillen ging über das Mittel der Kameas des Planeten, über das magische Quadrat. Wallis Budge glaubt, das Wort Kamea entstamme der gleichen Wurzel wie das englische »cameo« (beziehungsweise das deutsche »Kamee«). Magische Quadrate sind Anordnungen von Zahlen und oder Buchstaben, die derart verteilt sind, daß ihre Summe in vertikaler, horizontaler und diagonaler Richtung stets die gleiche Zahl ergibt. Auch die Gesamtsumme aller Zahlen einer Kamea ist für den Planeten, zu dem das Quadrat gehört, von besonderer Bedeutung.

Die Methode, aus diesen Quadraten Sigille zu bilden, ist denkbar einfach, so einfach, daß es manchmal direkt verwirrt. Die Methode unter Verwendung der Rose ist sehr nützlich und sicherlich die angenehmste, doch hat sie keine Wurzeln in der Geschichte. Das ist jedoch kein Grund, sie nicht zu benutzen, wenn es sich auch um einen Anachronismus handelt. Barrett gibt die Kameas in seinem Buch *The Magus* an, und Wallis Budge führt sie ebenfalls in *Amulets And Superstitions* auf, obwohl seine Angaben aus einem Traktat über Magie von Papus gegen Ende des vorigen Jahrhunderts stammen.

Diejenigen in *The Magus* sind mit vielfältigen Fehlern behaftet, wie auch Barretts scheußliches Hebräisch. Die meisten Fehler lassen sich leicht korrigieren. Um diese Sigille aus den Kameas zu zeichnen, ist jedoch einiges Grundwissen über hebräische und kabbalistische Zahlenmanipulationen vonnöten, wie es in den Lehrschriften erklärt wird. Eines der wichtigsten Hilfsmittel ist die Kabbala der neun Kammern oder *Aiq Beker*. Es ist vorn in diesem Buch dargestellt (siehe Band 1, Seite 122). Bei dieser Methode werden die hebräischen Buchstaben nach der Ähnlichkeit ihrer Zahlenwerte in Gruppen zusammengefaßt, denn hebräische Buchstaben stellen gleichzeitig Klänge und Zahlen dar. Wie man dem Diagramm entnehmen kann, werden Aleph für 1, Jod für 10 und Qoph für 100 in den ersten Platz oder die erste Kammer zusammengefaßt, weil sie alle Variationen der

1 darstellen. So finden sich in einer Gruppe in der dritten Kammer Gimel – 3, Lamed – 30 und Shin – 300, weil ihnen die 3 gemeinsam ist. Für alle anderen gilt die gleiche Regel, wodurch neun Gruppen oder Kammern gebildet werden.

Um das Sigill irgendeines Namens zu ziehen – und denke daran, daß ein Sigill nur eine Abkürzung darstellt – muß man die Buchstaben des Namens auf Zehner oder Einer reduzieren, die sich im Quadrat finden. TIRIEL, einer der Namen Merkurs, ließ sich früher nie zeichnen, weil in älteren Werken bei den Zahlen im Quadrat Fehler auftauchten und die Form des Sigills achtlos auf die Kamea gezogen worden war. Teth – 9 und Jod – 10 können jedoch entweder so oder auf 1 reduziert benutzt werden, Resh – 200 muß auf 20 reduziert werden, Jod – 10, Aleph – 1 und Lamed – 30. Um das Sigill zu zeichnen, setzt man links unten an, bewegt sich diagonal direkt zur 10 oder 1, dann wieder fast diagonal herab entweder zur 20 oder 2 (sie liegen auf einer Linie), zurück zur 10 oder 1, man verschlingt die Linie, weil man zum Aleph – 1 zurück muß, dann etwas herab nach links für Lamed – 30 (3 liegt auf der gleichen Linie, aber weiter unten).

Das klingt kompliziert, aber etwas Übung wird zeigen, wie einfach es ist. Die resultierende Form unterscheidet sich vielleicht von der hier angegebenen, der Unterschied ist aber gering und kann der künstlerischen Freiheit zugeordnet werden.

Das Siegel oder Sigill des Planeten ist eine symmetrische Form, die derart gestaltet ist, daß ihre Linien alle Zahlen der Kamea berühren. Auf diese Weise wird das Sigill zu einem Inbegriff, einer zusammenfassenden Figur der Kamea.

Ich beschrieb vor ein paar Jahren in dem kleinen Buch *How to Make and Use Talismans* eine Technik, mit deren Hilfe gewöhnliche Namen, nicht unbedingt kabbalistische, benutzt werden können, um eine bestimmte Kraftströmung hervorzurufen, die gerade gebraucht wird. Die Namen Hans Braun oder Wilfried Meier, um platte Beispiele zu wählen, können mit Hilfe der pythagoräischen Numerologie in Zahlen übersetzt werden, die sich auf der Kamea finden lassen. Wenn zum Beispiel der Magiestudent Hans Braun sich elend fühlt, könnte er ein Sigill seines Namens unter Einsatz der Kamea der Sonne oder des Jupiter anfertigen und so weiter. Mit diesem simplen Thema können unzählige Variationen gespielt werden.

Die Zeichen für Netzach

Sephirah	Atziluth	Briah
Netzach	JHVH Tzabaoth	Haniel
Jetzirah	Assiah	Intelligenz
Elohim	Nogah	Hagiel

Kamea des Saturn		Kamea des Jupiter	

4	9	2
3	5	7
8	1	6

4	14	15	1
9	7	6	12
5	11	10	8
16	2	3	13

Siegel des Planeten

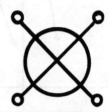

Siegel des Planeten

Der Geist Zazel

Der Geist Hismael

Die Intelligenz Agiel

Die Intelligenz Jophiel

Grundlagen der Magie

Kamea des Mars

11	24	7	20	3
4	12	25	8	16
17	5	13	21	9
10	18	1	14	22
23	6	19	2	15

Kamea der Sonne

6	32	3	35	35	1
7	11	27	28	8	30
19	14	16	15	23	24
18	20	22	21	17	13
25	29	10	9	26	12
36	5	33	4	2	31

Siegel des Planeten

Siegel des Planeten

Der Geist Bartzabel

Der Geist Sorath

Die Intelligenz Nakhiel

Die Intelligenz Graphiel

Kamea der Venus

22	47	16	41	10	35	4
5	23	45	17	42	11	29
30	6	24	49	18	36	12
13	31	7	25	43	19	37
38	14	32	1	26	44	20
21	39	8	33	2	29	45
46	15	40	9	34	3	28

Siegel des Planeten

Die Intelligenz Hagiel

Der Geist Kedemiel

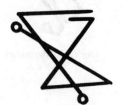

Die Intelligenz
Der Engelchor
Beni Seapphim

Kamea des Merkur

8	58	59	5	4	62	63	1
49	15	14	52	53	11	10	56
41	23	22	44	45	19	18	48
32	34	35	29	28	38	39	25
40	26	27	37	36	30	31	33
17	47	46	20	21	43	42	24
9	55	54	12	13	51	50	16
64	2	3	61	60	6	7	59

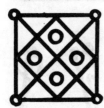

Siegel des Planeten

Der Geist Taphthartharath

Die Intelligenz Tiriel

Kamea des Mondes

37	78	29	70	21	62	13	54	5
6	38	79	30	71	22	63	14	26
49	7	39	80	31	12	23	55	15
16	48	8	40	81	32	64	24	56
59	17	49	9	41	73	33	65	25
26	58	18	50	1	42	14	34	66
69	27	59	10	51	2	43	15	35
36	68	19	60	11	52	3	44	16
71	28	69	20	61	12	53	4	45

Siegel des Planeten

Der Geist der Mondgeister:
Sahd Barschemoth Ha-Schartathan

Der Geist: Chasmodai

Die Intelligenz der Mondintelligenzen
Malcah Betarshisim
Ve-Ad Ruachoth Ha-Schechalim

Grundlagen der Magie

Namen und Sigille der olympischen Planetengeister

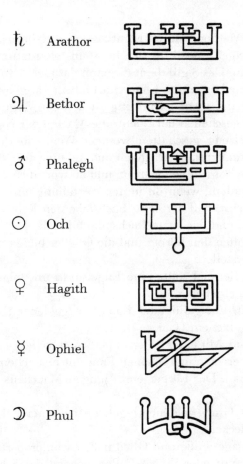

Soviel zu den vorhergehenden Sigillen. Der Tradition gemäß sind die Geister böse und die Intelligenzen gut. Die Siegel und Namen der Intelligenzen sollten auf allen Talismanen für gute Zwecke benutzt werden. Diejenigen der Planetengeister dienen dem Bösen und sollten darum niemals in Operationen guter Art benutzt werden. Unter die bösen Kräfte zählt die Tradition gewöhnlich auch blinde Kräfte, wie die Planetengeister, die, entgegen der verbreiteten Meinung, für Gutes und Böses eingesetzt werden können.

Telesmatische Figuren

Es gibt eine Methode, durch Kombination von Buchstaben, Farben, von Zuordnungen und ihrer Synthese ein telesmatisches Bild einer Kraft zu bilden. Das Sigill dient dir dann dazu, eine Strömung aufzufinden, die eine bestimmte Elementarkraft in Tätigkeit bringt.

Wisse, daß das nicht leichtfertig zu deinem Vergnügen oder für Experimente geschehen darf, denn die Mächte der Natur sind nicht dir zum Spielzeug geschaffen worden. Wenn du deine magische Arbeit nicht mit Ernst, Feierlichkeit und Achtung durchführst, gleichst du dem Kinde, das mit Feuer spielt, und du wirst dich selbst zerstören.

Wisse außerdem, wenn du in der Vorstellung ein astrales Bild zu formen versuchst, daß der erste Buchstabe den Kopf der Figur oder Gestalt bildet, und der letzte Buchstabe bilde die Füße. Die anderen Buchstaben sollen den Körper und die Glieder bilden und ihrer Ordnung nach darstellen.

Agiel zum Beispiel sollte eine Engelsform mit folgendem Wesen und Aussehen ergeben:

Aleph. Luft. Ein geflügelter Kopf, von goldener Farbe, mit lang fließendem, goldenem Haar.

Gimel. Mond. Mit einer silbern-bläulichen Sichel gekrönt und dem Gesicht einer ernsten und schönen Frau mit bläulichem Schein.

Jod. Jungfrau. Der Körper eines jungen Mädchens in grasgrüner Robe.

Aleph. Luft. Große goldene Flügel, die den unteren Teil der Gestalt teilweise verdecken.

Lamed. Waage. Füße und Gliedmaßen wohlproportioniert, in der Hand der Gestalt oder ihr zu Füßen liegend das Schwert und die Waagschalen der Gerechtigkeit in hellem Grün.

Als die Farbe ihrer Zusammenschau wird ein grünliches Licht um die Gestalt spielen. Die Trümpfe des Tarot werden dir bei der Gestaltung helfen können.

Achte außerdem darauf, daß du das Bild so rein und schön machst wie möglich, denn je unreiner und gemeiner die Gestalt aussieht, desto gefährlicher wird sie dir sein. (Anmerkung: Ich schlage vor, bevor du diese Gestalt in der Vorstellung aufbaust, fertigst du dir eine Skizze davon auf einem großen Blatt Papier an und verfeinerst sie einige Tage lang. Wenn diese fertig ist, kann sie in die Vorstellung übernommen werden, I.R.)

Schreibe dann das Sigill auf die Brust, den Namen auf den Gürtel, und stelle die Gestalt auf Wolken. Wenn du das alles mit dem gebotenen Ernst und äußerster Korrektheit in der Symbolik durchgeführt hast, wobei du jede Spur der Grobheit oder Gemeinheit in dem Engelsbild meidest wie die Pest, *dann höre darauf, was sie dir zu sagen hat.*

Seraphim ergibt eine Engelsgestalt wie eine Kriegerin, um die Flammen spielen und deren Antlitz herrlich wie die Sonne ist. Unter ihren Füßen ist die stürmische See und Gewitterwolken, Blitze um sie herum und ein Glühen wie von einer Flamme. Sie trägt einen dreieckigen Helm oder eine flammende Haartracht als Symbol des Feuers.

Graphiel ergibt einen großen Engel wie eine Kriegerin mit sehr strahlendem Angesicht, sie ist von der Mondsichel gekrönt und blitzt von Licht. Flammen und Blitze umgeben sie, und sie hat vier Flügel.

Die Endung *el* verleiht den Engelsgestalten immer Flügel und Symbole der Gerechtigkeit. Die Endung *jah* läßt die Figuren wie Könige oder Königinnen auf Thronen erscheinen, mit flammendem Glanz zu ihren Füßen.

Weiteres zu den telesmatischen Figuren

Die Namen aller Engel und engelhaften Mächte enden, mit wenigen Ausnahmen, auf *al* oder *jah*. Der Gottesname *Al* gehört zu *Chesed* und steht für eine gute, mächtige und starke Kraft, deren Wirkung aber irgendwie sanfter ist als jene des Namens *Jah*.

Weil nicht allein die Engel, sondern auch die Teufel ihre Kraft und Macht direkt von der fruchtbaren Quelle der göttlichen Energie beziehen sollen, wird zu den Namen der bösen Geister oft ebenfalls AL hinzugefügt. Der Name JAH gilt aber nur als Endung für Engel oder Geister, die eine gute und wohlwollende Wirkung ausüben.

In diesem Verständnis haben die beiden Endungen eher den Charakter zufälliger Zuordnungen als wesenhafter Unterscheidungen. Bei der Gestaltung telesmatischer Bilder brauchen sie nicht zu sehr beachtet zu werden.

Beim Aufbau eines solchen Bildes kannst du es dir entweder astral vorstellen oder es aufmalen. Man sollte darauf achten, die Namen auszusprechen, die zu der Welt gehören, der das telesmatische Bild entstammt, welches gerade aufgebaut wird. Zu ATZILUTH gehören also die Gottesnamen, zu BRIAH die der Erzengel und so weiter. Es ist auch nützlich, die Namen der Sephiroth zu verwenden, aus denen die entsprechende Welt des telesmatischen Bildes besteht.

Es ist wichtig, daran zu denken, daß die vier Welten selbst das Gesetz bilden, nach dem die materiellen Dinge aufgebaut und ausgedrückt werden. Die Welt ATZILUTH ist rein archetypisch und ursprünglich. Wie bereits gesagt, werden ihr göttliche Namen zugeordnet. BRIAH ist kreativ und schöpferisch; zu ihr gehören bestimmte große Gottheiten, die man als Erzengel bezeichnet. JETZIRAH ist die Welt der Bildekräfte, und ihr gehören die Engelchöre an. ASSIAH, die materielle Welt, besteht aus den großen Reichen der Elemente, der Menschen und in manchen Fällen der Qlippoth – obwohl diese eigentlich die Ebenen unterhalb von ASSIAH bewohnen.

Aus diesen Bemerkungen ist zu entnehmen, daß ein telesmatisches Bild kaum Bezug zu ATZILUTH haben kann und zu BRIAH nur sehr eingeschränkt. Ein dieser Welt angehöriges telesmatisches Bild müßte mit einem verdeckten Haupt dargestellt werden und mit einer schattenhaften, kaum angedeuteten Gestalt. Telesmatische Bilder gehören eigentlich zu JETZIRAH. Deshalb wäre es nicht möglich, das telesmatische Bild eines Gottesnamens in ATZILUTH anzuwenden, denn man erhielte statt dessen seine Entsprechung aus JETZIRAH. In ASSIAH erhielte man die Elementarformen.

Das Geschlecht einer Figur hängt davon ab, ob in der Gesamtheit maskuline oder feminine Buchstaben vorherrschen. Eine Vermischung von Geschlechtern innerhalb einer Figur sollte vermieden werden. Die aufgebaute Figur sollte in so viele Teile unterteilt werden, wie Buchstaben vorhanden sind, wobei am oberen Ende begonnen wird und so weiter der Reihe nach.

Zusätzlich zu dieser Methode, das Geschlecht eines telesmatischen Bildes festzustellen, sind manche Namen in sich schon männlich, weiblich oder geschlechtslos, unabhängig von der Zahl der Buchstaben.

SANDALPHON zum Beispiel läßt sich so analysieren:

Samekh ist männlich, Nun ist männlich, Daleth ist weiblich, Peh ist weiblich, Vau ist männlich und Nun ist männlich.

Das Männliche überwiegt also, und man würde daraus eine männliche Gestalt machen, wenn es ein gewöhnlicher Name wäre. Dieser Name gehört aber speziell zu einem weiblichen Cherub, und er stellt deshalb eine Ausnahme zu der Regel dar. Es handelt sich um den Namen eines Erzengels aus der Welt BRIAH und nicht nur um einen Engelsnamen aus JETZIRAH.

SANDALPHON wird auch Jetzer genannt, was ›links‹ bedeutet. Dessen Buchstaben sind weiblich, weiblich, männlich und passen in diesem Falle.
Die sieben Buchstaben, die den Namen SANDALPHON bilden, werden folgendermaßen zu einem telesmatischen Bild geformt:

Samekh ist der Kopf. Es stellt ein schönes und aktives Gesicht dar, eher schmal als fett.
Nun bildet den Hals, der bewundernswert voll ist.
Daleth sind die Schultern einer schönen Frau.
Lamed ist Herz und Brust, letztere vollendet geformt.
Peh bildet starke und volle Hüften.
Vau sind die kräftigen Beine.
Nun (schließend) bildet sehnige, vielleicht geflügelte Füße.

Wollte man daraus eine Elementarform aufbauen, so ergäbe sich eine seltsame Gestalt:

Samekh – wilder aber ziemlich schöner Kopf. Blau.
Nun – Hals mit Adlerflügeln von hinten. Blaugrün.
Daleth – Weibliche Schultern, recht hübsch. Grünblau.
Lamed – Brust einer Frau. Smaragd.
Peh – Starke und zottige Hüften und Schenkel. Rot.
Vau – Beine eines Stieres. Orangerot.
Nun (schließend) – Füße eines Adlers. Grünblau.

Wie man sehen wird, stellt dies fast eine synthetische Cherub-Gestalt dar. Sie kann mit den Füßen auf der Erde und dem Kopf in den Wolken dargestellt werden. Die Farben in der Königsreihe lassen sich zu einem zarten, funkelnden Grün zusammenfassen.

Die unbedeckten Körperteile wären blau, das dem Schützen zugehörige Gesicht wäre nahezu das eines Pferdes. Die ganze Gestalt wäre einer Göttin zwischen Hathor und Neith ähnlich, die einen Bogen und Pfeile trägt, jedenfalls wenn sie als ägyptisches Symbol dargestellt würde.

Versuchen wir nun die Namen in Symbole der Tattwas zu übersetzen, so erhalten wir folgende:

Samekh fällt unter Feuer.
Nun fällt unter Wasser.
Daleth fällt unter Wasser von Erde.

Lamed fällt unter Luft.
Peh fällt unter Feuer.
Nun fällt unter Wasser.

Man faßt dieselben folgendermaßen zusammen: Eine silberne Sichel auf einem roten Dreieck über einem gelben Quadrat. Alle drei sind von einer großen silbernen Sichel eingeschlossen und aufgeladen. Um ein weiteres Beispiel zu wählen, betrachten wir das telesmatische Bild des Buchstaben ALEPH. Auf der Ebene von BRIAH ist dieses eher maskulin als feminin und würde durch eine kaum sichtbare geistige Figur zusammengefaßt, die Kopfbedeckung geflügelt, der Körper in Wolken gehüllt und von Nebel verschleiert, als würden Wolken darum fließen und die Umrisse verdecken, so daß Füße und Beine kaum zu sehen wären. Es repräsentiert den Geist des Äthers. In der Welt JETZIRAH würde es sich um einen Krieger mit geflügeltem Helm handeln, mit engelhaftem Gesicht, aber recht wild, Körper und Arme gepanzert, Beine und Füße in gepanzerten Stiefeln mit Flügeln daran, und er trägt ein Kind.

Der gleiche Buchstabe ALEPH stellt in ASSIAH eine furchtbare Kraft dar und eine wilde Energie (die Form des Buchstaben gleicht fast der Swastika). Auf der menschlichen Ebene würde ihm eine verrückte Person entsprechen, die manchmal furchterregende manische Anfälle bekommt. Auf die Elementarwelt übertragen, stellt ALEPH eine Gestalt dar, deren Körper zwischen dem eines Mannes und einem Tier schwankt. In der Tat ist die ASSIATISCHE Gestalt von der bösen Sorte mit einer Kraft, die wie aus der eines Vogels und eines Dämonen zusammengesetzt ist – ein schreckliches Ergebnis.

Der Buchstabe ALEPH steht für Spiritualität in hohen Belangen. Wenn er aber auf eine ASSIAH entsprechende oder tiefere Ebene übertragen wird, ergibt sich etwas Furchtbares und Unausgewogenes, weil die Kraft der Materie so sehr entgegengesetzt ist, daß ihre Verbindung nichts Harmonisches ergeben kann. Diese Erkenntnis ist sehr wichtig und betrifft alle Formen magischer Arbeit im Orden.

Die strahlenden Kräfte des göttlichen Lichts, auch Engel genannt, haben kein Geschlecht im groben Sinne des Wortes, doch können sie eher der männlichen oder weiblichen Seite zugeordnet werden. In der menschlichen Gestalt ist das Geschlecht im Gesicht nicht so erkennbar wie am Körper, obwohl auch das Antlitz genau dem maskulinen oder femininen Typ zugeordnet werden kann. Wenn wir also die materielle Ebene verlassen, wird das Geschlechtliche weniger deutlich oder eher auf andere Weise erkennbar, obgleich der Unterschied

Grundlagen der Magie

zwischen männlich und weiblich erhalten bleibt. Der große Irrtum der phallischen Religionen liegt darin, daß sie die materielle und grobe Seite der Sexualität auf die göttlichen und engelhaften Ebenen übertragen haben, wobei sie nicht verstanden, daß das Niedere aus dem Höheren durch die Entsprechung der materiellen Entwicklung hervorgegangen ist, nicht jedoch das Höhere aus dem Niederen. Das Geschlecht, im gewöhnlichen Sinne des Wortes, gehört den Elementargeistern, den Cherubim, Feen, Planetengeistern und olympischen Geistern an – wie auch den Qlippoth in der übertriebensten, tierischsten Weise; und das nimmt mit der Tiefe ihres Falls noch zu. Auch bei bestimmten Elementargeistern ist es übertrieben und abstoßend.

Bei den höheren und engelhaften Wesen ist das Geschlecht auf die Form bezogen, die entweder stetig und fest oder eilend ist. Festigkeit, wie die eines Felsens oder einer Säule, ist das Wesen der Weiblichkeit, wogegen Unruhe und Bewegung das Wesen des Männlichen ist. Bei der Zuordnung des Geschlechts zu Engelsgestalten und -bildern sollte das klar verstanden werden.

Unsere Tradition faßt alle Kräfte unter die Oberbegriffe der heftigen und stürmischen Kräfte oder der festen und stetigen zusammen. Eine Gestalt, die erstere repräsentiert, heißt also eine maskuline, und für letztere eine feminine.

Bei der Formung telesmatischer Bilder aus gewöhnlichen okkulten Namen und Worten werden die Buchstaben der Einfachheit halber jedoch nach der maskulinen und femininen Gruppierung angeordnet. Diese Klassifikation will aber nicht behaupten, die Buchstaben trügen nicht beide Naturen in sich, denn in jedem Buchstaben – wie auch in jeder Sephirah – ist die Doppelnatur des Männlichen und Weiblichen. Sie zeigt nur eine Tendenz, was die Unterschiede der zuvor genannten Kräfte betrifft.

Es sind also jene eher maskulin als feminin, deren zugeordnete Kraft in der Wirkung schneller ist. Und jene wiederum sind eher feminin als maskulin, die eine stetigere und festere Kraft repräsentieren, weshalb alle Buchstaben, deren Klang langgezogen ist, als bewegte er sich vorwärts, eher maskulin als feminin sind. Bestimmte andere sind geschlechtslos, neigen aber mehr zur einen oder anderen Seite. (Von G.H. Frater D.D.C.F. – Mathers).

G.H. Frater D.D.C.F. (Mathers)

Telesmatische Zuordnungen
zu den Buchstaben des hebräischen Alphabetes

ALEPH. Geistig. Grundsätzlich Flügel, geschlechtslos, eher männlich als weiblich, eher dünner Typus.
BETH. Aktiv und leicht, männlich.
GIMEL. Grau, schön, aber wechselhaft, weiblich, Gesicht und Körper ziemlich voll.
DALETH. Sehr schön und attraktiv, weiblich, Gesicht und Körper ziemlich voll.
HEH. Wild, stark, recht feurig, weiblich.
VAU. Stetig und stark, ziemlich schwer und unbeholfen, männlich.
ZAJIN. Dünn, intelligent, männlich.
CHETH. Volles Gesicht mit geringem Ausdruck, weiblich.
TETH. Recht stark und feurig, weiblich.
JOD. Hell weiß und zart, weiblich.
CAPH. Groß und stark, männlich.
LAMED. Wohlproportioniert, weiblich.
MEM. Spiegelnd, traumhaft, geschlechtslos, aber eher weiblich als männlich.
NUN. Breites entschlossenes Gesicht, männlich, ziemlich dunkel.
SAMEKH. Dünnes ausdrucksstarkes Gesicht, männlich.
AJIN. Ziemlich mechanisch, männlich.
PEH. Wild, stark, resolut, weiblich.
TZADDI. Nachdenklich, intellektuell, weiblich.
QOPH. Ziemlich volles Gesicht, männlich.
RESH. Stolz und dominierend, männlich.
SHIN. Wild, aktiv, geschlechtslos, eher männlich als weiblich.
TAU. Dunkel, grau, geschlechtslos, eher männlich als weiblich.
(Diese Geschlechtsangaben sind nur der Bequemlichkeit halber gegeben.)

Zusammenfassung

Konzentriere dich beim Vibrieren der Namen auf deine höchsten Ziele und das weiße Leuchten von Kether. Astrale oder materielle

Grundlagen der Magie

Schwingungen allein sind gefährlich. Konzentriere dich dann auf dein Tiphareth, das Zentrum über dem Herzen, und ziehe die weißen Strahlen von oben in es hinein. Bilde die Buchstaben in weißem Licht in deinem Herzen nach. Atme tief ein und sprich dann die Buchstaben des Namens aus, wobei du jeden in deinem ganzen Organismus vibrieren läßt – als würdest du die Luft vor dir in Schwingung versetzen und als würde sich die Schwingung in den Raum hinaus ausbreiten.

Das Weiß soll erstrahlen.

Die Sigille werden von den Buchstaben der Rose auf dem Kreuz gebildet, und sie befinden sich in Tiphareth, welches dem Herzen entspricht. Ziehe sie, als sei die Rose in deinem Herzen.

Vibriere die Namen so häufig, wie es ihrer Buchstabenzahl entspricht. Das bildet den invozierenden Wirbel.

Beispiel: Das Vibrieren von ADONAI HA-ARETZ.

Führe das bannende Pentagrammritual in die vier Richtungen deines Raumes durch, nachdem du das kabbalistische Kreuz formuliert hast. Gib dann in jede Richtung das Zeichen des Adeptus Minor, sprich das IAO und LVX, wobei du das Symbol des Rosenkreuzes machst, wie es im Dokument über das Rosenkreuz-Ritual beschrieben ist.

Gehe in die Mitte des Raumes und blicke nach Osten. Formuliere dann in leuchtend weißen Buchstaben den Namen in Kreuzform – das heißt sowohl senkrecht als auch waagerecht, wie man in der Skizze sieht.

Es gibt noch eine weitere Methode, das Geschlecht herauszufinden, die davon anhängt, ob der Klang der *hebräischen* Buchstaben gehemmt oder langgezogen ist. In ersterem Fall ist er maskulin, in letzterem feminin:

Langgezogener Klang (Maskulin)

Aleph – gedehntes A
Vau – U, V, Uh
Caph – K, Kh
Samekh – S
Qoph – Q, Qh
Shin – Sh, S

Beth – B, Bh
Zajin – Z
Nun – N
Ajin – O, Ngh, Au
Resh – R

Gehemmter Klang (Feminin)

Gimel – G, Gh
Heh – H
Teth –
Lamed – L
Peh – P, Ph
Tau – T, Th

Daleth – D, Dh
Cheth – Ch (guttural/kehlig)
Jod – I, J, Y
Mem – M
Tzaddi – Tz

Diese stellen zwei Vorgänge dar: Den *invozierenden Wirbel*, der zum Herzen Bezug hat, und den *expandierenden Wirbel*, der zur Aura Bezug hat.

ADNI ergibt eine Gestalt vom Kopf bis zum Gürtel; HA-ARETZ vom Gürtel bis zu den Füßen. Der gesamte Name gehört zu Malkuth, Materie und der Zelatorschaft.

ALEPH. Geflügelte, weiße, strahlende, leuchtende Krone.
DALETH. Kopf und Hals einer Frau, schön, aber fest, langes Haar, dunkel und wallend.
NUN. Bloße Arme, stark, zu einem Kreuz ausgestreckt. In der Rechten sind Kornähren, in der Linken ein goldener Kelch, große, dunkel ausgebreitete Flügel.
JOD. Dunkle gelbgrüne Robe, die eine starke Brust bedeckt, auf welcher ein quadratisches Lamen aus Gold mit einem scharlachroten griechischen Kreuz hängt, mit vier kleineren roten Kreuzen in den Ecken.

Grundlagen der Magie 567

Hinzu kommt ein breiter goldener Gürtel, auf den in henochischen oder hebräischen Buchstaben ADONAI HA-ARETZ geschrieben steht.
Die Füße werden fleischfarben in goldenen Sandalen dargestellt. Ein langes gelbgrünes Gewand mit olivgrünen Streifen reicht bis zu den Füßen herab. Darunter sind grell schwarze Wolken mit Farbflecken. Um die Figur herum sieht man rote Blitze. Die Krone strahlt in weißem Licht, und die Gestalt ist seitlich mit einem Schwert gegürtet.

G.H. Frater D.D.C.F. (Mathers)

Die Vibrationsmethode zur Aussprache der Gottesnamen

Beim Vibrieren der Gottesnamen sollte sich der Magier zunächst so weit wie möglich zur Idee des göttlichen weißen Strahlens in KETHER erheben. Dabei hält er seinen Geist auf der Ebene seiner höchsten Ziele. Wenn das nicht getan wird, ist es schwierig, allein mit den astralen Kräften zu vibrieren, weil diese Vibrationen bestimmte Kräfte zum Magier ziehen, und das Wesen dieser Kräfte hängt stark von der Geisteshaltung des Magiers ab.

Die gewöhnliche Vibrationsmethode ist die folgende: Nimm einen tiefen und vollen Atemzug und konzentriere dein Bewußtsein im Herzen, welches Tiphareth entspricht. Wie bereits gesagt, hast du dich zunächst zu Kether erhoben und sollst dann das weiße Strahlen in dein Herz herabholen, bevor du dein Bewußtsein dort sammelst.

Formuliere dann die Buchstaben des erforderlichen Namens in deinem Herzen in weißer Farbe, und spüre sie dort wie niedergeschrieben. Bilde die Buchstaben auf jeden Fall in strahlend weißem Licht, nicht bloß in dumpfem Weiß wie bei der Farbe des Tattwas Apas. Stoße dann den Atem aus und sprich die Buchstaben langsam, so daß der Klang *in dir vibriert*. Imaginiere, daß der von deinem Körper ausströmende Atem *dich anschwellen läßt, so daß du den Raum ausfüllst*. Sprich den Namen aus, als ließest du ihn durch das gesamte Universum schwingen, als hielte er nicht inne, bis er die fernsten Begrenzungen erreicht.

Alle praktische okkulte Arbeit, die etwas taugt, ermüdet den Magier und entzieht ihm Magnetismus. Willst du also etwas ausführen, was irgendeine Bedeutung erlangen soll, so mußt du dich in perfektem magnetischem und nervlichem Zustand befinden, oder dein Ergebnis ist nicht gut, sondern übel.

Wenn du die Namen benutzt und ein Sigill von der Rose zeichnest, mußt du daran denken, daß die Rose und das Kreuz der Sephirah Tiphareth zugehören, deren Lage dem Herzen entspricht, als läge die Rose darin.

Es ist nicht immer notwendig, die telesmatische Engelsgestalt des Namens vor dir aufzubauen.

Vibriere, als grundsätzliche Regel, den Namen so oft, wie die Anzahl seiner Buchstaben ist.

(Anmerkung: Ich empfinde immer große Genugtuung, wenn ich von einem Studierenden höre, der zu seiner Zufriedenheit mit dem System des Golden Dawn gearbeitet hat. Hin und wieder weist mich jemand auf eine Schrift oder ein Buch hin, das von einem Studierenden geschrieben wurde, der in diesem System eine wertvolle Technik gefunden hat. Vor wenigen Monaten wurde ich auf *Angelic Images* von einem Frater A.H.E.H.O. in England aufmerksam. Es handelt sich dabei um ein gut geschriebenes kleines Handbuch zum Gebrauch der telesmatischen Bilder. Wie der Autor sagt, findet sich diese Methode ausschließlich im Golden Dawn, aber es ist seltsam, daß eine so hervorragende Technik nirgendwo weiter kommentiert wurde. Er schlägt vor, diesen Mangel zu beseitigen, und war darin so erfolgreich, daß ich das Büchlein sehr empfehlen möchte. Es ist bei Sorcerer's Apprentice in Leeds, Yorkshire, zu erhalten.

AHEHOs Darstellung der Technik ist diese: Wie ein Saphir grob und von rohem Aussehen aus der Erde geholt wird, so liegen diese beiden Aufsätze vor uns – altertümlich geschrieben, unzusammenhängend, stellenweise anscheinend wertlos. Wie aber der Edelstein geschnitten und zu strahlendem Glanz geschliffen wird, so erhält man aus diesen Aufsätzen, wenn sie studiert und bearbeitet werden, ein funkelndes Juwel, einen strahlenden Saphir, dessen reflektiertes Licht dazu dienen kann, die dunklen Pfade des Kosmos zu erleuchten. I.R.)

V.H. Frater A.M.A.G. (I. Regardie)

Eine andere Methode zum Vibrieren der Gottesnamen

Vor nicht allzulanger Zeit stieß ich auf eine Technik, die, obwohl sie nicht ganz dem Golden Dawn entstammt, mit seinen Grundprinzipien so sehr übereinstimmt, daß ich damit experimentierte, um festzustellen, ob sie magisch tauglich sei. Wie ich entdeckte, ist dies der Fall, und noch einiges darüber hinaus.

Sie stellt auch eine gute Grundlage zum Verständnis für die Wirkung der Vibration von Gottesnamen auf den eigenen Organismus dar, falls man diese noch nicht erfaßt hatte. Man entwickelt dabei großen Respekt für die Technik selbst. Sie wurde von einem Metaphysiker namens Brown Landone in einer Broschüre dargestellt, die den Titel *The Great Spiritual Responsiveness of Body and Awakening the Brain of Spirit* (Die hohe geistige Empfindsamkeit des Körpers und das Erwecken des geistigen Gehirns) trägt. Der Titel beeindruckt und der Inhalt im wesentlichen auch. Landone beschreibt ein kleines Experiment, das für alle wichtig ist, die die Methode intelligent anzuwenden wünschen.

Bevor ich es beschreibe, will ich die in Z-1 gegebenen Anleitungen noch einmal wiederholen.

Die Symbolik der Eröffnungszeremonie des Neophytengrades.
Der Adept stehe aufrecht in Form des Passionskreuzes, vibriere den göttlichen Namen und atme bei seiner Formulierung tief in die Lungen ein. Er halte dann den Atem an und spreche den Namen still in seinem Herzen, um ihn mit den Kräften zu verbinden, die er dadurch zu erwecken wünscht. Dann sende er ihn durch seinen Körper bis unter Jesod hinab, lasse ihn aber nicht dort. Indem er sein physisches Leben als materielle Basis betrachtet, schickt er ihn in die Füße hinunter. Dort soll er den Namen für einen Augenblick wieder sprechen. Dann bringe er ihn eilends hinauf in die Lungen, von wo er ihn kräftig ausstößt, während er den Gottesnamen vibriert. Er sendet seinen Namen gleichmäßig hinaus ins Universum, um die dem Namen entsprechenden Kräfte in der äußeren Welt zu erwecken. Er stehe mit zu einem Kreuz ausgestreckten Armen, während er den Atem imaginativ zu den Füßen und zurück geleitet

hat, dann bringe er die Arme in die Stellung zum Zeichen des Eintretenden, während er den Namen ins Universum hinausvibriert. Nachdem er dies vollendet hat, gebe er das Zeichen des Schweigens und bleibe still in der Kontemplation der angerufenen Kräfte.

Die zu beschreibende Alternative ist nicht grundsätzlich anders. Tatsächlich stimmen beide Methoden bis auf einen Aspekt überein. Bevor ich diesen darstelle, werde ich das von Brown Landone empfohlene Experiment beschreiben.

Nimm ein Stück eines gewöhnlichen Eßbestecks – einen langen Löffel, eine Gabel, ein Messer oder so etwas, es kommt nicht darauf an, solange es aus Metall und geeignet ist, Schwingungen weiterzuleiten. Das ist alles, was man braucht. Nimm dann ein etwa ein Meter langes Stück Faden. Wickle die Mitte des Fadens fest um den Löffel, oder was es ist, und lasse die Enden frei. Halte die Enden zwischen Daumen und Zeigefinger, in jeder Hand eines. Schwinge dann den Löffel gegen eine Tischkante. *Höre auf den erzeugten Klang.* Je nach Löffel und Tisch wird ein bestimmter Ton angeschlagen. Merke ihn dir.

Nachdem du das gemacht hast, nimm ein Ende des Fadens fest um ein Glied des Zeigefingers. Tue das an beiden Händen. Stecke dann die betreffenden Fingerspitzen leicht in die Ohren. Schwinge dann den Löffel wieder so, daß er gegen eine Tischkante stößt. Stelle dabei fest, welches Geräusch der Löffel nun im Ohr erzeugt. Ich muß zugeben, daß ich ziemlich erstaunt war, als ich das Experiment zum ersten Mal durchführte.

Der dabei entstehende Ton hat mit dem ersten wenig Ähnlichkeit, er hört sich eher an wie eine Kirchenglocke. Wiederhole das mehrfach, damit der Eindruck deutlich und erinnerbar ist.

Mr. Landone meint dann, dieser Klang sei es, den wir auch beim Sprechen, Erzählen oder Beten hervorrufen. Und diesen Klang erzeugen wir auch beim Summen. Und das Summen empfiehlt Landone in Verbindung mit verschiedenen Gebeten und so weiter, die er vorschreibt. Diese innere Schwingung ist es, derer wir normalerweise nicht bewußt sind, die den ganzen Organismus durchzieht. Sie muß auf jedes Molekül in jeder Zelle wirken, so daß alle mit dem intonierten Gottesnamen im Einklang schwingen.

Ich schlage jedoch keine bestimmten Gebete vor. Meine einzige Empfehlung ist, dieses Summen in Verbindung mit der Ordensmethode zum Vibrieren der Gottesnamen anzuwenden, denn ich weiß

Grundlagen der Magie

aus Erfahrung, was die volle Wirkung der Formel auslösen kann. Folge in allen anderen Fällen, bei denen unterschiedliche Namen vibriert werden, wie im Pentagramm- und Hexagrammritual, den Regeln und Methoden, die in den entsprechenden Ordensschriften beschrieben sind. Aber wenn du den Namen ausatmest, wie oben erklärt, dann *summe ihn hinaus*. Versuche ihn nicht deutlich zu formulieren oder zu vibrieren. *Summe den Namen*. Während du aber summst, imaginiere deutlich oder halte den geistigen Vorsatz, daß der und der Name beim Summen vibriert.

Wird zum Beispiel der Name METATRON oder SANDALPHON benutzt, wie es in diesem Dokument vorgeschlagen ist, sollte er mit dem ausströmenden Atem gesummt werden. Wie in den entsprechenden Anleitungen erklärt, sollte der Name in hebräischen Buchstaben auf dem Atem reiten. Wenn die Anleitung sagt, du sollst dir vorstellen, daß der den Körper verlassende Atem dich anschwellen läßt, so daß du den Raum ausfüllst, dürfte die Annahme leichtfallen, daß der beim Summen innen erzeugte Klang genau das tut. Das erfordert zwar eine ganze Menge Übung, aber ich denke, du wirst es der Mühe für wert halten.

Ich habe die Vibrationsformel viele Jahre hindurch angewendet und möchte dem Studierenden, der die Arbeit damit gerade beginnt, einige Vorschläge machen. Der erste ist, den Namen des Gottes oder Erzengels, mit dem man arbeiten will, auf eine große Tafel oder ein Stück Papier zu schreiben. Schreibe es mit einem weichen Faserschreiber und mache die Buchstaben sehr groß. Stelle es ein bis zwei Meter von dem Ort, an dem du arbeitest, entfernt auf, damit es leicht zu sehen ist. Während du den Namen visualisierst, fällt es anfangs leichter, wenn du dabei zuerst auf die Tafel schaust. Mit ein wenig Übung ist es auch möglich, mit offenen Augen zu visualisieren. Falls nicht, öffne sie in Abständen und wirf einen schnellen Blick auf die Tafel. Das dient als Visualisationshilfe.

Der zweite Tip ist, langsam anzufangen, wenn du noch nicht an die Hyperventilation gewöhnt bist. Stelle dich ans Ende des Bettes oder lege eine Matratze hinter dich, während du arbeitest. Der Sinn der Sache ist, daß die Übung zu einer Hyperventilation führt, die Schwindel und wacklige Knie zur Folge haben kann, so daß man ziemlich häufig umfällt. Da ist es natürlich besser, auf eine weiche Oberfläche zu fallen, als auf eine harte und sich zu verletzen. Nimm diese Warnung bitte sehr ernst.

Übe die Methode – mit Tafel und Bett – einige Male, bevor du sie in der vollen Ritualarbeit im Tempel einzusetzen versuchst. Entwickle zunächst einige Fertigkeit, so daß du im Tempel nicht wegen der Hyperventilation umfällst.

Bist du mit dem Konzept des Hyperventilierens nicht vertraut, so lies *Undoing Yourself with Energized Meditation and Other Devices* von Christopher S. Hyatt (Falcon Press, 1981). Außerdem setzt sich mein Buch über die Vegetotherapie von Wilhelm Reich, das 1984 bei Falcon Press erschien, ausführlich mit dem Thema auseinander.

G.H. Frater D.D.C.F. (Mathers)

Geomantie

Eins

Die Figuren der Geomantie bestehen aus verschiedenen Gruppen gerader und ungerader Punkte in vier Reihen. Die Höchstzahl ihrer Kombinationen ist 16. Deshalb bilden die 16 Kombinationen auf vier Reihen angeordneter gerader und ungerader Punkte die 16 geomantischen Figuren. Diese werden wiederum nach den Elementen, den Tierkreiszeichen und den Planeten geordnet. Zu jedem der sieben Planeten gehören zwei der Figuren, die beiden übrigen werden Caput und Cauda Draconis zugeordnet, dem Kopf und Schwanz des Drachen oder dem nördlichen und südlichen Mondknoten. Darüber hinaus werden jedem Planeten und Zeichen bestimmte herrschende Genien zugeteilt.

Zwei

Grob gesagt, besteht die Methode zur Festlegung der ersten vier geomantischen Figuren, aus denen der Rest der Divinationsfolge errechnet wird, darin, daß man mit locker gehaltenem Stift auf einem Stück Papier in zufälliger, unkontrollierter Folge 16 Reihen von Punkten oder Strichen beliebiger Zahl macht. Das sollte sehr schnell durchgeführt werden, wobei man sich die Fragestellung die ganze Zeit hindurch deutlich vor Augen hält. Sind die 16 Reihen vervollständigt, werden die Punkte in jeder Reihe einzeln gezählt. Ist das

Ergebnis eine ungerade Zahl, wird in das erste von drei Feldern am rechten Papierrand ein Punkt oder Kreuz gemacht. Ist ihre Anzahl gerade, werden zwei Punkte oder Kreuze gemacht. Diese 16 Reihen sind unten dargestellt.

Linker Zeuge	Rechter Zeuge	Richter	

Diese ergeben vier geomantische Figuren. Das Ergebnis, gerade oder ungerade, der Reihen 1 bis 4 bildet die erste Figur, die Reihen 5 bis 8 die zweite, die Reihen 9 bis 12 die dritte, die Reihen 13 bis 16 die vierte, wie im Diagramm gezeigt.

Das Symbol des Pentagramms mit oder ohne umschriebenen Kreis sollte am oberen Ende des Papiers angebracht werden, auf dem die

Tabelle zur geomantischen Divination

15 Punkte ungerade •

15 Punkte ungerade • • Fortuna Minor

16 Punkte gerade • •

14 Punkte gerade • •

15 Punkte ungerade •

16 Punkte gerade • • Amissio

15 Punkte ungerade •

14 Punkte gerade • •

12 Punkte gerade • •

6 Punkte gerade • • Fortuna Major

9 Punkte ungerade •

7 Punkte ungerade •

10 Punkte gerade • •

11 Punkte ungerade • Rubeus

10 Punkte gerade • •

10 Punkte gerade • •

Punkte sind. Das Papier sollte peinlich sauber und zuvor noch für keinen anderen Zweck benutzt worden sein. Wenn mit dem Pentagramm ein Kreis gezogen wird, sollte er vor diesem gezeichnet werden. Das Pentagramm sei stets von der »invozierenden« Art, wie im

Grundlagen der Magie

Abschnitt über das Pentagrammritual beschrieben. Da das Pentagramm auf die Erde bezogen werden soll, beginne man, es von der Spitze zur linken unteren Ecke zu zeichnen, und man schließe den Schlußwinkel sorgfältig. Während man langsam das Pentagramm zeichnet, soll der Gottesnamen der Erde intoniert oder vibriert werden: ADONAI ha-ARETZ. Bevor man mit dem Zeichnen des Sigills fortfährt, intoniere man ihn zwei- oder dreimal. Das hilft dabei, den Geist zu konzentrieren und zur höchsten Einheit zu erheben, die mit dieser Methode erreichbar ist. Denke daran, daß der Anwärter im rituellen Eid gelobt, bei allen seinen magischen Arbeiten stets den höchsten ihm bekannten Gottesnamen anzurufen. So arbeitet er stets unter der Ägide des Göttlichen. In die Mitte des Pentagramms wird das Sigill des »Herrschers« gesetzt, auf dessen Bereich die betreffende Frage Bezug nimmt.

Ist die Frage von saturnischem Wesen, wie etwa beim Ackerbau, Sorgen, Tod und so weiter, dann wird das Sigill des Zazel in das Pentagramm gesetzt. Betrifft sie Jupiter, Glück, Feiern, kirchliche Beförderung und so weiter, nimmt man das Sigill des Hismael. Geht es um Mars, Krieg, Kämpfe, Sieg und so weiter, das Sigill des Bartzabel. Für die Sonne, Macht, Meisterschaft, Erfolg und so weiter, das Sigill des Sorath. Geht es um Venus, Liebe, Musik, Vergnügen und so weiter, das Sigill des Kedemel. Ist Merkur betroffen, mit Wissenschaft, Lernen, Gaunereien und so weiter, das Sigill des Taphthartharath. Geht es um Reisen, Fischen und so weiter unter dem Mond, nimmt man das Sigill des Chasmodai. In obigem Diagramm ist das Sigill des Hismael eingesetzt.

Während des Festlegens der Punkte sollte der Blick fest auf das Sigill im Pentagramm gerichtet sein, und man sollte die anstehende Frage sorgfältig erwägen.

Es ist eine gute Idee, den Namen des Herrschers laut auszusprechen, wenn du ihn anrufst. Darauf sollte eine *kurze* Aussage zum Gegenstand der Divination folgen, die oft wiederholt wird. Die Hand wird nicht vom Papier genommen, bis alle 16 Reihen fertig sind.

Willst du zum Beispiel eine Frage in bezug auf die Erlangung von Wohlstand stellen, benutzt du das zu Jupiter gehörige Sigill des Hismael. Während du dann in zufälliger Menge die Punkte machst, wiederholst du drei- oder viermal den Namen des Hismael, gefolgt von: »Werde ich die und die Summe Geld erhalten?« (Lege einen Zeitraum dafür fest. Die Formulierung der Frage sollte sehr bestimmt und genau sein.) Die ganze Phrase sollte oft wiederholt werden, bis alle 16 Punktreihen fertig sind.

Geomantische Zuordnungen

Sigill	Herrscher	Planet	Zeichen
	Bartzabel	Mars	Widder
	Kedemel	Venus	Stier
	Taphthartharath	Merkur	Zwillinge
	Chasmodai	Mond	Krebs
	Sorath	Sonne	Löwe
	Taphthartharath	Merkur	Jungfrau
	Kedemel	Venus	Waage
	Bartzabel	Mars	Skorpion
	Hismael	Jupiter	Schütze
	Zazel	Saturn	Steinbock
	Zazel	Saturn	Wassermann
	Hismael	Jupiter	Fische
	Zazel	Saturn	Cauda Draconis
	Bartzabel	Mars	Cauda Draconis
	Hismael	Venus[1]	Caput Draconis
	Kedemel	Jupiter[1]	Caput Draconis
	Sorath	Sonne	Löwe
	Chasmodai	Mond	Krebs

[1] Anm. d. Übers.: Hier sind offenbar Jupiter und Venus vertauscht worden.

Grundlagen der Magie 577

Geomantische Zuordnungen

Element	Figur	Name und Bedeutung der Figur
Feuer	⁙	Puer, ein blonder, bartloser Junge
Erde	⁙	Amissio, Verlust von außen
Luft	⁙	Albus, weiß, schön
Wasser	⁙	Populus, Ansammlung von Menschen
Feuer	⁙	Fortuna Major, großes Glück, Hilfe, Einstieg
Erde	⁙	Conjunctio, Zusammensetzung, Einheit
Luft	⁙	Puella, ein Mädchen, schön
Wasser	⁙	Rubeus, rot, rötlich
Feuer	⁙	Acquisitio, Erfolg, innerlich verstanden
Erde	⁙	Carcer, ein Gefängnis, gebunden
Luft	⁙	Tristitia, Traurigkeit, Verdammtheit, Kreuz
Wasser	⁙	Laetitia, Freude, Lachen, gesund, bärtig
Feuer	⁙	Cauda Draconis, untere Schwelle, hinausgehen
Erde	⁙	Caput Draconis, Herz, obere Schwelle, hineingehen
Feuer	⁙	Fortuna Minor, kleines Glück, Hilfe, Ausstieg
Wasser	⁙	Via, Weg, Reise

Ein Bleistift ist einem Federhalter vorzuziehen, um die Punkte zu markieren. Oder man nehme einen modernen Filzschreiber, der für diesen Zweck ideal ist. Es ist praktischer, die vier Linien, die eine geomantische Figur abteilen, vorher auf das Papier zu ziehen, wie auf der vorigen Seite gezeigt.

Die ersten geomantischen Figuren, die direkt aus den 16 Punktreihen gebildet werden, nennt man die vier Mütter. Aus ihnen erhält man die übrigen, für das geomantische Schema nötigen Figuren.

Diese sollten nun der Bequemlichkeit halber von rechts nach links in eine Reihe gezeichnet werden, obwohl entsprechende Praxis das überflüssig macht. Die erste Figur wird dem Süden zugeordnet, die zweite dem Osten, die dritte dem Norden und die vierte dem Westen.

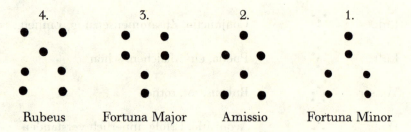

Die vier Mütter

Von diesen vier Müttern fertigt man nun abgeleitete Figuren an, die man als die vier Töchter bezeichnet: Die oberen Punkte der 1. Mutter ergeben die oberen Punkte der 1. Tochter. Die entsprechende obere Linie der 2. ergibt die zweite Linie der 1. Tochter. Die erste Linie der 3. Mutter ergibt die dritte Linie der 1. Tochter. Die erste Linie der 4. Mutter ergibt die vierte Linie der 1. Tochter. *Nach dieser Regel werden alle Tochter-Figuren gebildet.*

Die zweite Punktreihe der Mutter-Figuren ergibt also die 2. Tochter. Die dritte Punktreihe der vier Mutter-Figuren ergibt die 3. Tochter und die vierte Punktreihe der vier Mütter die 4. Tochter.

Nach Anwendung dieser Regel haben die vier Töchter folgende Gestalt:

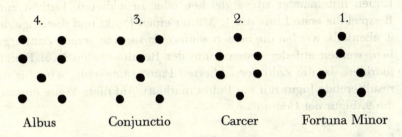

Diese werden für den Anfänger wieder der Bequemlichkeit halber in eine Reihe links von den vier Müttern aufgezeichnet.

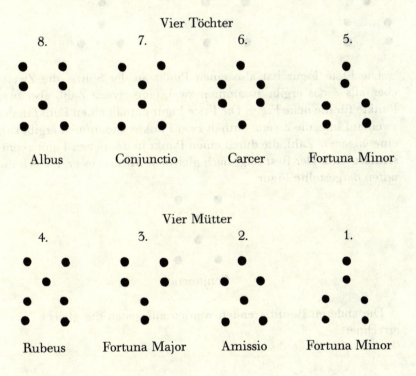

Aus diesen acht Figuren werden nun vier weitere ausgerechnet, die man als *die vier Resultierenden oder die vier Neffen* bezeichnet. Sie bilden die 9., 10., 11. und 12. Figur des Schemas. Die 9. Figur wird aus der Summe der Punkte der 1. und 2. Figur gebildet, die 10. aus der 3. und 4., die 11. aus der 5. und 6. Figur, die 12. aus der 7. und 8. Figur. Die Regel besteht darin, die Punkte der sich entsprechenden Linien miteinander zu vergleichen oder zu addieren. Enthält zum Beispiel die erste Linie der 1. Mutter einen Punkt und diejenige der 2. ebenfalls, werden die beiden addiert; da sie eine gerade Zahl ergeben, werden auf der ersten Linie der Resultierenden zwei Punkte markiert. Ist die Zahl der addierten Punkte ungerade, wird für die resultierende Figur nur ein Punkt markiert. Auf diese Weise entsteht die 9. Figur der Conjunctio.

Erste Figur   Zweite Figur   Conjunctio

Die Erste Figur hat also einen Punkt an der Spitze, die Zweite ebenfalls – das ergibt zusammen zwei, eine *gerade* Zahl, also zwei Punkte für die neue Figur. Die Erste Figur enthält einen Punkt in der zweiten Linie, die Zweite enthält zwei Punkte. Zusammen ergibt sich eine *ungerade* Zahl, die durch einen Punkt in der neuen Figur repräsentiert wird. Der Rest folgt nach gleichem Muster; es ergibt sich die unten dargestellte Figur:

Conjunctio

Die anderen Resultierenden werden auf genau die gleiche Weise errechnet:

Grundlagen der Magie

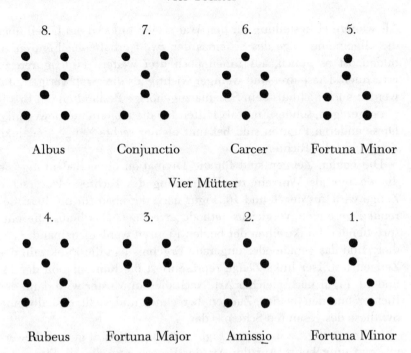

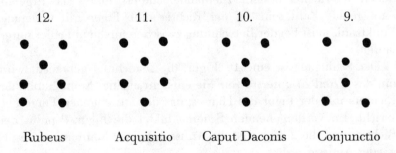

Auf diese Weise ergeben sich die vier Resultierenden:

Also sind so die zwölf Hauptfiguren des geomantischen Divinationsschemas vollständig. Sie entsprechen wiederum den zwölf astrologischen Häusern, mit denen sie später verglichen werden.

Drei

Als weitere Hilfestellung für den Wahrsager, um sich ein Urteil über die allgemeine Lage des Schemas der zwölf erhaltenen Figuren zu bilden, ist es üblich, aus ihnen noch drei weitere Hilfsfiguren zu errechnen. Diese drei sind weniger wichtig als die zwölf vorigen und werden auch nicht als dem Schema zugehörige Bestandteile in Erwägung gezogen, sondern nur als Hilfen für die allgemeine Bewertung. Diese anderen Figuren sind bekannt als der rechte Zeuge, der linke Zeuge und der Richter.

Die beiden Zeugen sind für die Divination ohne Bedeutung, sie dienen nur als Wurzeln zur Errechnung des Richters. Der rechte Zeuge wird aus der 9. und 10. Figur nach der oben für die Resultierenden gezeigten Vergleichsmethode errechnet. Das heißt, die entsprechenden Punktreihen der beiden Figuren werden zueinander addiert, und das gerade oder ungerade Ergebnis legt die Punktzahl des Zeugen fest. Der linke Zeuge repräsentiert die Kombination der 11. und 12. Figur nach gleicher Art. Nach diesem Muster wird dann der Richter aus den beiden Zeugen berechnet und stellt deshalb eine Synthese des gesamten Schemas dar.

Ist er günstig, ist die ganze Figur günstig und wird günstig bewertet; und umgekehrt. Aus der Art der Berechnung der 15. Figur, des Richters, läßt sich schließen, daß die Gesamtzahl seiner Punkte stets gerade sein muß. Wenn man also die Punkte der vier Linien, aus denen der Richter besteht, zueinander addiert, müßte das Ergebnis eine gerade Zahl sein. Ist der Richter eine Figur mit ungerader Punktzahl, so ist bei der Berechnung zwischendurch ein Fehler unterlaufen.

Der Schlichter ist eine 16. Figur, die manchmal gebraucht wird, um das Urteil zu unterstützen. Sie entsteht aus der Kombination des Richters mit der Figur des Hauses, das der anstehenden Frage entspricht. Im vorhergehenden Schema bildet die Figur Populus den Richter, und die 2. Figur ist die Amissio. Beider Kombination ergibt wieder Amissio.

Um zu entdecken, wohin der Glückspunkt fällt, addiert man alle Punkte der ersten zwölf Figuren. Teile diese Zahl durch 12 und lege den Glückspunkt zu der Figur, die dem Rest entspricht. Gibt es keinen Rest, fällt der Glückspunkt auf alle zwölf Figuren. Er symbolisiert leichtgewonnenes Geld, Bargeld, das dem Fragenden gehört, und ist in allen Geldfragen äußerst wichtig.

Grundlagen der Magie

Vier

Die Bedeutung der zwölf Häuser ist, kurz gefaßt, die folgende:

Erstes Haus (Aszendent)
Leben, Gesundheit, der Fragende und so weiter.

Zweites Haus
Geld, Besitz, persönlicher Wert.

Drittes Haus
Brüder, Schwestern, Neuigkeiten, kurze Reisen und so weiter.

Viertes Haus
Vater, Grundbesitz, Erbe. Das Grab, das Ende der Angelegenheit.

Fünftes Haus
Kinder, Vergnügen, Feste, Spekulationen.

Sechstes Haus
Bedienstete, Krankheiten, Onkel und Tanten, kleine Tiere.

Siebentes Haus
Liebe, Ehe, Gatte, Partnerschaften und Verbindungen, öffentliche Feinde, Gerichtsverfahren.

Achtes Haus
Tode, Testamente, Erbschaften; Schmerz, Sorgen. Die Habe von Toten.

Neuntes Haus
Lange Reisen, Seereisen, Wissenschaft, Religion, Kunst, Visionen und Divinationen.

Zehntes Haus
Mutter. Rang und Ehre, Handel und Beruf, Autorität, Arbeitsstelle, allgemein die Stellung in der Öffentlichkeit.

Elftes Haus
Freunde, Hoffnungen und Wünsche.

Zwölftes Haus
Sorgen, Ängste, Strafen, geheime Feinde, Krankenhäuser und Gefängnisse, unbeachtete Gefahren, Beschränkungen.

Die zwölf Figuren des geomantischen Schemas, die zuvor ausgerechnet wurden, werden den zwölf Häusern des Himmels folgendermaßen zugeordnet:

Die 1. Figur gehört ins 10. Haus.
Die 2. Figur gehört ins 1. Haus.
Die 3. Figur gehört ins 4. Haus.
Die 4. Figur gehört ins 7. Haus.
Die 5. Figur gehört ins 11. Haus.
Die 6. Figur gehört ins 2. Haus.
Die 7. Figur gehört ins 5. Haus.
Die 8. Figur gehört ins 8. Haus.
Die 9. Figur gehört ins 12. Haus.
Die 10. Figur gehört ins 3. Haus.
Die 11. Figur gehört ins 6. Haus.
Die 12. Figur gehört ins 9. Haus.

Die durch die Berechnungen erhaltenen Figuren aus dem Beispiel würden eine geomantische Tafel so füllen:

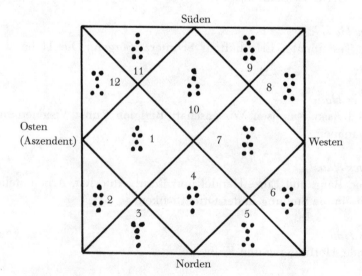

In den Originaltexten werden noch einige Interpretationen auf der Grundlage des Richters und der Zeugen gegeben, die ich ausgelassen habe. Sie erwiesen sich mir als unzuverlässig, weil sie Antworten ergaben, die keinen Zusammenhang mit den folgenden Interpretationen hatten. Sie sind auf jeden Fall mittelalterlichen Ursprungs und passen in keiner Weise zu unseren heutigen Situationen.

Es folgt nun eine allgemeine Liste der 16 Figuren in den zwölf Häusern, damit man sich leichter ein allgemeines Urteil über das Schema bilden kann. Unter der Überschrift jeder einzelnen Figur ist die allgemeine Wirkung angegeben, die sie bei der Lage in einem bestimmten Haus der astrologischen Karte hat. Indem er also das Haus betrachtet, das das Ende oder Ergebnis des Falles bezeichnet, das vierte nämlich, und bemerkt, welche Figur sich darin befindet, kann der Studierende mittels dieser Tabellen die allgemeine Wirkung in der betreffenden Lage leicht herausfinden.

Acquisitio (Erwerb)[1]

Grundsätzlich gut für Gewinn und Profit.

Aszendent	– Glücklich, Erfolg in jeder Hinsicht.
Zweites Haus	– Sehr wohlhabend.
Drittes Haus	– Begünstigungen und Reichtümer.
Viertes Haus	– Glück und Erfolg.
Fünftes Haus	– Viel Erfolg.
Sechstes Haus	– Gut, besonders, wenn es mit dem 5. übereinstimmt.
Siebtes Haus	– Ziemlich gut.
Achtes Haus	– Recht gut, aber nicht sehr. Die Kranken sterben.
Neuntes Haus	– Bei allen Fragen gut.
Zehntes Haus	– Gut bei Prozessen. Sehr wohlhabend.
Elftes Haus	– Gut in allem.
Zwölftes Haus	– Böses, Schmerz und Verlust.

---

[1] Da die geomantischen Figuren im englischen Text nur mit ihren lateinischen Namen genannt werden, haben wir diese im deutschen Text beibehalten. Nur in dieser Auflistung sind in Klammern die gebräuchlichen deutschen Namen (nach Agrippa von Nettesheim) angegeben.

Amissio (Verlust)

Günstig beim Verlust von Substanz, manchmal auch für die Liebe, sehr schlecht aber für Gewinn.

Aszendent	– In jeder Hinsicht schlecht, außer für Gefangene.
Zweites Haus	– Sehr schlecht für Geld, aber gut für die Liebe.
Drittes Haus	– Schlechtes Ende, außer im Streit.
Viertes Haus	– In jeder Hinsicht schlecht.
Fünftes Haus	– Übel, außer im Ackerbau.
Sechstes Haus	– Ziemlich schlecht für die Liebe.
Siebtes Haus	– Sehr gut für die Liebe, sonst schlecht.
Achtes Haus	– Hervorragend in jeder Hinsicht.
Neuntes Haus	– Übel in jeder Hinsicht.
Zehntes Haus	– Übel, außer für das Ansehen bei Frauen.
Elftes Haus	– Der Liebe günstig, sonst schlecht.
Zwölftes Haus	– In jeder Hinsicht schlecht.

Fortuna Major (Großes Glück)

Gut bei allem, wo ein Mensch zu gewinnen hofft.

Aszendent	– Gut, außer bei Geheimnissen.
Zweites Haus	– Gut, außer in traurigen Angelegenheiten.
Drittes Haus	– In jeder Hinsicht gut.
Viertes Haus	– Gut, außer bei Melancholie.
Fünftes Haus	– In allen Dingen sehr gut.
Sechstes Haus	– Sehr gut, außer für Ausschweifungen.
Siebtes Haus	– In jeder Hinsicht gut.
Achtes Haus	– Mäßig gut.
Neuntes Haus	– Sehr gut.
Zehntes Haus	– Außerordentlich gut. Gehe zu Vorgesetzten.
Elftes Haus	– Sehr gut.
Zwölftes Haus	– In jeder Hinsicht gut.

Fortuna Minor (Kleines Glück)

In allen Dingen gut, wo jemand schnell weiterkommen möchte.

Aszendenz	– Schnelligkeit in Sieg und Liebe, aber cholerisch.
Zweites Haus	– Sehr gut.
Drittes Haus	– Gut, aber zornig.
Viertes Haus	– Hetze; ziemlich schlecht, außer für Frieden.
Fünftes Haus	– In jeder Hinsicht gut.
Sechstes Haus	– In allem mäßig.
Siebtes Haus	– Übel, außer für Krieg und Liebe.
Achtes Haus	– Allgemein übel.
Neuntes Haus	– Gut, aber cholerisch.
Zehntes Haus	– Gut, außer für Frieden.
Elftes Haus	– Gut, außer für die Liebe.
Zwölftes Haus	– Gut, außer für Änderungen oder um jemanden zu verklagen.

Laetitia (Freude)

Günstig für eine momentane oder kommende Freude.

Aszendent	– Gut, außer im Krieg.
Zweites Haus	– Krankhaft.
Drittes Haus	– Krank.
Viertes Haus	– Hauptsächlich gut.
Fünftes Haus	– Hervorragend.
Sechstes Haus	– Allgemein übel.
Siebtes Haus	– Gleichgültig.
Achtes Haus	– Allgemein übel.
Neuntes Haus	– Sehr gut.
Zehntes Haus	– Gut, eher im Krieg als im Frieden.
Elftes Haus	– In jeder Hinsicht gut.
Zwölftes Haus	– Allgemein übel.

Tristitia (Trauer)

In fast allen Dingen schlecht.

Aszendent	– Mäßig, aber gut zum Ansammeln und Befestigen.
Zweites Haus	– Mäßig, aber gut zum Befestigen.
Drittes Haus	– In jeder Hinsicht schlecht.
Viertes Haus	– In jeder Hinsicht schlecht.
Fünftes Haus	– Sehr übel.
Sechstes Haus	– Übel, außer für Ausschweifungen.
Siebtes Haus	– Nur für Erbschaften und Magie schlecht.
Achtes Haus	– Übel, aber im Geheimen gut.
Neuntes Haus	– Schlecht, außer für Magie.
Zehntes Haus	– Schlecht, außer für Befestigungen.
Elftes Haus	– In jeder Hinsicht schlecht.
Zwölftes Haus	– Übel, aber gut für Magie und Schätze.

Puella (Mädchen)

Bei allen Fragen gut, besonders jenen, die sich auf Frauen beziehen.

Aszendent	– Gut, außer im Krieg.
Zweites Haus	– Sehr gut.
Drittes Haus	– Gut.
Viertes Haus	– Gleichgültig.
Fünftes Haus	– Sehr gut, beachte jedoch die Aspekte.
Sechstes Haus	– Gut, besonders für Ausschweifungen.
Siebtes Haus	– Gut, außer im Krieg.
Achtes Haus	– Gut.
Neuntes Haus	– Gut für Musik, sonst nur mäßig.
Zehntes Haus	– Gut für den Frieden.
Elftes Haus	– Gut, und Liebe von den Frauen.
Zwölftes Haus	– In jeder Hinsicht gut.

Grundlagen der Magie

Puer (Knabe)

Bei den meisten Fragen schlecht, außer in bezug auf Krieg und Liebe.

Aszendent	– Gleichgültig, am besten im Krieg.
Zweites Haus	– Gut, aber problematisch.
Drittes Haus	– Glück.
Viertes Haus	– Übel, außer in Krieg und Liebe.
Fünftes Haus	– Mäßig gut.
Sechstes Haus	– Mittelmäßig.
Siebtes Haus	– Übel, außer im Krieg.
Achtes Haus	– Übel, außer in der Liebe.
Neuntes Haus	– Übel, außer im Krieg.
Zehntes Haus	– Ziemlich schlecht, außer in Krieg und Liebe.
Elftes Haus	– In den meisten Dingen mäßig.
Zwölftes Haus	– Mäßig; begünstigt. In allem sehr gut.

Rubeus (Rotkopf)

Schlecht bei allem Guten und gut bei allem Schlechten.

Aszendent	– Zerstöre die Figur, wenn sie hierauf fällt. Sie macht die ganze Beurteilung wertlos.
Zweites Haus	– Bei allen Fragen schlecht.
Drittes Haus	– Schlecht, außer um zur Ader zu lassen.
Viertes Haus	– Schlecht, außer bei Krieg und Feuer.
Fünftes Haus	– Schlecht, außer für Liebe, und um Samen zu säen.
Sechstes Haus	– Schlecht, außer um zur Ader zu lassen.
Siebtes Haus	– Schlecht, außer bei Krieg und Feuer.
Achtes Haus	– Übel.
Neuntes Haus	– Sehr übel.
Zehntes Haus	– Zügellos. Liebe, Feuer.
Elftes Haus	– Schlecht, außer um zur Ader zu lassen.
Zwölftes Haus	– In allen Belangen schlecht.

Albus (Weißkopf)

Gut für Profit und um an einen Ort zu gehen oder in ein Projekt einzusteigen.

Aszendent	– Gut zum Heiraten. Merkurial. Friede.
Zweites Haus	– In allem gut.
Drittes Haus	– Sehr gut.
Viertes Haus	– Außer im Krieg sehr gut.
Fünftes Haus	– Gut.
Sechstes Haus	– In allen Belangen gut.
Siebtes Haus	– Außer im Krieg gut.
Achtes Haus	– Gut.
Neuntes Haus	– Ein Bote bringt einen Brief.
Zehntes Haus	– In allem hervorragend.
Elftes Haus	– Sehr gut.
Zwölftes Haus	– Außergewöhnlich gut.

Conjunctio (Verbindung)

Für Gutes gut, für Schlechtes schlecht. Wiederfinden von Verlorenem.

Aszendent	– Für Gutes gut, für Schlechtes schlecht.
Zweites Haus	– Im allgemeinen gut.
Drittes Haus	– Glück.
Viertes Haus	– Gut, außer für die Gesundheit, siehe das achte Haus
Fünftes Haus	– Mäßig.
Sechstes Haus	– Nur gut für Unmoralisches.
Siebtes Haus	– Ziemlich gut.
Achtes Haus	– Schlecht; Tod.
Neuntes Haus	– Mäßig gut.
Zehntes Haus	– Für die Liebe gut. Für Krankheit schlecht.
Elftes Haus	– In allem gut.
Zwölftes Haus	– Mäßig. Schlecht für Gefangene.

Carcer (Kerker)

Grundsätzlich schlecht. Verzögerung, Bindung, Schranke, Begrenzung.

Aszendent	– Schlecht, außer um Plätze zu befestigen.
Zweites Haus	– In saturnischen Fragen gut; sonst übel.
Drittes Haus	– Schlecht.
Viertes Haus	– Nur für die Melancholie gut.
Fünftes Haus	– Erhalte in drei Tagen einen Brief. Schlecht.
Sechstes Haus	– Sehr schlecht.
Siebtes Haus	– Schlecht.
Achtes Haus	– Sehr schlecht.
Neuntes Haus	– In allem schlecht.
Zehntes Haus	– Außer für verborgene Schätze schlecht.
Elftes Haus	– Viele Sorgen.
Zwölftes Haus	– Ziemlich gut.

Caput Draconis (Drachenkopf)

Im Schlechten gut; im Schlechten schlecht. Gibt einen guten Ansatz für Gewinn.

Aszendent	– In allen Belangen gut.
Zweites Haus	– Gut.
Drittes Haus	– Sehr gut.
Viertes Haus	– Außer im Krieg gut.
Fünftes Haus	– Sehr gut.
Sechstes Haus	– Nur für Unmoralisches gut.
Siebtes Haus	– Besonders gut für Frieden.
Achtes Haus	– Gut.
Neuntes Haus	– Sehr gut.
Zehntes Haus	– In allem gut.
Elftes Haus	– Gut für die Kirche und kirchlichen Gewinn.
Zwölftes Haus	– Nicht sehr gut.

Cauda Draconis (Drachenschwanz)

Gut im Schlechten und schlecht im Guten. Gut bei Verlusten und um sich aus einer Affäre zu ziehen.

Aszendent	– Zerstöre die Figur, wenn sie hierauf fällt! Sie macht ein Urteil wertlos.
Zweites Haus	– Sehr schlecht.
Drittes Haus	– In allem schlecht.
Viertes Haus	– Besonders für die Beendigung des Falles gut.
Fünftes Haus	– Sehr schlecht.
Sechstes Haus	– Ziemlich gut.
Siebtes Haus	– Schlecht, Krieg und Feuer.
Achtes Haus	– Nicht gut, außer für Magie.
Neuntes Haus	– Nur für die Wissenschaft gut. Schlecht für Reisen. Raub.
Zehntes Haus	– Schlecht, außer für Arbeiten mit Feuer.
Elftes Haus	– Schlecht, außer für Begünstigungen.
Zwölftes Haus	– Ziemlich gut.

Via (Weg)

Verletzt grundsätzlich die Vorteile anderer Figuren, ist aber gut bei Reisen und Seereisen.

Aszendent	– Schlecht, außer im Gefängnis.
Zweites Haus	– Gleichgültig.
Drittes Haus	– In allem sehr gut.
Viertes Haus	– Außer in der Liebe in allem gut.
Fünftes Haus	– Gut für Seereisen.
Sechstes Haus	– Schlecht.
Siebtes Haus	– Ziemlich gut, besonders für Seereisen.
Achtes Haus	– Schlecht.
Neuntes Haus	– Gleichgültig. Gut für Reisen.
Zehntes Haus	– Gut.
Elftes Haus	– Sehr gut.
Zwölftes Haus	– Ausgezeichnet.

Grundlagen der Magie 593

Populus (Volk)

Manchmal gut, manchmal schlecht; gut im Guten und schlecht im Schlechten.

Aszendent	– Gut für eine Ehe.
Zweites Haus	– Mäßig gut.
Drittes Haus	– Eher gut als schlecht.
Viertes Haus	– Außer für die Liebe für alles gut.
Fünftes Haus	– In den meisten Belangen gut.
Sechstes Haus	– Gut.
Siebtes Haus	– Im Krieg gut; sonst mäßig.
Achtes Haus	– Schlecht.
Neuntes Haus	– Achte auf Briefe.
Zehntes Haus	– Gut.
Elftes Haus	– In allem gut.
Zwölftes Haus	– Sehr schlecht.

Sechs

Mit der grundlegenden Würde (Dignität) ist die Stärke einer Figur gemeint, wenn sie in einem bestimmten Haus gefunden wird. Eine Figur ist deshalb dann am stärksten, wenn sie sich in ihrem eigenen Haus (Domizil) befindet, wo sie herrscht, wie man sagt, sehr stark in erhöhter Stellung, stark in der Mitherrschaft (Trigonokratie), sehr schwach im Fall, am schwächsten im Exil.

Eine Figur ist dann im Fall, wenn sie im Haus gegenüber der Erhöhung steht, in ihrem Exil, wenn sie ihrem Domizil gegenübersteht.

Da die geomantischen Figuren den Planeten und Zeichen zugeordnet werden, richtet sich ihre Würde nach den in der Astrologie üblichen Regeln. Das heißt also, daß sie den Würden der herrschenden Planeten folgen, entsprechend den zwölf Häusern, die den 12 Zeichen entsprechen. Der Aszendent, das 1. Haus, entspricht dem Widder, das 2. Haus dem Stier und so weiter, das 12. schließlich den Fischen. Die Figuren des Mars werden darum im 1. Haus stark sein, aber im 7. schwach und so weiter.

Wertigkeitstabelle

Zeichen	Element	Herrscher	Erhöhung	Fall	Exil	Stark (Trig.)
Widder	Feuer	Mars	Sonne	Saturn	Venus	Jupiter
Stier	Erde	Venus	Mond	–	Mars	Jupiter
Zwillinge	Luft	Merkur	–	–	Jupiter	Saturn
Krebs	Wasser	Mond	Jupiter	Mars	Saturn	Merkur
Löwe	Feuer	Sonne	–	–	Saturn	Mars
Jungfrau	Erde	Merkur	Merkur	Venus	Jupiter	Saturn
Waage	Luft	Venus	Saturn	Sonne	Mars	Jupiter
Skorpion	Wasser	Mars	–	Mond	Venus	Sonne
Schütze	Feuer	Jupiter	–	–	Merkur	Venus
Steinbock	Erde	Saturn	Mars	Jupiter	Mond	Merkur
Wassermann	Luft	Saturn	–	–	Sonne	–
Fische	Wasser	Jupiter	Venus	Merkur	Merkur	–

Caput Draconis ist entsprechend der Würde von Jupiter und Venus stark.

Cauda Draconis ist entsprechend der Würde von Saturn und Mars stark.

Bemerkungen

Folgende Bemerkungen sind einem Papier über Geomantie entnommen, das im A.O. zirkulierte. Dieser Name wurde dem von Mathers erneuerten Orden des Golden Dawn Jahre nach der Revolte gegeben. Darin wird behauptet, es sei von S.R.M.D. aus alten Abhandlungen zusammengestellt worden:

1. *Ye Geomancie of Maister Christopher Catton*, ein sehr altes Werk in schwarzen Buchstaben.
2. *The Theomagia* von John Heydon (17. Jahrhundert).
3. Die *Geomancia Astronomica* von Gerardus CAMBRENSIS oder Cremonensis.)

Grundlagen der Magie

In jeder Gruppe von vier gedruckten Linien wird die erste dem Element Feuer zugeordnet (als dem feinsten Element), die zweite der Luft (der Leichtigkeit nach das nächste), die dritte dem Wasser (schon schwerer) und die vierte und untere Linie der Erde (dem schwersten aller Elemente).

Weiterhin steht jede Gruppe aus vier Punkten für ein Element:

Die ersten vier Linien bedeuten *Feuer*, die zweiten vier das Element *Luft*, die dritten vier das Element *Wasser* und die vierten vier Linien das Element *Erde*.

In der Geomantie gibt es drei Punkte, die den Practicus eventuell etwas verwirren könnten: 1. Warum werden die Namen und Sigille der *Geister* der Planeten verwendet anstelle derjenigen der *Intelligenzen*, denn von den ersteren heißt es doch, sie hätten ein eher böses Wesen, letztere aber eher ein gutes? 2. Wenn das so ist, warum werden dann die Namen und Sigille der Erzengel der Tierkreiszeichen angewendet, deren Wesen ebenfalls ausschließlich gut ist, anstelle der Engel oder der Hilfsengel des Tierkreises? 3. Wenn es sechzehn geomantische Figuren, aber nur zwölf Zeichen gibt, wie werden dann die vier übrigen in der Klassifikation zugeteilt?

1. Die Geomantie stellt eine Divinationsmethode dar, die besonders dem Element der Erde angehört und ihrer Wirkung nach rein irdisch ist. Deshalb sind die Geister und ihre Zeichen dem Wesen nach passender als die Intelligenzen, weil sie die gewichtigeren und automatischen Kräfte der planetaren Strahlen in ihrer Wirkung auf die Erde darstellen. Die in der Geomantie angewandten Sigille unterscheiden sich auch von denen derselben Geister, wenn sie aus dem Kameas der Planeten entwickelt werden. Dadurch wird ihre besondere Wirkung in dieser Kunst betont.
2. Der Grund für die Anwendung derart starker Namen wie dem des Malchidael und so weiter liegt darin, eine starke, unterstützende Kraft des Guten in die Operation zu leiten, die wiederum durch in diesem Zusammenhang benutzte Sigille genauer bestimmt wird.
3. Die zwei Herrscher der zwölf Tierkreis-Ideen oder Figuren haben in ihren Gestalten oder Orten Macht über das Angesicht der Erde, die vier zusätzlichen aber – nämlich Fortuna Minor, Via, Caput Draconis und Cauda Draconis – haben einen natürlichen Bezug zu den vier Winden und ihren Genien; besonders gut sind sie, wenn eine günstige Mondphase (besonders die volle) sie aspektiert.

Gerardus Cremonensis sagt: Hüte dich aber, daß du nicht bei regnerischem, nebligem oder allzu windigem Wetter, auch nicht wenn du selbst zornig oder von Sorgen in Anspruch genommen bist, sowie nicht für Versucher und Spötter solche geomantischen Fragen stellst, desgleichen nicht dieselbe Frage unter der nämlichen Figur oder Form wiederholst, denn da würdest du dich der Gefahr eines Irrtums aussetzen.[1]

Über die begleitenden Häuser – aus der *»Geomancie« of Maister Christopher Cattan*. Findest du aber eine gute Figur in einem guten Hause, dann ist es doppelt gut, weil das Haus gut ist und auch die Figur; und solches zeigt an, daß das Anliegen des Fragenden ganz ohne allen Zweifel erfüllt werden wird. Findest du aber eine schlechte Figur in einem schlechten Hause, dann ist das sehr schlecht für den Fragenden. Wenn du aber eine gute Figur in einem schlechten Haus findest, dann bedeutet das Gutes für den Fragenden, das aber nicht andauern wird, denn einen Teil nimmt die Bosheit des Hauses fort. Im gleichen Falle, wenn man eine schlechte Figur in einem guten Haus findet, dann nimmt es der Figur die Bosheit, denn sie würde sonst Übles bewirken, kann es jedoch nicht; aber sie hält doch das Gute vom Fragenden fern, so daß es nicht zu ihm gelangen kann.

Mit »schlechtem Haus« ist ein solches gemeint, das bezüglich einer Frage Personen oder Dinge zeigt, die dem Fragenden oder seinem Anliegen entgegenstehen, wie etwa in einem Prozeß das Haus, welches seinen Gegner zeigt, oder im Falle einer Krankheit wären das 6. und 8. Haus feindlich. »Gute Häuser« hingegen sind solche, die Unterstützung anzeigen und so weiter. In allgemeinem Sinn können wir das 6. und 8. (Todes-)Haus, sowie das 12. (Angst, Gefängnis, persönliche Feinde) als von Natur aus »schlechte Häuser« ansehen.

Die »Begleitung der Häuser« verläuft nach drei Arten: *Einfach, halb, zusammengesetzt*. Die Häuser werden zu Paaren zusammengefaßt: Das 2. Haus ist immer der Begleiter des 1., das 4. des 3., das 6. des 5. und so weiter.

Die *einfache Begleitung* besteht darin, daß eine Figur in beiden Häusern eines »Paares« wiederholt wird. In unserem Beispiel ist VIA in dem *Paar* vorhanden, das der Aszendent und das 2. Haus bilden, sie *begleiten* einander deshalb. Sie zeigen in diesem Fall, daß die

---

[1] Anm. d. Übers.: Hier folge ich der Übersetzung der an die *Magischen Werke* von Nettesheim angehängten magischen Schriften (Ansata-Nachdruck von 1979, 2. Band: S. 63 – Gerhard's von Cremona astronomische Geomantie.

Unentschiedenheit des Fragenden auf seine Angelegenheit zurückwirkt. Aber obwohl Caput Draconis im 4. und 5. Haus auftritt, die nebeneinander liegen, gelten sie nicht als *Begleitung*, weil sie unterschiedlichen Paaren angehören. Das 4. Haus bildet ein Paar mit dem 3., nicht mit dem 5. Das 5. begleitet das 6. und nicht das 4. In bezug auf Personen wird die *begleitende* Figur die *Begleiter* oder Kollegen der betreffenden Person zeigen, wie es auch das *begleitende* Haus tut. Gute Figuren, die sich *begleiten*, zeigen viel Gutes an, sowohl in der Gegenwart als auch in der Zukunft, schlechte Figuren das Gegenteil, denn das erste Haus eines Paares zeigt die gegenwärtige Zeit, das zweite die kommende.

Die *halbe Begleitung* kommt dann zustande, wenn die Figuren in beiden Häusern nicht identisch sind, aber unter dem gleichen planetarischen Herrscher stehen, wie Acquisitio und Laetitia unter Jupiter und Hismael stehen, Fortuna Major und Minor unter der Sonne, Puella und Amissio unter Venus und so weiter.

Eine *zusammengesetzte Begleitung* entsteht, wenn die Punkte beider Figuren das genaue Spiegelbild zueinander erzeugen wie Puer und Puella, Albus und Rubeus, Acquisitio und Amissio, Laetitia und Tristitia und so weiter. Aus ihnen wird dann auf gleiche Art eine versöhnende Figur gebildet, wie der Richter aus den beiden Zeugen errechnet wird. Wenn diese Figur harmonisch und gut ist, so ist es auch das Wesen der »zusammengesetzten Begleitung«; ist sie aber mißstimmig und schlecht, so gilt das auch für die *Begleitung*.

Es gibt aber noch eine andere Art der *Begleitung*, die in der oberen Linie zweier Figuren in einem Häuserpaar liegt. Ist diese obere Linie in beiden Figuren gerade oder ungerade, besteht eine *Begleitung*, und wie in der *zusammengesetzten Begleitung* wird eine versöhnende Figur gebildet, und der Fall wird beurteilt wie im vorigen Abschnitt. Ist die obere Linie der einen aber gerade und die der anderen ungerade, so besteht zwischen den Figuren keine *Begleitung*. In unserem Schema liegt Tristitia im 3. und Caput im 4. Haus, und da beider obere Linie eine gerade Anzahl von Punkten besitzt, besteht zwischen ihnen *Begleitung*. Die versöhnende Figur wäre die Conjunctio, welche sich mit beiden in Harmonie befindet und deshalb ein Argument für Gutes anzeigt.

Der Bezug auf »unser Schema« im obigen Abschnitt bedeutet, daß Mathers eine volle Divination mit vollständiger Interpretation ausgearbeitet hatte. Ich habe sie hier nicht mit hinein genommen, weil sie eine Wiederholung darstellen würde; denn es befindet sich bereits eine im Text.

Sieben

Denke immer daran, daß die Figur zur Beurteilung untauglich ist und ohne weitere Überlegung zerstört werden sollte, wenn Rubeus oder Cauda Draconis in den Aszendenten fallen oder ins 1. Haus. Für diese Frage sollte keine weitere Figur erzeugt werden, bis nicht mindestens zwei Stunden vorübergegangen sind.

Wenn die Figur auf einer Häusertafel vollständig angeordnet ist, wie oben gezeigt, dann stelle zuerst fest, in welches Haus die Frage gehört. Schaue dann die Zeugen und den Richter an, ob sie günstig stehen oder nicht, und auf welche besondere Art.

Stelle als nächstes fest, welche Figur in das gefragte Haus fällt. Außerdem, ob sie mitgeht oder springt, das heißt, ob sie in einem anderen Haus auch vorhanden ist. Das sollte auch in einem Fall, beispielsweise von gestohlenem Geld, beachtet werden: Wenn die Figur des 2. Hauses sich ebenfalls im 6. befindet, könnte es auch darauf hindeuten, daß der Dieb ein Diener im eigenen Hause war.

Dann schaue dir die Tafel der Figuren in den Häusern an und sieh, was die Figur in dem betreffenden, in Frage stehenden Haus bedeutet. Schreibe das auch auf. Sieh dann die Stärke der Figur in diesem Haus in der Tafel nach. Wende anschließend die astrologischen Aspektregeln darauf an und notiere, welche Häuser sich im Sextil, Quintil, Quadrat, Trigon und so weiter befinden. Schreibe die »guten« auf die eine, die »schlechten« auf die andere Seite, wobei auch zu beachten ist, ob diese Figuren sich zu der in Frage stehenden »stark«, »schwach«, »freundlich« oder »unfreundlich« verhalten. Beachte, daß es beim Feststellen der Aspekte zwischen den Häusern zwei Richtungen gibt, rechts und links herum. Ein Aspekt nach rechts (dexter) ist ein solcher, der in Gegenrichtung zur natürlichen Häuserfolge verläuft, der Aspekt nach links (sinister) andersherum. Ein dexterer Aspekt ist mächtiger als ein sinisterer.

Füge dann die Bedeutung der Figur im 4. Haus hinzu, die den Ausgang der Angelegenheit zeigt. Es kann auch hilfreich sein, eine versöhnende Figur aus dem Richter und der Figur des gefragten Hauses zu bilden. Stelle das Ergebnis fest und prüfe, ob es mit einer der beiden oder beiden dem Wesen nach harmoniert. Begutachte dann alles, was du niedergeschrieben hast. Aus dem Gleichgewicht des »Guten« und »Schlechten« darin bilde dein abschließendes Urteil.

In »Geld«fragen ziehe auch die Lage des Glückspunktes in Erwägung. Sehen wir uns zum Beispiel die anfangs aufgestellte Figur an und bilden uns daraus ein Urteil für »Geldverlust im Geschäft«.

Grundlagen der Magie

Der Richter ist Populus, und wir finden heraus, daß er in Geldangelegenheiten, die das 2. Haus betreffen, »mäßig gut« bedeutet. Die ganze Frage untersteht dem 2. Haus, wo wir Carcer finden. Wir entdecken dann, daß Carcer an dieser Stelle »übel« anzeigt, also für Behinderungen und Widerstände spricht. Der Glückspunkt liegt beim Aszendenten mit Amissio, was Verlust durch die Schuld des Fragenden bedeutet und Verlust durch den Fragenden selbst.

Die Figur Amissio springt in kein anderes Haus, was also die Frage nicht beeinflußt. »Carcer« ist im 2. Haus weder »stark« noch »schwach«, seine üble Kraft ist mäßig. Im Sextil und Trigon zum 2. befindet sich Conjunctio, Fortuna Major, Fortuna Minor und Acquisitio, alles »gute« Figuren, die der Angelegenheit gewogen und dem Wesen nach »freundlich« sind. Das bedeutet wohlmeinende Hilfe von Freunden. Die Figuren im Quadrat und in Opposition zum 2. Haus sind Fortuna Minor, Conjunctio und Albus, die Carcer gegenüber nicht feindlich sind und darum anzeigen, daß der »Widerstand nicht groß« ist.

Die Figur im 4. Haus ist Fortuna Major, was für einen guten Ausgang, aber mit Sorgen spricht. Bilden wir nun aus der Figur des 2. Hauses, Carcer, und dem Richter, Populus, eine versöhnende, so ergibt sich wieder Carcer, also eine dazu harmonische Figur, die zwar Verzögerung anzeigt, dem Anliegen des Fragenden aber hilft. Fassen wir diese alle nun zusammen:

1. Mäßig.
2. Schlecht und behindernd, Verzögerung.
3. Verlust durch Schuld des Fragenden.
4. Mäßig starke Kraft des Üblen.
5. Wohlmeinende Hilfe von Freunden.
6. Wenig Widerstand von Gegnern.
7. Günstiger Ausgang, aber mit Besorgnis.
8. Verzögerung, aber dem Anliegen hilfreich.

Daraus können wir ein abschließendes Urteil bilden. Der Geldverlust des Fragenden in seinem Geschäft ist im wesentlichen auf seine eigene Fehlorganisation zurückzuführen. Er wird eine lange und schwere Auseinandersetzung haben, aber Hilfe von seinen Freunden bekommen. Die Widerstände werden nach und nach weichen, und nach vielen Sorgen wird er sich schließlich von den anfänglichen Verlusten erholen.

Zusammenfassung der Schritte in der geomantischen Divination

1. Stehen Rubeus oder Cauda Draconis am Aszendenten, zerstöre die Figur.
2. Stelle das Haus fest, dem die Frage zugehört. Schau, ob diese Figur in ein anderes Haus springt.
3. Bilde aus den beiden Zeugen den Richter.
4. Glückspunkt, falls es um Geld geht.
5. Schau, ob die Figur in dem Haus »stark« oder »schwach« ist und ob sie in ein anderes Haus geht oder springt.
6. Sieh dir die Figuren in Sextilen, Trigonen, Quadraten und Oppositionen an.
7. Freundlich oder unfreundlich.
8. Stelle die Figur im 4. Haus fest, die den Ausgang oder das Ende anzeigt.
9. Bilde aus dem Richter und der Figur des Hauses, auf das die Frage sich bezieht, eine versöhnende.

V.H. Frater A.M.A.G. (I. Regardie)

Hellsicht[1]

Ich möchte mich hier mit einem Thema auseinandersetzen, welches als der Kern des magischen Systems angesehen wird. Crowley beispielsweise, dessen Beitrag zum Thema sicherlich nicht als gering eingeschätzt werden kann, hält die Technik des Lichtkörpers für außerordentlich wichtig. Es hat sogar das Liber Samekh, eines der bedeutendsten Rituale seines Ordens, welches von der Kenntnis vom und von der Verständigung mit dem Heiligen Schutzengel handelt, um die Technik des Lichtkörpers herum aufgebaut. Es besteht keine Möglichkeit, das Ritual ohne erhebliche Fertigkeiten in dieser Kunst auszuführen. Im Golden Dawn selbst spielt diese Fähigkeit bei vielen magischen Grundfertigkeiten eine Rolle, damit sie wirksam werden, wenn sie nicht überhaupt davon abhängig sind. Beim Wahrsagen mit Tarot beispielsweise gibt Mathers häufig den Rat, die Hellsicht einzusetzen, um die Bedeutung einer bestimmten Karte zu erspüren. Hier muß hinzugefügt werden, daß mit Hellsicht in der Begrifflichkeit des Ordens gemeint ist, mit dem inneren Auge zu sehen, dem Auge des Lichtkörpers. Darüber hinaus baut der größte Teil des henochischen Systems, der Krone, des Juwels, der Synthese aller Lehren des Golden Dawn, auf die Technik des Lichtkörpers auf, wenn es ausgeschöpft werden soll.

Die Diskussion über dieses Thema muß unter drei verschiedenen Überschriften geführt werden:

1. Die Methode des Ordens, manchmal als Tattwa-Vision bezeichnet, oder Hellsicht in der geistigen Schau.
2. Die »Meditation des inneren Führers« von Edwin Steinbrecher, die gerade ziemliche Bekanntheit erlangt.
3. Aleister Crowleys Methode, die vorher als Technik des Lichtkörpers bezeichnet wurde.

---

[1] Anm. d. Übers.: Das englische Wort »Skrying« hat kein genaues deutsche Äquivalent, weshalb sowohl »Skrying« als auch »Clearvoyance« mit »Hellsicht« übersetzt werden. »Skrying« bezeichnet das *absichtliche* Hellsehen mittels Spiegel, Kugel oder Symbolen. Der Begriff umfaßt zum Teil auch geistige Hör- und Gefühlseindrücke.

1. In den Ordenslehren wird diese Methode an mehreren Stellen beschrieben. Sie wird zum Beispiel in der Schrift mit dem Titel *Der Mensch als Mikrokosmos* ausführlich dargelegt. Dann gibt es eine sogenannte »Flying Roll«, in welcher die Beschreibung mehrere Seiten umfaßt. In vielen anderen Dokumenten wird hier und da noch darauf eingegangen.

»Das Thema der Hellsicht muß alle in höchstem Maße interessieren, die auch nur die unteren Stufen der Adeptschaft zu erlangen trachten.... Wir begegnen oft zwei entgegengesetzten Ansichten dazu, sowohl in der äußeren Welt als auch unter unseren jüngeren Mitgliedern. Beide Einstellungen behindern ein korrektes Studium, und deshalb werde ich meinen Bemerkungen einige Worte vorwegschicken, diese beiden betreffend.« (Ich sollte hier einflechten, daß die Bemerkungen von G.H. Frater Felkins stammen.)

»Die erste besteht in der Angst vor der Hellsicht, die zweite in ihrer unangemessenen Überschätzung.

Beide Ansichten entstehen aus einem Mißverständnis ihres wirklichen Wesens. Manche Leute glauben, die Hellsicht würde durch Vermittlung der Mächte des Bösen erlangt, oder man würde durch ihre Ausübung unter deren Einfluß geraten. Auf der anderen Seite stellen sie sich vor, die Fähigkeit der Hellsicht würde ihnen eine Menge Ärger ersparen und ihnen einen kurzen und einfachen Weg zu den gewünschten Informationen und Anleitungen ebnen, die sie sich wünschen, ja, daß diese nach Belieben zu haben seien. Würde nicht auch eine solche Kraft die Neugier befriedigen, die einen der Fallstricke der Anfänger darstellt?

Der gründlich trainierte Hellseher braucht nicht zu befürchten, daß er sich auf diese Weise den Mächten des Bösen aussetzen würde. Der *Ungeübte mit angeborener Begabung* ist es, der gefährdet ist. Die Übung wird ihm das nötige Wissen sowie Disziplin und Schutz geben, der ihn vor den Angriffen gegnerischer Kräfte bewahren wird.

Wer sich auf der anderen Seite das Leben erleichtern und Wissen erlangen will, auf das er kein Anrecht hat, dem sei versichert, daß er diese Fähigkeit nur »im Schweiße seines Angesichts« erwerben und sicher ausüben kann. Wer nur seine Neugier befriedigen will, wird entweder durch enttäuschende Ergebnisse beschämt oder durch Entdeckungen erschüttert, die er lieber nie gemacht hätte. Geübte, bescheidene und ehrfürchtige Hellsicht ist eine große Gabe, die uns neue Welten und tiefere Wahrheiten erschließt und uns aus uns selbst in das Ein- und Ausströmen aus dem Herzen Gottes erhebt.«

Die meisten folgenden Zitate stammen aus einer relativ langen

»Flying Roll«, nämlich Nr. 11, die G.H. Frater D.D.C.F. (Mathers) über Hellsichtigkeit schrieb. »Wir gehen durch unser Leben; und durch die Akasha-Hüllen, die uns umgeben, beeinflussen wir andere und werden von anderen beeinflußt. Wenn wir also die Augen und Sinne des Körpers vor der materiellen Welt verschließen, nehmen wir zunächst in der inneren Schau die Essenz unseres eigenen Wesens und angrenzender wahr. Die Wahrnehmung unserer eigenen Umwelt ist für Anfänger unter Hellsehern eine Quelle des Irrtums. Er selbst glaubt, woanders hingegangen zu sein und etwas anderes gesehen zu haben, doch befindet er sich nur unter den wirren Bildern seiner eigenen Aura.«

»Ein alter Name für Hellsichtigkeit in allen Manuskripten war ›Hellsicht in der geistigen Schau‹. Ein Hellsichtiger zu werden, hieß mehr als nur das zweite Gesicht zu besitzen. Es bedeutete vielmehr, jemand zu sein, der schaut, wonach er sucht, und nicht bloß ein passiver Empfänger von Visionen ist, die sich seiner Kontrolle und Steuerung entziehen.

Wenn man sich im gewöhnlichen Leben im Reiche von Malkuth befindet, so gibt es beim Sehen wenig Verwirrung. Verläßt man aber absichtlich die tote Ebene des Materialismus und steigt den Pfad Tau zu Jesod auf, entsteht eine Verwirrung der Lichter. Man kommt in den Bereich der sich kreuzenden, reflektierten und farbigen Strahlen von Qesheth, dem farbigen Regenbogen, der sich über die Erde spannt. Hier brauchen wir dann Anweisungen und Anleitung, um Verwirrung und Fehler zu vermeiden. Dennoch muß dieses Stadium durchschritten werden, um höherzukommen.

Jenseits von Jesod betrittst du den Pfad Samekh, den engen und geraden Pfad, der zu den wahrhaft spirituellen Wahrnehmungsbereichen führt. Das erreicht man durch den Vorgang, der als das Aufsteigen in den Ebenen bezeichnet wird.

Unser Thema zerfällt angenehmerweise in drei Teile, die jedoch eng verwandt sind. Die drei Stufen oder Formen gehen ineinander über:

1. Hellsichtigkeit in der geistigen Schau.
2. Astralprojektion, das Reisen in der geistigen Schau.
3. Das Aufsteigen in den Ebenen.

Es ist gut, mit einem Symbol zu beginnen (1), etwa einer Zeichnung, einem farbigen Diagramm, welches in Muster, Form und Farbe dem gewählten Studienobjekt entspricht. Zu diesem Zweck sind die einfachen und zusammengesetzten Tattwa-Symbole passend. Es ist besser, wenn diese nicht die komplementären, ›blitzenden‹ Farben tragen, denn obwohl diese kraftvoller sind, ermüden sie den Studierenden doch schneller. Das Symbol sollte in angenehmer Größe gehalten werden, damit es auf einen Blick erfaßt werden kann, und groß genug, damit man nicht zu nah herangehen muß, um die Einzelheiten zu erkennen... (Das Tattwa-Schema ist fast das gleiche wie unsere Königinnen-Farbskala, die im Minutum-Mundum-Diagramm auf die Sephiroth angewendet wird.)...

Um ein Symbol zur Schau zu benutzen, lege es vor dich hin, etwa auf einen Tisch, lege die Hände zu beiden Seiten davon oder halte es mit beiden Händen. Dann starre es mit der äußersten Konzentration an, nimm es in dich auf, formuliere seine Bedeutung und seine Zordnungen. Wenn der Geist stetig darauf ruht, schließe die Augen und fahre in der Meditation fort. Erhalte die Vorstellung vor dir aufrecht. Baue in der Akasha-Aura die Form, die Farbe und das Muster so deutlich auf, wie sie in materieller Form dem Blick erscheinen. Übertrage die Tätigkeit vom optischen Nerv auf die geistige Wahrnehmung, auf das *gedankliche Sehen* im Unterschied zum Sehen mit den Augen. Laß eine Wahrnehmungsart in die andere hinübergleiten – erzeuge die Wirklichkeit einer Traumvision im Wachzustand durch direkten Willen. Das alles ist nur möglich, wenn der Geist ruhig, klar und störungsfrei bleibt und der Wille stark. In dem unpassenden Zustand der Besorgtheit, Angst, Unwilligkeit, des Streites oder der Erwartung kann ein Erfolg sich nicht einstellen. Sorge also für Ruhe, Einsamkeit und Muße und beseitige alle störenden Einflüsse.

Versuche dich vor allem nie in diesen magischen Künsten, wenn in dir ein Widerstand dagegen ist, oder Ärger oder sonst eine üble Leidenschaft. Tust du es dennoch, dann wird, je größer dein Erfolg ist, um so größer das Übel sein, das für dich daraus entsteht.

Sind die Bedingungen günstig, so kann der Prozeß weitergeführt werden, und zwar indem die höchsten damit verbundenen Gottesnamen ins Bewußtsein eingeführt und als Klänge formuliert werden. Diese Anrufung erzeugt und harmonisiert Ströme geistiger Kraft in Sympathie mit dem Gegenstand. Fahre dann fort mit den Namen der Erzengel und Engel, indem du sie geistig, visuell und mit der Stimme hervorbringst.«

Auch wenn dies wie nebenbei festgestellt wurde, handelt es sich dabei doch um den Kern des Unterschiedes zwischen der Methode des Golden Dawn und der Meditation des inneren Führers. Ich werde dazu noch mehr zu sagen haben, wenn diese spezielle Methode be-

Grundlagen der Magie

sprochen wird, aber dennoch wollte ich das hier besonders betonen. Dem Leser sollte bereits aufgefallen sein, daß es zu den Verpflichtungen des Initiierten im Orden gehört, immer die höchsten Gottesnamen anzurufen, die in seinem Rahmen liegen, ganz gleich, welche magische Operation er vorhat. Auf diese Weise werden seine Schritte in die richtige Richtung gelenkt, und jeder Schaden wird abgewendet. Im wesentlichen ist das einer der größten Unterschiede zwischen der initiierten und der profanen Sichtweise. Das bewährt sich bei allen okkulten Angelegenheiten – von derart nüchtern erscheinenden Unternehmungen wie der geomantischen Divination bis zur Invokation des höheren, göttlichen Genius. Es bedeutet, die eigene Arbeit und die eigenen Ziele in die Hände der Gottheit zu legen, ganz gleich, wie man diese definiert.

Wir können nun zu dem langen Zitat von Mathers über Hellsicht zurückkehren: »Indem du nun von deiner Umgebung zurückgezogen bleibst und dich weiter auf das Symbol und die damit verbundenen Ideen konzentrierst, bemühst du dich um die Wahrnehmung einer Szene, eines Panoramas oder eines Ortes. Das kann man auch durch ein Gefühl des Aufreißens erreichen, als würde ein Vorhang zur Seite gezogen und du könntest in das Symbol vor dir ›hinein‹schauen. Wenn die Szene vor dir aufzutauchen beginnt, spüre die Einzelheiten auf und suche nach Gegenständen, Wesen und Personen. Ziehe deren Aufmerksamkeit auf dich, rufe sie geistig mit entsprechenden Titeln und Anreden, sowie mit den passenden Zeichen und Symbolen, wie den Gradzeichen, Pentagrammen, Hexagrammen und Sigillen und so weiter.«

Ich möchte hier wiederum darauf aufmerksam machen, daß diese Äußerung von überwältigender Bedeutung und Wichtigkeit ist. Es handelt sich um einen der Unterschiede zwischen einer initiierten und einer profanen Sichtweise oder Technik. Alle Zuordnungen, die der Studierende auswendig lernen mußte, bevor er diese Übungen auch nur versucht, werden jetzt gebraucht. Sie stellen nun die Mittel dar, mit deren Hilfe er versucht, ›die Geister zu unterscheiden, ob sie Gottes oder des Teufels seien‹. Wenn der Studierende es gewählt hat, auf dem Pfade des Saturn von Malkuth nach Jesod zu reisen und glaubt, daß alles nicht mit rechten Dingen zugeht, dann kann er deswegen die invozierenden oder bannenden Hexagramme des Saturn ziehen oder sogar die astrologischen Symbole des Saturn und den hebräischen Buchstaben Tau, zu dem dieser Pfad gehört, vor sich in die Luft schreiben. Er wird dann bemerken, daß in der sichtbaren Umgebung, in welcher er sich befindet, Änderungen auftreten werden. Das Ziehen der passenden Symbole und das Vibrieren der entsprechenden Gottesnamen löscht alle Dinge aus, die nicht in die Vision gehören. So werden die täuschenden oder trügerischen Einzelheiten aus der Szene verbannt, was es ihm ermöglicht, mit seinem Vorhaben und seinen Erkundungen sicher weiterzumachen.

Teste sie mit den Gottes- und Engelsnamen, und beobachte ihre Haltung und Reaktion darauf. Indem also dein Blick auf das Symbol schwindet und du in dasselbe hineinschaust, nimmst du die Dinge wahr wie in einem Spiegel. Beachte, daß du die Gegenstände bei dieser Hellseh-Methode seitenverkehrt wahrnimmst, was entsprechend zu berücksichtigen ist. Bei diesem Vorgang projizierst du einen Teil deiner geistigen und nervlichen Kraft auf das Symbol und ziehst damit stärkere Akasha-Kräfte aus der Umgebung an, wodurch die Ergebnisse erzielt werden. Wenn anstelle dieser einfachen geistigen Vision ein Strahl von dir ausgesendet wird und an einen bestimmten Ort gelangt (Astralprojektion), tritt diese Seitenverkehrung der Gegenstände nicht unbedingt auf.

Bei der Benutzung der Symbole ist es wichtig, Selbsthypnose zu vermeiden, denn dieselbe würde dich zur Medialität führen und zum Spielball der Kräfte machen, die du kontrollieren mußt und denen du nicht erlauben darfst, dich zu kontrollieren. Zum Teil aus diesem Grund ist es nicht gut, das Symbol zu klein zu machen. Es ist auch vorteilhaft bei solchen Forschungen, deine magischen Werkzeuge vor dir bereit liegen zu haben und sogar das entsprechende in der Hand zu halten. Wenn du ohne ein Symbol in die geistige Schau eintrittst, gehst du mit einem mentalen Symbol vor, das im astralen Licht visualisiert wird. Für Anfänger ist das aber unklug, denn es öffnet anderen astralen Wirkungen die Tür. Du schaffst damit einen astralen Wirbel, in den auch andere astrale Einflüsse gezogen werden, die Verwirrung und Mißgeschicke erzeugen können.

Die Arbeit mit einem auf die Stirn oder sonstwohin gelegten kleinen Symbol ist auch nicht wirklich gut. Dadurch wird eher die Gehirntätigkeit gestört und mentale Illusionen und Störungen werden erzeugt, Kopfschmerzen und nervöse Erschöpfung treten eher auf als bei der ersten Methode.

Bei der Verwendung von Symbolen, die vor dir liegen, ist es nützlich, eine große runde oder quadratische Tafel hinzuzufügen, um welche herum die Gottesnamen und so weiter, entsprechend den Elementen und Kardinalpunkten angeordnet sind. Wenn diese korrekt nach dem Kompaß ausgerichtet ist, lege dein Symbol darauf und in diesen Rahmen.

Obwohl die Astralprojektion, von einem Standpunkt aus gesehen, eine Weiterentwicklung der Hellsicht darstellt, ist sie von einem anderen aus ganz davon verschieden. Bei der Astralprojektion sendet der Adept einen wahrnehmbaren Strahl seiner Identität aus, schickt diesen mit seinem geübten und geschulten Willen an den gewünschten Ort und sammelt ihn dort. Er sieht dort direkt und nicht durch Spiegelung, er nimmt seine körperliche Wohnung wahr und tritt wieder in sie ein.

Bei dieser Reise des Geistes kann der Vorgang wie zuvor durch ein Symbol ausgelöst werden oder allein durch den Willen. In jedem Falle aber sollten die Gottesnamen benutzt werden, und man verlasse sich auf sie. Wenn der Strahl ausgesendet wird und es dir gelingt, zu einem anderen Ort zu reisen, wirst du ein anderes Ergebnis wahrnehmen als die hellsichtige, spiegelartige Vision. Die Szenen und Dinge sind anstatt wie Bilder dreidimensional und fest. Zunächst erscheinen sie räumlich, dann sieht man sie wie von einem Ballon aus, aus der Vogelperspektive, wie man sagt. Du kannst nach Belieben an diesen Ort gehen, dich in die Szene hineinsinken lassen und dort als Akteur auftreten.

Wenn du mit der Projektion Erfolg hast, solltest du die Methode üben, sobald sich eine Gelegenheit bietet. Wenn du an irgendeinem Ort bist, bemühe dich, wenn du willst, dich durch alle Elemente zu bewegen, durch Wasser und Erde wie durch die Luft – und der Erfolg wird folgen. Zunehmende Übung ermöglicht es, in der Astralprojektion mit Hilfe der göttlichen Namen schnell oder langsam durch die Luft zu fliegen, wie du willst, durch Wasser zu schwimmen oder dich furchtlos durch Erde und Feuer zu bewegen.«

Mathers betont hier wiederum den initiierten Standpunkt, die Gottesnamen zu vibrieren, um das Ziel zu erreichen und zum erwünschten Ort zu gelangen, ohne übermäßige Widerstände oder Schwierigkeiten zu bekommen. Er betont das an allen möglichen Stellen, um sicherzustellen, daß die Idee verstanden wird und daß die Methode bei allen möglichen Gelegenheiten eingesetzt wird. Der obige Abschnitt betont auch die Verwendung der magischen Werkzeuge bei allen diesen Unternehmungen – Werkzeuge, die vom Studierenden selbst für genau solche Umstände hergestellt, geladen und geweiht worden sind. Nur wenn man diese Grundregeln nicht genau und treu befolgt, kann einem ein Mißgeschick oder ein Unglück zustoßen. Crowleys Methode, die eigentlich aus dem Orden stammt, folgt auch diesem Vorgehen – diejenige Steinbrechers jedoch nicht.

Suche dann die Gestalten und Personen des Ortes oder der Ebene, die du studierst, suche das Gespräch mit ihnen mittels Worten, Stimme, Buchstaben und Symbolen, und fordere durch Zeichen und Invokationen Einlaß. Jede Gestalt sollte daraufhin getestet werden, ob sie ist, wie sie erscheint, oder ob sie eine täuschende und irreführende, verkörperte Kraft ist. Es kann auch sein, daß deine Reise nicht echt ist, daß du dich in deiner eigenen Umgebung bewegst und von deinem Gedächtnis fehlgeleitet wirst, denn auch durch deine eigenen Erinnerungen kannst du dich selbst täuschen.

Prüfe alle Wesen, und wenn eines dir eine Gunst oder Initiation anbietet, prüfe und teste sie mit den göttlichen Namen und Kräften. Denke stets an deine Verpflichtung als Adept und deine Bindung daran, deinem eigenen höheren Selbst und dem großen Engel Hua gegenüber, dem du gegenüberstandest, gebunden ans Kreuz des Leidens, und dem du Gehorsam schworst.

Wie so viele alte Sprichwörter enthält auch dieses viel Wahrheit: »Glaube daran, daß du dort bist, und du bist es.«

Das Aufsteigen in den Ebenen ist ein spiritueller Vorgang aufgrund spiritueller Ideen und höherer Ziele; durch Konzentration und Kontemplation des Göttlichen bildest du einen Lebensbaum, der von dir in die geistige Welt über dir und jenseits von dir aufsteigt. Stelle dir vor, du stündest in Malkuth und durch die Benutzung der göttlichen Namen und Ziele strebst du den Pfad Tau hinauf zu Jesod, wobei du die Strahlen, die während des Aufstiegs deinen Weg kreuzen und dich anziehen, nicht beachtest. Schaue hinauf auf das göttliche Licht, das von Kether auf dich herabscheint. Von Jesod führt der Pfad der Mäßigung, Samekh, weiter hinauf. Der Pfeil, der sich einen Weg hinauf bahnt, führt zu Tiphareth, der großen zentralen Sonne heiliger Kraft.

Invoziere den großen Engel Hua, und begreife dich selbst als an das Kreuz des Leidens gebunden, vibriere sorgfältig die Gottesnamen, die deiner Position entsprechen. So kann die mentale Vision sich auf die höheren Ebenen erheben.

Es gibt insbesondere drei Neigungen zu Fehlern und Täuschungen, denen der Adept bei diesen Studien verfallen kann. Es sind dies: Gedächtnis, Phantasie und das tatsächliche Sehvermögen. Diese Quellen des Zweifels müssen durch das Vibrieren der Gottesnamen vermieden werden sowie durch die Buchstaben und Titel der »wandernden Herren« – der planetaren Kräfte, die durch mehrere Doppelbuchstaben des hebräischen Alphabetes repräsentiert werden.

Wenn dein Gedächtnis dich irreführt, dann bitte um die Hilfe Saturns, dessen Titel im Tarot lautet: »Der Große aus dem Dunkel der Zeit«. Bilde dabei in Weiß den hebräischen Buchstaben Tau.

Grundlagen der Magie 609

Wenn die Vision sich verändert oder verschwindet, dann hat das Gedächtnis die Bemühungen verfälscht. Wenn die Phantasie dich trügt, benutze den hebräischen Buchstaben Caph für die Kräfte Jupiters, der genannt wird: ›Herr über die Kräfte des Lebens‹. Liegt die Täuschung in der Lüge, in intellektueller Unwahrheit, so rufe die Kräfte Merkurs an mit dem hebräischen Buchstaben Beth. Liegt das Problem im Wandern der Gedanken, benutze den hebräischen Buchstaben Gimel für den Mond. Liegt der Fehler in einer Verführung durch das Vergnügen, dann nimm den hebräischen Buchstaben Daleth zur Hilfe. Benutze den Buchstaben Peh für Mars, um ein Gefühl der Wut oder Gewalttätigkeit zu bezwingen. Verwende den hebräischen Buchstaben Resh für die Sonne, um ein Gefühl der Hochmut oder Eitelkeit zu besiegen.

Versuche dich an diesen göttlichen Vorgängen nie, wenn du nur im geringsten durch Leidenschaft, Ärger oder Furcht beeinflußt bist. Höre auf, wenn ein Schlafbedürfnis auftritt. Zwinge deinen unwilligen Geist nie. Halte zwischen Mem und Shin deines Wesens das Gleichgewicht, um Aleph zwischen ihnen beiden als eine sanfte Flamme ruhig aufsteigen zu lassen.

Alle diese Dinge sollst du für dich allein tun. Niemand kann dich dazu bringen oder es dir abnehmen. Versuche auch nicht, es für andere zu tun oder es ihnen abzunehmen. Du kannst nur den Weg weisen und führen, aber hilf anderen nicht.

Eine starke Person kann eine zwar schwache anregen, die Wirkung ist aber nur eine zeitweilige Torheit, die weder dem Starken noch dem Schwachen gut tut. Biete nur denen deine Führung an, die selbst die nötigen Anstrengungen machen. Unterstütze keinen nachlässigen Schüler, und ermutige niemanden, dessen Streben nicht in der Arbeit liegt.

Diese Regel wird abgeändert, wenn sie sich nicht auf die mystischen Studien, sondern auf die weltliche Kindererziehung bezieht. Eltern sind in einer besonderen Lage, und ihnen ist die natürliche Pflicht aufgetragen, ein Kind zu schulen, zu leiten und zu schützen.

Aber selbst hier bemühe dich, ein Kind zu schützen und anzuleiten, aber nicht zu besitzen; überrenne mit deinen besonderen persönlichen Vorlieben nicht alle persönlichen Ziele der Nachkommen. Ein wahrhaft anständiger Mann verkörpert häufig sein eigenes Ideal, und er glaubt, am meisten Gutes für ein Kind zu tun, wenn er es sich selbst gleich macht. Obwohl ein solcher Vater ein guter Mensch sein kann, sollte seine Art, gut zu sein, nicht verallgemeinert werden. Es gibt auch viele andere gleichwertige Möglichkeiten, nach denen man ebenso leben kann. Jeder Versuch, einem Kind die Gedanken zu stark vorzuschreiben, kann es bei mangelndem Erfolg von der Wahrheit abdrängen, wo es sich sonst auf dem eigenen, besonderen Wege zu einem guten Leben entwickelt hätte.«

»Es ist günstig, alle Symbole zum Hellsehen selbst anzufertigen. Um ein rein individuelles Ergebnis zu erhalten, muß man ansonsten den Einfluß dessen bannen, der es gemacht hat. Es ist am besten, hohe Hellsichtigkeit nur allein auszuüben und mit anderen von äußerster Reinheit, zu denen man volles Vertrauen hat.

Wenn in der Zusammenarbeit mehr als einer den gleichen Vorgang unternimmt, entsteht eine Fehlerquelle, indem im astralen Licht ein komplexes Symbol aufgebaut wird und ein Streit darum entsteht, wer den Verlauf der Strömungen bestimmen soll. Wenn zwei zusammensitzen, wie im Gewölbe, dann sollten sie sich im Ausgleich befinden; ebenso drei. Bei zweien sitzt einer an jeder Seite des Pastos oder an jedem Ende, drei nehmen die Position eines Dreiecks ein, sagen wir, einer am Ende des Pastos, einer zur Rechten und einer zur Linken der Gestalt von Christian Rosenkreutz.«

Beispiel: Die V.H. Soror V.N.R. 6 = 5 (Moina Mathers) sitzt in ihrer Robe an einem Tisch und nimmt eine Tattwa-Karte mit farbigem Symbol (Tejas – Akasha), ein aufrechtes rotes Dreieck, worauf sich in der Mitte ein tiefviolettes oder schwarzes Ei befindet. Sie legt die Hände an ihre Seite oder hält sie abwechselnd vor die Augen (hält den magischen Feuerstab). Sie starrt auf das vor ihr wachsende Symbol, kontempliert und überdenkt es, das sich auf diese Weise vergrößert und den Ort ausfüllt, so daß sie in es hineinzugehen scheint oder in ein riesiges Flammendreieck. Sie stellt fest, daß sie sich in einer rauhen, trockenen und heißen Sandwüste befindet.

Sie denkt und vibriert Elohim. Die Handlung scheint zu laufen, Hitze und Helligkeit nehmen zu. Indem sie durch die Symbole und die Szene hindurchgeht, scheint sie dort anzukommen und herabzusteigen, sie fühlt den heißen, trockenen Sand und nimmt in der Ferne eine kleine Pyramide wahr. Willentlich erhebt sie sich und fliegt dorthin, läßt sich daneben herab, geht darum herum und sieht auf jeder Seite eine kleine quadratische Tür. Sie vibriert Elohim, Michael, Aral, Seraph, Darom, Ash.

Fünfmal stampft sie auf, und im Eingang erscheint eine Gestalt; sie stampft weitere fünfmal und vibriert Seraphiel. Eine Kriegergestalt führt eine Wachprozession heraus. Sie fragt nach seinem Siegel, und er zeigt ihr ein komplexes Symbol aus vier Dreiecken um ein zentrales Zeichen. Trügerisch, sie zieht Beth vor ihm – er scheint erschreckt.

Grundlagen der Magie 611

Sie nimmt das Symbol zurück, und er wird höflich, sie fragt nach der Pyramide. Er sagt, sie führten dort Zeremonien durch. Sie sucht Einlaß, gibt das 0−0 Grad-Zeichen. Es entsteht ein Gefühl des Widerstands. Sie gibt das Zeichen des Grades 1−10, das scheint auszureichen. Er aber gibt Zeichen der Adeptschaft. Die Wachen knien vor ihr nieder, und sie tritt ein. Blendendes Licht wie in einem Tempel. Ein Altar in der Mitte, kniende Gestalten darum, es gibt ein Podium dahinter mit vielen Gestalten darauf. Sie scheinen Elemente feuriger Natur zu sein. Sie zieht ein Pentagramm, setzt einen Löwen hinein und dankt der Gestalt, die sie geleitet. Willentlich bewegt sie sich durch die Pyramide hinaus und findet sich draußen im Sand wieder. Sie wünscht ihre Rückkehr, kehrt zurück und findet ihren Körper in Roben in der Halle des Zweiten Ordens.

Einen anderen Fall solcher visionärer Erfahrungen hielt ich vor vielen Jahren in einem Aufsatz fest, der jetzt unter dem Titel *The Foundations of Practical Magic* veröffentlicht ist. Der Aufsatz trägt selbst den Titel *The Art and Meaning of Magic*. Es handelte sich um eine Tattwa-Vision mit dem 32. Pfad auf dem Lebensbaum. »Wir marschierten eine breite indigofarbene Straße hinunter. Der Nachthimmel war wolkig − sternenlos. Die Straße erhob sich über die normale Bodenfläche. Auf beiden Seiten lag ein Kanal, hinter dem wir die Lichter von etwas sahen, was wie eine große Stadt aussah. So gingen wir lange Zeit weiter, dann bemerkte ich aber in der Ferne eine winzige Frauengestalt, wie eine Miniatur − sie schien nackt zu sein, aber als sie näher kam, sah ich einen Schal um sie wehen. Sie trug eine Sternenkrone auf dem Kopf und hielt zwei Stäbe in den Händen. Sie kam sehr rasch auf uns zu, und ich schaute fasziniert auf eine Perlenkette, die von ihrem Hals bis auf die Knie herabhing − und während ich starrte, merkte ich, daß wir durch den Perlenkreis hindurchgegangen waren und sie verschwunden war.

Jetzt war der Himmel klar und voller Sterne... der Mond, ein großer gelber Erntemond, erhob sich langsam in vollem Bogen in den Himmel... und wir sahen, wie drei Mondstrahlen auf die hohen violetten Wände einer Stadt schienen... wir hielten uns nicht damit auf, zu gucken, sondern gingen geradewegs in die Mitte der Stadt, auf einen offenen Platz, in dessen Mitte ein runder Tempel stand wie eine Silberkugel. Er besaß vier Türen, und vor jeder stand ein großer Engel mit silbernen Flügeln... innen befanden wir uns in einem sehr luftigen Raum. Ein leichter Luftzug erhob unsere Kleider und unser Haar − das Innere war ganz weiß und klar silbern − farblos. In der Mitte schwebte eine große Kugel, wie der Mond selbst... als wir ihn ansahen, bemerkten wir, daß der Mond nicht schwebte, sondern von zwei riesigen geöffneten Händen gehalten wurde. Wir folgten den Armen hinauf und sahen weit oben, nahe dem Dach, tiefe dunkle Augen, die uns anschauten, dunkel wie der Nachthimmel, und eine Stimme sprach...«

2. Die Einfachheit selbst ist das Schlüsselwort zur Methode, die Edwin Steinbrecher beschreibt. Er ist ein Astrologe, der sich auch in den angrenzenden Gebieten, wie Tarot, Alchemie, Kabbala und so weiter, gut auskennt und sich einer langwierigen Jungschen Analyse unterzogen hat. Während derselben wurde er in Jungs Technik der kreativen Imagination unterwiesen. Bei dieser führt man, um es grob und vereinfacht auszudrücken, Gespräche mit Bildern und Personen, die man in Träumen gesehen hat. Aus diesem Verfahren ergeben sich offenbar ganz interessante Ergebnisse. Bemerkenswert ist *The Tree* von J. Marvin Spiegelman (Falcon Press, 1982), das der Autor in seiner Einleitung als ein Beispiel für kreative Psycho-Mythologie beschreibt. Das Buch baut auf innere Erfahrungen und Gespräche auf, die der Autor mit einigen seiner Traumbilder hatte und die er ausführlich beschreibt.

Wie Steinbrecher es darstellt, ist die »Meditation des inneren Führers« ein »wandelnder Prozeß, der damit beschäftigt ist, ungleiche Kräfte, die im menschlichen Unbewußten existieren, zu einer vereinten Ganzheit zusammenzuführen, welche das erwachte, erleuchtete Wesen bildet, das uns allen innewohnt. Dadurch werden die Illusionen beendet, die Trennung, Schuld und Vorurteile verursachen. Durch die Meditation mit den inneren Führern werden vorher unveränderbare und unnahbare Probleme zu erfüllenden Herausforderungen, die produktive und kreative Antworten hervorbringen.«

Bei der Beschreibung des Verlaufs der Meditation werde ich den Autor zitieren, wonach ich die Darstellung eines ziemlich erschreckenden Erlebnisses besprechen möchte, das er gehabt hat. Letzteres hätte leicht vermieden werden können, wenn er zuvor etwas über die Ordensmethode gewußt hätte, die oben beschrieben wurde.

»Schließe die Augen, und erfinde um dich herum eine Höhle, als seist du gerade in eine solche hineingegangen und der Eingang läge hinter dir. Laß die Höhle sich strukturieren, wie sie will, beleuchtet oder zwielichtig, mit glatten oder zerklüfteten Wänden. Versuche einem leeren Film zu gleichen, der Eindrücke empfängt. Nimm diese Eindrücke unkritisch an, wie sie von der Umgebung zu dir gelangen. Versuche das Empfangene nicht umzuformen.«

Grundlagen der Magie

So weit so gut. Das ist die Essenz der Jungschen Methode.

»Sei so sinnlich wie du kannst... benutze alle Sinne... achte darauf, daß du beim Beobachten und Spüren der Umgebung in deinem eigenen Körper bist und aus deinen Augen schaust. Beobachte kein Abbild deiner selbst!...

Wenn du fühlst, daß du selbst in der Höhle bist, auch wenn die Dinge in diesem Stadium noch vage sind, bewege dich nach links, vom Höhleneingang fort, und suche dort zur Linken eine Art Tür oder Durchgang, der dich hinaus in die Landschaft führen wird... tritt hinaus in diese Landschaft, sobald sie erscheint, und spüre die andere Bodenbeschaffenheit unter deinen Füßen. Ist er weich oder hart, grasig oder steinig? Was ist um dich herum? Wie ist die Szene?

Rufe dann im Geiste ein Tier zu dir. Es sollte eines sein, das du nicht kennst. Kein vertrautes Haustier oder sonst ein bekanntes Tier aus der Außenwelt (beispielsweise das Pferd eines Freundes, die Nachbarkatze, das Lamm, das du als Kind besessen hast). Bitte das Tier darum, dich in die richtige Richtung nach rechts weiterzuführen, wo dein innerer Führer auf dich wartet. Konzentriere dich allein darauf, dem Tier zu folgen, und versuche nicht, den Führer vorwegzunehmen... die Tiere, die den Menschen erscheinen, sind sehr unterschiedlich. Hirsche sind üblich, wie auch Eichhörnchen, manchmal tauchen ein Löwe oder ein Hund oder eine Katze auf. Manche Leute haben sogar Stinktiere oder Ameisenbären gesehen...

Das Tier wird dich zu einer unbekannten männlichen Gestalt führen, deinem ersten Führer. Der erste innere Führer ist für Frauen wie Männer männlich... du wirst von der Gestalt her allgemein ein Ausströmen von Liebe empfinden, von Schutz und Freundlichkeit...

Laß alle diese Eindrücke zu dir kommen, wie sie wollen. Versuche das Gesicht des Führers nicht gleich deutlich zu sehen, falls es sich nicht direkt zeigt. Eines der sicheren Zeichen des richtigen inneren Führers ist, daß sein Gesicht zunächst nicht genau zu erkennen ist, die Gesichter falscher Führer jedoch schon. Das Gesicht des wahren Führers wird im Laufe der Arbeit mit ihm näherrücken und deutlicher werden, wenn du aufhörst, ›ihm ein Gesicht zu machen‹. Achte darauf, die Gestalt zu fragen, ob sie dein wahrer Führer ist. Im allgemeinen wird ein falscher Führer darauf mit Nein antworten. Spüre das Gefühl des Führers dir gegenüber: Von einem falschen geht keine Liebe aus.

Bitte den Führer, deine rechte Hand in seine linke zu nehmen... versuche den Handkontakt so deutlich zu spüren, wie du kannst... dann bitte ihn, auf die Sonne in deiner inneren Welt zu zeigen. Schau dahin, wohin er zeigt... akzeptiere keine dir bekannten Personen aus der äußeren Welt als inneren Führer. Dein Führer ist ein Wesen, das bei deiner Geburt nicht auf diesem Planeten gelebt hat. Wenn also dein Lieblingsonkel, dein Vater oder der jetzige oder frühere Präsident der Vereinigten Staaten erscheint, sieh rechts an ihm vorbei. Und wenn ein berühmter verstorbener Guru oder Lehrer oder Erleuchteter der Vergangenheit erscheinen sollte, teste ihn und schau, ob zu seiner Rechten noch eine andere Gestalt auftaucht... die inneren Führer sind immer menschlich und haben weder die Macht noch die Eigenschaften von Göttern... denke daran, daß du dich auf fremdem Territorium befindest. Vertraue deinem inneren Führer und benutze ihn sowohl als Übersetzer als auch als Ratgeber – lasse dich wahrhaft von ihm leiten...«

Der Autor geht dann sehr in die Einzelheiten und Erklärungen der Meditation, des Führers und des Materials, das dadurch zu erhalten ist. Das Buch ist lesenswert, und mit der Methode sollte natürlich experimentiert werden. Ich empfehle es ganz eindeutig, es stellt zumindest ein Werkzeug dar, um mit den inneren Geisteswelten umzugehen. Im Moment bin ich aber daran interessiert, einige Probleme zu diskutieren, denen er im Laufe der Meditation begegnete.

Er beschreibt zum Beispiel, wie sich seine Meditation entwickelte. Er unterzog sich vor vielen Jahren einer Jungschen Analyse. An einem Punkt verließ der Analytiker die Stadt und ging nach Zürich, wo sich das Jung-Institut befindet. Er blieb mit dem Gefühl zurück, gestrandet zu sein, daß sein Unbewußtes aktiviert worden war, aber im Moment keine bestimmte Richtung hatte. Er hatte die Technik der »aktiven Imagination« benutzt, die der Analytiker ihm beigebracht hatte, und war von den lebhaften Erfahrungen fasziniert, die er bei der Erforschung seiner Psyche hatte. Er war vor den möglichen Gefahren dieses Verfahrens gewarnt worden, daß verdrängte, unbewußte Kräfte auftauchen und das Ego überwältigen könnten und es besetzen. Trotz dieser Warnung fuhr er mit den Experimenten fort, wobei er versuchte, Verbindungen zwischen Astrologie und Tarot herzustellen. (Er war zu der Zeit ein professioneller Astrologe.)

Er schreibt: »Ich war von meinem neuen Spielzeug begeistert. Es hatte eine Wirklichkeit und Frische, die ich seit meiner Kindheit nicht mehr erlebt hatte, und es gab an der erlebten Echtheit keinerlei Zweifel... dann hatte ich aber ein Erlebnis, welches die Warnung des Analytikers bezüglich der Gefahren der aktiven Imagination, wie sie von der analytischen Psychologie praktiziert wird, voll rechtfertigte. Es fand in dem Raum statt, in welchem ich mit den archetypischen

Formen in Kontakt trat. Plötzlich tauchte ein Bild des alten Pan des Tarot und des christlichen Teufels auf, ohne daß ich es gerufen oder gewollt hätte. Es handelte sich um den klassischen christlichen Teufel mit einer ebenso wirklichen ›bösen‹ Ausstrahlung, wie ich zuvor das Wohlwollen empfunden hatte, als ich mit dem Archetypus der Sonne zu tun bekam... Ich war wie gelähmt. Panik packte mich. Ich saß da wie festgenagelt. Diese alte Panwesenheit wurde noch bedrohlicher als zuvor und setzte sich zwischen mich und die Treppe zur Außenwelt – und zur Sicherheit. Schließlich wich die Panik, wenn die Furcht auch blieb, und ich versuchte, mich um die Gestalt herum zu der Treppe zu manövrieren, doch ohne Erfolg. Dieses Wesen aus der Innenwelt blockierte jede Bewegung, wenn ich auf die Treppe zuhielt. Er näherte sich mir nicht, sondern blieb nur dort als eine bewegliche Barriere vor jedem möglichen Ausweg. Es schoß mir sogar durch den Kopf, daß man mich in der Außenwelt in kataleptischer Starre finden und in die nächste Nervenheilanstalt bringen könnte. Ich konnte nicht einmal rufen, um meine Situation jemandem mitzuteilen, der in Hörweite war... Die Erfahrung ängstigte mich so sehr, daß ich da und dort beschloß, mich nie wieder ohne Anwesenheit eines geschulten Analytikers in die unbewußten Bereiche vorzuwagen.«

Schließlich erholte er sich jedoch von dem Schreck, wie wir uns schon denken konnten. Was ich jedoch betonen möchte, ist, daß das ganze Entsetzen ohne Schwierigkeiten hätte vermieden werden können, wenn er in den Methoden des Golden Dawn geübt gewesen wäre, die oben in diesem Abschnitt beschrieben wurden. Das bannende Pentagrammritual, das Vibrieren der entsprechenden Gottesnamen, das Annehmen der Gottesformen sind Werkzeuge, mit denen der Studierende umzugehen gelernt haben muß, lange bevor er versucht, die inneren Welten mittels der Tattwa-Vision und so weiter zu betreten. In einem wohlgeordneten Tempel wären diese Techniken dem Anwärter regelmäßig und allmählich beigebracht worden, so daß er mit der Zeit fähig gewesen wäre, diese Art innerer Abenteuer zu unternehmen. Er hätte diese Techniken angenommen, und sie wären zu seiner zweiten Natur geworden.

Man kann natürlich fragen, warum dann als Ergebnis dieser inneren Visionen im Orden so viele Unfälle passiert sind. Die Antwort ist fast beängstigend einfach: Die Methoden wurden *nicht* so sorgfältig eingesetzt, wie sie hätten eingesetzt werden sollen. Viele nahmen an, daß sie nach längerem Gebrauch der visionären Techniken keiner Schutzvorkehrungen mehr bedürften. In der Periode von Felkins Regiment in der Stella Matutina hatte, wie Elic Howe, Arthur E. Waite und andere berichten, eine außergewöhnliche Leichtgläubigkeit von diesen Visionären Besitz ergriffen, die offenbar ihre Kritikfähigkeit, jedes Augenmaß und die geistige Gesundheit vor allem deshalb verloren hatten, weil sie keine oder nicht alle Schutzmaßnahmen ergriffen, in denen der Orden sie bereits geschult hatte.

Das ist einer der vielen Gründe dafür, daß ich an einigen Stellen in diesem Buch darauf bestehe, daß das Pentagramm- und das Hexagrammritual in allen ihren Phasen voll beherrscht werden und daß die Gottesnamen, Gesten und Zeichen und so weiter gründlich auswendig gewußt werden. Man sollte nicht zu fortgeschritteneren Methoden übergehen, bevor die Grundübungen völlig beherrscht werden. Sonst könnte sich der Studierende, der sich nur mit diesem Anleitungsbuch und ohne Lehrer selbst eingeweiht hat, in einer ähnlichen Klemme wiederfinden wie Steinbrecher und andere. Für all das gibt es einfach keine Ausrede. Angemessene Vorbereitung ist die Grundregel für jede Phase in den magischen Künsten. Ohne diese droht nur Unheil.

Wo ich bei dem Thema bin, möchte ich noch auf mein Lieblingsärgernis eingehen, das jedesmal stimuliert wird, wenn ich einige der Ritualmanuskripte durchsehe, die aus verschiedenen Epochen der Ordensgeschichte stammen. Immer wieder fallen mir dabei Skizzen von Pentagrammen, Hexagrammen und Gradzeichen auf, die an verschiedenen Stellen in den Ritualen durchzuführen sind. Ich gebe zu, daß ich von dieser Vorgehensweise mehr als irritiert bin, denn sie ist theoretisch unnötig. Sie werden offenbar als Erinnerungshilfe für den Amtsträger für technische Angelegenheiten eingefügt, der sie alle schon längst beherrschen sollte. Wäre das der Fall, dann hätte es keinen Sinn, Skizzen dessen zu machen, was er zu tun hat.

In gewissem Sinne ist das der Fehler der Ordensbegründer. Mathers selbst hat eine Schrift über die Mindestarbeitsmenge vorgelegt, die für eine schriftliche Prüfung nötig ist. Dies ist eine ziemlich armselige Vorstellung, um sie einem neuen Anwärter auf die höheren Ebenen nahezulegen. Wie ich in *What You Should Know About the Golden Dawn* bereits bemerkte, war das ein Fluch, der die gesamte Ordensarbeit durchzog. Die Studierenden taten meistens nur genau soviel, wie sie zum Bestehen der nächsten Prüfung brauchten. Kein Gedanke an das Erwerben wirklicher Fertigkeiten in irgendeiner Hinsicht. Die Weihungszeremonien wurden für das Schwert, die Elementarwaffen, das Rosenkreuz und so weiter durchgeführt, endeten damit aber. Es schien ihnen nie eingefallen zu sein, den Vollzug viele Male zu wiederholen, monate- und wenn nötig jahrelang, um ihre

Grundlagen der Magie 617

Fähigkeit zu vertiefen. Ist doch für die meisten von uns Übung das einzige Mittel, durch welches Geschick zu erwerben ist.

Die Pentagramm- und Hexagrammrituale sollten längst auswendig gewußt werden, bevor eines dieser Gradrituale ausgeführt wird. Ich bin nicht dagegen, daß sich die Amtsträger für die langen Ansprachen, die bei manchen der Rituale für die Grade und andere erforderlich sind, auf ihre Aufzeichnungen stützen. Ich halte es aber für unter ihrer Würde, wenn sie in Wahrheit und nicht nur dem Namen nach Adepten heißen wollen, daß sie in ihren Unterlagen nachsehen müssen, um zu entscheiden, was für ein Pentagramm sie an einem bestimmten Ort, hier, dort oder irgendwo, zu ziehen haben.

Das Studium des Pentagrammrituals zum Beispiel darf nicht darauf beschränkt werden, es mehrfach durchzulesen. Es muß immer wieder durchgeführt werden, bis es in jede Windung und Faser des Unbewußten tief eingebettet ist. Es muß eintrainiert werden, bis Nephesch oder das automatische Bewußtsein in der Lage ist, es hervorzubringen, ohne daß Ruach der Sache einen absichtlichen Gedanken zu schenken hat.

Es scheint mir für den Studierenden eine gute Idee zu sein, ein einfaches Ritual für den täglichen Gebrauch zusammenzustellen, in welchem er fast alles einsetzen kann, was er in bezug auf die Invokationskunst gelernt hat, so daß er daran nicht mehr zu denken braucht, sondern seine ganze Aufmerksamkeit den wirklich bedeutenden Teilen des Rituals widmen kann – dem Gebrauch des Willens und der Imagination und der Vibrationsformel der Mittleren Säule.

Ich stellte vor vielen Jahren, Mitte der Dreißiger, ein einfaches Ritual zur Anrufung der Elemente zusammen. Dazu entlieh ich die Eröffnungen der vier Gradzeremonien der Elemente und faßte sie zu einem geschlossenen Ganzen zusammen. Fast ein Jahr lang führte ich dann dieses kleine Ritual täglich durch, bis ich in der Lage war, die entsprechenden geometrischen Figuren und Gottesnamen ohne das geringste Zögern in die Luft zu schreiben und zu zeichnen. Damit gelang es, diese rituellen Grundmethoden tief in meinen unbewußten Geist einzupflanzen, so daß sie immer zur Verfügung standen, wenn ich sie brauchte.

Viele Jahre, wahrscheinlich Jahrzehnte später, als ich wieder auf das Einfache und Grundlegende zurückkam, paßte ich noch die Eröffnungsphase der Fronleichnams (Corpus Christi)-Zeremonie an und nannte sie ›Eröffnung mittels der Wachttürme‹. Daraus ist eine wundervolle kleine Zeremonie geworden, die in eine Vielzahl unterschiedlicher Richtungen ausgearbeitet wurde. Einige von diesen sind in *Ceremonial Magic* (Aquarian Press, 1980) beschrieben und ziemlich ausführlich dargestellt worden. Damit vollendete ich in etwas anderer Weise, was ich viel früher zu tun versucht hatte, indem ich jede scheinbar willkürliche Geste der elementaren Magie einsetzte. Als Übung ist es so aufgebaut, daß es zur Fähigkeit führt, jedes invozierende oder bannende Pentagramm oder Hexagramm an der richtigen Stelle und so weiter zu ziehen, ohne daß man den Ritualtext mit den betreffenden Pentagrammen zu belasten braucht. Das Ritual ist wirklich leicht zu erlernen; ich empfehle dringend, es auswendig zu lernen und so oft wie möglich auszuführen. Auf diesem Wege werden die Grundprinzipien eines magischen Verfahrens so häufig benutzt, daß sie einem zur zweiten Natur werden. Gleichzeitig wird die Wahrnehmungssphäre gereinigt, verfeinert und für jeden äußeren und störenden Einfluß undurchdringlich gemacht. Mit einer solchen Aura kann man überall hingehen, alles tun, jeder Wesenheit begegnen, ohne befürchten zu müssen, daß die eigene Person erfolgreich angegriffen werden könnte. Nach einjährigem Studium und Übung der Eröffnung mittels der Wachttürme erreicht man diesen magischen Erfolg. Ist dieser Zustand einmal erreicht, so bieten sich andere Verwendungsmöglichkeiten des Rituals von selbst an.

Das allererste Ziel dieser Ermahnungen ist dann erreicht. Wenn man ein beliebiges Ritual durchführt, sei es für einen selbst oder um einem Anfänger eine Technik vorzuführen, sollte man nicht erst nachschlagen müssen, wie ein invozierendes aktives Geistpentagramm aussieht, oder von welchem Punkt aus ein bannendes Mondhexagramm gezogen wird. Das alles gehört nämlich zur magischen Grundausbildung und sollte nicht nur überflogen, sondern als eine Disziplin für Nephesch und Ruach geachtet werden.

Um jedoch zur Meditation des inneren Führers zurückzukehren: Der Autor führt an einer Stelle die Frage eines Schülers an: »Ist der innere Führer ein Teil meines Egos?«

Seine Antwort darauf war Nein. Die inneren Führer stellen sich nicht immer auf unsere persönliche Lust und Laune ein. Sie sagen und tun, was nötig, nicht was erwünscht ist. Sie kennen unsere Grenzen und Unzulänglichkeiten und setzen uns unbewußtem Material aus, dem das Ego sich nie gestellt hätte.

Das ist gut und schön, und im großen und ganzen akzeptiere ich das auch. Ich kannte aber vor einiger Zeit eine Dame, die diese Meditation des inneren Führers sehr oft benutzte und ihr tägliches Leben davon beherrschen ließ. Es traf sich, daß sie eine Zwangsneurotikerin und Hypochondrin war – das geht häufig Hand in Hand.

Sie befragte ihren inneren Führer häufig über ihre Handlungsweisen, und er beriet sie natürlich. Wie sich herausstellte, war auch er ein Zwangsneurotiker, denn er riet ihr, auffallend zwanghafte Verhaltensweisen auszubilden, in diesem Falle ritualistische. Sie akzeptierte diese natürlich widerspruchslos. Das Ergebnis war, daß ihre ganze Welt auseinanderfiel und in völligem Chaos endete. Ich bezweifle, daß sie daraus eine Lehre zog. Sie unterzog sich einem Schnellkurs in Magie, denn sie besaß eines meiner Bücher. Jedoch bezweifle ich, daß sie irgendwelche der von mir erwähnten Prüfungen einsetzte, denn das Problem mit den Schnellkursen ist, daß sie im Unbewußten keinen hinreichend tiefen Eindruck hinterlassen, um die Technik im Bedarfsfall auch einzusetzen.

Das Dumme an der ganzen Sache war, daß sie nichts daraus lernte! Ihre Zwanghaftigkeit blieb unverändert.

3. Crowleys Technik des Lichtkörpers

Bevor ich allzuviel von dieser Methode beschreibe, möchte ich ein längeres Zitat aus seinem *Liber 0* anführen, das in den *Gems from the Equinox* (Falcon Press, 1982) nachgedruckt wurde.

»1. Dieses Buch ist sehr leicht falsch zu verstehen; ich bitte die Leser, es mit der peinlichsten kritischen Sorgfalt zu studieren, wie wir es in der Vorbereitung getan haben.

2. In diesem Buch ist von den Sephiroth die Rede, von den Pfaden, den Geistern und Beschwörungen; von Göttern, Sphären, Ebenen und vielen anderen Dingen, die vielleicht existieren oder auch nicht.

Es ist aber nicht von Bedeutung, ob sie existieren oder nicht. Wenn man bestimmte Dinge tut, ergeben sich bestimmte Ergebnisse; der Studierende wird ernsthaft davor gewarnt, diesen eine objektive Wirklichkeit oder philosophischen Wert zuzuerkennen.

4. Falls der Studierende in den folgenden Praktiken irgendwelchen Erfolg erlangt, wird er sich mit Dingen (Ideen oder Wesen) konfrontiert sehen, die zu herrlich oder zu fürchterlich sind, um beschrieben zu werden. Es ist wesentlich, daß er der Herr über alles bleibt, was er erschaut, hört oder wahrnimmt; sonst wird er zum Sklaven der Illusion und Beute des Wahnsinns...

5. Es besteht geringe Gefahr, daß ein Studierender, wie träge oder dumm er auch sei, keinerlei Ergebnisse erzielt; doch die Gefahr ist groß, daß er vom Wege weggeleitet wird, vielleicht sogar durch diejenigen, die er erreichen muß. Außerdem hält er den ersten Ruheplatz

zu oft schon für das Ziel, und er legt seinen Panzer ab, als sei er der Sieger, bevor der Kampf so recht begonnen hat.

Es wäre wünschenswert, daß der Studierende keinem Ergebnis die Wichtigkeit zuspricht, die es zunächst zu haben scheint.«

Bevor wir nun fortfahren, möchte ich festhalten, daß Crowley, von allem anderen einmal abgesehen, auch ein Mitglied des Golden Dawn war. In allen seinen frühen Schriften kommen besonders die Standpunkte des Golden Dawn zum Ausdruck. Erst in seinen späteren Schriften weicht er bedeutend von der Sichtweise des Ordens ab. Aber selbst da bleibt noch ein Kern der Ordenslehren, den er von ganzem Herzen vertreten hat. Ganz gleich, wie weit er sich von den grundlegenden Ordensmethoden entfernt hat, er war ein Eingeweihter des Golden Dawn – zuerst, zuletzt und immer. Das sollte man nie vergessen. In seinen Schriften findet sich vieles, was für den ernsthaften Studenten der Techniken des Golden Dawn von Wert ist.

»1. Der Studierende ruhe in einer der vorgeschriebenen Positionen, nachdem er gebadet und sich mit gebührendem Anstand eine Robe angetan hat. Der Ort sei frei von allen Störungen. Die voraufgehenden Reinigungen, Bannungen und Anrufungen seien pflichtgemäß durchgeführt. Schließlich entzünde er den Weihrauch.

2. Er imaginiere dann seine eigene Gestalt (am besten in der angemessenen magischen Kleidung und mit den entsprechenden magischen Waffen ausgerüstet), die seinen physischen Körper einhüllt und nahe bei ihm, vor ihm steht.

3. Dann verlege er den Sitz seines Bewußtseins in die imaginierte Gestalt, so daß es ihm erscheint, als sähe er mit ihren Augen und höre mit ihren Ohren.

Gewöhnlich stellt dieser Schritt die Hauptschwierigkeit der Operation dar.

4. Dann veranlasse er die imaginierte Gestalt, sich weit über die Erde in die Luft zu erheben.

5. Er halte sodann ein und schaue sich um. (Manchmal fällt es schwer, die Augen zu öffnen.)

6. Er wird wahrscheinlich Figuren wahrnehmen, die sich ihm nähern, oder er wird die Landschaft bemerken.

Er spreche zu diesen Figuren und bestehe auf einer Antwort, wobei er die entsprechenden Pentagramme und Zeichen benutze, wie zuvor gelehrt.

7. Er reise nach Belieben, mit oder ohne Führung durch eine oder mehrere der Figuren.

Grundlagen der Magie 621

8. Weiterhin setze er bestimmte Anrufungen ein, die diejenigen Orte erscheinen lassen, die er zu besuchen wünscht.

9. Er hüte sich vor den zahllosen feinen Angriffen und Täuschungen, die er erleben wird, indem er die Echtheit aller, mit denen er redet, sorgfältig prüft...«

Auf den ersten Blick scheint sich das erheblich von der oben beschriebenen Methode des Golden Dawn zu unterscheiden. Tatsächlich sind sie jedoch identisch. Identisch sowohl dem Geiste wie den Buchstaben nach. Crowley spricht zum Beispiel irgendwo in seiner Biographie davon, wie er einen Schüler anweist, eines der Hexagramme aus dem I Ging zu visualisieren und sich dann vorzustellen, er ginge durch es hindurch wie durch eine Tür. Irgendeine Vision resultierte daraus, und wenn der Schüler von einer solchen zurückkehrte, schlug Crowley Legges Buch über das I Ging auf und las die dort gegebene Beschreibung des jeweiligen Hexagramms. Gewöhnlich waren die Übereinstimmungen mehr als deutlich.

In der *Blue Equinox*, am Ende des Tagebuchs von Frater Achad, beschreibt Crowley darüber hinaus unter dem Pseudonym Frater O.M. eine Prüfung, die er Achad verschrieb. Ein Punkt dieser Prüfung war, eine Tür zu durchschreiten, auf welche ein besonderes Hexagramm gezogen war, das Crowley eigens zu diesem Zweck gezeichnet hatte. Achad sollte dann berichten, was er mittels der Vision über das Symbol herausgefunden hatte.

Beachte, daß er in diesen beiden Fällen nicht erwähnt, daß ein Körper im physischen Körper imaginiert oder das Bewußtsein in diesen verlegt werden sollte. In beiden Fällen folgt er buchstäblich der Methode des Golden Dawn für die sogenannten Tattwa-Reisen. Vor Jahren, kurz nachdem ich meinen 5–6 Grad erhalten hatte, malte ich auf 8 × 12 cm große Karteikarten eine Reihe von Symbolen, diejenigen der Tattwas, der hebräischen Buchstaben, der geomantischen Symbole und der Planeten- und Tierkreiszeichen. Diese wurden zu den symbolischen Türen, die ich benutzte, um in der geistigen Schau hellzusehen – um den Fachausdruck des Verfahrens zu benutzen. Man starrt einfach etwa eine Minute lang auf die Karte oder das Symbol auf ihr und schließt dann die Augen – *man erblickt das Symbol in der Komplementärfarbe*. Dann stellt man sich vor, daß das Symbol wächst, bis es zu einer großen Tür geworden ist, die man durchschreiten kann. Indem man das Zeichen des Eintretenden benutzt, projiziert man sich durch die Tür hindurch, vibriert auf der anderen Seite die entsprechenden Namen und zieht die entsprechenden Pentagramme und andere geometrische Figuren. Mit Sicherheit entsteht eine Landschaft, und als Ergebnis der Anrufung erscheint eine Gestalt. Wenn alles gut geht, paßt sie der Person und der Farbe nach zu dem Symbol. Auf jeden Fall muß sie mit allen zur Verfügung stehenden Mitteln geprüft werden, um sicher zu gehen, daß man auf der richtigen Fährte ist.

Letztlich erweist sich Crowleys Technik des Lichtkörpers als identisch mit derjenigen des Golden Dawn. Ich könnte Crowleys Werke zitieren, um Beispiele für sein Hellsehen zu bringen, aber das ist an dieser Stelle nicht wirklich notwendig.

Die Methode ist dieselbe und natürlich auch die Testmethoden. Die Schrift *Liber O*, aus der ich die meisten der obigen Anweisungen zitierte, beschreibt auch die Pentagramm- und Hexagrammrituale sowie die Vibrationsformeln für die Mittlere Säule und die Annahme der Gottesformen. Sie alle stammen vollständig von dem Orden, dessen Mitglied er einst war.

Alle drei Methoden, die des Ordens, die von Steinbrecher und die von Crowley, sind sich sehr ähnlich, außer daß bei Steinbrecher die Schutzmaßnahmen fehlen, die so dringend vonnöten sind. Abgesehen davon könnte die Methode für Anfänger einen idealen Einstieg bilden, wenn auch nur, um in der Methode selbst einige Fertigkeiten zu erlangen. Sind diese einmal vorhanden, dann lerne er die Ordensmethoden des Prüfens und des Schutzes und arbeite von dort aus weiter.

V.H. Soror V.N.R. (Moina Mathers)

Über das Hellsehen

Nachdem der Studierende die Grundregeln erlernt hat, soll er spezielle Methoden herausfinden, die seinem Temperament am angemessensten sind. Für einige mag es nützlich sein, über die Einzelheiten des Hellsehens und der Astralprojektion zu schreiben, mit welchen bereits Erfolge erzielt worden sind. Durch ständige Überprüfung verringern sich die Wahrscheinlichkeiten von Illusionen, Täuschungen und Halluzinationen. Bevor wir fortfahren, weise ich nochmals auf die Lehrschrift zum Mikrokosmos hin, was die Theorie des Hellsehens betrifft.

Die Regeln zum Hellsehen und zur Astralprojektion können gleichzeitig studiert werden, da die beiden so ähnlich sind: Das eine ergänzt das andere.

Das Hellsehen kann sehr einfach begonnen werden. Das heißt, das Astral wird nicht über die Gefühlssphäre hinaus in den Makrokosmos projiziert, sondern bleibt und nimmt eine Szene des Universums wahr, welche sich in dem Symbol spiegelt, das du hältst. Letzteres wirkt als Spiegel, der Szenen reflektiert, die außerhalb deines normalen Sichtbereichs liegen. Zweitens kannst du die Operation fortführen, indem du das gleiche Symbol benutzt und durch es hindurchgehst, wobei du dich selbst in die betreffende Szene projizierst, die du zuvor nur als eine Reflektion wahrgenommen hast.

Dieser Vorgang wird der Wahrnehmung vermutlich lebhafter vorkommen als der vorige, so wie man bei der materiellen Wahrnehmung weniger Täuschungen unterworfen ist, wenn man zu dem Ort gehen und ihn wirklich untersuchen kann, als wenn man nur über eine Spiegelung Wissen darüber erlangt.

Ich sehe in dem Zimmer, in dem ich mich jetzt befinde, zum Beispiel ein Stück Garten im Spiegel. Von allem, was in meinem Blickfeld liegt, bekomme ich einen Eindruck, jedoch nicht halb so intensiv, als wenn ich hinaus in den Garten und an den fraglichen Ort trete und alle Gegenstände dort untersuche, die Atmosphäre spüre, den Boden berühre, die Blumen rieche und so weiter.

Es ist jedoch gut, mit beiden Methoden zu arbeiten. Man wird feststellen, daß die letztere viel aufschlußreicher, aber deshalb auch viel ermüdender ist. Wenn du das Astral projizierst, mußt du es mit Lebenskraft versorgen, die hauptsächlich dem Nephesch entnommen wird.

Der Schlüssel zum Erfolg sowohl beim Hellsehen wie auch bei der Astralprojektion scheint demnach darin zu liegen, abwechselnd Intuition und Verstand einzusetzen. Das geschieht, indem man jedem gedanklichen Bild gestattet, sich auf die Weise dem Gehirn einzuprägen, die allgemein als Inspiration bezeichnet wird. Darauf wendet der Verstand seine Kenntnisse über die Korrespondenzen an, um den Eindruck zu bestätigen oder zu korrigieren.

Du mußt dich darauf einstellen, Eindrücke von Szenen, Formen und Klängen als lebhafte Gedanken-Formen zu empfangen. Ich benutze den Ausdruck Gedanken-Form mangels eines besseren. Bei diesen Erfahrungen werden Dinge deutlich gehört und gefühlt, wie auch gesehen, die zeigen, daß das Vermögen auf den verfeinerten Sinnen beruht. Daß das Vermögen der Hellsicht existiert, läßt sich durch ein wenig geduldige Übung mit einer der oben angegebenen Methoden leicht nachweisen.

Wähle zufällig eine der Tattwakarten aus, sieh dir aber das Symbol darauf nicht an. Lege sie dann mit dem Bild nach unten auf den Tisch und versuche, das Symbol zu erraten. Dazu entleere deinen Geist soweit als möglich und behalte stets die Kontrolle darüber, wobei du während dieser Zeit die Verstandestätigkeit, Gedächtnis, Vorstellungen und so weiter vertreibst. Nachdem du ein paar Minuten auf die Rückseite der Karte gestarrt hast, bemerkst du, daß die Gedankenform des Tattwas plötzlich in deinem Geist aufzutauchen scheint. Mit mehr Übung wird es dir später so vorkommen, als würde das Symbol versuchen, durch die Rückseite der Karte hindurchzudringen. Manchmal jedoch, besonders wenn die Karten lange in der gleichen Reihenfolge im Stapel gelegen haben, findet man, daß die Rückseite der Karte nicht mit dem Symbol der dazugehörigen Vorderseite, sondern mit demjenigen der Karte aufgeladen ist, die im Stapel darüber gelegen hat.

Manche finden es einfacher, die Karte astral umzudrehen, das heißt in der Vorstellung, und herauszufinden, was in diesem Augenblick im Geist aufblitzt.

Weil wir unsere ersten Erfahrungen mit den Tattwas machen, um die folgenden Regeln zu illustrieren, benutze dazu eines, das in Harmonie mit dem Zeitpunkt ist, zu dem wir die Arbeit beginnen.

Regeln für das Hellsehen

Falls möglich arbeite in einem eigens dafür hergerichteten magischen Raum, G.D. Altar in der Mitte, darauf die vier Elemente, das Kreuz und das Dreieck, brennenden Weihrauch, die brennende Lampe, Wasser im Kelch, Brot und Salz auf dem Teller. Lege außerdem deine magischen Werkzeuge auf den Altar. Trage deine weiße Robe, die Schärpe des Adeptus Minor und das Rosenkreuz-Lamen auf der Brust.

Habe dein Schwert und deinen Lotusstab bei dir. Setze dich an die Seite des Altars, und schaue in die Richtung des Elementes, Planeten oder Zeichens, mit welchem du arbeiten willst. Sollte ein anderer Frater oder eine Soror bei dir sein, so plaziert euch in ausgewogenem Verhältnis um den Altar. Wenn zum Beispiel die Richtung der Kräfte, mit denen du arbeitest, der Westen ist, dann ist dein Platz im Osten des Altars mit Blickrichtung über diesen hinweg nach Westen. Ist es für dich nicht einzurichten, einen eigenen Tempel zu haben oder alle Werkzeuge für das Experiment bei dir zu haben, so tue dein Bestes, sie dir als astral anwesend vorzustellen. Trage aber auf jeden Fall während der gesamten Erfahrung einer jeden Astralprojektion alle Kleidung und Insignien astral.

Nach intensiver, sehr beständiger Übung wirst du es nicht unbedingt notwendig finden, sie physisch bei dir zu haben. Denke jedoch daran, daß die materielle Ebene bei der magischen Arbeit einerseits die am wenigsten wichtige ist. In anderer, bedeutender Hinsicht ist es aber von größter Wichtigkeit, die astrale Ebene soweit es geht zu kristallisieren und zu vervollständigen.

Halte vor dir die genauen Entsprechungen gewisser universeller Formeln bereit, denn in den genannten Insignien und Werkzeugen besitzt du vollendete symbolische Repräsentationen des ganzen Universums. Die Kontemplation derselben sollte an sich deinen Geist schon daran hindern, sich von unerheblichen Gegenständen ablenken zu lassen und deine Konzentration auf die sublimen Mysterien des Makrokosmos sammeln. Darüber hinaus verleihen diese geweihten Insignien dir eine gewisse Macht, denn sie haben, mit deiner Entwicklung verglichen, unendlich mächtige oder weniger mächtige Strahlen angezogen.

Es erscheint dringlich, die Werkzeuge bei jeder möglichen Gelegenheit zu benutzen, denn sie unterstützen die Durchführung einer Zeremonie, und diese wiederum trägt dazu bei, die Werkzeuge neu aufzuladen. Jede Reise in die Bereiche des Wassers oder Feuers sollte darum eine Flamme zum Stab und Feuchtigkeit zum Kelch beitragen.

Reinige als nächstes deinen Raum mit Feuer und Wasser und dem kleinen Pentagrammritual. Nimm an, wir haben als Tattwa der Wahl Apas-Prithivi ausgesucht. Natürlich benutzen wir die Entsprechungen Wasser und Erde für dieses Symbol, denken aber daran, daß das Haupttattwa Wasser ist und daß die Erde in dieser Zusammensetzung zweitrangig ist. In diesem besonderen Beispiel bietet es sich an, nur den Kelch zu benutzen und das Pentakel erst in zweiter Linie. Setze also den Kelch ein, um die meisten der Erdsymbole zu ziehen, und nimm nur für einige besondere Symbole das Pentakel.

In diesem hypothetischen Fall des zusammengesetzten Tattwas vollziehe mit dem Kelch das große invozierende Pentagrammritual von Wasser und von Erde in deinem Raum, um deine ganze Umgebung mit der Idee dieses Tattwas anzufüllen. Gehe dann auf deinen Platz zurück, und tue im Verlauf des Hellsehens das Folgende.

Lege die Tattwakarte vor dich auf den Altar, nimm den Kelch in deine rechte Hand und das Pentakel in die linke. Schaue das Symbol lange und stetig an, bis du es beim Schließen der Augen als Gedankenform wahrnehmen kannst. Vibriere die Namen von Wasser und Erde (Empeh Arsel und so weiter), und versuche, die geistige Vereinigung intensiver zu spüren. Es hilft dir vielleicht, es als eine große Sichel aus blauem oder silbernem Wasser wahrzunehmen, welche einen Würfel aus gelbem Sand enthält. Bemühe dich weiter, eine scharfe Wahrnehmung des Tattwas zu erreichen, bis das Element, seine Form und seine Eigenschaften zu einem Teil von dir geworden scheinen. Dann solltest du anfangen zu fühlen, als seist du mit diesem besonderen Element eins, völlig darin gebadet. Führst du das korrekt durch, wirst du bemerken, daß der bloße Gedanke an ein anderes Element deutlich unangenehm für dich wird.

Ist es dir gelungen, eine gedankliche Vision des Symbols zu bekommen, fahre fort, die Gottesnamen mit der festen Vorstellung zu vibrieren, damit auf der Karte ein geistiges Bild einer Szene oder Landschaft hervorzurufen. Wenn diese zuerst erscheint, wird sie vermutlich vage sein; festige sie aber immer weiter. Bedenke, daß dein Geisteszustand noch passiv und es nicht an der Zeit ist, ihn zu prüfen. Erst wenn das Gedankenbild hinreichend faßbar und lebhaft geworden ist, wenn sich das Gefühl der Verwirrung und Unklarheit verloren hat, solltest du anfangen, Tests einzusetzen. Vor dieser Phase wirken sich alle Überlegungen, Zweifel und Grübeleien auf das Experiment zerstörerisch aus.

Wahrscheinlich erlebst du das Gedankenbild durch sorgfältige Übung bald so klar, daß es scheint, als wollte das Bild durch das

Grundlagen der Magie

Symbol hinausstürzen. In solch einem Fall besteht keine Schwierigkeit, denn dann ist die Vision fast so deutlich wie das körperliche Sehen. Du kannst aber schon viel erreichen, wenn du den Eindruck der Landschaft als einen Gedanken empfängst.

Ich nehme ein weites Meer wahr, einen schmalen Landstreifen – hohe graue Felsen oder Blöcke ragen aus dem Meer. Links ist eine lange Kette Klippen, die weit ins Meer hinausragen. Das erscheint mir hinreichend lebhaft, und ich beginne mit meinen Tests. Hauptsächlich mißtraue ich meinem Gedächtnis, deshalb ziehe ich mit dem Lotusstab vor dem Bild ein großes Tau aus hellem Licht. Im Glauben, die Szene nur in meiner Phantasie aufgebaut zu haben, ziehe ich ein großes Caph auf die Karte. In diesem Fall bannt oder verfinstert keines der Symbole die Szene, und ich fahre fort. (Wenn aber die Szene verschwindet oder verschwommen wird, ist es besser, alles, was auf der Karte übrigbleibt, mit einem Pentagramm zu bannen, und an dem Punkt neu zu beginnen, wo du versucht hast, ein Bild auf der Karte zu erzeugen.)

Nun ziehe ich mit dem Kelch ein Pentagramm über dem Bild und mit dem Pentakel das Erdpentagramm, wobei ich die korrekten Vibrationsformeln benutze. Dadurch wird das Bild intensiver, und ich nehme darin viele Gestalten wahr, vornehmlich vom Typ der Wassergeister. Als ich weiter schaue, sehe ich eine viel größere Figur als die Elementargeister, die sie überschattet. Sie ist in Blau und Weiß gekleidet mit etwas silbernem Glitzern. Um Einzelheiten zu bekommen, muß ich länger daran arbeiten. Ich invoziere mit Wasser- und Erdsymbolen. Ich halte es für das beste, zunächst auf das Bild zu achten und es dann im Wechsel zu testen.

Ich hoffe, genug erklärt zu haben, um dem Studierenden ein grundlegendes Verständnis des Hellsehens zu geben. Ich werde dann zu den Regeln der Astralprojektion übergehen. Aber es sollte beachtet werden, daß man mit diesen Visionen viel weiter kommen kann und der Studierende nicht dort aufhören sollte, wo meine Erklärungen enden.

Astralprojektionen

Folge zunächst den Regeln für das Hellsehen, bis das Tattwa-Symbol vollständig lebhaft ist und du dich fühlst, als wärest du mit dem Element eins. Du kannst die vorigen Stadien der Arbeit abändern, indem du das Symbol astral vergrößerst, so daß es groß genug ist, um einen Menschen hindurchzulassen. Wenn es ganz belebt ist, aber nicht vorher, gehe, springe oder fliege hindurch, und fange nicht an, nachzudenken oder zu überlegen, bis du dich auf der anderen Seite an einem Ort oder in einer Landschaft befindest. Prüfe die Erfahrung wie zuvor erst, wenn sie zu einem spürbaren und vollständigen Bild geworden ist. Wenn du deinen Geist soweit wie möglich leer gemacht hast, sollte die erste Idee, die lebhaft in dir auftaucht, nachdem du das Symbol durchschritten hast, eine genaue Entsprechung zu dem betreffenden Tattwa darstellen.

Nachdem ich durch das Hellsehen bereits die Vision eines zusammengesetzten Tattwas erreicht habe, finde ich mich auf einem Felsblock über dem Meer stehend wieder, der mir als ein wichtiger Punkt aufgefallen war. Ich erkenne, daß ich mit meinen Insignien des Adeptus Minor und weißer Robe dort auf dem Fels stehe und aufs Meer schaue. Wenn ich nach rechts sehe, fällt mir die Kette der Klippen auf; links und hinter mir ist überall das Meer.

Wenn man mit den anderen Ebenen arbeitet, ist es gut, genauso zu verfahren wie normal, indem man auf jeden einzelnen Schritt achtet, während man geht und nicht versucht, gleichzeitig nach beiden Seiten zu sehen oder durch den Hinterkopf. Statt dessen drehe dich zuerst nach rechts und schaue dort, dann nach links, dann drehe dich um und so weiter. Es ist besser, zunächst an einem Ort zu bleiben, bis man erfahren genug ist, etwa Reflexe zu vermeiden. Je praktischer die Erfahrungen sind, um so größer ist tatsächlich die Erfolgsmöglichkeit.

Ich habe den Eindruck, daß die Luft sehr kalt ist. Ich bücke mich, um den Felsen zu fühlen, und stelle fest, daß er aus Korallen besteht. Ich habe zwar die Vision schon in der Hellsicht getestet, aber es ist besser, das zu wiederholen, damit ich sicher bin, in genügendem Kontakt mit der Landschaft zu sein. Ich ziehe deshalb mit meinem astralen Lotusstab die zuvor bereits invozierten Symbole TAU und CAPH in weißem Licht. Ich höre auch nicht auf, sie zu ziehen, bis ich sie ebenso klar wahrnehmen kann wie die Landschaft. In der Folge wird die Szene weder verschwommen, noch verschwindet sie, so daß ich nun mit meinem astralen Kelch und Pentakel sehr große Wasser- und Erdpentagramme ziehe, die auf dem Meer stehen. Mehr noch als die vorigen Symbole sollen diese fortgeführt und betont werden, bis sie für den Geist zu lebenden Wesen werden. Werden diese korrekt gezogen und hinreichend verwirklicht, so besteht für den Rest der Erfahrung nur ein geringes Täuschungsrisiko.

Es scheint die Vitalität der Szene zu erhöhen, wenn ich die Pentagramme ziehe, als stünden sie auf dem Meer, denn die kaum faßbaren

Grundlagen der Magie   629

Elementarwesen und Engel, die ich in dem reflektierten Bild wahrgenommen hatte, werden dem Geist immer wirklicher.

Wenn ich gleich mit der Astralprojektion begonnen hätte, ohne sie durch die hellsichtige Erfahrung einzuleiten, dann hätte ich diese Figuren jetzt evozieren müssen. In diesem Falle müßte ich unter Verwendung der invozierenden Wasserpentagramme fortfahren, die Gottesnamen dieser Elemente und so weiter zu vibrieren sowie die Namen ihrer Engel und Herrscher, wie Tharsis, Cherub und so weiter. Ich hätte den Vorgang unter Verwendung der Namen und Symbole weitergeführt, bis Gestalten erschienen wären.

Nach sorgfältiger Untersuchung, indem ich einen Eindruck zunächst empfing und dann prüfte, kann ich folgendes beschreiben. Das Engelwesen, von weiblicher Natur, blaß mit braunem Haar und lichten, grau-grünen Augen, ist in Blau und Weiß gekleidet. Es trägt eine aus Mondsicheln gebildete Krone. In der linken Hand hält es einen merkwürdigen Kelch, der schwer ist und eine quadratische Basis hat. In der Rechten hat es einen Stab mit einem Symbol, ähnlich dem positiven Wasserelement.

Die Elementarwesen sind von unterschiedlichem Typus, die Mehrheit von der Art der Nixen und Nöcke, andere wiederum sind vom Wesen der Luft und der Erde.

Ich wende mich dem Engelwesen zu und mache das Zeichen des $5 = 6$ und LVX, den Elementaren gegenüber die Zeichen von $3 = 8$ und $1 = 10$. Mit diesem Recht frage ich nach Erklärungen einiger geheimer Arbeiten auf der Ebene des Untertattwas.

Der Engel scheint bereit zu sein, mich zu unterweisen, nachdem er meine Zeichen durch ähnliche erwidert hat. Die Unterweisung kann in Form eindringender Gedanken stattfinden oder hellhörig. Er zeigt mir, wie verschiedenartig die Arbeiten sogar an diesem speziellen Ort sind und wie sie den verschiedenen Arten der Elementare zugeteilt sind. Manche Elementare, wie die Gnome, graben mit scharfen Instrumenten Löcher in die Klippen und erlauben dem Wasser freien Zutritt. (Das könnte die eher schwammige als gebrochene Struktur der Felsen erklären.) Die Nixen und Nöcke, die wohl in der Mehrzahl sind, tragen Staub ins Meer. Ein Teil davon mag später Inseln bilden. Andere bringen Erde, Kraut und ähnliches aus den Tiefen, wohl auch um Land zu bilden. Es gibt auch Figuren, die trichterähnliche Kelche halten. Sie erheben sich aus dem Meer, ziehen die Gefäße durch die Luft und tragen das Element wieder ins Wasser.

Man kann verstehen, daß man diese Untersuchungen bis in die Einzelheiten treiben kann. Um es aber so kurz wie möglich zu machen, bitte ich darum, daß mir die Wirkung des Strahls dieses Untertattwas auf das Universum im allgemeinen und auf diesen Planeten im besonderen gezeigt wird.

Ich verstehe es so, daß die Wirkung des Strahls in allgemeiner Erzeugung und Hervorbringung von Frucht liegt. Insgesamt ist sie wohltuend, hängt aber ganz von der Macht ab, mit der sie verbunden wird. Die Entsprechung wäre dichtes, reiches Wasser, welches solcherlei Substanzen enthält. Ich frage dann nach der Wirkung auf die Erde. Die Antwort erreicht mich in Gedankenbildern dieses Planeten und seiner Kontinente, Meere und so weiter. Ich bitte den Engel, die Stellen nacheinander zu beleuchten. Als Antwort nehme ich wahr, wie ein Strahl direkt durch das Wasser der Erde fällt, als richte sich die Anziehung besonders auf alles Land unter Wasser.

»Sein Name ist das Leben der Erde in den Wassern«, sagt der Engel. Fast alle Vegetation zieht den Strahl an, aber besonders die Wasserpflanzen. Die Zoophyten (Blumentiere) ziehen ihn nur zum Teil an, denn sie scheinen sehr stark von einem aktiveren Element wie dem Feuer bestimmt zu sein. Unter den Tieren fällt der Strahl auf die Robben und Flußpferde, und er hat eine allgemeine Affinität zu allen amphibischen Tieren. Zu den Fischen scheint die Verbindung nur schwach zu sein, eine Schildkröte, ein Frosch und eine Schnecke werden mir gezeigt und Wasservögel, die den Enten verwandt sind.

Fällt der Strahl auf den Menschen, so scheint er beim Wilden der Gesundheit günstig zu sein, ihm Wohlgefühl zu vermitteln und auch in gewissem Grade die Fortpflanzung zu steuern. Die Tendenz geht dahin, Sinnlichkeit und Faulheit zu unterstützen. Beim Intellektuellen verstärkt er die Intuition, erzeugt den Wunsch, Ideen in Formen zu kleiden und begünstigt daher die erste vage Entwicklung von Formen im Geiste des Künstlers. Da diese Erfahrung ziemlich umfangreich geraten ist, möchte ich hier schließen, denn ich glaube, genügend Informationen gegeben zu haben, die den ernsthaften und einsatzfreudigen Studierenden anleiten können.

Ich grüße darum den Engel mit dem Zeichen des LVX und die Elementare mit den $3 = 8$ und $1 = 10$ Zeichen und banne astral mit dem Pentagramm und anderen Symbolen, die ich auf die Szene zeichne. Je mächtiger die Symbole evoziert worden sind, um so kraftvoller sollten sie auch gebannt werden.

Wenn du ein Gefühl der Müdigkeit bemerkst, wie ich schon erwähnte, dann führe gegen die Symbole das Zeichen des Eintretenden aus, und nimm ihre Kraft und Vitalität mit dem Zeichen des Harpokrates in dich auf. Kehre dann auf dem Wege zurück, auf dem du

Grundlagen der Magie

gekommen bist, das heißt durch das Symbol und zurück in deinen Raum. Wenn du wieder dort bist, führe das große bannende Pentagrammritual durch, mit welchem du auch evoziert hast. Wenn auf dem Tattwa eine Szene zu sehen bleibt, dann banne auch diese. Bei ausreichender Übung wird wahrscheinlich so feine Sorgfalt, wie hier angezeigt, nicht notwendig sein. Sollte die Operation zu kompliziert sein, um sie in einer Sitzung auszuführen, ist es möglich, sie aufzuteilen. Du wirst jedoch feststellen, daß eine sorgfältig durchgeführte Sitzung mehr Wissen und Fertigkeiten bringt als hundert nachlässige und unklare Experimente, die bloß die geistigen Täuschungen, Torheiten und die Ignoranz verstärken.

Bemerkungen

Dieses Experiment ist sehr gut für die Übung der geistigen Schau. Auf diese Weise kannst du leicht die Richtigkeit deiner Vision nachprüfen. Bei diesem einfachen Experiment brauchst du dich auch geistig nicht derart vorzubereiten wie bei den tieferen Arbeiten, so daß du deine Karten immer bei dir haben und üben kannst, wann du willst.

Um herauszufinden, welches Tattwa gerade tätig ist, notiere dir die Sonnenaufgangszeit. Akasha beginnt immer mit Sonnenaufgang und dauert 24 Minuten lang. Darauf folgt Vayu, Tejas, Apas und Prithivi, jeweils 24 Minuten lang.

An der Verbindung zwischen Kreuz und Dreieck plaziert, sollten sich Weihrauch, Lampe und so weiter in den Winkeln der Arme des Kreuzes befinden.

Alle Adepti Minores-Mitglieder, die den Rang Z.A.M. bekleiden, haben das Recht, die weiße Robe zu tragen und den gelben Gürtel des dritten Adepten, nicht aber seinen Umhang oder Nemyss. Beachte folgendes:

Bei zwei anwesenden Personen sollte einer dem anderen gegenüber sitzen.
Bei drei anwesenden Personen sollten sie ein Dreieck bilden.
Bei vier anwesenden Personen sollten sie ein Quadrat bilden.
Bei fünf anwesenden Personen sollten sie ein Pentagramm bilden und so weiter.

Der G.D.-Altar, als zusammenfassendes Symbol das materielle Universum, regiert aus dem Geist und den vier Elementen. Das Rosenkreuz enthält die Bestätigung der grundsätzlichen Teilungen des Universums, zusammenfassend wie der Altar, aber in der besonderen Hinsicht auf die Sephirah Tiphareth, die zentrale Sonne, und ist darum das Symbol des Mikrokosmos – der Mensch als Adept, für den die Vollendung des Mikrokosmos eine gewisse bewußte Einheit mit dem Makrokosmos bedeutet.

Die weiße Robe und der gelbe Gürtel bedeuten Reinheit – Kether, Harmonie – Gold, Tiphareth. Lotusstab – Gnade. Schwert – Strenge.

Imagination (eidolon) bedeutet die Fähigkeit, ein Bild aufzubauen. Die Imagination eines Künstlers muß seiner Kraft unterworfen sein, die er mehr oder weniger im Verhältnis zu seiner Ernsthaftigkeit besitzt und zu seiner Intuition, die Kräfte des Makrokosmos zu empfangen und sich ihnen zu verbinden, sich darauf einzustimmen. Seine Übung gestattet es ihm, Bilder aufzubauen, welche diesen Kräften Ausdruck verleihen.

Während dieses Prozesses ist es mehr als wahrscheinlich, daß du glaubst, das Bild stamme aus deiner Erinnerung, aus der Phantasie, sei konstruiert oder ähnliches. Alle diese Eigenschaften entsprechen dem eingesetzten Vermögen, und die Wahrscheinlichkeit, daß sie in irgendeinem Moment auftauchen, wird groß sein. Denke daran, daß dies nur ein Teil der Ebene des Symbols ist, wie das Untertattwa es ausdrückt.

Verwende die »Wandernden Herren« (die sieben Planeten), die planetaren Tarot-Trümpfe, als wichtige Testsymbole.

Für das Gedächtnis: Saturn – Tau, Herr der Nacht
Für die Deutung: Jupiter – Caph
Für Wut und Ungeduld: Mars – Peh
Für die Eitelkeit: Sonne – Resh
Für das Vergnügen: Venus – Daleth
Für die Phantasie: Merkur – Beth
Für das Abwandern der Gedanken: Mond – Gimel

Benutze ab und zu das Pentakel, um nicht die Rolle der Erde über die Gebühr zu mißachten.

Wenn du die ganze Erfahrung nur auf die Astralprojektion aufbauen willst, mußt du verstehen, daß du den Teil überschlägst, in welchem du das Bild auf der Karte hervorbringst und einfach durch das Symbol hindurchschreitest, wenn du es richtig wahrnimmst.

Grundlagen der Magie

Wenn du mit den richtigen Entsprechungen arbeitest, wirst du auf jeden Fall an einem astral dazu gehörigen Ort ankommen, falls dein Astral hinreichend stark projiziert ist.

Falls die Vision sich bei diesen wiederholten Tests sehr verändert oder schwindet, dann banne mit dem astralen Werkzeug und kehre durch das Symbol hindurch auf dem Wege zurück, auf dem du gekommen bist. Beginne von neuem. Wenn du meinst, du hast zuviel Kraft an die Symbole verschwendet, die du in den Szenen gezogen hast, ziehe mit den Zeichen des Horus und Harpokrates etwas von der Kraft in dich selbst zurück. Dehne dich mit dem Zeichen des Hoor zum Symbol hin aus und ziehe es mit dem des Harpokrates in dich zurück.

Manchmal scheint es, als müßte man die Worte suchen, um den Eindruck zu übersetzen; manchmal scheinen die Worte schon gefunden zu sein, denn man glaubt, sie gehört zu haben.

Das Symbol zeigt die Kraft, die in der Bildung eines Wirbels liegt.

Ich nehme an, daß es manche Studierende schwierig finden werden zurückzukehren. In diesem Fall kann man das allmählich tun, indem man zunächst in den Raum hinausfliegt, an diesen Planeten denkt, die Gedanken auf das betreffende Land fixiert, dann auf den bestimmten Ort darin, dann auf das Haus, schließlich auf das Zimmer, und dieses dann betritt. In den meisten Fällen wird das aber nicht notwendig sein.

Technik

Es folgen hier zwei Tattwa-Visionen von Soror Vestigia (Moina Mathers). Sie werden als einfache Beispiele für die Technik und das zu verwendende Verfahren angeführt. Die erste stammt aus dem feurigen Unterelement der Erde, Tejas von Prithivi.

Vestigia sagte, sie befand sich, nachdem sie die visualisierten Symbole durchschritten hatte, »in einer vulkanischen Gegend. Hügel und Berge, heiße Luft und Sonnenlicht. Nachdem ich ein Pentakel benutzt und die Erdnamen angerufen habe, sehe ich vor mir einen engelartigen Elementarkönig. Als ich ihn teste, gibt er mir das Grußzeichen des Neophyten und das Zeichen des Philosophus (Feuer). Er verbeugt sich tief vor den Symbolen, die ich ihm gebe, und sagt, er wolle mir einige der Arbeiten auf seiner Ebene zeigen. Er hat ein schönes Gesicht, ein wenig vom Typ des Feuers, aber im Ausdruck lieblich. Er trägt eine Goldkrone und einen feurig roten Umhang, unter dem eine gelbe Tunika zu sehen ist, über der ein Kettenhemd sitzt. In seiner Rechten trägt er einen Stab, dessen unteres Ende, der Griff, ein wenig nach dem Pentakelwerkzeug geformt ist, der Schaft und das obere Ende gleichen dem Feuerstab. In der rechten Hand (das kann ich aber nicht deutlich sehen) trägt er einen Stab des Feuers. Ich meine, daß die rechte Hand nach oben, die linke nach unten weist, und derart beide ein Symbol darstellen, um Kräfte zu invozieren. Kleine gnomartige Gestalten folgen diesem Ruf.

Auf Kommando brechen einige die felsigen Teile des Berges mit den Spitzhacken, die sie tragen. Andere scheinen im Boden zu graben. Beim Abbrechen dieser Felsstücke fallen kleine helle Metall- oder Kupferstückchen ab. Einige der Gnome sammelten die Metallstücke und trugen sie in kleinen Taschen fort, die ihnen an einem Gehenk von der Schulter hingen. Wir folgten ihnen und gelangten zu einigen felsigen Gipfeln. Von diesen Gipfeln gingen große und wilde, aber kaum wahrnehmbare Feuer aus. Die gesammelten Metallstücke wurden in Kesseln oder Töpfen über dieses Feuer gelegt. Man sagte mir, dies sei ein sehr langwieriger Vorgang. Aber als ich bat, das Ergebnis dessen sehen zu dürfen, was wie ein allmähliches Schmelzen des Metalls aussah, zeigte man mir einige Töpfe voll flüssigem Gold, jedoch nicht sehr reinem, wie ich annehme. Ich folgte weiter meinem Führer, dem engelhaften königlichen Elementenherrscher, der mir seinen Namen als Atapa angab. Einige Gnome folgten uns mit einem Topf dieses flüssigen Goldes. Nachdem wir viele unterirdische Gänge durchschritten hatten, die in den Berg gehauen waren, kamen wir in eine riesige Grotte von immenser Höhe und Breite. Sie wirkte wie ein aus dem Fels gehauener Palast. Dann gingen wir durch grob behauene Gänge, bis wir eine große zentrale Halle erreichten, an deren Ende sich ein Podium befand, auf dem König und Königin saßen und um das herum der Hofstaat der Gnome stand.

Die Halle erschien von Fackeln erleuchtet, und in Abständen standen grob gehauene Pfeiler. Die uns begleitenden Gnome brachten dem König und der Königin ihr Gold. Diese befahlen den Bedienten, es in einen anderen Raum zu tragen. Ich bat den König und die Königin um weitere Erklärungen. Sie ernannten Vertreter für ihre Abwesenheit und zogen sich in eine innere Kammer zurück, die höher gelegen schien als der Rest. Die Architektur schien dort auch anders zu sein. Diese kleine Halle hatte mehrere Seiten, jede mit einer Tür, die von einem Vorhang verdeckt war. In der Mitte der Halle befand sich ein großes dreifüßiges Gefäß mit solchem Gold, wie wir mitgebracht hatten. Der König und die Königin, die zuvor Erdfarben getragen hatten, zogen sich jetzt an, er rote und sie weiße Kleidung. Dann invozierten sie mit ihren Feuer- und Erdstäben, die sie über dem Dreifuß zusammenbrachten. In der Luft darüber erschien eine Gestalt wie Atapa, der mich hergebracht hatte. Indem er seinen Stab ausstreckte und invozierte, ließ er von jeder Tür her eine Figur planetaren oder zodiakalen Wesens erscheinen. Jede von diesen hielt wiederum ihren Stab über das Gold und benutzte ein Sigill, das ich nur unklar erkennen konnte. Jedesmal schien im Gold eine Veränderung vor sich zu gehen. Als sich diese Figuren wieder hinter die Vorhänge zurückgezogen hatten, benutzten der König und die Königin eine Art Kellen, um das Gold zusammenzupressen und in feste Formen zu bringen, von denen sie je eine vor jede verhangene Tür legten. Ein wenig Gold blieb noch im Kessel. König und Königin verschwanden, und mir schien es, als käme hinter jedem Vorhang nochmals eine Gestalt hervor und holte das Goldstück.«

Die zweite Vision, die ich zitiere, ist eine des Geistprinzips von Wasser, Akasha von Apas, ebenfalls von Vestigia.

»Weit ausgedehntes Wasser mit vielen Spiegelungen hellen Lichts, ab und zu Aufscheinen von Regenbogenfarben (die vielleicht den Beginn der Formbildung im Wasser symbolisieren). Als ich die Gottesnamen und andere ausspreche, erscheinen Elementare von Typ der Nixen und Nöcke, aber wenige andere Elementarwesen. Diese Wassergestalten sind äußerst veränderlich, sie erscheinen im einen Augenblick als feste Nixen und Nöcke und zerfließen im nächsten Augenblick zu Schaum.

Mit Hilfe der höchsten Symbole, die man mich gelehrt hatte, erhob ich mich. Während ich die Namen des Wassers vibrierte, stieg ich auf, bis das Wasser verschwand und ich statt dessen eine mächtige Welt oder Kugel sah mit ihren Schichten und Unterteilungen von Göttern, Engeln, Elementaren, Dämonen – das ganze Wasseruniversum (wie die von EMPEH ARSEL GAIOL beherrschte Tafel). Diesen Namen rief ich an, und das Universum schien sich immer stärker zu beleben. Dann rief ich HCOMA an, woraufhin ein gewaltiger Erzengel vor mir erschien. Er hatte vier Flügel, war in glitzerndes Weiß gekleidet und gekrönt. In einer Hand, der rechten, trug er eine Art Dreizack und in der linken einen randvollen Kelch mit einer Essenz, die von oben zu stammen schien. Diese Essenz schwappte über und floß an beiden Seiten herab. Vom Überfließen dieses Kelches, der seine Essenz aus Atziluth erhält und sich offenbar in Briah befindet, erhält die Welt Jetzirah ihre Feuchtigkeit. Dort wird diese in ihre unterschiedlich tätigen Kräfte verteilt.

Diese Wirkkräfte repräsentieren die Engel, jeder mit seinem besonderen Amt in der Welt der Feuchtigkeit. Diese Kräfte arbeiten in Jetzirah, und wenn sie herabsteigen und sich mit Kether von Assiah vermischen, erzeugen sie das, was wir menschlichen Wesen als Feuchtigkeit bezeichnen.«

Hier ist noch ein gutes Beispiel einer Tattwa-Vision. Gräfin Tamara Boukoun-Dolgoruky hatte sie vor einer Reihe von Jahren, als sie mich in Los Angeles besuchte.

»Ich fand mich in einem unauslotbaren Abgrund des Raumes schwebend. Nichts war zu sehen, weder Himmel noch Wolken, keine Sterne oder anderen Himmelskörper, nur ein diffuses graues Licht. Ich empfand mich selbst als eine riesige Gestalt in gelber Robe und einer gelben und violetten Nemyss. Ich hielt einen gelben Dolch und zog mit diesem die entsprechenden Pentagramme und Gottesnamen. Sie erschienen jedoch nicht von blitzenden Farben umrandet, wie es beim Hellsehen in den Bereichen des Feuers und Wassers der Fall gewesen war. Ich hörte sie vielmehr durch die Wellen des Äthers vibrieren und die Grenzen des Universums erreichen, von wo ihr Echo auf mich zurückprallte und mit betäubendem Dröhnen nachklang.

Langsam begann sich ein bestimmbares Panorama vom blassen Hintergrund abzuheben. Ein ausgedehnter türkis-blauer Himmel, der von leuchtenden Lapislazuli-Wolken umgeben war, deren Ränder durchscheinend rosa-orange glommen und die sich bis zum Horizont erstreckten. Es ist unmöglich, die Strahlkraft und die Klarheit dieser Farben zu beschreiben. Sie müßten gemalt werden, und selbst solch ein Versuch wäre vergebens. Während ich diese verzauberte Szene beobachtete, trat eine graziöse sylphenhafte Gestalt aus den Wolken und schwebte langsam auf mich zu. Das Wesen war in rauchgraue, zarte Gaze gehüllt, die langsam zu Malve und Königsblau wechselte. Die Robe wurde um die Taille von langen Bändern aus amethystfarbenem Samt gehalten. Sie hatte die Flügel eines gigantischen Schmetterlings, schillernd und durchscheinend, geschmückt mit juwelenartigen ›Augen‹ eines Pfauenschwanzes. Winzige Silbersterne glänzten und funkelten durch das dunkle, wolkenartige Haar, welches ein schwermütiges, rosiges Gesicht mit violett-blauen Augen umrahmte. Nachdem er meine Grußgesten angenommen hatte, informierte mich der Genius darüber, daß er der Bote des Zwielichts und des Abendwindes sei.

Bei der Annäherung des Engels wurde ich plötzlich auf eine langsam rollende Schwingung aufmerksam, die durch den Raum pulsierte, auf- und abschwoll und wogte, als würde sie durch das Ein- und Ausatmen einer unsichtbaren, alles durchdringenden Gegenwart belebt. In meinem Geist leuchteten die Worte auf: ›Der Große Atem, der von sich selbst nicht weiß‹. Und da war er, erfüllte den Abgrund des unendlichen Raumes, stetig, ewig, unveränderlich in seiner rhythmischen Bewegung, unzählige Welten umfassend, die sanft in seinen Wellen schaukeln und wogen, um wieder zu verschwinden, wie ein Schaumfetzen. Wie auch in der vorhergehenden Vision nahm ich den Kreislauf der Tattwas wahr, doch dieses Mal in einem viel größeren Maßstab, als die Ströme nicht nur die Erde umflossen, sondern das gesamte Universum und noch darüber hinaus. Es war mir auch leicht zu verstehen, warum man durch Pranayama Wissen und Herrschaft über die Elemente erlangt, denn ist es nicht der Atem der Luft, der uns am direktesten mit dem Makrokosmos verbindet?

Derart in Kontemplation versunken, wurde ich mir des Nada bewußt, dessen schwache Klänge wie eine melancholische Flöte wirkten, die von einem Gong begleitet wurde, der in der Leere nachhallte. Als der Ton anschwoll, hörte ich ein fernes Singen des OM, des Logos, des schöpferischen Wortes. Und wie um dies zu erläutern, trat sanft leuchtend ein opalisierender, orangefarbener Globus aus einem durchscheinenden Schleier grauen Lichts hervor, der majestätisch am Horizont hing. Strahlen diffusen Lichts spielten um ihn herum und bildeten die Umrisse zweier riesiger Flügel. Kein Wort vermag die übernatürliche Schönheit, Majestät und unaussprechliche Lieblichkeit der Erscheinung auszudrücken, die die reine Essenz der Liebe zu sein schien. Der Engel und ich waren so überwältigt, daß wir still niederknieten, eingetaucht in das sanfte Leuchten dieser wunderbaren geflügelten Kugel. Meine Sinne begannen zu schwanken, unfähig, den Eindruck einer derart machtvollen und völlig ungewohnten Schwingung auszuhalten, und ich fürchtete, das Bewußtsein zu verlieren. Ich vermochte den Genius nur noch zu bitten, mich in meinen Körper zurückzugeleiten.«

Teil VI

Die Rituale des Äußeren Ordens

Mit Kommentaren

Einführung in die originalen
Rituale des Golden Dawn[1]

In den Jahren 1979 und 1980 besuchte mein Freund Carr P. Collins bei zwei verschiedenen Gelegenheiten Gerald Yorke in England, um Kopien eines *vollständigen Satzes* der *Dokumente des Golden Dawn* zu bekommen. Ein Satz ging auf der Fahrt verloren, so daß ein zweiter Besuch nötig wurde. Die Dokumente sind auf 1894—1895 datiert und waren ursprünglich an ein Ordensmitglied gerichtet, der das Pseudonym oder magische Motto eines Frater De Profundis ad Lucem benutzte.

Bei der Untersuchung dieser Schriften stellte ich fest, daß die späteren Rituale der Stella Matutina stark überarbeitet und verändert worden waren, wenn man sie mit den Fassungen des D.P.A.L. von 1894—1895 vergleicht. In der hier vorliegenden Ausgabe sind ausschließlich die von Mathers und Westcott geschriebenen Originalfassungen benutzt worden.

Außerdem entdeckte ich, daß eine ganze Menge neues Material dabei war, das entweder nie zur Stella Matutina gelangt oder rücksichtslos hinausgeworfen worden war. Das Ergebnis ist nun, daß der Inhalt dieses Buches dem Titel wörtlich entspricht: Es handelt sich tatsächlich um das *Vollständige System des Golden Dawn*. Das Glück kam mir dadurch zur Hilfe, daß R.A. Gilbert aus Bristol, der Autor einer demnächst erscheinenden Biographie über A.E. Waite und einer Geschichte des Golden Dawn aus völlig neuer Sicht, so freundlich war, mir Kopien der Rituale des Neophyten und Adeptus Minor in Waites eigenem Orden zur Verfügung zu stellen. Dieser Orden, *The Fellowship of the Rosy Cross (Die Gesellschaft des Rosenkreuzes)*,

---

[1] Anmerkung: Dabei handelt es sich nicht um die revidierten Fassungen der Stella Matutina. I.R.

wurde einige Jahre nach der Revolte gegründet, die die Einheit und Integrität des Ordens erschüttert und zersplittert hatte.

Wie auch immer, der Studierende täte gut daran, die ursprüngliche Schlichtheit der Rituale des Golden Dawn mit der komplexen Langatmigkeit von Waites Ritualen zu vergleichen. Auf jeden Fall bedeutet die Darstellung auch dieser beiden Rituale (es gibt noch ein drittes, das Ritual des Adeptus Major, von dem ich annehme, daß es aus Carr P. Collins eigener Privatsammlung der Golden Dawn-Manuskripte stammt) zusammen mit dem Rest des Originalmaterials nicht eine bloße Präsentation des Golden Dawn-Systems, sondern eine einzigartige Summe dessen, was inzwischen als westliche Tradition der Esoterik bezeichnet wird.

Das Podest
(Das Podium im Osten des Tempels)

Folgende Amtsträger vertreten den Zweiten Orden und sind meist nur symbolisch anwesend:
Imperator
Cancellarius
Praemonstrator
Voriger Hierophant

Benötigtes Material
Für den Altar:

Kreuz und Dreieck
Rote Rose
Rote Lampe
Weinkelch
Patene (Teller) mit Brot und Salz

Für den Kandidaten:

Schwarzer Mantel
Rote Schuhe
Augenbinde
Seil
Schärpe
Chemikalien, um klares Wasser in rotes (Farbe des Blutes) zu verwandeln

Die Rituale des Äußeren Ordens

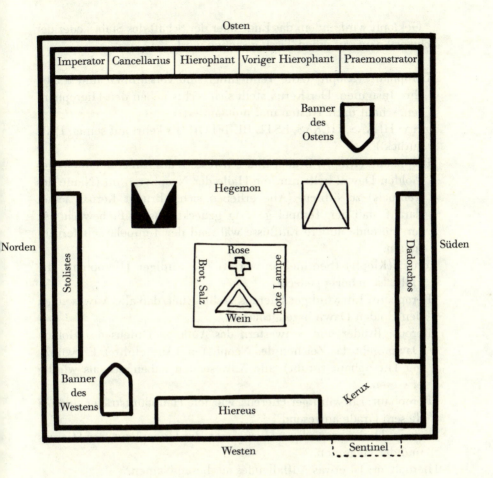

Tempel des Neophyten-Grades

Die Eröffnung im Grade des Neophyten 0 = 0

Wenn alle Teilnehmer versammelt und angekleidet sind, klopft der Hierophant einmal, und die Amtsträger erheben sich.

Die Teilnehmer erheben sich nicht, außer für die Anbetung gen Osten oder wenn sie um die Zeichen gebeten werden. Sie umkreisen auch nicht mit den Amtsträger den Tempel. Wenn sie sich gelegentlich im Tempel bewegen, dann im Uhrzeigersinne. Beim Vorbeigehen am Thron des Ostens geben sie das Neophytenzeichen. Das Gradzeichen wird in Bewegungsrichtung durchgeführt, außer wenn man die Halle betritt oder verläßt – dann gibt man es nach Osten.

Geklopft wird, indem das Ende oder der Schaft des Stabes oder der Schwertknauf auf einen Tisch gestoßen wird.

Hierophant: (Klopft) (Alle Teilnehmer sind versammelt und tragen ihre Insignien. Der Kerux stellt sich rechts neben den Hierophanten, schaut nach Westen und proklamiert:)

Kerux: HEKAS, HEKAS, ESTE BEBELOI! (Er kehrt auf seinen Platz zurück.)

Hierophant: (Klopft) Brüder und Schwestern des Äußeren Ordens des Golden Dawn, helft mir, die Halle der Neophyten im (Name des Tempels) zu öffnen. (Alle erheben sich.) Bruder Kerux, achtet darauf, daß der Tempel gehörig gedeckt, das heißt bewacht ist, um störende äußere Einflüsse während der Tempelarbeit fernzuhalten.

Kerux: (Klopft) (Sentinel antwortet) Ehrwürdiger Hierophant, die Halle ist gehörig gedeckt.

Hierophant: Ehrwürdiger Hiereus, stellt sicher, daß alle Anwesenden den Golden Dawn bezeugt haben.

Hiereus: Brüder und Schwestern des Äußeren Ordens des Golden Dawn, gebt das Zeichen des Neophyten. (Ausgeführt). Ehrwürdiger Hierophant (grüßt), alle Anwesenden haben sich als würdig erwiesen.

Hierophant: Ehrwürdiger Hiereus, wieviele Hauptamtsträger sind bei diesem Grade anwesend?

Hiereus: Drei, ehrwürdiger Hierophant, der Hierophant, der Hiereus und der Hegemon.

Hierophant: Ist etwas Auffallendes an diesen Namen?

Hiereus: Sie beginnen alle mit dem Buchstaben H.

Hierophant: Was symbolisiert dieser Buchstabe?

Hiereus: Das Leben, denn der Buchstabe H ist eine Möglichkeit, die altgriechische Aspiration (Behauchung) auszudrücken; Atmen und Atem sind die Beweise des Lebens.

Hierophant: Wieviele Hilfsbeamte gibt es in diesem Grad?

Hiereus: Außer dem Sentinel drei, nämlich der Kerux, der Stolistes und der Dadouchos.

Hierophant: Die Position des Sentinels?

Hiereus: Vor dem Hallenportal.

Hierophant: Seine Aufgabe?

Hiereus: Er ist mit dem Schwert bewaffnet, um Eindringlinge fernzuhalten, und er bereitet den Kandidaten vor.

Hierophant: Bruder Dadouchos, Eure Position?

Dadouchos: Im Süden, ehrwürdiger Hierophant, um die Hitze und Trockenheit zu vertreten.
Hierophant: Eure Aufgabe?
Dadouchos: Ich versorge das Räuchergefäß und den Weihrauch. Ich assistiere bei der Reinigung und Weihung der Halle, der Teilnehmer und des Kandidaten durch Feuer.
Hierophant: Bruder Stolistes, Eure Position?
Stolistes: Im Norden, ehrwürdiger Hierophant, um die Kälte und Feuchtigkeit zu vertreten.
Hierophant: Eure Aufgabe?
Stolistes: Ich achte darauf, daß die Roben, Kragen und Insignien der Amtsträger vor der Eröffnung bereit sind; ich versorge den Kelch des Lustralwassers und assistiere bei der Reinigung und Weihung der Halle, der Teilnehmer und des Kandidaten mit Wasser.
Hierophant: Bruder Kerux, Eure Position?
Kerux: Innerhalb des Hallenportals, ehrwürdiger Hierophant.
Hierophant: Eure Aufgabe?
Kerux: Ich achte darauf, daß vor der Eröffnung die Einrichtung der Halle ordnungsgemäß angeordnet ist. Ich bewache die innere Seite des Eingangs. Ich gewähre den Brüdern und Schwestern des Ordens Einlaß. Ich assistiere beim Empfang des Kandidaten. Ich versorge die Lampe meines Amtes. Ich führe die mystische Umkreisung an und mache alle Ansagen und Berichte.
Hierophant: Was symbolisieren Eure Lampe und Euer Stab?
Kerux: Das Licht des okkulten Wissens und das Führen der Kraft.
Hierophant: Würdiger Hegemon, Eure Position?
Hegemon: Zwischen den Pfeilern des Hermes und Salomo mit Blickrichtung auf den kubischen Altar des Universums, ehrwürdiger Hierophant.
Hierophant: Eure Aufgabe?
Hegemon: Ich gebiete über das symbolische Tor des okkulten Wissens. Ich versöhne Licht und Finsternis. Ich folge in der mystischen Umkreisung direkt auf den Kerux. Ich überwache die Vorbereitung des Kandidaten, führe ihn durch den Pfad der Finsternis ins Licht und assistiere bei seinem Empfang. Ich unterstütze die anderen Amtsträger bei der Ausführung ihrer Pflichten.
Hierophant: Was symbolisiert die weiße Farbe Eurer Robe?
Hegemon: Reinheit.
Hierophant: Das besondere Emblem Eures Amtes?
Hegemon: Das mitraköpfige Szepter.
Hierophant: Was symbolisiert es?

Hegemon: Religion, das Leben zu leiten und zu ordnen.
Hierophant: Was symbolisiert Euer Amt?
Hegemon: Die höheren Ziele der Seele, welche ihre Handlungen leiten sollten.
Hierophant: Würdiger Hiereus, Eure Position?
Hiereus: Auf dem Throne des Westens, ehrwürdiger Hierophant.
Hierophant: Was symbolisiert der Thron des Westens?
Hiereus: Zunahme der Dunkelheit, Abnahme des Lichts.
Hierophant: Eure Aufgabe?
Hiereus: Ich gebiete über Zwielicht und Dunkelheit, welche uns während der Abwesenheit der Sonne des Lebens und des Lichts einhüllen. Ich wache über das Tor des Westens. Ich assistiere beim Empfang des Kandidaten und überwache die niederen Amtsträger bei der Ausführung ihrer Pflichten.
Hierophant: Was symbolisiert die schwarze Farbe eurer Robe?
Hiereus: Dunkelheit.
Hierophant: Eure besonderen Amtsinsignien?
Hiereus: Das Schwert und das Banner des Westens.
Hierophant: Was symbolisiert das Banner des Westens?
Hiereus: Zwielicht.
Hierophant: Was symbolisiert das Schwert?
Hiereus: Strenge und Urteil.
Hierophant: Was symbolisiert Euer Amt?
Hiereus: Stärke.
Hierophant: Mein Platz ist auf dem Thron des Ostens, welcher das Aufgehen der Sonne des Lebens und des Lichts symbolisiert. Meine Pflicht ist es, über diese Halle gemäß den Gesetzen des Ordens zu gebieten und zu herrschen. Die rote Farbe meiner Robe symbolisiert das Licht. Meine Insignien sind das Szepter und das Banner des Ostens, welche die Kraft und das Licht ausdrücken, die Gnade und die Weisheit. Mein Amt ist es, die Mysterien zu erläutern. Ich befehle euch nun, die Halle und die Teilnehmer mit Wasser zu reinigen.
Stolistes: (Führt es aus, spricht) Ich weihe mit dem Wasser.
Hierophant: Bruder Dadouchos, ich befehle Euch, die Halle und die Teilnehmer mit Feuer zu reinigen.
Dadouchos: (Führt es aus, spricht) Ich weihe mit dem Feuer.
Hegemon: (Geht in den Norden und blickt nach Osten).
Hierophant: (Erhebt sich mit Szepter und Banner.) Laßt nun die mystische Umkreisung auf dem Pfade des Lichts stattfinden. (In der angemessenen Form ausgeführt: Der Kerux zuerst, dann der

Hegemon, der Hiereus, andere Teilnehmer, der Stolistes und Dadouchos zuletzt. Sie gehen dreimal vom Osten über den Süden und Westen herum. Nach der ersten Runde geht der Hiereus auf seinen Platz zurück, nach der zweiten der Hegemon, nach der dritten die übrigen Teilnehmer. Beim Vorübergehen am Altar grüßt jeder und senkt die Insignien, außer dem Hierophanten.)

Hierophant: Die mystische Umkreisung, die das Heraufkommen des Lichtes symbolisiert, ist nun vollbracht. Preisen wir den Herrn des Universums.

Anbetung

Heilig seid Ihr, Herr des Universums.
Heilig seid Ihr, den die Natur nicht erschaffen hat.
Heilig seid Ihr, der Weite und Mächtige.
Herr des Lichtes und der Finsternis.

(Alle grüßen.) Bruder Kerux, im Namen des Herrn des Universums befehle ich Euch zu verkünden, daß ich die Halle des Neophyten eröffnet habe.

Kerux: (Geht wie gewöhnlich zur Rechten des Hierophanten.) Im Namen des Herrn des Universums verkünde ich, daß die Sonne aufgegangen ist und daß das Licht in die Dunkelheit scheint.
Kerux: (Klopft)
Hiereus: (Klopft)
Hegemon: (Klopft)
Hierophant: (Klopft) KHABS.
Hiereus: (Klopft) AM.
Hegemon: (Klopft) PEKHT.
Hiereus: (Klopft) KONX.
Hegemon: (Klopft) OM.
Hierophant: (Klopft) PAX.
Hegemon: (Klopft) LICHT.
Hierophant: (Klopft) IN.
Hiereus: (Klopft) FÜLLE.

Aufnahmezeremonie

(Der Kandidat darf bis zu seiner Aufnahme den Ordensnamen nicht erfahren.)

Hierophant: (Klopft) Brüder und Schwestern des Äußeren Ordens des Golden Dawn, ich bin von den hochehrwürdigen Oberen des Zweiten Ordens ermächtigt, (Name des Anwärters) in den Grad eines Neophyten aufzunehmen. Würdiger Hegemon, weist (Name des Anwärters) an, sich für die Aufnahmezeremonie bereitzuhalten, und überwacht seine (ihre) Vorbereitung. (Der Hegemon entfernt seinen Stuhl zwischen den Säulen, grüßt den Hierophanten, verläßt den Tempel und bereitet den Kandidaten folgendermaßen vor: Dem Kandidaten werden die Augen verbunden, und um seine Hüften wird ein Seil dreifach gewunden.)

Hegemon: Kind der Erde, erhebe dich und betritt den Pfad der Finsternis.

Kerux: (Klopft) Ehrwürdiger Hierophant, gefällt es Euch, den Kandidaten aufzunehmen?

Hierophant: So ist es. Laßt in gebührender Form (Name des Aspiranten) ein, der (die) später unter dem Motto XYZ genannt werden wird. Brüder Stolistes und Dadouchos, assistiert dem Kerux bei der Aufnahme. (Sie schließen sich dem Kerux am Tor an. Dieser öffnet es, versperrt aber den Eingang.)

Kerux: Kind der Erde, du kannst die Heilige Halle nicht ungereinigt und ungeweiht betreten.

Stolistes: (Macht auf die Stirn des Kandidaten ein Kreuz.) Kind der Erde, ich reinige dich mit Wasser.

Dadouchos: (Beräuchert den Kandidaten.) Kind der Erde, ich weihe dich mit Feuer.

Hierophant: Führt den Kandidaten zum Fuße des Altares. Kind der Erde, warum erheischst du Einlaß in diesen Orden?

Kandidat: (Auf Veranlassung des Hegemonen) Meine Seele wandert in der Dunkelheit und sucht nach dem Licht des okkulten Wissens. Ich glaube, daß das Wissen und das Licht in diesem Orden zu erlangen sind.

Hierophant: (Name des Anwärters), ich halte den von dir unterzeichneten Eid in der Hand, alles mit dem Orden Zusammenhängende geheimzuhalten. Um dieses zu bestätigen, frage ich dich, ob du bereit bist, in Anwesenheit dieser Versammlung eine große und ernste Verpflichtung auf dich zu nehmen, die Geheimnisse und

Die Rituale des Äußeren Ordens

Mysterien des Ordens ungebrochen zu bewahren? Doch versichere ich dir, daß diese Verpflichtung nichts enthält, was deinen bürgerlichen, moralischen oder religiösen Pflichten zuwiderliefe.
Kandidat: Ich bin dazu bereit. (Die Banner bleiben hinter dem Thron. Der Hierophant kommt zwischen den Pfeilern an die östliche Seite des Altars. Der Hiereus steht zur Linken des Kandidaten, der Hegemon zu seiner Rechten.)
Hierophant: Mögest du auf beiden Knien niederknien, gib mir deine rechte Hand, die ich auf dieses heilige und erhabene Symbol lege. (Er legt die Hand des Kandidaten auf die Mitte des Dreiecks.) Lege deine linke Hand in meine, neige den Kopf, wiederhole deinen vollen Namen, und sprich mir nach. (Alle erheben sich.)

Die Verpflichtung

Ich, (Name des Anwärters), gelobe hiermit und hierdurch feierlich aus freiem Willen und Anlaß, in Anwesenheit des Herrn des Universums und dieser Versammlung von Neophyten des Äußeren Ordens des Golden Dawn, die mit Befugnis der hochehrwürdigen Oberen des Zweiten Ordens ordnungsgemäß versammelt sind, diesen Orden, seinen Namen, die Namen seiner Mitglieder und die Vorgänge während

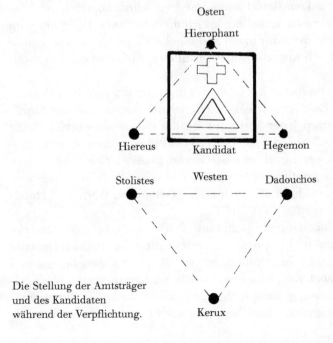

Die Stellung der Amtsträger und des Kandidaten während der Verpflichtung.

der Versammlungen jeder Person in der ganzen Welt gegenüber, die außerhalb der Schranken des Ordens ist, geheimzuhalten, sie nicht einmal mit einem Initiierten zu besprechen, wenn er oder sie sich nicht im Besitz des derzeit gültigen Paßwortes befinden; ebensowenig mit einem Mitglied, das den Orden verlassen hat, entlassen oder ausgeschlossen wurde, und ich bemühe mich, zu allen Brüdern und Schwestern des Ordens ein freundliches und wohlwollendes Verhältnis zu pflegen.

Des weiteren verspreche und schwöre ich, auch alle Informationen bezüglich des Ordens, die ich vor der Vollendung meiner Aufnahmezeremonie erhalten habe, für mich zu behalten, und ich gelobe, auch im Falle meines Rücktritts aus dem Orden, meiner Entlassung oder meines Ausschlusses nach der Vollendung meiner Aufnahmezeremonie, nichts, was diesen Orden betrifft, der Außenwelt zu eröffnen. Ich werde nicht versuchen, Rituale oder Lehrschriften des Ordens ohne die fügliche Erlaubnis des Praemonstrators meines Tempels zu erlangen, noch werde ich irgendwelche Rituale oder Lehrschriften in meinem Besitz haben, die von ihm nicht ordnungsgemäß registriert und beschriftet sind.

Weiter garantiere ich dafür, daß jedes dieser Rituale oder jede Lehrschrift, sowie jede Kiste, Hülle oder Schachtel, worin sie sich befinden, das offizielle Kennzeichen des Golden Dawn tragen werden. Ich werde selbst kein Ritual und keine Lehrschrift kopieren, noch an andere zum Kopieren verleihen, bis ich die schriftliche Genehmigung des Praemonstrators dafür in der Hand halte, damit nicht unser geheimes Wissen durch meine Nachlässigkeit oder meinen Fehler enthüllt wird.

Weiterhin verpflichte ich mich, das Studium der okkulten Wissenschaften mit Eifer zu verfolgen, eingedenk dessen, daß der Orden nicht zum Nutzen jener bestimmt ist, die davon nur oberflächliche Kenntnis anstreben. Ich werde mich nicht hypnotisieren oder mesmerisieren lassen, noch mich in einen derart passiven Zustand begeben, daß irgendeine uninitiierte Person, Macht oder Wesenheit mich veranlassen kann, die Kontrolle über meine Gedanken, Worte und Handlungen zu verlieren.

Ich werde auch meine okkulten Kräfte nicht für böse Zwecke gebrauchen, und ich verspreche außerdem, diese Aufnahmezeremonie fest und mutig zu durchlaufen. Ich schwöre auf dieses heilige und erhabene Symbol, die genannten Punkte im allgemeinen und einzelnen ohne Auslassung, Einspruch oder gedankliche Vorbehalte irgendeiner Art zu beachten. Das Übertreten auch nur eines dieser Versprechen wird keine geringere Strafe nach sich ziehen, als daß ich als absichtlich meineidiger Schuft aus dem Orden ausgeschlossen werde, bar allen moralischen Wertes und der Gesellschaft aller ehrenwerten und wahrhaften Menschen unwürdig. Zusätzlich unterwerfe ich mich damit willentlich einer tödlichen und feindseligen Willensströmung, die von den Oberen des Ordens in Gang gesetzt wird, durch welche ich ohne eine sichtbare Waffe erschlagen und gelähmt stürzen werde, wie vom Blitz getroffen. (Der Hiereus legt seine Schwertklinge plötzlich auf den Nacken des Kandidaten und zieht sie dann wieder fort.)

So wahr mir der Herr des Universums helfe und meine eigene höhere Seele.

Hierophant: Erhebe dich, frisch, vereidigter Neophyt des Äußeren Golden Dawn. Bringt den Kandidaten in den nördlichen Teil der Halle, den Ort der größten symbolischen Dunkelheit. (Wird ausgeführt. Der Kandidat blickt nach Osten, Hierophant und Hiereus kehren auf ihre Throne zurück.)

Hierophant: Die Stimme meiner höheren Seele sprach zu mir: Laß mich den Pfad der Finsternis betreten, sei es, daß ich so das Licht gewinne. Ich bin das einzige Wesen in einem Abgrund der Finsternis. Aus dieser Dunkelheit trat ich vor meiner Geburt hervor, aus der Stille des ursprünglichen Schlafes, und die Stimme der Äonen antwortete meiner Seele: Ich bin der, der in der Dunkelheit erschafft. Kind der Erde, das Licht scheint in der Finsternis, aber die Finsternis hat es nicht angenommen.

Laßt nun die mystische Umkreisung auf dem Pfade der Finsternis stattfinden, auf dem das symbolische Licht des okkulten Wissens den Weg weist. (Der Kerux führt mit Stab und Licht, der Hegemon führt den Kandidaten dreimal herum, Stolistes und Dadouchos folgen. Beim ersten Mal (klopft) der Hierophant, der Hiereus (klopft), beim zweiten Mal (klopft) der Hierophant. Sie halten im Süden an.)

Kerux: Kind der Erde, ungereinigt und ungeweiht kannst du den Pfad des Westens nicht betreten.

Stolistes: (Macht auf die Stirn des Kandidaten ein Kreuz.) Kind der Erde, ich reinige dich mit Wasser.

Dadouchos: (Beräuchert den Kandidaten.) Kind der Erde, ich weihe dich mit Feuer.

Hegemon: Kind der Erde, zweifach geweiht, magst du dich nun dem Tor des Westens nähern. (Sie gehen nach Westen, blicken auf den Thron und halten an. Der Hiereus erhebt sich, nimmt das Banner in seine linke Hand, bedroht den Kandidaten mit dem Schwert und spricht, während der Hegemon dem Kandidaten die Augenbinde abnimmt.)

Hiereus: Und nennest du mir nicht meinen Namen, spricht der Wächter des Westens, so kannst du an mir nicht vorüberschreiten.

Hegemon: Finsternis ist dein Name, der Große auf dem Pfade der Schatten.

Hiereus: (Läßt die Spitze seines Schwertes langsam sinken.) Kind der Erde, Angst bedeutet Versagen. Sei darum furchtlos, denn die Tugend wohnt nicht im Herzen des Feiglings. Du hast mich erkannt, gehe also weiter. (Die Augenbinde wird wieder angelegt. Sie gehen weiter nach Norden und halten dort an.)

Kerux: Kind der Erde, ungereinigt und ungeweiht kannst du den Pfad des Ostens nicht betreten.

Stolistes: (Macht ein Kreuz auf die Stirn des Kandidaten.) Kind der Erde, ich reinige dich mit Wasser.

Dadouchos: (Beräuchert den Kandidaten.) Kind der Erde, ich weihe dich mit Feuer.

Hegemon: Kind der Erde, dreifach geweiht magst du dich dem Tor des Ostens nähern. (Sie gehen nach Osten, blicken auf den Thron und halten an. Der Hierophant erhebt sich, nimmt das Banner in die linke Hand und erhebt das Szepter, als wolle er damit schlagen. Der Hegemon lüpft die Augenbinde des Kandidaten.)

Hierophant: Und nennest du mir nicht meinen Namen, spricht der Wächter des Ostens, so kannst du an mir nicht vorüberschreiten.

Hegemon: LICHT, das im Dunkeln aufdämmert, ist dein Name, das LICHT eines goldenen Tages.

Hierophant: (Läßt das Szepter langsam sinken.) Kind der Erde, bedenke, daß unausgeglichene Kraft böse ist, Gnade ohne Gegengewicht ist nichts als Schwäche und Strenge ohne Gegengewicht, nichts als Unterdrückung. Du hast mich erkannt, gehe also weiter zum würfelförmigen Altar des Universums. (Die Augenbinde wird wieder angelegt und der Kandidat wird auf die Westseite des Altars gebracht. Der Hierophant verläßt den Thron und steht zwischen den Säulen mit Blick auf den Kandidaten, das Szepter in der rechten Hand, das Banner in der linken.)

Hierophant:
Ich komme in der Kraft des Lichts.
Ich komme im Lichte der Weisheit.
Ich komme in der Gnade des Lichts.
Und das Licht trägt Heilung auf seinen Schwingen.

(Der Hegemon steht zur Rechten des Kandidaten, der Kerux hinter dem Kandidaten, Stolistes und Dadouchos rechts und links des Kerux. Die Amtsträger bilden nun ein Hexagramm um den Altar. Der Hiereus hält in der rechten Hand das Schwert und das Banner des Westens in der linken.)

Hierophant: Laßt den Kandidaten niederknien, während ich den Herrn des Universums anrufe. (Der Kandidat kniet nieder.) Herr des Universums, Weiter und Mächtiger, Herrscher des Lichtes und der Finsternis, wir verehren dich und rufen dich an. Sieh mit Wohlwollen herab auf diesen Neophyten, der nunmehr vor dir kniet, und gewähre den hohen Zielen seiner Seele deine Hilfe, so daß er sich unter uns als ein treuer und wahrhaftiger Bruder erweist zum Ruhme deines Unnennbaren Namens. Amen.
Laßt den Kandidaten sich erheben. (Dem Kandidaten wird geholfen, sich aufzurichten, und er wird nahe an den Altar gebracht. Hierophant, Hiereus und Hegemon erheben Stäbe und Schwert, so daß sie sich über dem Kopf des Kandidaten berühren. Beim Wort »Finsternis« zieht der Kerux die Binde zurück.)
Hegemon: Erbe einer sterbenden Welt, wir rufen dich in die lebendige Schönheit.
Hiereus: Wanderer in der wilden Finsternis, wir rufen dich in das sanfte Licht. (Die Augenbinde wird entfernt.)
Hierophant: Kind der Erde, lange weiltest du in der Finsternis. Verlasse die Nacht und suche den Tag. (Alle anwesenden Teilnehmer klatschen. Hierophant, Hiereus und Hegemon sprechen zusammen):
Hierophant, Hiereus, Hegemon: (sprechen zusammen) Frater XYZ, wir nehmen dich auf im Orden des Golden Dawn.
Hierophant: (Klopft) KHABS.
Hiereus: (Klopft) AM.
Hegemon: (Klopft) PEKHT.
Hiereus: (Klopft) KONX.
Hegemon: (Klopft) OM.
Hierophant: (Klopft) PAX.
Hegemon: (Klopft) LICHT.
Hierophant: (Klopft) IN.
Hiereus: (Klopft) FÜLLE.
Hierophant: Bei allen deinen Wanderungen durch die Dunkelheit ging dir das Licht des (der Kerux tritt vor und hebt seine Lampe) Kerux voraus, obgleich du es nicht sahst. Es ist das Symbol des

Die Zeichen des Neophyten

Zeichen des Horus

Zeichen des Harpokrates

Die Zeichen der Elementargrade

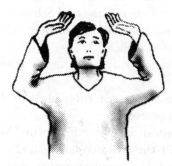
Zeichen des Theoricus

Zeichen des Zelators

Zeichen des Practicus

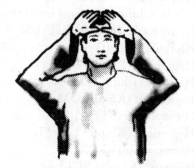
Zeichen des Philosophus

Die Rituale des Äußeren Ordens

Die Zeichen der Pforte

Das Öffnen des Schleiers

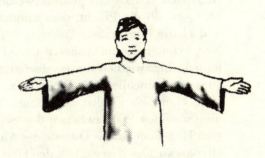
Das Schließen des Schleiers

Die L.V.X.-Zeichen

Zeichen des erschlagenen Osiris

L.-Zeichen der trauernden Isis

V.-Zeichen von Apophis und Typhon

X.-Zeichen des auferstandenen Osiris

verborgenen Lichtes des okkulten Wissens. Möge der Kandidat zum Altar des Ostens geführt werden. Würdiger Hiereus, Euch übergebe ich die Pflicht, dem Kandidaten die geheimen Zeichen und Griffe, die großen Worte und momentanen Paßwörter des Neophytengrades im Äußeren Orden des Golden Dawn anzuvertrauen, ihn zwischen die mystischen Säulen zu stellen und seine vierte und abschließende Weihung zu überwachen.
(Der Hierophant kehrt auf seinen Thron zurück. Der Hiereus nimmt seinen Platz zwischen den Säulen ein. Der Kandidat wird vom Hegemon auf die Ostseite des Altares gebracht und blickt den Hiereus an. Der Hiereus läßt den Hegemonen Schwert und Banner halten.)
Hiereus: Bruder XYZ, ich werde Euch nun über die geheimen Gesten, Griffe und Kennzeichen, die großen Worte und für diesen Grad gültigen Paßwörter belehren. Als erstes setzt Euren linken Fuß etwa 15 Zentimeter vor. Das wird als der Schritt des Grades bezeichnet. Das Zeichen ist ein zweifaches; das Grußzeichen und das Zeichen des Schweigens. Das erste sollte immer mit dem zweiten beantwortet werden. Das Grußzeichen wird gegeben, indem man beide Arme waagerecht nach vorn ausstreckt. Innenflächen nach unten, als müsse man den Weg ertasten, und den Kopf dabei senkt. Es spielt auf den Zustand der Dunkelheit an, die nicht von der Lampe des okkulten Wissens erleuchtet ist, wo man auf der Suche nach der Wahrheit den Weg blind ertasten muß. Das Zeichen des Schweigens wird gegeben, indem man den linken Zeigefinger an den Mund legt. Es spielt an auf das strenge Schweigen, das Euch durch die Verpflichtung in bezug auf alle Ordensangelegenheiten auferlegt wurde. Der Griff oder das Kennzeichen wird auf folgende Weise gegeben: Stellt den linken Fuß etwa 15 Zentimeter vor, so daß er den meinen berührt, Seite an Seite, Zehe an Ferse. Streckt nun Eure rechte Hand aus, wie um meine zu greifen, greift aber absichtlich daneben; streckt sie wieder aus, und ergreift meine bloß an den Fingern. Das spielt an auf das Suchen nach Führung im Dunkeln. Das große Wort ist HAR-PAR-KRAT, das silbenweise abwechselnd ins Ohr geflüstert wird. Es handelt sich dabei um den Titel des ägyptischen Gottes des Schweigens und sollte Euch immer an das strikte Schweigen erinnern, das Ihr geschworen habt. Das Paßwort ist (wird eingesetzt), welches zu den Äquinoktien periodisch wechselt, so daß ein Mitglied, das zurückgetreten ist, aus dem Orden entlassen oder ausgeschlossen wurde, das gültige Paßwort nicht kennt. Ich stelle Euch nun zwischen die Säulen des

Hermes und des Salomo in den symbolischen Torweg des okkulten Wissens. (Der Hiereus zieht den Kandidaten zwischen die Säulen und löst seine Hände. Der Kandidat erhält Schwert und Banner vom Hegemonen und steht zu seiner Linken; alle schauen den Kandidaten an.)

Hiereus: Nun finde die abschließende Weihe des Kandidaten statt.

Kerux: (Geht nach Norden und blickt nach Osten. Der Stolistes macht ein Kreuz auf die Stirn des Kandidaten, verneigt sich vor dem Hierophanten, sprenkelt Wasser nach Osten und spricht): Frater XYZ, ich reinige Euch abschließend mit Wasser.

Dadouchos: (Beräuchert, wenn der Stolistes fertig ist.) Frater XYZ, ich weihe Euch abschließend mit Feuer.

Hierophant: Würdiger Hegemon, die abschließende Weihe des Kandidaten ist nun vollzogen, ich befehle Euch, das Seil von seiner Hüfte zu nehmen, das letzte Symbol des Pfades der Finsternis, und ihn mit dem Erkennungszeichen des Grades zu versehen.

Hegemon: (Führt es aus.) Auf Befehl des ehrwürdigen Hierophanten übergebe ich Euch das Erkennungsemblem des Grades. Es symbolisiert das in der Dunkelheit aufdämmernde Licht.

Hierophant: Laßt nun die mystische Umkreisung auf dem Pfade des Lichts stattfinden. (Der Kerux geht nach Nordosten. Der Hegemon nimmt den Kandidaten mit hinter den schwarzen Pfeiler und stellt sich hinter den Kerux. Als nächster kommt der Hiereus, gefolgt vom Stolistes und Dadouchos. Der Kerux führt an, alle grüßen im Vorübergehen den Hierophanten, der mit Szepter und Banner dasteht wie bei der Eröffnung. Der Hiereus tritt beiseite, wenn er seinen Thron erreicht hat. Der Hegemon kehrt zwischen die Säulen zurück, nachdem er zweimal am Hierophanten vorbeigegangen ist. Er weist den Neophyten an, dem Kerux zu folgen, der mit den anderen Beamten dreimal am Hierophanten vorbeigeht. Nach dem dritten Vorübergehen:)

Hierophant: Nehmt Euren Platz nordwestlich des Stolistes ein. (Der Kerux zeigt ihm das und geht weiter, gefolgt vom Stolistes, der im Norden ausscheidet und auf seinen Platz zurückkehrt. Der Hegemon stellt seinen Stuhl wieder zwischen die Pfeiler und setzt sich. Der Kerux stellt Rose, Lampe, Kelch und Teller an ihre richtigen Stellen auf dem Altar. Alle setzen sich.) Das dreifach um Euren Leib gebundene Seil war ein Symbol der dreifachen Fessel der Sterblichkeit, die unter den Eingeweihten als irdische oder materielle Neigung bezeichnet wird, welche die einstmals frei wandernde Seele an einen engen Ort gebunden hat. Die Augenbinde war ein

Symbol der Dunkelheit, des Unwissens, der Sterblichkeit, die den Menschen gegenüber der Schönheit und Freude blind gemacht hat, auf die seine Augen einst schauten. Der doppelt würfelförmige Altar in der Mitte der Halle stellt ein Zeichen der sichtbaren Natur oder des materiellen Universums dar, worin die Mysterien aller Dimensionen eingeschlossen sind, während sie den äußeren Sinnen ihre Oberfläche darbieten. Es handelt sich um einen Doppelwürfel, denn wie die Smaragdtafel sagt: Die Dinge, die unten sind, sind Spiegelungen der Dinge, die oben sind. Die für die Freudlosigkeit geschaffene Welt der Männer und Frauen ist eine Spiegelung der Welt der göttlichen Wesen, die zur Freude geschaffen ist. Im SEPHER JETZIRAH, dem Buche der Schöpfung, ist diese beschrieben als ein Abgrund der Höhe und ein Abgrund der Tiefe, ein Abgrund des Ostens und ein Abgrund des Westens, ein Abgrund des Nordens und ein Abgrund des Südens. Der Altar ist schwarz, denn anders als die göttlichen Wesen, die sich im Element des Lichts entfalten, entspringen die Feuer der erschaffenen Wesen der Dunkelheit und dem Verborgenen. Auf dem Altar befindet sich ein weißes Dreieck als ein Zeichen des unsterblichen Lichts, jenes Dreieinigen Lichts, das in die Dunkelheit hineinkam und in der Dunkelheit und aus der Dunkelheit die Welt erschuf. Es gibt zwei widerstreitende Kräfte und eine, die sie immer vereint. Diese drei haben ihr Bild in der dreifältigen Flamme unseres Wesens und der dreifältigen Welle der Sinneswelt. (Der Hierophant steht (mit ausgebreiteten Armen) in Gestalt eines Kreuzes und spricht:) Ehre sei Dir, Vater der Unsterblichen. Denn Deine Herrlichkeit fließt jubelnd hinaus bis an die Grenzen der Erde! (Er setzt sich wieder.) Das rote Kreuz über dem weißen Dreieck ist ein Bild von Ihm, Der sich im Licht enthüllte. In seinem Osten, Süden, Westen und Norden befinden sich Rose, Feuer, Weinkelch und Brot und Salz. Diese spielen auf die vier Elemente Luft, Feuer, Wasser und Erde an. Die mystischen Worte, KHABS AM PEKHT, sind altägyptisch und bilden den Ursprung des griechischen KONX OM PAX, welches bei den Eleusinischen Mysterien ausgesprochen wurde. Eine wörtliche Übersetzung würde lauten: Licht, das in einem Strahl ausgeht, und die Worte zeigen die gleiche Art des Lichtes an, das auch der Stab des Kerux symbolisiert. Im Osten des doppelwürfeligen Altares der erschaffenen Dinge, stehen die Säulen des Hermes und des Salomo. Auf diese sind bestimmte Hieroglyphen aus dem 17. und 125. Kapitel des Totenbuches gezeichnet. Sie symbolisieren die beiden Mächte von Tag und Nacht, Liebe und Haß, Arbeit und

Ruhe, die feine Kraft der Magnetachse des ewigen Aus- und Einströmens aus dem Herzen Gottes. Die Lampen, die auf ihren Spitzen brennen, wenn auch mit verhülltem Licht, zeigen, daß der Pfad zum verborgenen Wissen ein gerader und enger Weg zwischen ihnen ist, anders als der Pfad der Natur, welcher ständig verschlungen ist, das Hin- und Herwinden der Schlange. Deshalb ging ich zwischen ihnen hindurch, als Ihr ins Licht tratet, und darum wurdet Ihr zur abschließenden Weihe zwischen sie gestellt. Zwei widerstreitende Kräfte und eine, die sie in Ewigkeit vereint. Zwei Basiswinkel im Dreieck und einer, der die Spitze bildet. Das ist der Ursprung der Schöpfung, die Dreiheit des Lebens. Mein Thron am Tor des Ostens ist der Platz des Wächters der aufgehenden Sonne. Der Thron des Hiereus am Tor des Westens ist der Platz des Wächters gegen die vielen, die das Licht verschlafen und im Zwielicht erwachen. Der Thron des Hegemonen zwischen den Säulen ist der Sitz des Ausgleichs der Kraft zwischen dem totalen Licht und der totalen Finsternis. Diese Bedeutungen zeigen sich in den Einzelheiten und in den Farben unserer Roben. Der Stab des Kerux stellt den Lichtstrahl der verborgenen Weisheit dar, seine Lampe die immerwährend brennende Lampe des Mysterienhüters. Der Sitz des Stolistes am Tor des Nordens ist der Platz des Wächters des Kessels und der Quelle des Wassers, der Kälte und Feuchtigkeit. Der Sitz des Dadouchos am Tor des Südens ist der Platz des Wächters über den See des Feuers und den brennenden Busch.

Hierophant: Würdiger Bruder Kerux, ich befehle Euch, zu verkünden, daß der Neophyt in die Mysterien des Neophytengrades eingeweiht wurde. (Der Kerux geht nach Nordosten, blickt nach Westen, hebt seinen Stab und spricht:)

Kerux: Im Namen des Herrn des Universums und auf Befehl seines ehrwürdigen Hierophanten, höret alle, daß ich verkünde: (Name des Anwärters), der euch von nun an unter dem Motto XYZ bekannt sein wird, ist in gebührender Form in den Grad des Neophyten des Äußeren Ordens des Golden Dawn aufgenommen worden. (Alle klatschen.)

Hierophant: Ehrwürdiger Hiereus, ich übertrage Euch die Pflicht, unserem Bruder zu seiner Aufnahme eine kurze Ansprache zu halten.

Hiereus: Da Ihr nun Eure Aufnahmezeremonie durchlaufen habt, erlaubt mir, Euch dazu zu gratulieren, daß Ihr als ein Mitglied in diesen alten und ehrbaren Orden aufgenommen worden seid, dessen erklärter Gegenstand und Ziel es ist, das okkulte Wissen praktisch zu erforschen. Laßt Euch darum raten, diesen Tag als einen besonderen Tag Eures Lebens in Erinnerung zu behalten und eine geistige Haltung einzunehmen und zu pflegen, die des Ordens würdig ist. Dazu empfehle ich Euch in allem Ernst, niemals die gebührende Achtung und Ehrerbietung gegenüber dem Herrn des Universums zu vergessen, denn wie das Ganze mehr ist als seine Teile, so ist Er weit größer als wir, die wir nur wie Funken aus diesem unerträglichen Licht sind, welches in Ihm ist. Es steht geschrieben, daß die Säume seines Flammenkleides bis an die Grenzen des Universums wehen, und zu Ihm kehrt alles zurück. Darum neigt sich das Banner des Ostens Ihm zu Ehren. (Ausgeführt) Zweitens rate ich Euch, niemals die Religion, die ein anderer ausübt, zu verlachen oder zu schmähen, denn welches Recht hättet Ihr zu entweihen, was in seinen Augen heilig ist? Laßt drittens niemals das Siegel der Geheimhaltung bezüglich des Ordens aus Eurer Aufmerksamkeit weichen, und hütet Euch, es durch ein unbedachtes oder zufälliges Wort zu verraten. Studiert viertens gründlich das Große Arcanum, das rechte Gleichgewicht zwischen Gnade und Strenge, denn unausgewogen ist keines gut: Strenge ohne Gegengewicht ist Grausamkeit und Unterdrückung; Gnade ohne Gegengewicht ist bloße Schwäche, ließe das Übel ungeprüft gewähren und würde dadurch wie zum Komplizen desselben. Laßt Euch schließlich nicht durch die Schwierigkeit der okkulten Studien entmutigen, und denkt daran, daß auf die Dauer jedes Hindernis durch Beharrlichkeit überwunden werden kann.

Hierophant: Bevor Ihr zum nächsthöheren Grad des Ordens fortschreiten könnt, werdet Ihr Vollendung in folgendem erreichen müssen: Kenntnis

1) der Namen und alchimistischen Symbole der Elemente;
2) der Namen, astrologischen Symbole und Elementzuordnungen der zwölf Tierkreiszeichen;
3) der Namen und astrologischen Symbole der sieben Planeten, wie auch ihre Häuser, Erhöhungen und Dreiergruppen im Zodiak;
4) der Namen, Zeichen und Zahlenwerte der 22 Buchstaben des hebräischen Alphabetes;
5) der Namen und Bedeutungen der zehn kabbalistischen Sephiroth.

Eine MSS-Lehrschrift zu diesen Themen ist auf Anfrage zu erhalten. Wenn Ihr diese vollständig kennt, müßt Ihr das brieflich dem Cancellarius oder Sekretär anzeigen. Ihr werdet dann geprüft werden, und falls Ihr besteht, seid Ihr für die Zulassung zum nächsthöheren Grad berechtigt, sofern die höheren Mächte Eurem Antrag zustimmen.

Kerux: (Führt den Kandidaten zu seinem Tisch, gibt ihm eine Lösung und sagt ihm, er solle ein paar Tropfen davon auf den Tisch vor sich fallen lassen.) Wie diese reine und durchsichtige Flüssigkeit dem Blute ähnlich wird, so mögt Ihr vergehen, wenn Ihr Euren Eid der Geheimhaltung gegenüber diesem Orden durch Wort oder Tat verratet.

Hierophant: Nehmt Euren Sitz ein und denkt daran, daß die Einweihung in diesen Orden Euch kein Recht verleiht, andere Personen ohne Genehmigung der hohen Oberen des Zweiten Ordens einzuweihen.

Abschluß

Kerux: (Wie in der Eröffnung.) HEKAS, HEKAS, ESTE BEBELOI.
Hierophant: (Klopft) Brüder und Schwestern des Äußeren Ordens des Golden Dawn, helft mir, diese Halle des Neophytengrades zu schließen. (Alle erheben sich.)
Hiereus: (Klopft dreimal)
Hegemon: (Klopft dreimal)
Hierophant: (Klopft dreimal) Bruder Kerux, achtet darauf, daß die Halle gehörig gedeckt ist.
Kerux: (Nachdem er es ausgeführt hat) Ehrwürdiger Hierophant, die Halle ist gehörig gedeckt.
Hierophant: Würdiger Hiereus, stellt sicher, daß alle Anwesenden den Golden Dawn bezeugt haben.
Hiereus: Brüder und Schwestern des Äußeren Ordens des Golden Dawn, gebt die Zeichen des Neophyten. (Ausgeführt) Ehrwürdiger Hierophant (grüßt), alle Anwesenden haben sich als würdig erwiesen.
Hierophant: Bruder Stolistes, ich befehle Euch, die Halle und die Teilnehmer mit Wasser zu reinigen. (Wie in der Eröffnung ausgeführt.)
Hierophant: Bruder Dadouchos, ich befehle Euch, die Halle und die

Teilnehmer mit Feuer zu reinigen. (Wie in der Eröffnung ausgeführt.)

Hierophant: Es finde nun die mystische Umkreisung auf dem Pfade des Lichts statt. (Der Kerux geht über den Süden nach Südosten. Der Hegemon geht nach Norden und führt den neuen Neophyten durch Westen und Süden, weist ihn an, dem Hegemonen bei der Prozession zu folgen. Der Hiereus folgt dem Neophyten und der Stolistes dem Hiereus, begleitet oder gefolgt vom Dadouchos. Der Sentinel beschließt die Prozession. Wenn sie am Hierophanten vorübergehen, der stehend das Banner des Ostens in der linken Hand und das Szepter in der rechten hält, geben sie die Zeichen des Neophyten. Bei Erreichen des Thrones tritt der Hiereus beiseite. Der Hegemon geht zweimal am Hierophanten vorbei und nimmt dann seinen Platz zwischen den Säulen ein. Dem Neophyten bedeutet er, dem Kerux zu folgen, der nach dem dritten Vorbeigehen am Hierophanten den Neophyten auf seinen Platz weist. Die anderen Amtsträger bleiben an ihren Plätzen, wenn sie an diesen vorbeigehen.) Die umgekehrte mystische Umkreisung ist vollendet. Sie bildet das Symbol des schwindenden Lichts. Beten wir den Herrn des Universums an. (Alle wenden sich nach Osten. Der Stolistes weist den Neophyten an, sich zu erheben und nach Osten zu schauen. Der Hierophant blickt nach Osten und spricht bei jeder Anbetung den Gruß. Die übrigen Amtsträger und Teilnehmer wiederholen ihn ebenfalls.)

Heilig seid Ihr, Herr des Universums!
Heilig seid Ihr, den die Natur nicht erschaffen hat!
Heilig seid Ihr, der Weite und Mächtige!
Herr des Lichtes und der Finsternis!

Es bleibt nur noch, gemeinsam in Stille am mystischen Mahl teilzuhaben, welches sich aus den Symbolen der vier Elemente zusammensetzt, und uns an den Geheimhaltungseid zu erinnern. (Alle setzen sich.) (Der Hierophant senkt sein Szepter und stellt das Banner des Ostens an seinen Platz zurück. Er geht zur Westseite des Altares und macht mit Blick nach Osten das Grußzeichen, nicht jedoch das Zeichen des Schweigens. Indem er die Rose aufnimmt, spricht er:) Ich lade Euch ein, mit mir den Duft dieser Rose als ein Symbol der Luft einzuatmen. (Er riecht an der Rose.) Die Wärme dieses heiligen Feuers zu spüren. (Hält seine Hände darüber.) Mit mir dieses Brot und Salz als Vertreter der Erde zu essen. (Stipt das

Brot in das Salz und ißt.) Und schließlich mit mir diesen Wein zu trinken, das geweihte Zeichen des elementaren Wassers. (Macht ein Kreuz mit dem Kelch und trinkt. Der Hierophant stellt den Kelch zwischen Kreuz und Dreieck. Er geht auf die Ostseite des Altares und schaut nach Westen. Dann tritt der Praemonstrator auf die Westseite des Altars und macht das Grußzeichen. Der Hierophant antwortet mit dem Zeichen des Schweigens und übergibt ihm die Elemente, angefangen mit der Rose, die der Praemonstrator zurückgibt, nachdem er daran gerochen hat; dann fühlt er die Wärme der Lampe, ißt Brot und Salz und erhält vom Hierophanten den Kelch, mit welchem er das Kreuz schlägt. Er trinkt daraus und gibt ihn zurück. Der Hierophant geht dann über den Westen und Süden zu seinem Thron zurück. Dann geht der Praemonstrator auf die Ostseite des Altars. Der Imperator tritt in den Westen, tauscht die Zeichen aus und nimmt das Mahl ein. Er geht auf seinen Platz zurück, nachdem er den Cancellarius bedient hat, der wiederum den vorigen Hierophanten bedient. Nach den Oberen nehmen die Amtsträger in folgender Reihenfolge teil: Hiereus, Hegemon, Stolistes, Dadouchos. Wenn außer dem Kerux alle Amtsträger teilgenommen haben, nehmen die Mitglieder des Inneren Ordens das Mahl in der Reihenfolge ihrer Aufnahme ein, warten aber nicht auf eine Aufforderung: Wenn eine Pause entsteht, tritt der nächste vor. Dann folgen in der gleichen Weise die Mitglieder des Äußeren Ordens. Als letzter kommt der Neophyt, begleitet vom Hegemonen oder einem anderen dazu ernannten Amtsträger. Die Mitglieder des Äußeren Ordens treten in folgender Reihenfolge vor: Philosophi, Practici, Theorici, Zelatores, Neophytes. Wenn der letzte Neophyt östlich vom Altar steht, kommt der Kerux in den Westen, tauscht die Zeichen aus und nimmt das Mahl ein. Der Hegemon weist den Neophyten an, auf seinen Platz zurückzukehren, sobald der Kerux den Kelch genommen hat. Der Kerux nimmt den Kelch entgegen, trinkt ihn aus, dreht ihn um und spricht:)

Kerux: Es ist vollbracht! (Der Kerux stellt den Kelch zurück und geht auf seinen Platz. Alle erheben sich.)
Hierophant: (Klopft) TETELESTAI![1]
Hiereus: (Klopft)
Hegemon: (Klopft)
Hierophant: (Klopft) KHABS.
Hiereus: (Klopft) AM.

---

[1] Anm. d. Übers.: Griechisch, heißt: Es ist zu Ende/vollendet!

Hegemon: (Klopft) PEKHT.
Hiereus: (Klopft) KONX.
Hegemon: (Klopft) OM.
Hierophant: (Klopft) PAX.
Hegemon: (Klopft) LICHT.
Hierophant: (Klopft) IN.
Hiereus: (Klopft) FÜLLE.
(Alle geben die Gesten zum Altar hin.)
Hierophant: Möge uns, woran wir nun teilgenommen haben, auf unserer Suche nach der QUINTESSENZ stützen, dem Stein der Weisen. Wirkliche Weisheit, vollendetes Glück, das SUMMUM BONUM[1]. (Die Beamten bleiben im Tempel, während der Neophyt vom Kerux hinausgeführt wird.)

---

[1] Anm. d. Übers.: Lateinisch, heißt: Das höchste Gut(e).

V.H. Frater A.M.A.G. (Israel Regardie)

Die Besprechung der Z-Dokumente

(Anmerkung des Herausgebers zu den Z-Dokumenten: Die Z-Dokumente gehören zu den bedeutendsten, wichtigsten, zentralsten Dokumenten des Golden Dawn. Z-1 und Z-3 geben eine Erklärung der Symbolik des Neophyt-Rituals, während Z-2 auf den beiden anderen Dokumenten aufbaut und Anweisungen gibt, wie aus dem Neophyt-Ritual Techniken zur individuellen Evokation abgeleitet werden können. In der Ausgabe von 1937 werden die Z-Dokumente in der für deren Verständnis logischen Reihenfolge (Z-1, Z-3, Z-2) gegeben, während die Ausgabe von 1984 Z-2 aus nicht erfindlichen Gründen an den Anfang stellt. Da aus den Formulierungen von Z-2 klar hervorgeht, daß die Kenntnis der beiden anderen Dokumente vorausgesetzt ist, wird empfohlen, die Dokumente in der Reihenfolge von Z-1, Z-3, Z-2 zu studieren.)

Diese drei Dokumente, Z-1, Z-2 und Z-3, gehören zu den wichtigsten aller Belehrungen, die der Golden Dawn herausgegeben hat. Sie stellen ausführliche Kommentare zum Neophytenritual dar. Alle drei sind angefüllt mit den tiefgründigsten Belehrungen zur Magie, die je geschrieben wurden.

Wenn ich darüber nachdenke, was ich in diesem Buch geschrieben habe, dann bin ich sicher, etliche Male bekräftigt zu haben, daß dieses oder jenes besondere Dokument die wichtigste Lektion darstelle, die der Orden herausgegeben hat. Meistens ist das wahrscheinlich richtig. Alle Belehrungen für den Zelator Adeptus Minor sind auf unterschiedliche Weise eindeutig wichtig. Sie alle aber dienen der Grundlegung der magischen Kunst. Wann immer ich im Laufe der Jahre das Buch zufällig auf einer Seite der Z-Dokumente öffnete, fand ich sie sehr erhellend, und mit jeder Durchsicht ihres Inhaltes mehr. Ihre erläuternde Kraft scheint unerschöpflich. Aus diesem Grund möchte ich darauf bestehen, daß der Studierende ihnen besondere Aufmerksamkeit schenkt, sie eher einen langen Zeitraum hindurch sorgfältig bearbeitet, als sie wie einen Roman oder ein informatives Sachbuch durchliest.

Sie alle tragen deutlich die Handschrift von S.L. Mathers – G.H. Frater D.D.C.F. Mehr als alles andere, was ich kenne, zeigen sie, zu welchem Tiefgang er fähig war. Zugegeben, manches von dem Material ist banal und läßt sich über das übliche Geschwafel der Geheimgesellschaften aus – Griffe, Schritte und Paßwörter. Diese Trivialitäten machen aber nur einen kleinen Teil dieser phantastischen Dokumente aus. Das verbleibende Material ist so geartet, daß ich mich gedrängt fühle, dem Leser nahezulegen, mit dieser Art der Informationen sorgfältig umzugehen. Hier haben wir es mit gewichtigem Material zu tun, das verdaut werden muß, worüber man nachdenken und es sich immer wieder vor Augen führen muß.

Beispielsweise ist man versucht, die Beschreibung der Ausrüstung des Hierophanten zu überspringen, da sie als Teil der Tempelausstattung erscheint. Doch handelt es sich dabei um viel mehr als das. Einige Formeln der Magie wurden verschlüsselt und gleichzeitig in den nüchternsten und banalsten Erklärungen und Beschreibungen eröffnet. Lies nicht darüber hinweg.

Vom Standpunkt der praktischen Magie her rate ich, den Abschnitt mit dem Titel »Die Symbolik der Eröffnung« häufig zu lesen. Hier wird eine praktische Formel nach der anderen beschrieben, nicht abstrakt, sondern konkret als eine technische Übung, die der aufmerksame und eifrige Anwärter nutzen kann.

Einige derselben dienten als Keimideen, die sich bei der Entwicklung zur Technik der Mittleren Säule voll entfalteten. Alle diese Grundlagen stammen aus dem Golden Dawn. Jedes Einzelstück ist aber hier und dort auf verschiedene Dokumente verstreut. Man muß jedoch nicht allzusehr danach suchen. Sie sind sehr fruchtbar, stellen sich lebendig und vital dar. Während man sie benutzt, sprießen die Samen zu dynamischen Bestandteilen unseres Wachbewußtseins heran, als warteten sie darauf, gefunden und benutzt zu werden. Zum Beispiel war die rudimentäre Technik der Mittleren Säule in einem der frühen Aufsätze zur Pforte beschrieben. Die Technik des Kreisenlassens der Kräfte, die durch diese Meditationsmethode erweckt oder gelöst worden sind, kann teilweise diesem Aufsatz entnommen werden. Es handelt sich dabei jedoch nur um eine Andeutung. Diese wird erweitert und ausgestaltet, indem man sie auf die Formel des in eine feste Sphäre projizierten Lebensbaumes bezieht (siehe die Skizze dazu bei den Farbtafeln), wobei vier einzelne Säulen um eine unsichtbare mittlere herum entstehen. Die Ausgangspunkte dazu finden sich wiederum in den Schriften zum Mikrokosmos und anderswo, vollständig aber in den Dokumenten am Ende des Tarot-Kapitels.

Die Zuordnungen der Planeten, Zeichen und Häuser gehören zu den gängigen astrologischen Kenntnissen im System des Golden Dawn. Die Anwendungen dazu werden zum Beispiel in *Foundations of Practical Magic*, Aquarian Press 1979, beschrieben. Sie beruhen völlig darauf, wie gut man einige der Prinzipien aus jener magischen Übung verstanden und umgesetzt hat.

Eine ganze Anzahl Autoren haben die Technik entlehnt, ohne dies zu vermerken, weil sie meinten, es handle sich um eine magische Technik aus dem Orden. Im Grunde genommen sind dies aber Plagiate, doch ist die Technik nirgends näher, sondern nur in gröbsten Umrissen beschrieben. In einem gewissen Sinne, der diesen Autoren, da sie bloß plagiierten, nie aufging, baut die Technik grundsätzlich und eindeutig auf der ganzen Grundstruktur des Systems des Golden Dawn selbst auf. Von diesem System behaupten böswillige Kritiker, es sei nur das Resultat von Forschungen, die McGregor Mathers im Britischen Museum anstellte. Für sich genommen ist das reiner Unfug. Ich fordere jeden Kritiker heraus, zu zeigen, wo und wie diese Methoden aus Büchern und Manuskripten im Britischen Museum entlehnt wurden.

In der Symbolik der Eröffnung wird zunächst die Methode des Vibrierens von Gottesnamen angegeben. Das wird als Vibrationsformel der Mittleren Säule bezeichnet. Wieder muß ich die Studierenden auffordern, sie gründlich durchzuarbeiten. An etlichen Stellen des Textes ist sie wiederholt und ausgearbeitet worden. Man muß sie aber studieren, üben und meistern lernen.

Beherrscht man die Formel einmal, so sollte sie bei allen Gelegenheiten benutzt werden, bei denen man die Gottesnamen einsetzt. Das geschieht bei der Ausführung des großen und kleinen Pentagrammrituals, des großen und kleinen Hexagrammrituals und in der Technik der Mittleren Säule selbst. (Beachte, daß einige dieser Rituale in den *Regardie Tapes*, Falcon Press, 1982, beschrieben sind. Diese Tonbänder können erheblich dabei helfen, selbst die verschiedenen Zeremonien zu beherrschen, wie die Weihung der Elementarwaffen und so weiter. Die Methode des Aussprechens und Vibrierens der Gottesnamen wird auf dem Band deutlich angegeben, um alle Möglichkeiten des Zweifels und der Verwirrung auszuschalten.)

Einige der Techniken sind auch während des Hellsehens von unschätzbarem Wert. Es werden aber Sicherungsmittel benötigt, um sich vor Illusion und Selbsttäuschung zu schützen, die bei dieser Methode nur allzuleicht vorkommen. Die Banner des Ostens und Westens können ebenfalls als Hilfsmittel benutzt werden, um Bereiche zu öffnen, von denen man nicht erwarten würde, daß sie zu öffnen sind, weil sie so streng bewacht werden.

Das Annehmen von Gottesformen, wie es in einigen dieser Dokumente, die das Neophytenritual kommentieren, beschrieben (und in den schönen Zeichnungen im Farbtafelteil des Buches gezeigt) wird, stellt eine weitere Methode dar, nicht nur sich selbst zu schützen, sondern ein Einvernehmen mit unserem Streben nach Wissen und Selbsterkenntnis zu sichern sowie Einlaß in Heiligtümer zu erlangen, deren Existenz man vermutet. Das ist aber alles.

Um Fertigkeit darin zu erlangen, muß diese Übung oft durchgeführt werden. Die im Text gegebenen Beschreibungen sind kurz, aber lang genug. Mehr ist nicht erforderlich. Wenn man es einmal kennengelernt hat, bleibt nur die tägliche Praxis, bis es mehr oder weniger leicht fällt. Eines der besten Bücher, das praktisch alle Gottesformen angibt, ist der Paperback-Nachdruck von Wallis Budges *The Gods of the Egyptians* bei Dover Press. Dabei handelt es sich nicht nur um eine Fundgrube ägyptologischen Wissens, es finden sich auch Dutzende ganzseitiger Tafeln der Götter, die in der Literatur konkurrenzlos sind. Gleichzeitig sollte man bezüglich der Farben bei den Gottesformen die Farbtafeln in diesem Buch zu Rate ziehen.

Das Kapitel in Z-1, welches die Gottesformen beschreibt, die bei der Neophytenweihe benutzt werden, wird das eben Gesagte mehr als verdeutlichen. Die Farben, die in der ersten Ausgabe von Budges Buch im Verlag Methuen vor Jahrzehnten benutzt wurden, waren für damalige Verhältnisse genau genug. Für den praktischen Gebrauch aber sind die Farbtabellen in diesem Buch besser. Es sollte nicht vergessen werden, daß einer der grundlegenden Lehrsätze des Ordens lautet: *Farben sind keine Symbole für Kräfte, sondern die Kräfte selbst.* Studiere also das Farbsystem. Wende es auf die einfachen Fotos in der Ausgabe von Dover Press an.

In diesen Schriften findet sich eine Unzahl fruchtbarer Ideen, die ich nicht alle näher ausführen möchte. Einiges muß auch der Findigkeit und Intuition des Lesers und Studierenden selbst überlassen bleiben. Was ich hier anzumerken hatte, sollte aber ausreichen, ihn wachsam sein zu lassen, wenn er diese höchst wertvolle und inhaltsreiche Textreihe durcharbeitet.

Eines der vielen Dokumente, die dem fortgeschrittenen Mitglied des Grades Zelator Adeptus Minor gegeben wurden, war Z-2, eine ausführliche Analyse des Neophytengrades. Die Aufgliederung in Dutzende von Einzelpunkten ist an sich schon eine der schönsten und scharfsinnigsten Tabellen, die ich kenne. Wie so viele der Adeptus

Minor-Schriften erfüllt sie mich mit großem Respekt für denjenigen, der für die Analyse verantwortlich zeichnet. Die ganze Ausarbeitung ist in fünf Hauptabschnitte eingeteilt, die dem Pentagrammaton entsprechen. Zusätzlich wurde noch der zu Shin gehörige Abschnitt in drei Unterabschnitte zerlegt, so daß alles in allem sieben Formeln für die magische Arbeit vorhanden sind.

Z-2 war eine der Schriften, die aus dem Lehrplan der Stella Matutina ausgelöscht werden sollten. Ein sehr schwerer Fehler. Ich vermute, daß der Text gelöscht werden sollte, weil er vom Ausführenden einige harte Arbeit verlangt.

Die Anwendung von Z-2 auf die Divination war mir nie recht klar. Anstatt dem Vorgehen der Stella Matutina zu folgen, füge ich sie hier ein, weil einige Studierende selbst in der Lage sein werden, zu entscheiden, welches ihr Nutzungsbereich ist. Wenn der Studierende der allgemeinen Regel folgt, die für alle anderen Unterabschnitte dieses wichtigen Dokuments dargelegt ist, kann er zu einem Aufbau kommen, der für ihn selbst zufriedenstellend und nützlich ist.

Jahrelang beschäftigte mich der Abschnitt zur Alchemie, denn ich konnte mir keinen Reim darauf machen. In seinem Buch *Ritual Magic in England* druckt Francis King eine Schrift ab, die auf diesem Abschnitt beruht. Sie ist sehr interessant, wirft aber zahlreiche Fragen zum Vorgehen, zu Labortechniken und verwandten Themen auf. Ich korrespondierte darüber mit Herrn King, allerdings ohne Ergebnis.

Irgendwann in der Mitte der dreißiger Jahre wurden mir einige alchimistische Vorgänge mehr oder weniger klar, wodurch ich einige Abschnitte in Z-2 besser verstehen konnte. Jahre später entwickelten sich weitere Einsichten, nachdem ich Frater Albertus von der Paracelsus-Forschungsgesellschaft getroffen hatte.

Direkt im Anschluß an die verschiedenen Einweihungsrituale findet sich ein Ritual, das die in Z-2 niedergelegten Regeln am Beispiel verdeutlicht.

Was die Evokationsrituale und ähnliche Operationen betrifft, fanden einige Studierende, daß sie lang, öde, wiederholend und sehr ermüdend seien. Ich muß zugeben, daß das stimmt. Der Erfolg bei der Arbeit mit ihnen beruht auf Geduld, Begeisterung und vor allem auf der Fähigkeit, die magische Kraft zur Tätigkeit zu erwecken. Die Rituale selbst werden wenig befriedigen, wenn der Studierende nicht eine angeborene theurgische Fähigkeit besitzt oder eine solche mittels der Technik der Mittleren Säule erworben hat. Diese Methode erweckt die magischen Zentren oder Chakras in der psychospirituellen Konstitution des Studierenden, ein Vorgang von vorrangiger Wichtigkeit, denn ohne die Kraft aus diesen Zentren oder Chakras bleibt das Ritual ein bloßes Ritual — eine reine Formalität, kraftlos und tot. Die Übung der Mittleren Säule sollte monatelang oder länger praktiziert werden, bis der Studierende sich vollends darüber bewußt ist, daß die Energie auf seinen willentlichen Befehl hin nach den drei Zirkulationsmethoden in seinem Körper kreist. Diese Empfindung ist ganz unmißverständlich und wird sehr körperlich, wenn man standhaft dabei bleibt. Sie stellt das Sine Qua Non[1] des magischen Erfolgs dar.

Wenn man in dieser Methode einiges Geschick erworben hat, kann man der Vibrationsformel der Mittleren Säule größere Aufmerksamkeit schenken, die an verschiedenen Stellen in dieser Arbeit beschrieben ist. Der Erfolg irgendeiner Operation hängt völlig von diesen beiden Methoden ab, der Mittleren Säule und der Vibrationsformel, und man sollte ihnen sehr viel Aufmerksamkeit widmen.

Als dieses Material vor vielen Jahren veröffentlicht wurde, war es eine der erfreulichsten Belohnungen, Rückmeldung von einigen Studierenden zu bekommen, die offenbar mit der Methode experimentiert hatten. Ein Beitrag ist besonders bemerkenswert. Ich hätte ihn gern gewürdigt, aber der Studierende, von dem er stammt, möchte zur Zeit noch anonym bleiben. Sein Brief zeigt, daß er mit der Methode experimentierte und sie für seine Zwecke verbesserungsbedürftig fand. Er sah sich gezwungen, das Vorgehen zu klären und zu vereinfachen. Sein Einwand bestand darin, daß die ganze Prozedur zwei Stunden dauerte, an deren Ende er völlig ausgelaugt und unfähig war, eine Art »göttlicher Berauschung« zu empfinden, die das Sine Qua Non des Erfolgs bildet. Die von ihm entwickelte Methode ist folgende:

»Der Magier steht im Kreis und führt ein Bannungsritual durch. (Zur Evokation eines Elementars reicht das kleine Pentagrammritual aus. Wird ein mächtigerer Geist evoziert, benutze das große bannende Pentagrammritual oder Hexagrammritual, je nachdem.)

Ein entsprechender Gott wird invoziert. Annahme der Gottesform, die Vibrationsformel der Mittleren Säule und die mystische Umkreisung werden eingesetzt. Das wird fortgesetzt, bis die Gegenwart der göttlichen Kraft unzweifelhaft ist. Man muß den Eindruck gewinnen, mit der Kraft der Gottheit zu handeln.

Nun wird das Sigill des Geistes geweiht und in das Dreieck außerhalb des Kreises gelegt. Die elementare, planetare oder zodiakale Kraft, die dem Wesen des Geistes gemäß ist, wird mittels der passenden Pentagramme, Hexagramme und so weiter invoziert.

---

[1] Anm. d. Übers.: Lateinisch, heißt: ohne das es nicht geht.

Die Rituale des Äußeren Ordens

Die Invokation des Gottes wird wiederholt und so lange fortgesetzt, bis die Identität mit der Gottheit erreicht ist. An diesem Punkt kann dann die eigentliche Evokation beginnen. (Der Magier wird von jetzt an als der Gott bezeichnet.)

Der Gott dehnt sein Bewußtsein bis auf die Ebene des Geistes aus (ähnlich wie beim Hellsehen), bildet darin das Sigill und ruft den Namen aus. Dem Geist wird befohlen, sich im Dreieck zu manifestieren, und während der Gott sein Bewußtsein in den Körper des Magiers im Kreis zurückbringt, manifestiert sich der Geist im Dreieck.

Wenn er Unterordnung geschworen und alle ihm vorgelegten Fragen beantwortet hat, wird ihm befohlen, auf seine eigene Ebene zurückzukehren. Der Gott dehnt sein Bewußtsein wieder auf diese Ebene aus und nimmt den Geist mit sich. Wenn sie beide dort angekommen sind, wird das zuvor gebildete Sigill gebannt.

Er kehrt in den Kreis zurück, zieht sich dann teilweise vom Magier zurück, der sich wieder darüber bewußt wird, daß er im Namen des Gottes handelt.

Nun wird die zuvor angerufene elementare, planetare oder zodiakale Kraft gebannt. Der Magier führt dann ein allgemeines Bannungsritual durch und schließt den Kreis.«

Der Autor der oben dargestellten Methode fügt noch eine Anmerkung hinzu, die in meinen Augen genaue Beachtung verdient; sie stimmt mit meiner an anderer Stelle dargelegten Einstellung überein.

»Es gibt Gründe zur Sorge, daß einige Studierende bestimmte magische Schriften von Crowley mißverstehen könnten. Er schreibt zum Beispiel in *Magic in Theory and Practice*, Kapitel IX, S. 69:

›Die seltsame geistige Erregtheit, die erforderlich ist, kann sogar durch die Wahrnehmung der Absurdität des Vorgehens aufgebaut werden, wenn man unbeirrt darin aushält. So etwa, als Frater Perdurabo... *From Greenland's Icy Mountains* rezitierte und das gewünschte Ergebnis erzielte.‹

Es besteht kein Zweifel daran, daß das bis zu einem entsprechenden Grade erregte Ego in der Lage ist, im Astrallicht einen solchen Sog zu erzeugen, daß es eine Art Manifestation hervorruft, vielleicht sogar die des evozierten Geistes (wahrscheinlicher aber eines Phantasmas, das sich als derselbe maskiert). Ohne die Anwesenheit der göttlichen Kraft jedoch kann ein solches Wesen, wenn es einmal evoziert worden ist, nicht kontrolliert werden, und es gibt keine wirksame Möglichkeit, es zu bannen.

Abhängig vom Wesen dieses Geistes und dem Grad seiner Manifestation ist es wahrscheinlich, daß der spirituelle Fortschritt des Magiers dabei endet – wenigstens was die gegenwärtige Inkarnation angeht.«

Zum Thema des magischen Trainings und der Entwicklung der im Menschen schlummernden Kräfte, dem Ziel des Ordens, möchte ich noch aus einer anderen Quelle ausführlich zitieren. Obwohl die Theosophische Gesellschaft im Grunde gestorben ist, gibt es doch sachdienliches Material aus *The Hall of Magic Mirrors* von Victor Endersby, welches die meisten von uns vom hohen Roß holen und zu tieferem Nachdenken anregen sollte. Es handelt sich zwar um eine unterschiedliche Tradition, aber Fakten sind Fakten, ganz gleich woher sie kommen. Bei der Diskussion des Problems der medialen Phänomene, die Madame Blavatsky hervorgerufen hatte, sagt Herr Endersby folgendes:

»Entscheidend am Problem war, daß die ganze Bewegung auf Messers Schneide zwischen Gläubigkeit und Skepsis balancieren mußte. Ein Netz mußte ausgebreitet werden, dessen Maschen sorgfältig dazu entworfen waren, nur Fische einer bestimmten Form und Größe zu fangen. Leider konnte nicht einmal ein Mahatma eines herstellen, das ein ganz besonders seltsames Exemplar der Spezies auszuscheiden vermochte – dasjenige nämlich, welches man gewöhnlich als ›Spinner‹, ›Kauz‹ oder ›Sonderling‹ kennt. Diese sind stets besonders wirksame, aber auch besonders ärgerliche Verfechter gewesen. Einige der enthusiastischsten Anhänger der Theosophie konnten jeden geistig normalen Menschen innerhalb von fünf Minuten davon überzeugen, daß mit Sicherheit nichts daran echt sein könne.

Aber seien wir nicht zu hart gegenüber dem harmlosen Spinner. Der menschliche Fortschritt hängt schon seit ewigen Zeiten von ihm ab. Er ist es, der kühn genug ist, ohne einen Gedanken an die Folgen, an die Vernunft, den gesunden Menschenverstand oder an Tatsachen Neuland zu betreten. Die meisten fähigen und kompetenten Menschen haben sich durch eben diese Eigenschaften eine Stellung in der Welt erobert, die sie nicht gerne durch Pioniertaten aufs Spiel setzen. Deshalb bleibt das Risiko im wesentlichen an denjenigen hängen, die nicht vernünftig genug sind, um Angst zu haben, und sie dienen dem Zweck auf ihre seltsame Art. Schließlich haben einige von ihnen auch ziemlich Furore gemacht. Wie sonst würde man beispielsweise Einstein bezeichnen, wenn man ihn in rein persönlicher Hinsicht sieht? Oder einen gewissen berühmten Herrn (Albert Schweitzer), der beliebte, im afrikanischen

Dschungel unterzutauchen und seine Gaben an eine kleine Ansammlung unwissender Wilder zu verschwenden.
Untersuchen wir einmal die Maschen des okkulten Netzes.
Der Mahatma sagt, daß die Schülerschaft niemandem zugänglich sei, der, wenn auch unbewußt, die geringste Tendenz zur Ungerechtigkeit habe. Darum: Lieben Sie Skandale und ungeprüfte und einseitige Gerüchte über andere? Wenn ja, sind Sie schon draußen; die berühmten Skandale werden Sie hinauswerfen.
Sind Sie feige, fürchten Sie sich, für die Gerechtigkeit einzutreten? Hinter dem Schleier ist kein Platz für Feiglinge.
Haben Sie immer noch die kirchliche Vorstellung, daß in einem sich stets entwickelnden Universum Perfektion und Unfehlbarkeit existieren können? Dann unterliegen Sie einer tiefgehenden Fehleinschätzung des Universums, wahrscheinlich einer unheilbaren; einige wissenschaftliche, grammatische oder philosophische Fehler werden Sie vor die Tür setzen.
Sind Sie ein Materialist, der nicht in der Lage ist, die Möglichkeit anzuerkennen, daß das reale Universum kein materielles ist? Dann werden sich Ihnen gegenüber die Phänomene von selbst als Täuschungen erweisen; das wirft Sie hinaus. Auch mit Ihrer geistigen Gesundheit werden Sie davonkommen, denn Sie können jederzeit aussteigen. Die Opfer sind gegen Schaden geschützt, denn anstatt eine Wirkung zu erzielen, werden Sie sie nur auslachen.
Wollen Sie selbst als unfehlbar bewundert werden, indem Sie viel Wissen ansammeln? Dann wird die Enthüllung der möglichen Fehlbarkeit auf seiten der höchsten ›Autoritäten‹, die Sie kennen – falls Sie Theosoph sind –, Sie ein wenig zurück-, wahrscheinlich ganz hinauswerfen. Und wenn Sie sich drehen und winden in der Bemühung, die Unfehlbarkeit Ihrer Götter zu beweisen, dann verraten Sie damit den Grad Ihrer intellektuellen Redlichkeit. Das ist genau das, was die wissen wollen.
Haben Sie rassische oder nationale Vorurteile? Dann wird die Idee der universellen Bruderschaft Sie gleich weit fortschicken.
Sind Sie engstirnig, pingelig, wählerisch und nehmen die Form für den Inhalt? Dann werden ein Paar Flüche schon mit Ihnen fertig werden.
Sind Sie geistig träge? Dann wird die Mühe, diese seltsamen Bücher zu entwirren und einen Sinn darin zu finden, Ihnen völlig genügen. Kein geistig träger Mensch kann die okkulte Welt verstehen, geschweige denn die sichtbare.
Sind Ihre Interessen schmalspurig? Dann werden Sie die Unter-

stützung aus allen verfügbaren menschlichen Quellen missen – Sie sind an zu wenigen davon interessiert. Sie geraten in eine Sackgasse nach der anderen.

Glauben Sie, das Himmelreich sei durch Einhaltung äußerer Regeln zu erlangen und Fleischesser seien eine niedere Art von Tieren? Dann werden ein paar Eier in Sauce Sie wunderbar mattsetzen; und falls das nicht hilft, sorgen einige Packungen Zigaretten dafür. Besonders wenn Sie herausfinden, daß einer der Mahatmas Pfeife geraucht hat.

Oft wurde gefragt, warum Helena Petrowna Blavatsky bei all den Mitteln und der Weisheit der Mahatmas mit Armut und Krankheit zu kämpfen hatte. Wie wir sahen, wurde sie angeklagt – obwohl sich kein Mensch je beschwert hat –, sie habe sich an der Gutgläubigkeit ihrer Anhänger bereichert. Meinen Sie, sie wäre kostspielig ausgestattet gewesen? Der Missionar Moncure Conway erwähnt ihre großzügig eingerichtete Wohnung. Zweifellos waren ihre Möbel teuer – bevor ihre reichen Freunde sie ihr gaben, als sie sich selbst neu einrichteten. Sie mußte nie hungern, das ist sicher; sie hatte immer genug – gerade genug – Geld, um zu tun, was sie tun mußte. Was die Gesundheit angeht, so hatte sie sich das selbst zuzuschreiben. Sie brach alle Diätregeln, und sicherlich nicht nur die, die sie wegen ihrer Schilddrüsen- und anderer Probleme hätte einhalten sollen. Sie war eine dickköpfige, unnachgiebige Person. Sie kannte alle Regeln. Wenn sie es vorzog, diese zu brechen, konnten die Mahatmas nichts dagegen tun. Natürlich hätten sie sie ›feuern‹ können, aber sie war schließlich die einzige Vertreterin, die fähig war, auszuführen, was sie im Sinne hatten.

Das Merkwürdige an diesen Fragen ist, daß sie oft von Christen gestellt werden, deren Gott seinen einzigen Sohn in Leid und Armut leben und entsetzlich sterben ließ.

Eine gute Methode, die Moral eines Stammes von Wilden zu testen, um festzustellen, ob sie bereit sind, ihre Schnauze aus dem Dreck zu erheben und den Weg in die Zivilisation einzuschlagen, ist, ein krankes Kind derselben Rasse, aber von einem anderen Stamm auf dem Dorfplatz auszusetzen. Sie töten es vielleicht mit der Keule, werfen es ins Feuer, quälen es mit spitzen Stöcken, essen es, oder sie nehmen es auf und sorgen für es. Wenn sie irgend etwas außer letzterem tun, verschwinden Sie besser – schnell – und warten weitere hundert Jahre, bis der Stamm aus seinem Territorium herausgewachsen ist und auf das Gebiet eines größeren trifft. Dann mögen sie vielleicht Hilfe annehmen.

Sind Sie inzwischen an der technischen Schulbarkeit interessiert, dann spannen Sie einen Telefondraht und zeigen, daß man sich dadurch unterhalten kann. Die Wilden beschließen dann, daß Sie ein Gott sind. Können Sie durch den Draht aber nicht auch hindurchkriechen, dann sind Sie ein Scharlatan. Sie überlegen sich dann, daß die Leute noch etwas reifer werden müssen, bevor Sie ihnen etwas über Elektrizität beibringen können. Sie begreifen aber sehr schnell, daß man den Draht gut verwenden kann, um schöne Halsbänder damit zu machen oder, wenn man ihn kleinschneidet, gute Kugeln für die Donnerbüchse.

Natürlich müssen Sie, um ihre Aufmerksamkeit zu erregen, zunächst einige von ihnen erschießen oder ein Feuerzeug vorführen. Wenn die Leute nichts kapieren, bis das Gas zu Ende ist, dann sind auch Sie am Ende. Und bleiben dort lange.«

G.H. Frater S.R.M.D. (Samuel L. Mathers)

Z-2

Die Formel der Lichtmagie

Eine Einführung in die praktische Arbeit mit der Formel

Im Ritual des Eintretenden wird symbolisch der Anfang einer bestimmten Formel der Lichtmagie angedeutet. Dieses Ritual weist auf eine bestimmte Person, Substanz oder Sache hin, die aus der dunklen materiellen Welt genommen und der Wirkung der göttlichen Formel der Lichtmagie ausgesetzt wird.

Hierin liegt auch der Beginn aller Evokationsformeln, deren Entwicklung anhand des inneren Wissens der einander folgenden Grade im Äußeren Orden gezeigt wird. Der Zugang zur Kenntnis der praktischen Magie liegt in einem echten Verständnis der Anwendung der Symbolik durch den »Eintretenden«. Deshalb werden alle dem Ritual entnommenen Formeln unter fünf Überschriften aufgeführt, entsprechend den Buchstaben des Namens Jeheshuah.

Zum Buchstaben Jod und dem Feuerelement gehören die Arbeiten der Zeremonialmagie, etwa die Evokation von Elementargeistern und so weiter.

Zum ersten Heh gehört die Weihung und Ladung der Telesmata, sowie die Erzeugung von Naturerscheinungen, wie Stürmen, Erdbeben und so weiter.

Dem großen heiligen Buchstaben Shin werden drei Gruppen von Operationen zugeordnet: spirituelle Entwicklung, Gestaltwandlungen und Unsichtbarkeit, dem Buchstaben Vau Divinationen aller Art und die Kunst, zwischen dem Ausführenden der Handlungen und dem Divinationsvorgang eine Verbindung herzustellen.

Zum abschließenden Heh gehören die Arbeiten und Operationen der Alchemie, die Folge ihrer Prozesse und Transmutationen.

Inhaltsangabe zur Zeremonie des Eintretenden
im Grade des Neophyten

1. A – Die Zeremonie selbst. Der Ort des Tempels.
2. B – Der Hierophant.
3. C – Die Amtsträger.
4. D – Der Kandidat.
5. E – Die Eröffnungszeremonie.
6. F – Der Hierophant stellt fest, daß er eine Vollmacht des Zweiten Ordens besitzt und befiehlt dem Hegemonen, den Kandidaten vorzubereiten. Der Kandidat wird vorbereitet. Die Rede des Hegemonen.
7. G – Einlassung des Kandidaten. Erste Schranke beim Kerux. Erste Taufe des Kandidaten mit Feuer und Wasser.
8. H – Der Kandidat wird an den Fuß des Altars gebracht. Der Hierophant fragt: »Woher bist du gekommen...«. Der Kandidat erwidert: »Ich suche nach dem verborgenen Licht...«.
9. I – Der Kandidat wird gefragt, ob er bereit ist, den Eid zu leisten. Er stimmt zu und wird nun angewiesen, am Altar niederzuknien.
10. J – Ablegung des Eides, der Kandidat erhebt sich aus der knienden Haltung.
11. K – Der Kandidat wird nach Norden geleitet. Ansprache des Hierophanten: »Die Stimme meines höheren Selbstes...«. Der Hierophant befiehlt die mystische Umkreisung auf dem Pfade der Dunkelheit.
12. L – Prozession. Der Kandidat wird im Süden aufgehalten. Zweite Taufe mit Feuer und Wasser. Rede des Hegemonen. Der Kandidat darf weitergehen.
13. M – Die Augenbinde wird gelüftet. Herausforderung durch den Hiereus. Rede des Hegemonen. Rede des Hiereus. Dem Kandidaten werden die Augen wieder verbunden; er wird weitergeführt.
14. N – Umkreisung. Aufenthalt im Norden. Dritte Taufe. Rede des Hegemonen und Erlaubnis für den Kandidaten, sich dem Tor des Ostens zu nähern.
15. O – Die Augenbinde wird zum zweiten Mal gelüftet. Der Hierophant fordert heraus. Der Hegemon antwortet für den Kandidaten. Rede des Hierophanten. Der Kandidat geht weiter.
16. P – Der Kandidat wird zum Altar des Westens geleitet. Der Hierophant nähert sich über den Pfad Samekh. Die Amtsträger bilden ein Dreieck. Gebet des Hierophanten.
17. Q – Der Kandidat erhebt sich. Der Hierophant spricht ihn an:

»Lange hast du in der Finsternis geweilt. Verlasse die Nacht und suche den Tag.« Die Augenbinde wird endgültig abgenommen, Szepter und Schwerter werden vereint. »Wir nehmen dich auf...«, dann die mystischen Worte.

18. R – Der Hierophant deutet auf die Lampe des Kerux. Er befiehlt, daß der Kandidat auf die Ostseite des Altares gebracht wird. Er läßt den Hiereus die Zeichen übergeben und so weiter. Der Hiereus stellt den Kandidaten zwischen die Säulen. Zeichen und Worte. Er befiehlt die vierte und letzte Weihung.
19. S – Der Hegemon entfernt das Seil und versieht den Kandidaten mit den Insignien. Der Hiereus ordnet die mystische Umkreisung auf dem Pfade des Lichts an.
20. T – Der Hierophant hält einen Vortrag über die Symbole. Proklamation durch den Kerux.
21. U – Der Hierophant befiehlt dem Hiereus, den Kandidaten anzureden.
22. V – Der Hierophant weist den Kandidaten auf die Studiengebiete hin.
23. W – Erzeugen von Blut. Rede des Kerux. Letzte Warnung durch den Hiereus.
24. X – Der Abschluß wird vollzogen.

I – Jod

Evokation

A – Der magische Kreis.

B – Der Magier trägt das große Lamen des Hierophanten und seine scharlachrote Robe. Ein Pentakel, auf dem das Sigill des Kreises und Kreuzes eingraviert ist wie auf dem Lamen des Hierophanten.

C – Die zu verwendenden Namen und Formeln.

D – Das Hauptsymbol der Evokation.

E – Der Aufbau des Kreises und die Anordnung aller verwendeten Symbole und so weiter an den ihnen angemessenen Orten, damit sie einen Golden Dawn-Tempel des Eintretenden symbolisieren; die Reinigung und Weihung des eigentlichen Platzes, des Ortes, der für die Evokation vorgesehen ist.

F – Die Invokation höherer Kräfte. Ein Pentakel aus drei konzentrischen Ringen, darin Name und Sigill in den passenden Farben, wird dreimal mit einer Kordel gebunden und in Schwarz eingewickelt, damit auf diese Weise eine blinde Kraft in Tätigkeit versetzt wird, die während der weiteren Zeremonie gerichtet und differenziert wird. Laute Ankündigung des Gegenstandes der Arbeit, Benennen des Geistes oder der Geister, die man evozieren will. Das wird gesprochen, während man mitten im Kreis steht und sich der Richtung zuwendet, aus welcher der Geist kommen wird.

G – Der Name und das Siegel[1] des Geistes, in schwarzes Tuch oder Stoff gewickelt, wird nun in den Kreis an den zum Westen gehörigen Punkt gelegt, der den Kandidaten repräsentiert. Dann findet die Weihung oder Taufe des Siegels mit Wasser und Feuer statt, und der Geist oder die Geister, die evoziert werden sollen, werden mit lauter, fester Stimme genannt.

H – Das verhüllte Siegel wird nun an den Fuß des Altares gelegt. Der Magier ruft sodann laut den Namen des Geistes, beschwört ihn zu erscheinen und stellt fest, zu welchem Zweck der Geist evoziert wird, was in der Operation gewünscht wird, warum die Evokation zu dieser Zeit durchgeführt wird, und gibt schließlich feierlich bekannt, daß der Geist durch diese Zeremonie evoziert werden soll.

I – Laute Erklärung, daß alles für den Beginn der eigentlichen Evokation fertiggestellt ist. Handelt es sich um einen guten Geist, wird das Siegel nun in das weiße Dreieck auf den Altar gelegt, der Magier legt seine linke Hand darauf, hebt mit der rechten Hand das verwendete magische Instrument hoch (gewöhnlich das Schwert) und beginnt mit der Evokation des Geistes (Namen nennen) zu sichtbarer Erscheinung. Der Magier steht während der Verpflichtung am Platz des Hierophanten, unabhängig von der jeweiligen Richtung des Geistes. Ist das Wesen des Geistes jedoch böse, dann muß das Siegel außerhalb und westlich des weißen Dreiecks plaziert werden, und der Magier soll darauf achten, daß er die Spitze des magischen Schwertes auf die Mitte des Siegels hält.

J – Der Magier stelle sich nun vor, er sei ähnlich dem anzurufenden Geist gekleidet, dabei soll er aber aufpassen, daß er sich nicht mit ihm identifiziert, denn das wäre gefährlich. Er soll nur eine Art Maske bilden, die er für diesen Zeitraum trägt. Kennt er die symbolische Gestalt des Geistes nicht, so nehme er die Gestalt eines Engels an, der dem gleichen Tätigkeitsfeld angehört. Wenn er die Gestalt angenommen hat, spreche er laut, mit fester, feierlicher Stimme, eine angemessene und kraftvolle Rede und eine Beschwörungsformel des Gei-

---

[1] Anm. des Übers.: »Siegel« wird hier benutzt, um den materiellen Gegenstand zu bezeichnen, auf den das Sigill des Geistes gezeichnet oder graviert ist.

stes, um dessen sichtbare Erscheinung herbeizuführen. Zum Abschluß der Beschwörung nehme er das versteckte Siegel in die linke Hand und klatsche dreimal mit der flachen Klinge des magischen Schwertes darauf. Dann recke er beide Arme so hoch er kann, das verhüllte Siegel in der Linken, das Schwert der Kunst in der Rechten. Gleichzeitig stampfe er mit dem rechten Fuß dreimal auf den Boden.

K – Das verhüllte und gebundene Siegel wird dann in den nördlichen Teil der Halle an den Rand des Kreises gebracht, und der Magier benutzt die Rede des Hierophanten vom Thron des Ostens mit folgender leichter Abwandlung: »Die Stimme der Beschwörung sprach zu mir: Hülle ich mich in Dunkelheit, daß ich mich auf diesem Wege ins Licht begebe...«. Dann proklamiert der Magier laut, daß die mystische Umkreisung stattfinden wird.

L – Der Magier nimmt das Siegel in seine linke Hand und umwandelt den magischen Kreis einmal, geht dann in den Süden und hält dort inne. Nachdem er das Siegel auf den Boden gelegt hat, stellt er sich zwischen dieses und den Westen und rezitiert die Rede des Kerux. Wieder weiht er es mit Wasser und Feuer. Dann nimmt er das Siegel in die Hand, schaut nach Westen und spricht: »Du zweifach geweihtes Wesen des...[1], magst du dich nun dem Tor des Westens nähern.«

M – Der Magier bewegt sich nun auf die Westseite des magischen Kreises, hält das Siegel in seiner linken Hand, das Schwert in der rechten, blickt nach Südwesten, maskiert sich astral wieder mit der Gestalt des Geistes und öffnet zum ersten Mal die Bedeckung des Siegels teilweise, ohne sie jedoch ganz zu entfernen. Er schlägt das Siegel dann einmal mit der flachen Klingenseite des Schwertes und spricht mit lauter, klarer und fester Stimme: »Nur kraft des Namens Elohim kannst du von der Verborgenheit in die Manifestation übergehen. Chaos liegt vor allen Dingen und Finsternis und die Tore des Landes der Nacht. Ich bin der, dessen Namen Dunkelheit ist. Ich bin der Große auf dem Pfade der Schatten. Der Beschwörer im Herzen der Beschwörung bin ich. Erscheinst du vor mir ohne Furcht, so magst du weitergehen.« Dann eröffnet er das Siegel.

N – Nimm das Siegel nach Norden, umkreise zunächst, halte ein, lege es auf den Boden, stelle dich zwischen dieses und den Osten, wiederhole die Rede des Kerux, weihe wieder mit Feuer und Wasser. Hebe es dann auf, blicke nach Norden und sprich: »Du dreifach geweihtes Wesen des...[1], magst du dich nun dem Tor des Ostens nähern.«

---

[1] Anm. d. Übers.: Hier wird das Element eingefügt, zu dem der Geist gehört.

O – Wiederhole den Abschnitt M im Nordosten. Der Magier geht dann in den Osten weiter, nimmt das Siegel in die linke Hand, das Schwert in die rechte. Er nimmt die Gestalt des Geistes als Maske an, schlägt das Siegel mit dem Lotusstab oder dem Schwert und spricht: »Nur kraft des Namens JHVH kannst du von der Verborgenheit in die Manifestation übergehen. Nach der Formlosigkeit und der Leere und der Dunkelheit kommt das Wissen des Lichts. Ich bin jenes Licht, das aus dem Dunkel hervorgeht. Ich bin der Beschwörer im Herzen der Beschwörung. Erscheine vor mir in sichtbarer Form, denn von mir gehen die Kräfte des Gleichgewichts aus. Du hast mich nun erkannt, so gehe weiter zum kubischen Altar des Universums!«

P – Dann verhüllt er das Siegel und geht zum Altar, wohin er es legt, wie vorher gezeigt. Dann geht er zum Osten des Altars, hält Schwert und Siegel, wie bereits erklärt. Dann führt er eine äußerst machtvolle Beschwörung und Invokation[1] des Geistes in sichtbare Gestalt durch, wobei er alle Gottes-, Engel- und magischen Namen einsetzt, die zu diesem Zweck angemessen sind, und bei der Beschwörung keines der Sigille, Siegel, Zeichen, geometrischen Figuren, Schriftzüge und ähnliches ausläßt.

Q – Der Magier erhebt nun das verdeckte Siegel zum Himmel, zieht die Umhüllung völlig weg, läßt es aber noch verschnürt, und ruft mit lauter Stimme: »Wesen des...[2], lange hast du in der Finsternis geweilt. Verlasse die Nacht und suche den Tag.« Er legt es dann auf den Altar und hält das magische Schwert erhoben darüber, mit dem Knauf direkt über der Mitte des Siegels und spricht: »Bei allen Namen, Mächten und durchgeführten Riten rufe ich dich nun in sichtbare Form.« Dann folgen die mystischen Worte.

R – Der Magier spricht: »Wie sich das im Dunkel verborgene Licht daraus manifestieren kann, so sollst du dich aus der Verborgenheit in die Manifestation begeben.« Er nimmt dann das Siegel wieder auf, stellt sich östlich vom Altar und blickt nach Westen. Dann soll er eine lange Anrufung an die Mächte und Geister anheben, die dem zu Beschwörenden direkt übergeordnet sind, *damit sie ihn dazu zwingen, sich sichtbar zu manifestieren.* Dann legt er das Siegel zwischen die Pfeiler, wobei er selbst vom Osten nach dem Westen blickt, und lenkt dann mit der Geste des Eintretenden seinen gesamten Willensstrom

---

[1] Anm. d. Übers.: Gemeint ist hier offenbar: Evokation. Invozieren soll er den Geist eben nicht, wie oben erklärt. Das gilt auch für einige weitere Stellen. Die Begriffe werden unscharf benutzt.

[2] Anm. d. Übers.: Hier wird das Element eingefügt, zu dem der Geist gehört.

auf das Sigill. Damit fährt er fort, bis er merkt, daß seine Willenskraft nachläßt. Er schützt sich dann mit dem Zeichen des Schweigens gegen den Rückstrom vom Sigill und senkt die Hände. Dann schaut er in die Richtung, aus der der Geist kommen muß; er sollte bereits erste Anzeichen seiner sichtbaren Erscheinung wahrnehmen. Ist er nicht im geringsten sichtbar, wiederholt der Magier von seinem Platz auf dem Thron des Ostens aus die Beschwörung der Oberen des Geistes. Diese Anrufung kann dreimal wiederholt werden und endet jedesmal mit der Projektion der Willenskraft in der Geste des Eintretenden und so weiter. Erscheint der Geist aber auch bei der dritten Wiederholung noch nicht, dann ist klar, daß in der Operation ein Fehler vorliegt. Dann soll der Meister der Evokationen das Siegel auf den Altar legen und wie gewöhnlich das Schwert halten. Dabei spreche er ein demütiges Gebet an die großen Götter des Himmels, ihm die nötigen Kräfte zur rechten Vollendung der Evokation zu verleihen. Dann nimmt er das Siegel zurück zwischen die Säulen und wiederholt die vorhergehenden Abläufe, wobei der Geist gewiß anfangen wird, sich zu manifestieren, jedoch in nebliger, undeutlicher Gestalt. (Wenn aber der Ausführende, was wahrscheinlich ist, eine Neigung zur Evokation hat, manifestiert sich der Geist vielleicht schon zu einem früheren Zeitpunkt in der Zeremonie. Dennoch wird die Zeremonie bis zu diesem Punkt weitergeführt, ob er da ist oder nicht.) Sobald also der Magier die sichtbare Manifestation der Anwesenheit des Geistes sieht, soll er den Platz des Hierophanten verlassen und das Siegel des evozierten Geistes wieder mit Wasser und Feuer weihen.

S – Nun entfernt der Meister der Evokationen die bindende Kordel vom Siegel und hält das befreite Siegel in seiner linken Hand. Mit der flachen Klinge schlägt er darauf und ruft aus: »Im Namen der... invoziere ich in dir die Kraft zu vollständiger Manifestation als sichtbare Erscheinung.« Er umwandelt dann dreimal den Kreis und hält dabei das Siegel in seiner rechten Hand.

T – Auf dem Platz des Hierophanten stehend, aber zur Stelle des Geistes gewandt und mit voller Aufmerksamkeit darauf, liest der Magier nun eine mächtige Invokation[1] des Geistes zu sichtbarer Erscheinung. Vorher hat er das Siegel in der Richtung im Kreis auf den Boden gelegt, aus welcher der Geist erscheint. Diese Invokation sollte einigermaßen lang sein und die zu der Arbeit passenden Gottes- und anderen Namen wiederholen und betonen. Jetzt sollte der Geist voll

---

[1] Anm. d. Übers.: Gemeint ist hier offenbar: Evokation. Invozieren soll er den Geist ja eben nicht, wie oben erklärt.

und klar wahrnehmbar und in der Lage sein, mit direkter Stimme zu sprechen, falls das seinem Wesen entspricht. Der Magier proklamiert dann laut, daß der Geist (Namen nennen) gemäß den heiligen Riten ordnungsgemäß und angemessen evoziert worden ist.

U – Dann richtet der Magier eine Anrufung an die Herren der Ebene des Geistes, daß sie diesen zwingen, das auszuführen, was der Magier von ihm verlangen wird.

V – Sorgfältig formuliert der Magier seine Forderungen, Fragen und so weiter und schreibt sich die Antworten auf, die ratsam scheinen. Dann richtet der Meister der Evokationen eine Beschwörung an den evozierten Geist und verpflichtet ihn, niemanden zu verletzen, der mit dem Magier, seinen Gehilfen oder dem Ort verbunden ist, daß er in nichts betrüge und nicht darin versage, seine Befehle auszuführen.

W – Er entläßt den Geist dann in einer angemessenen Form, wie sie in den höheren Graden des Äußeren Ordens benutzt werden. Will er nicht gehen, so zwingt der Magier ihn dazu mit Hilfe von Kräften, die der Natur des Geistes entgegengerichtet sind. Er muß dem Geist aber ein paar Minuten Zeit lassen, seinen Körper wieder zu entmaterialisieren, in welchem er sich manifestiert hatte, denn er wird nur allmählich weniger materiell. Achte gut darauf, daß der Magier – und seine eventuellen Gehilfen – während des Verlaufs der Evokation und im Anschluß daran niemals den Kreis verlassen, bis der Geist vollständig verschwunden ist. In einigen Fällen und unter manchen Umständen können die astralen Zustände und hervorgerufenen Strömungen gefährlich sein, auch ohne daß der Geist das beabsichtigt; obwohl er es sicherlich versuchen wird, wenn er von niederem Wesen ist. Der Ausführende stelle deshalb vor Beginn der Evokation sicher, daß er alles Notwendige ordnungsgemäß im Kreis zur Verfügung hat. Ist es aber dennoch unumgänglich, den Verlauf zu unterbrechen, dann halte an diesem Punkt inne, verhülle und binde das Siegel, falls es schon geöffnet und entbunden ist, rezitiere eine Entlassungs- oder Bannungs-Formel und führe das kleine bannende Pentagramm- oder Hexagrammritual durch. Auf diese Weise kann er verhältnismäßig sicher den Kreis verlassen.

Bemerkung – Bringe den Geist außerhalb des Mittagspunktes in ein weißes Dreieck, so ist er gezwungen, die Wahrheit zu sprechen.

II – Heh

Die Weihung von Talismanen

A – Der Ort, an dem die Operation durchgeführt wird.
B – Der Magier.
C – Die eingesetzten und angezogenen Naturkräfte.
D – Das Telesma oder die materielle Grundlage.

E – Bei den Telesmata die Auswahl des Stoffes, aus dem das Telesma gebildet wird; die Vorbereitung und Anordnung des Ortes. Das Zeichnen und Herstellen des telesmatischen Gegenstandes. Bei Naturphänomenen die Vorbereitung der Operation; der Aufbau des Kreises, die Auswahl der materiellen Grundlage, wie ein Stück Erde, ein Kelch mit Wasser, eine Feuerflamme, ein Pentakel oder ähnliches.

F – Die Anrufung der höchsten göttlichen Kräfte, Wickeln einer schwarzen Kordel um das Telesma oder die materielle Grundlage, Bedecken derselben mit einem schwarzen Tuch, Aufrufen der blinden Kraft darin. Lautes Nennen des Wesens des Telesmas oder der Operation.

G – Das Telesma oder die Materialgrundlage wird nun in den Westen gelegt und ordnungsgemäß mit Wasser und Feuer geweiht. Der Zweck der Arbeit und die angestrebte Wirkung werden dann mit lauter und klarer Stimme vorgetragen.

H – Der Talisman oder die materielle Grundlage wird vor den Altar gelegt. Nenne dabei laut das zu erreichende Ziel und versichere, daß es erreicht werden *wird*, und gib den Grund dafür an.

I – Laute Feststellung, daß alles vorbereitet und fertiggestellt ist, entweder für das Laden des Telesmas oder den Beginn der Operation zur Einleitung des Naturphänomens. Lege ein gutes Telesma oder eine materielle Grundlage in das weiße Kreuz auf dem Altar. Lege ein schlechtes Telesma westlich davon. Für einen guten Zweck halte das Schwert in der rechten Hand aufrecht, für einen bösen mit der Spitze in die Mitte des Dreiecks.

J – Nun folgt die Durchführung einer Invokation, um den gewünschten Geist zu dem Telesma oder der Materialgrundlage anzuziehen. Dabei werden über demselben die geometrischen Figuren, Sigille und so weiter mit dem passenden Instrument in die Luft beschrieben. Nimm dann das Telesma in die linke Hand, und schlage mit der flachen Klingenseite des magischen Schwertes dreimal darauf. Erhebe es dann mit der Linken, wobei du das Schwert mit der Rechten hochhältst und dreimal mit dem rechten Fuß aufstampfst.

K – Der Talisman oder die Materialgrundlage wird zum Norden hin gelegt, und der Ausführende trägt die Rede des Hierophanten an den Kandidaten vor: »Die Stimme der Beschwörung sprach zu mir: Hülle mich in Dunkelheit, daß ich mich auf diesem Wege ins Licht begebe. Ich bin das einzige Wesen in einem Abgrund der Finsternis. Vor meiner Geburt trat ich hervor aus der Dunkelheit, aus der Stille des ursprünglichen Schlafes. Und die Stimme der Äonen antwortete meiner Seele, Geschöpf der Talismane, das Licht scheint in die Dunkelheit, aber die Dunkelheit hat es nicht angenommen. Laßt die mystische Umkreisung auf dem Pfade der Finsternis stattfinden, auf dem das symbolische Licht des okkulten Wissens den Weg weist.«

L – Indem du das Licht in die rechte Hand nimmst (nicht das vom Altar), führst du die Umkreisung durch. Nimm nun das Telesma oder die Materialgrundlage und trage es um den Kreis herum, lege es gen Süden auf den Boden, binde es, reinige es erneut mit Wasser und Feuer, erhebe es mit der linken Hand, wende dich nach Westen, und sprich: »Zweifach gesegnetes Wesen des Talismans, magst du dich nun dem Tor des Westens nähern.«

M – Mit dem Telesma in der linken Hand geht er nun in den Westen, blickt nach Südosten, enthüllt das Telesma teilweise, schlägt mit der flachen Klinge einmal darauf und ruft aus: »Nur kraft des Namens Elohim kannst du aus der Verborgenheit in die Manifestation übergehen. Chaos liegt vor allen Dingen und Finsternis und die Tore des Landes der Nacht. Ich bin der, dessen Name Dunkelheit ist. Ich bin der Große auf dem Pfade der Schatten. Der Beschwörer im Herzen der Beschwörung bin ich. Manifestiere dich darum ohne Furcht vor mir, denn ich bin der, den du nicht zu fürchten hast. Du kennst mich nun, so gehe weiter.« Nachdem dies getan ist, legt er das Siegel wieder fort.

N – Trage das Telesma im Kreis herum, lege es gen Norden auf den Boden, binde es, reinige es erneut mit Wasser und Feuer, und sprich: »Dreifach geweihtes Wesen des Talismans, mögest du dich nun dem Tor des Ostens nähern.« (Halte den Talisman hoch.)

O – Halte das Telesma in der linken Hand, den Lotusstab in der rechten und nimm die Haltung des Hierophanten an. Enthülle den Talisman teilweise, schlage mit dem flachen Schwert darauf und sprich: »Nur kraft des Namens JHVH kannst du von der Verborgenheit in die Manifestation übergehen. Nach der Formlosigkeit und der Leere und der Dunkelheit kommt das Wissen des Lichts. Ich bin jenes Licht, das aus dem Dunkel hervorgeht. Ich bin der Beschwörer im Herzen der Beschwörung. Erscheine vor mir in sichtbarer Form, denn von mir gehen die Kräfte des Gleichgewichts aus. Du hast mich nun erkannt, so gehe weiter zum kubischen Altar des Universums.«

P – Er verdeckt dann den Talisman oder die Materialgrundlage, geht weiter zum Altar und legt ihn darauf, wie zuvor gezeigt. Danach geht er in den Osten des Altars, hält den Talisman in seiner linken und das Schwert darüber erhoben in der rechten Hand. Dann trägt er eine sehr mächtige Beschwörung und Invokation jenes Geistes vor, um dieses Telesma oder die materielle Grundlage unwiderstehlich zu machen oder dieses Naturphänomen des... sich manifestieren zu lassen. Dabei werden alle Gottes-, Engel- und magischen Namen benutzt und wiederholt, die zu diesem Zweck passen, und keines der Zeichen, Sigille, Siegel, geometrischen Figuren, Schriftzüge und ähnliches wird bei der Beschwörung ausgelassen.

Q – Der Magier erhebt nun das verdeckte Telesma oder die materielle Grundlage zum Himmel, zieht die Hülle dann völlig fort, läßt es aber noch gebunden und ruft mit lauter Stimme: »Geschöpf der Talismane (oder der Materialgrundlage[1]), lange hast du in der Dunkelheit geweilt. Verlasse die Nacht und suche den Tag.« Er legt es dann auf den Altar, hält das magische Schwert aufrecht darüber, den Knauf direkt über die Mitte und spricht: »Bei allen angerufenen Namen, Mächten und Riten beschwöre ich unwiderstehliche Macht und Kraft auf dich.« Sprich dann die mystischen Worte aus.

R – Der Magier spricht: »Wie das im Dunkeln verborgene Licht in Erscheinung treten kann, so wird deine Kraft unwiderstehlich werden.« Er nimmt das Telesma auf oder die Materialgrundlage, stellt sich östlich vom Altar auf und blickt nach Westen. Dann soll er eine lange Anrufung an die Mächte und Geister anheben, die dem zu Beschwörenden direkt übergeordnet sind, um den Talisman mächtig werden zu lassen. Dann legt er den Talisman oder die materielle Basis zwischen die Säulen, wobei er selbst vom Osten nach dem Westen blickt, und lenkt dann in der Geste des Eintretenden seinen vollen Willensstrom auf den Talisman. Er schützt sich dann mit dem Zeichen des Schweigens gegen den Rückstrom vom Sigill und senkt die Hände. Nun schaut er auf den Talisman, und ein blitzendes Licht oder Schein sollte darauf zu sehen sein, welches auf dem Talisman oder der Materialgrundlage spielt oder flackert. Bei Naturerscheinungen sollte

---

[1] Anm. d. Übers.: Hier ist dann das betreffende Element oder der Gegenstand namentlich einzusetzen. Das gilt auch für alle anderen Stellen, an denen die materielle Grundlage (›material basis‹) für die Beschwörung eines Naturphänomens oder einer anderen Zielsetzung im Text auftaucht.

auf einen schwachen Beginn des Phänomens gewartet werden. Tritt dieses nicht auf, so wiederholt der Magier von seinem Platz auf dem Thron des Ostens aus die Anrufung der Oberen. Diese Anrufung kann dreimal wiederholt werden und endet jedesmal mit der Projektion der Willenskraft in der Geste des Eintretenden und so weiter. Wenn aber beim dritten Mal der Talisman oder die Materialgrundlage nicht blitzt, dann ist klar, daß in der Operation ein Fehler vorliegt. Dann soll der Meister der Evokationen den Talisman oder die materielle Basis auf den Altar legen und das Schwert wie gewöhnlich halten. Dabei möge er ein demütiges Gebet an die großen Götter des Himmels richten, ihm die nötigen Kräfte zur rechten Vollendung der Arbeit zu verleihen. Dann nimmt er den Talisman zwischen die Säulen zurück und wiederholt den vorigen Vorgang, woraufhin mit Sicherheit das Licht aufblitzen wird. Sobald der Magier dann das Licht sieht, verläßt er den Platz des Hierophanten und weiht erneut mit Wasser und mit Feuer.

S – Nachdem er dies getan hat, entfernt er die Kordel völlig vom Talisman oder der Materialbasis, schlägt mit dem Schwert darauf und ruft aus: »Im Namen des... invoziere ich in dich die Kraft von...« Dann umwandelt er dreimal und hält dabei den Talisman oder die materielle Grundlage in der rechten Hand.

T – Auf dem Platz des Hierophanten stehend und den Blick fest auf den Talisman oder die Materialbasis gerichtet, welcher im Kreis auf dem Boden liegt, liest der Magier nun eine mächtige, lange Invokation, wobei er die Gottes- und andere zur Operation gehörigen Namen ausspricht und wiederholt. Der Talisman sollte nun deutlich sichtbar blitzen, das Naturphänomen sollte endgültig begonnen haben. Dann proklamiere der Magier laut, daß der Talisman ordnungsgemäß und angemessen geladen oder das Naturphänomen eingeleitet wurde.

U – Der Magier richtet dann eine Anrufung an die Herren der Ebene des Geistes, damit sie diesen zwingen, das auszuführen, was der Magier von ihm verlangen wird.

V – Der Magier formuliert dann sorgfältig seine Forderungen und stellt deutlich fest, was er mit dem Talisman beabsichtigt oder welches Naturphänomen er hervorrufen will.

W – Der Evokationsmeister richtet nun eine Beschwörung an den Geist und verpflichtet ihn, niemandem zu schaden, der mit dem Magier, seinen Gehilfen oder dem Ort verbunden ist. Dann entläßt er den Geist im Namen von Jehovashah und Jeheshuah, wickelt aber zuvor den Talisman ein. Um diesen nicht zu entladen, wird kein

Bannungsritual durchgeführt. Im Falle von Naturerscheinungen ist es gewöhnlich das Beste, ihre Dauer festzulegen. Die Materialgrundlage wird, in weißes Leinen oder Seide eingewickelt, die ganze Zeit über aufgehoben, die das Phänomen andauern soll. Wenn der Zeitpunkt für dessen Beendigung gekommen ist, wird die materielle Grundlage – wenn es sich um Wasser handelt, fortgeschüttet; bei Ende zu Pulver gemahlen und verstreut; ist es eine harte Substanz wie Metall, muß es entladen, gebannt und fortgeworfen werden; eine Flamme für Feuer wird ausgelöscht; ein Fläschchen voll Luft wird geöffnet und gründlich mit reinem Wasser ausgespült.

III – Shin

Aleph – Unsichtbarkeit

A – Der Schleier der Verborgenheit.
B – Der Magier.
C – Die Wächter des Verbergens.
D – Das Astrallicht wird zum Schleier geformt.
E – Das Gleichgewicht der Symbole in der Gefühlssphäre.
F – Die Invokation des Höheren; eine Barriere außerhalb der Astralform legen; diese durch eine passende Invokation in Dunkel hüllen.
G – Die Idee, unsichtbar zu werden, klar formulieren. Den genauen Abstand festlegen, in welchem der Schleier den physischen Körper umgeben soll. Die Weihung mit Wasser und Feuer, so daß der Dampf beginnt, eine Grundlage für den Schleier zu bilden.
H – Anfangen, einen gedanklichen Schleier um den Ausführenden zu bilden. Laute Bekräftigung des Grundes und Gegenstandes der Arbeit.
I – Ankündigung, daß alles für den Beginn der Operation fertig ist. Der Magier steht in dieser Phase auf dem Platz des Hierophanten, legt seine Hand in die Mitte des weißen Dreiecks und hält in der Rechten den Lotusstab an dessen schwarzem Ende, bereit, den Schleier des Dunkels und Geheimnisses um sich zu sammeln. Bei dieser Operation, wie auch bei den beiden anderen, die Shin unterstehen, kann man ein zum Gegenstand passendes Pentakel oder Telesma benutzen, das behandelt wird, wie es für Telesmata gezeigt wurde.
J – Der Ausführende rezitiert nun eine Beschwörung des Schleiers der Dunkelheit, ihn zu umgeben und unsichtbar zu machen. Den Stab

am schwarzen Ende haltend, dreht er sich dreimal vollständig herum und zieht um sich einen dreifachen Kreis, wobei er sagt: »Im Namen des Herrn des Universums und so weiter beschwöre ich dich, Schleier der Dunkelheit und des Geheimnisses, mich einzuhüllen, so daß ich unsichtbar werde. Menschen, die mich sehen, sehen mich nicht und verstehen es nicht; doch sollen sie etwas sehen, was sie nicht sehen, und nicht verstehen, was sie sehen! So sei es.«

K – Bewege dich nun nach Norden, blicke nach Osten und sprich: »Ich habe meinen Fuß in den Norden gesetzt und habe gesagt, daß ich mich in Geheimnis und Verborgenheit hüllen werde.« Wiederhole dann die Rede: »Die Stimme meiner höheren Seele...«, und befiehl die mystische Umkreisung.

L – Gehe wie gewöhnlich im Kreis nach Süden, halte dort inne, und hülle dich selbst in einen Schleier der Dunkelheit. Zu deiner Rechten ist die Säule des Feuers, zur Linken die Wolkensäule, du aber greifst aus der Dunkelheit nach der Herrlichkeit der Himmel.

M – Bewege dich nun von den Säulen, die du gebildest hast, nach Westen, blicke nach Westen und sprich: »Unsichtbar kann ich das Tor der Unsichtbarkeit nur kraft des Namens ›Dunkelheit‹ durchschreiten.« Bilde dann mit Nachdruck den Schleier der Dunkelheit um dich herum und sprich: »Mein Name ist Dunkelheit und Verborgenheit. Ich bin der Große Unsichtbare vom Pfade der Schatten. Ich bin furchtlos, obwohl in Dunkel gehüllt, denn in mir, obwohl unsichtbar, wohnt die Magie des Lichts.«

N – Wiederhole L.

O – Wiederhole M, aber sage: »Ich bin das in Dunkel gehüllte Licht. Von mir gehen die Kräfte des Gleichgewichts aus.«

P – Sammle geistig den Schleier der Dunkelheit um dich, gehe auf die Westseite des Altars an den Platz des Neophyten, blicke nach Osten, bleibe stehen und beginne unter den passenden Namen eine Beschwörung des Schleiers der Unsichtbarkeit um dich herum.

Q – Sprich nun den Schleier der Dunkelheit folgendermaßen an: »Schleier des Verbergens, lange hast du im Verborgenen geweilt. Verlasse das Licht, damit du mich vor den Menschen verbergen kannst.« Bilde dann sorgfältig den Schleier der Verborgenheit um dich herum und sprich: »Ich nehme dich als Hülle und als Schutz an.« Dann folgen die mystischen Worte.

R – Bilde weiter den Schleier und sprich: »Vor allen magischen Manifestationen kommt das Wissen um das verborgene Licht.« Gehe dann zu den Säulen und gib die Zeichen, Schritte, Worte und so weiter. Projiziere dann mit dem Zeichen des Eintretenden deinen gesamten Willen mit einer einzigen starken Anstrengung, um dein Verschwinden zu verwirklichen und für sterbliche Augen unsichtbar zu werden. Während du dies durchführst, muß bereits als Wirkung zu bemerken sein, daß dein physischer Körper für deine sterblichen Augen allmählich und teilweise unsichtbar wird, als bilde sich zwischen ihm und dir ein Schleier (und achte sehr darauf, an diesem Punkt nicht die Kontrolle über dich selbst zu verlieren). An diesem Punkt tritt aber auch eine göttliche Ekstase auf und eine erwünschte Begeisterung, denn es liegt darin die Erfahrung ausgeweiteter Kraft.

S – Baue von neuem den Schleier auf, der dich verbirgt und einhüllt, und umwandle, in diesen gekleidet, den Kreis dreimal.

T – Bilde den Schleier nachdrücklich, stehe im Osten und rufe aus: »So habe ich um mich selbst einen Schleier der Dunkelheit und des Geheimnisses gewoben, der verbirgt und schützt.«

U – Nenne nun in einer Invokation alle Gottesnamen von Binah, damit der Schleier der Dunkelheit unter deiner rechten Kontrolle und Führung bleibt.

V – Erkläre dem Schleier gegenüber deutlich, was du damit zu erreichen wünschst.

W – Nachdem du den erwünschten Effekt erreicht hast und unsichtbar umhergegangen bist, ist es erforderlich, die Kräfte des Lichts anzurufen, dem Schleier der Dunkelheit und des Geheimnisses entgegenzuwirken, um ihn aufzulösen, damit keine Kraft versucht, ihn als ein Mittel zur Besessenheit zu benutzen und so weiter. Führe deshalb eine Beschwörung durch, wie erklärt, öffne dann den Schleier und tritt aus seiner Mitte heraus. Löse den Schleier dann auf, indem du eine Beschwörung der Kräfte von Binah benutzt, die Teilchen desselben aufzulösen und zu zerstreuen. Stelle aber sicher, daß sie stets bereit bleiben, sich auf deinen Befehl hin wieder zu sammeln. Auf keinen Fall aber darf dieser Schleier schrecklichen Geheimnisses ohne eine solche Auflösung übrig bleiben; denn wisse, daß er sehr schnell einen Eindringling anziehen würde, der zu einem fürchterlichen Vampir an demjenigen würde, der ihn ins Leben gerufen hat. Nach mehreren Durchführungen dieser Operation kann die Sache fast »per motem«[1] durchgeführt werden.

---

[1] Anm. d. Übers.: Lateinisch: in Bewegung, das heißt hier: auf die Schnelle.

Mem

Gestaltungswandlungen

A – Die Astralform.
B – Der Magier.
C – Die zur Wandlung der Gestalt benutzten Kräfte.
D – Die Gestalt, die angenommen werden soll.
E – Das Gleichgewicht der Symbolik in der Gefühlssphäre.
F – Invokation des Höheren. Die Festlegung der Form, die als Maßgabe für die blinden Kräfte notwendig ist, sowie das Erwecken derselben durch ihren rechten Aufbau.
G – Die beabsichtigte Gestalt wird im Geist klar formuliert. Die Begrenzung und Festlegung derselben als deutliche Gestalt und die eigentliche Taufe durch Wasser und Feuer auf den Ordensnamen des Adepten.
H – Die eigentliche, laute Invokation der Gestalt, die du vor dir aufzubauen wünschst, die Erklärung der Absicht des Ausführenden und der Gründe dafür.
I – Laute Ankündigung, daß nun alles fertig ist für die Operation zur Wandlung des Astralkörpers. Der Magier bringt die Gestalt, so nah es die Umstände zulassen, zur Position des Eintretenden, er selbst nimmt den Platz des Hierophanten ein, hält dabei seinen Stab am schwarzen Ende und ist bereit, die Rede laut zu beginnen.
J – Nun trage er eine mächtige Beschwörung der Gestalt vor, in welche er sich umwandeln will, wobei er die Namen benutzt, die zu der Ebene, dem Planeten oder einem anderen Eidolon gehören, das mit der gewünschten Form am ehesten harmoniert. Indem er den Stab am schwarzen Ende hält und die Blüte über den Kopf der Gestalt richtet, sage er: »Im Namen des Herrn des Universums, erstehe vor mir, Form des..., in welche ich mich zu verwandeln gedenke, so daß also die Menschen, wenn sie mich sehen, ein Ding sehen, das sie nicht sehen, und das nicht verstehen, was sie sehen.«
K – Der Magier spricht: »Gehe weiter in den Norden, in Dunkelheit gehüllt, Form des..., in welche ich mich zu verwandeln gedenke.« Dann wiederhole er die gewöhnliche Rede vom Thron des Ostens. Befiehl dann die mystische Umkreisung.
L – Bringe die Gestalt nun herum nach Süden, halte sie dort fest und laß sie deutlicher werden, zwischen den beiden großen Säulen von Feuer und Wolken stehend. Reinige sie mit Wasser und Feuer, indem du diese Elemente auf beide Seiten der Gestalt bringst.

M – Gehe nach Westen, blicke nach Südosten, baue die Gestalt dort vor dir auf, und versuche, sie dieses Mal physisch sichtbar werden zu lassen. Wiederhole die Reden des Hiereus und des Hegemon.

N – Wiederhole L.

O – Wiederhole M.

P – Gehe weiter in den Osten des Altares, festige die Gestalt so nahe wie möglich am Platz des Neophyten. Sprich nun eine feierliche Invokation und Beschwörung mit den Gottesnamen und so weiter, die angemessen ist, die Form für deine Verwandlung in dieselbe vorzubereiten.

Q – Bleibe östlich vom Altar, sprich die Gestalt an: »Kind der Erde...«, versuche sie dann physisch zu sehen. Bei den Worten »Wir nehmen dich auf...« zieht er die Gestalt an sich, so daß sie ihn einhüllt, wobei er darauf achtet, gleichzeitig das göttliche Licht durch das Aussprechen der mystischen Worte zu invozieren.

R – Während der Magier immer noch die Gestalt beibehält, sagt er: »Allen magischen Manifestationen geht das Wissen um das göttliche Licht voraus.« Er bewegt sich dann zu den Säulen, gibt die Zeichen und so weiter und bemüht sich mit seiner gesamten Willenskraft, sich selbst tatsächlich und körperlich in der gewünschten Gestalt zu fühlen. An diesem Punkt muß er auf gleichsam umwölkte, neblige Art den Umriß der ihn einhüllenden Form sehen, obschon diese noch nicht vollständig sichtbar ist. Tritt das ein, aber nicht vorher, erkläre er sich als zwischen der riesigen Feuer- und der Wolkensäule stehend.

S – Er bemüht sich nun wieder, die Gestalt aufzubauen, als hülle sie ihn sichtbar ein; astral weiterhin die Form beibehaltend, umkreist er dreimal den Ort der Arbeit.

T – Im Osten stehend, erkläre er die Gestalt für vollständig, die nun manifest erscheinen sollte, ihn einhüllend, sogar ihm selbst sichtbar. Dann verkünde er laut: »So habe ich an mir selbst diese Wandlung vorgenommen.«

U – Nun invoziere er alle höheren Namen und so weiter der zu der Gestalt gehörigen Ebene, daß er sie unter seiner rechten Kontrolle und Leitung behalte.

V – Er stellt der Gestalt gegenüber deutlich dar, was er mit ihr zu tun beabsichtigt.

W – Ähnlich dem vorigen Abschnitt W über Unsichtbarkeit, nur daß die Beschwörungen und so weiter an die entsprechende Ebene zu richten sind statt an Binah.

Shin

Spirituelle Entwicklung

A – Die Gefühlssphäre.
B – Der Augoeides.
C – Die Anwendung der Sephiroth und so weiter.
D – Der Anwärter oder natürliche Mensch.
E – Das Gleichgewicht der Symbole.
F – Die Invokation des Höheren. Begrenzen und Kontrollieren des Niederen und das Schließen der materiellen Sinne, um das Spirituelle zu erwecken.
G – Der Versuch, den natürlichen Menschen nach dem Höheren greifen zu lassen, indem zunächst das Ausmaß begrenzt wird, in welchem sein reiner Intellekt ihm dabei helfen kann; dann Reinigung seiner Gedanken und Bedürfnisse. Dabei erkläre er sich als zwischen der Feuer- und Wolkensäule stehend.
H – Das Streben des gesamten natürlichen Menschen nach dem höheren Selbst und ein Gebet für Licht und Führung durch das höhere Selbst, gerichtet an den Herrn des Universums.
I – Der Anwärter bekräftigt laut sein ernsthaftes Gebet um göttliche Führung und kniet westlich vom Altar in der Position des Kandidaten bei der Eintrittszeremonie. Gleichzeitig projiziert er sein Bewußtsein in den Osten und wendet sich, seinen eigenen Körper anblickend, nach Westen, wobei er astral seine physische linke Hand mit seiner linken Astralhand hält. Er erhebt seine rechte Astralhand und hält das Abbild des Lotusstabes an dessen weißem Ende in die Luft gestreckt.
J – Der Anwärter rezitiere nun langsam ein Gebet an die Götter und an das höhere Selbst (wie das des zweiten Adepten beim Eintreten in das Gewölbe), aber so, als täte er dies mit seinem Astralbewußtsein, welches auf die Ostseite des Altars projiziert ist. Wenn der Anwärter an diesem Punkt die Empfindung eines beginnenden Schwächegefühls hat, dann ziehe er sein projiziertes Astral sofort zurück und gewinne zunächst die Selbstbeherrschung wieder, bevor er fortfährt. Nun konzentriere der Anwärter seine gesamte Intelligenz in seinem Körper, lege die Schwertklinge dreimal auf den Punkt Daath in seinem Nacken und spreche mit der Kraft seines ganzen Willens die Worte: »So wahr mir der Herr des Universums helfe und meine eigene höhere Seele.« Dann stehe er auf, blicke nach Osten und stehe einige Momente lang schweigend, seine linke geöffnete Hand und die

rechte mit dem magischen Schwert voll über den Kopf ausgestreckt, seinen Kopf zurückgeworfen und mit den Augen nach oben blickend. So dastehend, strebe er mit seinem ganzen Willen nach seinen höchsten und besten göttlichen Idealen.

K – Dann gehe der Anwärter in den Norden, blicke nach Osten und halte feierlich die Rede des Hierophanten, wobei er wie zuvor versucht, sein sprechendes bewußtes Selbst zum Platz des Hierophanten zu projizieren (in diesem Fall auf den Thron des Ostens). Dann baue er im Geiste langsam das Eidolon des großen fackeltragenden Engels auf, der vor ihm steht, als würde er den Weg erleuchten und ihn darauf leiten.

L – Diesem folgend, umwandle der Anwärter und gehe nach Süden. Dort halte er an und strebe mit seinem gesamten Willen danach, zunächst die Seite der Gnade und dann die Seite der Strenge seines göttlichen Ideals zu erreichen. Dann imaginiere er sich selbst als zwischen den großen Säulen des Feuers und der Wolken stehend, deren Sockel in ständig ziehenden Wolken der Dunkelheit begraben sind, welche das Chaos in der Welt Assiah symbolisieren, deren Gipfel sich aber in herrlichem, unsterblichem Licht verlieren und bis in den weißen Glanz am Throne des Alten der Tage vordringen.

M – Nun bewegt sich der Anwärter weiter nach Westen, blickt nach Südosten und wiederholt die Reden des Hiereus und des Hegemonen.

N – Nach einer weiteren Umkreisung hält der Adeptenanwärter im Süden an und wiederholt die Meditation von L.

O – Derart geht er nun weiter nach Osten und wiederholt dort in gleicher Weise die Worte des Hierophanten und des Hegemonen.

P – Auf diese Weise gehe er weiter bis zur Westseite des Altars, immer geführt von dem fackeltragenden Engel. Und er projiziert sein Astral und pflanzt sein Bewußtsein in dieses ein, und sein Körper kniet während der gesamten Zeit, die seine Seele zwischen den Säulen verbringt, und er betet das große Gebet des Hierophanten.

Q – Nun kehrt die Seele des Anwärters in seine grobe Gestalt zurück, und in göttlicher Ekstase träumt er von der unaussprechlichen Herrlichkeit, welche jenseits im Unerschaffenen ist. Auf diese Weise meditierend, steht er auf und erhebt seine Hände, seine Augen und seine Hoffnungen zum Himmel. Er konzentriert seinen Willen auf die Herrlichkeit und murmelt leise die mystischen Worte der Macht.

R – An dieser Stelle wiederholt er dann die Worte des Hierophanten über die Lampe des Kerux, und er geht von der Ostseite des Altars zwischen die beiden Pfeiler. Zwischen diesen stehend oder sie errichtend, falls sie ihm nicht dort zu sein scheinen, erhebt er sein Herz zu seinem höchsten Glauben und meditiert so über die höchste Gottheit, die er sich vorstellen kann. Dann taste er mit seinen Händen in der Dunkelheit seines Unwissens herum, und mit der Gebärde des Eintretenden invoziere er die Kraft, daß sie die Dunkelheit von seiner geistigen Vision entferne. Derart versuche er, vor sich auf dem Thron des Ostens ein gewisses Licht oder einen feinen Glanz zu schauen, der sich selbst zu einer Gestalt formt. Diese ist aber nur in der geistigen Vision zu sehen. Infolge der spirituellen Erhebung des Adepten aber kann es manchmal scheinen, als nehme er sie mit seinen sterblichen Augen wahr. Dann ziehe er sich eine Weile aus der Kontemplation zurück und bilde ein weiteres Mal die Säulen des himmlischen Tempels, um sein Gleichgewicht zu finden.

S – Wieder strebe er danach, die entsprechende Herrlichkeit zu sehen, und wenn das erreicht ist, umkreist er dreimal und grüßt ehrfürchtig mit der Geste des Eintretenden den Ort der Herrlichkeit.

T – Nun stelle sich der Anwärter diesem Ort des Nichts gegenüber auf und verharre in tiefer Meditation und Kontemplation darüber. Gleichzeitig imaginiert er sich als davon eingehüllt und versucht, sich selbst mit dieser Herrlichkeit zu identifizieren. Derart weite er sich selbst aus, ähnlich dem Eidolon eines gewaltigen Wesens, und versuche, sich klar zu machen, daß dies das einzige wahre Selbst ist und daß der natürliche Mensch gleichsam dessen Grundlage und Thron bildet. Dies geschehe mit der angemessenen und geziemenden Ehrfurcht und Achtung. Deshalb rufe er gleichzeitig laut aus: »Darum wurde mir schließlich gestattet anzufangen, ein Verständnis der Gestalt meines höheren Selbst zu gewinnen.«

U – Nun richte der Anwärter eine flehentliche Bitte an diesen Augoeides, ihm verständlich zu machen, was für seine Anleitung und seine Einsicht nötig sein mag.

V – Er zieht ihn in allen Angelegenheiten zu Rate, in denen er eine besondere Führung aus dem Jenseits gesucht hat.

W – Schließlich bemühe sich der Anwärter darum, eine Verbindung zwischen dieser Herrlichkeit und seinem Selbst aufzubauen. Angesichts derselben wiederhole er seine Verpflichtung auf die Reinheit des Geistes, wobei er jede Tendenz zum Fanatismus oder zur geistigen Überheblichkeit vermeiden soll. Der Adept denke daran, daß der hier geschilderte Vorgang auf keinen Fall angewendet werden darf, um zu versuchen, mit der höheren Seele eines anderen in Kontakt zu treten, denn sonst wird er auf jeden Fall in Irrtum, Halluzinationen oder sogar Wahnsinn geführt werden.

IV – Vau

Divination

A – Die Art der Divination.

B – Der Wahrsager.

C – Die bei der Divination wirksamen Kräfte.

D – Der Gegenstand des Wahrsagens.

E – Die Vorbereitung aller notwendigen Dinge und das rechte Verständnis des Prozesses, um eine Verbindung zwischen dem verwendeten Vorgang und dem Makrokosmos herzustellen.

F – Die Invokation des Höheren; die Anordnung des Wahrsageschemas und die Initiation der dazugehörigen Kräfte.

G – Der erste Zugang zur Angelegenheit. Das erste Feststellen der Grenzen und Entsprechungen: der Beginn der Arbeit.

H – Die eigentliche und sorgfältige Formulierung der betreffenden Frage; alle ihre Entsprechungen und ihre Klassifikationen werden in Erwägung gezogen.

I – Laute Ankündigung, daß alle verwendeten Korrespondenzen (Entsprechungen) richtig und vollständig sind; der Wahrsager legt seine Hand auf das Instrument der Divination; östlich vom Altar stehend, bereitet er sich vor, die in der Divination erforderlichen Kräfte zu invozieren.

J – Feierliche Anrufung aller notwendigen geistigen Kräfte, um den Wahrsager bei der Divination zu unterstützen. Dann soll er sagen: »Deutlich wie in einem Spiegel steige du vor mir auf, oh magische Vision, die für das Gelingen dieses Wahrsagens notwendig ist.«

K – Definiere die Begriffe der Frage genau und lege dabei schriftlich deutlich nieder, was bereits bekannt ist, was vermutet oder angenommen wird und was man erfahren möchte. Achte darauf, daß du zu Beginn deiner Urteilsbildung denjenigen Teil verifizierst, der bereits bekannt ist.

L – Als nächstes soll der Wahrsager deutlich in zwei Gruppen oder unter zwei Überschriften a) die Argumente für und b) die Argumente gegen den Erfolg dieses einen Divinationsgegenstandes aufführen, so daß er in der Lage ist, einen vorläufigen Schluß nach einer Seite hin zu ziehen.

M – Erstes Formulieren eines abschließenden Urteils aus den bereits erhaltenen Voraussetzungen.

N – Wiederhole L.

O – Das Bilden einer zweiten Beurteilung, dieses Mal über die

Die Rituale des Äußeren Ordens

weitere Entwicklung, die sich aus dem ergibt, was im bisherigen Verlauf der Urteilsbildung angezweifelt wurde und eine Voraussetzung für diese Operation war.

P – Der Vergleich des ersten, vorläufigen Urteils mit einer zweiten, sich daraus ergebenden Beurteilung befähigt den Wahrsager, sich eine Vorstellung von der vermutlichen Tätigkeit von Kräften hinter der offensichtlichen Ebene zu bilden, indem er eine Engelsgestalt invoziert, die mit diesem Vorgang im Einklang ist. Achte in einer solchen Sache darauf, dein Urteil nicht durch das Eingreifen deiner eigenen vorgefaßten Ideen irrezuführen, sondern verlasse dich nach den entsprechenden Prüfungen nur auf das, was dir von der Engelsgestalt gezeigt wird. Wisse, daß der Hinweis nicht zuverlässig sein wird, wenn diese Gestalt nicht die Natur eines Engels hat; denn wenn es sich um ein Elementarwesen handelt, dann ist es aus einer niedereren Ebene als der gewünschten.

Q – Der Wahrsager formuliert nun vollständig sein Urteil, sowohl was die unmittelbare Zukunft betrifft als auch die Entwicklung derselben, indem er das Wissen und die Hinweise in Erwägung zieht, die ihm von der Engelsgestalt gegeben wurden.

R – Hat der Wahrsager die Ergebnisse vorliegen, leite er einen weiteren Divinationsprozeß ein, der auf den erreichten Schlüssen gründet, um damit die Grundlage für die weitere Arbeit zu bilden.

S – Für eine neue Beurteilung sammelt er nun wieder die Argumente für und gegen die Sache und leitet seinen Schluß von einer erneuten Operation her.

T – Dann vergleicht der Wahrsagende sorgfältig die ganze Beurteilung und die Entscheidungen, zu denen er gekommen ist, mit den Schlüssen daraus und erläßt infolgedessen eine knappe und folgerichtige Beurteilung.

U – Der Wahrsagende gibt nun dem Klienten Ratschläge in bezug auf den Nutzen, den er aus der Beurteilung ziehen soll.

V – Der Wahrsagende formuliert deutlich, mit welchen Kräften gearbeitet werden muß, um dem Bösen zu begegnen oder das Gute zu erhalten, das in der Wahrsagung in Aussicht gestellt worden ist.

W – Denke schließlich daran, daß eine Wahrsagung für dich eine heilige Arbeit der göttlichen Lichtmagie darstellen soll und nicht durchgeführt werden darf, um deine Neugier in bezug auf die Geheimnisse anderer zu befriedigen. Wenn du aber auf diese Weise in den Besitz von Geheimnissen eines anderen kommen solltest, dann achte sie und verrate sie nicht.

V – Heh (schließendes)

Alchemie

A – Der Cucurbit oder Alembic[1].
B – Der Alchimist.
C – Die verwendeten Vorgänge und Kräfte.
D – Die zu transmutierende Materie.
E – Die Auswahl der zu transmutierenden Materie und die Herstellung, Reinigung und Anordnung aller benötigten Gefäße, Materialien und so weiter für die Arbeit an dem Prozeß.
F – Allgemeine Invokation der höheren Kräfte für die Operation. Die Materie wird in den Cucurbit oder das philosophische Ei gelegt, und die blinden Kräfte werden angerufen, in Dunkelheit und Schweigen darauf einzuwirken.
G – Der Beginn des eigentlichen Vorgangs. Die Regulierung und Begrenzung des erforderlichen Grades an Hitze und Feuchtigkeit, welche in der Arbeit eingesetzt werden soll. Erste Evokation, gefolgt von der ersten Destillation.
H – Das nach der Destillation verbleibende Residuum wird aus dem Cucurbit oder Alembic herausgenommen und im Mörser zu einem Pulver zerrieben. Dieses Pulver wird dann wiederum in den Cucurbit gegeben. Die bereits destillierte Flüssigkeit wird wieder darüber gegossen. Der Cucurbit oder das philosophische Ei muß geschlossen werden.
I – Der Cucurbit wird hermetisch versiegelt, und der Alchimist verkündet laut, daß alles für die Invokation der notwendigen Kräfte bereit ist, um die Arbeit durchzuführen. Die Materie wird dann auf den Altar gelegt, auf dem sich die Elemente und die vier Waffen befinden, und zwar auf das weiße Dreieck und auf eine blitzende Tafel allgemeiner Art, die sich mit der für die Arbeit ausgewählten Materie im Einklang befindet. Der Alchimist steht auf dem Platz des Hierophanten östlich vom Altar, legt seine linke Hand auf die Spitze des Cucurbits und erhebt die rechte Hand, in welcher er den Lotusstab am Streifen des Widders hält (im Widder liegt der Beginn des Lebens im Jahr). Er ist bereit, die allgemeine Invokation der Kräfte des göttlichen Lichts zu beginnen, um die Arbeit durchzuführen.

---

[1] Anm. d. Übers.: Cucurbit (von der lateinischen Bezeichnung für Kürbis) ist ein großer, runder Kolben zum Erhitzen von Flüssigkeiten. Der Alembic ist ein darauf aufgesetzter Destillierkolben.

J – Die Invokation der allgemeinen erforderlichen Kräfte wird laut ausgesprochen und entspricht der Gruppe der alchimistischen Arbeiten, die durchgeführt werden sollen. Die Beschwörung der notwendigen Kräfte, um für die Arbeit im Cucurbit tätig zu werden. Mit der entsprechenden Waffe werden die notwendigen geometrischen Figuren, Zeichen, Sigille und ähnliches in die Luft gezogen. Dann sage der Alchimist: »So wahr mir der Herr des Universums helfe und meine eigene höhere Seele.« Dann erhebe er den Cucurbit mit beiden Händen in die Luft und sage: »Ihr Kräfte des göttlichen Lichts, nehmt eure Tätigkeit hierin auf.«

K – Lege nun die Materie zur Putrefaktion im Balneum Mariae[1] in sehr sanfte Wärme, bis die Dunkelheit anfängt, sie zu überziehen und sogar bis sie vollständig schwarz geworden ist. Wenn die Mischung von ihrer Natur her eine völlige Schwärze nicht zuläßt, dann untersuche sie astral, bis in der astralen Erscheinung die stärkste mögliche Dunkelheit auftritt. Du kannst auch ein Elementarwesen evozieren, um dir mitteilen zu lassen, ob die Schwärze ausreichend ist. Achte in diesem Fall aber darauf, daß du nicht betrogen wirst, denn das Wesen eines solchen Elementars wird aufgrund des Symbols der Dunkelheit betrügerisch sein; frage ihn deshalb in diesem Stadium der Arbeit nichts weiter darüber, als nur, was die Schwärze angeht. Das kann anhand des Elementars selbst weiter geprüft werden, der entweder ganz schwarz oder in eine sehr schwarze Robe gekleidet sein sollte. Benutze bei dieser Evokation die Namen und so weiter von Saturn. Ist die Mischung hinreichend schwarz, dann nimmt den Cucurbit aus dem Balneum Mariae und lege ihn auf die Nordseite des Altars. Führe darüber eine feierliche Invokation der Saturnkräfte durch, damit sie darin tätig werden. Halte dabei den Stab am schwarzen Ende und sprich danach: »Die Stimme des Alchimisten...«. Dann wird der Verschluß des Cucurbits entfernt und der Alembic zur Destillation darauf angebracht.

Bei allen diesen Invokationen sollte eine blitzende Tafel benutzt werden, auf welcher der Cucurbit steht. Manche dieser Vorgänge können Wochen dauern oder sogar Monate, bis die notwendigen Kräfte erlangt werden; das hängt aber eher vom Alchimisten ab als vom Gegenstand.

L – Dann soll der Alchimist bei sanfter Hitze destillieren, bis nichts mehr hinübergeht. Er nimmt das Residuum und mahlt es zu Pulver.

---

[1] Anm. d. Übers.: Bezeichnung des Wasserbades im alchimistischen Labor – zur sanften Erhitzung.

Dieses Pulver wird in den Cucurbit gebracht und darüber die zuvor destillierte Flüssigkeit gegossen. Dann wird der Cucurbit wieder in die sanfte Hitze des Balneum Mariae gestellt. Wenn es weitgehend aufgelöst erscheint (unabhängig von der Farbe), soll es aus dem Bad herausgenommen werden. Nun wird es einer weiteren magischen Zeremonie unterzogen.

M – Bringe den Cucurbit nun auf die Westseite des Altars, halte den Lotusstab am schwarzen Ende und führe eine magische Invokation des abnehmenden Mondes und des Drachenschwanzes durch. Der Cucurbit wird dann neun aufeinander folgende Nächte lang dem Mondlicht ausgesetzt (bei abnehmendem Mond), wobei bei Vollmond zu beginnen ist. Der Alembic (Destillierkolben) soll darauf angebracht werden.

N – Wiederhole den Vorgang nach Abschnitt L.

O – Der Cucurbit wird auf die Ostseite des Altars gestellt, und der Alchimist führt eine Invokation des zunehmenden Mondes und des Drachenkopfes durch (dabei hält er den Lotusstab am weißen Ende), um auf die Materie einzuwirken. Der Cucurbit wird nun neun aufeinander folgende Nächte lang den Strahlen des Mondes ausgesetzt (der Vorgang endet bei Vollmond). (Hierbei, wie bei allen ähnlichen Bestrahlungen, kommt es nicht darauf an, ob es in der Nacht bewölkt ist, solange sich das Gefäß in einer solchen Lage befindet, daß die direkten Strahlen darauf fallen, wenn die Wolken sich verziehen.)

P – Der Cucurbit wird wieder auf das weiße Dreieck auf den Altar gestellt. Der Alchimist führt nun eine Invokation der Sonnenkräfte durch, damit sie auf die Materie einwirken. Dann wird er täglich zwölf Stunden lang den Sonnenstrahlen ausgesetzt, von 8.30 Uhr bis 20.30 Uhr. (Das sollte vorzugsweise dann geschehen, wenn die Sonne im Tierkreis stark steht, kann aber auch zu anderen Zeiten durchgeführt werden, *niemals jedoch*, wenn die Sonne sich im Skorpion befindet, in der Waage, im Steinbock oder im Wassermann.)

Q – Der Cucurbit wird wieder auf das weiße Dreieck auf dem Altar gestellt. Der Alchimist wiederholt die Worte: »Kind der Erde, lange hast du im Dunkeln geweilt...« Indem er den Lotusstab am weißen Ende darüber hält, sagt er: »In dich rufe ich die invozierten Kräfte des Lichts« und spricht die mystischen Worte aus. An dieser Stelle sollten helle und klare Lichtblitze im Cucurbit auftauchen, und die Mischung selbst sollte klar sein, soweit ihre Natur das zuläßt. Invoziere nun ein Elementar aus dem Cucurbit, welches mit der Natur der Mischung in Einklang ist, und beurteile anhand der Farbe seiner Roben und ihrer Strahlkraft, ob die Materie bereits den richtigen Zustand erreicht hat.

Erscheinen die Blitze aber nicht, und sind die Roben des Elementars nicht strahlend oder blitzend, dann lasse den Cucurbit sieben Tage lang auf dem weißen Dreieck stehen, wobei rechts von der Spitze des Dreiecks eine blitzende Tafel der Sonne und links davon eine des Mondes liegen sollte. Während dieser sieben Tage sollte er nicht gestört oder bewegt werden, besonders nicht im Dunkeln, geschweige denn in der Nacht. Dann sollte die zuvor genannte Operation über dem Cucurbit wiederholt werden, und wenn das blitzende Licht nicht erscheint, kann dieser Prozeß insgesamt dreimal wiederholt werden. Ohne dieses wäre die Arbeit nämlich nutzlos. Wenn es aber nach drei Wiederholungen immer noch nicht auftaucht, ist das ein Zeichen, daß in der Arbeit ein Fehler vorliegt, der entweder in der Verfassung des Alchimisten oder in der Behandlung des Cucurbits liegt. Aus diesem Grunde sollten die Invokationen von Sonne und Mond wiederholt und die Materie ihren Strahlen mehrfach ausgesetzt werden. Wenn dies sorgfältig ausgeführt wird (besonders in bezug auf den Drachenkopf und den Drachenschwanz in Verbindung mit dem Mond, wie gelernt, denn diese haben große materielle Kräfte), dann wird sich ohne Zweifel das blitzende Licht im Cucurbit manifestieren.

R – Der Alchimist hält nun den Lotusstab am weißen Ende und zieht über dem Cucurbit das Symbol des Flammenschwertes, als würde es in die Mischung hinabkommen. Dann stelle er den Cucurbit auf die Ostseite des Altars. Der Alchimist steht zwischen den Säulen und führt eine feierliche Invokation der Marskräfte durch, damit diese darin tätig werden. Sieben Tage lang wird der Cucurbit dann auf eine blitzende Tafel des Mars zwischen die beiden Pfeiler gestellt (oder die gezeichneten Symbole derselben). Nach Ablauf dieser Zeit wird der Alembic aufgesetzt, und es wird, zunächst im Balneum Mariae, dann im Balneum Arenae, destilliert, bis die gesamte Mischung hinüberdestilliert ist.

S – Nun soll der Alchimist die Flüssigkeit des Destillats nehmen und darüber eine Invokation der Merkurkräfte durchführen, damit sie in der klaren Flüssigkeit tätig werden und darin das alchymische Merkur, ja gar das Merkur der Philosophen bilden. (Das Residuum oder der Totenkopf (Caput Mortuum) wird im Moment nicht weiter bearbeitet, sondern zur weiteren Verwendung beiseite gelegt.) Nach der Invokation des alchymischen Merkur sollte sich ein gewisser Glanz in der ganzen Flüssigkeit manifestieren, das heißt sie sollte nicht nur klar, sondern auch leuchtend und blitzend sein. Setze sie dann in einem hermetischen Behälter sieben Tage lang dem Sonnenlicht aus; am Ende dieser Zeit sollten deutliche Lichtblitze darin zu sehen sein. (Auch ein philosophisches Ei kann benutzt werden, aber der Auffangbehälter des Alembics erfüllt diesen Zweck ebenfalls, wenn er fest verschlossen wird.)

T – Nun wird das Residuum oder der Totenkopf aus dem Cucurbit genommen, klein gemahlen und weggestellt. Dann führt man über dem Pulver eine Invokation der Jupiterkräfte durch. Auf einer blitzenden Jupitertafel stehend, wird es dann sieben Tage lang im Dunkeln stehengelassen. Am Ende dieser Zeit sollte ein leichtes Blitzen darumherum wahrnehmbar sein. Wenn dieses aber noch nicht auftritt, wiederhole die Operation bis zu dreimal. Dann wird mit Sicherheit ein schwach blitzendes Licht auftreten.

U – Eine blitzende Tafel von jedem der vier Elemente wird nun auf den Altar gelegt, wie im Diagramm gezeigt. Wie ebenfalls deutlich angezeigt ist, werden auch die magischen Elementarwaffen daraufgelegt. Der Behälter, der das Destillat enthält, wird nun zwischen die Tafeln der Luft und des Wassers gestellt, der Cucurbit mit dem Totenkopf zwischen die Tafeln des Feuers und der Erde. Nun führe der Alchimist eine Invokation durch, wobei er besonders das große Pentagramm-Ritual benutzt sowie die niederen magischen Werkzeuge. Als erstes sollen die Kräfte des Feuers im Cucurbit auf den Totenkopf wirken. Zweitens sollen jene des Wassers auf das Destillat einwirken. Drittens sollen die Kräfte des Geistes auf beide einwirken, wobei der Lotusstab am weißen Ende benutzt wird. Viertens sollen jene der Luft auf das Destillat einwirken und schließlich jene der Erde auf den Totenkopf. Cucurbit und Behälter sollen auf diese Weise fünf aufeinander folgende Tage lang stehenbleiben. Am Ende derselben sollten Blitze in beiden Mischungen manifestiert sein. Diese Blitze sollten helle Farben tragen.

V – Der Alchimist läßt die Gefäße noch in den gleichen Positionen zueinander stehen, entfernt aber die Elemententafeln vom Altar, an die Stelle legt er eine von Kether. Diese soll weiß sein mit goldenem Besatz und zwischen die Gefäße auf oder in das weiße Dreieck gestellt werden. Dann richtet er eine sehr feierliche Anrufung an die Kräfte von Kether, damit das Arbeitsergebnis seinen Wünschen entspreche. Über jenes Gefäß zieht er das Symbol des Flammenschwertes. Hierbei handelt es sich um die wichtigste aller Anrufungen. Sie wird nur dann gelingen, wenn der Alchimist während der Arbeit der Invokation und der Herstellung der Tafeln seinem höheren Selbst eng verbunden bleibt. Ist sie erfolgreich, wird an ihrem Ende ein heller und durchscheinender Blitz die Stelle der leicht gefärbten Blitze im Auffangbehälter des Cucurbits einnehmen, so daß die Flüssigkeit wie ein

Alchimistischer Altar

Diamant funkelt, während das Pulver im Cucurbit leicht leuchtet oder schimmert.

W – Die destillierte Flüssigkeit wird nun vom Behälter auf das Residuum des Totenkopfes im Cucurbit gegossen, und diese Mischung wird zunächst wolkig aussehen. Danach wird sie zehn aufeinander folgende Tage lang der Sonne ausgesetzt (Zehn ist Tiphareth in der Übertragung des Einflusses von Kether). Sie wird dann wieder auf das weiße Dreieck auf dem Altar auf eine blitzende Venustafel gelegt, damit diese darin tätig werde. Sieben Tage lang bleibe es so, an deren Ende du nachsiehst, welche Form, Farbe und Erscheinung die Lösung angenommen hat, denn nun sollte ein gewisser weicherer Blitz in der Flüssigkeit aufgetreten sein. Um diesen Zustand zu überprüfen, kann ein Elementar evoziert werden. Hat sich dieser weichere Blitz manifestiert, stelle den Cucurbit in das Balneum Mariae, damit die Substanz in sehr sanfter Wärme sieben Tage lang umgesetzt wird. Lege es dann in das Balneum Mariae zum Destillieren, beginne dabei mit sanfter und ende mit starker Hitze. Destilliere auf diese Weise, bis nichts mehr hinüberfließt, wenn nötig mit sehr heftiger Hitze. Bewahre die Flüssigkeit in einer dicht verstopften Phiole auf. Es handelt sich dabei um ein Elixier, das je nach Ausgangssubstanz benutzt werden kann. Ist es aus einem medizinischen Ausgangsstoff, so handelt es sich um eine Medizin; ist es aus einem Metall, so ist es zur Läuterung von Metall. Das mußt du selbst beurteilen. Fülle das Residuum, ohne es zu pulverisieren, in einen Tiegel, wohl versiegelt und verkittet. Dieses sollst du dann in deinen Athanor[1] legen und zunächst zu rot-, hinterher zu weißglühender Hitze bringen. Tue dies sieben Mal an sieben aufeinanderfolgenden Tagen, wobei du den Tiegel jeden Tag wieder herausnimmst, sobald du ihn auf die größtmögliche Hitze gebracht hast und ihm erlaubst, langsam abzukühlen. Für diese Arbeit ist die heiße Zeit des Tages vorzuziehen. Am siebenten Tage dieser Operation sollst du deinen Tiegel öffnen und schauen, welche Form und Farbe dein Caput Mortuum (Totenkopf) angenommen hat. Es wird entweder einem Edelstein oder einem glitzernden Pulver gleichen. Dieser Stein oder dieses Pulver hat magische Kräfte, die von seinem Wesen abhängen.

Hier endet, was in bezug auf die Formel der Lichtmagie geschrieben wurde.

---

[1] Anm. d. Übers.: Alchimistischer Ofen

Z-1

Der über die Schwelle Eintretende

Die allgemeine Einleitung

Die Rede im Schweigen,
Die Worte gegen den Sohn der Nacht,
Die Stimme des Thoth vor dem Universum
in Gegenwart der ewigen Götter,
Die Formeln des Wissens,
Die Weisheit des Atems,
Die Wurzel der Schwingung,
Die Erschütterung des Unsichtbaren,
Das Auseinanderrollen der Dunkelheit,
Das Sichtbarwerden der Materie,
Das Durchstechen der Windungen des gebeugten Drachen,
Das Hervorbrechen des Lichtes,
All dies liegt im Wissen des Thoth.

Die besondere Einleitung

Am Ende der Nacht,
An den Grenzen des Lichts,
Thoth stand vor den Ungeborenen der Zeit!
Dann wurde das Universum gebildet,
Dann traten seine Götter hervor,
Die Äonen des ungeborenen Jenseits.
Dann wurde die Stimme vibriert,
Dann wurde der Name erklärt,
An der Schwelle des Eintretens,
Zwischen dem Universum und dem Unendlichen,
Stand Thoth im Zeichen des Eintretenden,
Als die Äonen vor ihm aufgerufen wurden.
Er vibrierte sie in seinem Atem,
Er zeichnete sie in Symbolen auf,
Denn er stand zwischen dem Licht und der Finsternis.

Die vollständige Erklärung der Symbolik und der Formeln, die im Neophytengrade des Ordens Golden Dawn enthalten sind.

Der Name des Neophytengrades ist »Der über die Schwelle Eintretende«. »Die Halle der Neophyten« wird als »Die Halle der zweifachen Manifestation der Wahrheit« bezeichnet, als die der Göttin Thmaah, deren Name, entsprechend dem Wesen ihrer Tätigkeit, drei Formen hat. Dies wird im Kapitel über den Hegemon erklärt.

Über den Tempel in bezug auf die Sephiroth. Der Tempel, wie er im Neophytengrad des Äußeren Ordens des Golden Dawn angelegt ist, wird auf das JH vom JHVH in Malkuth von Assiah ausgerichtet, das heißt, wie das J und das H den Sephiroth Chokmah und Binah auf dem Lebensbaum entsprechen (und auch Abba und Aima, durch deren Wissen allein das von Kether erlangt werden kann). Auf diese Weise können die heiligen Riten des Tempels den Neophyten allmählich und gewissermaßen sich selbst zum Trotz zum Wissen um sein höheres Selbst führen. Wie die anderen Sephiroth hat Malkuth auch ihre Unter-Sephiroth und -Pfade. Von diesen zehn Sephiroth, umfaßt der für den Neophytengrad eingerichtete Tempel nur die vier unteren Sephiroth des Lebensbaumes, nämlich: Malkuth, Jesod, Hod und Netzach, sowie die Außenseite von Paroketh, dem Schleier. Paroketh bildet den Osten des Tempels. Die Symbolik des Ostens ist von vorrangiger Wichtigkeit.

Die drei Oberen, die über alle Dinge gebieten und regieren, die Vertreter des unbekannten, jenseitigen Zweiten Ordens im Tempel, sind Reflektionen der Kräfte Geburah und Tiphareth. Sie repräsentieren: Der Imperator – Geburah und den Grad $6=5$, der Praemonstrator – Chesed und den Grad $7=4$, der Cancellarius – Tiphareth und den Grad $5=6$.

Nun herrscht der Imperator, weil in Netzach, dem höchsten Grad des Ersten Ordens, $4=7$, das von Geburah reflektierte Feuer liegt. Der Praemonstrator ist der zweite, weil in Hod, dem nächstniederen Grade, $3=8$, das von Chesed reflektierte Wasser liegt. Der dritte ist der Cancellarius, denn in Jesod, $2=9$, befindet sich die von Tiphareth reflektierte Luft. Der Orden wird also im Prinzip durch eine Triade regiert, aber mit unterschiedlichen Funktionen: Der Imperator zu befehlen, der Praemonstrator zu belehren, der Cancellarius aufzuzeichnen.

Die angemessene Amtstracht des Imperators ist die flammend scharlachrote Robe des Feuers und der Strenge, denn von ihm hängen die Kraft und Stabilität des Tempels ab. Falls er Unterbeamte hat, die ihm assistieren, haben sie an dieser Symbolik teil. Sein Umhang ist

Die Rituale des Äußeren Ordens

das Symbol der unbeirrbaren Autorität, die den Gehorsam des Tempels allen Befehlen des Zweiten Ordens gegenüber fordert; auf seiner linken Brusthälfte befinden sich Kreuz und Dreieck des Golden Dawn, beide in Weiß, welche die Läuterung des Tempels des Äußeren Ordens durch Feuer versinnbildlichen. Er kann ein Lamen tragen, ähnlich dem des Hierophanten, in gleichen Farben, aber an einem scharlachfarbenen Band hängend, und er kann ein Schwert tragen, ähnlich dem des Hiereus. Sein Platz im Tempel ist ganz zur Rechten des Podiums, und zur Äquinox nimmt er den Thron des Hierophanten ein, wenn dieses Amt verlassen ist.

Die entsprechende Amtstracht des Praemonstrators ist die hellblaue Robe des Wassers, eine Reflektion der Weisheit und des Wissens von Chesed. Seine Pflicht ist die des Lehrers und Anleitenden im Tempel, immer begrenzt durch seine Verpflichtung, das Wissen des Zweiten Ordens vor dem Äußeren Orden geheimzuhalten. Er überwacht die Arbeiten des Äußeren Ordens und achtet darauf, daß nichts oberflächlich oder profan gehandhabt wird. Er erläßt dem Tempel gegenüber alle rituellen Anweisungen, die er von den hochehrwürdigen Oberen des Zweiten Ordens erhalten hat. Für den Tempel ist er deshalb der Spiegel der dahinterliegenden Weisheit. Seine Unterbeamten haben an dieser Symbolik teil. Das weiße Kreuz und Dreieck auf der linken Brustseite seiner Robe repräsentieren die Reinigung des Äußeren Ordens durch Wasser. Er kann ein Lamen wie das des Hierophanten tragen, aber in Blau auf einem orangenen Feld und an einem blauen Band hängend. Er kann ein Szepter tragen, das in ein Malteserkreuz in den Elementenfarben ausläuft.

Die angemessene Amtstracht des Cancellarius ist die gelbe Robe der Luft. Von ihm wird die Tempelchronik versehen, die Reihenfolge seiner Arbeit, die Einrichtung der Treffen und die Weitergabe der Manuskripte. Er ist der Aufzeichner und direkter als die vorhergehenden Oberen ein Repräsentant der exekutiven Autorität des Zweiten Ordens über den Äußeren Orden. Es ist seine Pflicht, darauf zu achten, daß kein Wissen eines Grades an ein Mitglied gelangt, das dazu nicht berechtigt ist. Er ist der unmittelbare Verteiler aller Mitteilungen des Zweiten Ordens. Seine Unterbeamten haben an dieser Symbolik teil. Sein weißes Kreuz und Dreieck repräsentieren die Reinigung des Äußeren Ordens durch Luft. Der Cancellarius kann ein Lamen wie das des Hierophanten tragen, aber in Gelb auf einem violetten Feld und an einem violetten Band hängend; und er kann ein Szepter tragen, das in ein Hexagramm in Bernstein und Gold ausläuft.

Die Szepter der Oberen sollten die gleiche Farbe haben wie ihre

Umhänge, sowie ein goldenes Band, welches für Tiphareth steht, den ersten Grad des Inneren Ordens. Das Schwert des Imperators soll einen einfachen scharlachroten Griff haben, mit goldenen oder Messingaufsätzen, während das Szepter des Praemonstrators blau mit einem goldenen Band ist. Der gebührende Platz der Oberen ist an der Seite des Hierophanten, und falls erwünscht, können der Imperator und Cancellarius rechts und der Praemonstrator und unmittelbar vorhergehende Hierophant zu seiner Linken sitzen. Der Cancellarius und vorige Hierophant sitzen auf ihrer jeweiligen Seite dem Hierophanten am nächsten. Als Repräsentanten des Inneren Ordens stehen die Oberen vor dem Vorhang im Osten des Tempels, und deshalb kann ohne die Anwesenheit eines von ihnen kein Treffen stattfinden. Günstigenfalls sollten alle drei Oberen anwesend sein. Nur durch ihre Autorität und Erlaubnis bestehen die übrigen Ämter im Tempel.

Weil der Osten des Tempels die äußere Seite Parokeths darstellt, tragen alle Mitglieder des Zweiten Ordens nur die gekreuzten Schärpen eines Herrn der Pfade zum Portal des Gewölbes. Kein höherer Grad darf im Tempel des Ersten Ordens gezeigt werden. Falls möglich, sollten Mitglieder des Zweiten Ordens im Osten des Tempels sitzen. Jeder frühere Hierophant kann die Robe des Hierophanten und ein Juwel von dessen Lamen tragen, aber nicht das große umgehängte Lamen. Der unmittelbar vorhergehende Hierophant kann ein Szepter des Hierophanten tragen.

Die Oberen oder diejenigen Mitglieder, die gebeten werden, sie auf dem Podium zu vertreten, tragen weiße Umhänge. Die Kordeln und Quasten aller Mäntel der Oberen oder Amtsträger sollten weiß sein, um die spirituelle Reinheit und den Einfluß des göttlichen und strahlenden Lichts zu zeigen. Mitglieder des Äußeren Ordens tragen einen schwarzen Umhang oder eine Tunika mit einer Schärpe, die ihren Grad anzeigt. Die schwarze Schärpe geht von der linken Schulter aus (von der Seite der schwarzen Säule, wie sie sie zuerst empfangen haben) und die weiße Schärpe von der rechten Schulter.

Die Oberen und die Amtsträger tragen ägyptischen Kopfschmuck oder Nemysse. Diejenigen der Oberen haben die gleiche Farbe wie ihre Mäntel und sind mit der jeweiligen Komplementärfarbe gestreift. Diejenigen der Amtsträger sind gleichermaßen schwarz und weiß gestreift. Mitglieder tragen ähnliche Nemysse in Schwarz und Weiß oder einfache schwarze Quadrate eines vereinbarten Musters.

Der Schlüssel zur Herstellung einer Tunika oder Nemyss ist das Crux Ansata, das Ankh, denn die Nemyss bildet ein Oval und die Arme und der Körperteil der Tunika das Kreuz.

Die Symbolik des Tempels

Die Sockel der beiden Säulen befinden sich jeweils in Netzach und Hod, die weiße Säule in Netzach, die schwarze in Hod. Sie repräsentieren die beiden Säulen der Gnade und der Strenge. Ihre Sockel sind würfelförmig und schwarz, um das Erdelement in Malkuth darzustellen. Die Pfeiler selbst sind entsprechend schwarz und weiß, um die Manifestation des ewigen Gleichgewichts der Waagschalen der Gerechtigkeit auszudrücken. In jeweils entgegengesetzten Farben sollten auf ihnen entsprechende ägyptische Darstellungen zu sehen sein, die die Seele versinnbildlichen.

Die scharlachroten, tetraederischen Kapitelle repräsentieren das Feuer von Versuch und Irrtum. Zwischen den Säulen befindet sich der Torweg der unermeßlichen Region. Die beiden Lichter, welche auf ihren Spitzen brennen, heißen »die Verkünder der ewigen Wahrheit«. Die Grundfläche der Tetraeder ist dreieckig, jene der weißen Säule zeigt nach Osten, während jene der schwarzen nach Westen zeigt. Sie vollenden so das Hexagramm von Tiphareth, obwohl sie getrennt sind, wie es in die »Halle der zweifachen Manifestation der Wahrheit« paßt.

Der Altar, der einen doppelten Würfel bildet, wird in den östlichen Teil von Malkuth gesetzt, soweit es den Neophyten betrifft. Für den Adeptus Minor jedoch wird seine Schwärze im Osten Zitronfarben verbergen, im Süden Oliv, im Norden Rotbraun, während nur der Westen und die Grundfläche schwarz sind, die Oberfläche jedoch ist strahlend weiß.

Die Symbole auf dem Altar repräsentieren die Kräfte und Manifestationen des göttlichen Lichts, die sich im weißen Dreieck der drei Übernatürlichen in der Vereinigung konzentrieren. Deshalb wird die Verpflichtung des Neophyten auf dieses heilige und sublime Symbol geleistet, um die Kräfte des göttlichen Lichts als Zeugen dafür anzurufen.

Das rote Kreuz für Tiphareth (worauf sich der Grad 5 = 6 bezieht) wird hier auf das weiße Dreieck gelegt, nicht um darüber zu herrschen, sondern um es in den Äußeren Orden herabzubringen und darin Gestalt werden zu lassen. Als hätte der Gekreuzigte, nachdem er das Symbol des Selbstopfers errichtete, auf diese Weise die göttliche Dreiheit des Lichts berührt und in der Materie in Tätigkeit gebracht.

Um das Kreuz herum befinden sich die Symbole der vier Buchstaben des Namens JHVH – das Shin von Jeheshuah wird nur impliziert und im Äußeren Orden nicht zum Ausdruck gebracht. Im Osten befindet sich die mystische Rose, die durch ihren Duft mit dem Element Luft verbunden ist. Im Süden ist die rote Lampe durch ihre Flamme mit dem Element Feuer verbunden. Der Weinkelch befindet sich im Westen, der durch seine flüssige Form mit dem Element Wasser Verbindung hat. Im Norden befinden sich Brot und Salz, durch ihre Substanz dem Element Erde zugehörig. Die Elemente werden auf dem Altar den Windrichtungen entsprechend angeordnet.

»Denn Osiris on-Nophris, der vor den Göttern gerechtfertigt war, sprach: Dieses sind die Elemente meines Körpers, durch Leiden vollendet, durch Versuchung verherrlicht. Denn der Duft der sterbenden Rose ist wie das unterdrückte Seufzen meines Leidens, das flammenrote Feuer wie die Kraft meines unbeugsamen Willens, und der Weinkelch ist das Ausgießen meines Herzblutes, der Wiedererstehung und dem erneuerten Leben geopfert. Brot und Salz sind die Grundlagen meines Körpers, welchen ich zerstöre, damit er erneuert werde; denn ich bin der triumphierende Osiris, Osiris on-Nophris, der Gerechtfertigte. Ich bin, der mit einem fleischlichen Körper bekleidet ist, in dem jedoch der Geist der großen Götter wohnt. Ich bin der Herr des Lebens, der über den Tod siegte. Wer an mir teil hat, wird auch mit mir auferstehen. Für die, deren Stätte im Unsichtbaren ist, bin ich, der sich in der Materie ausdrückt. Ich bin geläutert. Ich stehe über dem Universum. Ich versöhne es mit den ewigen Göttern. Ich bin der Vollender der Materie. Ohne mich besteht das Universum nicht.«

Technisch gesehen sollte sich die Tür hinter dem Sitz des Hiereus im Westen befinden, sie kann aber in irgendeinem Teil der Halle sein, weil ja die Wände die Begrenzung dem Äußeren gegenüber darstellen. Ihr Name ist »Das Tor der Urteilsverkünder«, und ihre symbolische Form ist die eines steilen und engen Durchganges zwischen zwei mächtigen Pylonen. Das Tor wird vom Sentinel bewacht. Sein Name ist »Wächter gegen die Bösen«, und er trägt die symbolische Gestalt des Anubis.

Die Stationen der Amtsträger

Der Platz der Hierophanten ist im Osten des Tempels, an der äußeren Seite des Schleiers Paroketh, um unter dem Vorsitz der Oberen über den Tempel zu gebieten. Dort nimmt er die Stellung eines Herrn der

Die Rituale des Äußeren Ordens

Pfade des Portals zum Gewölbe der Adepten ein und dient als Mittler der Heiligen Mysterien. Die Insignien und Symbole des Hierophanten sind:

Das Lamen des Hierophanten

Der Thron des Ostens im Pfade Samekh, außerhalb des Vorhangs. Der Umhang aus hellem, flammenden Scharlach, mit einem weißen Kreuz auf der linken Brust. Das Lamen hängt von einem weißen Band. Das Szepter mit einer Krone an der Spitze. Das Banner des Ostens. Die Lage des Thrones auf dem Pfade Samekh paßt zu einem Mittler der Mysterien, weil er dort in der ausgeglichenen und zentralen Position des Pfades steht, durch welchen allein der Eintritt in das mystische Wissen des Lichts in Tiphareth möglich ist. An die Stelle seines Aufreißens vor Paroketh gestellt, zeigt er dort das Hervorscheinen des Lichts durch den Schleier an; und die Übertragung der drei Übernatürlichen in den Äußeren Orden, welche durch das rote Passionskreuz und das weiße Dreieck auf dem Altar versinnbildlicht werden. Die Station des Throns des Hierophanten stellt daher das Aufgehen der Sonne des Lebens und Lichts über unserem Orden dar.

Die scharlachrote Robe repräsentiert die flammende Energie des göttlichen Lichts, welches in die unendlichen Welten hinausscheint. Auf der linken Brustseite soll das weiße Kreuz die Läuterung zum Licht darstellen, und dieses Kreuz kann eine der folgenden Formen haben:

Das *Kalvarien- oder Passionskreuz* spielt entweder auf das Kreuz der sechs Quadrate von Tiphareth an oder auf das Kreuz der Flüsse.

Das *Pyramidenkreuz* der Elemente stellt die Herabkunft der göttlichen und Engelskräfte in das Pyramidensymbol dar.

Das *gleicharmige Kreuz* der Elemente symbolisiert ihre Reinigung durch das Licht des vierbuchstabigen Namens JHVH in Tiphareth.

Das *Malteserkreuz* aus vier Pfeilspitzen repräsentiert den kräftigen und schnellen Aufprall des Lichts, welches durch die Elemente hinter dem Schleier hervortritt, symbolisiert durch den Pfeil des Schützen im Pfade Samekh.

Es kommt nicht darauf an, welches der Kreuze eingesetzt wird, denn jedes repräsentiert die Tätigkeit des Lichts durch den Schleier.

Das Szepter stellt die Kräfte der mittleren Säule dar. Es ist scharlachrot mit goldenen Streifen, um die Stellen der Sephiroth Daath, Tiphareth und Jesod darzustellen; der Knauf bedeutet Malkuth. Der Schaft repräsentiert die Pfade Gimel, Samekh und Tau. Der Griff, an dem es gehalten wird, bildet den Pfad Tau und stellt das Universum dar, das von den Lichtkräften regiert wird und diese anzieht. Die Namen der Sephiroth und Pfade werden nicht darauf markiert, aber der eingeweihte Hierophant des Zweiten Ordens sollte die Sublimität der Symbolik in sich wachrufen, wenn er ihn benutzt. Er wird zu seinem Stellvertreter, wenn er damit das göttliche Licht Kethers berührt und es durch die Mittlere Säule zu Malkuth herabzieht. Es wird als »das Szepter der Macht« bezeichnet und verleiht ihm die Kraft, den Tempel eines jeden Grades für geöffnet oder geschlossen zu erklären, falls die Zeit drängt. Das tut er, indem er spricht: »Durch die Macht, die mir in diesem Szepter verliehen wird, erkläre ich diesen Tempel für ordnungsgemäß eröffnet (oder geschlossen).«

Diese Methode des Öffnens oder Schließens »durch das Szepter« sollte nur in ausgesprochenen Notfällen benutzt werden, wenn die Zeit drängt. *Es sollte nicht in einer Zeremonie benutzt werden, in welcher Elementargeister invoziert worden sind*, besonders nicht zum Schließen.

Das Lamen wird teilweise in der Zeremonie der Pforte erklärt: »Das Lamen des Hierophanten ist eine Zusammenschau von Tiphareth, worauf das Passionskreuz der sechs Quadrate gut paßt, welches aus einem geöffneten Würfel gebildet wird. Die beiden Farben Rot und Grün, die aktivste und die passivste, deren Verbindung auf die praktische Anwendung des Wissens um das Gleichgewicht hindeutet, sind Symbole der Versöhnung der himmlischen Essenzen des Feuers und des Wassers, denn das versöhnende Gelb verbindet sich mit Blau zu Grün, welches die Komplementärfarbe zu Rot ist, und mit Rot zu Orange, welches die Komplementärfarbe zu Blau ist. Der kleine innere Kreis, der auf das Kreuz gelegt ist, spielt auf die Rose an, welche in der Symbolik der Rose und des Kreuzes unseres Ordens damit verbunden ist.«

Zusätzlich dazu stellt es das lodernde Sonnenfeuer dar, welches die grüne Vegetation auf der sonst öden Erde hervorbringt, und auch die Kraft des Selbstopfers, die für jemanden notwendig ist, der es unternimmt, in die Heiligen Mysterien einzuweihen. Wie das Szepter also die Autorität und Macht des Lichtes ausdrückt, bestätigt das Lamen die erforderliche Eignung dessen, der es führt, und hängt darum an einem weißen Band, um die Reinheit des weißen Glanzes von Kether zu repräsentieren. Der Hierophant sollte es deshalb stets tragen.

Das Banner des Ostens ist ebenfalls zum Teil in der Pfortenzeremonie erklärt: »Die Fläche des Banners des Ostens ist weiß, die Farbe des Lichtes und der Reinheit. Wie im vorigen Falle bedeutet die Zahl Sechs des Passionskreuzes aus sechs Quadraten Tiphareth, das gelbe Kreuz des Sonnengoldes, und der kubische Stein, der in seiner Mitte das heilige ›Tau‹ des Lebens trägt und auf dem die Form des makrokosmischen Hexagramms, des roten Feuerdreiecks und des blauen Wasserdreiecks miteinander verbunden sind – der Ruach Elohim und die Schöpfungswasser.«

Zusätzlich zum Erläuterten bestätigt es die Tätigkeitsweise des göttlichen Lichts in seiner Wirkung durch die Naturkräfte. Es befindet sich darauf das Symbol des Makrokosmos in den Farben, die die Tätigkeit des Feuers des Geistes durch die Schöpfungswasser unter der Harmonie des goldenen Kreuzes des Erlösers bestätigen. In der Mitte des Hexagramms befindet sich ein Taukreuz in Weiß, welches seine Tätigkeit als eine Dreiheit repräsentiert; das Ganze ist auf eine weiße Fläche gesetzt, um den Ozean des Ain Soph Aur zu repräsentieren. Das Banner hängt von einem goldfarbenen Stab an roten Bändern, der Schaft und die Basis sollten weiß sein. Die Basis steht für die Reinheit der Grundlage, der Schaft für den auf das Höhere gerichteten, geläuterten Willen. Auf der goldenen Querstange ruht das manifestierte Gesetz der Vollendung; das Banner selbst ist das vollendete Gesetz des Universums, die roten Bänder und Quasten die göttliche Selbstentsagung, deren Versuchungen und Leiden gleichsam die Ausschmückung der vollendeten Arbeit bilden. Das Ganze stellt den

Aufstieg des Initiierten in das perfekte Wissen des Lichts dar. Darum hört der Neophyt in der Ansprache des Hiereus: »Selbst das Banner des Ostens neigt sich in Anbetung vor Ihm.« So ist dieses Symbol, obschon groß und mächtig, nur ein niederer Ausdruck des Höheren, um unserem Verständnis zugänglich zu sein. Der Name des Hierophanten ist »Mittler der Heiligen Mysterien«, und er ist »Osiris« (Aeshoorist) in der niederen Welt. (Das koptische St, einem Namen als Suffix hinzugefügt, weist auf den Einfluß von Kether hin.)

Die Station des Hiereus liegt im äußersten Westen des Tempels und am niedrigsten Punkt von Malkuth, wo er in seinem dunkelsten Teil eingesetzt ist, in dem Viertel, welches im Diagramm des Minutum Mundum schwarz dargestellt ist. Er stellt hier einen furchtbaren und rachsüchtigen Gott an den Grenzen der Materie dar, an den Grenzen der Qlippoth. Er thront über der Materie und ist in Finsternis gekleidet, Blitz und Donner sind um seine Füße; der Einfluß der Pfade Shin und Qoph, Feuer und Wasser, endet jeweils in dem rotbraunen und oliven Teil von Malkuth. Dort steht er als ein mächtiger und rachsüchtiger Wächter der Heiligen Mysterien. Die Symbole und Insignien des Hiereus sind: Der Thron des Westens in der Schwärze von Malkuth, wo es an die Grenzen des Reiches der Schemen stößt, die schwarze Robe der Dunkelheit mit einem weißen Kreuz auf der linken Brust, das Schwert der Strenge und Stärke, das Lamen von einem violetten Band hängend. Das Banner des Westens. Die Lage des Thrones des Westens an den Grenzen von Malkuth paßt zu einem Rächer der Götter, denn dort steht er als eine ewige Bekräftigung den bösen Mächten gegenüber: »Bis hierher könnt ihr kommen und nicht weiter.« Der Thron steht dort auch als ein gegen das Böse erlassener Sitz des Zeugnisses und der Strafe.

Die Robe oder der Umhang ist aus Dunkelheit, für das Äußere drohend und schrecklich, und verbirgt die rächende Kraft, die immer bereit ist, gegen die Mächte des Bösen hervorzubrechen. Auf der linken Brust befindet sich ein weißes Kreuz, um die Läuterung der Materie zum Licht darzustellen. Das Schwert repräsentiert die gesamten Kräfte der Säule der Strenge, aber die Stellen der Sephiroth sind nicht unbedingt darauf angezeigt. Der Handschutz steht für Hod und sollte aus Messing sein; der Griff ist der Pfad Shin und kann scharlachfarben sein; der Knauf, Malkuth, soll schwarz sein. Als der Pfad Shin repräsentiert der Griff, an dem es geführt wird, das durch die flammende Kraft der Strenge regierte Universum und stellt den Hiereus dar, der die Kräfte der göttlichen Strenge ausübt. Sein Name ist »das Schwert der Vergeltung«.

Das Lamen wird teilweise in der Pforte erklärt: »Der äußere Kreis umfaßt die vier Sephiroth Tiphareth, Netzach, Hod und Jesod, deren erste drei die Winkel des einbeschriebenen Dreiecks markieren, während die verbindenden Pfade Nun, Ajin und Peh seine Seiten bilden. Genau in der Mitte ist der Pfad Samekh, durch welchen der Weg zum Zerreißen des Schleiers führt. Er bildet deshalb ein passendes Lamen für den Hiereus, als ein Bindeglied zwischen dem Ersten und dem Zweiten Orden, während das weiße Dreieck in der umgebenden Dunkelheit seinerseits von einem Lichtkreis umgeben ist.« Zusätzlich zu dieser Erklärung versinnbildlicht das Lamen »das Licht, das in die Dunkelheit scheint, das die Dunkelheit aber nicht erfassen kann«. Es bestätigt die Möglichkeit der Erlösung vom Bösen, und durch das Selbstopfer sogar die des Bösen selbst. Es hängt von einem scharlachfarbenen Band, um seine Abhängigkeit von der göttlichen Kraft der Strenge zu zeigen, die dem Bösen Ehrfurcht gebietet. Es ist ein Symbol gewaltiger Kraft und Stärke und eine Zusammenfassung des Amtes des Hiereus, was den Tempel anbetrifft, im Gegensatz zu seinem Amt gegenüber der äußeren Welt. Der Hiereus sollte es deshalb immer tragen.

Das Lamen des Hiereus

Das Banner des Westens vervollständigt die Symbole des Hiereus. Im Grade des Zelators wird es so erklärt: »Das weiße Dreieck bezieht sich auf die drei Pfade, die Malkuth mit den anderen Sephiroth verbinden. Das rote Kreuz ist das verborgene Wissen der göttlichen Natur, welches durch ihre Hilfe erlangt wird. Zusammen repräsentieren Kreuz und Dreieck das Leben und das Licht.« Über diese Erklärung des Zelatorgrades hinaus repräsentiert es die ewige Möglichkeit, das Böse zu erlösen; das Kreuz von Tiphareth wird darin aber in das weiße Dreieck der Übernatürlichen gelegt, um darzustellen, daß das Opfer nur dem Höheren gebracht wird. Das rote Kreuz sollte in diesem Falle mit Gold eingefaßt sein, um auf das vollendete Metall hinzudeuten, das in und durch die Dunkelheit der Putrefaktion erlangt wird. Seine Fläche ist schwarz und repräsentiert so die Dunkelheit und Unwissenheit des Äußeren, während das weiße Dreieck wieder für das Licht steht, das in die Dunkelheit scheint, von ihr aber nicht erfaßt wird. Deshalb ist das Banner des Westens das Symbol des Zwielichts, gleichermaßen die Gleichrangigkeit von Licht und Dunkelheit. Der Stab und die Basis sind schwarz, um zu verdeutlichen, daß dieses Symbol sogar in den Tiefen des Bösen stehen kann. Das Band ist schwarz, aber der Querstab und die Spitze können golden oder messingfarben sein und die Quasten scharlachrot, wie beim Banner des Ostens und aus den gleichen Gründen.

Wenn es seine Position im Tempel verändert, repräsentiert das Banner des Westens das Versprechende und Bedrohende, das ein erneutes Opfer fordert, bevor der Pfad, der zum Höheren führt, beschritten werden kann.

Der Name des Hiereus ist »Rächer der Götter«, und er ist Horus an der Stätte, wo Blindheit und Unwissenheit dem Höheren gegenüber herrschen. Hoor ist sein Name.

Die Station des Hegemonen liegt zwischen den beiden Pfeilern, deren Sockel in Netzach und Hod stehen, am Schnittpunkt der Pfade Peh und Samekh, gleichermaßen am Balken der Waage, im Gleichgewicht der Waagschalen der Gerechtigkeit, am Schnittpunkt des niedersten Querpfades mit Samekh, welcher einen Teil der Mittleren Säule bildet. Sie ist dorthin gesetzt als Wächter der Eintrittsschwelle und Vorbereiter des Weges für den Eintretenden. Deshalb versöhnt der Hegemon zwischen Licht und Finsternis und ist ein Mittler zwischen den Stationen des Hierophanten und des Hiereus. Die Symbole und Insignien des Hegemonen sind:

Das Lamen des Hegemonen

Die rein weiße Robe, die auf ihrer linken Brustseite ein rotes Kreuz trägt. Das mitraköpfige Szepter. Das an einem schwarzen Band hängende Lamen.

Die Robe repräsentiert die spirituelle Einheit, die für den Anwärter der Mysterien notwendig ist und ohne die niemand zwischen den ewigen Säulen hindurchtreten kann. Sie stellt das göttliche Licht dar, welches dadurch angezogen und zur Hilfe des Kandidaten gebracht wird. Sie symbolisiert das Selbstopfer, das für einen anderen angeboten wird, um ihm bei der Erlangung des Lichtes beizustehen. Sie zeigt auch die Buße für den Irrtum an, die Vorbereitung auf den Pfad zum Göttlichen. Auf der linken Brustseite befindet sich ein rotes Kreuz, gewöhnlich in Gestalt des Passionskreuzes, um die Kraft des niederen Willens darzustellen, geläutert und dem Höheren untergeordnet, weshalb das Amt des Hegemonen besonders das des Versöhners ist.

Das mitraköpfige Szepter ist das besondere Zeichen des Hegemonenamtes auf dem Lebensbaum und repräsentiert die Kräfte des Grades der Gnade. Es sollte scharlachrot mit goldenen Streifen und goldenem Knauf sein. Die Streifen stellen die Stellungen der Sephiroth Chesed und Netzach dar, wobei der Schaft durch die Pfade Vau und Kaph gebildet wird. Der Griff, an dem es geführt wird, ist der Pfad Qoph, der Knauf Malkuth. Die Mitra ist golden mit roten Aufsätzen, und jede Spitze läuft in eine Kugel aus. Die Mitra ist mit einem roten Passionskreuz aus sechs Quadraten versehen. Diese Mitra repräsentiert die Weisheit Chokmahs als einen verdoppelten Aspekt Kethers, angezogen durch das Symbol des Selbstopfers. Das Szepter wird in der Kraft des Flusses und Rückflusses geführt, was sich darin zeigt, daß der Griff dem Pfade Qoph zugeordnet wird, und es stellt die Anziehung des Universums der göttlichen Gnadenkräfte dar. Die Sephiroth und Pfade sind darauf nur als Streifen festgelegt, und es sollte, seiner Bedeutung gemäß, vom Hegemon getragen werden, wann immer er den Kandidaten führt, um diesem gegenüber die Anziehung der Kräfte des Höheren Selbstes auszudrücken. Es heißt »das Szepter der Weisheit«.

Das Lamen wird im Grade des Philosophus zum Teil so erklärt: »Das besondere Emblem des Hegemonen ist das Passionskreuz aus sechs Quadraten innerhalb eines Kreises (Vergl. Abbildung in Band 1, Seite 373). Dieser Kreis umfaßt Tiphareth, Netzach, Hod und Jesod und ruht auf Malkuth. Das Passionskreuz aus sechs Quadraten bildet auch den Würfel und bezieht sich so auf die sechs Sephiroth des Mikroprosopus, nämlich Chesed, Geburah, Tiphareth, Netzach, Hod und Jesod.«

Zusätzlich stellt es das schwarze Passionskreuz des Leidens dar, das durch Versuchung und Selbstleugnung initiiert und den Weg zum Verständnis der Kräfte des göttlichen Lichts öffnet. Es hängt darum an einem schwarzen Band, um zu zeigen, daß die Läuterung des Bösen im Leiden liegt.

Der Name des Hegemonen ist »Vor dem Angesicht der Götter am Orte der Schwelle«, und sie ist die Göttin Thma-Ae-St mit folgenden koptischen Formen: Thma-Ae-St – was den Einfluß Kethers und die mittlere Säule angeht; Thma-aesh – feuriger, mit Bezug auf ihren Einfluß auf die Säule der Strenge; Thmaa-ett – flüssiger, mit Bezug auf ihren Einfluß auf die Säule der Gnade. Sie führt das Szepter der zweifachen Weisheit Chokmahs, und darum ist der Mitrakopf zwiegespalten und nicht geschlossen, um die zweifache Manifestation der Wahrheit und Weisheit anzuzeigen, wie auch die Halle des Neophyten »Die Halle der zweifachen Manifestation der Göttin der Wahrheit« genannt wird.

Die drei niederen Amtsträger tragen keine Umhänge, sondern nur Lamen, die von schwarzen Bändern hängen. Ihre Darstellungen sind weiß auf schwarzem Hintergrund, um zu zeigen, daß sie Vertreter der Lichtkräfte sind, die unter dem Vorsitz der höheren Amtsträger in der Dunkelheit tätig sind.

Das Lamen des Kerux wird im Grade des Theoricus folgendermaßen erklärt:

»Der Lebensbaum und die drei Mutterbuchstaben bilden die Schlüssel, womit der Caduceus des Hermes entschlüsselt werden kann. Das obere Ende des Stabes ruht auf Kether, die Flügel erstrecken sich zu Chokmah und Binah und umfassen so die drei übernatürlichen Sephiroth. Die sieben niederen werden von den Schlangen eingeschlossen, deren Köpfe auf Chesed und Geburah liegen. Sie stellen die zwei Schlangen Ägyptens dar und die Ströme des astralen Lichts. Darüber hinaus bilden die Flügel und die Spitze des Stabes den Buchstaben Shin, Symbol des Feuers; die Köpfe und oberen Hälften der Schlangen bilden Aleph, Symbol der Luft; ihre Schwänze schließen Mem ein, Symbol des Wassers – das Feuer des Lebens oben, das Wasser der Schöpfung unten, und das Luftsymbol zwischen ihnen schwingend.« (Vergl. Abbildung in Band 1, Seite 363).

Das Lamen des Kerux

Zusätzlich dazu repräsentiert der Caduceus des Kerux die balancierten Kräfte des ewigen Lichts, die unsichtbar in der Dunkelheit arbeiten – wie in der Initiation das Licht vor dem geblendeten Kandidaten geboren wird und jenes Licht symbolisiert, das ihn in der Dunkelheit der Welt führt, obwohl er es weder sieht noch kennt. Dieser Caduceus ist der Stab des Hermes und enthält unsichtbare und unerwartete Kräfte. Durch Meditation kann enthüllt werden, nach welchen Regeln diese zu führen sind. Er stellt die äußere Form des Stabes dar, gipfelnd in der geflügelten Kugel, unter der man die doppelte Schlange sieht – der Stab des Hauptadepten im Grade 5-6.

Das Lamen des Stolistes wird im Grade des Practicus so erklärt: »Der Kelch des Stolistes hat Anteil an der Symbolik der Schale des Moses und des Meeres von Salomo. Auf dem Lebensbaum umfaßt er neun der Sephiroth, bis auf Kether (Vergl. Abbildung in Band 1, Seite 367). Jesod und Malkuth bilden das Dreieck darunter, erstere die Spitze, letztere die Basis. Wie der Caduceus repräsentiert es weiterhin die drei Elemente Wasser, Luft und Feuer. Der Halbmond ist das Wasser über dem Firmament; der Kreis ist das Firmament und das Dreieck ist das verzehrende Feuer darunter, welches dem himmlischen Feuer entgegengesetzt ist, das durch den oberen Teil des Caduceus symbolisiert wird.«

Das Lamen des Stolistes

Über diese Erläuterung hinaus repräsentiert der Kelch den Behälter und das Sammelbecken der eher flüssigen Lichtkräfte und bildet ein Symbol der unerschöpflichen Trinkschale, aus welchem Reservoir der Adept die zurückgehaltenen Lichtkräfte ziehen kann – worüber wieder meditiert werden muß.

Das Lamen des Dadouchos wird im Grade des Zelators folgendermaßen erklärt: »Das hermetische Kreuz, welches auch als Hakenkreuz, Thorshammer oder Swastika bekannt ist, wird aus 17 Quadraten gebildet, die einem Quadrat aus 25 kleineren entnommen sind. Diese 17 repräsentieren passend die Sonne, die vier Elemente und die 12 Tierkreiszeichen.« (Vergl. Abbildung in Band 1, Seite 362).

Zusätzlich dazu hat das Lamen eine erweiterte Bedeutung. Das hermetische Kreuz, der Flammenwirbel, der durch das vierachsige Kreuz mit entweder einfachen oder doppelten Köpfen in eine von beiden Richtungen dargestellt wird, ist ein Symbol furchtbarer Kraft und repräsentiert das Feuer des Geistes, welches sich seinen Weg in alle Richtungen durch die Dunkelheit der Materie bahnt. Es wird deshalb als Lamen des Dadouchos getragen, dessen Amt das der Reinigung und Weihung durch Feuer ist; auch von diesem können durch Meditation verschiedene Formeln der Kraft abgeleitet werden.

Das Lamen des Dadouchos

Der Kerux stellt die Hauptform des Anubis dar, während der Sentinel die untergeordnete Form vertritt.

Der Kerux ist Ano-Oobist Empe-Eeb-Te – »Anubis des Ostens«.
Der Sentinel ist Ano-Oobi Em-Pemen-Te – »Anubis des Westens«.

Der Kerux ist der Herold, der Wächter und Hüter im Tempel, wogegen der Sentinel der Wächter außerhalb ist. Deshalb ist seine Aufgabe die richtige Anordnung der Einrichtung und Stationen im Tempel. Außerdem ist er der Ankünder.

Das Lamen des Sentinels

Die rote Lampe soll das verborgene Feuer anzeigen, über das er wacht. Der magische Stab der Kraft soll den Strahl göttlichen Lichts versinnbildlichen, welcher das verborgene Feuer anzündet. Zwei Lösungen, durch die der Anschein von Blut erweckt werden kann.

Er ist der Wächter der Innenseite des Portals, der schlaflose Wächter der Götter und der Vorbereiter des Weges zur göttlichen Weisheit. Der Name des Kerux ist »Wächter für die Götter«, und er ist Ano-Oobist, der Herold vor ihnen.

Der Stolistes steht im nördlichen Teil der Halle nordwestlich der schwarzen Säule, deren Sockel in Hod liegt, er ist der Vertreter der Kräfte der Feuchtigkeit, des Wassers, das durch den Baum nach Hod reflektiert wird. Der Kelch ist der Behälter desselben, von Hod her gefüllt, um seine Kräfte nach Malkuth zu übermitteln und die Lebenskräfte darin durch Kälte und Feuchtigkeit zu erneuern und zu läutern. Der Name des Stolistes ist »Göttin der Waagschalen am schwarzen Pfeiler«, und sie ist »das Licht, das durch die Wasser auf die Erde scheint«, Aura-Mo-Ooth, und zwischen ihr und der Aurim oder Urim der Hebräer besteht eine Verbindung.

Der Dadouchos steht in der Mitte des südlichen Teiles der Halle, südwestlich der weißen Säule, deren Sockel in Netzach liegt. Er ist der Vertreter der Feuerkräfte, die durch den Baum nach Netzach reflektiert werden. Das Weihrauchgefäß ist der Behälter derselben, der Überträger des Feuers von Netzach nach Malkuth, um die Lebenskräfte darin durch Hitze und Trockenheit zu erneuern und zu läutern. Der Name des Dadouchos ist »Göttin der Waagschalen am weißen Pfeiler«, und sie ist »die Vollendung durch Feuer, die sich auf der Erde manifestiert«, Thaum-Aesch-Nia-eth. Zwischen ihr und der Thummim der Hebräer besteht eine Verbindung.

Der Stolistes versorgt die Roben und Insignien des Tempels und symbolisiert durch ihre Reinigung und Läuterung das Austreiben des Bösen von Malkuth durch die Wasser des Geistes.

In die Verantwortung des Dadouchos fallen alle Lichter, Feuer und der Weihrauch, die das Reinigen und Säubern von Malkuth durch Feuer und das Licht des Geistes darstellen. Diese Amtsträger reinigen auch den Tempel, die Teilnehmer und den Kandidaten durch Wasser und Feuer, wie geschrieben steht:

»Denn wahrlich, ich taufe euch mit Wasser, aber einer wird nach mir kommen, der wird euch mit dem Heiligen Geist und mit Feuer taufen.«

Dies ist die vollständige Angabe der Namen und Titel aller Amtsträger im Tempel, sie sind sieben an der Zahl und können alle durch einen Bruder oder eine Schwester ausgeübt werden. Da sie Kräfte und nicht Personen vertreten, wird gewöhnlich die feminine Form des griechischen Namens nicht benutzt, denn die Kräfte sind gemäß der benutzten Gottesform positiv (männlich) oder negativ (weiblich). Deshalb sind Hierophant, Hiereus und Kerux eher natürliche Ämter für Brüder, während Hegemon, Stolistes und Dadouchos eher für Schwestern natürlich sind. Die Ämter selbst aber tragen keine bestimmten Geschlechter in sich; und es kann sich manchmal auf das psychische Gleichgewicht einer Zeremonie günstig auswirken, wenn ein Bruder Hegemon und eine Schwester Hierophantin ist.

Der Hierophant muß vom Grade $5=6$ und ein Zelator Adeptus Minor sein. Der Hiereus muß wenigstens Philosophus, der Hegemon wenigstens Practicus sein, besser aber Philosophus. Der Kerux muß wenigstens Theoricus sein, während Stolistes und Dadouchos Zelator sein müssen, ein Neophyt kann nur als Sentinel dienen. Die weiblichen Formen der Namen der Amtsträger sind folgende:

V.H. Hierophant oder V.H.[1] Hierophantria
H. Hiereus oder H. Hiereia
H. Hegemon oder H. Hegemone
Kerux oder Kerukaina
Stolistes oder Stolistria
Dadouchos oder Dadouche
Sentinel oder Phulax

Anmerkung: Diese alternativen oder femininen Formen wurden im frühen Orden selten benutzt und werden in den neuerdings gebildeten modernen Tempeln wahrscheinlich niemals benutzt. (I.R.)

Über die drei Oberen

Die drei Oberen sind im Tempel und gebieten über ihn, sie werden aber vom Äußeren Orden weder einbegriffen noch verstanden. Sie repräsentieren gleichermaßen verhüllte Gottheiten, die eine Gestalt aussenden, um vor dem Schleier Paroketh zu sitzen, welcher außer für den Initiierten undurchdringlich ist, wie die Schleier der Isis und Nephthys. Von den drei Oberen zusammen kann gesagt werden, daß sie in der Gestalt des Thoth erscheinen, der hinter dem Schleier am Punkt seines Zerreißens hervortritt. Einzeln stellen sich an ihnen aber folgende Bezüge dar:

Der Imperator wird der Göttin Nephthys zugeordnet, auf Grund seines Zusammenhangs mit Geburah.
Der Praemonstrator wird der Göttin Isis zugeordnet, auf Grund seines Zusammenhanges mit Chesed.
Der Cancellarius wird dem Gott Thoth zugeordnet, da die Aufzeichnungen in seinen Aufgabenbereich fallen.

---

[1] Anm. d. Übers.: Diese Abkürzungen finden sich oft vor den Ordensnamen. Sie bedeuten: H. = Honoured (Würdiger); V.H. = Very Honoured (Ehrwürdiger); G.H. = Greatly Honoured (Hochehrwürdiger)

Keine Zeremonie des Äußeren Ordens kann ohne einen der Oberen stattfinden, besser mit allen dreien oder ihren Stellvertretern, und was die Stationen auf dem Podium angeht, so ist es besser, sie mit einem Adepten zu besetzen, falls ein Oberer abwesend sein sollte. Diese Stationen und diejenigen der Beamten werden als die sichtbaren Stationen der Götter bezeichnet. Die Beschreibungen der Formen, die ein amtstragender Adept als Brennpunkt der Kraft aufbaut, sind in einer anderen Schrift angegeben.

Die unsichtbaren Stationen

Diese sind:

1. Die Stationen der Cherubim.
2. Die Stationen der Kinder des Horus.
3. Die Stationen des Bösen.
4. Die Station des Harpokrates.
5. Die Stationen der Isis, Nephthys, Aroueris.

1. Die der Cherubim. Die Stationen des Menschen, des Löwen, des Stieres und des Adlers bilden die vier Kardinalpunkte außerhalb der Halle als unsichtbare Wächter der Tempelbegrenzungen. Sie werden den Windrichtungen gemäß verteilt – jenseits der Stationen des Hierophanten, des Dadouchos, des Hiereus und des Stolistes. In dieser Reihenfolge erscheinen ihre Symbole auch in allen Tempeldokumenten.

Der Cherub der Luft wird hinter dem Thron des Hierophanten aufgebaut. Er hat Angesicht und Gestalt eines jungen Mädchens, mit großen, überschattenden Flügeln und besitzt die Kraft der großen Göttin Hathor, welche die Kräfte der Isis und der Nephthys zusammenfaßt. Es besteht eine Entsprechung zwischen ihm und dem Zeichen des Wassermannes, welches Wasserquellen repräsentiert, die aus der Erde hervorbrechen, obwohl es als Tierkreiszeichen der Luft zugeordnet wird, dem Träger des Regens. Der ägyptische Name des Zeichens Wassermann ist Phritithi. »Du sollst die Cherubim nicht mit ihren Tierkreiszeichen durcheinanderbringen, wenn auch die letzteren den ersteren unterstehen, denn der Cherub steht für eine viel sublimere Kraft, ist aber im harmonischen Gleichklang durch ein bestimmtes Zeichen tätig, welches ihm entspricht.«

Der Cherub des Feuers hat Gesicht und Gestalt eines Löwen, mit großen, schlagenden Flügeln. Er wird hinter dem Thron des Dadouchos gebildet und besitzt die Kraft der Göttin Tharpesh oder Tharpheshest, wobei die letzte Silbe fast wie Pasht klingt. Der Löwencherub wird durch das flammende Feuer des Zeichens Löwe tätig, dessen ägyptischer Name Labo-Ae ist.

Der Cherub des Wassers hat Angesicht und Gestalt eines großen Adlers mit großen, schimmernden Flügeln. Er bildet sich hinter dem Thron des Hiereus. Er stellt eine Kraft des großen Gottes Thoomoo (TMU) dar und wird durch das Zeichen des Skorpions tätig, der auf ägyptisch Szlae-Ee heißt.

Der Cherub der Erde hat Angesicht und Gestalt eines Stieres mit schweren, verdunkelnden Flügeln. Er bildet sich hinter dem Thron des Stolistes und stellt eine Kraft des großen Gottes Aphapshi dar. Seine Tätigkeit geht durch das Zeichen des Stieres, das auf ägyptisch Ta-Aur hieß.

2. Die Kinder des Horus. Zwischen den unsichtbaren Stationen der Cherubim liegen die der vier Stellvertreter der Elemente, die in die vier Ecken des Tempels gesetzt sind, an den Stellen, die im Dokument als die vier Flüsse von Eden markiert sind. Eine solche Urkunde, die den Aufbau und die Bildung eines Tempels legitimiert, repräsentiert den Tempel selbst, dessen Wächter die Cherubim sind, mit ihren Statthaltern an den Stellen der Flüsse.

Ameshet (menschenköpfig) steht im Nordosten zwischen dem Menschen und dem Stier. Ameshet oder Amesheth. Die Schreibweise ist koptisch und weicht etwas ab, je nachdem, welche Kraft durch die Buchstaben angerufen werden soll.

Tou-mathaph (schakalköpfig) steht im Südosten zwischen dem Menschen und dem Löwen. Toumathph oder Tmoumathv.

Ahephi (affenköpfig) steht im Südosten zwischen dem Löwen und dem Adler. Ahephi oder Ahaphix.

Kabexnuv (falkenköpfig) steht im Nordwesten zwischen dem Adler und dem Stier. Kabexnuv oder Dabexnjemouv.

3. Die Station des Bösen. Diese Station liegt an der Stelle von Jesod und wird als Station des Bösen, des Mörders von Osiris, bezeichnet. Er ist der Versucher, der Ankläger und Strafer der Fratres. In Ägypten wurde er meistens mit dem Kopf eines Wasserdrachens, dem Körper eines Löwen oder Leoparden und dem Hinterteil eines Flußpferdes dargestellt. Er übt die Macht der bösen Dreiheit aus:

Der gekrümmte Drache: Apophrassz.
Der Mörder des Osiris: Szathan Typhon.
Die brutale Macht der dämonischen Kräfte: Bessz.

Die Einheit dieser bösen Dreiheit, »der Mund der Vernichtungskraft«, wird als Ommoo-Szathan bezeichnet.

4. Die Station des Harpokrates. Die unsichtbare Station des Harpokrates liegt auf dem Pfade Samekh zwischen der Station des Hegemonen und der unsichtbaren Station der bösen Dreiheit. Harpokrates ist der Gott des Schweigens und des Mysteriums, dessen Name das Wort des Neophytengrades bildet. Er ist der jüngere Bruder des Horus, Hoor-Po-Krattist.

5. Die Stationen der Isis und der Nephthys. Die Stationen der Isis und Nephthys liegen jeweils an der Stelle der Säulen in Netzach und Hod. Diese großen Göttinnen werden sonst in dem Grade nicht gezeigt, außer in Verbindung mit dem Praemonstrator und dem Imperator, wenn sie durch den Hierophanten wirken, denn Isis entspricht dem Pfeiler der Gnade und Nephthys dem der Strenge. Darum sind die Positionen der Säulen oder Obelisken gleichermaßen nichts als die Stätten ihrer Füße.

Die Station des Aroueris. Die unsichtbare Station des Aroueris (des älteren Horus) liegt neben dem Hierophanten, um die Kraft des Osiris dem Äußeren Orden gegenüber zu repräsentieren, denn während der Hierophant ein Adept ist, wird er doch nur als ein Herr der Pfade zur Pforte gezeigt, so daß er nicht mehr Osiris ist, wenn er den Thron des Ostens verläßt, sondern Aroueris. Befindet sich der Hierophant aber auf dem Podest, dann ist die Station des Aroueris die des direkt vorhergehenden Hierophanten, der zur Linken des Hierophanten sitzt. Aroo-ouerist.

Damit ist die grundlegende Symbolik des Tempels im Neophytengrade vollständig erklärt. Sollte ein Teilnehmer genötigt sein, seinen Platz zu verlassen, dann tue er dies in Richtung des Sonnenlaufs. Wenn er am Platz des Hierophanten vorübergeht, dann grüße er mit der Geste. Wenn er den Tempel betritt oder verläßt, dann grüße er den Thron des Hierophanten, wenn er das Portal durchschritten hat.

Die Symbolik der Eröffnung im Neophytengrad

Die Eröffnungszeremonie beginnt mit dem Ruf des »Inneren Wächters«, der rechts vor dem Hierophanten steht und seinen Stab erhebt. Dieses Symbol des göttlichen Lichtstrahles vom weißen Dreieck der drei Übernatürlichen geht so hinab in die Dunkelheit und warnt die Bösen und die Uneingeweihten, sich zurückzuziehen, so daß das weiße Dreieck durch die gesammelte Wirkung der Eröffnungsformel auf dem Altar errichtet werden kann.

Hat er dies getan, sorgt er dafür, daß der Eingang ordnungsgemäß bewacht[1] ist. Dann ruft der Hierophant den Hiereus auf, die Teilnehmer mit der Geste zu überprüfen, deren Kenntnis darauf hinweist, daß sie das Dreieck des göttlichen Lichts von den drei Übernatürlichen in der Dunkelheit haben entstehen sehen, obwohl sie sich im Lande der Blindheit und Unwissenheit befinden. Dann wird festgestellt, daß die Namen der drei Hauptamtsträger mit den Buchstaben des Atems aus dem Koptischen beginnen.

Bei dem Namen des Osiris ist dieser Buchstabe stumm, still und verborgen, gleichwie durch ›H‹ das Eta. Im Namen des Horus ist er deutlich und wird kräftig gehaucht, während er im Namen Thmaest zum Teil das eine, zum Teil das andere ist, denn er ist mit dem Buchstaben ›T‹ im Theta zusammengesetzt.

H »Ae« wird Chesed zugeordnet, dem Widder, der Erde und dem Saturn. Damit soll das unbekannte Leben bekräftigt werden, das aus dem Jenseits inspiriert und zum Widder ausgesandt wird, dem Beginn des Frühlings im Jahr, das Leben, welches nach seiner Einatmung wieder hinausgeatmet wird sowie der mögliche Gebrauch dieses Atems zwischen der Einatmung und der Ausatmung, im Zusammenhang zwischen diesem und den Kräften des Mikrokosmos.

Das Ganze ist eine Rede über die durch die Mittlere Säule der Sephiroth hinabreflektierten Eigenschaften des Elementes Luft, welches die Spiegelung der Luft von Kether durch Tiphareth über Jesod und in den zitronfarbenen Teil von Malkuth darstellt. Der feine Äther wird in Kether durch das göttliche Licht aus dem Jenseits inspiriert, von dort nach Tiphareth reflektiert, worin er mit den Einflüssen der alchimistischen Prinzipien in jenem großen Behälter der Kräfte des Lebensbaumes, Jesod, kombiniert wird. Er bildet die Grundlage einer Formel und wird von Malkuth ausgeatmet oder zurückgespiegelt.

---

[1] Anm. d. Übers.: In den Ritualtexten ist dafür die freimaurerische Redewendung eingesetzt: »gehörig gedeckt«.

Der Adept kann diese Formel benutzen. In seiner Gefühlssphäre stehend, kann er sich aufgrund seines Wissens über die heiligen Riten in eine Kontemplation der Jechidah erheben und von dort aus den niederen Genius zu sich herab anziehen (anziehen, anstreben = englisch »aspire« im Sinne von »adspire«, das heißt mit dem Atem auf sich anziehen), wie um sich von diesem zeitweise als ein Tempel bewohnen zu lassen.

Hierin liegt eine weitere Vibrationsformel verborgen. Der Adept soll aufrecht stehen, seine Arme in Gestalt des Passionskreuzes ausbreiten und einen Gottesnamen vibrieren, mit dessen Formulierung er tief in seine Lungen hineinatmet. Dann halte er den Atem an, spreche den Namen geistig in seinem Herzen aus, um ihn so mit den Kräften zu verbinden, die er dadurch erwecken möchte. Dann schickt er ihn durch seinen Körper hinab über Jesod hinaus, läßt ihn dort aber nicht verweilen, sondern nimmt sein physisches Leben als materielle Grundlage und schickt ihn hinab bis in die Füße. Dort soll er wiederum einen Augenblick lang den Namen formulieren. Dann zieht er ihn schnell wieder hinauf in die Lungen und atmet ihn von dort her stark aus, wobei er den Gottesnamen vibriert. Er sendet den Atem stetig hinaus in das Universum, um die dem Namen in der äußeren Welt entsprechenden Kräfte zu erwecken. Während der Atem imaginativ zu den Füßen und zurück geschickt wird, steht er mit in Form eines Kreuzes ausgestreckten Armen. Während er den Namen ins Universum hinausruft, bringt er die Arme nach vorne in die »Geste des Eintretenden«. Ist dies vollzogen, gibt er das »Zeichen des Schweigens« und bleibt still in Kontemplation der invozierten Kraft.

Dieses ist die geheime, traditionelle Weise, den Gottesnamen durch Vibration auszusprechen. Der Adept achte aber darauf, daß er sie nur für die göttlichen Namen der Götter anwendet. Führt er diese Methode unwissentlich bei einer Arbeit mit elementaren oder dämonischen Namen durch, so ruft er furchtbare Kräfte des Bösen und der Besessenheit auf sich herab. Die beschriebene Methode heißt »die Vibrationsformel der Mittleren Säule«.

Nachdem die Namen der drei Hauptamtsträger zur Kenntnis genommen wurden, erfolgt die Rekapitulation der Stationen und der Aufgaben der Amtsträger. So wird der Aufbau des Tempels okkult bestätigt, so daß das göttliche Licht in die Dunkelheit scheinen kann. Dann folgt die Läuterung und Weihung der Halle durch Wasser und durch Feuer, wodurch die Begrenzung der vier Kardinalpunkte in den vier Richtungen und das Gleichgewicht der Elemente festgelegt wird. Das ist die Taufe des Ortes und gleichermaßen die Vorbereitung eines angemessenen Schreines für die Kräfte des göttlichen Lichts. Während dies abläuft, besonders nachdem der Hierophant »Denn durch Namen und Bilder werden alle Kräfte erweckt und wiedererweckt.« gesprochen hat, kleiden sich alle Amtsträger in ihre Gottesformen, und die unsichtbaren Stationen erwachen.

Dann bildet sich im Norden die Prozession der Amtsträger, bereit für die »mystische Umkreisung auf dem Pfade des Lichts« (das heißt, keiner der Teilnehmer hat verbundene Augen). Sie beginnt im Norden an der Station des Stolisten, dem Symbol des Schöpfungswassers, welches den göttlichen Geist anzieht, und spielt darum auf die Erschaffung der Welt durch Wasser und Geist an. Bei der umgekehrten mystischen Umkreisung bildet sich die Prozession im Süden an der Station des Dadouchos als Symbol für das Ende und das Weltgericht durch Feuer. Die mystische Umkreisung beginnt aber auch an den Pfaden Shin und Resch, um das Sonnenfeuer tätig werden zu lassen. Die umgekehrte Umkreisung hingegen beginnt an denen von Qoph und Tzaddi, um den Rückfluß des Wassers in Tätigkeit zu bringen.

Die Reihenfolge der mystischen Umkreisung. Zunächst kommt Anubis, der innere Wächter, danach Thmaest, die Göttin der Halle der Wahrheit, dann Horus; dann die Göttinnen der Waagschalen, dann die Teilnehmer, falls die Halle groß genug ist, und zum Schluß der äußere Wächter, der Sentinel. Es ist, als ob ein riesiges Rad sich drehen würde, wie geschrieben steht: »Ein Rad auf der Erde neben dem Cherub.« Der Name der Sphäre des Primum Mobils, Rashith ha-Gilgalim, bedeutet die Spitzen oder Anfänge der wirbelnden Bewegungen oder Umdrehungen. Bei diesem Rad der mystischen Umkreisung beginnt die aufsteigende Seite unterhalb des Pfeilers der Nephthys, die absteigende Seite unterhalb des Pfeilers der Isis, in der umgekehrten Umkreisung aber ist es entgegengesetzt.

Die Nabe oder Achse dieses Rades liegt nun in der unsichtbaren Station des Harpokrates, als sei die Stätte dieses Gottes in der Gebärde des Schweigens dort, um die Verborgenheit der mittleren Achse des Rades anzuzeigen, welches sich von alleine nicht dreht.

Die mystische Umkreisung wird auch symbolisch als das Aufgehen des Lichtes bezeichnet; aus ihr wird eine weitere Formel für das Kreisen des Atems abgeleitet. Es handelt sich dabei um die Formel der vier Umkreisungen des Atems (nicht der eingeatmeten Luft, sondern des feinen Äthers, der mit dieser aufgenommen wird und dessen Träger sie ist – des Äthers, der die Zentren des feinen Körpers durch die Formel erweckt). Der Anwendung dieser Formel sollte die der Mittleren Säule vorausgehen, die zuvor beschrieben wurde.

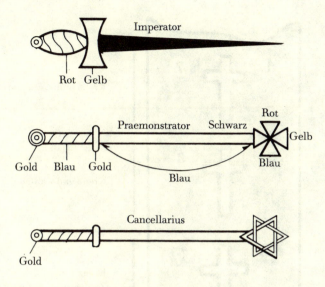

Die Waffen der Hauptamtsträger

Wenn du mittels dieser Methode die erwünschten Kräfte in dir erweckt und kontempliert hast, beginne die Umkreisung folgendermaßen: Fülle deine Lungen und imaginiere den Namen als in der aufgenommenen Luft vibrierend. Stelle dir vor, daß diese Vibration durch das linke Bein hinab in die Sohle des linken Fußes geht, von dort zur Sohle des rechten Fußes hinüberwechselt, das rechte Bein in die Lungen hinaufsteigt, von wo sie ausgeatmet wird. Führe dieses vier Mal im Rhythmus des vierfachen Atems durch.

Ziel dieser mystischen Umkreisung ist es, das göttliche Licht anzuziehen und eine Verbindung zwischen diesem und dem Tempel herzustellen. Deshalb verläßt der Hierophant seinen Posten nicht, um daran teilzunehmen, sondern bleibt dort, um mit seinem Szepter das Licht von jenseits des Schleiers anzuziehen. Beim Vorüberschreiten gibt jedes Mitglied das Zeichen des Eintretenden und projiziert so das Licht auf seinem Pfad von Osten nach Westen weiter, wenn er es vom Throne des Hierophanten aus erhält. Horus geht nur einmal vorüber, denn er ist der Sohn des Osiris und durch seine Geburt der Erbe seines Lichts. Deshalb geht er sofort zu seiner Station, um das Licht dort festzuhalten. Thmaest, die Göttin der Wahrheit, geht zweimal vorüber, weil ihr Gesetz der Ausgleich der beiden Schalen ist; und sie geht zu ihrer Station zwischen den Säulen zurück, um dort das Abbild

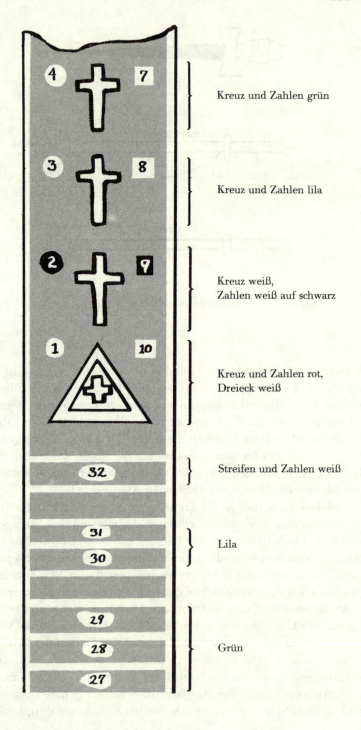

Die Rituale des Äußeren Ordens

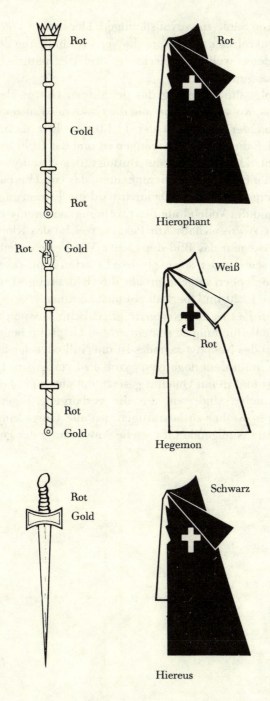

Schärpe, Mäntel und Waffen der Amtsträger

der Mittleren Säule zu vervollständigen. Der innere Wächter und die anderen umkreisen dreimal, um die Vervollständigung der Reflektion des vollendeten weißen Dreiecks der drei Übernatürlichen auf dem Altar anzuzeigen.

Dann folgt die Anbetung des gewaltigen Gottes, des Herrn des Universums, wobei wiederum alle die Geste des Eintretenden geben, das Zeichen der Projektion der Lichtkraft. Erst dann erklärt der Wächter, daß die Sonne aufgegangen ist und das Licht in die Dunkelheit scheint. Dann kommt die Ruffolge des Neophytengrades: das einzelne Klopfzeichen des Hierophanten, das von Hiereus und Hegemon wiedergegeben wird. Dadurch wird die Einsetzung des weißen Dreiecks und die Vollendung der Eröffnungszeremonie bestätigt. Die mystischen Worte »Khabs Am Pekht«, welche das Klopfzeichen begleiten, versiegeln das Bild des Lichts. Wie verschiedene kabbalistische Analysemethoden sowie gewisse Lesarten koptischer und ägyptischer Hieroglyphen zeigen, umfaßt ihre Bedeutung »Licht in Fülle« oder »Möge Licht im Überfluß auf dich kommen«.

Konx Om Pax ist eine verzerrte griechische Aussprache desselben, die hier als Verbindung zu seinem echten Ursprung benutzt wird.

Die Zahl des Neophytengrades ist die Null oder der Kreis, wie um alle Dinge unter dem negativen Symbol zu verbergen. Diese wird in einen Kreis und in ein Quadrat gesetzt, die durch ein Gleichheitszeichen verbunden sind, wie um die verborgene Eigenschaft ihres Ursprungs in Kether zu bekräftigen, wo alle Dinge eins sind, sowie auch die daraus folgende universelle Anwendung der geheimen Formeln.

Z-3

Die Symbolik bei der Aufnahme des Kandidaten

Die Aufnahme des Kandidaten

Der Kandidat wartet außerhalb der Pforte unter Aufsicht des Sentinels, des »Äußeren Wächters«. Das heißt, die Gestalt des westlichen Anubis achtet symbolisch auf ihn, um seine Widersacher, »die hundegesichtigen Dämonen«, von ihm fernzuhalten, die sich von den Grenzen der Materie her erheben, um die Seele zu täuschen und hinabzuziehen. Im Ritual des 31. Pfades heißt es: »Von den Grenzen der Materie her erheben sich die fürchterlichen hundegesichtigen Dämonen, die seit Ewigkeiten die Seele hinabziehen und von den heiligen Dingen fortführen und dem sterblichen Blick niemals ein wahres Bild zeigen.«

Der Hierophant gibt ein einzelnes Klopfzeichen, um den genauen Beginn einer Schwingung in der Gefühlssphäre des Kandidaten anzukündigen. Er stellt dann fest, daß er eine Vollmacht von den hochehrwürdigen Oberen des Zweiten Ordens hat, wodurch die Wirkung der folgenden Zeremonie auf den Kandidaten zum Zweck der Initiation, die letztlich zum Wissen über das höhere Selbst führen wird, ordnungsgemäß autorisiert ist. Er wird in den Grad des Neophyten aufgenommen, welcher keine Nummer hat, um den Beginn aller Dinge nicht unter dem Anschein eines Dings zu verbergen.

Der Hegemon, als Vertreter der Göttin der Wahrheit und Gerechtigkeit, wird anschließend geschickt, um die Vorbereitung des Kandidaten zu überwachen und so anzuzeigen, daß sie als Gebieterin des Gleichgewichts den Verlauf der Initiation beaufsichtigen wird. Dies geschieht mit dem Anstoß der Gleichgewichtskräfte im Kandidaten selbst durch die Symbole der Wahrhaftigkeit und Selbstbeherrschung. Die eigentliche Vorbereitung des Kandidaten sollte aber durch den Sentinel, den »Äußeren Wächter«, durchgeführt werden, um zu zeigen, daß diese Vorbereitung vollendet sein muß, bevor das Gleichgewicht aufgebaut werden kann. Darum überwacht der Hegemon die Vorbereitung und führt sie nicht eigentlich durch. Eine Kordel wird dreifach um den Körper des Neophyten geschlungen, um das Binden und die Beschränkung der niederen Natur zu symbolisieren. Sie ist dreifach, weil sie sich auf das weiße Dreieck der drei Übernatürlichen Kether, Chockmah und Binah bezieht. Dann werden auch die Augen verbunden, um zu versinnbildlichen, daß das Licht der materiellen Welt nichts als Dunkelheit und Täuschung ist, verglichen mit dem Glanz des göttlichen Lichts. Die Vorbereitung repräsentiert auch ein gewisses zeitweiliges Binden und Einschränken des natürlichen Körpers.

Als ein Mitglied des Zweiten Ordens, und als solcher in das geheime Wissen und die Symbolik eingeweiht, sollte der Hierophant zusammen mit den anderen Amtsträgern und Mitgliedern des Inneren Ordens daran denken, welch ungeheure Götter und Göttinnen sie repräsentieren – die ewigen göttlichen Kräfte in der Herrschaft über das Universum. Das Ritual sollte mit lauter, klarer, ernster und feierlicher Stimme verlesen werden, um den Kandidaten durch die Feierlichkeit der Begebenheit zu beeindrucken. Dabei darf keine törichte Nervosität und kein Zögern auftreten, sondern das Ritual sollte von einem eingeweihten Hierophanten ausgeführt werden und unter seinen Händen zu mehr als einer Formalität werden.

Er soll sich folgendermaßen verhalten: Er denke daran, welchen besonderen Gott er repräsentiert. Indem er seinen Geist zur Kontemplation desselben erhebt, stelle er sich selbst als eine riesige Gestalt vor, die sich gleich diesem Gotte bewegt oder steht, gewaltig, den Kopf in Wolken verloren, mit dem Licht, das um den Kopfschmuck des Gottes herumblitzt, seine Füße auf der Erde in Dunkelheit ruhend, Donner und ziehende Wolken, und seine ganze Gestalt in Blitze eingehüllt, während er den Namen des Gottes vibriert. Während er so steht, soll er versuchen, die Stimme des Gottes zu hören, den er darstellt, wie auch die Gottformen der anderen Amtsträger wahrzunehmen, wie zuvor erklärt.

Dann spreche er nicht wie zu einer Versammlung von Sterblichen, sondern wie zu einer Versammlung von Göttern. Seine Stimme sei so ausgerichtet, als solle sie durch das Universum schwingen bis zu den äußersten Grenzen des Raumes. Der Kandidat stelle für ihn gleichsam eine Welt dar, die er in das Wissen seines leitenden Engels zu führen beginnt. Wie geschrieben steht: »Der Blitz flammt im Osten auf und scheint sogar bis in den Westen, so sei auch das Kommen des Menschensohnes.«

Während der Zeremonie wird der Kandidat als Kind der Erde angesprochen, denn er stellt die irdische Natur des Menschen dar – er, der aus der Dunkelheit von Malkuth heraustritt, um zu versuchen, das Wissen des Lichts wiederzuerlangen. Das ist mit der Rede des Hegemonen gemeint, denn der Pfad des Eingeweihten stellt für den natürlichen Menschen Dunkelheit und Torheit dar. Der Hegemon drückt mit dem einzelnen Klopfzeichen außerhalb der Tür die Bereitschaft des natürlichen Menschen aus, die vom Hierophanten aufgebaute Kraft zu empfangen. Der Kerux antwortet ihm von innen, so als würde ein Zeuge dasselbe bestätigen. Wenn das getan ist, verlangt der Kerux als Zeuge vom Hierophanten die Genehmigung, den Kandidaten in die Halle der Wahrheit und Gerechtigkeit einzulassen. Der Hierophant gewährt ihm die Erlaubnis, siegelt den Kandidaten mit einem neuen Namen, der zwar dem physischen Körper des äußerlichen Menschen gegeben wird, der aber die Bestrebungen seiner Seele anzeigt. Nachdem das Motto als Name des Kandidaten in der Halle der Wahrheit bekräftigt wurde, sendet Osiris sofort die Göttin der Waagschalen des Gleichgewichts, um ihn mit Wasser zu taufen, und die begleitende Göttin, um ihn mit Feuer zu weihen. Wie geschrieben steht: »Wenn ein Mensch nicht aus Wasser und Geist wiedergeboren wird, so kann er das Königreich des Himmels nicht betreten.«

Sofort verstellt der Kerux dem Kandidaten wieder den Weg, um anzuzeigen, daß er, obwohl aufgenommen, als natürlicher Mensch mit ungeläuterten Bedürfnissen nicht ein Bewohner der Halle der Wahrheit sein kann. Die Göttinnen der Waagschalen läutern und weihen ihn sofort, wodurch die Kräfte der Säulen in seiner eigenen Gefühlssphäre zur Tätigkeit gebracht werden. Das ist die erste von vier Weihungen, denn wenn die Pfeiler des Lebensbaumes in die Gefühlssphäre projiziert werden, entstehen vier Säulen, deren Achse die Mittlere Säule bildet. (Anmerkung: Bei den Farbtafeln befindet sich ein Gemälde, welches diese Vorstellung darstellt [siehe Band 1, Seite 144]. I.R.)

An dieser Stelle der Zeremonie erscheint der Kandidat astral als eine in Dunkelheit gehüllte Gestalt, fast als würde er von ihr ausgelöscht. Zu seiner Rechten und Linken findet sich der schwache Widerschein der beiden großen Säulen des Feuers und der Wolken, von denen schwache Strahlen in die Dunkelheit hineinreichen, die den Kandidaten einhüllt. Sofort wird über seiner Gefühlssphäre ein Strahl hellen Lichts erscheinen, als bereite er sich darauf vor, die ihn einhüllende Dunkelheit zu durchdringen. Das Ergebnis dessen ist, daß der Kandidat während der gesamten Aufnahmezeremonie etwas automatisch und nebelhaft wirkt.

Aufnahme und Weihung finden symbolisch im dunkelsten Teil von Malkuth statt. Sobald dieser Teil beendet ist, wird der Kandidat zum

Fuße des Altars geführt, das heißt, in den zitronfarbenen Teil von Malkuth, welcher den Einfluß der Mittleren Säule empfängt. Während der Zeremonie dient der Hegemon dem Kandidaten als Führer, Anweiser und Antworter. Was den Kandidaten angeht, gleicht sein Amt dem der höheren Seele, weshalb der Hegemon ein mitraköpfiges Szepter in seiner Hand hält, das Szepter der Weisheit, um das höhere Selbst des Kandidaten anzuziehen.

In dem Augenblick wo der Kandidat vor dem Altar steht und ein Abbild des höheren Selbstes angezogen wird, ersteht an der Stelle der bösen Dreiheit außerdem die Gestalt des Anklägers. Auf gleiche Weise zieht diese das Abbild der bösen Persönlichkeit des Kandidaten an – und würde nicht die Kraft des Namens mit 42 Buchstaben im Palaste von Jetzirah dieses verhindern (die Götter, deren Name gewöhnlich »große Urteilsprüfer« lautet), würde sich die eigentliche böse Persönlichkeit sofort herausbilden und in der Lage sein, den Ruach des Kandidaten besessen zu machen, denn während das Abbild der höheren Seele die Neschamah des Kandidaten anzieht, ist in dem Augenblick der menschliche Wille im Ruach nicht so mächtig, weil der Anwärter der Mysterien nun gleichsam geteilt ist. Das heißt, seine Neschamah ist auf die Kontemplation des höheren Selbstes ausgerichtet, welches der Hegemon angezogen hat. Sein natürlicher Körper ist gebunden und geblendet; sein Ruach wird von dem Abbild der bösen Persönlichkeit bedroht, welche von Omoo-Szathan angezogen wurde. Eine Art Schatten seiner selbst wird vorwärtsgeworfen zur Stelle der Säulen, wo sich die Waagschalen des Gerichts befinden. Als die erste Weihung Abbilder der Säulen zu seiner Rechten und Linken errichtet hat, wurde auch ein Abbild seiner selbst an den vom Hegemon verlassenen Ort zwischen den Säulen gezogen.

Hier steht also der Schatten[1] des Kandidaten, während die Waagschalen unsichtbar hin- und herschwingen. Ebenfalls unsichtbar und gewaltig ist vor ihm auch das Bild von Thoth als Metatron in der Gebärde des über die Schwelle Eintretenden, bereit, gemäß der Entscheidung des menschlichen Willens die Herabkunft des niederen Genius auf den Kandidaten zu erlauben oder zu verhindern. Währenddessen untersuchen die Großen Urteilsprüfer die Wahrheit der Anklagen, die von dem bösen Widersacher formuliert worden sind. Die Urteilsprüfer gehören nicht zu den unsichtbaren Stationen, aber

---

[1] Anm. d. Übers.: Mit dem Begriff des »Schattens« ist nicht der Schatten im Sinne der Psychologie C.G. Jungs gemeint, sondern allgemein ein schattenhaftes Abbild seiner Person.

während des Eides und der Umkreisung des Kandidaten, bis er ins Licht gebracht wird, schweben sie unmittelbar über den Grenzen des Tempels und ihre bösen Widersacher direkt darunter. Wenn der Kandidat bei seinem Eid vor dem Altar steht, wird also die Entscheidung eigentlich vom menschlichen Willen des Kandidaten gefällt. Niemals in seinem Leben ist er dem Tod näher gewesen, denn er ist gleichsam in seine Komponenten aufgeteilt. Der Vorgang des symbolischen Urteils findet statt während der Rede des Hierophanten an den Kandidaten, der Antwort des Hegemonen und seiner Zustimmung, den Eid abzulegen.

In dem Augenblick, in dem der Kandidat einwilligt, tritt der Hierophant zwischen die Säulen, wie um zu versichern, daß das Urteil abgeschlossen ist. Durch die unsichtbare Station des Harpokrates tritt er zu derjenigen der bösen Dreiheit, die er symbolisch niedertritt, so daß er als Aroueris über dem Widersacher steht. Dann geht er auf die Ostseite des Altars und steht so zwischen dem Ort der bösen Dreiheit und dem Kandidaten. Gleichzeitig tritt der Hiereus an die linke Seite des Kandidaten, der Hegemon an seine rechte, und sie bilden so um ihn das Symbol der höheren Dreiheit, bevor er seine Hand auf das Symbol der drei Übernatürlichen auf dem Altar legt. Bevor er das tut, ist er wieder gebeten worden, in Anbetung dieses Symbols niederzuknien, als würde der natürliche Mensch angesichts des göttlichen Bewußtseins seinen Eigenwillen verleugnen.

Während er in der Gegenwart der Dreiheit von Aroueris, Thmaaest und Horus kniet, legt er seine linke Hand in die des Initiators, um zu bestätigen, daß er das Ritual passiv annimmt, seine rechte Hand aber ruht auf dem weißen Dreieck, um sein aktives Streben nach dem höheren Selbst anzuzeigen. Sein Kopf ist geneigt, um die freiwillige Unterwerfung des menschlichen Willens unter den göttlichen zu versinnbildlichen – und aus diesem Grunde wiederholt er bei der Verpflichtung den Namen, den er in der äußeren Welt trägt.

Der Hierophant gibt ein Klopfzeichen, um zu bestätigen, daß die Unterwerfung unter das Höhere vollendet ist. Nur in diesem Augenblick steht die unsichtbare und gewaltige Gestalt des Thoth nicht mehr in der Gebärde des Eintretenden, sondern gibt das Zeichen des Schweigens, womit er die erste, wirkliche Herabkunft des Genius auf den Kandidaten zuläßt. Als ein Zeuge der Verpflichtung tritt dieser Genius herab in die unsichtbare Station des Harpokrates.

Der Hiereus und der Hierophant kehren zu ihren Thronen zurück, und deshalb ist es nicht Aroueris, sondern Osiris selbst, der das Wort an den Kandidaten richtet: »Die Stimme meines höheren Selbstes...«, wodurch er die zwischen der Neschamah und dem Genius errichtete Verbindung bekräftigt, indem die Vorstellung derselben in den Ruach gelegt wird. Osiris spricht mit dem Charakter der höheren Seele, deren symbolische Gestalt zwischen den Säulen vor ihm steht. Die Tatsache, daß die höhere Seele der Gott des Menschen ist, bedeutet nicht, daß es nicht auch andere Götter gäbe, sondern daß darin sein einziger Ausdruck liegt, den der natürliche Mensch überhaupt begreifen kann. Es ist auch nicht richtig zu sagen, daß die höhere Seele mit Gott eins sei, denn der Teil ist keinesfalls das Ganze, und das Ganze kann auch nicht zu Recht oder ausreichend als eine Ansammlung der Teile beschrieben werden. Die Achtung vor deinem eigenen Gott darf nicht durch eine Fehldeutung dazu führen, daß du die Achtung vor den ewig lebenden Göttern verlierst – den Äonen der unendlichen Jahre. Hierin läge ein großer Irrtum, der schließlich den Fall des Genius zur Folge haben könnte, eine Sünde, die nicht weniger schreckliche Folgen hätte, weil sie eine Sünde auf den höheren Ebenen ist, wo die Wahl nicht zwischen Gut und Böse, sondern zwischen der höheren und niederen Form des Guten getroffen wird.

Deshalb ist die mystische Umkreisung auf dem Pfade der Finsternis, die der Kerux mit dem symbolischen Licht anführt, ein Hinweis darauf, daß die höhere Seele nicht das einzige göttliche Licht ist, sondern eher ein Funken aus der unaussprechlichen Flamme – und der Kerux seinerseits ist nur ein Wächter der Götter. Nach dem Kerux kommt der Hegemon, der den Übersetzer des höheren Selbstes darstellt und den Kandidaten führt; dann kommen die Göttinnen der Waagschalen, der Stolistes und der Dadouchos. Sie gehen einmal herum; die Ecke von Binah im weißen Dreieck der drei Übernatürlichen wird in der Dunkelheit gebildet. Als Bekräftigung der Gnade klopft der Hierophant einmal, während sie an ihm vorüberschreiten – der Hiereus in Bekräftigung der Strenge. Jeder der unsichtbaren Richter gibt das Zeichen des Eintretenden, während der Kandidat auf seinem Weg weiterschreitet. Beim zweiten Vorüberschreiten am Hierophanten zeigt das Klopfen den Beginn der Ecke von Chokmah an.

Der Kerux verwehrt dem Kandidaten den Weg zum Westen, um anzuzeigen, daß der natürliche Mensch nicht einmal das Verständnis des Sohnes von Osiris gewinnen kann, außer durch die Läuterung und das Gleichgewicht. Wieder wird der Kandidat gereinigt und geweiht. Die Pfeiler in seiner Gefühlssphäre werden deutlicher. Nach dieser zweiten Weihung ist es dem Kandidaten gestattet, sich dem Ort des »Zwielichts der Götter« zu nähern, und für einen kurzen Moment wird die Augenbinde hochgeklappt, um einen kurzen Blick, aber einen kurzen nur, auf das Jenseits zu gestatten. Indem der Hiereus ihn auf die Probe stellt, ob er seinen Namen kennt, wird das Wissen um die Formel ausgedrückt. Ist nämlich die Formel des Horus nicht im Besitz des Kandidaten, kann diejenige des Osiris nicht erfaßt werden. Dem Kandidaten aber kann die Kraft des Horus nur als eine furchtbare und unverständliche Macht erscheinen – »die Kraft des Rächers der Götter«. Deshalb spricht der Hegemon für ihn. Noch kann der Kandidat nicht begreifen, daß er die Kräfte der Strenge und der Gnade kennen und beherrschen muß, um wirkliche Milde ausüben zu können. Um dies aber zu erreichen, werden großer Mut und Energie gebraucht und nicht hysterische Schwäche und Unentschlossenheit in den Handlungen. Deshalb bekräftigt der Hiereus in seiner Antwort die Notwendigkeit des Mutes und die Gefahr der Angst, und er gibt ein Klopfzeichen, um die Schwingung dieser Kraft in der Gefühlssphäre des Kandidaten zu versiegeln.

Das nächste Aufhalten und Weihen des Kandidaten stellt eine Ausweitung des vorigen dar und den Beginn der Herausbildung der Ecke von Kether. Die Augenklappe wird wieder hochgeschoben, um einen weiteren Blick auf das Wesen des göttlichen Lichts zu gestatten, wenn auch für das Verständnis des Kandidaten einen unvollständigen. Wie in der Antwort des Hegemonen dargestellt, erscheint es ihm deshalb als ein Licht, das in der Dunkelheit schwach zu sehen ist, das aber dennoch den dahinterliegenden Glanz andeutet. In seiner Rede formuliert der Hierophant die Kräfte der verborgenen Mittleren Säule.

Danach geht der Kandidat zum Altar des Universums weiter, welcher die Einflüsse der drei Säulen empfängt, als würde der göttliche Strahl in die Dunkelheit des Geistes herabkommen, denn dann, aber nicht vorher, ist er bereit zu erkennen, welche Dinge für die »Suche nach dem strahlenden Licht« als erste notwendig sind.

Der Hierophant verläßt seinen Thron und tritt zwischen die Pfeiler. Während des Gebetes hält er dort, auf der Station des Harpokrates, auf der der bösen Dreiheit oder östlich vom Altar inne. Es kommt nicht wirklich darauf an, wo er anhält, aber bei jedem Kandidaten wird einer der Plätze passender erscheinen als die anderen; gewöhnlich wird der Hierophant instinktiv an dem richtigen Ort anhalten.

Der Hiereus steht links vom Kandidaten, der Hegemon rechts von ihm, und sie bilden so die übernatürliche Dreiheit Kether, Chockmah und Binah. Der Kerux, Stolistes und Dadouchos vertreten eine niedere und unterstützende Dreiheit hinter ihnen, wie um zu bestätigen, daß er das Urteil der Waagschalen durchschritten hat. Es ist am besten, wenn auch nicht absolut notwendig, daß der Hierophant und der Hiereus ihre Banner halten. Auf jeden Fall sollten sie es astral tun.

Das höhere Selbst des Kandidaten baut sich in der unsichtbaren Station des Harpokrates hinter dem Hierophanten auf, welcher in seiner momentanen Position Aroueris ist. Der Hierophant gibt ein einzelnes Klopfzeichen, um die Angelegenheit zu besiegeln, und ruft dann den Herrn des Universums an. Nun erst wird die Augenbinde endgültig entfernt. Der Hierophant, der Hiereus und der Hegemon vereinen Szepter und Schwert über dem Kopf des Kandidaten, bilden so die übernatürliche Dreiheit und bestätigen seine Aufnahme in den Orden. Dann rezitieren sie die mystischen Worte, um den Strom des fließenden Lichts zu versiegeln.

Das höhere Selbst bleibt in der Station des Harpokrates, und an dieser Stelle sollte in der geistigen Schau über dem Kopf des Kandidaten ein leuchtendes weißes Dreieck zu sehen sein.

Der Hierophant ruft nun den Kerux auf, der den Kandidaten warnt, daß das Licht ihm ohne sein Wissen vorangegangen ist. Für ihn stellt es hier die vage Formulierung von Ideen dar, die er noch nicht begreifen oder analysieren kann. Dieses Licht ist kein Symbol des höheren Selbstes, sondern ein Strahl der Götter, um ihn dorthin zu führen.

Erst nachdem er so ins Licht gebracht wurde, wird der Kandidat auf die Ostseite des Altars geführt, an den Ort der Station der bösen Dreiheit, um zu bestätigen, daß er mit diesem Licht in der Lage sein wird, seine böse Persönlichkeit hinauszuwerfen und sie niederzutreten, denn sie wird ihn unterstützen, wenn sie auf ihren rechten Platz verwiesen worden ist. Dem Hiereus, »dem Rächer der Götter«, wird deshalb die Pflicht übertragen, den Kandidaten mit den geheimen Zeichen und so weiter zu versehen. Er ist es, der den Kandidaten das erste Mal zwischen die Säulen stellt und seine abschließende Weihung überwacht. So läßt er die besondere, dem Hiereus zugehörige Kraft zur Unterstützung des Kandidaten einfließen, damit dieser sich sicherer und entschiedener den Versuchungen der bösen Persönlichkeit widersetzen kann.

Der Hierophant ist auf seinen Thron zurückgekehrt, und der Hegemon hält die Insignien des Hiereus, während er die Zeichen und so weiter übergibt. Auf diese Weise bekräftigt er die Notwendigkeit der vom Hiereus repräsentierten Kräfte für den Kandidaten.

Der Hierophant auf dem Thron, der Hiereus östlich der schwarzen Säule und der Hegemon östlich der weißen Säule bilden eine Dreiheit, welche eine Spiegelung der drei Übernatürlichen ist. Die höhere

Seele wird zwischen die Säulen an den Ort des Gleichgewichts gesetzt. Der Kandidat steht am Ort der bösen Dreiheit, und der Hiereus nähert sich nun dem Ort des Harpokrates zwischen den Säulen, um die Worte zu übergeben.

Nachdem der Hiereus die Worte und Gesten gegeben hat, zieht er den Kandidaten zwischen die Säulen, und nun steht die höhere Seele zum zweiten Mal in der Zeremonie nahe bei ihm und bereit, ihn zu berühren. Der Hiereus kehrt zu seinem Platz östlich der schwarzen Säule zurück, so daß die drei Hauptamtsträger durch ihre Insignien und den Einfluß ihrer Symbole die Kräfte der übernatürlichen Dreiheit anrufen und auf den Kandidaten herabziehen können. Es ist deshalb an dieser Stelle sehr wichtig, daß sie sich auf ihren Plätzen befinden.

Der Kandidat steht nun zwischen den Säulen, mit einem Strick gebunden, wie die mumifizierte Gestalt des Osiris zwischen Isis und Nephthys. Die letzte Weihung wird nun durch die Göttin der Waagschalen vollzogen. Zum ersten Mal während der Zeremonie steht der Kandidat an dem Punkt, der das Gleichgewicht der Waagschalen repräsentiert. Inzwischen geht der Kerux in den Norden und macht sich für die Umkreisung bereit, um diese mit der letzten Weihe des Kandidaten zu verbinden. Die letzte Weihung wird auch von dem Hiereus Horus gefordert, dem mächtigen Rächer der Götter, der immer noch die böse Persönlichkeit des Kandidaten bedroht. Die Wirkung besteht darin, die vier Säulen in der Gefühlssphäre des Kandidaten in ausbalancierter Stellung abschließend zu versiegeln. Das bedeutet aber nicht, daß sie nicht schon zuvor auf natürliche Weise dort gewesen wären. Beim natürlichen Menschen aber sind die Symbole ihrer Stärke gemäß nicht im Gleichgewicht, manche sind schwächer, manche stärker. Die Wirkung der Zeremonie besteht darin, die Schwachen zu stärken und die Starken zu reinigen und so zu beginnen, sie ins Gleichgewicht zu bringen. Gleichzeitig wird eine Verbindung zwischen denselben und den entsprechenden Kräften des Makrokosmos geschaffen.

Nachdem dies geschehen ist, befiehlt der Hierophant die Entfernung der Kordel, die bis hierher absichtlich dort geblieben ist, um die Handlungen des natürlichen Menschen, dessen Versuchung in der bösen Persönlichkeit liegt, symbolisch einzuschränken.

Nachdem die vier Säulen auf diese Weise fest errichtet sind, wird dem Kandidaten das Emblem des weißen Dreiecks der drei Übernatürlichen verliehen, die sich in der Finsternis bilden. Von nun an ist auch das hohe Selbst wirklich in der Lage, eine Verbindung zu ihm herzustellen, wenn der menschliche Wille des natürlichen Menschen wirklich dabei zustimmt. Der freie Wille des natürlichen Menschen wird durch die höhere Seele oder durch die Zeremonie niemals gezwungen. Stimmt er aber zu, ist die ganze Zeremonie darauf gerichtet, seine Tätigkeit zu stärken. Wenn ihm dieses Emblem angelegt wird, ist es, als ob die beiden großen Göttinnen, Isis und Nephthys ihre Flügel über Osiris breiteten, um ihn wieder ins Leben zu rufen.

Es folgt nun die mystische Umkreisung auf dem Pfad des Lichts, um das Erstehen des Lichts im Kandidaten durch die Operation des Selbstopfers auszudrücken. *Wenn er am Thron des Hierophanten vorüberschreitet, wird astral das rote Passionskreuz über dem astralen weißen Dreieck auf seiner Stirn angebracht, damit er, solange er dem Orden angehört, dieses mächtige und sublime Symbol als ein Zeichen seiner Verbindung mit dem höheren Selbst trägt, sowie als eine Hilfe bei der Suche nach den Kräften des göttlichen Lichts – sofern er dies will.*

Die höhere Seele oder der Genius kehrt nun zur unsichtbaren Station des Harpokrates zurück, dem Ort der verborgenen Mitte, behält aber die mit dem Kandidaten aufgebaute Verbindung bei. Die Rede des Hierophanten dient einfach dazu, die deutliche Herausbildung der Symbole des Neophytengrades im Kandidaten zu erreichen, weshalb erst nach dem Ende derselben der Wächter Anubis verkündet, daß der Kandidat ordnungsgemäß als ein eingeweihter Neophyt aufgenommen worden ist.

Dem Hiereus fällt eine warnende Ansprache zu, um den Willen des Kandidaten noch einmal zu kräftigen und eine abschließende Drohung an die böse Persönlichkeit zu richten. Der Hierophant macht dann deutlich, welche Studien der Kandidat zu beginnen hat. Er bringt zum Ausdruck, daß die Symbole in der Gefühlssphäre ins Gleichgewicht gebracht werden müssen, bevor eine Verbindung zwischen ihnen und dem Makrokosmos hergestellt werden kann. Damit dies vollständig geschieht, wird die Notwendigkeit von Prüfungen betont.

Dann vermischt der Kerux zwei Flüssigkeiten, um ein Abbild des Blutes zu schaffen. Das geschieht, um in der Sphäre des Kandidaten die Symbole der wandelnden Kräfte in der Natur festzulegen und außerdem eine Verbindung zwischen ihnen und dem physischen Leben des Kandidaten herzustellen, das als Schutz für die Mysteriengeheimnisse dienen soll. Diese besondere Form der Transmutation wird dazu benutzt, um die Wirkung der Mischung von zwei Kräften zu zeigen, die eine dritte, völlig von ihnen verschiedene erscheinen lassen. Die rote Farbe ist symbolisch für das Blut des Kandidaten. In den Mysterien des Altertums wurde an dieser Stelle tatsächlich das Blut des Kandidaten genommen und aufbewahrt, um eine drohende Verbindung zu schaffen, falls er sich als unwürdig erweisen sollte. Unsere Transmutation hat aber in dieser Angelegenheit etwa die gleiche Wirkung, denn sie schafft eine feste astrale Verbindung.

Über ihre offensichtliche Bedeutung hinaus soll die abschließende Rede des Hierophanten weiterhin bekräftigen, daß eine nur teilweise eingeweihte Person nicht in der Lage ist, zu lehren oder den Äußeren und im geheimen Wissen noch Unerfahrenen Anweisungen zu geben, denn durch Mißverständnisse der Prinzipien würde er sicherlich Irrtum anstelle von Wahrheit verbreiten.

Abschluß

Der größte Teil der Abschlußzeremonie wird bereits bei der Eröffnung erklärt. Die umgekehrte Umkreisung soll den Rückzug des Lichts der übernatürlichen Dreiheit vom Altar anzeigen, damit sie nicht dadurch profanisiert wird, daß sie ohne angemessenen Schutz dort wohnt. Das göttliche Licht würde nicht darunter leiden, aber es könnte einen rächenden Kraftstrom wirksam werden lassen, wenn es entweiht wird. Das ist auch mit dem mosaischen Gesetz gemeint, nach dem es verboten ist, ungeweihtes Feuer entweder vor oder innerhalb des Schleiers des Tabernakels darzubieten. Als eine Schwingungsformel bedeutet die umgekehrte Umkreisung die Umkehrung des Stromes und die Wiederherstellung des gewöhnlichen Zustandes der Ausführenden.

Dann folgt das mystische Mahl, eine Kommunion des Körpers des Osiris. Der mystische Name desselben ist »Die Formel des Gerechten«. Im Abschnitt über den Altar wird dies hinreichend erklärt.

Als Wächter der Götter dreht der Kerux abschließend den Kelch um, um zu zeigen, daß die Symbolik des Selbstopfers und der Regeneration vollendet ist. Die Verkündigung wird vom Hierophanten und den Hauptamtsträger dadurch bestätigt, daß sie drei Klopfzeichen geben, die auf die mystische Dreiheit hindeuten, und daß sie die mystischen Worte wiederholen.

In seiner abschließenden Rede versiegelt der Hierophant die Verbindung, die am Anfang zwischen den Teilnehmern und der übernatürlichen Dreiheit geschaffen worden ist, für jeden Anwesenden, damit diese für ihn oder sie eine Führung zum schließlichen Erreichen der höchsten Einweihung sein möge – sofern er das will.

Die Symbolik und Bedeutung der Schritte, Gesten, Griffe, Kennzeichen und Worte

Sie werden auf drei Arten interpretiert:

1. offensichtliche Bedeutung
2. geistiger oder mystischer Bezug
3. praktische Anwendung.

Zunächst wird der Fuß ungefähr 15 cm vorgesetzt, um zu repräsentieren, daß der Fuß auf der Seite von Chesed vorgesetzt wird und einen zögernden Schritt in die Dunkelheit tut. Der linke Fuß wird benutzt, um die Kraft der Isis oder den Beginn einer Handlung anzuzeigen, nicht die Kraft der Nephthys oder das Ende einer Handlung. Der Abstand von 6 Zoll (15 cm) wird hier nur angegeben, um es für englische Eingeweihte verständlich zu machen. Er bedeutet ein passendes Maß von 6, und besonders auch sechsmal die ungefähre Länge eines Daumengliedes – Geist und Wille.

Zweitens wird dadurch der Beginn des Niedertretens der bösen Persönlichkeit angezeigt. Der Fuß wird sechs Abstandseinheiten vorgestellt, entsprechend der Zahl 6 von Tiphareth – Osiris –, eine Anspielung auf das Selbstopfer, das nötig ist, um das zu erreichen.

Drittens bedeutet es die praktische Anwendung des Beginns magischer Kraft. Beim Gebrauch der Geste des Eintretenden soll der Adept den Schritt tun, wenn er die Geste beginnt. Er soll sich selbst dabei als gewaltig imaginieren, in der Gestalt des Gottes oder der Göttin, welche der Arbeit entsprechen. Sein Kopf reicht bis in die Wolken, seine Füße ruhen auf der Erde. Er tue diesen Schritt so, als stampfte er auf die Erde und die Erde bebte und schwankte unter ihm. Wie geschrieben steht: »Wolken und Dunkelheit sind um ihn, Blitze und Donner sind die Stätten seiner Füße.« Sein geheimer Name ist »Der Schritt des Rächers«.

(Anmerkung: Einer der neueren Tempel hat das Obengenannte so interpretiert, daß der Eingeweihte sich verbeugt, wenn er am Osten vorüberschreitet. Das ist damit jedoch nicht gemeint. Die ursprüngliche Bedeutung im Golden Dawn ist sehr wichtig und sollte wörtlich genommen werden. I.R.)

Das Grußzeichen

1. Das Herumtasten auf der Suche nach der Wahrheit.
2. Es bedeutet die Involution und die Herabkunft des Lichtes in die Materie, um den Willen des Kandidaten bei seiner Suche und dem Streben nach dem Höheren zu unterstützen.
3. Wie zuvor beschrieben, stehe in der Gottesform und erhebe deinen Geist zur Kontemplation Kethers, und wenn du den Schritt durchgeführt hast, bringe die Hände über dem Kopf nach vorne. Strecke sie direkt in Augenhöhe waagerecht nach vorn – Arme ausgestreckt, Finger gerade, Innenflächen nach unten, die Hände auf das Objekt gerichtet, das geladen oder beeinflußt werden soll. Senke gleichzeitig den Kopf, bis die Augen genau zwischen die Daumen schauen. Auf diese Weise müssen sich die Strahlen von den Augen, von jedem Finger und von den Daumen genau auf dem anvisierten Objekt vereinen. Wenn einer abweicht, ist das eine Schwäche. Auf diese Weise ausgeführt, stellt diese Geste ein Symbol gewaltiger Angriffskraft und Willensprojektion dar. Sie sollte in allen Fällen angewendet werden, wo eine starke Angriffskraft erforderlich ist, besonders beim Laden von Talismanen und ähnlichem. Im allgemeinen ist es am besten, die Daumen und alle Finger ausgestreckt zu halten, wird aber ein besonderer Effekt gewünscht, dann kann man nur die der Sache entsprechenden Finger ausstrecken und die anderen in der Hand zurückgefaltet lassen. Hiermit kann auch die Zuordnung der Planeten zum Kopf verbunden werden: Mars zum rechten Nasenloch, Merkur zum Mund und so weiter, wie es in der Schrift zum Mikrokosmos erklärt ist. Dabei wird gleichzeitig ein Strahl in der entsprechenden Planetenfarbe vom betreffenden Teil des Kopfes ausgesendet. Wenn du damit fertig bist, achte darauf, die Strahlen wieder zurückzuziehen, sonst werden sie als Ausläufer der astralen Kraft bestehen bleiben und dich ermüden. Dagegen schützt du dich am besten, indem du sofort das Zeichen des Schweigens gibst. *Das erste Zeichen sollte immer vom zweiten beantwortet werden.* Der geheime Name der Grußgeste ist »Die Angriffsgeste« oder »Das Zeichen des über die Schwelle Eintretenden«.

Das Zeichen des Schweigens

1. Dies ist einfach das Zeichen des Geheimnisses in bezug auf die Mysterien.

2. Es stellt die Bekräftigung der Station des Harpokrates dar, an der die höhere Seele des Kandidaten während der Aufnahmezeremonie zeitweise erscheint. Es ist das Symbol der Mitte und die »Stimme der Stille«, welche insgeheim den Gedanken des Herzens antwortet.

3. Das Zeichen des Schweigens zieht die Kraft zurück, die durch das Zeichen des Eintretenden ausgesandt wurde. Nimm dabei, wie zuvor gelehrt, die riesige Gestalt des Gottes Harpokrates an. Ziehe den linken Fuß heftig zurück, beide Hacken zusammen, und stampfe mit dem linken Fuß, wenn er neben den rechten gestellt wird, einmal auf den Boden. Führe die linke Hand zum Mund, berühre die Mitte der Unterlippe mit dem linken Zeigefinger. Balle die anderen Finger und den Daumen und laß die rechte Hand an der Seite hängen. Imaginiere, daß dich wässriger Dampf umkreist und einschließt. Das ist der Rückfluß des Stromes.

Diese Geste sollte ebenfalls als Schutz gegen Angriffe benutzt werden. Sie erzeugt nämlich eine Konzentration astralen Lichts um die Person. Ist die Geste richtig gemacht worden, bildet sie einen Schutz gegen alle Angriffe und Gefahren der Besessenheit. Um sie noch zu verstärken, kann die Gottesform angenommen werden. Wenn spirituelle Kraft erforderlich ist, erscheine, als würdest du auf einer Lotusblüte stehen oder dich aus ihr erheben. Um Kraft in der Kontemplation oder Meditation zu erreichen, erscheine auf einem Lotus sitzend. Für stärkere materielle Kraft aber erscheine, als stündest du auf einem Drachen oder auf einer Schlange, wie manche Statuen des Harpokrates. Als Verteidigung und Schutz ist dieses Zeichen ebenso stark wie das bannende Pentagramm, wenn auch von anderer Art. Wie die Geste des Eintretenden Angriff bedeutet, so bedeutet diese Geste auch Verteidigung, wie ein Schild eine Verteidigung gegen ein Schwert darstellt. Aus diesem Zeichen wird auch eine Formel für die Unsichtbarkeit abgeleitet.

Die geheimen Namen des Zeichens sind: »Die Geste des schweigenden Gottes« oder »Das Zeichen der Abwehr und des Schutzes«. Es kann mit jedem Finger von jeder Hand durchgeführt werden, ist aber mit dem linken Zeigefinger am stärksten, dem Wasser von Chesed, denn die Finger der rechten Hand stehen eher für die heftige Tätigkeit, während die der linken eher für die wässrige Tätigkeit stehen.

Es soll hier angemerkt werden, daß das sogenannte christliche Segnungszeichen, bei dem nur der Daumen und die ersten beiden Finger ausgestreckt werden, einen Ausdruck des Osiris, der Isis und der Nephthys darstellt – des Geistes, des Feuers und des Wassers.

Was das mentale Annehmen der Gottesformen betrifft, so stellen wir fest, daß dieser Vorgang bei allen magischen Arbeiten von großem Nutzen und eine starke Hilfe ist, ob es sich nun um eine Invokation, eine Evokation, die Kontemplation, die Meditation, das Hellsehen in der geistigen Schau oder die Alchemie handelt. Die Gottesformen repräsentieren hier nämlich eine bestimmte symbolische, materielle Tätigkeit der göttlichen Kräfte.

Der Griff und die Paßworte

1. Gleichzeitig mit dem Ausführen der Schritte werden die Griffe ausgetauscht. Das bedeutet die Suche nach Führung in der Dunkelheit und das Schweigen über die Mysterien.

2. Das zeigt, daß ein steter und entschiedener Wille, der in Einklang mit dem Guten handelt, erreichen wird, was er sich wünscht, ganz gleich, wie oft er zunächst versagt. Er prägt die Notwendigkeit für Harmonie und brüderliche Liebe, das Ablegen von Kleinlichkeit und zu starker Selbstbezogenheit, das Zulassen von Schwächen anderer innerhalb gewisser Grenzen, das absolut entschiedene Ablehnen der Lüge. Darum begegnen sich im Griff des Neophyten die Eingeweihten Hand in Hand und Fuß an Fuß im wahren Gruß eines Bruders oder einer Schwester, nicht in der verborgenen Feindschaft eines Gegners. Bei den inneren Arbeiten, bei denen alle in gleicher Weise die gleichen Kräfte invozieren, entsteht nämlich eine Trennung, wenn jemand nicht mit allen anderen sympathisiert, und dadurch wird die ganze Zusammenarbeit geschwächt. Aber noch sicherer zieht er dadurch einen Rückstrom der Rächer des Bösen auf sich.

Der Name des schweigenden Gottes, der das große Wort dieses Grades bildet, repräsentiert auch das Schweigen in den Heiligen Mysterien, das dem Äußeren Orden gegenüber beachtet werden muß. Es zeigt auch die Notwendigkeit, die Geheimnisse eines Bruders oder einer Schwester zu achten, die dir anvertraut werden, und nicht zu versuchen, diese aus Neugier auszuforschen oder zu verbreiten, wenn sie entdeckt worden sind, und auch in keiner Weise Bezug darauf zu nehmen, um jemanden zu verletzen oder sie in anderer Weise als ein Mittel zur Demütigung anzuwenden, sondern sie als heilig zu wahren und sich von ihnen nicht davon ablenken zu lassen, gerecht und harmonisch zusammenzuarbeiten.

3. Wenn an einer magischen Zeremonie oder an einer anderen Arbeit mehr als ein Mitglied teilnimmt, versetzen sich alle Anwesenden in die Gottesform, wie sie es gelernt haben, und tauschen Gesten, Griffe und Worte aus, um einen harmonischen Fluß aufzubauen und sich gegenseitig die Ausrichtung des Willens auf das gleiche Objekt zu bekräftigen.

Das Paßwort

1. Es dient nur, um die Geheimnisse des Ordens gegenüber Mitgliedern, die ausgetreten sind oder nicht arbeiten, zu bewahren; deswegen wechselt es bei jeder Äquinox.
2. Es stellt eine Bekräftigung der verschiedenen spirituellen wie auch physischen Zustände des Kandidaten dar, denn nicht alle Naturen können gleich sein, ohne daß daraus Böses oder Verletzungen hervorgingen, sondern jedes Wesen sollte zu seinem eigenen Kether gebracht werden, dem Höchsten seiner Art. Das kann auch in bezug auf alle Dinge getan werden und stellt die Basis der Alchemie dar.
3. Es sollte verkündet werden, um die Sonnenkräfte, das Licht der Natur, für die sechs Monate, die auf die betreffende Äquinox folgen, anzuziehen, als eine Verbindung der Sonnenkraft mit dem Orden. Dieses Paßwort kann deshalb auch in einer magischen Zeremonie eingesetzt werden, um die Unterstützung des Lichts der Natur anzuziehen, das auf die natürlichen Kräfte wirkt.

Die Äquinoktialzeremonie

Sämtliche Formeln der Äquinoktialzeremonie sind dazu angelegt, eine magische Verbindung zwischen der Sonne, dem Licht der Natur, und dem Orden herzustellen; und sie sollte in einem Zeitraum von 48 Stunden vor oder nach dem tatsächlichen Eintritt der Sonne in Widder oder Waage abgehalten werden. Das vom Hierophanten gegebene einzelne Klopfzeichen bezeichnet die Initiation eines neuen Stromes. Wie bereits erklärt, symbolisiert das Paßwort die Verbindung zum Zweck der Zeremonie, und darum verkündet der Kerux die Abschaffung des alten Paßwortes, bevor eine neue Operation beginnt, um einen neuen Strom anzuziehen. Abgesehen vom Austausch der

Die Rituale des Äußeren Ordens

Insignien bleiben der Hierophant, der Hiereus, der Hegemon, der Stolistes und der Dadouchos während der gesamten Zeremonie auf ihren Plätzen – als einziger bewegt sich der Kerux, der Wächter der Götter.

Durch den Austausch der Worte zwischen Hierophant und Hiereus wird zunächst eine senkrechte Strömung in Richtung auf den mittleren Pfeiler bewirkt, während der Hegemon, der in der ganzen Äquinoktialzeremonie der wesentliche Amtsträger ist, diese Strömung kraft seiner Insignien mit einem einzelnen Klopfzeichen versiegelt, in der Mitte festlegt und die Worte spricht: »Ich bin es, der zwischen ihnen versöhnt.« Darauf folgt die kreuzende Strömung, die zwischen Stolistes und Dadouchos aufgebaut wird – wieder vom Hegemonen festgelegt und versiegelt. Die Ströme symbolisieren auf diese Weise das gleicharmige Kreuz der Elemente, dessen Zentrum natürlicherweise etwa bei der unsichtbaren Station des Harpokrates läge, vom Hegemonen jedoch zwischen den Säulen festgelegt wird. Die sich kreuzenden Strömungen werden so in das Bild des Passionskreuzes der Flüsse geworfen, um dadurch mit der Symbolik Tiphareths und den Sephiroth verbunden zu werden.

Hierophant, Dadouchos, Hiereus und Stolistes bilden einen Kreis um das Symbol, der wiederum vom Hegemonen versiegelt wird. Die Amtsträger legen dann ihre Insignien wieder auf den Altar, wobei sie sorgfältig dem Lauf der Sonne folgen. Statt dessen nehmen sie von dort die mystischen Symbole des Körpers von Osiris auf, die ihren jeweiligen Kardinalpunkten entsprechen. Der Hegemon nimmt die Lampe des Kerux. Der Kerux umkreist dann, bleibt an den Kardinalpunkten stehen und schaut sie an, um den Sonnenlauf durch den Tierkreis zu symbolisieren und den solaren Strahl anzuziehen. Dies alles steht jedoch unter der Kontrolle des höheren Lichtes des Osiris, und die Anbetungen werden an den Stationen der Cherubim durchgeführt, um die Grenzen des Kreises zu markieren.

Der Hegemon versiegelt das solare Licht in der Mitte mit der Lampe des Gotteswächters und mit dem Zeichen des Passionskreuzes von Tiphareth. Dann wird der Eintritt einer neuen Strömung des Lichts in einer formalen Bekräftigung proklamiert, und die mystischen Worte werden vorgetragen, um die Zeremonie abzuschließen.

Aus dieser Zeremonie lassen sich viele praktische Formeln ableiten, was der Z.A.M. (Zerator Adeptus Minor), der diese Übung ganz bewältigt hat, leicht verstehen wird. *Er soll nur daran denken, daß die Formeln der Äquinoktialzeremonie das plötzliche Anziehen und Versiegeln einer in der Natur tätigen Kraft darstellen, nicht aber eine gleich-*

mäßige und abgestufte Zeremonie, um eine solche aufzubauen. Daher ist es auch günstig, das dann gültige Paßwort als eine Hinzufügung zu den anderen Namen zu benutzen, die man in magischen Zeremonien verwendet, um die Verbindung mit dem Sonnenlicht herzustellen.

Bemerkungen zum eröffnenden Exordium (lat. Anfang) von »Z«

Der große Thoth ist der höchste Aspekt des Hermes in den uralten ägyptischen Mysterien und entspricht etwa dem großen Engel Metatron. In der Welt Briah ist er der Erzengel Kethers. Der Merkur der Römer darf mit diesem großen Hermes nicht verwechselt werden.

Die Doktrinen der Gnostiker und des Valentinus näherten sich jenen der reinen Kabbala. In ihnen finden wir Worte und Schweigen. Das ursprüngliche Wort kommt über den Abgrund des Schweigens. Die Göttlichen, auf die hier Bezug genommen wird, sind die Äonen der Welt Atziluth. Diese Sätze des Wissens sind in eine Form gebracht, die uns in der niederen Welt verständlich sein kann.

Eheieh – der inwendige und der auswendige Klang. »Während seines gesamten Daseins spricht jedes Wesen beim Ein- und Ausatmen des Namen des Herrn des Lebens aus.«

Makroprosopus ist Aima und Abba, Mutter – Vater. Die beiden Atemströme gehen in den zwei Nasenlöchern hinauf und hinunter, wie durch die beiden großen Säulen. Diese versetzen alle Dinge in Schwingung; vergleiche mit Rashith ha-Gilgalim. Das Durchstechen der Windungen des Drachens deutet auf die Befreiung von Malkuth hin, welche auch als ›das Waschen der Kleidung der Königin‹ benannt wird, der niederen Mutter. Dann folgt das Hervorbrechen des Lichts. Metatron und Sandalphon als die beiden Säulen stehen über Malkuth als Wächter, und Nephesch ha-Messiah, die tierische Seele des Messias, die Shekinah oder Gegenwart, steht zwischen den Cherubim.

Das besondere Exordium

Die Ungeborenen der Zeit, auf die Bezug genommen wird, sind jene strahlenden Formen des göttlichen Lichts noch über Kether von Atziluth. In jenen übernatürlichen Bereichen ist das Ain Soph äußerst positiv, obwohl es in unseren Augen negativ scheint. Von dort treten die Götter hervor, die Stimme, die Äonen und der Name.

Die Rituale des Äußeren Ordens

Allgemein lassen sich die ägyptischen Götter durch ihre Kronen unterscheiden: Amen-Ra trägt lange Federn, Mo-ooth (Maut) hat den gleichen Kopfschmuck wie Horus. Er entspricht Aima Elohim. Der hohe Hermes-Thoth hat den gleichen Kopfschmuck wie Amoun Kneph, der Heilige Geist. Vergiß nicht, daß Thoth, die Wahrheit, zwei Aspekte hat – einen höheren und einen niederen. Der höhere ist absolut, der niedere ist dem menschlichen Begreifen zugänglich. Jemandem die höhere Form einer Wahrheit mitzuteilen, der sie nicht verstehen kann, bedeutet, ihn zu belügen, denn, obwohl sie richtig formuliert ist, kann sie doch nicht richtig aufgenommen werden.

Die Formen der Thmaah. Es gibt vier Formen, die Göttin Thma-Est anzusprechen, wodurch sie den vier Buchstaben des Namens zugeordnet wird und damit den Elementen und dem Baum.

Feuer. Chokmah. Jod. Thma-oe-Sh.
Wasser. Binah. Heh. Thma-oe-Tt.
Luft. Tipharet. Vau. Thm-a-oe-St.
Erde. Malkuth. Heh (schließend). Thm-a-Oe.
(Die Mittlere Säule)

In der Äquinoktialzeremonie ist der Hegemon Luft, Geist und der Hauptamtsträger. Die Zeremonie schafft eine Verbindung vom Osten zum Westen, vom Norden zum Süden und eine kreisförmige Gestalt.

Zelator 1 = 10

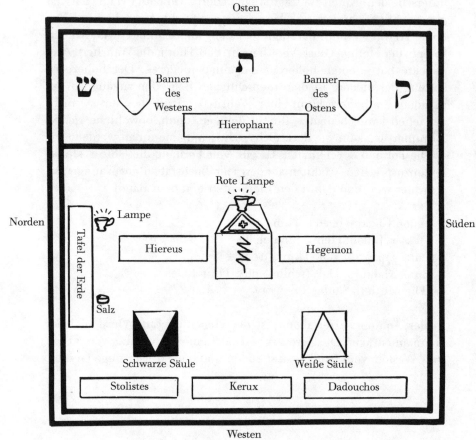

Eröffnung des Zelatorgrades

Die Teilnehmer tragen ihre Roben und haben sich versammelt, jeder auf seinem rechten Platz sitzend. Der Hiereus gibt ein Klopfzeichen. Alle erheben sich.

Hierophant: (Sitzend) Brüder und Schwestern des Zelatorsgrades des Golden Dawn, helft mir, den Tempel des Zelatorgrades zu eröffnen. Bruder Kerux, achtet darauf, daß der Tempel gehörig gedeckt ist.

Kerux: (Klopft, ohne die Tür zu öffnen. Der Sentinel klopft.) Ehrwürdiger Hierophant, der Tempel ist gehörig gedeckt.

Hierophant: Würdiger Hiereus, stellt sicher, daß niemand anwesend ist, der nicht den Grad eines Zelators bekleidet.
Hiereus: Brüder und Schwestern, gebt die Geste des Zelators. (Alle machen die Geste des Zelators.)
Hiereus: (Gibt das Zeichen) Ehrwürdiger Hierophant, niemand unterhalb des Zelatorgrades ist anwesend.
Hierophant: (Gibt das Zeichen.) Reinigt und weiht den Tempel mit Wasser und mit Feuer. (Der Kerux tritt zwischen den Säulen näher. Stolistes und Dadouchos, jeder auf einer Seite der Säulen, gehen in die Mitte der Halle. Alle grüßen. Der Dadouchos zieht mit dem Räuchergefäß ein Kreuz in die Luft und schwingt es dreimal nach vorn, während er spricht:)
Dadouchos: Ich weihe mit Feuer. (Der Stolistes macht ein Kreuz mit dem Kelch, sprenkelt dreimal in Richtung Osten und spricht:)
Stolistes: Ich reinige mit Wasser.
Kerux: Der Tempel ist gereinigt. (Grüßt mit der Geste des Zelators. Alle drei ziehen sich zurück, der Kerux führt sie an und geht mit dem Zeichen des Neophyten vorüber.)
Hierophant: Das Element dieses Grades werde genannt, damit es in den Sphären der Anwesenden erwacht, wie auch in der Sphäre des Ordens.
Hegemon: Das Element Erde.
Hiereus: (Klopft) Beten wir den Herrn und König der Erde an. (Alle blicken nach Osten.)
Hierophant: ADONAI HA-ARETZ. ADONAI MELEKH. Dein ist das Reich und die Kraft (bekreuzigt sich) und die Herrlichkeit. MAL-KUTH, GEBURAH, GEDULAH. (Mit dem Szepter zieht er vor sich Kreuz und Kreis, während er sagt: MALKUTH...) Die Sharon-Tulpe und das Maiglöckchen. Amen. (Alle machen die Geste des Zelators.) Der Kerux geht in den Norden, verstreut Salz vor der Tafel und spricht:)
Kerux: Die Erde bete Adonai an! (Der Hierophant verläßt seinen Platz und geht nach Norden. Er steht mit Blick auf die Mitte der Tafel des Nordens in einem angenehmen Abstand davon, sagen wir 1,50 Meter. Der Hiereus nimmt seinen Platz zur Rechten des Hierophanten ein, der Hegemon zur Linken des Hierophanten, der Stolistes hinter dem Hiereus, der Dadouchos hinter dem Hegemonen. Alle Amtsträger blicken nach Norden. Der Hierophant zeichnet vor und konzentrisch mit der Tafel des Nordens ein invozierendes Erdpentagramm als Zeichen, dabei sagt er:)
Hierophant: Und die Elohim sprachen: Laßt uns Adam machen nach

unserem Bilde, uns ähnlich, und geben wir ihm die Herrschaft über die Fische im Meer und über die Vögel in der Luft und über das Vieh und über die ganze Erde und über alle kriechenden Dinge, die über die Erde krabbeln. Und die Elohim erschufen Eth Ha-Adam nach ihrem eigenen Bilde, im Bilde der Elohim erschufen sie ihn. Im Namen von ADONAI MELEKH und der Braut und Königin des Reiches, Erdgeister, betet Adonai an! (Der Hierophant gibt sein Szepter dem Hiereus und zeichnet in die Mitte des Pentagramms den Ochsen, wobei er sein Schwert faßt und spricht:)

Hierophant: Im Namen von ADONAI HA-ARETZ erkläre ich diesen Tempel im Grade des Zelators für gebührend eröffnet.
Hierophant: (Klopft 4, 3, 3)
Hegemon: (Klopft 4, 3, 3)
Hiereus: (Klopft 4, 3, 3)

Die Beförderung – Erster Teil

Der Hierophant sitzt im Osten vom Altar, der Hiereus im Norden und der Hegemon im Süden.

Hierophant: Brüder und Schwestern, unser Bruder (unsere Schwester) hat auf den Pfaden des okkulten Wissens solche Fortschritte gemacht, daß er (sie) in der Lage war, eine Prüfung über die erforderlichen Kenntnisse zu bestehen, und nun berechtigt ist zum Fortschreiten in diesen Grad. Ordnungsgemäß habe ich eine Ermächtigung von den hochwürdigen Oberen des Zweiten Ordens erhalten, ihn (sie) in gebührender Form aufzunehmen. Würdiger Hegemon, bewacht die Vorbereitung des Neophyten und gebt den Ruf des Wächters. (Der Hegemon grüßt mit der Geste des Zelators und verläßt den Raum über den Süden und Westen. Der Sentinel bereitet den Neophyten vor, der die Schärpe des Neophytengrades trägt und die Augen verbunden hat. In der rechten Hand trägt er die Swastika. Der Hegemon erklärt dem Neophyten die Klopfzeichen des Grades. Der Kerux öffnet die Tür gerade um einen Spalt.)
Hegemon: Laßt mich die Pforte der Weisheit betreten.
Kerux: Ich gestatte es. (Öffnet die Tür und läßt sie ein. Der Sentinel dunkelt die Lichter ab.)
Hierophant: Wenn nicht Adonai das Haus baut, ist die Arbeit umsonst, die es baute. Wenn nicht Adonai die Stadt bewacht, so wacht der Wächter vergebens. Frater (Soror) Neophyt, mit welcher Hilfe

sucht Ihr die Aufnahme in den Grad des Zelators im Golden Dawn?
Hegemon: (Für den Neophyten) Unter der Führung von Adonai; durch den Besitz des nötigen Wissens; mit der Ermächtigung der hochehrwürdigen Oberen des Zweiten Ordens; mit den Gesten und Kennzeichen des Zelatorgrades. Mit diesem Symbol des hermetischen Kreuzes. (Der Kerux nimmt ihm das Kreuz ab.)
Hierophant: Gebt Schritt und Zeichen eines Neophyten. (Der Neophyt gibt sie).
Hierophant: Bruder Kerux, nehmt vom Neophyten das Zeichen, das große Wort und das Paßwort des Neophytengrades entgegen. (Der Kerux stellt sich vor den Neophyten und spricht):
Kerux: Gebt mir den Griff des Neophyten. (Ausgeführt) Gebt mir das Wort. (Ausgeführt) Gebt mir das Paßwort. (Ausgeführt) (Nachdem er alles erhalten hat, dreht er sich zum Hierophanten um, gibt den Gruß des Grades und sagt:)
Kerux: Ehrwürdiger Hierophant, ich habe sie erhalten.
Hierophant: (Zum Hegemonen) Führt den Neophyten in den Westen und stellt ihn zwischen die mystischen Säulen, sein Gesicht dem Osten zugewandt. (Der Hegemon stellt den Neophyten zwischen die Säulen und bleibt hinter ihm stehen.) Frater (Soror)... wollt Ihr geloben, die gleiche Geheimhaltung über die Mysterien dieses Grades zu wahren, wie Ihr Euch verpflichtet habt, jene des Neophytengrades zu wahren – sie niemals der Welt zu enthüllen und sie nicht einmal an einen Neophyten weiterzugeben, ohne die Ermächtigung seitens der hochehrwürdigen Oberen des Zweiten Ordens zu besitzen?
Neophyt: Ich will es.
Hierophant: Kniet dann auf beide Knie nieder, legt Eure rechte Hand auf den Boden und sprecht: Bei der Erde, auf der ich knie, schwöre ich. (Ausgeführt) Entfernt nun das Symbol der Blindheit. (Der Hegemon nimmt die Augenbinde vom Neophyten. Der Sentinel stellt die Lichter heller. Der Hegemon geht auf seinen Platz zurück. Der Neophyt kniet noch zwischen den Säulen mit seiner Hand am Boden. Kerux holt Salz von der Tafel des Nordens und geht mit der Sonne um den Altar herum, stellt sich vor den Neophyten, schaut ihn an und hält das Salz vor ihn hin.) Nehmt das Salz mit Eurer linken Hand und werft es nach Norden; sprecht: Die Mächte der Erde seien Zeugen meines Eides. (Ausgeführt. Der Kerux bringt das Salz zurück und geht auf seinen Platz.) Der Neophyt erhebe sich und werde, als Bestätigung seines Eides, mit

Wasser gereinigt und mit Feuer geweiht im Namen des Herrn des Universums. (Der Dadouchos kommt um den südlichen Pfeiler herum nach vorne, stellt sich vor den Neophyten und schwingt das Räuchergefäß dreimal nach vorne, wobei er spricht:)

Dadouchos: Im Namen des Herrn des Universums weihe ich Euch mit Feuer. (Dadouchos geht auf dem gleichen Wege zurück, den er gekommen ist. Der Stolistes kommt um die nördliche Säule herum, stellt sich vor den Neophyten, macht das Kreuz auf dessen Stirn, sprenkelt dreimal und spricht:)

Stolistes: Im Namen des Herrn des Universums reinige ich Euch mit Wasser. (Geht auf dem gleichen Wege, den er gekommen ist, auf seinen Platz zurück.)

Hierophant: Der Grad des Zelators stellt eine Vorbereitung für die anderen Grade dar, eine Schwelle vor unserer Disziplin, und er zeigt in seinen Bildern das Licht des verborgenen Wissens, das in der Dunkelheit der Schöpfung ersteht. Du fängst jetzt an, das Wesen jenes Lichts zu analysieren und zu verstehen. Zu diesem Zweck stehst du zwischen den Säulen, in dem Tor, wo die Geheimnisse des Neophytengrades dir mitgeteilt worden sind.

Bereite dich nun vor, den Bereich des Unermeßlichen zu betreten. Und Tetragrammaton Elohim pflanzte einen Garten östlich in Eden, und Tetragrammaton Elohim ließ jeden Baum aus der Erde wachsen, der schön anzusehen und gut zum Essen ist; so in der Mitte des Gartens auch den Lebensbaum und den Baum des Wissens um Gut und Böse. Dieses ist der Baum, der zwei Pfade hat, und er ist die zehnte Sephirah Malkuth, und sieben Pfeiler stehen um ihn herum, und die vier Leuchtenden wirbeln um ihn herum wie in der Vision Hesekiels von der Merkabah. Er erhält einen Einstrom der Gnade von Gedulah und einen Einstrom der Strenge von Geburah, und er wird der Baum des Wissens um Gut und Böse bleiben, bis er mit den Übernatürlichen in Daath vereint wird. Das ihm unterstehende Gute wird als Erzengel Metatron bezeichnet und das Böse als Erzengel Samael, und zwischen ihnen liegt der steile und enge Weg, an welchem der Erzengel Sandalphon Wache hält. Um seine Zweige herum befinden sich die Seelen und die Engel, und die Qlippoth oder Dämonen wohnen unter seinen Wurzeln. Der Neophyt betrete nun den Pfad des Bösen. (Der Kerux nimmt seinen Platz vor dem Neophyten ein, führt ihn in nordöstlicher Richtung zum Hiereus, hält dort inne und tritt aus der direkten Linie zwischen Hiereus und Neophyt.)

Hiereus: Woher kommst du?

Kerux: Ich komme von den zwei Säulen und suche das Licht des verborgenen Wissens im Namen von Adonai.
Hiereus: Und der große Engel Samael antwortete und sprach: Ich bin der Prinz der Dunkelheit und der Nacht. Die Törichten und Rebellischen starren auf das Angesicht der geschaffenen Welt und finden darin nichts als Schrecken und Verborgenheit. Schrecken vor der Dunkelheit ist es für sie, und sie sind wie Trunkene, die im Dunkeln taumeln. Gehe zurück, denn du kannst nicht vorbeigehen. (Der Kerux führt den Neophyten zurück zwischen die Säulen, wie er gekommen ist.)
Hierophant: Möge der Neophyt den Pfad des Guten betreten. (Der Kerux führt den Neophyten zum Südosten, hält gegenüber dem Hegemonen inne und tritt vor dem Neophyten zur Seite.
Hegemon: Woher kommst du?
Kerux: Ich komme von den Säulen und suche das Licht des verborgenen Wissens im Namen von Adonai.
Hegemon: Der große Engel Metatron antwortete und sprach: Ich bin der Engel der göttlichen Gegenwart. Die Weisen sehen auf die geschaffene Welt, und sie sehen darin das blendende Antlitz des Schöpfers. Deine Augen können das blendende Abbild noch nicht ertragen. Kehre zurück, denn du kannst nicht vorübergehen. (Der Kerux dreht sich um und führt den Neophyten zurück zwischen die Säulen.)
Hierophant: Der Neophyt betrete nun den steilen und engen Pfad, der sich weder zur Rechten noch zur Linken wendet. (Der Kerux führt den Neophyten direkt in die Mitte der Halle, bis er dem Altar nahe ist, hält dort inne und tritt vor dem Neophyten zur Seite, so daß dieser ungehindert auf den Altar schauen kann.)
Hiereus und Hegemon: (Sprechen zusammen) Woher kommt Ihr? (Sie kreuzen vor dem Altar Szepter und Schwert.)
Kerux: Ich komme von den Säulen und suche das Licht des verborgenen Wissens im Namen von Adonai. (Der Hierophant nähert sich mit dem Szepter dem Osten des Altars, streckt es zwischen das Schwert des Hiereus und das Szepter des Hegemonen, erhebt es zu einem Winkel von 45° und spricht:)
Hierophant: Aber der große Engel Sandalphon sprach: Ich bin der Erlöser für die Erde und ihre himmlische Seele. In der Dunkelheit und im blendenden Licht sind Formen gleichermaßen unsichtbar. Ich bin der Cherub zur linken Hand der Bundeslade und die weibliche Kraft, wie Metatron der Cherub zur rechten und die männliche Kraft ist, und ich bereite den Weg zum himmlischen

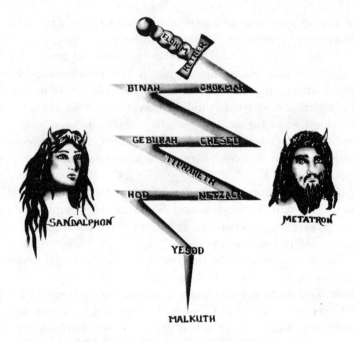

Das Flammenschwert mit den Cherubim

Licht. (Hegemon und Hiereus treten in den Süden beziehungsweise Norden des Altars zurück. Mit seiner linken Hand nimmt der Hierophant den Neophyten an der rechten Hand und spricht, wobei er auf den Altar und das Diagramm zeigt:) Und Tetragrammaton setzte Cherubim in den Osten des Gartens Eden und ein Flammenschwert, welches sich in jede Richtung wandte, um den Pfad des Lebensbaumes zu erhalten, denn er hat die Natur erschaffen, damit der aus Eden vertriebene Mensch nicht in die Leere falle. Mit den Sternen hatte er den Menschen gebunden wie mit einer Kette. Er weist ihn hin auf die verstreuten Fragmente des göttlichen Körpers in Vögeln und Tieren und Blumen, und er klagt über ihn in den Winden und in den Meeren und in den Vögeln. Und wenn die Zeiten ihr Ende gefunden haben, wird er die Cherubim vom Osten des Gartens fortrufen, und alles wird vollendet und unendlich und heilig werden.
Empfangt nun die Geheimnisse dieses Grades. Der Schritt wird auf diese Weise als sechs mal sechs gegeben und zeigt, daß Ihr die Schwelle überschritten habt. Die Geste wird durch das Erheben der Hand in einem Winkel von 45° ausgeführt. Es ist die Position, in welcher der Hierophant für Euch zwischen dem Hiereus und dem

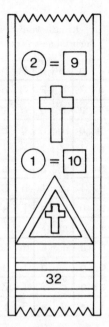

Die Schärpe des Neophyten

Hegemonen eingetreten ist. Das Zeichen wird gemacht, indem man die Finger beider Hände so zusammenlegt, daß der Daumen den Daumen berührt und beide Hände in der Mitte ein Dreieck bilden. Dies bezieht sich auf die zehn Sephiroth. Das Wort ist ADONAI HA-ARETZ, und es bedeutet Adonai als Herrn der Erde, dem Element, dem dieser Grad zugehört. Die mystische Zahl ist 55, und aus ihr wird das Paßwort Nun He gebildet. Es bedeutet Ornament und wird einzeln buchstabiert, wenn man es sagt. Das Emblem dieses Grades ist die Schärpe des Neophyten mit der schmalen weißen Umrandung, ein rotes Kreuz im Dreieck und die Zahl 1 in einem Kreis und 10 in einem Quadrat, jede auf einer Seite des Dreiecks. (Er versieht den Neophyten mit der Schärpe, zeigt auf die drei Portale und spricht:)
Die drei Portale, die Ihr im Osten seht, bilden die Pforten der Pfade, die zu den drei weiteren Graden führen, mit denen zusammen der Zelator und der Neophyt den Ersten und niederen Orden unserer Bruderschaft bilden. Darüber hinaus stellen sie die Pfade dar, welche die zehnte Sephirah Malkuth mit den anderen Sephiroth verbinden. Die Buchstaben Tau, Qoph und Shin ergeben das Wort Qesheth, einen Bogen, die Spiegelung des Regenbogens des

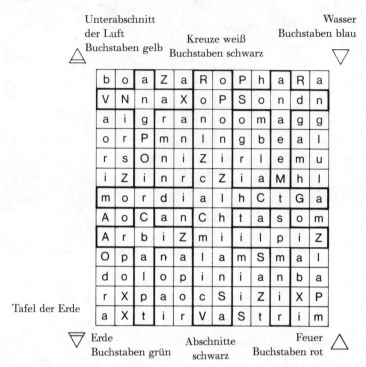

Bundes, der sich über unsere Erde erstreckt und sich um den Thron Gottes herumlegt. (Der Hegemon weist auf das Flammenschwert hin und sagt:)

Hegemon: Diese Zeichnung des Flammenschwertes der Cherubim ist eine Darstellung der Wächter des Gartens Eden, so wie der Hiereus und der Hegemon die beiden Pfade des Baumes des Wissens um Gut und Böse symbolisieren.

Hiereus: In diesem Grade wird das rote Kreuz in das weiße Dreieck auf dem Altar gelegt. Es ist auf diese Weise ein Symbol für das Banner des Westens. Das Dreieck bezieht sich auf die drei Pfade und das Kreuz auf das verborgene Wissen. Das Kreuz und das Dreieck repräsentieren gemeinsam Leben und Licht. (Der Hierophant zeigt auf die Tafel des Nordens und spricht:)

Hierophant: Dieser Grad hat einen besonderen Bezug zum Element Erde, und deshalb ist eines seiner Hauptembleme der große Wachtturm oder die Erdtafel des Nordens. Es ist das dritte oder große nördliche Viereck, die Erdtafel, eine der vier großen Elementartafeln, die Henoch von dem großen Engel Ave erhalten haben soll. Es wird wiederum in vier kleinere Winkel eingeteilt. Die mystischen Buchstaben darauf bilden verschiedene Gottes- und Engelnamen in einer Sprache, die unsere Tradition als die geheime Engelsprache bezeichnet. Davon werden die drei heiligen geheimen Namen Gottes EMOR DIAL HECTEGA abgeleitet, welche sich auf den Bannern des Nordens befinden. Es gibt außerdem zahllose Namen von Engeln, Erzengeln und Geistern, die das Element Erde beherrschen. (Der Kerux tritt vor und gibt dem Hierophanten die Swastika:)

Hierophant: Das hermetische Kreuz, welches auch Swastika genannt wird, setzt sich aus 17 Quadraten aus einem Quadrat mit 25 kleineren Quadraten zusammen. Diese 17 repräsentieren die Sonne, die vier Elemente und die 12 Tierkreiszeichen. In diesem Grad sind die Lichter auf den Säulen nicht abgeschattet und zeigen, daß Ihr nun die Dunkelheit der äußeren Welt verlassen habt. Ihr werdet den Tempel jetzt für eine kurze Zeit verlassen. (Der Kerux bringt den Neophyten hinaus.)

Zweiter Teil

Hierophant: Bruder Kerux, wenn der Neophyt den passenden Ruf gibt, laßt ihn ein. Brüder Stolistes und Dadouchos, assistiert dem Kerux bei der Aufnahme. (Der Kerux geht hinaus und erläutert dem Neophyten die Klopfzeichen. Der Stolistes und Dadouchos nehmen solche Positionen ein, daß sie den Neophyten anschauen, wenn er die Halle betritt. Der Kerux öffnet die Tür und läßt den Neophyten ein, stellt sich aber nicht vor ihn.)

Hierophant: Bruder, so wie du im Grade des Neophyten aus der Welt zum Tor des verborgenen Wissens gekommen bist, so trittst du in diesem Grade durch das Tor und kommst in die heilige Stätte. Du befindest dich nun im Hof des Tabernakels, wo der Altar des Brandopfers steht, auf welchem die Tieropfer dargebracht wurden, welche die Qlippoth oder bösen Dämonen symbolisierten, welche die dem materiellen Universum entsprechende Ebene oder die darunterliegende bewohnen. (Der Dadouchos macht in die Luft ein Kreuz mit dem Räuchergefäß und beräuchert den Neophyten schweigend mit drei Schwüngen nach vorn.)

Hierophant: Zwischen dem Altar und dem Eingang in die heilige Stätte stand das Messingbecken, worin die Priester die Hände wuschen, bevor sie das Tabernakel betraten. Es stellte ein Symbol der Schöpfungswasser dar. (Der Stolistes macht ein Kreuz mit Wasser auf die Stirn des Neophyten und sprenkelt schweigend dreimal.)

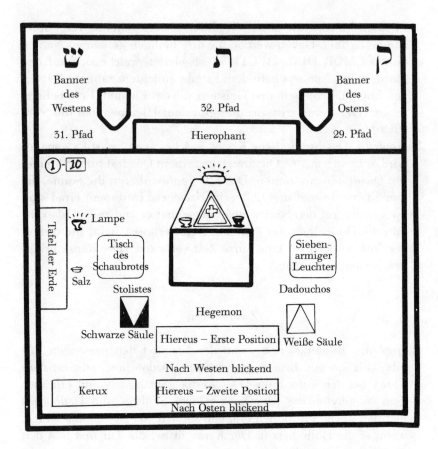

Nachdem er am Brandaltar das Opfer dargebracht hatte und am Messingbecken gereinigt worden war, betrat der Priester die heilige Stätte. (Der Kerux bringt den Neophyten hinter den Säulen zum Norden. Stolistes und Dadouchos gehen zu ihren Plätzen zurück. Der Hiereus stellt sich zwischen die Säulen (der Kerux hatte den Stuhl weggestellt) und blickt den Neophyten an. Mit dem Schwert schützt er den Pfad und spricht:)

Hiereus: Du kannst das Tor zwischen den Säulen nicht passieren, wenn du die Gesten und Worte des Neophyten nicht beherrschst. (Der Neophyt gibt Gesten und Worte und begibt sich, auf Anweisung des Kerux, zu seiner Position zwischen den Säulen. Der Hiereus geht auf seinen Platz zurück. Der Hegemon tritt vor, stellt sich östlich der Pfeiler auf, schaut den Neophyten an und versperrt den Weg in den Tempel mit seinem Szepter, wobei er sagt:)

Hegemon: Du kannst die heilige Stätte nicht betreten, wenn du nicht

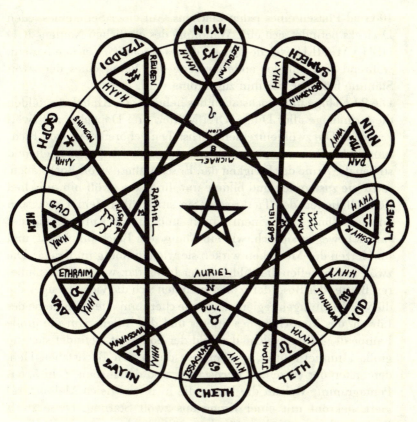

Der Tisch des Schaubrotes

die Geste und den Griff des Zelators geben kannst. (Neophyt gibt sie. Der Kerux nimmt seinen Sitz wieder ein, nachdem er den Neophyten in die Aufsicht des Hegemonen weitergegeben hat. Der Hegemon führt den Neophyten in den Norden und spricht:)

Hegemon: An der nördlichen Seite der heiligen Stätte stand der Tisch des Schaubrotes. Die Zeichnung, die du vor dir siehst, repräsentiert seine okkulte Bedeutung. Zwölf Laibe Brot waren darauf gelegt als Zeichen des Brotes des Lebens. Der Tisch stellt ein Bild des Mysteriums der Rose der Schöpfung dar. Die zwölf Kreise sind die zwölf Tierkreiszeichen, während die Lampe in der Mitte die Sonne symbolisiert, die Quelle von Wärme und Leben. Die vier Dreiecke, deren zwölf Winkel je einen der zwölf Kreise berühren, sind die des Feuers, der Erde, der Luft und des Wassers und spielen auf die vier Dreiheiten der Tierkreiszeichen an. Jedem der zwölf Kreise ist ein Dreieck einbeschrieben, das auf die drei Dekanate hindeutet, die

10-Grad-Phasen eines jeden Zeichens. Auf einer Seite eines jeden Dreiecks befindet sich eine Wandlung des göttlichen Namens JOD HEH VAU HEH, welche sich auf dieses besondere Zeichen bezieht, während sich auf der anderen Seite der Name eines der zwölf Stämme befindet, der ihm zugeordnet wird.

Die 22 Klänge und Buchstaben des hebräischen Alphabetes bilden die Grundlage aller Dinge. Drei Mütter, drei Doppelte und zwölf Einzelne. Die zwölf einzelnen Buchstaben gehören den zwölf Richtungen im Raum an, sie verlaufen bis in die Unendlichkeit und stellen die Arme der Ewigkeit dar. Er schuf diese zwölf Buchstaben, setzte sie zusammen und bildete mit ihnen die zwölf himmlischen Konstellationen des Tierkreises. Sie sitzen über dem Universum wie ein König auf seinem Thron, und in der Entwicklung des Jahres bewegen sie sich, wie ein König sein Reich durchreist, und im Herzen des Menschen wirken sie wie ein König im Kriege. Die zwölf Laibe stellen die Bilder dieser Ideen dar, wie auch die äußeren Blätter der Rose; darin aber befinden sich die vier Erzengel, die die vier Richtungen regieren, und die cherubinischen Embleme des Löwen, des Menschen, des Stieres und des Adlers. Um die große Lampe der Mitte, welche das Bild der Sonne ist, befindet sich die große Himmelsmutter, symbolisiert durch den Buchstaben Heh, den ersten der einzelnen Buchstaben, und durch seine Zahl 5, das Pentagramm, Malkah die Braut, die in ihrem Reich Malkuth regiert, gekrönt mit einer Krone aus zwölf Sternen. Diese zwölf Kreise stehen außerdem für die zwölf Fundamente der heiligen Stadt in der Apokalypse, während in christlicher Symbolik die Sonne und die zwölf Tierkreiszeichen sich auf Christus und die zwölf Apostel beziehen. (Der Hegemon führt den Neophyten zum Hiereus, geht auf seinen Platz zurück und setzt sich. Der Hiereus führt den Neophyten zum Süden und spricht:)

Hiereus: An der Südseite der heiligen Stätte stand der siebenarmige Leuchter, worin reines Olivenöl verbrannt wurde. Er ist ein Bild des Mysteriums der Elohim, der sieben kreativen Ideen. Die symbolische Zeichnung vor dir stellt seine okkulte Bedeutung dar. Die sieben Kreise, die das Heptagramm umgeben, stellen die sieben Planeten oder die sieben kabbalistischen Paläste in Assiah, der materiellen Welt dar, welche den sieben apokalyptischen Kirchen entsprechen, die sich in Asia oder Assiah befinden – wiederum eine Anspielung auf die sieben Lampen vor dem Thron auf einer anderen Ebene. In jedem Kreis befindet sich ein Dreieck, um die dreifache Schöpfungsidee darzustellen, die in allen Dingen tätig ist. Zur

Die Rituale des Äußeren Ordens

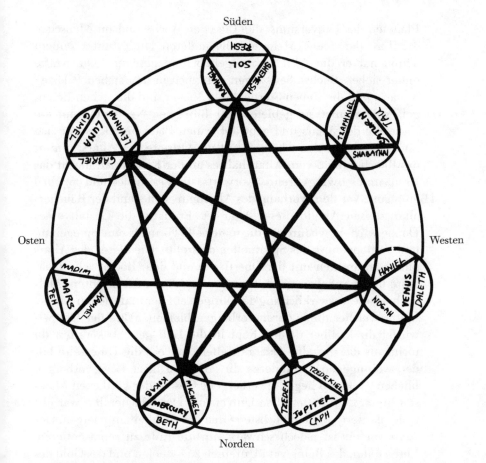

Rechten eines jeden befindet sich der hebräische Name des Engels, der den Planeten beherrscht; auf der linken Seite befindet sich der hebräische Name der Sphäre des Planeten selbst; der hebräische Buchstabe unterhalb der Basis ist einer der doppelten Buchstaben des hebräischen Alphabetes, die sich auf die sieben Planeten beziehen. Mit den sieben Doppelbuchstaben des hebräischen Alphabetes werden je zwei Klänge verbunden, ein harter und ein weicher. Sie werden doppelte genannt, weil jeder Buchstabe ein Gegenteil oder eine Wandlung repräsentiert, und zwar: Leben und Tod; Frieden und Krieg; Weisheit und Torheit; Reichtum und Armut; Würde und Verächtlichkeit; Fruchtbarkeit und Einsamkeit; Macht und Dienstbarkeit. Diese sieben Buchstaben deuten auf sieben Orte hin: Zenit, Nadir, Osten, Westen, Norden, Süden und den heiligen Ort in der Mitte, der alle Dinge nährt. Der archetypische Schöpfer erschuf, brachte hervor, setzte zusammen und formte mit diesen die

Planeten des Universums, die Tage der Woche und im Menschen die Tore der Seele. Mehr als alle anderen Dinge unter seinem Thron hat er die Zahl Sieben geliebt und gesegnet. Die Kräfte dieser sieben Buchstaben zeigen sich auch in den sieben Palästen Assiahs, und die sieben Sterne dieser Vision sind die sieben Erzengel, welche über sie gebieten. (Er führt den Neophyten auf die Westseite des Altars und geht auf seinen Platz zurück, wo er sich setzt. Der Hierophant kommt auf die Ostseite des Altars, nimmt das Räuchergefäß vom Altar, hält es an der Kette kurz, macht das Kreuz und schwingt dreimal vorwärts, stellt es zurück und spricht:)

Hierophant: Vor dem Vorhang des Allerheiligsten stand der Räucheraltar, dessen Abbild dieser Altar ist. Er hatte die Gestalt eines Doppelwürfels, wodurch er die materielle Form als eine Spiegelung und Verdoppelung des Spirituellen darstellte. Die Seiten des Altars bilden zusammen mit der Oberfläche und dem Boden zehn Quadrate und symbolisieren so die zehn Sephiroth, deren untere Malkuth ist, die Verwirklichung der übrigen auf der materiellen Ebene, hinter welcher die anderen verborgen bleiben. Wäre der Doppelwürfel direkt über deinen Kopf in die Luft gesetzt, könntest du nichts als das einzelne Quadrat sehen, welches die Unterseite bildet, wohingegen die anderen dir aufgrund ihrer Lage verborgen blieben. Genauso liegt die verborgene Gestalt der göttlichen Majestät hinter dem materiellen Universum. Der Räucheraltar war mit Gold plattiert, um den höchsten Grad der Reinheit anzuzeigen. Der Altar vor dir ist jedoch schwarz, um die Erde zu repräsentieren. Lerne dann, das Reine vom Unreinen zu scheiden und das Gold des Geistes vom schwarzen Drachen zu trennen, dem zerstörbaren Körper. Auf dem kubischen Altar befanden sich Feuer, Wasser und Weihrauch, die drei Mutterbuchstaben des hebräischen Alphabetes: Aleph, Mem und Shin. Mem ist schweigend, Shin ist zischend, und Aleph ist die Zunge des Gleichgewichts zwischen diesen Gegenteilen, versöhnt und vermittelt zwischen ihnen. Hierin liegt ein sehr wunderbares und tiefgründiges Mysterium. Das Feuer bildete die Himmel, das Wasser die Erde, und die Luft versöhnt zwischen ihnen. Im Laufe des Jahres bringen sie die heiße, die kalte und die gemäßigte Jahreszeit hervor, und im Menschen zeigen sie sich im Bilde des Kopfes, der Brust und des Rumpfes.

Nun verleihe ich Euch den mystischen Titel *Periclinus de Faustis*, welcher anzeigt, daß Ihr auf dieser Erde in einer Wildnis seid, weit entfernt vom Garten der Seligen. Und ich gebe Euch das Symbol ARETZ, welches der hebräische Name für die Erde ist, auf welche sich der Grad des Zelators bezieht. Das Wort Zelator leitet sich vom altägyptischen Zaruator ab und bedeutet den Sucher nach Athor, der Göttin der Natur. Andere ordnen es aber von der Bedeutung her dem eifrigen (englisch: >zealous<, Anmerkung des Übersetzers) Studenten zu, dessen erste Pflicht es war, den Athanor des Feuers anzublasen, welcher den Tiegel des Alchimisten erhitzte. (Der Hierophant nimmt seinen Sitz auf dem Podium ein: Der Kerux führt den neuen Zelator zu dem Platz im Nordwesten.)

Hierophant: Bruder Kerux, Ihr habt meinen Befehl zu verkünden, daß unser Bruder ordnungsgemäß in den Grad des Zelators aufgenommen ist. (Der Kerux tritt in den Nordwesten vom Hierophanten, blickt nach Westen, erhebt den Stab und spricht:)

Kerux: Im Namen von ADONAI MELEKH und auf Befehl des ehrwürdigen Hierophanten, hört alle meine Proklamation, daß Frater (Name) ordnungsgemäß in den Grad des Zelators aufgenommen worden ist und den mystischen Titel eines Periclinus de Faustis bekommen hat sowie das Symbol von Aretz. (Er kehrt über den Osten, wo er grüßt, den Süden und Westen auf seinen Platz zurück.)

Hierophant: Im Grad des Zelators wird die Symbolik der zehnten Sephirah Malkuth besonders gezeigt, wie auch der zehnte Pfad des Sepher Jetzirah. Unter anderen mystischen Namen wird Malkuth als SHAAR bezeichnet, das Tor, welches durch Lautversetzung zu ASHUR wird und die Zahl Zehn bedeutet. Im Chaldäischen wird es auch als THRAA bezeichnet, das Tor, welches die gleiche Zahl wie der große Name ADONAI hat, ausgeschrieben: Aleph, Daleth, Nun, Jod, welche in ihrer Summe beide 671 ergeben. Es wird auch als das Tor des Todes, das Tor der Tränen, das Tor der Gerechtigkeit, das Tor des Gebetes und das Tor der Tochter der Mächtigen bezeichnet. Außerdem nennt man es das Tor des Gartens Eden und der niederen Mutter, und in christlicher Symbolik steht es in Verbindung mit den drei heiligen Frauen am Fuße des Kreuzes. Der zehnte Pfad des Sepher Jetzirah, der Malkuth entspricht, wird als strahlende Intelligenz bezeichnet, weil er sich über jeden Kopf erhebt und auf dem Throne von Binah sitzt. Er erleuchtet den Glanz aller Lichter (den Sohar ME-OUROTH) und läßt den Strom göttlichen Einflusses vom Prinzen des Angesichts, dem großen Erzengel Metatron, herabkommen.

Frater (Name), bevor Ihr zum Fortschreiten in den nächsten Grad des Theoricus berechtigt seid, werdet Ihr eine Prüfung über die folgenden Themen ablegen müssen: 1) Die Namen und alchimistischen

Symbole der drei Prinzipien der Natur. 2) Die Metalle, die die Alchemie den sieben Planeten zuordnet. 3) Die Namen der einzelnen alchimistischen Prinzipien, der Sonne und des Mondes der Philosophen, des grünen Löwen, des Königs und der Königin. 4) Die Namen und astrologischen Werte der zwölf Himmelshäuser. 5) Die Namen, astrologischen Symbole und Werte der planetaren Aspekte. 6) Die Bedeutung des Fragenden und Gefragten. 7) Die vier großen Gruppen der Astrologie. 8) Die Anordnung der zehn Sephiroth, hebräisch und deutsch, auf dem Lebensbaum. Das ist besonders wichtig. 9) Die drei Säulen derselben. 10) Die Namen der vier Ordnungen von Elementargeistern. 11) Die Namen und Beschreibungen der Cherubim. 12) Die Bedeutung des Beckens und des großen Altars der Brandopfer und der Qlippoth oder Schemen. 13) Die Namen der zehn Himmel von Assiah, hebräisch und deutsch. 14) Die Namen der vier kabbalistischen Welten, hebräisch und deutsch. 15) Die Namen der 22 Trümpfe und vier Farben des Tarot. Ein Manuskript über dieselben wird Euch zur Verfügung gestellt werden. Wenn Ihr mit Euren Kenntnissen über dasselbe zufrieden seid, setzt den verantwortlichen Amtsträger davon in Kenntnis.

Abschluß

Hierophant: Brüder und Schwestern, helft mir den Tempel des Zelatorgrades zu schließen. (Alle erheben sich) Bruder Kerux, achtet darauf, daß der Tempel gehörig gedeckt ist.
Kerux: (Klopft an der inneren Türseite. Sentinel klopft.) Ehrwürdiger Hierophant, der Tempel ist gehörig gedeckt.
Hierophant: Laßt uns den Herrn und König der Erde anbeten. (Alle blicken nach Osten.) ADONAI HA-ARETZ, ADONAI MELEKH, gesegnet sei dein Name in zahllosen Zeitaltern. Amen. (Gibt das Zeichen. Alle geben das Zeichen und schauen wie gewöhnlich. Der Hierophant verläßt seinen Thron und geht in den Norden, stellt sich vor die Tafel des Nordens, der Hiereus steht zu seiner Rechten; der Hegemon zur Linken; der Kerux hinter dem Hierophanten, der Stolistes hinter dem Hiereus, der Dadouchos hinter dem Hegemonen.)
Hierophant: Laßt uns das Gebet der Erdgeister sprechen. Oh unsichtbarer König, der du die Erde als Fundament nahmst und ihre Tiefen aushöhltest, um sie mit deiner Allmacht zu füllen. Du,

dessen Name die Bögen der Welt erschüttert, der du die sieben Metalle in den Adern der Felsen fließen ließest, König der sieben Lichter, Belohner der unterirdischen Arbeiter, führe uns in die ersehnte Luft und in den Bereich des Glanzes. Stetig wachen und arbeiten wir, wir suchen und wir hoffen bei den verborgenen Steinen der heiligen Stadt, bei den vergrabenen Talismanen, bei der Achse des Magnetsteines, die durch das Zentrum der Erde geht. Oh Herr, oh Herr, oh Herr! Habe Mitleid mit den Leidenden. Erweitere unsere Herzen, löse und erhebe unseren Geist, mache unser Wesen weit.
Oh Stabilität und Bewegung! Oh Dunkelheit, die in Glanz gehüllt ist! Oh Tag, der in Nacht gekleidet ist! Oh Meister, der du deinen Arbeitern nie den Lohn versagst! Oh silbernes Weiß – oh goldener Glanz! Oh Krone des Lebens und harmonischer Diamant! Der du die Himmel an deinem Finger trägst wie einen Ring aus Saphir! Der du dich unter der Erde im Königreich der Edelsteine verbirgst, der wunderbaren Sternensaat! Lebe, gebiete und sei du der ewige Verteiler der Schätze, zu deren Wächtern du uns gemacht hast.
Gehe hin in Frieden an deine Wohnstätten. Möge der Segen von Adonai ha-Aretz mit dir gehen. (Zieht das bannende Erdpentagramm.) Friede herrsche zwischen uns und dir, und sei bereit zu kommen, wenn du gerufen wirst. (Alle gehen auf ihre Plätze zurück in die gewohnte Position.)
Hierophant: Im Namen von ADONAI MELEKH erkläre ich diesen Tempel im Namen des Zelators für geschlossen.
Hierophant: (Klopft 4, 3, 3)
Hiereus: (Klopft 4, 3, 3)
Hegemon: (Klopft 4, 3, 3)
(Der Kandidat wird vom Hegemonen hinausbegleitet.)

Grad des Theoricus 2 = 9

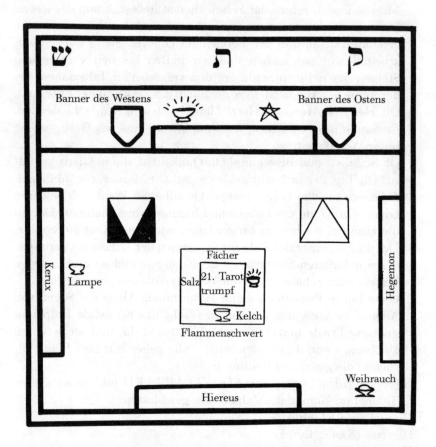

Erforderliche Gegenstände

Im Osten: Pentakel, Banner des Ostens und des Westens. Auf dem Altar: Fächer, Lampe, Kelch, Salz, um den Altar herum das Diagramm des Universums.
Für den Zelator: Augenbinde, kubisches Kreuz (erster Punkt), Caduceus (zweiter Punkt).

Eröffnung

(Der Tempel wird eingerichtet wie im Diagramm für den 32. Pfad. Die Teilnehmer sind versammelt und haben die Roben angelegt. Die

Lampe auf dem Altar ist entzündet. Die Teilnehmer ohne Amt erheben sich bei den Worten »Laßt uns den Herrn und König der Luft anbeten...« und blicken nach Osten. Sie bleiben so bis zum Ende der Invokation. Das gleiche tun sie beim Abschluß, bewegen sich aber sonst nicht von ihren Plätzen.)

Hierophant: (Klopft) Brüder und Schwestern des Äußeren Ordens des Golden Dawn, helft mir, den Tempel im Grade des Theoricus zu eröffnen. Bruder Kerux, achtet darauf, daß der Tempel gehörig gedeckt ist. (Ausgeführt)
Kerux: Ehrwürdiger Hierophant, der Tempel ist gehörig gedeckt.
Hierophant: Würdiger Hiereus, stellt sicher, daß niemand unterhalb des Grades des Theoricus anwesend ist.
Hiereus: Brüder und Schwestern, gebt das Zeichen des Theoricus. (Ausgeführt) Ehrwürdiger Hierophant, alle Anwesenden haben den Grad des Theoricus erreicht. (Grüßt)
Hierophant: Würdiger Hegemon, welchem besonderen Element gehört dieser Grad an?
Hegemon: Dem Element der Luft.
Hierophant: Würdiger Hiereus, zu welchem Planeten hat dieser Grad besonderen Bezug?
Hiereus: Zum Mond.
Hierophant: Welcher Pfad wird diesem Grade zugeordnet, würdiger Hegemon?
Hegemon: Der 32. Pfad Tau.
Hierophant: Würdiger Hiereus, worauf spielt das an?
Hiereus: Auf das aus vier Elementen zusammengesetzte Universum, auf die Cherubim, auf die Qlippoth, auf die Astralebene und die Reflexion der Saturnsphäre.
Hierophant: (Alle erheben sich und blicken nach Osten.) Laßt uns den Herrn und König der Luft anbeten. (Er zieht mit dem Szepter das invozierende Pentagramm und den Kreis Richtung Osten.) SHADDAI EL CHAI, allmächtig und ewig sei dein Name, für immer erhöht im Leben aller. Amen. (Alle grüßen.) (Der Hierophant blickt weiter nach Osten. Der Hiereus nähert sich dem Altar und bleibt dort stehen. Hegemon und Kerux gehen nach Osten und stellen sich links und rechts hinter dem Hierophanten und außerhalb der Säulen auf. Alle blicken nach Osten.)
Hierophant: (Zieht mit dem Szepter invozierende Pentagramme vor der Lufttafel in die Luft). Und die Elohim sprachen: Laßt uns Adam nach unserem Bilde machen, uns ähnlich, und geben wir

ihm die Herrschaft über die Vögel in der Luft. Im Namen von JOD HEH VAU HEH und in den Namen von SHADDAI EL CHAI, Geister der Luft, betet euren Schöpfer an. (Er nimmt das Pentakel vor der Tafel fort und zieht damit das Zeichen des Wassermanns in die Luft.) Im Namen Raphaels, des großen Erzengels der Luft, und im Zeichen des Kopfes des Menschen, Geister der Luft, betet euren Schöpfer an. (Er schlägt mit dem Pentakel das Kreuz.) Im Namen und bei den Buchstaben des großen östlichen Vierecks, das Henoch durch den Engel Ave enthüllt wurde, Geister der Luft, betet euren Schöpfer an. (Er hält das Pentakel hoch.) Bei den drei geheimen Namen Gottes, die das Banner des Ostens trägt, ORO IBAH AOZPI, Geister der Luft, betet euren Schöpfer an. (Er legt das Pentakel zurück, alle gehen auf ihre Plätze.)

Hierophant: Im Namen von SHADDAI EL CHAI erkläre ich diesen Tempel im Grade des Theoricus für eröffnet.

Hierophant: (Klopft 3, 3, 3)

Hiereus: (Klopft 3, 3, 3)

Hegemon: (Klopft 3, 3, 3. Der Tempel wird verdunkelt.)

Hierophant: Brüder und Schwestern, unser Frater (unsere Soror) XYZ hat auf dem Pfade des okkulten Wissens solche Fortschritte gemacht, daß er (sie) in der Lage war, eine Prüfung über das erforderliche Wissen abzulegen, er (sie) ist nun berechtigt, in den Grad des Theoricus fortzuschreiten, und ich habe dafür ordnungsgemäß eine Ermächtigung von den hochehrwürdigen Oberen des Zweiten Ordens erhalten, ihn in der angemessenen Form zu befördern. Würdiger Hegemon, überwacht die Vorbereitung des Zelators und gebt den üblichen Ruf. (Der Kerux legt den Fächer zum Hierophanten, die Lampe zum Hegemonen, den Kelch zum Hiereus, das Salz zum Kerux, jeweils rechts vom Platz des Beamten mit Blick auf denselben. Der Hegemon erhebt sich, grüßt den Hierophanten, verläßt den Tempel und schaut, ob der Zelator wie folgt vorbereitet worden ist – ob er die Schärpe des Zelators trägt, ob' seine Augen verbunden sind und er mit dem räumlichen griechischen Würfelkreuz (siehe Abbildung in Band 1, Seite 366) versehen ist, welches, wie gezeigt, aus 22 Quadraten mit den Buchstaben des hebräischen Alphabetes besteht, jeweils auf die rechte Seite geschrieben. Der Hegemon nimmt den Zelator bei der linken Hand, gibt neun Klopfzeichen und spricht:)

Hegemon: Verlasse das Materielle und suche nach dem Geistigen. (Daraufhin öffnet der Kerux die Tür und läßt sie ein.)

Die Rituale des Äußeren Ordens

Hierophant: Führt den Zelator in den Osten. (Ausgeführt. Der Zelator wird vor die Säulen gestellt, der Kerux zu seiner Linken, der Hegemon zur Rechten. Der Kerux nimmt das Würfelkreuz vom Zelator.)

Hierophant: (Zum Zelator) Gebt mir den Schritt, die Geste und den Griff oder das Zeichen, das große Wort, die mystische Zahl und das Paßwort, welches für den Grad des Zelators daraus gebildet wird. (Der Schritt mit dem linken Fuß 15 cm, mit dem rechten Fuß 15 cm. Das Zeichen: auf 45° erhobener Arm. Allgemeiner Griff des Ersten Ordens. Großes Wort ADONAI HA-ARETZ. Die Zahl des Paßwortes ist 55, die Buchstaben sind Nun Heh. Ausgeführt. Der Zelator erhält Hinweise falls nötig.)

Hierophant: Gebt mir also den mystischen Titel und das Symbol, welches ihr in diesem Grade erhalten habt. *(Pereclinus de Faustis).*

Hierophant: Bruder (Schwester), schwört Ihr feierlich, die gleiche strikte Geheimhaltung bezüglich der Mysterien des 32. Pfades und des Grades des Theoricus zu halten, welche Ihr bereits zu halten geschworen habt, was die vorherigen Grade anbetraf?

Zelator: Ich schwöre. (Der Kerux übergibt das kubische Kreuz dem Kandidaten.)

Hierophant: Streckt nun Eure rechte Hand aus, haltet das Würfelkreuz gen Himmel und sprecht: Ich schwöre beim himmlischen Firmament. (Ausgeführt. Der Kandidat wiederholt die Worte.)

Hierophant: Nehmt ihm die Augenbinde ab. (Ausgeführt. Jetzt stellt der Zelator zum ersten Mal fest, daß der Tempel teilweise dunkel ist. Der Hegemon geht auf seinen Platz im Süden zurück und läßt die Aufsicht über den Zelator beim Kerux. Der Kerux legt das Würfelkreuz wieder in die rechte Hand des Zelators.)

Hierophant: Streckt nun Eure rechte Hand mit dem Würfelkreuz nach Osten aus in der Geste des Zelators und sprecht: Mögen die Mächte der Luft Zeugen meines Schwures sein. (Ausgeführt)

Das Ritual des 32. Pfades

Hierophant: (Klopft) Ihr blickt auf die Portale des 31., 32. und 29. Pfades, die Euch vom Grade des Zelators zu den drei danach folgenden Graden führen. Der einzige Pfad, der für Euch offen ist, ist jedoch der 32., der Euch zum Grade des Theoricus führt und welchen Ihr durchschreiten müßt, bevor Ihr bei diesem Grade anlangt. Nehmt das Würfelkreuz in Eure rechte Hand und das Banner des Lichtes in die linke (gibt ihm das Banner des Ostens) und folgt Eurem Führer, Anubis, dem Wächter, der Euch von der Materie ins Geistige führen wird.

Kerux: Anubis, der Wächter, sprach zu dem Anwärter: Laß uns in die Gegenwart der Herren der Wahrheit treten. Erhebe dich und folge mir. (Der Kerux führt den Zelator zwischen die Säulen, wendet sich nach rechts und umkreist die Halle einmal.)

Hiereus: (Während sie das erste Mal herumgehen.) Die ägyptische Sphinx erhob ihre Stimme und sprach: Ich bin die Zusammenschau der elementaren Kräfte, ich bin auch das Symbol des Menschen, ich bin das Leben und der Tod, ich bin das Kind aus der Nacht der Zeit. (Während Kerux und Zelator sich dem Osten nähern, tritt der Hierophant zwischen die Säulen und verstellt den Durchgang.)

Hierophant: (Mit dem Banner des Westens in der linken und dem Fächer in der rechten Hand.) Der Priester mit der Maske des Osiris erhob seine Stimme und sprach: Und nennest du nicht meinen Namen, so kannst du das Tor des östlichen Himmels nicht durchschreiten.

Kerux: (Für den Kandidaten.) NU bist du, die Göttin des Firmamentes der Luft, du bist HORMAKHU, der Herr der östlichen Sonne.

Hierophant: Mit welchen Zeichen und Symbolen kommst du?

Kerux: Mit dem Buchstaben Aleph, mit dem Banner des Lichts und dem Symbol des Gleichgewichts der Kräfte.

Hierophant: (Tritt zurück und zeichnet mit dem Fächer den Cherub des Wassermanns vor dem Zelator.) Im Zeichen des Menschen sei gereinigt, Kind der Luft, gehe weiter. (Gibt dem Kerux das Banner des Westens, der es an den Hegemonen weitergibt, wenn er an ihm vorübergeht. Kerux und Zelator umkreisen den Tempel ein zweites Mal, dem Lauf der Sonne folgend.)

Hiereus: (Während sie das zweite Mal herumgehen.) Ich bin Osiris, die Seele in ihrem doppelten Aspekt, durch die Läuterung mit dem Höheren vereint, in Leiden vollendet, durch Versuchung verherrlicht, kraft des mächtigen Namens bin ich dort hingekommen, wo die großen Götter sind.

Hegemon: (Er verstellt im Süden den Weg mit der roten Lampe in der rechten Hand und dem Banner des Westens in der linken.) Der Priester mit der Löwenmaske erhob seine Stimme und sprach: Und nennest du nicht meinen Namen, so kannst du das Tor des südlichen Himmels nicht durchschreiten.

Kerux: (Für den Kandidaten.) MAU, der mächtige Löwe, Herr des Feuers ist dein Name, du bist RA, die Sonne in ihrer Stärke.

Hegemon: Mit welchen Zeichen und Symbolen kommst du?
Kerux: Mit dem Buchstaben Shin, mit dem Banner des Ostens und dem Symbol des Würfelkreuzes.
Hegemon: (Tritt zurück und zeichnet mit der Lampe den Cherub des Löwen vor den Zelator.) Im Zeichen des Löwen bist du geläutert, Kind des Feuers, so gehe weiter. (Der Hegemon nimmt den Platz des Kerux ein, welcher zu seinem Platz im Norden zurückkehrt; der Hegemon führt den Zelator ein drittes Mal um den Tempel und gibt das Banner des Westens an den Hiereus.)
Hiereus: (Während sie das dritte Mal herumgehen.) Ich habe die Tore des Firmamentes durchschritten, gebt mir eure Hände, denn ich bin gemacht wie ihr. Heil euch, ihr Herren der Wahrheit, denn ihr seid die Bildner der Seele.
Hiereus: (Verstellt im Westen den Weg mit dem Wasserkelch in der rechten und dem Banner des Westens in der linken Hand.) Der Priester mit der Adlermaske erhob seine Stimme und sprach: Und nennest du nicht meinen Namen, so kannst du das Tor des westlichen Himmels nicht durchschreiten.
Hegemon: (Für den Kandidaten.) HEKA, Herrin von HESAR, Gebieterin des Wassers ist dein Name; du bist TOUM, die sinkende Sonne.
Hiereus: Mit welchen Zeichen und Symbolen kommst du?
Hegemon: Mit dem Buchstaben Mem, mit dem Banner des Lichts und dem Symbol der 22 Buchstaben.
Hiereus: (Tritt zurück und zeichnet mit dem Wasserkelch den Cherub des Adlers vor den Zelator.) Im Zeichen des Adlers bist du geläutert, Kind des Wassers, so gehe weiter. (Gibt das Banner des Westens dem Hegemonen, der es beim Kerux läßt, wenn er vorübergeht. Der Hegemon führt den Kandidaten ein viertes Mal um den Tempel.)
Hiereus: (Während sie herumgehen.) Oh Herr des Universums, der du über allen Dingen bist und vor dem die Schatten der Nacht zurückweichen und die Dunkelheit davoneilt.
Kerux: (Er versperrt im Norden den Weg mit der Salzschale in der rechten Hand und dem Banner des Westens in der linken.) Der Priester mit der Stiermaske erhob seine Stimme und sprach: Und nennest du nicht meinen Namen, so kannst du das Tor des nördlichen Himmels nicht durchschreiten.
Hegemon: (Für den Kandidaten.) SATEA in der Wohnung des SHU, des Stiers der Erde, ist dein Name; du bist KHEPHRA, die Sonne in der Nacht.

Kerux: Mit welchen Zeichen und Symbolen kommst du?
Hegemon: Mit den Buchstaben Aleph, Mem und Shin und mit den Symbolen des Banners und des Kreuzes.
Kerux: (Tritt zurück und zeichnet mit der Salzschale den Cherub des Stiers vor den Zelator.) Im Zeichen des Stierkopfes bist du geläutert, Kind der Elemente, so gehe denn weiter. (Der Hegemon und der Kerux führen den Kandidaten zum Fuße der Säulen. Der Hierophant nimmt die Banner und stellt sie an deren Sockel. Hegemon und Kerux drehen die Lichter auf, damit der Tempel so hell ist wie gewöhnlich, und gehen an ihre jeweiligen Plätze zurück. Sie stellen Fächer, Lampe, Kelch und Salz auf den Altar zurück.)
Hierophant: (Nimmt vom Kandidaten das Würfelkreuz entgegen.) Das Würfelkreuz ist ein passendes Emblem der gleichgewichtigen und ausgewogenen Kräfte der Elemente. Es setzt sich äußerlich aus 22 Quadraten zusammen und bezieht sich so auf die 22 hebräischen Buchstaben, die daraufgesetzt sind. Dies sind die 22 Buchstaben der ewigen Stimme; im Himmelsgewölbe, in der Erdentiefe, im Abgrund des Wassers, in der Allgegenwart des Feuers; denn der Himmel kann ihre Fülle nicht aussprechen, die Erde kann sie nicht nennen. Doch hat der Schöpfer sie in alle Dinge gelegt. Er hat sie in das Wasser gemischt. Er hat sie im Feuer aufgewirbelt. Er hat sie in die himmlische Luft versiegelt. Er hat sie unter die Planeten verteilt. Er ordnete ihnen die zwölf Konstellationen des Tierkreises zu. (Legt das Würfelkreuz beiseite.) Der 32. Pfad des Sepher Jetzirah, der dem Buchstaben Tau entspricht, wird als die waltende Intelligenz bezeichnet, und zwar weil er die sieben Planeten bei allen Tätigkeiten führt und verbindet, alle in den ihnen eigenen Bahnen. Ihm entspricht daher das rechte Wissen über die sieben Stätten Assiahs, der materiellen Welt, die in der Apokalypse durch die sieben Kirchen symbolisiert sind. Er bezieht sich auf das Universum, als aus den vier Elementen zusammengesetzt, auf die Cherubim, auf die Qlippoth, auf die astrale Ebene. Er bildet die Reflexion der Saturnsphäre. Er stellt das Bindeglied zwischen der materiellen und der schöpferischen Welt, zwischen Assiah und Jetzirah, dar, und verläuft notwendigerweise durch die Astralebene, die Wohnstatt der Elementare, der Qlippoth und der Schemen der Toten. Er ist der Riß im Vorhang vor dem Tabernakel, worauf die Cherubim und die Palmenbäume abgebildet waren; er bedeutet das Durchschreiten des Tores von Eden. (Er führt den Zelator in den Westen des Altars.) Diese Vorstellungen werden symbolisch in der Darstellung des 21. Tarot-Trumpfes vor Euch zusammenge-

faßt. In dem aus 72 Kreisen gebildeten Oval befindet sich eine weibliche Gestalt, nackt bis auf einen Schal, der um sie weht. Sie ist mit der Mondsichel der Isis gekrönt und hält in jeder Hand einen Stab, ihre Beine bilden ein Kreuz. Sie ist die Braut der Apokalypse, die kabbalistische Königin des Hohenliedes, die ägyptische Isis der Natur, die nun teilweise entschleiert gezeigt wird, der große weibliche cherubinische Engel Sandalphon zur linken Hand des Sitzes der Gnade auf der Bundeslade. Die beiden Stäbe stellen die richtende Kraft der positiven und negativen Strömungen dar. Der siebenspitzige Stern oder das Heptagramm spielt auf die sieben Paläste Assiahs an, die gekreuzten Beine auf das Symbol der vier Buchstaben des Namens. Die krönende Sichel empfängt Einflüsse sowohl von Geburah wie von Gedulah. Sie ist die Zusammenfassung des 32. Pfades, der Malkuth mit Jesod vereint. Das Oval aus 72 kleinen Kreisen ist das Shem ha-Mephoresh oder der 72fältige Name der Gottheit. Die 12 größeren Kreise bilden den Tierkreis. An den Ecken befinden sich die vier Cherubim, die als die belebten Kräfte der Buchstaben des Namens Tetragrammaton in den Elementen wirken, durch welche Ihr in der vorhergehenden Zeremonie gerade symbolisch hindurchgeschritten seid.

Der Fächer, die Lampe, der Kelch und das Salz repräsentieren die vier Elemente selbst, deren Bewohner die Sylphen, Salamander, Undinen und Gnome sind. Sei darum flink und tätig wie die Sylphen, meide aber Leichtsinn und Launenhaftigkeit. Sei kraftvoll und stark wie die Salamander, aber meide Reizbarkeit und Heftigkeit. Sei flexibel und aufmerksam für Bilder wie die Undinen, aber vermeide Müßiggang und Wechselhaftigkeit. Sei fleißig und geduldig wie die Gnome, aber meide Plumpheit und Gier. So sollst du allmählich deine Seelenkräfte bilden und dich darauf vorbereiten, über die Geister der Elemente zu gebieten.

Wie auch in den vorigen Graden repräsentiert der Altar das materielle Universum, zu seiner Rechten befindet sich der Garten Eden, symbolisiert durch die Station des Hegemonen, zu seiner Linken befindet sich Gehenna, die Stätte der Schemen, symbolisiert durch eine Tafel beim Kerux. Diese Amtsträger werden nun ihre Zeichnungen erklären. (Der Hierophant kehrt auf seinen Platz zurück, und der Hegemon führt den Kandidaten zu seiner Tafel.)

Hegemon: Die Zeichnung vor Euch zeigt einen Teil der okkulten Symbolik des Gartens Eden und der heiligen Stadt der Apokalypse. Der äußere Kreis stellt die umgebende Paradiesmauer dar, bewacht von den Cherubim und der Flamme, und die sieben Quadrate sind

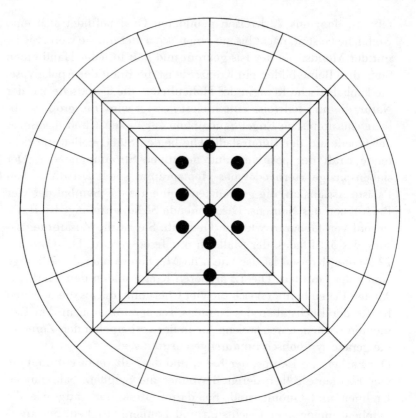

Die okkulte Symbolik des Gartens Eden

seine sieben Wohnstätten oder sieben Sphären, in die Tetragrammaton Elohim jeden Baum gepflanzt hat, der angenehm und gut zu essen ist, symbolisiert durch den Palmenbaum, der auf dem Vorhang des Tabernakels und der Tür des Allerheiligsten im Tempel gezeigt wird. In der Mitte des Lebensbaumes aber befindet sich der Thron Gottes und des Lammes. Seine Fundamente sind zwölf, und Zwölf ist auch die Zahl der Tore, die auf der Zeichnung als die zwölf Eingänge gezeigt werden. Von der mittleren Quelle gehen die vier Flüsse von Eden aus, die sich auf die vier Elemente beziehen, die vom gegenwärtigen Geist ausgehen. (Der Kerux führt den Kandidaten zu seiner Tafel.)

Kerux: Die Zeichnung vor Euch repräsentiert die sieben höllischen Stätten und die vier Meere. Der erste Kreis bedeutet das Tränengewässer, der zweite Kreis das Schöpfungswasser, der dritte Kreis die Meereswasser, und der vierte Kreis repräsentiert das falsche Meer.

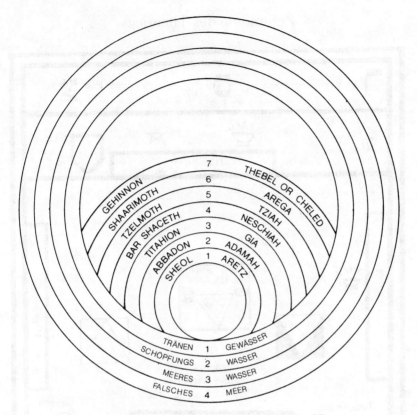

Die sieben höllischen Stätten und die vier Meere

In den inneren Kreisen auf der rechten Seite befinden sich die sieben Erden: 1) Aretz, 2) Adamah, 3) Gia, 4) Neschiah, 5) Tziah, 6) Arega und 7) Thebel oder Cheled. Auf der linken Seite finden sich die sieben höllischen Wohnstätten: 1) Sheol, 2) Abaddon, 3) Titahion, 4) Bar Schauheth, 5) Tzelmoth, 6) Shaari Moth und 7) Gehinnon.

Hierophant: Es ist mir eine große Freude, Euch den Titel eines Herrn (einer Herrin) des 32. Pfades zu verleihen. Ihr werdet den Tempel nun für eine kurze Zeit verlassen, und nach Eurer Rückkehr wird die Zeremonie Eurer Aufnahme in den Grad des Theoricus fortgeführt.

Zeremonie des Theoricus

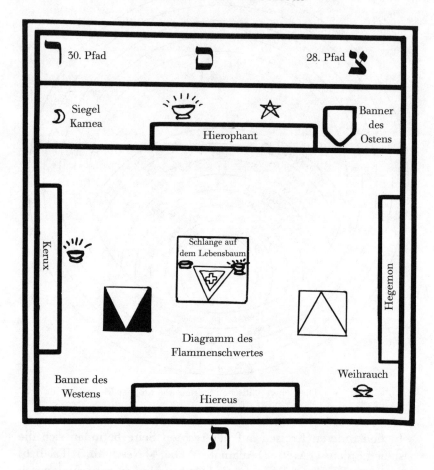

Hierophant: Bruder Kerux, Ihr habt meinen Befehl, den Zelator im richtigen Ruf zu unterweisen und ihn mit den notwendigen Aufnahmeabzeichen zu versehen. Würdiger Hegemon, bewacht das Portal und laßt sie auf den rechten Ruf hin ein. (Der Kerux gibt dem Kandidaten das notwendige Aufnahmeabzeichen, den Caduceus des Hermes und weist ihn an, einen Ruf aus neun Klopfzeichen zu geben. Der Hegemon öffnet die Tür und läßt sie ein.)

Hierophant: (Zum Zelator) Frater (Soror) XYZ, wie im Zelatorgrade die symbolische Darstellung des Baumes des Wissens über Gut und Böse, des Gartens Eden und der heiligen Stätte gegeben wurde, so wird im Grade des Theoricus das *Sanctum sanctorum* (Anmerkung des Übersetzers: das Allerheiligste) mit der Bundeslade und den

Cherubim gezeigt, wie auch der Garten Eden, mit dem dieses zusammenfällt. Im 32. Pfad, der dorthin führt und welchen ihr soeben symbolisch durchschritten habt, werden die cherubinischen Wächter sowie die Palmenbäume oder Bäume des Fortschreitens im Garten Eden dargestellt. Würdiger Hegemon leitet den Zelator zum Westen und stellt ihn dann vor das Portal des 32. Pfades, durch welches er symbolisch eingetreten ist. (Ausgeführt. Der Zelator schaut nach Osten, der Kerux geht auf seinen Platz zurück.)

Hiereus: Mit welchem Symbol tretet Ihr hier ein?

Hegemon: Durch das besondere Zeichen des Kerux, welches der Caduceus des Hermes ist. (Siehe Band 1, Seite 363)

Hiereus: Den Schlüssel, mit dem die Bedeutung des Caduceus des Hermes geöffnet werden kann, bilden der Lebensbaum und die drei Mutterbuchstaben. Der obere Teil des Stabes ruht in KETHER und die Flügel strecken sich aus zu CHOKMAH und BINAH, den drei übernatürlichen Sephiroth. Die niederen sieben werden von den Schlangen umfaßt, deren Köpfe auf CHESED und GEBURAH fallen. Sie sind die doppelte Schlange Ägyptens und die Ströme des astralen Lichts. Darüber hinaus bilden die Flügel und die Spitze des Stabes den Buchstaben Shin, das Symbol des Feuers. Die Köpfe und oberen Hälften der Schlangen bilden Aleph, das Symbol der Luft, während die Schwänze Mem einschließen, das Symbol des Wassers. Das Feuer oben, die Schöpfungswasser unten und das Luftsymbol, das zwischen ihnen schwingt. (Der Hierophant verläßt seinen Thron und geht auf die Westseite des Altares. Der Hegemon führt den Kandidaten zu ihm und kehrt auf seinen Platz im Süden zurück.)

Hierophant: Die Symbole vor Euch repräsentieren den Garten Eden und das Allerheiligste. Vor Euch steht der Lebensbaum, der aus den Sephiroth und ihren Verbindungspfaden besteht. Es ist hier nicht möglich, auf seine vollständige Symbolik einzugehen, denn er stellt den Schlüssel zu allen Dingen dar, wenn er recht verstanden wird. Auf jeder Sephirah stehen in hebräischen Buchstaben ihr Name, der sie beherrschende Gottesname und die Namen der zugehörigen Engel und Erzengel geschrieben. Die Zahl der Verbindungspfade ist 22, und sie werden durch die 22 Buchstaben des hebräischen Alphabetes unterschieden, die zusammen mit den zehn Sephiroth die 32 Pfade der Weisheit des Sepher Jetzirah bilden. Die Folge der hebräischen Buchstaben, wie sie auf die Pfade verteilt sind, bildet das Symbol der Schlange der Weisheit, wie Ihr seht. Die natürliche Abfolge der Sephiroth bildet das Flammenschwert und den Verlauf des Blitzes, wie er in der Zeichnung gezeigt wird. Das Kreuz im Dreieck, welches mit der Spitze nach unten auf den Altar an den Fuß des Lebensbaumes gelegt wird, bezieht sich auf die vier Flüsse des Paradieses, während die Winkel des Dreiecks für die drei Sephiroth NETZACH, HOD und JESOD stehen. Die beiden Säulen rechts und links des Baumes sind Symbole des Aktiven und Passiven, des Männlichen und Weiblichen, von Adam und Eva. Sie spielen auf die Feuer- und die Wolkensäule an, die die Israeliten in der Wildnis geführt hat. Das Wesen des Heißen und des Feuchten wird außerdem durch die rote Lampe und den Wasserkelch bezeichnet. Die Säulen repräsentieren weiterhin die beiden Cherubim der Bundeslade, die rechte den männlichen Metatron, die linke die weibliche Sandalphon. Über ihnen brennen die Lampen der spirituellen Essenz, des höheren Lebens, an dem sie im ewig Unerschaffenen Anteil haben. (Gibt das Zeichen des Theoricus.) Ehre sei dir, Herr des lebendigen Landes, denn dein Glanz erfüllt das Universum.

Der Grad des Theoricus bezieht sich auf Jesod, so wie sich der Grad des Zelators auf Malkuth bezieht. Der Pfad zwischen ihnen gehört dem Buchstaben Tau an, dessen Portal Ihr nun im Westen seht und durch welches Ihr soeben symbolisch geschritten seid. Zu diesem Grade, wie auch zu den vorhergehenden, gehören gewisse geheime Gesten und Zeichen. Diese bestehen aus einer Geste, einem Griff oder Kennzeichen, einem großen Wort, einer mystischen Zahl und einem daraus gebildeten Paßwort. Die Geste wird folgendermaßen gemacht: Hebt die Arme in Schulterhöhe, beugt die Ellbogen, die Arme aufwärts und die Hände herabgebogen, als würdet Ihr ein Gewicht unterstützen. Das stellt Euch im Pfade Jesod dar, beim Unterstützen der Säulen der Gnade und der Strenge. Dies ist die Geste des klassischen Atlas, der das Universum auf seinen Schultern trägt, des Atlas, dem Herkules nacheifern sollte. Es ist die Isis der Natur, die den Himmel stützt. Der Griff ist der allgemeine Griff des Ersten Ordens. Das große Wort ist ein Name aus sieben Buchstaben, der »der Weite und Mächtige« bedeutet – SHADDAI EL CHAI. Die mystische Zahl ist 45, und daraus wird das Paßwort Mah gebildet, nämlich aus Mem und Heh. Es sollte einzeln buchstabiert werden, wenn es gegeben wird. Auf diesen Grad und auf die Sephirah Jesod bezieht sich der neunte Pfad des Sepher Jetzirah. Er wird als die reine oder klare Intelligenz bezeichnet, und zwar weil er die Sephiroth reinigt und klärt, die Form ihrer Darstellungen prüft und verbessert und ihre Einheit oder Harmonie

Die Rituale des Äußeren Ordens

Unterabschnitt der Luft
Buchstaben malve
△

Kreuze weiß
Buchstaben schwarz

Wasser
Buchstaben blau
▽

Tafel der Luft

r	Z	i	l	a	f	A	U	t	i	p	u
a	r	d	z	a	i	d	p	a	L	a	m
C	Z	o	n	S	a	r	O	Y	a	u	b
T	o	i	T	t	X	o	P	a	c	o	C
S	i	g	a	S	o	m	r	b	z	n	h
f	m	o	n	d	a	T	d	l	a	r	i
O	r	o	i	b	A	h	a	o	z	p	i
C	n	a	b	r	V	i	X	g	a	Z	d
O	i	i	i	t	T	p	a	l	o	a	i
A	b	a	m	o	o	o	a	C	V	c	a
N	a	o	c	o	T	t	n	p	r	a	T
O	c	a	n	m	a	g	o	t	r	o	i
S	h	i	a	l	r	a	p	m	Z	o	X

Erde ▽
Buchstaben schwarz

Abschnitte
gelb

△ Feuer
Buchstaben rot

ordnet, worin sie sich ohne Verstümmelung oder Aufteilung kombinieren lassen. Das unterscheidende Abzeichen dieses Grades, welches Ihr nun tragen dürft, ist die Schärpe des Zelators mit Hinzufügung eines weißen Kreuzes über dem Dreieck sowie den Zahlen 2 und 9 in einem Kreis und einem Quadrat, rechts und links von seiner Spitze. Unter dem Dreieck befindet sich zwischen zwei schmalen weißen, parallelen Linien die Zahl 32. Die Bedeutung der Erdtafel wurde Euch im vorhergehenden Grade erklärt. (Der Hierophant geht in den Osten weiter, der Hegemon tritt vor und führt den Kandidaten dorthin.)

Hierophant: Die drei Portale, die Ihr seht, sind die Tore zu den Pfaden, die von diesem Grade weiterführen. Das Tor zur Rechten verbindet ihn mit dem Grade des Philosophus, das auf der Linken mit dem Grade des Practicus, während das mittlere zu einem höheren führt. Dieser Grad hat besonderen Bezug zum Luftelement, und darum ist der große Wachtturm oder die Erdtafel des Ostens eines seiner Hauptembleme. Es ist als das erste oder große östliche Viereck oder als Tafel der Luft bekannt und bildet eine der vier großen Tafeln, die Henoch von dem großen Engel Ave übergeben wurden. Davon leiten sich die drei heiligen, geheimen Gottes-

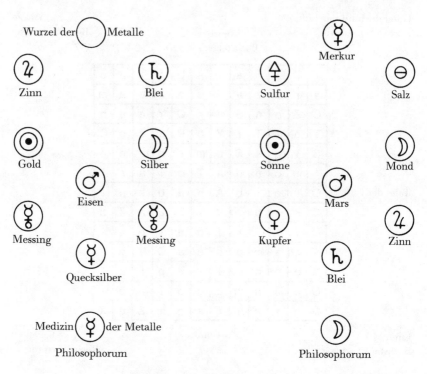

Die Doppelgestalt des alchimistischen Sephiroth

namen ORO IBAH AOZPI ab, welche das Banner des Ostens trägt, wie auch die zahllosen Gottes- und Engelnamen, die mit dem Luftelement in Zusammenhang stehen. Auch zum Mond hat dieser Grad einen Bezug. Seine Kamea oder sein magisches Quadrat wird aus 81 Quadraten gebildet, die die Zahlen von 1 bis 81 in einer solchen Anordnung enthalten, daß sie in jeder Richtung die gleiche Summe bilden. Die regierenden Zahlen sind 9, 81, 369 und 3321. Diese Tafel (weist darauf hin) zeigt die mystischen Siegel und Namen, die der Kamea des Mondes entnommen sind. Die Sigille werden aus Linien gebildet, die von verschiedenen Punkten aus und zwischen ihnen auf dem Quadrat gezeichnet werden. Der zur 9 gehörige Name ist Hod und bedeutet Herrlichkeit; der zur 81 gehörige ist Elim, die Mehrzahl des Gottesnamens El; der zur 369 gehörige ist Chasmodai, der Mondgeist. Die anderen Namen sind solche der Intelligenzen und Geister des Mondes. Auf dieser Tafel werden die Bedeutungen des lunaren Symbols gezeigt, wenn es auf den Lebensbaum übertragen wird. Die zunehmende Sichel repräsentiert die Seite der Gnade, die abnehmende Sichel die Seite der

Die Rituale des Äußeren Ordens

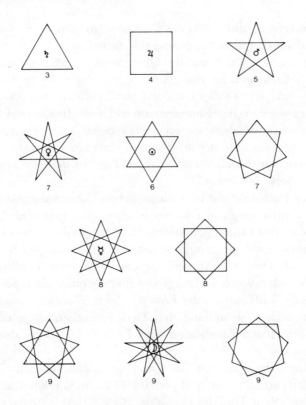

Strenge, der Vollmond reflektiert die Sonne von Tiphareth. (Der Hierophant nimmt seinen Platz wieder ein. Der Hegemon führt den Kandidaten zum Hiereus.)

Hiereus: Die Tafel vor Euch zeigt die verdoppelte Form der alchimistischen Sephiroth. Bei der ersten liegt die Wurzel der Metalle in Kether, das Blei in Chokmah, das Zinn in Binah, Silber in Chesed, Gold in Geburah, Eisen in Tiphareth. Netzach und Hod sind die Orte des hermaphroditischen Messing, Jesod ist dann Quecksilber und Malkuth bei der metallischen Medizin. In der zweiten Form werden das Merkur, Sulfur und Salz auf die drei übernatürlichen Sephiroth bezogen und die Metalle auf die sieben niederen, aber in ganz anderer Reihenfolge. Denn der Lebensbaum wird in allen Dingen gefunden: wie in den übernatürlichen, so in den irdischen, sei es im Wesen der Tiere, der Pflanzen oder Minerale. (Der Hegemon führt den Kandidaten zu seiner eigenen Tafel im Süden.)

Hegemon: Diese Tafel zeigt Euch die geometrischen Figuren, wie sie den Planeten zugeordnet werden. Es bestehen folgende Bezüge: Die Zahl 3 und das Dreieck zu Saturn; die Zahl 4 und das Quadrat zu Jupiter; die Zahl 5 und das Pentagramm zum Mars; die Zahl 6 und das Hexagramm zur Sonne; die Zahl 7 und das Heptagramm zur Venus; die Zahl 8 und das Oktagramm zu Merkur; die Zahl 9 und das Enneagramm zum Mond. Unter diesen kann das Heptagramm und das Oktagramm auf zwei verschiedene Weisen gezeichnet werden, das Enneagramm auf drei. In diesen Fällen ist jeweils das erste dem Wesen des Planeten am angemessensten. (Der Hegemon nimmt wieder seinen Platz ein. Der Kerux tritt vor und führt den Kandidaten zu seiner Tafel in den Norden. [Siehe Band 1, Seite 364 unten])

Kerux: Vor Euch sind die 16 geomantischen Figuren dargestellt, welche aus allen möglichen Kombinationen einzelner und doppelter Punkte in vier Linien gebildet werden. Jedem der sieben Planeten werden zwei von ihnen zugeordnet, die beiden übrigen dem Caput und Cauda Draconis (Anmerkung des Übersetzers: nördlicher und südlicher Mondknoten). Einige von ihnen werden auch dem Feuer, andere der Luft, andere der Erde oder dem Wasser zugeordnet. Sie werden außerdem anhand der Tierkreiszeichen eingeteilt. (Der Kerux führt den Kandidaten zum Fuße des Thrones des Hierophanten.)

Hierophant: Ich gratuliere Euch nun dazu, daß Ihr den Grad des Theoricus erlangt habt und verleihe Euch in Anerkennung dessen den mystischen Titel des *Poraios de Rejectis*, was bedeutet: Der aus den Zurückgewiesenen hervorgegangen ist. Und ich gebe Euch das Symbol des Ruach, was der hebräische Name für die Luft ist. Bruder Kerux (Klopft), an Euch geht mein Befehl zu verkünden, daß der Zelator ordnungsgemäß in den Grad des Theoricus befördert wurde.

Kerux: Im Namen von SHADDAI EL CHAI und auf Befehl des ehrwürdigen Hierophanten, hört alle meine Proklamation, daß unser Frater (Soror) XYZ im Studium der okkulten Wissenschaften hinreichende Fortschritte gemacht hat, um ordentlich in den Grad des Theoricus, eines Herrn (Herrin) des 32. Pfades, befördert zu werden und daß er (sie) den mystischen Titel eines *Poraios de Rejectis* erhalten hat und das Symbol des Ruach. Nehmt Euren Platz im Westen ein.

Hierophant: Frater (Soror) XYZ, bevor Ihr die Berechtigung zum Fortschritt in den nächsthöheren Grad erwerbt, müßt Ihr in einigen Themen sicher sein, die in einer Standardlehrschrift dargestellt werden. Wenn Ihr diese beherrscht, dann zeigt das brieflich dem Sekretär an, wie in den vorhergehenden Graden.

Abschluß

Hierophant: (Klopft) Brüder und Schwestern, helft mir, den Tempel im Grade des Theoricus zu schließen. Bruder Kerux, achtet darauf, daß der Tempel gehörig gedeckt ist. (Ausgeführt)
Kerux: (Klopft) Ehrwürdiger Hierophant, der Tempel ist gehörig gedeckt.
Hierophant: (Klopft) Laßt uns den Herrn und König der Luft anbeten. (Alle blicken nach Osten.)

Anbetung

SHADDAI EL CHAI, *Allmächtiger und Immerwährender, gesegnet sei dein Name für unzählige Zeitalter. Amen.* (Alle grüßen.) (Die Amtsträger stellen sich im Osten auf wie in der Eröffnung.) Laßt uns das Gebet der Sylphen oder Luftgeister sprechen.

Geist des Lichts, Geist der Weisheit, dessen Atem allen lebenden Dingen die Gestalt gibt und nimmt, du, vor dem das Leben aller Wesen nichts als ein wechselnder Schatten ist und ein flüchtiger Dampf, der du über den Wolken thronst und auf den Flügeln der Winde schreitest, der du deinen Atem ausgehen läßt und die endlosen Räume bevölkerst, und der du deinen Atem zurücksaugst, so daß alle, die von dir ausgingen, zu dir zurückkehren, stetige Bewegung in ewiger Beständigkeit – sei ewig gesegnet.

Wir beten zu dir, und wir segnen dich im wechselhaften Reich des erschaffenen Lichts, der Schatten, der Spiegelungen und der Bilder, und unerschütterlich streben wir nach deinem immerwährenden und unzerstörbaren Glanz. Möge der Strahl deiner Intelligenz und die Wärme deiner Liebe bis zu uns dringen, damit das Flüchtige fest wird und der Schatten zu einem Körper. Der Geist der Luft werde eine Seele, der Traum zu einem Gedanken; damit wir nicht mehr vom Sturme dahingerafft werden, sondern die Zügel der geflügelten Hengste der Morgenröte halten. Wir werden den Lauf des Abendwindes so richten, daß er zu dir fliegt. Oh Geist der Geister, oh ewige Seele aller Seelen, oh unauslöschlicher Atem des Lebens, oh schöpferischer Seufzer, oh Mund, der du das Leben aller Wesen ausatmest und zurückziehst im Ausströmen und Rückströmen deines ewigen Wortes, welches der himmlische Ozean der Bewegung und der Wahrheit ist. Amen. (Der Hierophant zieht mit seinem Szepter die bannenden Pentagramme vor der Tafel in die Luft.)

Hierophant: Gehet hin in Frieden in eure Stätten und Wohnorte. Möge der Segen von JOD HEH VAU HEH bei euch wohnen. Möge Frieden sein zwischen uns und euch, und seid bereit zu kommen, wenn ihr gerufen werdet. (Klopft) (Alle grüßen und gehen auf ihre Plätze zurück.) Im Namen von SHADDAI EL CHAI erkläre ich diesen Tempel im Grade des Theoricus für geschlossen. (Klopft 3, 3, 3.)
Hiereus: (Wiederholt das Klopfen.)
Hegemon: (Wiederholt das Klopfen.)

Der Grad des Practicus 3 = 8

Eröffnung

Richtet den Tempel für den 31. Pfad ein. Die Teilnehmer sind versammelt und haben die Roben angelegt.

Hierophant: (Klopft) Brüder und Schwestern des Äußeren Ordens des Golden Dawn, helft mir, diesen Tempel im Grade des Practicus zu eröffnen. Würdiger Hegemon, achtet darauf, daß der Tempel gehörig gedeckt ist. (Ausgeführt)
Hegemon: Ehrwürdiger Hierophant, der Tempel ist gehörig gedeckt.
Hierophant: Würdiger Hiereus, stellt sicher, daß niemand unterhalb des Grades des Practicus anwesend ist.
Hiereus: Brüder und Schwestern, gebt die Geste des Practicus. (Ausgeführt) Ehrwürdiger Hierophant, alle Anwesenden haben diesen Grad erreicht. (Grüßt)
Hierophant: Würdiger Hegemon, welchem besonderen Element gehört dieser Grad an?
Hegemon: Dem Element Wasser.
Hierophant: Würdiger Hiereus, zu welchem Planeten hat dieser Grad besonderen Bezug?
Hiereus: Zum Planeten Merkur.
Hierophant: Würdiger Hegemon, welche Pfade werden diesem Grade zugeordnet?
Hegemon: Der 31. und 30. Pfad von Shin und Resh.
Hierophant: Würdiger Hiereus, was drückt der 31. Pfad aus?

Die Rituale des Äußeren Ordens

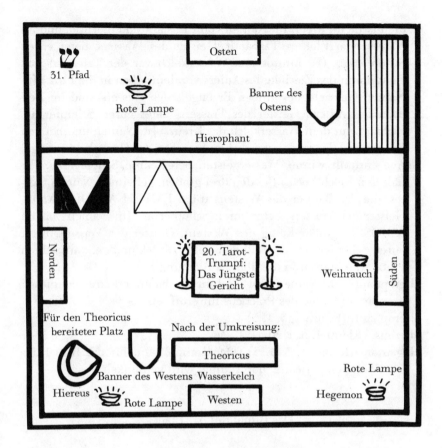

Hiereus: Die Reflexion der Sphäre des Feuers.

Hierophant: Würdiger Hegemon, worauf spielt der 30. Pfad an?

Hegemon: Auf die Reflexion aus der Sonnensphäre. (Der Hierophant gibt ein (Klopfzeichen) und alle erheben sich und blicken nach Osten.)

Hierophant: (Klopft) Laßt uns den Herrn und König des Wassers anbeten. *Elohim Tzabaoth, Elohim der Heerscharen, Ruhm sei dem Ruach Elohim, der sich über den Wassern der Schöpfung bewegte. Amen.* (Alle grüßen. Der Hierophant verläßt seinen Thron und geht in den Westen, gibt ein (Klopfzeichen). Alle blicken nach Westen. Vor der Tafel des Wassers stehend zieht er mit seinem Szepter den invozierenden Kreis mit Pentagrammen vor sich in die Luft.)

Hierophant: Und die Elohim sprachen: Laßt uns Adam nach unserem Bilde machen, uns ähnlich, und geben wir ihm die Herrschaft über die Fische im Meer. Im Namen von EL, stark und mächtig, und im Namen von Elohim Tzabaoth, Geister des Wassers, betet euren Schöpfer an. (Er nimmt den Wasserkelch vor der Tafel auf und zieht damit das Zeichen des Adlers vor demselben in die Luft.) Im Namen Gabriels, des großen Erzengels des Wassers, und im Zeichen des Adlers, Geister des Wassers, betet euren Schöpfer an. (Schlägt mit dem Wasserkelch das Kreuz.) Im Namen und bei den Buchstaben des großen westlichen Vierecks, das Henoch vom Engel Ave enthüllt wurde, Wassergeister, betet euren Schöpfer an. (Er hält den Kelch hoch.) Bei den drei großen, geheimen Namen Gottes, die das Banner des Westens trägt, EMPEH ARSOL GAIOL, Geister des Wassers, betet euren Schöpfer an. Im Namen von Ra AGIOSEL, großer König des Westens, Geister des Wassers, betet euren Schöpfer an. (Er stellt den Kelch zurück und geht auf seinen Platz. Alle blicken in die übliche Richtung.)

Hierophant: Im Namen von Elohim Tzabaoth erkläre ich diesen Tempel im Grade des Practicus für eröffnet.

Hierophant: (Klopft 1, 3, 1, 3)

Hiereus: (Klopft 1, 3, 1, 3)

Hegemon: (Klopft 1, 3, 1, 3) (Der Tempel wird für das Ritual des 31. Pfades eingerichtet, der Tempel wird verdunkelt.)

Das Ritual des 31. Pfades

Hierophant: Brüder und Schwestern, unser Frater (unsere Soror) XYZ hat auf dem Pfade des okkulten Wissens solche Fortschritte gemacht, daß er (sie) in der Lage war, eine Prüfung über das erforderliche Wissen abzulegen, er (sie) ist nun berechtigt, in den Grad des Theoricus fortzuschreiten, und ich habe dafür ordnungsgemäß eine Ermächtigung von den hochehrwürdigen Oberen des Zweiten Ordens erhalten, ihn in der angemessenen Form zu befördern. Würdiger Hegemon, überwacht die Vorbereitung des Theoricus, und gebt den üblichen Ruf. (Der Hegemon erhebt sich, grüßt den Hierophanten, verläßt den Tempel und schaut, ob der Theoricus wie folgt vorbereitet worden ist – ob er die Schärpe des Theoricus trägt, ob seine Augen verbunden sind und ob er mit der festen, dreieckigen, aus vier Elementen gebildeten Pyramide versehen ist (siehe Band 1, Seite 366 unten). Der Hegemon nimmt den Theoricus bei der linken Hand, gibt den Ruf von acht Klopfzeichen und spricht:)

Hegemon: Sein Thron war wie eine Feuerflamme und die Räder wie

brennendes Feuer. (Der Hiereus öffnet die Tür und läßt sie ein, kehrt dann auf seinen Platz zurück. Der Hegemon führt den Theoricus in den Nordwesten, so daß er auf den Platz des Hiereus blickt. Der Hegemon nimmt die Pyramide.)
Hiereus: Gebt mir die Geste, den Griff oder das Zeichen, das große Wort, die mystische Zahl und das Paßwort vom Grade des Theoricus. (Ausgeführt – Das Wort SHADDAI EL CHAI, die Zahl 45, das Paßwort Mah.)
Gebt mir auch den mystischen Titel und das Symbol, welches Ihr in jenem Grade erhalten habt. (Ausgeführt – Poraios de Rejectus. Ruach.)
Hiereus: Frater XYZ, schwört Ihr feierlich, die gleiche strenge Geheimhaltung bezüglich der Mysterien des 31. und 30. Pfades und des Grades des Practicus zu wahren, welche zu wahren Ihr bezüglich der vorhergehenden Grade geschworen habt?
Theoricus: Ich schwöre.
Hiereus: Streckt Eure Hände aus in der Grußgeste eines Neophyten und sprecht: Ich schwöre es beim Abgrund der Wasser. (Ausgeführt. Der Theoricus entdeckt, daß der Tempel verdunkelt ist. Der Hegemon legt seine Hand auf den Wasserkelch vor der Tafel.)
Hiereus: Sprenkelt mit Eurer Hand ein paar Wassertropfen auf die Tafel des Wassers im Westen und sprecht: Die Mächte des Wassers seien Zeugen meines Schwures. (Ausgeführt. Der Theoricus wiederholt die Worte. Der Hegemon stellt den Kelch zurück.)
Hiereus: Führt den Theoricus zum Osten und stellt ihn vor die mystischen Säulen.
Hierophant: (Klopft) Vor Euch befinden sich die Portale des 31., 32. und 29. Pfades. Wie Ihr bereits wißt, führt der mittlere Pfad vom Grade des Zelators zum Theoricusgrad. Der Pfad zur Linken, der nun für Euch offensteht, ist der 31., der vom Grade des Zelators zum Grade des Practicus führt. Nehmt die Pyramide der Flamme in Eure rechte Hand und folgt Eurer Führerin AXIOKERSA, der Kabirin, die Euch durch den Pfad des Feuers führen wird. (Der Hegemon führt den Theoricus zwischen den Pfeilern hindurch, wendet sich zur Rechten und umkreist einmal die Halle. Der Hierophant nimmt, wenn sie sich nähern, die rote Lampe in seine Hand und erhebt sich. Der Hegemon und der Theoricus halten vor ihm an.)
Hierophant: Axieros, der erste Kabir, sprach zu Kasmillos, dem Kandidaten, und sagte: Ich bin die Spitze des Flammendreiecks. Ich bin das Sonnenfeuer, das seine Strahlen in die niederen Welten aus-

schüttet, Leben gibt, Licht hervorbringt. Mit welchem Symbol willst du vorübergehen?

Hegemon: Mit dem Symbol der Flammenpyramide.

Hierophant: Höret die Stimme von Axieros, dem ersten Kabiren: Der Geist des Vaters wirbelte in widerhallendem Dröhnen hervor und erfaßte mit unwiderstehlichem Willen allgestaltige Ideen, die aus dieser einen Quelle hervorbrachen. Denn der Vater war der Wille und das Ende. Dadurch sind sie immer noch mit dem Vater verbunden, dem Wechsel des Lebens entsprechend in verschiedenen Trägern. Doch wurden sie auseinandergetrieben, durch das geistige Feuer auf andere Geister verteilt. Denn der König aller stellte sie vor eine vielgestaltige Welt, eine geistige, unzerstörbare Urform, deren gestalthafter Eindruck durch die Welt hinausgesandt wird, aus welcher das Universum hervortrat, mit den verschiedensten Vorstellungen geschmückt, von denen das Fundament eine ist, allein und einzig. Von diesen anderen strömen, zerstreut und getrennt, die verschiedenen Körper des Universums aus und werden in Schwärmen durch die gewaltigen Abgründe getragen, stets weiter wirbelnd in unbegrenzter Strahlung. Sie sind die geistigen Bilder aus der väterlichen Quelle, die überfließend teilhaben an der feurigen Strahlung im anschwellenden Lauf der Zeit. Die ursprüngliche, in sich selbst vollendete Quelle des Vaters entließ aus sich die Urbilder. Zahlreich aufleuchtend stiegen sie in die strahlenden Welten hinan, und in diesen wohnten die drei Übernatürlichen Kether, Chockmah und Binah. Denn Er ist der Waltende, denn Er ist es, der das lebentragende Feuer gibt, das den lebengebenden Schoß der Hekate erfüllt; er flößte den Synochen die lebenspendende Kraft des Feuers ein, erfüllt mit großer Macht. Der Schöpfer von allem bildete die Welten, und es entstand eine bestimmte Menge an Feuer; und all dieses schuf er selbsttätig, damit der kosmische Körper ganz vollendet sei, damit der Kosmos manifest sei und nicht durchlässig erscheine. Und er setzte eine gewaltige Schar unbeweglicher Sterne, nicht durch eine mühevolle und schmerzhafte Anstrengung, sondern um sie in bewegungsloser Beständigkeit zu erhalten, das Feuer in das Feuer hineinzwingend.

Bis hierher geht die Rede des Axieros. (Der Hegemon führt den Theoricus herum zum Sitz des Hiereus. Der Hiereus nimmt, wenn sie sich nähern, die rote Lampe in seine Hand und erhebt sich. Hegemon und Theoricus halten vor ihm an.)

Hiereus: Axiokersos, der zweite Kabir, erhob seine Stimme zu Kasmillos, dem Kandidaten, und sprach: Ich bin der linke Grundwinkel

des Flammendreiecks. Ich bin das vulkanische und irdische Feuer, das blitzend durch die Abgründe der Erde lodert. Verzehrendes, durchdringendes Feuer, das die Hüllen der Materie auseinanderreißt, bezwungenes Feuer, quälendes Feuer, das in leuchtenden Stürmen wütet und wirbelt. In welchem Zeichen suchst du vorüberzugehen?
Hegemon: Mit dem Symbol der Flammenpyramide.
Hiereus: Höret nun die Stimme von Axiokersos, dem zweiten Kabiren: Denn das Feuer, welches jenseits ist, faßte seine tätige Kraft zunächst nicht in Materie, sondern in Geist; denn der Bildner der Feuerwelt ist der Geist des Geistes, der aus dem Geist entsprang, das eine Feuer in das andere kleidete und sie zusammenband, damit er die flammenspeienden Krater vermische und den Glanz seines eigenen Feuers makellos erhalte. Und es ging ein feuriger Wirbelwind von dort aus, der den Glanz der blitzenden Flamme herabzog, die die Abgründe des Universums durchdrang, denn von dort herab senden alle ihre wunderbaren Strahlen aus und beseelen überquellend Licht, Feuer, Äther und das Universum. Von ihm gehen alle erbarmungslosen Donner aus, wie auch der in Orkane gehüllte, von Sturm umtoste Schoß der über alles herrlichen Kraft der Hekate, gezeugt vom Vater, der über dem Glanze des Feuers schwebt und der starke Geist der Pole ist, jenseits allen Feuers.
Soweit die Ansprache des Axiokersos. (Der Hiereus führt den Theoricus herum zum Sitz des Hegemonen im Südwesten, der die rote Lampe nimmt und den Theoricus folgendermaßen anspricht:)
Hegemon: Axiokersa, die dritte Kabirin, sprach zu Kasmillos, dem Kandidaten, und sagte: Ich bin der rechte Grundwinkel des Flammendreiecks; ich bin das astrale und das flüssige Feuer, welches durch das Firmament zuckt und funkelt. Ich bin das Leben aller Wesen, die lebendige Wärme des Daseins. Mit welchem Zeichen willst du vorübergehen? (Der Hiereus weist den Theoricus an und geht dann auf seinen Platz zurück.)
Hiereus: (Für den Theoricus.) Im Symbol der Flammenpyramide.
Hegemon: Hört nun die Stimme von Axiokersa, der dritten Kabirin: Der Vater hat sich eilig zurückgezogen, aber nicht das Feuer seiner geistigen Macht verschlossen. Alle Dinge sind diesem einen Feuer entsprungen. Denn der Vater aller Dinge hat alle Dinge vollendet gemacht und sie an den zweiten Geist weitergegeben, den alle Menschenrassen als den ersten ansehen. Der Geist des Vaters reitet auf den feinstofflichen Trägern, welche in den Spuren des unnachgiebigen und erbarmungslosen Feuers glitzern. Da die Seele ein

strahlendes Feuer ist, bleibt sie aus der Kraft des Vaters unsterblich, eine Herrin des Lebens, und erfüllt die vielen Winkel des Schoßes der Welt. In seinen verschlungenen Kanälen wirkt sie die Werke des unzerstörbaren Feuers.

Soweit die Ansprache der Axiokersa. (Der Hegemon bringt den Theoricus zum Sitz in den Westen zwischen sich und den Hiereus, mit Blick auf den Hierophanten, und nimmt ihm die Pyramide ab.)

Hierophant: Beuge dich nicht herab in die dunkle Welt, in welcher immer eine trügerische Tiefe liegt, der in Wolken gehüllte Hades, der sich an unverständlichen Bildern ergötzt, sich windend, ein immer bewegter schwarzer Abgrund, stets vermählt mit einem lichtlosen Körper, formlos und leer. Denn die Natur überzeugt uns, daß es reine Dämonen gäbe und daß sogar die üblen Keime der Materie ebenso nützlich und gut werden können. Dies aber sind Mysterien, die in den tiefen Abgründen unseres Geistes erweckt werden. Ein Feuer existiert, dehnt sich aus durch die Stürme der Luft oder wie ein formloses Feuer, aus dem der Eindruck einer Stimme entspringt, oder wie ein blitzendes Licht, wimmelnd, sich drehend, hervorwirbelnd, laut schreiend. Es gibt auch die Vision des feuerblitzenden Lichtrosses oder auch die eines Kindes, hoch auf den Schultern des himmlischen Hengstes getragen, feurig oder in Gold gekleidet oder nackt oder Lichtpfeile mit einem Bogen abschießend und auf den Schultern des Pferdes stehend. Wenn deine Meditation aber fortschreitet, dann vereine alle diese Symbole in der Gestalt des Löwen. Denn wenn das Gebäude der Himmel für dich nicht mehr sichtbar ist und die Massen der Erde, wenn die Sterne ihr Licht für dich verloren haben und die Leuchte des Mondes verhüllt ist, wenn die Erde nicht verweilt und um dich herum nur die leuchtende Flamme ist, dann rufe nicht das sichtbare Bild der Seele der Natur vor dich. Denn du darfst sie nicht sehen, bevor dein Körper durch die heiligen Riten geläutert ist. Denn von den Grenzen der Materie her erstehen die furchtbaren, hundegesichtigen Dämonen, die ewig die Seele herabziehen und sie von den heiligen Dingen fortführen und die niemals dem sterblichen Blick ein wahres Bild zeigen. Darum muß der Priester, der die Arbeiten des Feuers beherrscht, zunächst das Lustralwasser des laut brandenden Meeres versprengen. Arbeite in der Nähe des Strophalos der Hekate, schreie laut, wenn sich ein irdischer Dämon nähert und opfere den Stein MNIZOURIN. Verändere die barbarischen Namen der Evokation nicht, denn sie sind göttliche Namen und haben in den heiligen Riten eine unsagbare Kraft. Wenn du,

nachdem alle Phantome geflohen sind, das heilige, formlose Feuer siehst, das Feuer, das durch die verborgenen Tiefen des Universums flammt und blitzt, dann höre die Stimme des Feuers.
Soweit die Rede der Kabiren. (Der Hegemon dreht die Lichter auf, führt den Kandidaten zum Fuße des Throns des Hierophanten und gibt diesem die feste dreieckige Pyramide.)
Hierophant: Die feste Dreieckspyramide ist eine passende Hieroglyphe des Feuers. Sie setzt sich aus vier Dreiecken zusammen, drei sichtbaren und einem verborgenen, welches jedoch die Zusammenfassung der übrigen benützt. Die drei sichtbaren Dreiecke repräsentieren das Sonnenfeuer, das vulkanische und das astrale, während das vierte für die verborgene Wärme steht. Die drei Worte AUD, AUB, AUR beziehen sich auf die drei Zustände der Hitze: Aud, aktiv; Aub, passiv; Aur, ausgeglichen; und Asch ist der Name des Feuers. Der 31. Pfad des Sepher Jetzirah, entsprechend dem Buchstaben Shin, wird als die immerwährende Intelligenz bezeichnet, und zwar, weil er die Bewegungen der Sonne und des Mondes nach ihrer rechten Regel steuert, jede nach ihrem passenden Lauf. Er ist deswegen eine Reflexion der Feuersphäre und der Pfad, der das in Malkuth dargestellte materielle Universum mit der Säule der Strenge auf der Seite von Geburah und durch die Sephiroth verbindet. (Der Hierophant, der Hegemon und der Theoricus kommen auf die Westseite des Altares.) Vor Euch liegt auf dem Altar der 20. Tarottrumpf, der diese Vorstellungen symbolisch zusammenfaßt. Für das nicht eingeweihte Auge stellt er anscheinend das letzte Gericht dar, mit einem Engel, der die Posaune bläst, und den Toten, die sich aus den Gräbern erheben. Seine Bedeutung ist aber viel geheimnisvoller und tiefgründiger als diese. Er ist eine Glyphe der Macht des Feuers. Der Engel ist von einem Regenbogen umgeben, von dem feuriges Funkeln ausgeht, und gekrönt von der Sonne. Er stellt Michael dar, den großen Erzengel und Herrscher des Sonnenfeuers. Die im Regenbogen springenden Schlangen sind Symbole der feurigen Seraphim. Die Posaune repräsentiert den Einfluß des von Binah herabkommenden Geistes, während das Banner mit dem Kreuz sich auf die vier Flüsse des Paradieses und die Buchstaben des Heiligen Namens bezieht. Er ist auch Axieros, der erste der samothrakischen Kabiren, wie auch Zeus und Osiris. Die Gestalt, die sich links unten aus der Erde erhebt, ist Samael, der Herrscher des Vulkanfeuers. Er ist außerdem Axiokersos, der zweite Kabir, Pluto und Typhon. Die Gestalt rechts unten ist Anael, die Herrscherin des astralen Lichts. Sie ist auch

Axiokersa, die dritte Kabirin, Ceres und Proserpina, Isis und Nephthys. Deshalb wird sie in doppelter Gestalt dargestellt und erhebt sich aus dem Wasser. Um diese beiden Figuren herum flammen Blitze auf. Diese drei Hauptfiguren bilden das feurige Dreieck und stellen weiterhin das Feuer in seiner Tätigkeit in den anderen drei Elementen Luft, Erde und Wasser dar. Die Figur unten in der Mitte, die uns den Rücken zuwendet und ihre Arme im Zeichen des Theoricus ausstreckt, ist Arel, der Herrscher der ruhenden Wärme. Er erhebt sich aus der Erde, wie um die Eigenschaften der anderen aufzunehmen und zu absorbieren. Er ist auch Kasmillos, der Kandidat in den samothrakischen Mysterien, und der ägyptische Horus. Er erhebt sich aus der in den Fels geschlagenen, würfelförmigen Gruft und stellt auch eine Anspielung auf den Kandidaten dar, der den Pfad des Feuers durchschreitet. Die drei unteren Figuren stellen den hebräischen Buchstaben Shin dar, zu dem das Feuer eine besondere Verbindung hat. Die sieben hebräischen Jods beziehen sich auf die in jedem Planeten tätigen Sephiroth und die Shem ha-Mephoresh. (Der Hierophant kehrt auf seinen Platz zurück, und der Hegemon führt den Theoricus in den Westen. Der Hiereus tritt vor und erklärt die beiden Tafeln der Sephiroth.)

Hiereus: (Der folgende Abschnitt bis zu »Beförderung im 30. Pfad« fehlt sowohl bei Regardie, Ed. 1937, als auch bei Torrens. Es kann nicht ausgeschlossen werden, daß er nach 1900 eingefügt worden ist und möglicherweise nicht auf Mathers zurückzuführen ist.) Die Tafel (siehe Band 1, Seite 374 oben) vor Euch stellt die zehn Sephiroth in ihren sieben Palästen dar. Der erste Palast enthält Kether, Chokmah und Binah, der zweite Chesed, der dritte Geburah, der vierte Tiphareth, der fünfte Netzach, der sechste Hod, der siebte Jesod und Malkuth. Die zweite Tafel stellt die Zuordnung der zehn Sephiroth zu den vier Buchstaben des Heiligen Namens dar. Wie ihr bemerken werdet, ist Kether nicht darunter, sondern durch den obersten Punkt des Jod symbolisiert. Es ist MAKROPROSOPUS oder ARIKH ANPIN, das gewaltige Angesicht. Chokmah wird dem Jod zugeordnet oder dem Vater Abba; Binah wird Heh oder Aima, der Mutter, zugeordnet; Vau umfaßt die nächsten sechs Sephiroth, welche zusammen den MIKROPROSOPUS oder ZAUIR ANPIN, das niedere Angesicht, bilden. Malkuth bezieht sich auf das abschließende Heh oder die Braut der Apokalypse. (Der Hegemon führt den Theoricus zur Tafel der sieben Himmel von Assiah im Süden.)

Hegemon: Diese sind die sieben Himmel von Assiah, der erste ist

Gheberoth und bezieht sich auf Chesed, worin die Schätze des Segens ruhen. Der zweite ist Mekon und bezieht sich auf Geburah, worin die Schätze des Lebensgeistes ruhen. Der dritte ist Maghon und bezieht sich auf Tiphareth, worin die Engel wohnen. Der vierte ist Zebel und bezieht sich auf Netzach, worin der himmlische Altar ist, auf dem der große Priester Michael die Seelen der Gerechten opfert. Der fünfte ist Shachaqim und bezieht sich auf Hod, wo das Manna ist. Der sechste ist Raquie, worin sich Sonne und Mond, die Sterne und Planeten und alle zehn Sphären befinden; er bezieht sich auf Jesod. Der siebte ist Velun und bezieht sich auf Malkuth. Darauf folgt Shamajim, welcher die 18000 Welten enthält, und auch Gehennah und der Garten Eden. Der neunte setzt sich aus 18000 weiteren Welten zusammen, worin die Shekinah und Metatron sich befinden. Der zehnte ist Thebel, worin die Erde zwischen Eden und Gehennah wohnt. (Der Hegemon führt den Theoricus zur Tafel der zehn umgekehrten Sephiroth im Norden.)

Hegemon: Vor Euch befinden sich die zehn umgekehrten und bösen Sephiroth oder Qlippoth oder Schemen, die in sieben Palästen angesammelt sind, worin das apokalyptische Geheimnis der sieben Köpfe und der zehn Hörner liegt. Die Qlippoth Kethers werden Thaumiel oder die beiden widerstreitenden Kräfte genannt, die Schemen Chokmahs sind Ghogiel oder die Verhinderer, jene von Binah heißen Satariel oder Verhüller, jene von Chesed sind die Gagh Shekelah oder Zertrümmerer. Zu Geburah gehören die Golahab oder Verbrenner, zu Tiphareth die Tagariron oder Zerreder, zu Netzach die Gharab Zereq oder Todesraben, die alle Dinge zerstreuen. Jene von Hod heißen Samael oder Betrüger, von Jesod die Gamaliel oder Obszönen. Der Schemen von Malkuth ist Lilith, das böse Weib. Diese haben aber auch noch zahlreiche anderer Bezeichnungen.

Hierophant: Ich freue mich, Euch den Titel eines Herrn (einer Herrin) des 31. Pfades verleihen zu können. Ihr werdet nun den Tempel für eine kurze Zeit verlassen, und bei Eurer Rückkehr wird die Zeremonie Eures Durchganges durch den 30. Pfad stattfinden.

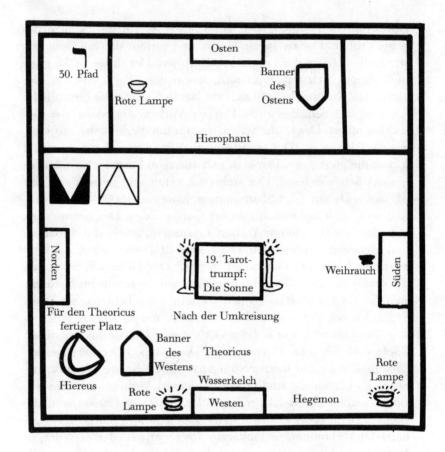

Beförderung im 30. Pfad

Hierophant: Würdiger Hegemon, Ihr habt meinen Befehl, dem Theoricus das erforderliche Einlassungsabzeichen zu übergeben und ihn (sie) einzulassen. (Der Hegemon erhebt sich, geht zur Tür, öffnet sie, überreicht dem Theoricus das griechische Kreuz aus dreizehn Quadraten und läßt ihn ein.)

Hegemon: Und siehe, er stellte sein Tabernakel in die Sonne. (Führt den Theoricus nach dem Nordosten und stellt ihn vor die Pfeiler mit Blick darauf.)

Hierophant: (Klopft) Frater (Soror) XYZ, Ihr seht vor Euch im Osten die Portale des 30., 25. und 26. Pfades, die vom Grad des Theoricus in die darüberliegenden Grade führen. Der Pfad, der Euch nun offensteht, ist der 30., der zum Grade des Practicus führt. Nehmt das griechische Sonnenkreuz (siehe Band 1, Seite 367) in Eure rechte Hand und folgt Eurem Führer durch den Pfad der Sonne. Alle Dinge sind den geistigen Wirbeln des geistigen Feuers untertan nach dem Willen des Vaters des Alls. (Der Hegemon führt den Theoricus zwischen die Säulen, wendet sich nach rechts und hält am Fuße des Thrones des Hierophanten an. Der Hierophant erhebt sich und nimmt die rote Lampe in seine Hand.)

Hierophant: Axieros, der erste Kabir, sprach zu Kasmillos, dem Kandidaten, und sagte: Ich bin die Sonne in ihrer größten Erhöhung und bringe die Wärme auf die Erde, die reifen läßt, die alle Dinge zur Frucht führt und das Wachstum der pflanzlichen Natur vorwärtsdrängt. Ich gebe das Leben, bringe das Licht hervor, kröne den Sommer mit der goldenen Ernte und fülle den Schoß des überfließenden Herbstes mit der purpurnen Tracht des Weines. Soweit die Stimme des Axieros.

(Der Hegemon führt den Theoricus herum zum Sitz des Hiereus und hält vor ihm inne. Der Hiereus erhebt sich mit der roten Lampe in seiner Hand.)

Hiereus: Axiokersos, der zweite Kabir, sprach zu Kasmillos, dem Kandidaten, und sagte: Ich bin die Sonne in ihrer tiefsten Stellung unter dem Äquator, wenn die Kälte am größten und die Wärme am geringsten ist, ich ziehe das Licht im verdunkelten Winter zurück, wo Nebel und Sturm wohnen. Soweit die Stimme des Axiokersos.

(Der Hegemon führt den Theoricus herum zu seinem eigenen Platz – nimmt die rote Lampe.)

Hegemon: Axiokersa, die dritte Kabirin, sprach zu Kasmillo, dem Kandidaten, und sagte: Ich bin die Sonne zur Tagundnachtgleiche, leite den Sommer ein und verkünde den Winter, ich wirke mild und wohltuend, gebe oder nehme die lebendige Lebenswärme. Soweit die Stimme der Axiokersa. (Bringt den Theoricus zum Platz im Westen zwischen sich und den Hiereus, so daß er den Hiereus anschaut, und nimmt ihm das griechische Sonnenkreuz ab.)

Hierophant: Der Vater aller ordnete die sieben Firmamente des Kosmos an, so daß sie den Himmel mit einer konvexen Form umgeben. Er setzte eine Siebenheit wandernder Wesenheiten und formte ihre Unordnung in wohlgesetzte Zonen. Er schuf sie sechs an der Zahl, und als das siebente warf er das Sonnenfeuer in ihre Mitte, in jene Mitte, von wo aus alle Linien gleich sind, damit die schnelle Sonne zu dieser Mitte käme und sich eifrig in die Mitte des widerhallenden Lichtes dränge. Ihre Locken fließen als Lichtstrahlen hervor und erstrecken sich bis zu den Begrenzungen des

Raums, der Sonnenkreise, der Lichtblitze des Mondes und der Lufträume zur Melodie des Äthers, der Sonne und der Läufe des Mondes und der Winde.[1] Die Ganzheit der Sonne befindet sich in den überweltlichen Ordnungen, denn sie ist das Zeitmaß der Zeit. Ihre Scheibe liegt oben im Sternenlosen, in der unwandelbaren Sphäre, und sie ist die Mitte der dreifachen Welt. Die Sonne ist das Feuer und der Verteiler des Feuers. Sie ist auch der Kanal des höheren Feuers, des Äthers, der Sonne und des Mondgeistes, die die Führer der Luft sind. Die große Göttin brachte die gewaltige Sonne hervor und den leuchtenden Mond und die weite Luft, den Lauf des Mondes und den Sonnenpfahl. Indem sie die Melodie des Äthers empfing, der Sonne und des Mondes und was auch immer in der Luft enthalten ist, sammelte sie diese an. Und die Natur gebietet unermüdlich über die Welten und Werke, so daß alle Dinge ihre Zeit vollenden werden. Und über den Schultern dieser großen Göttin wird die unermeßliche Natur gepriesen. Soweit die Stimme der Kabirin. (Der Hegemon führt den Theoricus zum Throne des Hierophanten und gibt diesem das griechische Sonnenkreuz.)

Hierophant: Das griechische Sonnenkreuz besteht aus dreizehn Quadraten, die sich passend auf die Bewegung der Sonne durch den Tierkreis beziehen. Diese Zeichen werden außerdem in den Armen des Kreuzes gemäß den vier Elementen angeordnet, die Sonne in der Mitte, die das Licht in der Mitte des Ganzen darstellt.

Der 30. Pfad des Sepher Jetzirah, der dem Buchstaben Resh entspricht, wird als die sammelnde Intelligenz bezeichnet, und zwar, weil die Astrologen davon ihr Urteil über die Sterne herleiten, über die Himmelszeichen und die Vollendung ihrer Wissenschaft gemäß den Regeln ihrer Umdrehungen. Er stellt deshalb die Reflexion der Sonnensphäre dar und des Pfades, der Jesod mit Hod verbindet, die Grundlage mit dem Glanz. (Hierophant, Theoricus und Hegemon kommen auf die Westseite des Altars.) Vor Euch auf dem Altar befindet sich der 19. Tarottrumpf, der diese Ideen symbolisch zusammenfaßt. Die Sonne hat zwölf Hauptstrahlen, welche die zwölf

---

[1] Anm. d. Übers.: Das Geschlecht der Sonne im Englischen ist männlich, was für magische Zusammenhänge sehr bedeutend ist. Es ist jedoch unzweckmäßig, im Deutschen »die Sonne« und dann »er« zu sagen. Man halte sich nur stets vor Augen, daß in allen Texten und Ritualen die Sonne als männlich vorgestellt wird.
(Der Mond ist übrigens grundsätzlich weiblich, wie er auch im lateinischen und griechischen Sprachumkreis weiblich war.)

Tierkreiszeichen bedeuten. Sie sind abwechselnd gewellt und gerade und symbolisieren das Wechseln des maskulinen und femininen Wesens. Sie werden in 36 Strahlen unterteilt, die die 36 Dekanate oder 10 Grad-Sätze des Zodiaks bedeuten. Diese wiederum teilen sich in 72, die die 72 Quinate vertreten oder Sätze von 5 Grad und den 72-fältigen Namen SHEM HA-MEPHORASCH. So umfaßte die Sonne selbst in ihren Strahlen die gesamte Schöpfung. Die sieben hebräischen Jods, die auf jeder Seite durch die Luft fallen, beziehen sich auf den herabkommenden solaren Einfluß. Die Mauer stellt den Tierkreis dar und die Steine seine verschiedenen Grade und Unterteilungen. Die beiden Kinder stehen jeweils auf Wasser und Erde und stellen den fruchtbaren Einfluß der beiden dar, der durch die Sonnenstrahlen in Tätigkeit versetzt wird. Sie sind die beiden niederen oder passiven Elemente, wogegen die Sonne und die Luft oben die höheren und aktiven Elemente Feuer und Luft bilden. Darüber hinaus ähneln die beiden Kinder dem Zeichen Zwillinge, welches das Erdzeichen Stier mit dem Wasserzeichen Krebs verbindet; dieses Zeichen wurde von den Griechen und Römern auf Apollo oder die Sonne bezogen. (Der Hierophant geht auf seinen Platz zurück, und der Hegemon führt den Theoricus nach Westen.)

Hiereus: (Der folgende Abschnitt bis zum Beginn der »Zeremonie des Practicusgrades« fehlt in Regardies Ausgabe von 1937 und bei Torrens.) (Zeigt die erste Tafel.) Die astrologischen Symbole der Planeten werden von den drei Grundformen Kreis, Sichel und Kreuz abgeleitet, einzeln oder kombiniert. Der Kreis steht für die Sonne und das Gold, die Sichel für den Mond und das Silber, analog auch für die rote und die weiße alchimistische Natur. Das Kreuz ist das Symbol der Zerstörung, und zerstörte Metalle haben gewöhnlich Farben, die zu denen, die sie natürlicherweise annehmen, komplementär sind. Also wird das rötliche Kupfer im Grünspan grünlich. Merkur ist das einzige Zeichen, das diese Grundformen in einem Symbol vereint. Saturn setzt sich aus dem Kreuz und der Sichel zusammen und zeigt, daß Blei äußerlich zerstörbar und innerlich lunar ist. Bei Jupiter ist es umgekehrt, Mars ist innerlich solar, während es bei Venus umgekehrt ist, denn Kupfer hat äußerlich das Wesen des Goldes, ist innerlich aber zerstörbar. Deshalb bedeutet der Name der Sphäre von Venus, *Nogah*, äußerlichen Glanz. (Führt den Theoricus zur zweiten Tafel.) Diese zeigt nun die wirkliche und ursprüngliche Zuordnung der Tarottrümpfe zum hebräischen Alphabet, welche seit langem ein Geheimnis unter den Eingeweihten ist und sorgfältig vor der äußeren Welt verborgen werden sollte. Ich werde nicht tiefer in die Erklärungen einsteigen, da eine MSS.-Lehrschrift über dieses Thema unter den Mitgliedern des Practicusgrades zirkuliert. (Der Hegemon führt den Theoricus zur Tafel im Süden.)

Hegemon: Vor Euch befindet sich die Tafel der olympischen oder luftartigen Planetengeister mit ihren Sigillen, Arathror für Saturn, Bethor für Jupiter, Phalegh für Mars, Och für die Sonne, Hagith für Venus, Ophiel für Merkur und Phul für den Mond. (Führt den Theoricus zur Tafel im Norden.) Diese zeigt Euch die geomantischen Figuren mit ihren herrschenden Intelligenzen und Genien, wie auch die talismanischen Symbole, die jeder geomantischen Figur zugeordnet werden. Diese werden aus ihnen durch das Ziehen von Linien zu den Punkten abgeleitet, aus denen sie sich zusammensetzen, als sollten mathematische Figuren daraus gebildet werden. Unter den Mitgliedern des Practicusgrades kursiert eine MSS.-Lehrschrift über die Geomantie.

Hierophant: Ich freue mich, Euch den Titel eines Herrn (einer Herrin) des 30. Pfades verleihen zu können. Ihr werdet nun den Tempel für eine kurze Zeit verlassen, und nach Eurer Rückkehr wird die Zeremonie Eurer Aufnahme in den Grad des Practicus stattfinden.

Die Zeremonie des Practicusgrades

Hierophant: Würdiger Hegemon, erklärt dem Theoricus die rechten Rufe, übergebt ihm das notwendige Einlassungsabzeichen und laßt ihn (sie) ein. (Ausgeführt) Stellt den Theoricus vor das Portal des 31. Pfades, durch welches er (sie) diesen Grad vom Grade des Zelators her symbolisch betreten hat. (Ausgeführt, Shin.) Stellt den Theoricus nun vor das Portal des 30. Pfades, durch welchen er diesen Grad vom Grade des Theoricus her symbolisch betreten hat. (Ausgeführt, Resh. Der Hegemon führt den Theoricus dann weiter zum Hiereus.)

Hiereus: Mit welchem Symbol tretet Ihr ein?

Hegemon: Mit dem besonderen Emblem des Stolistes, welches der Wasserkelch (siehe Abbildung in Band 1, Seite 367) ist.

Hiereus: Der Kelch des Stolistes hat teil an der Symbolik des mosaischen Beckens und des salomonischen Meeres. Er umfaßt auf dem Lebensbaum neun der Sephiroth, nicht aber Kether. Jesod und

Die Rituale des Äußeren Ordens

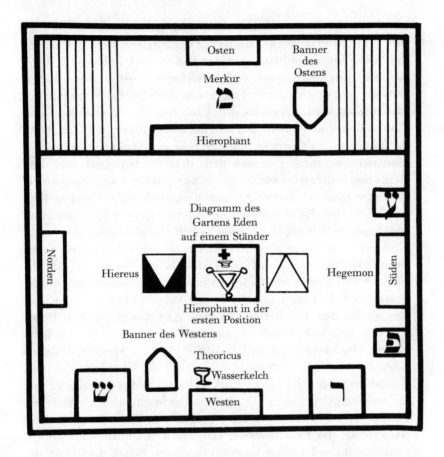

Malkuth bilden unten das Dreieck, erstere die Spitze, letztere die Basis. Wie der Caduceus repräsentiert es auch die drei Elemente Wasser, Luft und Feuer. Der Halbmond ist das Wasser, welches oben im Firmament ist, der Kreis ist das Firmament und das Dreieck das verzehrende Feuer unten, welches dem himmlischen Feuer gegenübersteht: welches durch den oberen Teil des Caduceus dargestellt wird. (Legt das Einlassungsabzeichen beiseite. Der Hegemon führt den Theoricus zum Hierophanten und kehrt dann auf seinen Platz zurück. Hiereus und Hegemon erheben sich und blicken nach innen auf den Altar.

Hierophant: (Erhebt sich und blickt nach innen zum Altar.) Vor Euch befindet sich die Symbolik des Gartens Eden. (Siehe Farbtafel in Band 1, nach Seite 280.) An der Spitze sind die übernatürlichen Sephiroth zusammengefaßt und in der Aima Elohim, der himmlischen Mutter, enthalten, der Frau des zwölften Kapitels der Apokalypse, mit der Sonne bekleidet und dem Mond unter ihren Füßen und auf ihrem Haupte die Krone der zwölf Sterne, Kether. Und wie der Name Tetragrammaton mit den Elohim verbunden wird, wenn es heißt, Tetragrammaton Elohim pflanzte einen Garten ostwärts in Eden, so repräsentiert dies die Macht des Vaters, die damit in der Herrlichkeit vom Angesicht des Alten der Tage verbunden wird. Und in dem Garten befinden sich der Lebensbaum und der Baum des Wissens über Gut und Böse, welcher von Malkuth stammt, der niedersten Sephirah zwischen dem Rest der Sephiroth und dem Reich der Schemen, welches durch den großen roten Drachen repräsentiert ist, der darunter zusammengerollt ist, mit sieben Köpfen (den sieben Höllenpalästen) und zehn Hörnern (den zehn umgekehrten Sephiroth, die in den sieben Palästen enthalten sind). Und ein Fluß Nahar ging von Eden aus (nämlich der übernatürlichen Dreiheit), um den Garten (die übrigen Sephiroth) zu wässern. Und er wurde von Daath an in vier Arme unterteilt, von der gesagt wird: In Daath sind die Tiefen aufgebrochen, und die Wolken senden den Tau herab. Der erste Arm des Stromes ist Pison, welcher nach Geburah fließt, wo das Gold ist, es ist der Fluß des Feuers. Der zweite Arm ist Gihon, der Fluß des Wassers, der nach Chesed fließt. Der dritte ist Hiddekel, der Fluß der Luft, der nach Tiphareth fließt. Der vierte Fluß, welcher die Tugenden aller drei anderen empfängt, ist der Euphrates, welcher hinab nach Malkuth, der Erde, fließt. Dieser von Eden ausgehende Fluß ist der Fluß der Apokalypse, das Lebenswasser, klar wie Kristall, das vom Throne Gottes und des Lammes ausgeht, zu dessen Seiten der Baum des Lebens stand, der zwölf Arten Früchte trug. Und auf diese Weise bilden die Ströme von Eden ein Kreuz, und auf dieses Kreuz ist von Tiphareth her der große Adam ausgestreckt, der Sohn, der die Völker mit einem Eisenstab regieren sollte. Seine Arme strecken sich aus nach Gedulah und Geburah, und in Malkuth ist Eva, die Vollendung von allem, die Mutter des Alls. Und über dem Universum stützt sie mit ihren Händen die ewigen Pfeiler der Sephiroth. Wie Euch im 30. Pfade gesagt wurde: Und über den Schultern dieser großen Göttin wird die Natur in ihrer Unermeßlichkeit gepriesen. Der Grad des Practicus bezieht sich auf die Sephirah Hod und auf den 30. und 31. Pfad, die Pfade von Resh und Shin. Das Zeichen dieses Grades wird folgendermaßen gegeben: Steht mit den Hacken zusammen, erhebt die Arme, bis die Ellenbogen mit den Schultern auf einer Höhe sind, führt die Hände über der Brust zusammen, so daß sich Daumen und Fingerspitzen derart berühren, daß sie ein nach unten zeigendes Dreieck bilden. Dieses stellt das Element Wasser dar, welchem dieser Grad zugeordnet ist, sowie die Schöpfungswasser. Der Griff oder das Kennzeichen ist der allgemeine Griff des Ersten Ordens. Das große Wort ist Elohim Tzabaoth, was die Elohim der Heerscharen und Armeen bedeutet. Die mystische Zahl ist 36, und aus ihr wird das Paßwort dieses Grades gebildet, welches Eloah ist, einer der Gottesnamen. Er sollte einzeln buchstabiert werden, wenn er gegeben wird. Auf diesen Grad und die Sephirah Hod bezieht sich der 8. Pfad des Sepher Jetzirah. Er wird als der absolute oder vollendete Pfad bezeichnet, weil er ein Mittel des Ursprunges ist, welches keine Wurzel hat, außer im Allerheiligsten jener Gedulah (Großartigkeit), welche aus seinen dauerhaften Eigenschaften hervorgeht. Das unterscheidende Abzeichen dieses Grades, welches zu tragen Ihr nun berechtigt seid, ist die Schärpe des Theoricus mit dem Zusatz eines violetten oder lilafarbenen Kreuzes über dem weißen Kreuz und die Zahlen 3 und 8 in einem Kreis und einem Quadrat, rechts und links seiner Spitze und darunter die Zahlen 32, 30 und 31 in Violett oder Lila, zwischen zwei schmalen parallelen violetten Linien. Dieser Grad bezieht sich besonders auf das Element Wasser, und deshalb ist der große Wachtturm oder die irdische Tafel des Westens eines seiner Hauptembleme. (Siehe Abbildung in Band 3, Teil 10.) (Der Hierophant geht dort hin, gefolgt vom Theoricus.) Es ist als das zweite oder große westliche Viereck bekannt oder als Tafel des Wassers, und sie ist eine der vier großen Tafeln, die Henoch vom großen Engel Ave übergeben wurden. Von diesem werden die drei heiligen geheimen Gottesnamen EMPEH ARSEL GAIOL abgeleitet, welche das Banner des Westens trägt, sowie zahllose Gottes- und Engelnamen, die dem Element Wasser angehören. Die Bedeutung der Tafeln der Erde und der Luft wurden Euch in den vorhergehenden Graden erklärt. (Hierophant und Theoricus gehen weiter in den Osten. Der Hierophant weist auf das Kreuz und das Dreieck auf dem Altar.) Das Kreuz über dem Dreieck repräsentiert die Kraft des Lebensgeistes, der sich über das Dreieck des Wassers erhebt und die darin liegende Dreiheit reflektiert, wie auch durch die Lampen an seinen Winkeln gezeigt wird. Der Kelch des Wassers am Verbindungspunkt von Kreuz und Dreieck stellt den mütterlichen Buchstaben Mem dar. Die Portale im Osten und Südosten sind die Pfade, die zum Höheren führen, während der Pfad im Süden zum Grad des Philosophus führt, dem höchsten Grad des ersten Ordens.

8	58	59	5	4	62	63	1
49	15	14	52	53	11	10	56
41	23	22	44	48	19	18	45
32	34	38	29	25	35	39	28
40	26	27	37	36	30	31	33
17	47	46	20	21	43	42	24
9	55	54	12	13	51	50	16
64	2	3	61	60	6	7	57

Dieser Grad bezieht sich auch auf den Planeten Merkur. Seine Kamea oder das magische Quadrat wird aus 64 Quadraten gebildet, die die Zahlen von 1 bis 64 in einer solchen Anordnung enthalten, daß sie in jeder Richtung die gleiche Summe bilden. Seine herrschenden Zahlen sind 8, 84, 260 und 2080. Diese Tafel (deutet darauf) zeigt die mystischen Sigille und Namen, die aus der Kamea des Merkur abgeleitet werden. Die Sigille werden aus Linien gebildet, die zu bestimmten Zahlen auf dem Quadrat gezogen werden. Der der 8 entsprechende Name ist Asboga, der der 84 entsprechende ist Din, Gericht oder Doni, der der 260 entsprechende ist Tiriel, die Intelligenz des Merkur, der der 2080 entsprechende schließlich ist Taphthartharath, der Name des Merkurgeistes. Auf dieser Tafel (deutet darauf) wird die Bedeutung des Merkursymboles (siehe Band 1, Seite 368) gezeigt, wenn es dem Lebensbaum einbeschrieben wird. Es umfaßt alle Sephiroth, außer Kether, und die Hörner gehen von Daath aus, welche nicht eine Sephirah im engeren Sinne ist, sondern eher eine Verbindung von Chokmah und Binah. (Der Hierophant nimmt seinen Sitz wieder ein. Der Hegemon führt den Theoricus zum Hiereus, und sie gehen weiter in den Westen.)

Hiereus: (Der folgende Abschnitt bis zur Rückkehr des Hegemonen auf seinen Platz fehlt in der Ausgabe von Regardie, 1937, und bei Torrens.) (Deutet darauf) Diese Tafel vor Euch zeigt die sieben Ebenen des Lebensbaumes, die den sieben Planeten entsprechen. So entspricht Saturn Kether, Jupiter entspricht Chokmah und Binah, Mars Chesed und Geburah, die Sonne Tiphareth, Venus Netzach und Hod, Merkur Jesod und der Mond Malkuth. Diese zweite Tafel (deutet darauf) dagegen zeigt die vier Ebenen, die den Elementen entsprechen, den vier Welten und den Buchstaben des heiligen Namens.

Hegemon: (Führt den Theoricus zur Tafel im Süden.) Diese Tafel zeigt Euch die Bedeutung des alchimistischen Merkur auf dem Lebensbaum der ersten Form der alchimistischen Sephiroth. Wiederum sind hier alle Sephiroth eingeschlossen außer Kether. Die Radix Metallorum (Wurzel der Metalle), die dreifache Auffaltung am Fuße des Kreuzes, bezieht sich auf das Feuer, welches durch Hinzufügen des Widderzeichens symbolisiert wird. Weiterhin spielt es auf die drei Prinzipien Sulfur, Merkur und Salz an. (Führt den Theoricus zur Tafel im Norden.) Die Tafel vor Euch stellt das Symbol der Planeten dar, die in einer merkurischen Figur zusammengefaßt sind. In allmählichem Abstieg erreichen wir Mond, Mars, Sonne, Venus und unten Saturn und Jupiter, rechts und links. (Der Hegemon setzt den Theoricus auf den Sitz im Westen, so daß er auf den Hierophanten blickt, und geht auf seinen Platz zurück.)

Hierophant: Ich gratuliere Euch nun, daß Ihr die Zeremonie für den Grad des Practicus durchlaufen habt, und verleihe Euch in Anerkennung dessen den mystischen Titel eines *Monokeros de Astris*, was das Einhorn von den Sternen bedeutet. Ich gebe Euch das Symbol von Majim, welches der hebräische Name des Wassers ist. Nehmt Euren Platz im Süden ein. (Klopft) Im Namen von Elohim Tzabaoth erkläre ich nun, daß Ihr ordnungsgemäß in den Grad eines Practicus und Herrn (Herrin) des 30. und 31. Pfades befördert worden seid. Bevor Ihr zur Beförderung in den Grad des Philosophus berechtigt seid, müßt Ihr in gewissen Themen völlige und echte Perfektion erreicht haben und wenigstens drei Monate lang in die Kontemplation der Mysterien, die in diesem Grade enthüllt wurden, vertieft sein. Habt Ihr völlige und wahrhafte Vollendung erreicht, so zeigt dieses brieflich dem Sekretär an wie in den voraufgehenden Graden. Unter den Mitgliedern dieses Grades zirkuliert eine MSS.-Lehrschrift zu diesen Themen.

Abschluß

Hierophant: (Klopft) Helft mir, den Tempel im Grade des Practicus zu schließen. Würdiger Hegemon, achtet darauf, daß der Tempel gehörig gedeckt ist. (Ausgeführt.)

Hegemon: Ehrwürdiger Hierophant, der Tempel ist gehörig gedeckt.

Hierophant: Laßt uns den Herrn und König der Wasser anbeten. (Klopft) (Alle blicken nach Osten.) Ehre sei Elohim Tzabaoth in zahllosen Zeitaltern. Amen. (Der Hierophant verläßt seinen Platz und geht zur Tafel des Wassers im Westen. Alle blicken nach Westen.)

Hierophant: Laßt uns das Gebet der Undinen oder Wassergeister sprechen. (Klopft) Furchtbarer König des Meeres, der du die Schlüssel der himmlischen Wasserfälle hältst und die unterirdischen Gewässer in den Höhlungen der Erde verbirgst, König der Überschwemmungen und der Frühlingsregen, der du die Quellen der Flüsse und Bäche öffnest, der du der Feuchtigkeit, dem Blut der Erde, gebietest, zum Saft der Pflanzen zu werden, wir beten und rufen dich an. Sprichst du zu uns durch deine beweglichen und wechselhaften Wesen in den großen Stürmen des Meeres, so zittern wir vor dir. Sprichst du auch zu uns im Murmeln der stillen Gewässer, so ersehnen wir deine Liebe. O weites Meer, worin alle Flüsse des Daseins sich verlieren wollen, die sich ewig in dir erneuern, O du Ozean unendlicher Vollendung, O Höhe, die sich selbst in den Tiefen spiegelt, O Tiefe, die du dich in die Höhen hinein ausatmest, führe uns durch Verständnis und Liebe zum wahren Leben. Führe uns durch das Opfer zur Unsterblichkeit, so daß wir eines Tages wert gefunden werden, dir das Wasser, das Blut und die Tränen für die Entfernung der Sünden anzubieten. Amen. (Zieht mit seinem Szepter vor der Tafel die bannenden Pentagramme und den Kreis in die Luft.)

Hierophant: Gehet hin in Frieden in eure Wohnorte und Stätten, möge der Segen von EL mit euch sein. Möge stets Frieden herrschen zwischen euch und uns, und seid bereit wiederzukommen, wenn ihr gerufen werdet. (Klopft) (Kehrt auf seinen Platz zurück; alle blicken in die übliche Richtung.)

Hierophant: Im Namen von Elohim Tzabaoth erkläre ich diesen Tempel im Grade des Practicus für geschlossen.

Hierophant: (Klopft 1, 3, 1, 3)
Hiereus: (Klopft 1, 3, 1, 3)
Hegemon: (Klopft 1, 3, 1, 3)

Der Grad des Philosophus 4 = 7

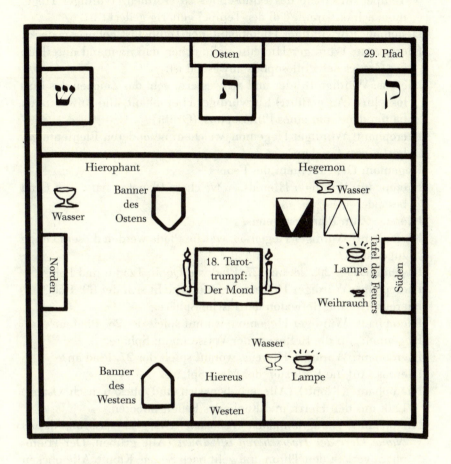

Die Eröffnung

(Der Thron des Hierophanten, neben dem sich der Wasserkelch und das Banner des Ostens befinden, steht vor dem Podest im Nordosten. Der Sitz des Hegemonen befindet sich vor dem Podest im Südosten. Hiereus im Westen. Jeder Amtsträger hat einen Wasserkelch. Die Säulen befinden sich etwa einen Meter vor dem Sitz des Hegemonen, und hinter ihm ist der Buchstabe Qoph. Der Altar in der Mitte trägt auf jeder Seite eine Kerze. Darauf befindet sich der Tarottrumpf »Der Mond«. Die Lichter der Elemente sind angezündet. Im Süden brennt Weihrauch. Der Tempel ist eingerichtet wie für den 29. Pfad. Die Teilnehmer sind versammelt und tragen ihre Roben.)

Hierophant: (Klopft) Würdige Brüder und Schwestern, helft mir, den Tempel im Grade des Philosophus zu eröffnen. Würdiger Hegemon, achtet darauf, daß der Tempel gehörig gedeckt ist.

Hegemon: Ehrwürdiger Hierophant, der Tempel ist gehörig gedeckt.

Hierophant: Würdiger Hiereus, stellt sicher, daß niemand unterhalb des Grades des Philosophus anwesend ist.

Hiereus: Würdige Brüder und Schwestern, gebt das Zeichen des Philosophus. (Ausgeführt) Ehrwürdiger Hierophant, alle Anwesenden halten den Grad eines Philosophus. (Grüßt)

Hierophant: Würdiger Hegemon, welchem besonderen Elemente gehört dieser Grad an?

Hegemon: Dem Element des Feuers.

Hierophant: Würdiger Hiereus, zu welchem Planeten hat dieser Grad besonderen Bezug?

Hiereus: Zum Planeten Venus.

Hierophant: Würdiger Hegemon, welche Pfade werden diesem Grade zugeordnet?

Hegemon: Der 29., 28. und 27. Pfad von Qoph, Tzaddi und Peh.

Hierophant: Würdiger Hiereus, worauf bezieht sich der 29. Pfad?

Hiereus: Auf die Reflexion der Fische-Sphäre.

Hierophant: Würdiger Hegemon, worauf spielt der 28. Pfad an?

Hegemon: Auf die Reflexion der Wassermann-Sphäre.

Hierophant: Würdiger Hiereus, worauf spielt der 27. Pfad an?

Hiereus: Auf die Reflexion der Mars-Sphäre.

Hierophant: (Klopft) (Alle erheben sich und blicken nach Osten.) Laßt uns den Herrn und König des Feuers anbeten.

Hierophant: *Tetragrammaton Tzabaoth. Gesegnet seist du, dessen Name Herr der Heerscharen ist! Amen.* (Alle grüßen. Der Hierophant verläßt den Thron und geht nach Süden. Klopft. Alle blicken nach Süden. Er steht vor der Tafel des Feuers. Mit seinem Szepter zieht er den invozierenden Kreis und die Pentagramme vor sich in die Luft, wie gezeigt.)

Hierophant: Und die Elohim sprachen: Laßt uns Adam nach unserem Bilde und uns ähnlich schaffen, und geben wir ihm Herrschaft. Im Namen der Elohim, mächtig und gebietend, und im Namen Tetragrammaton Tzabaoth, Geister des Feuers, betet euren Schöpfer an. (Er nimmt den Weihrauch vor der Tafel fort und zieht mit diesem vor der Tafel das Zeichen des Löwen in die Luft.)

Hierophant: Im Namen Michaels, des großen Erzengels des Feuers, und im Zeichen des Löwen, Geister des Feuers, betet euren Schöpfer an! (Zieht mit dem Weihrauch das Kreuzzeichen.) Bei den

Namen und Buchstaben des großen südlichen Vierecks, welches Henoch durch den Engel Ave enthüllt wurde, Geister des Feuers, betet euren Schöpfer an. (Er hält den Weihrauch hoch.) Bei den drei großen heiligen Gottesnamen, die das Banner des Südens trägt, OIP TEEA PEDOCE, Geister des Feuers, betet euren Schöpfer an. Im Namen EDELPERNAS, des großen Königs des Südens, Geister des Feuers, betet euren Schöpfer an. (Stellt den Weihrauch zurück und kehrt auf seinen Platz zurück. Alle blicken wieder wie gewöhnlich.)
Hierophant: Im Namen Tetragrammaton Tzabaoth erkläre ich den Tempel im Grade des Philosophus für eröffnet.
Hierophant: (Klopft 3, 3, 1)
Hiereus: (Klopft 3, 3, 1)
Hegemon: (Klopft 3, 3, 1)

Die Beförderung im 29. Pfade

(Der Tempel ist für das Ritual des 29. Pfades eingerichtet, wie im Diagramm gezeigt. Der Tempel ist verdunkelt.)

Hierophant: (Klopft) Würdige Brüder und Schwestern, unser Frater XYZ hat solche Fortschritte auf dem Pfade des okkulten Wissens gemacht, daß er in der Lage war, eine Prüfung über die erforderlichen Kenntnisse abzulegen, und da er mehr als drei Monate lang Träger des Grades eines Practicus war, ist er nun berechtigt, in den Grad des Philosophus fortzuschreiten, und ich habe ordnungsgemäß eine Ermächtigung von den hochehrwürdigen Oberen des Zweiten Ordens erhalten, ihn in der gebührenden Form zu befördern. Würdiger Hegemon, überwacht die Vorbereitung des Practicus und gebt den üblichen Ruf. (Der Hegemon erhebt sich, grüßt den Hierophanten, verläßt den Tempel und läßt den Practicus folgendermaßen vorbereiten: Er trägt die Schärpe eines Practicus, hat verbundene Augen und in der rechten Hand das Passionskreuz aus zwölf Quadraten. Der Hegemon nimmt den Practicus bei der linken Hand und gibt den Ruf von sieben Klopfzeichen.)
Hegemon: Und der RUACH ELOHIM bewegte sich auf dem Angesicht der Wasser. (Der Hiereus öffnet die Tür, läßt sie ein und geht dann auf seinen Platz zurück. Der Hegemon führt den Practicus in den Süden vor die Tafel des Feuers, läßt ihn nach Osten schauen und nimmt ihm das Passionskreuz [siehe Band 1, Seite 372] ab.)

Hierophant: Gebt dem Hegemonen die Geste, den Griff oder das Kennzeichen, das große Wort, die mystische Zahl und das Paßwort des Practicusgrades. (Ausgeführt. Geste, allgemeiner Griff des Ersten Ordens. Großes Wort: Elohim Tzabaoth, Zahl 36, Paßwort: Eloah.)

Hierophant: Gebt auch den mystischen Titel und das Symbol, welches Ihr in jenem Grade erhalten habt. (Ausgeführt. Monokeros de Astris. Majim – Der Hegemon stellt den Practicus mit Blick auf die Tafel des Feuers.)

Hierophant: Frater (XYZ), gelobt Ihr feierlich, die gleiche Geheimhaltung bezüglich der Mysterien des 29., 28. und 27. Pfades und des Grades des Philosophus zu halten, wie Ihr bereits geschworen habt, sie bezüglich der vorhergehenden Grade zu halten?

Practicus: Ich schwöre.

Hierophant: Dann streckt Eure Arme über Euren Kopf zu ihrer vollen Länge aus und sprecht: Ich schwöre bei der Feuerflut. (Ausgeführt. Der Practicus wiederholt diese Worte.)

Hierophant: Nehmt ihm die Augenbinde ab. (Ausgeführt, dabei stellt der Practicus fest, daß der Tempel teilweise dunkel ist. Der Hegemon nimmt den vor der Feuertafel stehenden Weihrauch und gibt ihn dem Practicus in die Hand.)

Hierophant: Schwingt den Weihrauch vor der Feuertafel und sprecht: Mögen die Mächte des Feuers Zeugen des Eides sein. (Ausgeführt. Practicus wiederholt die Worte. Der Hegemon stellt den Weihrauch zurück.)

Hierophant: Führt den Practicus in den Osten und stellt ihn vor die mystischen Säulen. (Ausgeführt.)

Das Ritual des 29. Pfades

Hierophant: Vor Euch befinden sich die Portale des 31., 32. und 29. Pfades wie im Grade des Zelators. Ihr habt die beiden ersten bereits durchschritten, und nun ist das Portal des 29. Pfades rechter Hand für Euch offen, welcher vom Grade des Zelators zu dem des Philosophus führt. Nehmt das Passionskreuz aus den zwölf Quadraten in Eure rechte Hand und folgt Eurem Führer durch den Pfad der Wasser. (Der Hegemon umkreist die Halle einmal mit dem Practicus, nachdem er ihm das Passionskreuz zu tragen gegeben hat. Wenn sie näherkommen, erhebt sich der Hierophant[1] mit dem Wasserkelch in seiner Hand. Hegemon und Practicus halten vor ihm inne. [Im englischen Originaltext steht bei allen Amtsträgern, daß sie die rote Lampe in der Hand tragen. Bei Regardie, Ed. 1937, steht statt dessen Wasserkelch. Aus dem an dieser Stelle rezitierten Text geht logisch hervor, daß es sich um den Kelch handeln muß. Es gäbe sonst auch keinen Sinn, wenn, wie im Verzeichnis der Ritualgegenstände [Seite 642] angegeben, alle Amtsträger einen Wasserkelch vor sich stehen haben.])

Hierophant: Der Priester mit der Maske des Osiris erhob seine Stimme und sprach: Ich bin das Wasser, stehend und schweigend und still, alles spiegelnd, alles verbergend. Ich bin die Vergangenheit. Ich bin die Überschwemmung. Und mein Name ist: Der sich aus den großen Wassern erhebt. Heil euch, ihr Bewohner des Landes der Nacht, denn das Aufreißen der Dunkelheit ist nahe.

(Der Hegemon führt den Practicus herum zum Platz des Hiereus. Wenn sie sich nähern, erhebt sich der Hiereus mit dem Wasserkelch in der Hand. Hegemon und Practicus halten vor ihm inne.)

Hiereus: Der Priester mit der Maske des Horus erhob seine Stimme und sprach: Ich bin das aufgewühlte, unruhige Wasser. Ich bin, der den Frieden bricht in den weiten Stätten des Wassers. Niemand ist so stark, den großen Wassern widerstehen zu können, der Gewalt ihres Schreckens, der Größe ihrer Furcht, dem Brüllen ihrer donnernden Stimme. Ich bin die Zukunft, in Nebel gehüllt und in Zwielicht getaucht. Ich bin das Zurückweichen der Flut, und mein Name ist: In Schrecken gehüllter Sturm. Heil den großen Mächten der Natur und den Gebietern des Wirbelsturmes.

(Der Hegemon führt den Practicus zu seinem eigenen Platz, nimmt den Wasserkelch in die Hand und spricht den Practicus an.)

Hegemon[2]: Die Priesterin mit der Maske der Isis erhob ihre Stimme und sprach: Mein Name ist: Die Reisende durch die Tore des Anubis. Ich bin das reine und klare Wasser, das ewig zum Meere fließt. Ich bin die ewig verstreichende Gegenwart, die am Orte der Vergangenheit steht. Ich bin das fruchtbare Land. Heil den Reitern auf den Schwingen des Morgens. (Stellt den Kelch zurück. Setzt

---

[1] Anm. d. Übers.: Im Original heißt es hier falsch: der Hiereus erhebt sich mit der Lampe. Aus dem Zusammenhang der Handlung geht eindeutig hervor, daß es sich um den Hierophanten handelt.

[2] Anm. d. Übers.: Es heißt aus Gründen der Einfachheit immer »*Der* Hegemon« Man halte sich jedoch vor Augen, daß dieses Amt meist mit Frauen besetzt war, weshalb die Hegemone hier als Priester*in* spricht. Gleiches gilt im allgemeinen auch für Dadouchos und Stolistes.

den Kandidaten auf die Westseite nahe an den Altar, so daß er den Hierophanten anschaut, und geht auf den eigenen Platz zurück.)
Hierophant: Ich erhebe mich an dem Orte, wo die Wasser sich sammeln bei der zurückweichenden Wolke der Nacht. Vom Vater der Wasser ging der Geist aus, der die Schleier der Dunkelheit zerriß. Und es entstand nur eine Weite des Schweigens und der Tiefe, wo die Wasser sich sammelten; und das Schweigen der unerschaffenen Welt war furchtbar, unermeßlich die Tiefen dieses Abgrundes. Und halbgeformt erhob sich das Angesicht der Finsternis. Sie blieben nicht, sondern eilten davon. Und in der Weite der Leere bewegte sich der Geist; und eine Weile lang existierten die Lichtträger. Ich sagte Dunkelheit der Dunkelheit; sind nicht die Angesichter der Finsternis mit den Königen gefallen? Bleiben die Söhne der Nacht der Zeit für immer? Und sind sie nicht gewichen? Vor allen Dingen sind die Wasser und die Finsternis und die Tore des Landes der Nacht. Und das Chaos rief laut nach der Einheit der Form, und das Antlitz des Ewigen erhob sich. Vor der Herrlichkeit dieses Angesichts wich die Nacht, und die Dunkelheit eilte davon. Und das Angesicht wurde in den Wassern darunter gespiegelt, in dem formlosen Abgrund der Leere. Aus jenen Augen entsprangen Strahlen furchtbaren Glanzes, welche die gespiegelten Ströme kreuzten. Jene Brauen und jene Augen bildeten das Dreieck der unermeßlichen Himmel, und ihre Spiegelung bildete das Dreieck der unermeßlichen Wasser. Und auf diese Weise wurde die ewige Hexade gebildet, die Zahl der aufdämmernden Schöpfung.
(Der Hegemon stellt die Lichter heller und führt den Practicus zum Fuße des Throns des Hierophanten, wo er diesem das Passionskreuz aus zwölf Quadraten übergibt.) Das Passionskreuz aus zwölf Quadraten repräsentiert passend den Tierkreis, welcher die Wasser von Nu umfaßt, wie die alten Ägypter die Himmel nannten, die Wasser über dem Firmament. Es spielt auch an auf die ewigen Flüsse von Eden, die in vier Arme geteilt sind, welche ihre Entsprechung in den vier Dreiheiten des Tierkreises finden. (Legt das Kreuz beiseite.)
Der 29. Pfad des Sepher Jetzirah, welcher dem Buchstaben Qoph entspricht, wird als die körperliche Intelligenz bezeichnet, weil er jeden Körper bildet, der unter der gesamten Weltordnung gebildet wird, und auch sein Wachstum. Dort stellt er die Reflexion der Sphäre des Wasserzeichens Fische dar, und der Pfad verbindet das materielle Universum, in Malkuth abgebildet, durch die Sephirah Netzach mit der Säule der Gnade und der Seite von Chesed. Durch

ihn fließen die Wasser von Chesed herab. (Hierophant, Hegemon und Practicus kommen auf die Westseite des Altars.) Vor Euch auf dem Altar befindet sich der 18. Tarottrumpf, der diese Vorstellungen symbolisch zusammenfaßt. Darauf sehen wir den Mond, vier hebräische Jods, die wie Tautropfen herabfallen, zwei Hunde, zwei Türme und einen gewundenen Pfad, der zum Horizont führt, sowie im Vordergrund Wasser mit einem Krebs, der an Land kriecht. Der Mond nimmt an der Seite von Gedulah zu, von ihm gehen 16 Haupt- und 16 Nebenstrahlen aus, welche zusammen 32 ergeben, die Zahl der Pfade von Jetzirah. Es ist der Mond zu Füßen der Frau aus der Offenbarung, der gleichermaßen über Kälte und Feuchtigkeit gebietet und über die passiven Elemente Erde und Wasser. Die vier hebräischen Jods beziehen sich auf die vier Buchstaben des Heiligen Namens, welche die zerstörte Welt aus den Wassern wieder aufbauen. Es sollte festgestellt werden, daß das Symbol des Fischezeichens aus zwei Mondsicheln für Gedulah und Geburah gebildet wird, die miteinander verbunden sind und so die lunare Natur dieses Zeichens erweisen. Die Hunde sind die Schakale des ägyptischen Anubis, die die Tore des Ostens und des Westens bewachen, gezeigt durch die beiden Türme, und zwischen ihnen liegt der Pfad aller Himmelskörper, die sich immer im Osten erheben und im Westen versinken. Der Krebs steht für das Tierkreiszeichen Krebs und war in alter Zeit der Skarabäus oder Kephra, das Zeichen der Sonne unter dem Horizont, wo sie sich immer befindet, wenn der Mond oben zunimmt. Wenn die Sonne sich im Zeichen der Fische befindet, wird außerdem der Mond im Zeichen des Krebses stark zunehmen, wie der Krebs im Bild zeigt. (Der Hierophant führt den Practicus zur Tafel der Messingschlange im Osten.) (Der folgende Teil bis zur »Beförderung im 28. Pfad« fehlt in der Ausgabe von 1937.) Dieses ist die Schlange Nehushtan, welche Moses herstellte, als die Kinder Israels in der Wildnis von Feuerschlangen gebissen wurden. Sie ist die Schlange der Pfade des Baumes. Er setzte sie auf einen Pfahl, das heißt, schlang sie um die Mittlere Säule der Sephiroth. Das beim Durchgang für die Feuerschlange benutzte Wort, in Zahlen 21, ist das gleiche wie der Name der Engel von Geburah, die gleiche Schreibweise, die gleiche Punktierung, ›Seraphim‹, um den Mittleren Pfeiler der Sephiroth herum, weil diese den Vermittler zwischen den Feuern von Geburah und der Strenge und den Wassern von Chesed und der Gnade bildet. Deshalb heißt es im Neuen Testament, daß sie eine Art Christus, ein Erlöser ist. Die Schlange ist aus Messing, dem Metall der Venus, deren Sphäre als Nogah bezeichnet wird oder als äußerer Glanz, wie weiterhin auch in dem alchimistischen Symbol des Planeten Venus gezeigt wird, worin der Sonnenkreis über das Kreuz der Zerstörung erhoben ist. Darum wird im Sohar gesagt, daß von allen Schemen allein die Schlange Nogah heilig gefunden und als Bilanx der Gerechtigkeit bezeichnet wird. Warum dann wird sie als der äußerliche oder falsche Glanz bezeichnet? Weil sie in der Tat die Pfade vereint, aber nicht die Sephiroth umfaßt. Dennoch ist sie auch die himmlische Schlange der Weisheit. Die Schlange der Versuchung aber ist die Schlange auf dem Baum des Wissens um Gut und Böse, nicht die des Lebensbaumes. (Der Hierophant nimmt wieder seinen Platz ein. Der Hegemon führt den Practicus zum Hiereus.

Hiereus: (Deutet auf die Tafel.) Dies ist die sogenannte Kabbala der neun Kammern. Darin werden die Buchstaben in Gruppen gefaßt, gemäß der Ähnlichkeit ihrer Zahlenwerte. In einer Kammer wird man also Gimel, Lamed und Shin zusammengefaßt finden, deren Nummern ähnlich sind: 3, 30, 300 und so weiter. Die obere Form ist die gewöhnliche Fassung des Diagramms. In der unteren werden die Kammern gemäß den Sephiroth angeordnet. Diese Tafel (deutet darauf) stellt die Methode dar, einen Lebensbaum im Tarot zu bilden. Die vier Asse werden auf den Thron von Kether gelegt. Die übrigen kleinen Karten einer jeden Farbe werden dann auf die betreffenden Sephiroth verteilt, die Zweien auf Chokmah, die Dreien auf Binah und so weiter. Die 22 Trümpfe werden gemäß den Buchstaben der zwischen ihnen liegenden Pfade angeordnet. König und Königin der Farben werden neben Chokmah beziehungsweise Binah gelegt, der Ritter neben Tiphareth und der Knappe neben Malkuth. Auf diese Weise repräsentieren sie die Zuordnung der Sephiroth auf die vier Buchstaben des heiligen Namens in der Welt, in der sie tätig sind. (Der Hegemon führt den Practicus zur Tafel des Pfeilers im Süden.)

Hegemon: Diese Tafel zeigt die Bildung des Hexagramms von Tiphareth aus den Säulen auf jeder Seite. In Chesed ist das Wasser, in Geburah das Feuer, in Tiphareth die Verbindung und Versöhnung beider Dreiecke im Hexagramm, wie Aleph die Versöhnung zwischen Mem und Shin bildet, so steht der versöhnende Pfeiler zwischen dem Pfeiler des Feuers und dem der Wolken, den Jachin und Boaz des salomonischen Tempels. (Der Hegemon führt den Practicus zur Tafel im Norden.) Um die aus den geomantischen Figuren gebildeten Talismane zu benutzen, nimmt man die, die

Die Rituale des Äußeren Ordens

300 ש	30 ל	3 ג	200 ר	20 כ	2 ב	100 ק	10 י	1 א
600 ם	60 ס	6 ו	500 ך	50 נ	5 ה	400 ת	40 מ	4 ד
900 ץ	90 צ	9 ט	800 ף	80 פ	8 ת	700 ן	70 ע	7 ז

Binah			Kether			Chokmah		
300 Shin	30 Lamed	3 Gimel	100 Qoph	10 Jod	1 Aleph	200 Resh	20 Kaph	2 Beth
Geburah			Tiphereth			Chesed		
500 Kaph f.	50 Nun	5 He	600 Mem f.	60 Samekh	6 Vau	400 Tau	40 Mem	4 Daleth
Hod						Netzach		
800 Pe f.	80 Pe	8 Cheth	900 Tzaddi f.	90 Tzaddi	9 Teth	700 Nun f.	70 Ayin	7 Zayin

Die Kabbala der neun Kammern

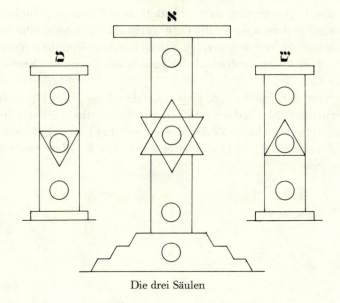

Die drei Säulen

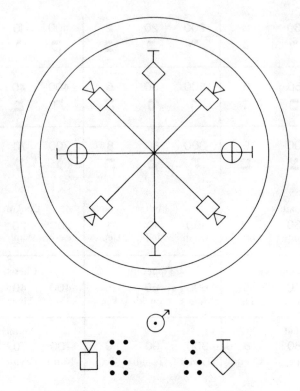

Talismane aus den geomantischen Figuren

aus den Figuren unter dem erforderlichen Planeten gebildet worden sind und setzt sie an die entgegengesetzten Enden eines Rades aus acht Speichen, wie gezeigt. Ein zu der Angelegenheit passender Spruch wird dann zwischen die Linien des doppelten Kreises geschrieben.

Hierophant: Ich freue mich, Euch nun den Titel eines Herrn (einer Herrin) des 29. Pfades verleihen zu dürfen. Ihr werdet nun den Tempel für eine kurze Zeit verlassen, und bei Eurer Rückkehr wird die Zeremonie Eures Durchgangs durch den 28. Pfad stattfinden.

Die Rituale des Äußeren Ordens

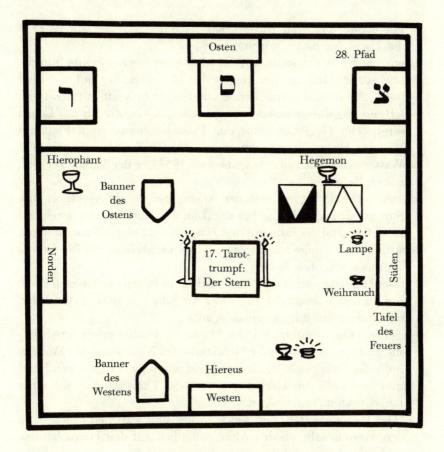

Die Beförderung im 28. Pfad

Hierophant: Würdiger Hegemon, Ihr habt meinen Befehl, dem Practicus das erforderliche Einlassungsabzeichen zu überreichen und ihn (sie) einzulassen. (Der Hegemon erhebt sich, geht zur Tür, öffnet sie, gibt dem Practicus eine feste Pyramide der Elemente und läßt ihn ein.)

Hegemon: Und ewig fließen die Flüsse Edens von ihrer zentralen Quelle aus. (Der Hegemon führt den Practicus zum Südosten vor die Säulen.)

Hierophant: Bruder XYZ, nun steht der 28. Pfad für Euch offen, der vom Grade des Theoricus zum Grade des Philosophus führt. Nehmt die feste Elementenpyramide in Eure rechte Hand und folgt dem Führer auf dem Pfad. (Der Hegemon umkreist die Halle mit dem Practicus einmal. Wenn sie sich nähern, erhebt sich der

Hierophant mit dem Wasserkelch (nach der Ausgabe von 1937) in der Hand. Sie halten vor ihm inne.)

Hierophant: Die Priesterin mit der Maske der Isis erhob ihre Stimme und sprach: Ich bin der Regen des Himmels, der auf die Erde herabkommt und befruchtende und zeugende Kraft mit sich trägt. Ich bin, die die Ernte in Fülle austeilt; ich bin, die für das Leben sorgt. (Der Hegemon führt den Practicus herum zum Platz des Hiereus. Wenn sie sich nähern, erhebt sich der Hiereus mit dem Wasserkelch [nach der Ausgabe von 1937] in der Hand. Vor ihm halten sie inne.)

Hiereus: Die Priesterin mit der Maske der Nephthys erhob ihre Stimme und sprach: Ich bin der Tau, der lautlos und schweigend herabfällt und die Erde mit den Juwelen unzähliger Taudiamanten schmückt; so trage ich, in der ernsten Dunkelheit der Nacht, die Einflüsse von oben herab.

(Der Hegemon führt den Practicus herum zu seinem eigenen Platz, nimmt den Wasserkelch [nach der Ausgabe von 1937] in die Hand und spricht ihn folgendermaßen an:)

Hegemon: Die Priesterin mit der Maske der Hathor erhob ihre Stimme und sprach: Ich bin die Gebieterin des Nebels und der Wolken, hülle die Erde in ein fließendes Kleid und schwebe zwischen Himmel und Erde. Im Herbst sende ich die Dunstschleier, die einer taubedeckten Nacht folgen.

(Der Hegemon stellt den Kelch zurück und setzt den Practicus in den Westen nahe an den Altar, mit Blick auf den Hierophanten, und geht dann auf den eigenen Platz zurück.)

Hierophant: Wo die väterliche Monade ist, ist die Monade vergrößert und bringt zwei hervor. Und neben ihm sitzt die Dyade, und beide erstrahlen in ihrer geistigen Teilung, auch um alle Dinge zu regieren und alles anzuordnen, was noch nicht angeordnet ist. Denn im ganzen Universum scheint die Triade, über welche die Monade gebietet. Diese Regel ist der Anfang aller Teilungen.

Hiereus: Denn der Geist des Vaters sagte, daß alle Dinge, deren Willen er zustimme, in drei eingeteilt werden sollten, und so wurden alle Dinge geteilt; denn der Geist des ewigen Vaters sprach von dreien und regierte alle Dinge durch den Geist. Und darin erschien die Dreiheit: Tugend und Weisheit und allwissende Wahrheit.

Hiereus: So trat die präexistente Form der Triade hervor, nicht die ursprüngliche Essenz, sondern das, wodurch alle Dinge ermessen werden.

Hegemon: Denn wisse, daß sich alle Dinge vor den drei Übernatürlichen verneigen. Der erste Lauf ist heilig, doch in seiner Mitte ist ein anderer, der dritte der Luft, welcher die Erde im Feuer nährt, und die Quelle der Quelle und aller Quellen. Die alles enthaltende Matrix, von welcher vielfältige Materie üppig befruchtet wird. (Führt den Practicus zum Fuße des Thrones des Hierophanten und übergibt letzterem die feste Pyramide der Elemente. [Siehe Band 1, Seite 372])

Hierophant: Diese Pyramide ist den vier Elementen zugeordnet. Ihre Namen befinden sich auf den vier Dreiecken: Asch – Feuer; Majim – Wasser; Ruach – Luft; Aretz – Erde. An der Spitze befindet sich das Wort Eth, aus den ersten und letzten Buchstaben des Alphabetes zusammensetzt, das die Essenz bedeutet. Das Grundquadrat repräsentiert das materielle Universum, und darauf steht das Wort Ohlam, welches die Welt bedeutet. (Legt die Pyramide zur Seite.) Der 28. Pfad von Jetzirah, welcher dem Buchstaben Tzaddi entspricht, wird als die natürliche Intelligenz bezeichnet, weil durch diesen jedes existierende Wesen unter dem Sonnenkreis in seiner Natur vervollkommnet und vollendet wird. Deshalb stellt er eine Reflexion des Luftzeichens Wassermann dar, des Wasserträgers, dem das Angesicht des Menschen zugesprochen wird, der Adam, die erneuerte Welt. (Hierophant und Hegemon und Practicus kommen auf die Westseite des Altars.) Vor Euch befindet sich auf dem Altar der 17. Tarottrumpf, welcher diese Vorstellungen symbolisch zusammenfaßt. Der große Stern in der Mitte des Himmels sendet sieben Haupt- und vierzehn Nebenstrahlen aus und repräsentiert so die Heptade, mit der Triade multipliziert, was 21 ergibt, die Zahl des Gottesnamens EHEIEH, welcher Kether angehört, wie Ihr bereits wißt. Im ägyptischen Sinne handelt es sich um Sirius, den Hundestern der Isis Sothis; um diesen herum sind die Sterne der sieben Planeten, jeder mit einer siebenfachen abwechselnden Wirkung. Die nackte weibliche Gestalt mit dem Stern oder Heptagramm auf ihren Brauen ist eine Zusammenschau von Isis, Nephthys und Hathor. Sie stellt auch den Planeten Venus dar, durch dessen Sphäre der Einfluß von Chesed herabkommt. Sie ist Aima, Binah und Tebunah, die große himmlische Mutter, Aima Elohim, die die Schöpfungswasser auf die Erde ausgießt, welche sich zu einem Fluß an ihren Füßen vereinen. Dieser Fluß geht aus vom himmlischen Eden, er fließt über und versieget nie. Beachtet gut, daß sie in diesem Trumpf völlig entschleiert ist, im 21. Trumpf dagegen nur teilweise. Die beiden Krüge enthalten die Einflüsse von Chokmah und Binah. Auf der rechten Seite entspringt der

Atziluth

יהוה-יוד-הי-ויו-הי
15　22　15　20
72 = עב

Briah

יהוה-יוד-הי-ואו-הי
15　13　15　20
53 = סג

Jetzirah

יהוה-יוד-הא-דאו-הא
6　13　6　20
45 = מה

Assiah

יהוה-יוד-הה-וו-הה
52 = בן

Der heilige Name in den vier Welten

Lebensbaum, auf der linken der Baum des Wissens um Gut und Böse, auf welchem sich der Vogel des Hermes niederläßt. Darum repräsentiert dieser Trumpf die erneuerte Welt nach der Formlosigkeit, der Leere und der Finsternis, den neuen Adam, das Angesicht des Menschen, welches in das Zeichen des Wassermannes fällt. Darum stellt das astronomische Symbol dieses Zeichens gleichsam Wasserwellen dar, die Wellen des Flusses, der von Eden ausgeht. Deshalb wird es auch zu Recht der Luft zugesprochen und nicht dem Wasser, weil es das Firmament ist, welches das Wasser teilt und enthält. (Hierophant und Practicus gehen in den Osten.) Vor Euch wird die Art und Weise gezeigt, wie der heilige Name in jeder der vier Welten ausgeschrieben wird, in dem die Schreibweise eines jeden Buchstaben gegeben wird. Ihr werdet feststellen, daß nur die Schreibweise des Buchstaben Jod sich nicht verändert. Er ist ein Symbol für die Unveränderlichkeit der ersten Ursache. Die Summe der Schreibweise in jeder Welt wird dann in hebräischen Buchstaben ausgedrückt und ergibt den geheimen Namen dieser

Die Rituale des Äußeren Ordens 823

א	△	Aleph		
ב	☿	Beth		
ג	☽	Gimel	יהוה	
ד	♀	Daleth	♈︎♉︎♈︎♍︎	
ה	♈︎	He		
ו	♉︎	Vau		
ז	♊︎	Zayin	אהיה	
ח	♋︎	Cheth	♈︎♍︎♈︎△	
ט	♌︎	Teth		
י	♍︎	Jod		
כ	♃	Caph	יהשוה	
ל	♎︎	Lamed	♈︎♉︎△♈︎♍︎	
מ	▽	Mem		
נ	♏︎	Nun		
ס	♐︎	Samech	אלהים	
ע	♑︎	Ayin	▽♍︎♈︎♎︎△	
פ	♂	Pe		
צ	♒︎	Tzaddi		
ק	♓︎	Qoph		
ר	☉	Resh		
ש	△	Shin		
ת	♄	Tau		

Zuordnungen zu Jetzirah

Welt. So ist die Summe in Atziluth 72, der geheime Name AUB, in Binah 63 SEG, in Jetzirah 45 MAH und in Assiah 52 BEN. (Zeigt auf die Tafel am Schluß.) Auf dieser Tafel ist die Methode gezeigt, die hebräischen Worte in ihren alphabetischen Zuordnungen von Jetzirah zu schreiben, woraus eine seltsame hieroglyphische Symbolik resultiert. Tetragrammaton wird auf diese Weise durch Jungfrau, Widder, Stier, Widder geschrieben. Eheieh durch Luft, Widder, Jungfrau, Widder. Aus der kabbalistischen Weise, den Namen Jesus zu schreiben, Jeheshuah, was einfach das Tetragrammaton mit einem eingefügten Buchstaben Shin ist, erhalten wir eine besonders bemerkenswerte Kombination: Jungfrau, Widder, Feuer, Stier, Widder: Jungfrau – von einer Jungfrau geboren, Widder –

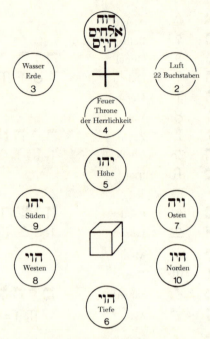

Zehn Zahlen in Vierheit und Sechsheit eingeteilt

das Opferlamm, Feuer – das Feuer des Heiligen Geistes, Stier – der Ochse der Erde, in dessen Krippe er gelegt wurde, und schließlich Widder – die Schafherden, deren Hirten kamen, ihn anzubeten. Elohim ergibt Luft, Waage, Widder, Jungfrau, Wasser. Das Firmament, die balancierte Kraft, das Feuer des Geistes (denn Widder ist im Tierkreis als ein Feuerzeichen wirksam), die Jungfraugöttin und die Schöpfungswasser. Um zur Schreibweise von Jeheshuah zurückzukommen; es ist leicht zu sehen, daß das Lamm ein passendes Symbol für Jesus ist, denn das Symbol des Widders ist vorherrschend, dessen Feuer durch seine anderen Anklänge gedämpft und gewandelt wird. (Der Hierophant geht auf seinen Platz zurück. Der Hegemon führt den Practicus nach Westen.)

Hiereus: Im Theoricusgrad wurden Euch die Zuordnungen der geometrischen Figuren zu den Planeten gezeigt. (Die folgenden zwei Sätze sind nur bei Torrens enthalten.) Die Figuren bestehen aus Dekagramm, Endekagramm und Dodekagramm, zusammen mit zwei Formen des Enneagramms und der verbleibenden Form des Heptagramms und Oktagramms, welche nicht so gut zu dem Planeten passen. Das Oktagramm aus zwei Quadraten zum achtbuchstabigen Namen. Die zwei Formen des Enneagramms beziehen

Die Rituale des Äußeren Ordens

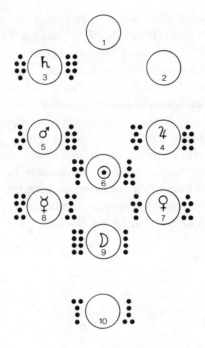

sich auf die dreifache Dreiheit. Die drei Formen des Dekagramms beziehen sich auf das verdoppelte Heh, auf die zehn Sephiroth und auf Malkuth. Die drei Formen des Endekagramms beziehen sich auf die Qlippoth. Die vier Formen des Dodekagramms haben Bezug zum Tierkreis, zu den drei Vierheiten von kardinalen, fixen und beweglichen Zeichen, den vier Dreiheiten und den 24 Thronen der Ältesten. (Geht zur zweiten Tafel.) Der Begriff Polygon bezieht sich auf Figuren, deren Winkel nur direkt miteinander verbunden sind, der Begriff Polygramm auf Figuren, deren Seitenlinien sich auch überschneiden. Die Anzahl der Möglichkeiten, eine geometrische Figur zu ziehen, ist also: beim Dreieck – 1, beim Quadrat – 1, beim Fünfeck – 2, beim Sechseck – 2, beim Siebeneck – 3, beim Achteck – 3, beim Neuneck – 4, beim Zehneck – 4, beim Elfeck – 4, beim Zwölfeck – 5. (Der Hegemon führt den Practicus zur Tafel im Süden.) Das Sepher Jetzirah teilt die zehn Zahlen in eine Vierheit, die dem Geist der lebendigen Elohim Luft, Wasser und Feuer entspricht, und eine Sechsheit ein. Diese setzt sich zusammen aus der Höhe I.V.H., der Tiefe I.V.H., dem Osten H.I.V., dem Westen H.V.I., dem Süden V.H.I. und dem Norden V.H.I., welche die sechs Würfelflächen darstellen, die mit den sechs Wand-

lungsformen der Buchstaben Jod, Heh und Vau des Heiligen Namens versiegelt sind. (Führt den Practicus zur Tafel im Norden.)
Hegemon: (Die folgenden zwei Sätze sind nur bei Torrens enthalten.) Vor Euch befinden sich die geomantischen Figuren, die ihren planetaren Entsprechungen gemäß auf dem Lebensbaum angeordnet sind. Ihr werdet bemerken, daß Saturn die drei übernatürlichen Sephiroth in Binah zusammengefaßt repräsentiert, während Caput und Cauda Draconis auf Malkuth gelegt sind.
Hierophant: Ich freue mich, Euch den Titel eines Herrn (einer Herrin) des 28. Pfades verleihen zu können. Ihr werdet nun den Tempel für eine kurze Zeit verlassen, und bei Eurer Rückkehr wird die Zeremonie Eures Durchgangs durch den 27. Pfad stattfinden. (Führt den Practicus zur Tafel im Norden.)

Die Rituale des Äußeren Ordens

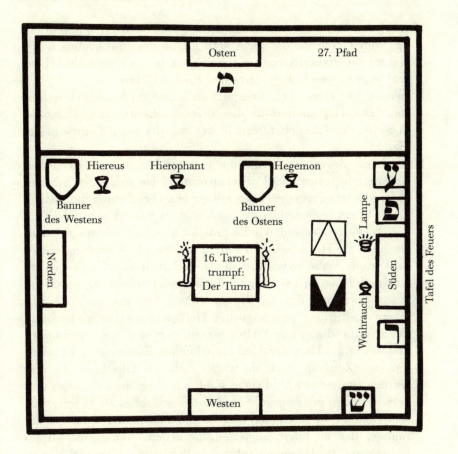

Die Beförderung im 27. Pfad

(Der Tempel wird eingerichtet wie im Diagramm. Der Tempel wird verdunkelt.)

Hierophant: Ehrwürdiger Hegemon, Ihr habt meinen Befehl, dem Practicus das erforderliche Einlassungsabzeichen zu überreichen und ihn (sie) einzulassen. (Der Hegemon erhebt sich, geht zur Tür, öffnet sie, überreicht dem Practicus das Passionskreuz aus zehn Quadraten und läßt ihn ein.)

Hegemon: Der Fluß Kishon riß sie davon, der alte Fluß, der Fluß Kishon, oh meine Seele, die Kraft hast du niedergetreten. (Führt den Practicus in den Süden und stellt ihn vor die mystischen Säulen.)

Hierophant: Monokeros de Astris, der 27. Pfad steht Euch nun offen, der vom Grade des Practicus zum Grade des Philosophus führt. Nehmt das Passionskreuz aus zehn Quadraten in Eure rechte Hand und folgt Eurem Führer durch den Pfad des Mars.

Hegemon: Der Herr ist ein Krieger, sein Name ist Herr der Heerscharen. (Der Hegemon führt den Practicus herum zum Fuße des Podestes, der Hierophant erhebt sich mit der roten Lampe in der Hand.)

Hierophant: Bevor der Ewige die Formen verlieh, gab es keinen Anfang und kein Ende. Darum spannte er vor sich einen Schleier auf und setzte darin die ersten Könige ein. Diese waren die Könige, die in Edom regierten, bevor ein König über Israel gebot, doch sie hatten keinen Bestand. Als die Erde formlos und leer war, siehe, so war dies die Herrschaft von Edom, und als die Schöpfung eingesetzt wurde, siehe, so war dies die Herrschaft Israels. Und siehe, die Kriege der titanischen Mächte im Chaos der Schöpfung waren die Kriege zwischen ihnen. Eine strahlende Flamme ging aus von einem Lichtträger unerträglicher Helligkeit und schleuderte die Funken, die die ersten Welten waren, hervor wie ein gewaltiger und mächtiger Hammer. Und diese Funken flackerten und funkelten eine Zeitlang, doch sie waren nicht im Gleichgewicht und wurden ausgelöscht. Und siehe, die Könige versammelten sich und verschwanden gemeinsam. Sie schauten sich selbst an, so waren sie sehr erstaunt, sie fürchteten sich, sie eilten davon. Dieses waren die Könige, die in Edom regierten, bevor ein König über Israel herrschte. (Der Hegemon führt den Practicus im Tempel herum und hält wiederum vor dem Podest an, der Hiereus erhebt sich mit der roten Lampe in der Hand.)

Hiereus: Die Fürsten von Edom waren erstaunt. Zittern ergriff die Mächtigen von Moab. Als du, Herr, aus Seir gingst, als du aus den Feldern von Edom heraustratest, da bebte die Erde und die Himmel tropften, die Wolken vergossen ihr Wasser. Verfluche Meroz, sprach der Engel des Herrn, verfluche seine Einwohner fürchterlich, denn sie kamen dem Herrn nicht zu Hilfe, dem Herrn zu Hilfe gegen die Mächtigen. Der Fluß Kishon riß sie davon, der alte Fluß, der Fluß Kishon, oh meine Seele, die Stärke hast du niedergetreten. Er neigte auch die Himmel und kam herab, und Dunkelheit war unter seinen Füßen. Vor der Helligkeit, die vor ihm war, wichen die dicken Wolken. Der Herr donnerte durch die Himmel, und seine Stimme gab ihr Höchstes, Hagelkörner und Feuerblitze. Er sandte seine Pfeile aus und zerschmetterte sie, er wirbelte seine Blitze hervor und vernichtete sie. Dann konnte man die Wasserkanäle sehen, und die Fundamente der Welt wurden entdeckt. Bei deinem Tadel, oh Herr, bei dem Atemstoß aus deinen Nüstern, klang die Stimme deines Donners durch die Himmel, deine Blitze erhellten die Welt, die Erde bebte und wankte. Dein Weg ist im Meer, dein Pfad ist in den großen Wassern, und deine Fußstapfen sind unbekannt. (Der Hegemon führt den Practicus herum und hält wieder vor dem Podest inne. Der Hegemon steigt auf das Podest und nimmt die rote Lampe in seine Hand.)

Hegemon: Oh Herr, ich habe deine Rede gehört und fürchtete mich. Die Stimme des Herrn ist auf den Wassern, der Herr der Herrlichkeit donnerte, der Herr ist über vielen Wassern. Die Stimme des Herrn ist mächtig, die Stimme des Herrn ist voller Majestät. Die Stimme des Herrn bricht die Zedern, ja, der Herr zerbricht die Zedern des Libanon. Die Stimme des Herrn teilt die Feuerflammen. Die Stimme des Herrn erschüttert die Wildnis, ja, der Herr erschüttert die Wildnis von Kadesh[1]. (Der Hegemon bringt den Kandidaten zum Sitz im Westen des Altars, mit Blick auf den Osten, nimmt ihm das Passionskreuz ab und geht auf seinen Platz zurück.)

Hierophant: Eloah kam von Teman aus Edom und der Heilige vom Berge Paran. Sein Glanz bedeckte die Himmel, und die Erde war seines Lobes voll, und seine Helligkeit war wie das Licht. Er hatte Karnaim in seinen Händen, und da war seine Kraft verborgen. Vor

---

[1] Kadesh ist eine Stadt am Rande des Landes Edom. Edom ist ein anderer Name für Esau. Nach ihm wurde das Land benannt, in dem sich seine Nachfahren niederließen. Es liegt auf dem Gebirge Seir. Als die Israeliten aus Ägypten auszogen, versuchten sie das Land Edom zu durchwandern, was ihnen von den Edomiten verwehrt wurde. Daher die hier ausgedrückte Feindschaft.
Die vorhergehenden Abschnitte, die sich auf Edom beziehen, sind nicht unmittelbar biblischen Ursprungs. Die Bibelstellen, in denen die Edomiter erwähnt werden, sind: 1. Mose 36, 4. Mose 20 und 5. Mose 2, wo sich auch ein Bezug auf die Moabiter befindet. Die der Zahl 11 zugeschriebenen üblen Eigenschaften und Auswirkungen rühren daher, daß sich 11 zwischen den Zahlen 10 und 12 befindet, die beide eine ausgewogene Ganzheit darstellen. 10 ist die durch die Sephiroth gegebene Zahl des Baums des Lebens; 12 die Zahl der Stämme des Volkes Israel, die von Esaus Bruder Jakob abstammen. (Vergl. 1. Buch Moses, Kapitel 27 und Kapitel 33; 1–16.) Die Zahl 11 stört diese Ganzheit und wird dadurch zu einem magischen Symbol des destruktiven Chaos. Bezogen auf 10 ist sie eins zuviel und auf 12 eins zuwenig. Dadurch werden beide Aspekte der Unausgewogenheit zuwenig und zuviel dargestellt. Ferner ist 11 die Hälfte von 22, der Anzahl der hebräischen Buchstaben und dadurch unvollkommen und abgespalten. (Vergleiche auch das 16. Tarotbild des Golden Dawn-Tarot und des Tarot von Waite.)

ihm ging die Pest einher, und flammendes Feuer ging von seinen Füßen aus. Er stand und blickte über die Erde. Er schaute und trieb die Nationen auseinander, die ewigen Berge wurden zerschmettert, und die immerwährenden Hügel verneigten sich; seine Wege sind ewig. Ich sah die Zelte von Cushan getroffen, und die Vorhänge im Lande Midian zitterten. War der Herr ungehalten gegen die Flüsse? Richtete sich deine Wut gegen die Flüsse? Ging dein Zorn gegen das Meer, daß du auf deinen Pferden rittest und auf deinen Wagen des Heiles? Du zerteiltest die Erde mit den Flüssen; die Berge sahen dich und sie zitterten; die Wasserfluten zogen vorüber; die Tiefe erhob ihre Stimme und hob ihre Hände in die Höhe. Sonne und Mond standen an ihren Stätten still; beim Lichte deiner Pfeile gingen sie weiter; beim Glanze deines schimmernden Speeres. Entrüstet schrittest du durch das Land. Du schlugst die Heiden in deinem Zorn. Du durchzogst die Meere mit deinen Pferden, durch die Tiefen der mächtigen Wasser. (Der Hegemon führt den Practicus zum Hierophanten und gibt diesem das Passionskreuz. Die Lichter werden aufgedreht.)

Das Passionskreuz der zehn Quadrate bezieht sich auf die zehn Sephiroth im Gleichgewicht, vor denen die Formlosigkeit und die Leere wichen. Es stellt auch die auseinandergelegte Form des Doppelwürfels und den Räucheraltar dar. (Legt das Kreuz zur Seite.)

Der 27. Pfad des Sepher Jetzirah, welcher dem Buchstaben Peh entspricht, wird als die anregende Intelligenz bezeichnet, weil durch diesen der Intellekt aller geschaffenen Wesen unter den höchsten Himmeln erschaffen und ihre Bewegung angeregt wurde. Darin stellt es eine Reflexion der Sphäre des Mars dar und den Pfad, der Netzach mit Hod verbindet, den Sieg mit dem Glanz; er ist der unterste der drei querverbindenden Pfade. (Hierophant, Hegemon und Practicus kommen auf die Westseite des Altares.)

Vor Euch auf dem Altar befindet sich der 16. Tarottrumpf, welcher diese Vorstellungen symbolisch zusammenfaßt. Er stellt einen Turm dar, der von einem Blitz getroffen wird, welcher von einem Strahlenkranz ausgeht und in einem Dreieck endet. Dieses ist der Turm von Babel, der vom himmlischen Feuer getroffen wird. Man achte darauf, daß das Dreieck am Ende des Blitzes, der aus dem Kreis hervorgeht, genau das astrologische Symbol des Mars darstellt. Es handelt sich um die herabstürzende Kraft der Dreiheit, die die Pfeile der Dunkelheit zerstört. Drei Löcher sind in die Wände gerissen, die die Errichtung der Dreiheit darin symbolisieren, und die Krone von der Turmspitze fällt herab, wie die Kronen der

Könige von Edom fielen, die auch durch die kopfüber herabfallenden Menschen dargestellt werden. Auf der rechten Seite des Turmes ist Licht und die Darstellung des Lebensbaumes durch zehn angeordnete Kreise. Auf der linken Seite ist Dunkelheit und elf Kreise, die die Qlippoth darstellen. (Hierophant, Hegemon und Practicus gehen zur Tafel im Osten.)

Dieses stellt das alchimistische Symbol des Sulfurs auf dem Lebensbaum dar. Es berührt die vier niederen Sephiroth nicht. Das Kreuz endet in Tiphareth, wodurch gleichsam das übernatürliche Dreieck erfaßt werden kann, und Tiphareth ist der geläuterte Mensch. Die Bedeutung des alchimistischen Symboles von Merkur wurde Euch in einem vorhergehenden Grade erklärt. Das Symbol

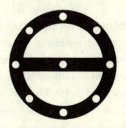

des Salzes umfaßt alle Sephiroth außer Malkuth; es ist gewissermaßen der Versöhner zwischen Sulfur und Merkur. Die horizontale Trennungslinie steht für den Satz des Hermes: Wie oben, so unten. (Der Hierophant nimmt seinen Platz wieder ein. Hiereus, Hegemon und Practicus gehen zur Tafel im Westen.)
Hiereus: Diese Tafel repräsentiert die durch die Sephiroth wirkende Dreiheit, die durch den Lebensbaum in die vier Dreiecke der Elemente herabgeworfen wird. Beachtet, daß die Luft von Kether durch Tiphareth nach Jesod reflektiert wird. Wasser wird von

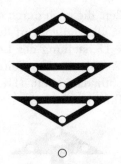

Binah durch Jesod nach Hod reflektiert. Feuer wird reflektiert von Chokmah durch Geburah nach Netzach. Malkuth dagegen ist die Erde, der Behälter der anderen drei. Auf dieser zweiten Tafel befindet sich das Bild Nebukadnezars, dessen Kopf aus Gold war, seine Brust und Arme aus Silber, der Bauch und die Schenkel aus Messing, die Beine aus Eisen, die Füße zum Teil aus Eisen und zum Teil Lehm. In seinen Händen wird die heiße und die feuchte Natur dargestellt. (Der Hegemon führt den Practicus zur Tafel der Paläste von Jetzirah im Süden.)

Hegemon: Dieses sind die sieben Paläste von Jetzirah (siehe Band 1, Seite 374 oben), die die zehn Sephiroth enthalten. In jedem Palast befinden sich sechs Buchstaben des Gottesnamens aus 42 Buchstaben. Dieser Name aus 42 Buchstaben ist den ersten 42 Buchstaben der Schöpfungsgeschichte entnommen, bis zum Beth des Wortes »Bohu«, und wurde verschiedenen Wandlungen unterzogen, die ausführlich im Sepher Pardes beschrieben sind. (Führt den Practicus zur Tafel im Norden.) Dieses sind die Qlippoth mit ihren 12 Prinzen, die die Köpfe der 12 Monate des Jahres sind. Im Quadrat in der Mitte befinden sich Samael und Asmodai. Im Südosten befinden sich der Mann, die Schlange und die ältere Lilith, das Weib Samaels. Im nordöstlichen Winkel sind der Ochse, der Esel und Aggareth, die Tochter von Machalath. Im nordwestlichen Winkel befinden sich der Skorpion, Asimon, der Namenlose, und Nehemah. Im Südwesten befinden sich der Löwe, das Pferd und die jüngere Lilith, das Weib Asmodais.

Hierophant: Ich freue mich, Euch den Titel eines Herrn (einer Herrin) des 27. Pfades verleihen zu dürfen. Ihr verlaßt nun den Tempel für kurze Zeit; bei Eurer Rückkehr wird die Zeremonie Eurer Aufnahme in den Grad des Philosophus stattfinden.

Die Rituale des Äußeren Ordens

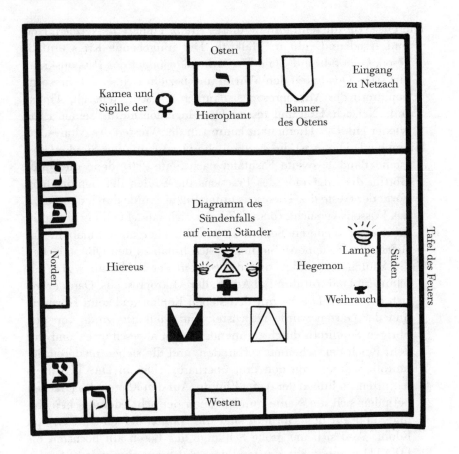

Aufnahmezeremonie des Philosophus

Hierophant: Würdiger Hegemon, unterweist den Practicus in den rechten Rufen, gebt ihm das erforderliche Einlassungsabzeichen und laßt ihn ein. (Der Hegemon geht hinaus, unterweist den Practicus, einen Ruf von sieben Klopfzeichen zu geben und läßt ihn ein.) Im Nordwesten befinden sich die Portale des 29. und 28. Pfades, durch welche Ihr diesen Grad symbolisch von dem des Zelators und demjenigen des Theoricus her betreten habt, während im Norden das Portal des 27. Pfades ist, durch welches Ihr soeben vom Grade des Practicus her gekommen seid. (Der Hegemon führt den Practicus zum Hiereus.)

Hiereus: Mit welchem Symbol wollt Ihr eintreten?

Hegemon: Mit dem besonderen Emblem des Hegemonen, welches das Passionskreuz aus sechs Quadraten in einem Kreis ist.

Hiereus: Wie Ihr seht, umfaßt dieses Kreuz Tiphareth, Netzach, Hod und Jesod und ruht in Malkuth. Der umgebende Kreis umfaßt Jesod, Geburah und Malkuth. Außerdem bildet das Passionskreuz aus sechs Quadraten den Würfel und bezieht sich so auf die sechs Sephiroth des Mikroprosopus, nämlich Chesed, Geburah, Tiphareth, Netzach, Hod und Jesod. (Der Hegemon nimmt seinen Platz wieder ein. Der Hierophant kommt in den Westen des Altares.)

Hierophant: Dieses ist die symbolische Darstellung des Sündenfalles (siehe Band 1, zweite Farbtafel nach Seite 280), denn die große Göttin, die im Grade des Practicus die Säulen der Sephiroth in Form der Geste des Theoricus unterstützte, wurde durch den Baum des Wissens versucht, (dessen Zweige sich tatsächlich bis hinauf in die sieben niederen Sephiroth winden, aber auch hinab in das Reiche der Schemen). Sie neigte sich hinab zu den Qlippoth, ließ die Säulen ungestützt, und das System der Sephiroth wurde erschüttert. Und mit ihm fiel Adam, der Mikroprosopus. Dann erhob sich der große Drache mit den sieben Köpfen und zehn Hörnern, und der Garten wurde verwüstet, und Malkuth wurde von den übrigen Sephiroth durch trennende Falten abgeschnitten und mit dem Reich der Schemen verbunden, und die sieben niederen Sephiroth wurden von den drei übernatürlichen in DAATH abgeschnitten, zu Füßen der Aima Elohim. Auf den Köpfen des Drachen befinden sich die Namen und Kronen der acht edomitischen Könige, und auf den Hörnern sind die Namen der elf Fürsten von Edom. Weil sich die große Schlange des Bösen am höchsten bis DAATH erhoben hat, entstand dort gleichsam eine weitere Sephirah, und es ergaben sich acht Köpfe, gemäß den acht Königen. Für die höllischen oder umgekehrten Sephiroth elf anstelle von zehn, gemäß der Zahl der Fürsten von Edom. Dort wurden die Flüsse von Eden entweiht, und aus dem Rachen des Drachen stürzten die höllischen Wasser in Daath hervor. Das ist Leviathan, die beißende Schlange, wie auch Leviathan, die gewundene Schlange. Zwischen den verwüsteten Garten und das himmlischen Eden setzte Tetragrammaton Elohim die Buchstaben des Namens und das Flammenschwert, damit der obere Teil des Lebensbaumes nicht in den Fall Adams einbezogen würde. Daher war es notwendig, daß der zweite Adam käme, alle Dinge zu erneuern. Wie der erste Adam auf das Kreuz der himmlischen Flüsse ausgestreckt war, so mußte der Sohn auf dem Kreuz der höllischen Flüsse in Daath gekreuzigt werden. Aber um dies zu tun, mußte er zuerst zur niedersten herabsteigen, sogar bis zu Malkuth, und aus ihr geboren werden.

Der Grad des Philosophus bezieht sich auf die Sephirah Netzach und den 27., 28. und 29. Pfad, die damit verbunden sind. Die Geste des Grades wird gegeben, indem man die Arme über den Kopf erhebt und mit Daumen und Zeigefingern ein nach oben weisendes Dreieck formt. Dieses repräsentiert das Element Feuer, welchem dieser Grad angehört, wie auch den Geist, der sich auf den Schöpfungswassern bewegte. Der Griff oder das Kennzeichen ist der allgemeine Griff des Ersten Ordens. Das große Wort ist der Name aus neun Buchstaben Tetragrammaton Tzabaoth, was Herr der Heerscharen bedeutet. Die mystische Zahl ist 28, und aus ihr wird das Paßwort des Grades gebildet, welches Koch ist (Kaph, Cheth) und Macht bedeutet. Wenn es gegeben wird, sollte es einzeln buchstabiert werden. Auf diesen Grad und die Sephirah Netzach bezieht sich der 7. Pfad des Sepher Jetzirah. Er wird als die tiefgründige Intelligenz bezeichnet, weil er der strahlende Glanz aller intellektuellen Tugenden ist, die mit den Augen des Geistes und der Kontemplation wahrgenommen werden.

Das unterscheidende Abzeichen dieses Grades, welches Ihr nun zu tragen berechtigt seid, ist die Schärpe des Practicus mit Hinzufügung eines hellgrünen Kreuzes über dem violetten Kreuz, sowie die Zahlen 4 und 7 in einem Kreis und einem Quadrat rechts und links seiner Spitze, darunter die Zahl 37, die Zahlen 27, 28 und 29 in Hellgrün zwischen schmalen Parallellinien der gleichen Farbe. Dieser Grad hat besonderen Bezug zum Feuerelement, darum bildet der große Wachtturm oder die irdische Tafel des Südens eines seiner Hauptembleme. (Hierophant und Practicus gehen in den Süden.) Sie ist als das vierte oder große südliche Viereck bekannt oder als die Tafel des Feuers und ist eine der vier großen Tafeln, die Henoch durch den großen Engel Ave enthüllt wurden. Von dieser werden die drei großen heiligen Gottesnamen OIP TEEA PDOCE abgeleitet, die das Banner des Südens trägt, sowie zahllose Gottes- und Engelnamen, die zum Feuerelement Bezug haben. Die Bedeutung der anderen Tafeln wurde Euch bereits erklärt. (Sie kehren zum Altar zurück.) Das Dreieck über dem Kreuz auf dem Altar repräsentiert das Feuer des Geistes über dem Kreuz des Lebens und den Wassern von Eden. Ihr werdet bemerken, daß dadurch das alchimistische Zeichen des Sulfur gebildet wird. Die roten Lampen an den Ecken der Dreiecke sind die dreifachen Formen des Feuers. (Sie gehen weiter in den Osten.)

Die Pforten im Osten und Nordosten führen weiter zum Höheren. Die anderen sind die Pfade, die ihr bereits durchschritten habt.

22	47	16	41	10	35	4
5	23	48	17	42	11	29
30	6	24	49	18	36	12
13	31	7	25	43	19	37
38	14	32	1	26	44	20
21	39	8	33	2	27	45
46	15	40	9	34	3	28

Dieser Grad hat auch Bezug zum Planeten Venus. Seine Kamea oder sein magisches Quadrat wird aus 49 Quadraten gebildet, die die Zahlen 1 bis 49 in einer solchen Anordnung enthalten, daß ihre Summe in jeder Richtung die gleiche ist. Die herrschenden Zahlen sind 7, 49, 175 und 1252. Diese Tafel (deutet darauf) zeigt die mystischen Namen und Sigille, die aus der Kamea der Venus abgeleitet sind. Die Sigille werden durch Linien gebildet, die zwischen bestimmten Zahlen auf dem Quadrat gezogen werden. Der Name, der zur 7 gehört, ist AHA, der zur 49 gehört, ist HAGIEL, die Venusintelligenz; der zur 175 gehört, ist Qedemel, der Geist der Venus, und schließlich der zur 1252 gehört ist BENI SERAPHIM, der Name der Venusintelligenz. Auf dieser Tafel wird die Bedeutung des Symbols der Venus auf dem Lebensbaum gezeigt. Es umfaßt alle Sephiroth und ist deshalb das passende Symbol der Isis der Natur. Darum wird ihr Kreis auch stets größer dargestellt als der des Merkur. (Der Hierophant nimmt wieder seinen Sitz ein. Der Hegemon führt den Practicus zum Hiereus, und sie gehen weiter in den Westen.)

Hiereus: Auf dieser Tafel (deutet darauf) werden die Pfade gezeigt, wenn sie unter Hinzufügung von DAATH auf dem Baum der Sephiroth angeordnet sind. Sie unterscheidet sich von anderen und üblicheren Zuordnungen. Außerdem ist sie nicht ganz korrekt, denn Daath ist nicht eine Sephirah im eigentlichen Sinne. Auf dieser Tafel (deutet darauf) wird die Anordnung der Sephiroth in den vier Welten gezeigt, jede Sephirah mit ihren eigenen zehn Sephiroth eingeschrieben, so daß die Gesamtzahl 400 ist, die Zahl des Tau, des letzten Buchstaben im Alphabet. (Der Hiereus nimmt wieder seinen Platz ein. Der Hegemon führt den Practicus zur Tafel im Süden.)

Hegemon: Dieses ist die Symbolik des Brandopferaltars, den König Salomon baute. Er wurde aus einem vierfachen Würfel gebildet, 20 Ellen im Quadrat und 10 Fuß hoch. Seine Hauptteile sind 10, die Ihr hier oben unter die Sephiroth eingeteilt seht und die deshalb das Feuerdreieck darüber bilden. (Der Hegemon führt den Practicus zur Tafel im Süden.) Dies ist die Symbolik des Messingmeeres, das König Salomon machte. Es hatte einen Durchmesser von 10 Ellen, entsprechend den Sephiroth, die Höhe war 5 Ellen, die Zahl des Buchstaben Heh. Es hatte einen Umfang von 30 Ellen, also die 10 Ellen mit der Dreiheit multipliziert. Unter seinem Rand waren 300 Noppen, die Zahl des heiligen Buchstaben Shin und des Namens Ruach Elohim. Es stand auf zwölf Ochsen, entsprechend den zwölf Sternen der Krone von Aima, der Großen Mutter. Es ist die Synthese von Binah, welche die Wasser der Schöpfung enthält. (Führt den Kandidaten zum Platz im Westen mit Blick auf den Hierophanten und kehrt auf seinen Platz zurück.)

Hierophant: Ich gratuliere Euch nun, würdiger Bruder (würdige Schwester), da Ihr die Zeremonie des Philosophus durchlaufen habt, und in Anerkennung dessen verleihe ich Euch den mystischen Titel eines *Pharos Illuminans*, was erleuchtender Turm des Lichts bedeutet, und gebe Euch das Symbol von ASCH, welches das hebräische Wort für Feuer ist. Da Ihr nun schließlich im höchsten Grade des Ersten Ordens angelangt seid und gleichsam ein Verbindungsglied zum Zweiten Orden darstellt, verleihe ich Euch weiterhin den Ehrentitel eines ›Würdigen Fraters (Soror)‹ und gebe Euch außerdem das Symbol des Phrath oder Euphrates, des vierten Flusses. (Klopft) Im Namen von Tetragrammaton Tzabaoth verkünde ich nun, daß Ihr ordnungsgemäß in den Grad des Philosophus befördert worden und ein Herr (eine Herrin) des 27., 28. und 29. Pfades seid.

Hiereus: Würdiger Bruder, als ein Mitglied dieses wichtigen Grades seid Ihr nun berechtigt, das Amt eines Hiereus auszuüben, wenn dieses frei wird; außerdem wird von Euch, da Ihr so hoch im Orden aufgestiegen seid, erwartet, daß Ihr die Mitglieder des Zweiten Ordens bei der Arbeit im Tempel, dem Ihr angehört, mit ganzer

Kraft unterstützt. Studiert gründlich die Mysterien, die im Fortschritt von der demütigen Stellung eines Neophyten vor Euch ausgebreitet wurden, so daß Ihr nicht nur ein oberflächliches Wissen besitzt, welches den eingebildeten und unwissenden Menschen kennzeichnet; sondern daß Ihr wahrhaftig und vollständig versteht, was Ihr zu wissen vorgebt, daß Ihr durch Eure Unwissenheit und Torheit den Orden nicht in Unehre bringt, der Euch so weit geehrt hat. Es ist außerdem Eure Pflicht, die Studien der schwächeren und weniger fortgeschrittenen Brüder zu überwachen, und seht, daß Ihr selbst so weit als möglich eine Zierde Eures Tempels und Eures Ordens seid.

Abschluß

Hierophant: (Klopft) Würdige Brüder und Schwestern, helft mir, den Tempel im Grade des Philosophus zu schließen. Würdiger Hegemon, achtet darauf, daß der Tempel gehörig gedeckt ist. (Ausgeführt)

Hegemon: (Klopft) Ehrwürdiger Hierophant, der Tempel ist gehörig gedeckt.

Hierophant: Laßt uns den Herrn und König des Feuers anbeten. (Klopft. Alle blicken nach Osten.) Tetragrammaton der Heerscharen, mächtig und furchtbar, du bist der Führer der ätherischen Heere. Amen. (Alle grüßen. Der Hierophant verläßt seinen Thron und geht zur Tafel des Feuers im Süden. Alle blicken nach Süden.) Laßt uns das Gebet der Salamander oder Feuergeister sprechen. (Klopft) Unsterblicher, ewiger, unaussprechlicher und unerschaffener Vater des Alls, getragen von den Wagen der Welt, die in immerwährender Bewegung weiterrollen, Gebieter der ätherischen Weiten, wo der Thron deiner Macht errichtet ist, von dessen Gipfel deine Augen alles sehen, von wo deine reinen und heiligen Ohren alles hören, hilf uns, deinen Kindern, die du geliebt hast seit der Geburt der Zeitalter. Deine goldene, gewaltige und ewige Majestät scheint über den Sternenhimmel; du bist über sie erhöht, oh du blitzendes Feuer. Dort erleuchtest du alle Dinge mit deiner unerträglichen Herrlichkeit, von wo die immerwährenden Ströme des Glanzes ausfließen, welche deinen unendlichen Geist nähren. Dieser unendliche Geist nähret alles und schuf den unerschöpflichen Schatz der Fruchtbarkeit, der dich ewig umgibt, erfüllt von den zahllosen Gestalten, mit denen du ihn von Anbeginn her

Die Rituale des Äußeren Ordens

ausgestattet hast. Aus diesem Geist erhoben sich die heiligsten Könige, die um deinen Thron sind und deinen Hof ausmachen. Oh Vater des Alls! Einer und Einziger! Vater der Unsterblichen und der Sterblichen! Du hast Mächte erschaffen, die deinem ewigen Gedanken ähneln und deiner ehrwürdigen Essenz. Du hast sie über die Engel eingesetzt, die deinen Willen in der Welt verkünden. Schließlich hast du uns als eine dritte Ordnung in unserem elementaren Reich geschaffen. Dort ist unsere ständige Übung, dich zu preisen und deine Wünsche anzubeten. Dort brennen wir immerwährend in ewigem Streben nach dir, oh Vater, oh Mutter der Mütter, oh ewiger Ursprung der Mütterlichkeit und Liebe, oh Sohn, du Blume aller Söhne, Gestalt aller Gestalten, Seele, Geist, Harmonie und Zahl aller Dinge. Amen. (Zieht mit seinem Szepter den bannenden Kreis und das Pentagramm vor der Tafel in die Luft.) Gehet hin in Frieden in eure Wohnorte und Stätten. Möge der Segen von Elohim mit euch sein. Möge immer Frieden herrschen zwischen uns und euch, und seid stets bereit zu kommen, wenn ihr gerufen werdet. (Klopft. Kehrt auf seinen Platz zurück. Alle blicken wie gewöhnlich.) Im Namen von Tetragrammaton Tzabaoth erkläre ich diesen Tempel im Grade des Philosophus für geschlossen.

Hierophant: (Klopft, 3, 3, 1)
Hiereus: (Klopft, 3, 3, 1)
Hegemon: (Klopft, 3, 3, 1)

Teil VII

Die Rituale des R.R. und A.D. sowie aus der Gefolgschaft Waites

Das Ritual der Pforte zum Gewölbe der Adepten

Erforderliche Gegenstände

Hauptadept: Weißer Talar, gelbe Schuhe, rote Kutte des Hierophanten, gelbe und weiße Nemyss, Rosenkreuz an gelbem Kragen, Szepter der fünf Elementarfarben, gekrönt vom Pentagramm, weiße Lampe, Kohlebecken, Kerze.

Zweiter Adept: Weißer Talar und Kragen, blaue Schuhe, blaue und orange Kutte und Nemyss, als Lamen ein rotes Dreieck in grünem Pentagramm, roter Stab gekrönt vom roten Sulfursymbol, rote Lampe, Räucherstäbchen.

Dritter Adept: Weißer Talar, blauer Kragen, rote Schuhe, rote und grüne Nemyss und Kutte, blauer Stab gekrönt von einem blauen Salzsymbol, blaues Lamen, Kelch auf orangem Oktagramm, Wasserkelch.

Hiereus: Schwarzer Talar, schwarzer Kragen, schwarz-weiße Nemyss, rote Schuhe und Kragen, Schwert, vierfarbiges Lamen für Malkuth mit weißem Hexagramm, Salz.

Hegemon: Schwarzer Talar, weiße Kutte, rote Schuhe, gelb und violette Nemyss, mitraköpfiges Szepter, Lamen mit rotblauem Hexagramm auf weißem Grund, gelbes Kreuz, Rosenblätter.

Eröffnung

(Der Hauptadept steht hinter dem Schleier im Osten, symbolisch für Tiphareth, die anderen Amtsträger in den Stationen der Sephiroth: der dritte Adept im Nordosten, der zweite Adept im Südosten, der Hiereus im Westen, der Hegemon östlich vom Altar. Die Halle ist verdunkelt, die Leuchten der Elemente sind nicht angezündet, nur hinter dem Schleier brennen Lichter, und die Amtsträger haben abgeschattete Kerzen. Beim Betreten des Tempels müssen alle teilnehmenden Mitglieder die Zeichen der Pforte geben. Die Mitglieder der Pforte sitzen im Norden, volle Adepti Minores im Süden.)

Zweiter Adept: (Klopft. Alle erheben sich.) Ehrwürdige Brüder und Schwestern, helft mir, die Pforte zum Gewölbe der Adepten zu öffnen. Würdiger Hiereus, stellt sicher, daß der Eingang verschlossen und bewacht ist.

Hiereus: Ehrwürdige Brüder und Schwestern, gebt als einen Beweis eurer Suche nach dem Licht die Zeichen des Neophytengrades. (Alle wenden sich nach Osten und stehen in der Geste des Eintretenden. Von hinter dem Vorhang wird die Hand des Hauptadepten vorgestreckt, er hält eine weiße Lampe oder Kerze. Ohne daß es zu sehen ist, gibt der Hauptadept das Zeichen des Schweigens, welches alle wiederholen, wenn das Licht zurückgezogen wird.)

Hauptadept: Das Licht scheint in die Finsternis, aber die Finsternis kann es nicht erfassen.

Zweiter Adept: Die Fürsten von Edom herrschten im Chaos, die Herren der unausgewogenen Kraft. Würdiger Hiereus, welches ist das Symbol auf dem Altar?

Hiereus: Das Symbol der ausgewogenen Kräfte der vier Elemente.

Zweiter Adept: Gebannt seien die Mächte der Fürsten von Edom, und die Kraft des Kreuzes werde errichtet. (Der Hauptadept zeichnet mit der angezündeten Kerze das Kreuz. Der Hiereus geht in den Osten und beginnt das kleine Bannungsritual des Pentagramms. Wenn er in den Osten zurückkehrt, führen alle Amtsträger und Teilnehmer das kabbalistische Kreuz durch, blicken nach Osten und sprechen die Worte mit ihm. Der Hiereus geht in den Westen und gibt das Zeichen des Zelators. Im Osten gibt der Hegemon das Zeichen des Theoricus und klopft. Der dritte Adept im Norden gibt das Zeichen des Practicus und klopft. Der zweite Adept im Süden gibt das Zeichen des Philosophus und klopft.)

Hauptadept: Das Kreuz auf dem Altar ist auch das Kreuz des Zerfalls, der Zerstörung, der Auflösung und des Todes. Darum gehört es zu den Pfaden des Todes und des Teufels. Wenn in Hod nicht die Herrlichkeit über die Materie triumphiert und das Zerstörbare unzerstörbar wird und so die Schönheit Tipharets erreicht, wenn nicht in Netzach der Tod vom Siege verschlungen wird und der große Wandler so zum Transmutierenden des reinen alchimistischen Goldes wird, wenn ihr nicht aus Wasser und Geist wiederge-

Die Rituale des R.R. und A.D.

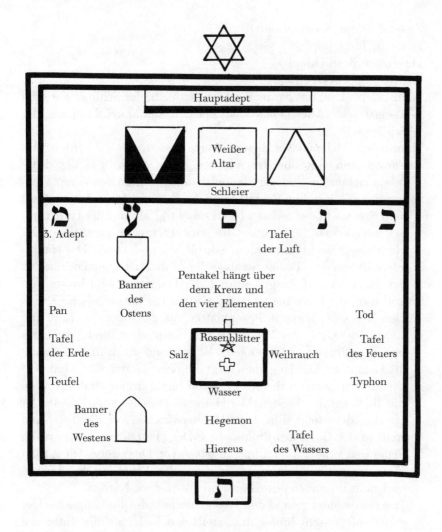

boren werdet, so könnt ihr das Königreich Gottes nicht betreten. Ehrwürdiger dritter Adept, welches ist also der zusätzliche mystische Titel, der dem Philosophus als eine Verbindung zum Zweiten Orden verliehen wird?

Dritter Adept: Phrath, der vierte Fluß von Eden.
Hiereus: Tau.
Hegemon: Resh.
Dritter Adept: Peh.
Hauptadept: Ehrwürdiger zweiter Adept, was darf diesem Wort hinzugefügt werden?

Zweiter Adept: Kaph (Klopft)
Hiereus: Tau (Klopft)
Hegemon: Resh (Klopft)
Dritter Adept: Peh (Klopft)
Hauptadept: Und das ganze Wort ist Paroketh, der Schleier vor dem Tabernakel. (Alle geben das Zeichen des Zurückziehens des Schleiers.)
Hauptadept: (Klopft) Mit diesem Worte gestatte ich die Öffnung des Portals zum Gewölbe der Adepten. (Der zweite und der dritte Adept ziehen die Vorhänge beiseite und enthüllen den Hauptadepten, der sich mit dem Pentakel und der Kerze in der linken und mit dem Szepter in der rechten Hand erhebt.) Laßt uns die Herrschaft des mystischen ETH über die vier Elemente errichten. (Der Hauptadept blickt nach Osten. Alle blicken nach Osten. Der Hauptadept ist von dem Podest herabgestiegen und hat seine Position vor der Tafel der Luft eingenommen, der Hegemon steht hinter ihm und trägt die Rosenblätter. Alle machen das kabbalistische Kreuz. Der Hegemon legt die Rosenblätter vor die Tafel der Luft und steht in der Geste des Theoricus. Der Hauptadept zündet die Lampen an, während er herumgeht. Er invoziert die Luft und zündet die Lampe an. Der Hegemon trägt die Rosenblätter zum Altar, legt sie auf den Luftarm des Kreuzes und bleibt im Osten des Altares, mit Blick auf den Westen. Der Hauptadept geht in den Süden. Der zweite Adept folgt ihm, legt Räucherstäbchen vor die Tafel und steht in der Geste des Philosophus. Der Hauptadept invoziert das Feuer und zündet die Lampe an wie zuvor. Der zweite Adept trägt Weihrauch zum Altar, legt diesen auf den Feuerarm des Kreuzes und steht im Süden des Altares mit Blick nach Norden.
Der Hauptadept geht in den Westen und zündet die Lampe an. Der dritte Adept steht hinter ihm, stellt den Kelch auf die Tafel und steht in der Geste des Practicus. Der Hauptadept invoziert das Wasser. Der dritte Adept bringt den Kelch zum Altar, stellt ihn auf den Wasserarm des Kreuzes und steht in der Geste des Practicus. Der Hauptadept geht in den Norden und zündet dort die Lampe an. Hinter ihm steht der Hiereus, legt Salz vor die Tafel und steht im Zeichen des Zelators. Der Hauptadept invoziert die Erde. Der Hiereus bringt Salz zum Altar, legt es auf den Erdarm des Kreuzes und steht im Norden vom Altar. Der Hauptadept vollendet im Osten den Kreis und geht dann in Richtung des Sonnenlaufs zum Westen des Altares, nachdem er nun alle Leuchten der Elemente angezündet hat.) Im großen Namen JOD HE VAU HE. (Alle geben

das Zeichen eines Neophyten in Richtung des Altares und stehen dann in den Gesten der Elemente. Der Hauptadept zieht mit den Gottesnamen EHEIEH und AGLA die invozierenden Geistpentagramme und schließt mit dem kabbalistischen Kreuz. Er geht um den Altar herum nach Osten, blickt nach Westen und legt das Pentakel über das Kreuz. Er hält Kerze und Stab in die Höhe.)
Möge das Kreuz der vier Elemente wahrhaftig geläutert und ins Unzerstörbare gepflanzt werden. Darum füge ich im Namen JOD HE VAU HE und bei dem verborgenen Namen JEHESHUAH die Kräfte des Pentagrammes hinzu, wodurch ich den verherrlichten Körper des Osiris errichte, die Geste des Mikrokosmos.
(Alle Lichter werden angedreht. Der Hauptadept legt das Pentakel einen Moment lang auf das Kreuz, hängt es dann an den Haken in die Mitte der Halle, erhebt Szepter und Kerze und invoziert:)

Ol Sonuf Va-Orsagi Goho Iada Balata. Elexarpeh Comananu Tabitom. Zodakara, Eka Zodakare Od Zodameranu. Odo Kikle Qaa Piape Piamoel Od Vaoan.

(Der Hauptadept geht zurück auf das Podium, der zweite und dritte folgen ihm und stellen sich zu den Säulen. Der Hiereus und Hegemon blicken nach Osten, Norden und Süden des Altares.) Beten wir den Herrn und König der Heerscharen an:

Heilig seid Ihr, Herr des Universums.
Heilig seid Ihr, den die Natur nicht erschaffen hat;
Heilig seid Ihr, der Weite und Mächtige
Herr des Lichtes und der Finsternis.

Beim Worte Paroketh und bei der Geste der Schleieröffnung erkläre ich die Pforte zum Gewölbe der Adepten als geöffnet.
Hauptadept: (Klopft 4, 1)
Zweiter Adept: (Klopft 4, 1)
Dritter Adept: (Klopft 4, 1)
Hiereus: (Klopft 4, 1)
Hegemon: (Klopft 4, 1)
(Er umkreist einmal und kehrt dann zu seinem Platz zurück. Alle nehmen Platz, nachdem die Elemente von den entsprechenden Amtsträgern in die vier Richtungen zurückgetragen worden sind.)

Das Ritual des Kreuzes und der vier Elemente

Hauptadept: (Hinter dem Schleier verborgen.) Die für den Orden symbolisch geöffnete Pforte ist für den unvorbereiteten Kandidaten noch immer geschlossen. (Die Leuchten der Elemente werden verhüllt. Der Tempel ist bis auf den Osten dunkel.)

Zweiter Adept: Ehrwürdige Brüder und Schwestern, unser würdiger Frater XYZ ist sieben Monate lang Träger des Grades eines Philosophus gewesen, hat die fünffache Prüfung, die für die Zulassung zum Zweiten Orden vorgeschrieben ist, durchlaufen und besitzt somit die ordnungsgemäße Anerkennung. Ich habe hier eine Ermächtigung der hochehrwürdigen Oberen des Zweiten Ordens, ihm zu gestatten, sich der Pforte zum Gewölbe der Adepten anzunähern. Ehrwürdiger dritter Adept, sorgt dafür, daß er gebührend vorbereitet ist, indem er die Schärpe des Philosophus trägt, laßt ihn ein, legt das Einlassungsabzeichen um seinen Hals und prüft ihn im Wissen über den Griff, das Zeichen, die Worte und so weiter des Philosophusgrades und das Wort Phrath, bevor Ihr ihn in den erforderlichen Klopfzeichen unterweist. (Die Lichter werden ausgelöscht. Der zweite Adept steht vor dem Schleier. Hiereus und Hegemon versperren den Weg an der Tür. Der dritte Adept öffnet, nachdem er den Philosophus vorbereitet hat, die Tür, hinter welcher bis auf ein schwaches Licht im Osten Dunkelheit liegt. Er läßt den Philosophus nur gerade durch die Tür.)

Hegemon: Der Bereich des Chaos und der Urnacht, bevor die Äonen kamen; als es keinen Himmel und keine Erde gab; und es gab kein Meer; als nichts war, außer den lichtlosen Formen, gestaltlos und leer.

Hiereus: In den Tiefen schwangen die Windungen des Drachen mit acht Köpfen und elf Hörnern hin und her. Die Zahl der Flüche vom Berge Ebal waren elf, elf auch die Herrscher der Qlippoth, und an ihrer Spitze waren die beiden widerstreitenden Mächte. (Hiereus und Hegemon senken ihre Waffen und treten zurück.)

Zweiter Adept: (Blickt nach Osten) Da atmete Tho-oth das Wort aus dem unaussprechlichen Abgrund aus! Da stand Tho-oth im Zeichen des Eintretenden auf der Schwelle zur Halle der Zeit, als die Zeit aus der Ewigkeit geboren wurde. (Gibt die Geste des Neophyten) So stand Tho-oth in der Macht des Wortes, strahlte das Licht aus, während sich die ungezeugten Äonen vor ihm entfalteten. (Dem Philosophus wird bedeutet, das Zeichen des Neophyten zu geben.)

Zweiter Adept: Und die Elohim sprachen: Es werde Licht. (Die Hand des Hauptadepten reicht die Kerze heraus. Der zweite Adept nimmt sie an und gibt das Zeichen des Schweigens. Dem Philosophus wird bedeutet, das Zeichen zu machen. Der dritte Adept verläßt den Philosophus und kommt in den Osten. Er nimmt die Kerze und geht in Richtung des Sonnenlaufs zurück. Er hält die Kerze vor den Philosophus und nimmt das Banner des Westens in die linke Hand.)

Zweiter Adept: Würdiger Bruder, mit welchem Titel habt Ihr den Grad des Philosophus erlangt?

Philosophus: (Ohne Anweisung) Pharos Illuminans.

Dritter Adept: (Übergibt dem Philosophus die Kerze und nimmt seine Station zu dessen linker Hand ein.)

Zweiter Adept: Würdiger Frater Pharos Illuminans, wir haben uns hier versammelt, Euch die Pforte zum Gewölbe der Adepten zu öffnen, durch welche Ihr zum zweiten Grade zugelassen seid und welche Euch an die Schwelle des Inneren oder Zweiten Ordens bringt. Wegen des vermehrten Einflusses über die Ordensmitglieder, die eine solche Beförderung mit sich bringt, und wegen der vermehrten Kraft des Guten oder Bösen, die daraus folgt, wenn Ihr diesen Schritt mit festem Willen und Streben dem Wesen sowie der Form nach vollzieht, ist es notwendig, daß Ihr noch weitere Eide leistet, welche jedoch wie in dem vorhergehenden Grade nichts enthalten, was Euren bürgerlichen, moralischen oder religiösen Pflichten widerspräche. Seid Ihr bereit, diesen Eid zu leisten?

Philosophus: Ich bin bereit.

Zweiter Adept: Nehmt dann das Banner des Westens in Eure rechte Hand, (Der dritte Adept gibt es ihm.) und legt Eure linke Hand in die des ehrwürdigen dritten Adepten, welcher das lebendige Symbol der schwarzen Säule ist, die über den Äußeren Orden herrscht, und berührt das entsprechende Emblem, die schwarze Schärpe der Einschränkung, auf Eurer Brust und bindet so Euch selbst, während Ihr als Zeugen Eures Eides das Licht erhebt, welches Ihr haltet. (Der Philosophus erhebt die rechte Hand mit Banner und Licht, während seine linke, vom Adepten gehalten, die Schärpe berührt.)

Zweiter Adept: Verpflichtet Ihr Euch zunächst, niemals die Geheimnisse und Mysterien dieser Pfade und dieser Zeremonie zu enthüllen, weder der äußeren und nichteingeweihten Welt gegenüber, noch gegenüber einem Mitglied des Ersten Ordens, es sei denn im vorbereiteten Tempel und mit der gebührenden Ermächtigung?

Philosophus: Ich schwöre.

Zweiter Adept: Verpflichtet Ihr Euch zweitens feierlich, Euer praktisches Wissen, welches Ihr nun oder in Zukunft besitzt, nur für gute Zwecke einzusetzen?

Philosophus: Ich schwöre.

Zweiter Adept: Versprecht Ihr drittens, alles Wissen, welches Euch anvertraut wird, welches in Eure Hände gegeben wird, nicht für Euren eigenen Vorteil, sondern im Dienste der Menschheit anzuwenden, so daß die alte Tradition der Einweihung rein und ungeschändet bleibt, damit das Licht nicht verloren gehe für jene, die nach diesem Pfade suchen?

Philosophus: Ich schwöre.

Zweiter Adept: Und versprecht Ihr schließlich feierlich, den Mitgliedern des Ordens gegenüber brüderliche Liebe, Wohltätigkeit und Nachsicht zu üben, sie nicht zu verleumden, nicht über sie zu lästern oder sie zu verunglimpfen, ob dafür ein Grund besteht oder nicht, sondern sie zu vereinen, um ein Gewebe gegenseitigen Vertrauens und gegenseitiger Unterstützung aufzubauen? Und werdet Ihr weiterhin nicht versuchen, Streit oder Spaltung oder Widerstand gegen die Oberen aufzustacheln, sondern ihre Autorität loyal aufrechtzuerhalten?

Philosophus: Ich schwöre.

Zweiter Adept: Wenn Ihr dann das Kreuz um Euren Hals bemerkt, erhebt Eure rechte Hand, die das Banner und das Licht hält, und sprecht: Ich nehme es auf mich, den Schleier zwischen dem Ersten und Zweiten Orden aufrechtzuerhalten, und mögen die Mächte der Elemente Zeugen meines Eides sein. (Ausgeführt. Der Philosophus wiederholt die Worte, wie angewiesen. Der dritte Adept verläßt den Philosophus und kehrt auf seinen Platz zurück, nachdem er das Banner des Westen zurückgestellt hat.)

Zweiter Adept: Das Symbol des Ersten Grades des Neophyten ist $0 = 0$. Zur ersten 0 wird ein Kreis hinzugefügt, zur zweiten ein Quadrat. Die Verbindung von Kreis und Quadrat hat viele Bedeutungen, von welchen Euch eine vorgelegt werden muß, denn Ihr müßt sie in Eurer eigenen Person verwirklichen, bevor Ihr weiter fortschreiten könnt. In der mystischen Sphäre der Wahrheit kann der Weg der Einweihung allein beschritten werden, in einer anderen Sphäre jedoch hat er einen dreifaltigen Aspekt. Ein Teil kann dem Menschen von außen gegeben werden, ein Teil kann vom Menschen selbst erlangt werden, ein Teil kann nur vom Göttlichen kommen. Ihr habt nun im Orden intellektuelle Lehren erhalten und Eure Grade durch Prüfungen dessen erlangt, was gelehrt wurde. Hier müßt Ihr nun beweisen, daß Ihr wirklich soweit aus eigener Kraft gekommen seid, und später könnt Ihr kraft der höheren Seele in Euch weiterschreiten. Ihr tragt um Euren Hals das Symbol des Kreuzes der vier Elemente, welches im Gleichgewicht und ausgewogen ist. Errichtet es fest in der Sphäre Eures Wesens und schreitet mutig weiter. (Hiereus und Hegemon verstellen den Weg wie im Grade des Zelators.)

Hiereus: Gebt die Zeichen und Worte des Zelatorgrades. (Ausgeführt. Der Hegemon kehrt zu seinem Platz zurück.)

Hiereus: Gebt mir auch den Griff des ersten Ordens. (Ausgeführt. Er bringt den Philosophus in den Norden und bedeutet ihm, vor der Tafel der Erde Salz fortzunehmen. Während sie nach Norden blikken, zieht der Hiereus mit seinem Schwert ein Kreuz über dem Salz und steht dann in der Geste des Zelators, während der Philosophus in Sonnenlaufrichtung umkreist und die Namen der Erde wiederholt.)

Philosophus: Adonai Ha Aretz. Emor Dial Hectega. Auriel. Io Zod Heh Chal. (Er kehrt zum Norden zurück. Der Hiereus schlägt über dem Salz das Pentagramm der Erde. Der Philosophus enthüllt die Lampe. Der Hiereus nimmt den Philosophus mit zum Altar und weist ihn an, Salz an die nördliche Altarseite zu legen. Der Hiereus nimmt ihn zu den Tafeln im Westen.)

Hiereus: Das Kreuz aus vier Dreiecken wird als Malteserkreuz bezeichnet und ist ein Symbol der vier Elemente in einer ausgewogenen Lage. Es wird hier in den Farben der Königsreihe angegeben und gehört auch zu den vier Sephiroth, die die äußeren Grade regieren. Die Erde zu Malkuth, die Luft zur Jesod, das Wasser zu Hod und das Feuer zu Netzach. Das Kreuz an der Spitze des Stabes des Praemonstrators repräsentiert die Sephirah Chesed, die vierte der Sephiroth. 4 ist auch die Zahl Jupiters, dessen Pfad Chesed mit Netzach verbindet. Das Kreuz ist deshalb ein passendes Zeichen für den Grad des Philosophus. Auf diesem Diagramm werden der Kreis, der Punkt, die Linie, das Kreuz, das Quadrat und der Würfel dargestellt. Der Kreis ist der Abgrund, das Nichts, das AIN. Der Punkt ist Kether. Der Punkt hat zwar keine Dimension, bildet aber in Bewegung eine Linie. Daraus ergibt sich die erste Zahl, die Einheit, doch liegt darin unmanifestiert die Dualität, denn zwei Punkte bilden ihre Enden. Eine Bewegung der Linie bildet eine Ebene oder ein Quadrat. Die Bewegung des Punktes rechtwinklig zu seiner ersten Richtung und diese überschneidend bildet das

Kreuz. Das Quadrat und das Kreuz sind also Symbole, die aus dem Kreis und dem Punkt hervorgehen. Darunter wird das okkulte Symbol von Malkuth gezeigt, der zehnten Sephirah. Entsprechend dem Malteserkreuz wird es in vier Teile eingeteilt. Diese sind: Feuer der Erde, Wasser der Erde, Luft der Erde, Erde der Erde, wie das Symbol anzeigt. Diese entsprechen den vier Graden des Ersten Ordens, welcher in gewissem Sinne Malkuth nicht verläßt. Es sind daher Grade der niedersten Sephiroth von Malkuth in Assiah. Diesen überlagert ist ein weißes Hexagramm in einem Kreis. Die 6 und die 4 bilden zusammen 10, die Zahl von Malkuth auf dem Baum. Das Hexagramm ist außerdem das Zeichen des Makrokosmos, von Tiphareth und den sechs oberen Sephiroth, weshalb es hier weiß ist. Der Geist herrscht dabei über die Materie. 6 ist eine vollendete Zahl, denn ihr Ganzes entspricht der Summe ihrer Teile. Es sind auch sechs Mittelpunkte der Ebenen, die einen Würfel begrenzen, welcher aus dem Quadrat hervorgeht und aus dem Kreuz, wenn der Mittelpunkt sich bewegt. Viele Offenbarungen sind in diesen Zahlen und Figuren verborgen. Denkt daran, daß die Gesamtzahl von Malkuth 496 ist, wieder eine vollendete Zahl. Malkuth muß dann mit der 6, die über die 4 gebietet, gleichgesetzt und von ihr vollendet werden, und die Verbindung zwischen der 6 und der 4 ist die Zahl des Pentagrammes.

Zweiter Adept: Nachdem Ihr Eingang in Malkuth erhalten habt, müßt Ihr nun den Pfad Tau durchschreiten, den dunklen Pfad der astralen Ebene. Gehet darum zur Tafel des Osten.

(Der Philosophus geht in den Osten, Hiereus und Hegemon versperren den Weg, ihre Waffen zeigen nach unten und berühren sich. Der Hegemon fordert vom Theoricus Geste und Worte. Der Hiereus kehrt auf seinen Platz zurück. Der Hegemon führt den Philosophus zur Tafel, gibt ihm Rosenblätter, zieht über dem Krug ein Kreuz und weist den Philosophus an, unter Wiederholung der Namen zu umkreisen. Der Hegemon steht im Zeichen des Theoricus, während der Philosophus den Pfad Tau im Namen Shaddai El Chai, Raphael, ORO IBAH AOZPI und Bataivah durchschreitet. Der Philosophus kehrt in den Osten zurück. Der Hegemon zieht das invozierende Pentagramm und bedeutet dem Philosophus, die Lampe zu enthüllen. Er nimmt den Philosophus zum Altar, bedeutet ihm, die Rosenblätter an die östliche Seite zu legen, und stellt sich dann östlich vom Altar in die Position von Jesod, wobei er ihm das große hermetische Arkanum zeigt.)

Hegemon: Dieses Symbol stellt das große hermetische Arkanum dar.

Die Füße der Gestalt ruhen auf der Erde und dem Meer. In der Hand sind die heiße und feuchte Natur durch die Fackel und das Horn des Wassers dargestellt. Diese werden weiterhin bekräftigt durch das solare und feurige Zeichen des Königs und des Löwen, sowie durch das lunare und wässrige Zeichen der Königin und des Delphins. Über der ganzen Figur erheben sich die Schwingen der luftigen Natur, des Versöhners zwischen Feuer und Wasser. Vergleicht dieses Symbol mit dem im zehnten Kapitel der Johannes-Apokalypse beschriebenen Engel: Und ich sah einen anderen mächtigen Engel vom Himmel herabkommen, der in eine Wolke gekleidet war. Über seinem Kopfe war ein Regenbogen, und sein Antlitz glich der Sonne, seine Füße waren Feuersäulen und er hatte in der Hand ein kleines offenes Buch. Er setzte seinen rechten Fuß auf das Meer und seinen linken Fuß auf die Erde; er schrie mit lauter Stimme, wie ein Löwe brüllt, der grüne Löwe, der Pfad des Löwen über Tiphareth, der sich auf Teth bezieht. Und als er schrie, ließen sieben Donner ihre Stimmen hören, sieben Äonen, dargestellt unter der Führung der Planeten. Der aus der Höhle hervorkommende Drache repräsentiert das vulkanische Feuer. (Der Hegemon führt den Philosophus einmal herum, übergibt ihn dem Hiereus im Norden und kehrt dann auf seinen Platz zurück.)

Hiereus: Dieses ist das Bild der Vision Nebukadnezars, welche Euch beim Durchgang durch den 27. Pfad gezeigt wurde, der zum Grade des Philosophus führt. Du schautest, oh König, und sahest ein großes Bild. Dieses große Bild von außergewöhnlicher Helligkeit stand vor dir, und die Gestalt darauf war furchtbar. Das Haupt dieses Bildes war aus reinem Gold, seine Brust und seine Arme waren aus Silber, sein Bauch und seine Schenkel waren aus Messing, seine Beine aus Eisen und seine Füße zum Teil aus Eisen und zum Teil aus Lehm. Du blicktest darauf, bis ein Stein ohne Hände gehauen wurde, der dem Bild auf die Füße fiel, welche teils aus Eisen, teils aus Lehm waren. Und er brach sie in Stücke. Dann wurden das Eisen, der Lehm, das Messing, das Silber und das Gold in Stücke gebrochen und waren wie die Spreu des Sommers auf dem Dreschplatz; der Wind trug sie fort, und es gab keinen Ort für sie; und der Stein, der das Bild zerbrochen hatte, wurde zu einem großen Berg und erfüllte die ganze Erde. Du, oh König, bist ein König der Könige, denn Gott gab dir im Himmel (macht das kabbalistische Kreuz) das Reich, die Kraft und die Herrlichkeit! Du bist dieses goldene Haupt. (Zum Philosophus) Du bist dieses goldene Haupt! Dein Kopf repräsentiert in dir den Bereich des

Göttlichen, der über den Rest des Körpers herrscht. Das Silber ist die Welt des Herzens, das Messing die materielle Leidenschaft, das Eisen ist der feste Vorsatz und die Füße, teils aus Eisen, teils aus Lehm, stellen die miteinander vermischte Kraft und Gebrechlichkeit des natürlichen Menschen dar. Der Stein, der ohne Hände gemacht wurde, ist der ewige Stein der Weisen, welcher zum Berge der Einweihung wird und durch welchen die ganze Erde mit dem Wissen Gottes ausgefüllt wird. (Der Hiereus bringt den Philosophus zum zweiten Diagramm).

Hiereus: Diese Tafel zeigt, wie unsere Vorfahren in der Bruderschaft gewisse Namen symbolisch benutzten. Ihr werdet feststellen, daß die Initialen dieses Satzes das lateinische Wort Vitriolum bilden, Schwefelsäure. Weiterhin bestehen die Worte Vitriol, Sulfur und Merkur jeweils aus sieben Buchstaben[1], welche den alchimistischen Kräften der sieben Planeten entsprechen. Die Initialen des folgenden lateinischen Satzes, der feinen Flüssigkeit, des Lichtes der Erde, bilden das Wort S.A.L.T., Salz (Anmerkung des Übersetzers: englisch »salt« heißt Salz); und weiterhin entsprechen die vier Worte des Satzes den vier Elementen: Subtilis der Luft; Aqua dem Wasser; Lux dem Feuer; Terra der Erde. Die vier verbundenen Worte ergeben 20 Buchstaben, das heißt, das Produkt aus 4, der Zahl der Elemente, multipliziert mit 5, der Zahl des Pentagramms. Die Worte *Fiat Lux*, welche bedeuten »es werde Licht«, bestehen aus 7 Buchstaben. Die Buchstaben des *Fiat* bilden die Initialen von Flatis, Luft; Aqua, Wasser; Ignis, Feuer und Terra, Erde. (Der Hegemon geht in den Süden.) Diese vier Namen ergeben wieder zwanzig Buchstaben, wie im vorigen Falle. Das Wort *Lux* wird aus den Winkeln des Kreuzes gebildet, LVX. (Er führt den Philosophus einmal herum und dann zum Hegemonen, der ihn im Süden erwartet.)

Hegemon: Es gibt sieben heilige Paläste in der Welt Briah. Der erste der Paläste ist das Allerheiligste, welches Kether, Chokmah und Binah entspricht, sowie dem Gottesnamen EL. Der zweite ist der Palast der Liebe, welcher Chesed und dem Gottesnamen MATZ-PATZ entspricht, welcher eine Temura des Tetragrammaton ist. Der dritte ist der Palast des Verdienstes, welcher Geburah und dem Gottesnamen JEHEVID (Jod, Heh, Vau, Daleth) entspricht. Der vierte ist der Palast des Wohlwollens, welcher Tiphareth und TETRAGRAMMATON entspricht. Der fünfte ist der Palast der

---

[1] Anm. d. Übers.: Dies gilt im Englischen: sulphur, mercury.

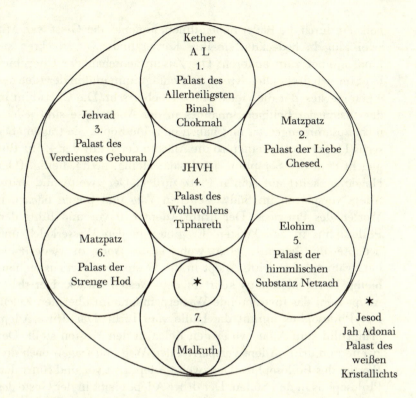

himmlischen Substanz, welcher Netzach und ELOHIM entspricht. Der sechste ist der Palast der Strenge, welcher Hod und MATZ-PATZ entspricht. Der siebte ist der Palast des weißen Kristallichts, welcher Jesod und Malkuth entspricht sowie den Gottesnamen JAH und ADONAI. Die Synthese dieser heiligen Namen aber liegt in dem Worte TAKLITH, welches Vollendung bedeutet. (Er zeigt auf eine andere Tafel im Norden.)

Die sieben heiligen Paläste

Hegemon: In der Vision Jesajas trägt der Seraph sechs Flügel: Mit zweien bedeckte er sein Gesicht, mit zweien bedeckte er seine Füße, und mit zweien flog er. Seine Zusammenschau liegt also im Hexagramm und in der Idee der 7, die insbesondere die planetare Region beherrscht. Die Cherubim Hesekiels hatten jedoch vier Antlitze, nämlich das des Löwen, des Stieres, des Menschen und des Adlers, die durch eine Drehung miteinander wechselten, symbolisiert durch die Räder neben ihnen, in denen der Geist war. Mit zwei Flügeln bedeckten sie ihre Körper und zwei streckten sie hinaus, einer zum anderen. Die Zusammenschau der Cherubim liegt im sich drehenden Kreuz, im Pentagramm und in der Idee des einen Geistes, der die vier Elemente beherrscht. Die Cherubim in der Vision des heiligen Johannes in der Apokalypse sind jedoch nicht zusammengesetzt und haben einzelne Köpfe. Sie tragen aber sechs Flügel und vereinen so die Mächte der 7 mit der 4. Ihr Ruf gleicht dem der Seraphim des Jesaja: Heilig, heilig, heilig. (Der Hegemon kehrt auf seinen Platz zurück. Der zweite und dritte Adept versperren im Südwesten den Weg und fragen nach den Worten des Practicus. Der dritte Adept tritt vor und führt den Philosophus in den Westen. Er gibt ihm den Wasserkelch und bedeutet ihm herumzugehen, wobei er die Worte zu wiederholen hat, während der dritte Adept in der Geste des Practicus stehenbleibt. Der Philosophus kehrt in den Westen zurück. Der dritte Adept zieht das invozierende Wasserpentagramm über den Kelch. Der Philosophus nimmt die Hülle vom Licht. Der dritte Adept bringt ihn zum Altar, wo er den Kelch in den Westen stellt. Der zweite und dritte Adept versperren den Weg und fragen nach den Worten des Philosophus. Der zweite Adept tritt vor und führt den Philosophus in den Süden. Der dritte Adept bleibt in der Geste des Practicus am Altar, während Hiereus und Hegemon in den Norden und Osten des Altares kommen und dort in den Gradzeichen stehen. Der zweite Adept im Süden gibt dem Philosophus Weihrauch und zieht das Kreuz darüber. Der Philosophus umkreist und wiederholt dabei die Worte eines Philosophus, während der zweite Adept in der Geste des Philosophus steht. Der Philosophus kehrt in den Süden zurück und nimmt die Hülle vom Licht. Der zweite Adept bringt ihn zum Altar und bedeutet ihm, den Weihrauch in den Süden zu legen. Er entfernt das Kreuz vom Hals des Philosophus und legt es in die Mitte zwischen die vier Elemente. Der Philosophus wird angewiesen, westlich vom Altar in der Geste des Neophyten zu stehen. Der dritte Adept steht hinter ihm, die vier Amtsträger in den Zeichen der Grade.)

Hiereus: Von der Mitte her bewegt sich der Punkt, wenn er die Linie und das Kreuz zieht, und hierin liegen die vier Elemente des Körpers des erschlagenen Osiris im Gleichgewicht.

Zweiter Adept: Möge das Kreuz des Verfalls sich auf sich selbst zurückwenden, von außen nach innen, von den vier Richtungen zur Mitte, und möge es durch Opfer und Wandlung zu einer annehmbaren Gabe werden, zu einem verherrlichten Körper. (Der Hauptadept schlägt hinter dem Schleier einmal den Gong.)

Zweiter Adept: (Zum Philosophus) Ihr werdet den Tempel nun kurze Zeit verlassen, und nach Eurer Rückkehr wird mit der Beförderungszeremonie fortgefahren. (Der Philosophus gibt die Geste des Schweigens und wird vom Hiereus hinausgeführt.)

Das Ritual des Pentagramms und der fünf Pfade

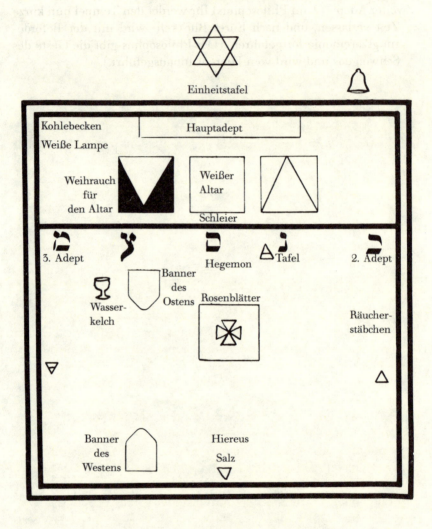

Der Tempel ist wie im Diagramm eingerichtet. Der zweite Adept sitzt im Südosten auf dem Podest. Der dritte Adept sitzt im Nordosten auf dem Podest. Der Altar steht in Jesod unter dem hängenden Pentagramm. Darauf befinden sich die vier Elementarzeichen, Weihrauch, Kelch, Rosenblätter und Salz. In der Mitte ein griechisches Kreuz aus Quadraten. Der Hegemon westlich vom Altar mit Blick nach Westen. Hiereus im Westen mit Blick nach Osten. Einlassungsabzeichen,

Lamen des Hiereus. Der Tempel ist beleuchtet wie am Ende vom ersten Teil.

Zweiter Adept, dritter Adept, Hegemon, Hiereus: (Jeder klopft einmal.) (Der Hauptadept teilt den Vorhang, zieht mit der Fackel ein Pentagramm, klopft und zieht sich wieder zurück.)
Zweiter Adept: Würdiger Hiereus, Ihr habt meine Einwilligung, den Philosophus mit dem erforderlichen Einlassungsemblem zu versehen. Unterweist ihn in den rechten Rufen und laßt ihn ein.
(Der Hiereus grüßt, schlägt das kabbalistische Kreuz und geht hinaus. Er gibt dem Philosophus das Lamen, und dieser klopft fünfmal. Der Hegemon öffnet die Tür. Der Philosophus tritt ein und schlägt das kabbalistische Kreuz. Der Hegemon kehrt auf seinen Platz zurück. Der Hiereus bringt den Philosophus in den Westen und erklärt das Diagramm von Malkuth.)
Hiereus: Hierin ist das gleicharmige Kreuz errichtet, welches über das Reich der Materie gebietet. Dieses Symbol wird sogar auf den Königsthronen dieser Erde gefunden. (Er überreicht dem Philosophus die Pforte des Tau.) Der Buchstabe Tau führt vom luftigen Viertel von Malkuth zu Jesod. Wie auf dem Planeten Erde, wo die Atmosphäre am weitesten vom Kern entfernt ist, ist die Luft in dem Symbol ganz oben. Der Buchstabe Tau bezeichnet weiterhin das Kreuz, den Einfluß des Geistes auf die Materie. Mein Lamen wird Euch als Abzeichen überreicht, denn ich bin der Herrscher in Malkuth, der Wächter gegenüber der Unterwelt. Ich bin auch der Herr des Pfades Tau, der Verbindung zwischen dem ersten und zweiten Grade, wie auch zwischen dem Äußeren und Inneren Orden. Unter der Vorherrschaft des Planeten Saturn und des Tarottrumpfes »Die Welt« führt dieser dunkle und geheimnisvolle Pfad Tau durch die Astralebene, wie Ihr im Grade des Theoricus gelernt habt. Deshalb wurdet Ihr im Ritual des 32. Pfades durch die vier Stationen der Cherubim geführt, als eine Vorahnung des Kreuzrituales, der Vollendung des Ersten Ordens, welche Ihr nun erreicht habt. Nach dem Durchschreiten des Pfades Tau, der Dunkelheit der Astralebene und des schwarzen Pfeilers steht Ihr nun fest in Jesod, so daß der schwarze Pfeiler zu einem weißen wird. (Der Hiereus nimmt das Tau weg, nachdem er den Philosophus zum Hegemonen am Altar geführt hat. Der Hegemon erhebt sich und steht zwischen Philosophus und Altar, so daß der Philosophus den Wechsel der Symbole nicht deutlich erkennen kann.)

Hegemon: Vor Euch im Osten befinden sich die fünf Pforten des 21., 24., 25., 26. und 23. Pfades. Bei all diesen läßt sich der Zahlwert des Buchstabens durch die Zahl 5 teilen, wie dies auch bei den Pfaden Jod, dem 20., und Tau, dem 32., der Fall ist. Den fünf hier sichtbaren Pfaden werden zugeordnet: Mem, Wasser; Ajin, Steinbock, ein Erdzeichen; Samekh, Schütze, ein Feuerzeichen; Nun, Skorpion, ein Wasserzeichen, im höchsten Aspekt auch ein Herrscher des Feuers; Kaph, Jupiter, der als Planet dem Geist gleicht und besonders über die geistigen Bestrebungen gebietet. Diese Planeten bedeuten also der Zahl und dem Sinne nach das gleiche wie das ewige Symbol des Pentagrammes. Dieses Symbol soll nun errichtet werden, weshalb wir über den cherubinischen Pfad des Wassermannes bis zum höchsten Punkt von Netzach fortschreiten. (Der Hegemon führt den Philosophus zum Fuße des Podestes zum zweiten Adepten vor Kaph und Nun.)

Zweiter Adept: Weshalb steht Ihr nun am Sockel der weißen Säule, der Ihr bloß ein Herr des ersten Grades seid?

Philosophus: (Auf Anweisung) Ich suche den Pfad Kaph, den Pfad des Strebens.

Hiereus: (Klopft) Seht Euch vor, denn Kühnheit ist kein Mut, Herr des ersten Grades. Gedenket der Warnung des Turmes, der vom Blitz getroffen wurde, welcher Euch in dem höchsten bisher erreichten Pfade enthüllt wurde. Wie ein Haus auf Sand gebaut nicht dauern kann, so kann die Höhe Cheseds nicht ohne die Stärke Geburahs erklommen werden. Bleibet deshalb, damit Eure Glieder nicht auf dem Rade gebrochen werden.

Zweiter Adept: Die Pforte von Kaph ist versperrt, doch ist es gut, danach zu streben, wenn es auch töricht wäre, den Versuch zu wagen. Dieser Pfad wird vom Rade des Lebens und des Todes regiert, und es ist schwer, sich aus diesem Rade zu befreien.

Philosophus: (Auf Anweisung des Hegemonen) Laßt mich nach dem Pfade Nun suchen.

Zweiter Adept: Er steht Euch offen bis zu den Grenzen Eurer Kraft. (Der Hegemon kehrt zum Altar zurück. Der zweite Adept führt den Pilosophus zum Westen, wo der Hiereus den Weg versperrt.)

Hiereus: Bleibt stehen, bei der Macht des Zerstörers Typhon und beim Tode, dem großen Wandler. (Klopft)

Zweiter Adept: Bis hierher und nicht weiter dürft Ihr in den Pfad Nun eindringen. Die Mysterien können Euch jetzt teilweise enthüllt werden. (Der zweite Adept bringt den Philosophus zum Tarottrumpf »Der Tod«.)

Zweiter Adept: Auf dem 13. Tarottrumpf sieht man ein Skelett, an welchem noch Fleischreste hängen. Auf einem Felde mäht er die frischen Pflanzen ab, die aus verwesenden Körpern heraussprießen, die darin vergraben sind und von welchen noch Teile wie Hände, Köpfe oder Füße aus dem Boden ragen. Einige Knochen sind auf der Oberfläche verstreut. Einer der Köpfe trägt eine Königskrone, ein anderer ist offenbar von einer unwichtigen Person, woran man sieht, daß der Tod alle Verhältnisse gleichmacht. Die fünf Extremitäten, Kopf, Hände und Füße, spielen auf die Zahl 5 an, den Buchstaben Heh, das Pentagramm, den verborgenen Lebensgeist und die vier Elemente, Erzeuger aller lebendigen Gestalt. Das Zeichen des Skorpiones weist besonders auf stehendes und stinkendes Wasser hin, jene Eigenschaften der feuchten Natur, die Verwesung und Verfall einleiten. Der ewige Wechsel vom Leben zum Tod und durch den Tod ins Leben wird durch das Gras versinnbildlicht, das den verwesenden Leichnamen entspringt und von diesen genährt wird. Die Pflanzen ihrerseits versorgen Menschen und Tiere mit Nahrung, welche wiederum in ihrem Tode dem pflanzlichen Leben Nahrung geben und ihm Wachstum und Vollendung bringen. Dies wird auch durch die Gestalt selbst gezeigt, die verwest und verfällt, während sie das Gras auf dem Felde mäht. Wie auch beim Menschen, dessen Tage wie das Gras sind, wie die Blumen auf dem Felde, wenn er blüht. Die Spitze der Sense bildet das Taukreuz des Lebens, worin sich zeigt, daß das Zerstörende auch erneuert. Das Ganze ist eine Darstellung der ewigen Wandlung des Lebens in der Natur, wodurch alle Dinge zu neuen Bildern und Gestalten gemacht werden. Das Symbol weist auch auf die zersetzende und zerstörende Tätigkeit des infernalischen Feuers hin, im Gegensatz zum himmlischen, auf den Wasserdrachen, den Typhon der Ägypter, den Mörder des Osiris, welcher sich später als Horus erhebt. In der älteren Form dieses Trumpfes befindet sich vor der Gestalt des Todes der Skorpion, die Schlange des Bösen, welche sich auf die vermischte und wandelnde, deshalb täuschende Natur dieses Symboles bezieht. Dahinter befindet sich das Symbol des Namenlosen, das den Samen und den Keim repräsentiert, welcher sich noch nicht zum Leben entfaltet hat und darum nicht definiert werden kann. Der Skorpion ist das Zeichen der rücksichtslosen Zerstörung. Die Schlange ist von mehrdeutigem und täuschendem Wesen, sie dient sowohl dem Guten als auch dem Bösen. Der Adler ist die höhere göttliche Natur, die darin gefunden werden kann, der alchimistische Adler der Destillation, der Erneuerer des Lebens.

Wie gesagt wird: Eure Jugend soll erneuert werden wie die Adler. Wahrlich, groß und zahlreich sind die Mysterien dieses furchtbaren Trumpfes. (Der zweite Adept und der Hiereus zeigen dem Philosophus die Gestalt des Typhon.)

Hiereus: Diese Zeichnung stellt die symbolische Gestalt Typhons, des Zerstörers, dar. Die elf Kreise sind die elf umgekehrten Sephiroth. Er steht auf der Erde und auf dem Ozean, sein Kopf verliert sich in den Wolken, ein gewaltiges Bild des Bösen und der Zerstörung. Seine Stirn zeigt die Verwirrung der widerstreitenden Elementarkräfte in den höheren Luftbereichen an, wie auch die Verwirrung des Geistes und den Wahnsinn beim Menschen. Seine Augen sind die verzehrenden Flammen der Wollust und Gewalt, sein Atem ist Sturm, Verwüstung und Gewalt, gleichermaßen im Universum, der großen Welt, und im Menschen, der kleinen Welt. Seine Arme und Hände führen die bösen Taten schnell aus, bringen die Pest und die Seuchen. Sein Herz ist die Bosheit und der Neid bei den Menschen, die Nährer des Bösen in der Atmosphäre, welche später auch durch die vielen und miteinander verbundenen Schlangen versinnbildlicht werden.

Zweiter Adept: Der 24. Pfad des Sepher Jetzirah, zu welchem der Tarottrumpf »Der Tod« gehört, wird auch als der bildhafte Geist bezeichnet, weil er allen Abbildern Gestalt gegeben hat, die seiner harmonischen und feinen Schönheit ähnlich geschaffen sind. Aus der äußeren Form leitet sich stets das verborgene Gesetz ab, und so entsteht aus dem Chaos die Harmonie, wie eine schöne Blume aus dem verwesenden Stoff hervorgeht. Kehrt nun zu Jesod zurück, denn hier darf nicht weiter gesprochen werden. (Der zweite Adept kehrt auf seinen Platz zurück. Der Philosophus geht mit dem Hegemonen zum Altar.)

Hegemon: Geht nun zur Station von Hod beim Pfade Resh, der Sonne. (Der Philosophus nähert sich dem dritten Adepten).

Dritter Adept: Ihr tragt bereits die Schärpe der schwarzen Säule und habt den dunklen Pfad Tau durchschritten. Was wollt Ihr weiter von mir, Herr des ersten Grades?

Philosophus: (Auf Anweisung des Hegemon) Ich suche den Pfad Mem, den Pfad des Opfers.

Hiereus: (Klopft) Ich warne Euch, Prahler, denn Samson zerbrach die beiden Säulen und wurde vernichtet. Könnt Ihr, der Ihr nur eine Säule habt, die Macht Deborahs ertragen? Könnt Ihr ohne das Leben Tipharets Stärke erlangen?

Dritter Adept: Die Pforte Mem ist versperrt. Doch ist es gut, opferwillig zu sein, wenn man auch noch nicht ganz bereit ist. Denn über den Pfad Mem gebietet der Gehängte, die Macht der großen Wasser. Können Eure Tränen gegen die Fluten des Meeres aufkommen, Eure Macht gegen die Wellen des Sturmes, Eure Liebe gegen das Leiden der ganzen Welt?

Philosophus: (Auf Anweisung des Hegemonen) Laßt mich nach dem Pfade Ajin suchen.

Dritter Adept: Er steht Euch bis zur Grenze eurer Kraft offen. (Der Hegemon kehrt zum Altar zurück. Der dritte Adept steigt herab und führt den Philosophus in Sonnenrichtung zum Westen. Der Hiereus geht in den Norden und versperrt ihren Weg.)

Hiereus: (Klopft) Bleibt stehen, bei der Macht des Pan und dem Bock von Mendes.

Dritter Adept: Bis hierher und nicht weiter ist es Euch gestattet, auf dem Pfade Ajin vorzudringen, dessen Mysterien Euch nun teilweise enthüllt werden. Der 15. Tarottrumpf stellt einen bocksköpfigen, satyrhaften Dämonen mit haarigen Beinen dar, dessen Füße und Klauen auf einem würfelförmigen Altar stehen. Er hat große fledermausartige Flügel. In seiner linken Hand hält er eine abwärtsweisende brennende Fackel, in seiner rechten, erhobenen Hand ein Füllhorn voll Wasser. Die linke Hand zeigt abwärts, um zu zeigen, daß es sich um die höllische und verbrennende, nicht um die himmlische und lebenspendende Flamme handelt, mit welcher diese Fackel brennt, wie bei der Sonne im Steinbock, denn diesem kalten und erdigen Zeichen entspricht der Tarottrumpf. Das Sonnenlicht ist hier am schwächsten, und die kalte und feuchte Natur triumphiert über die heiße und trockene. Der würfelförmige Altar versinnbildlicht das Universum. Zu dessen Rechter und Linker durch eine Kordel an einen Kreis gebunden, der den Mittelpunkt der Erde darstellt, befinden sich zwei kleinere Dämonen, ein männlicher und ein weiblicher. Sie halten die Kordel in ihren Händen. Die ganze Gestalt zeigt die grobe Zeugungskraft der Natur und der materiellen Ebene; sie entspricht dem Pan der Griechen und dem ägyptischen Bock von Mendes, dem Symbol Khem. In bestimmten Aspekten stellt dieser Trumpf die gewalttätigen Kräfte der Natur dar, welche für den ungläubigen Menschen das strahlende Antlitz Gottes nur verhüllen und nicht spiegeln. Außerdem spielt er auf die sexuellen Aspekte der natürlichen Zeugungskraft an. Dieser Trumpf bildet ein passendes Gleichgewicht zum Symbol des Todes auf der anderen Seite des Lebensbaumes.

Einer der kleineren Dämonen zeigt abwärts, der andere aufwärts, entsprechend der Handhaltung der zentralen Gestalt. Unter seinen Füßen befinden sich Pentagramme, auf welche er tritt (daher der Name Drudenfuß), und sein Kopf ist vom bösen und umgekehrten Pentagramm bedeckt. So wie seine Hände die Fackel und das Horn als Symbole des Feuers und des Wassers tragen, so vereinigt seine Gestalt die Erde in seinem haarigen und tierischen Körper und die Luft in seinen fledermausartigen Flügeln. Auf diese Weise repräsentiert er die groben und materialisierten Elementarkräfte der Natur. Das Ganze wäre ein böses Symbol, wäre nicht das Pentagramm des Lichts über seinem Kopf, welches seine Bewegungen regelt und führt. Er ist der ewige Erneuerer aller wechselnden Gestalten der Schöpfung in Einklang mit dem Gesetz des Allmächtigen, gesegnet sei er. Sein herrschendes Gesetz wird durch das herrschende Lichtpentagramm über dem Ganzen angezeigt.

Dieser Trumpf ist ein Zeichen gewaltiger Kraft, und seine Mysterien sind zahlreich und universell.

(Hiereus und dritter Adept gehen zum Diagramm des Pan.)

Hiereus: Diese Zeichnung stellt die symbolische Gestalt des Pan dar, des griechischen Gottes der Natur. Er steht auf dem Würfel des Universums und hält in seiner rechten Hand den Hirtenstab der ländlichen Autorität und in seiner linken die Flöte aus sieben Schilfrohren, welche die Harmonie der planetaren Sphären symbolisiert. Die neun Kreise stellen die Sephiroth mit Ausnahme von Kether dar, genau jene, die in dem Symbol auf dem Lebensbaum umfaßt sind. Sein rötliches Gesicht bedeutet die Wärme der Erde, seine Haare sind die Strahlen, der Körper enthält die Elemente, der Würfel bildet die feste Grundlage. Achtet darauf, daß der obere Teil der Gestalt menschlich ist und immer tierischer wird, je mehr er sich der Erde nähert.

Dritter Adept: Der 26. Pfad des Sepher Jetzirah, welchem der Tarottrumpf »Der Teufel« zugeordnet ist, wird als der erneuernde Geist bezeichnet, denn durch ihn erneuert Gott, der Heilige, alle Gestalten, welche durch die Schöpfung der Welt erneuert werden. Kehrt wieder nach Jesod zurück, denn hier darf nicht mehr gesagt werden. Der dritte Adept kehrt auf seinen Platz zurück, der Hiereus zum Altar, der Hegemon erhebt sich, wenn der Philosophus zum Altar kommt. Hiereus und Hegemon stehen je auf einer Seite des Philosophus im Westen des Altares mit Blick nach Osten.)

Hiereus: Ich habe Euch, oh Philosophus, den Weg als Wächter und nicht als Feind verwehrt. Nun kann Euch enthüllt werden, wie in dem Lamen meines Amtes der Schlüssel zu dem verborgen liegt, was Ihr sucht. Das Dreieck im Kreis ist nämlich das hohe Symbol der heiligen Dreiheit und der ersten drei Sephiroth, sowie von Binah, worin die Sphäre des Saturn liegt, des Gebieters über den Pfad Tau. Darum trage ich es, und darum habt Ihr, als Ihr die Halle der Neophyten im Neophytengrade betreten habt und als die Augenbinde das erste Mal gelüftet wurde, vor Euch das Schwert gesehen, welches den Weg versperrte, und das Symbol, welches die Grenze überwandt. In seiner besonderen Bedeutung für den Hiereus hat das Lamen folgenden Sinn: Im Kreise befinden sich die vier Sephiroth, Tiphareth, Netzach, Hod und Jesod. Die ersten drei bilden die Ecken des eingeschriebenen Dreiecks, während die Seiten die Pfade Nun, Ajin und Peh sind. In der Mitte steht der Buchstabe Samekh, der den 25. Pfad bezeichnet. Während das Rad sich dreht, bleibt die Nabe in Ruhe. Suchet also nach der Mitte, schaut von außen nach innen. Sehet den Schlüssel zu Eurem Pfad. (Er legt das Zeichen beiseite.)

Hegemon: Fünf Pfade liegen vor Euch, vier habt Ihr versucht, und jeder wurde durch ein unheimliches und drohendes Symbol bewacht. Denkt daran, daß Euch im Zelatorgrade gesagt worden ist, daß sich oberhalb von Malkuth drei Pfade befinden, Qoph, Shin, Tau, welche Qesheth bilden, den Bogen des Bundes. Von diesem vielfarbigen Bogen wird der Pfeil des Schützen, Samekh, von Jesod aus abgeschossen. Dieser segelt hinaus, um den Schleier zur Sonne in Tiphareth aufzuspalten. Er ist deshalb ein passendes Symbol der Hoffnung und des Strebens, denn der Herr des Zeichens Schütze ist der Jupiter, Gebieter des Kaph. Nur über diesen engen und steilen Pfeil ist also der Fortschritt zwischen den Gefahren, die Euch bedrohten, möglich. (Der dritte Adept tritt im Norden herab zum Altar.)

Dritter Adept: Der Schütze oder Bogenschütze ist ein Symbol aus zwei Körpern, ein Zentaur, die Verbindung eines Mannes und eines Pferdes. Erinnert Euch daran, was Euch beim Durchgang durch den 31. Pfad des Feuers gesagt wurde, welcher zum Grade des Practicus führte. Dort findet sich auch die Vision des feuerblitzenden Lichtwagens oder eines Kindes, welches auf den Schultern des himmlischen Hengstes getragen wird, feurig oder in Gold gekleidet oder nackt und mit einem Bogen Lichtpfeile abschießend und auf den Schultern eines Pferdes stehend. Wenn Eure Meditation andauert, sollt Ihr alle diese Symbole in der Gestalt des Löwen vereinen. Auf diese Weise werdet Ihr durch den Pfad des Schützen hinaufkommen, durch die sechste Sephirah zum Pfade Teth, welcher dem Löwen entspricht, dem verbindenden Pfade zwischen Gnade und Strenge, zwischen Chesed und Geburah, unter dessen Mitte die leuchtende Sonne von Tiphareth hängt. Deshalb schreite der Philosophus fort durch den engen und geraden Pfad des Schützen, wie der Pfeil von der Mitte des Bogens Qesheth ausgeht. Wie dieses Zeichen des Schützen zwischen dem des Skorpiones, dem Tod und dem des Steinbockes, dem Teufel, liegt, so mußte Jesus durch die Wüste gehen, versucht durch den Satan. (Der zweite Adept tritt im Süden herab zum Altar.)

Zweiter Adept: Vor Euch auf dem Altar liegen die vier Embleme des geläuterten Körpers und darüber das Symbol des Pentagrammes, während sich in der Mitte das Kreuz der vier Elemente und des Geistes aus fünf Quadraten befindet. Seid Ihr willens, in Dienst und Opfer die geläuterten Kräfte Eures Körpers darzubringen, so bindet das Kreuz um Euren Hals und haltet das Licht (gibt dem Philosophus das Licht), welches Ihr tragt, in Gebet und Opfer über die vier Zeichen. (Der Philosophus führt es aus. Alle kommen auf die Ostseite des Altares. Der Philosophus steht in der Mitte mit der Kerze und dem Kreuz um den Hals. Der zweite Adept zu seiner Rechten, der dritte Adept zur Linken, Hegemon und Hiereus hinter ihm. Jeder nimmt ein Elementarzeichen, der Hiereus Salz, der Hegemon Rosenblätter, der zweite Adept Weihrauch, der dritte Adept Wasser und der Philosophus das auf Papier geschriebene Motto.)

Zweiter Adept: Würdiger Philosophus, welches war der zusätzliche Titel, der Euch im Grade des Philosophus als eine Verbindung mit dem Zweiten Orden gegeben wurde?

Philosophus: Phrath. (Alle gehen vor zum Podest.)

Zweiter Adept: Hier, oh verborgener Wächter der Pforte zum Gewölbe, ist einer, der mit dem Worte Phrath kommt.

Hauptadept: (Schlägt unsichtbar den Gong.) Will er den Schleier öffnen, so vollendet er das Wort.

Zweiter Adept: Hier, oh verborgener Wächter der Pforte zum Gewölbe, ist einer, der mit dem Worte Phrath kommt.

Hauptadept: (Schlägt unsichtbar den Gong.) Will er den Schleier öffnen, so vollendet er das Wort.

Zweiter Adept: Würdiger Hiereus, was wißt Ihr über das Wort?

Hiereus: Tau, der Buchstabe des Saturn, der den Pfad von Malkuth nach Jesod beherrscht, ist mit der Erde verbunden.

Zweiter Adept: Würdiger Hegemon, was wißt Ihr über das Wort?

Hegemon: Resh, der Buchstabe der Sonne auf dem Pfade von Jesod nach Hod, ist auch ein Buchstabe, der mit der Herrschaft über die Luft verbunden ist, wie die Sonne die Luft in Tiphareth beherrscht.

Hauptadept: Ehrwürdiger dritter Adept, was wißt Ihr über das Wort?

Dritter Adept: Peh, der Buchstabe des Mars, des Pfades, der Hod mit Netzach verbindet, ist auch ein Buchstabe, der Verbindung zum Wasser hat, wie Mars über das Wasser gebietet, und zum Feuer, wie Mars in Geburah das Feuer beherrscht.

Zweiter Adept: In Peh verbindet Mars den Sockel der schwarzen Säule mit dem Sockel der weißen Säule. Seine Umkehrung ist der Jupiter, denn Jupiter ist der Herr des Feuers, gebietet in Chesed jedoch über das Wasser und gleicht damit Mars in Geburah aus. Der Buchstabe Jupiters ist Kaph, welcher Netzach mit Chesed verbindet; Kaph verlängert den Pfad Peh nach Chesed und ist der höchste, jetzt für Euch sichtbare Pfad. Er ist der Pfad des hohen Zieles und sein Planet Jupiter herrscht auch im Schützen. Nehmt deshalb das Licht des Höchsten als Führer. Ich enthülle Euch auf diese Weise den Buchstaben Kaph und vervollständige das Wort.

Dritter Adept: Peh (Klopft, gibt die Geste des Wassers.)

Hegemon: Resh (Klopft, gibt die Geste der Luft.)

Zweiter Adept: Kaph (Klopft, gibt die Geste des Feuers.)

Hiereus: Tau (Klopft, gibt die Geste der Erde.)

Alle: Paroketh (Alle schlagen das kabbalistische Kreuz und sprechen die Worte.)

Philosophus: (Auf Anweisung des dritten Adepten) Beim Worte Paroketh, in der Macht des Kreuzes und des Pentagrammes, fordere ich, die Pforte zum Gewölbe der Adepten zu sehen.

Hauptadept: (Schlägt unsichtbar den Gong.) Dies ist das Wort des Schleiers, des Schleiers zum Tabernakel des Tempels vor dem Allerheiligsten, des Schleiers, der auseinanderriß. Es ist der Schleier der vier Elemente des menschlichen Körpers, der auf dem Kreuz im Dienste des Menschen dargeboten wurde. (Der Hauptadept steht auf.) Bei dem Worte Phrath und beim Geiste des Dienstes und des Opfers, die herangezogen worden sind. (Der zweite und dritte Adept stehen beim Schleier, der zweite Adept zeigt dem Philosophus die Geste des Öffnens.)

Zweiter Adept: Dieses ist die Geste des Zerreißens des Schleiers; und indem Ihr so steht, bildet Ihr das Taukreuz.

(Der Philosophus gibt die Geste, der zweite und dritte Adept ziehen den Schleier zurück und enthüllen den Hauptadepten, der ebenfalls in der Geste des Tau steht, mit Szepter und weißer Lampe. Zweiter und dritter Adept und Philosophus treten auf das Podest. Wenn er dazu fähig ist, sollte der Philosophus während des Opferrituals in dieser Geste stehenbleiben. Die Lichter werden angedreht, Hiereus und Hegemon stehen hinter dem Philosophus, der sich zwischen den Pfeilern befindet; der zweite Adept im Süden, der dritte Adept im Norden.)

Hauptadept: Opfert Ihr Euch freiwillig und mit voller Absicht auf dem Altare des Geistes?

Philosophus: So ist es.

(Während sie die Worte sprechen, steigen Hiereus und Hegemon vom Podest herab, um ihre Embleme in das Becken zu werfen. Jeder Amtsträger gibt das Gradzeichen, während er dies durchführt. Der Hauptadept zieht das entsprechende Pentagramm, während er die weiße Lampe hält. Der Philosophus wirft das Motto hinein.)

Hiereus: Beim Buchstaben Tau. (Salz)

Hauptadept: Beim Buchstaben Heh. (Weihrauch)

Hegemon: Beim Buchstaben Resh. (Rosenblätter)

Hauptadept: Beim Buchstaben Vau. (Weihrauch)

Dritter Adept: Beim Buchstaben Peh. (Wasser)

Hauptadept: Beim Buchstaben Heh. (Weihrauch)

Zweiter Adept: Beim Buchstaben Kaph. (Räucherstäbchen)

Hauptadept: Beim Buchstaben Jod. (Weihrauch)

Alle: Beim Buchstaben Shin. (Der Philosophus wirft das Motto hinein.)

(Der Hauptadept zieht die Geistpentagramme über dem Ganzen und berührt dann die Brust des Philosophus mit dem ausgestreckten Szepter.)

Hauptadept: Möge dieses Opfer sein wie das Opfer Abels, welches zu Gott aufstieg. (Der Philosophus senkt seine Arme. Der Hauptadept setzt sich.)

Hauptadept: Streckt Eure linke Hand aus, um die schwarze Säule zu berühren (ausgeführt), die Säule des ersten Grades, in welchem alles noch in der Dunkelheit des Pfades Tau war. Dieses war eine Zeit der Einschränkung und des Tastens, wie durch die schwarze Schärpe gezeigt wird, das Zeichen des ersten Grades. Unter den dazugehörigen Symbolen war das Kreuz, über welches ihr meditiert, um die Mysterien des Wachstums und der Vergänglichkeit zu enthüllen.

Streckt nun Eure rechte Hand aus, um die weiße Säule zu berühren

(Ausgeführt), die Säule des zweiten Grades, worin das Feuer des Pfades Samekh ruht. Ihr Zeichen in unserem Orden ist die weiße Schärpe. Wenn Ihr so steht, befindet Ihr Euch am Punkt des Gleichgewichts, Meister der beiden, Herr des zweiten Grades, Herr des Grades zur Pforte des Gewölbes der Adepten – und in Anerkennung dessen verleihe ich Euch die weiße Schärpe des Noviziats. (Der dritte Adept legt ihm die weiße Schärpe um.) Der Griff dieses Grades ist der Griff des Ersten Ordens, wird jedoch mit der linken Hand gegeben und repräsentiert die Sephirah Chesed und die weiße Säule. Das Zeichen wird folgendermaßen gegeben: (gibt es) und symbolisiert das Auseinanderreißen des Vorhanges oder des Schleiers. Die antwortende Geste wird als Umkehrung dessen folgendermaßen gegeben: (gibt sie.) Wie bereits gesagt, ist das Paßwort Paroketh, der Schleier zum Tabernakel, und es wird buchstabenweise folgendermaßen ausgetauscht:

Hauptadept: Peh.
Philosophus: (Auf Anweisung) Resh.
Hauptadept: Kaph.
Philosophus: Tau.
Hauptadept: Weiterhin gebe ich Euch das Wort ETH, welches die Pyramide der vier Elemente im Grade 4–7 krönt und ein Symbol des Geistes ist, der das Kreuz in das Pentagramm verwandelt. Deshalb hängt diese Tafel, die als Tafel der Einheit bezeichnet wird, (zeigt auf die Tafel der Einheit) über meinem Thron. Sie verbindet die vier Tafeln in einer Tafel unter Vorherrschaft des Geistes.

Soweit seid Ihr durch die Mühe Eures Intellekts und mit Hilfe unserer Riten gekommen. Nun müßt Ihr daran arbeiten, das Pentagramm in Euch selbst zu errichten. Es sei das Pentagramm des Guten, aufrecht und ausgewogen, nicht das böse und umgekehrte Pentagramm des Bockes von Mendes. Ihr werdet auf diese Weise zu einem wahren Mikrokosmos, der den Makrokosmos spiegelt, dessen Symbol, das Hexagramm von Tiphareth, über Euch gebietet.

In einer Hinsicht gehört dieser Grad Jesod an, dem Ausgangspunkt des Novizenpfades, Schütze. Jesod ist die Sphäre von Luna, die in ihrer Fülle die Sonne von Tiphareth spiegelt. Die Zahl, die dem Mond in 2–9 gegeben wird, ist die 9, in einem eher esoterischen Sinne ist die Zahl des Mondes 5, die Zahl des Pentagrammes und des Mikrokosmos.

(Der Hauptadept erhebt sich mit Szepter und weißer Lampe. Der

zweite Adept legt die Tafel der Einheit auf dem Altar bereit. Der Hegemon legt zwei Fassungen von »Das Maß« auf den Altar in den Westen. Der Hauptadept stellt die weiße Lampe auf den Altar. Die Amtsträger legen die Elemente vor ihre entsprechende Tafel und kehren zurück, um ein Kreuz um den Altar herum zu bilden.)
Hauptadept: Diese Zeichnung stellt die ältere Fassung des 14. Tarottrumpfes dar, welche bald gegen die spätere und gewöhnlichere Form des »Maßes« ausgetauscht wurde, da diese die natürliche Symbolik des Pfades Schütze besser darstellt. Die frühere Figur wurde nicht so sehr als eine Darstellung nur dieses Pfades angesehen, sondern als eine Synthese desselben mit anderen. Die spätere Figur ist deshalb der eingeschränkteren Bedeutung angepaßt. Die ältere Fassung zeigt eine weibliche Gestalt, die mit einer Krone aus fünf Strahlen gekrönt ist, welche die fünf Prinzipien der Natur darstellen, den verborgenen Geist und die vier Elemente Erde, Luft, Wasser und Feuer. Um ihren Kopf herum ist ein Heiligenschein aus Licht, auf ihrer Brust die Sonne von Tiphareth. Die fünfstrahlige Krone spielt weiterhin auf die fünf Sephiroth Kether, Chokmah, Binah, Chesed und Geburah an. An ihren Gürtel sind ein Löwe und ein Adler gekettet, zwischen denen sich ein großer Kessel befindet, aus welchem Dampf und Rauch aufsteigen. Der Löwe repräsentiert das Feuer in Netzach, das Blut des Löwen, der Adler repräsentiert das Wasser in Hod, das Gluten (Anm. d. Übers.: Leim, Harz) des Adlers, deren Verbindung durch die Luft in Jesod gebildet wird, die das flüchtige Wasser darstellt, welches unter dem Einfluß des Feuers aus dem dampfenden Kessel aufsteigt. Die Ketten, die den Löwen und den Adler an ihren Gürtel binden, sind Symbole der Pfade Skorpion und Steinbock, wie durch den Skorpion und den Bock im Hintergrund gezeigt wird. In ihrer rechten Hand trägt sie die Fackel des Sonnenfeuers, welches das Wasser in Hod durch den feurigen Einfluß von Geburah erhebt und flüchtig werden läßt. Aus ihrer linken Hand dagegen gießt sie aus einem Kruge die Wasser in Chesed, um die Feuer in Netzach zu mäßigen und zu beruhigen. Diese letzere Fassung ist die gewöhnliche Gestalt des Maßes, die in einer engeren Form als die vorherige die besonderen Eigenschaften dieses Pfades versinnbildlicht. Sie stellt einen Engel mit dem Sonnensymbol von Tiphareth auf seiner Stirn dar und den Flügeln der luftigen und flüchtigen Natur, dabei gießt er das flüssige Feuer und das feurige Wasser aus, wodurch diese gegensätzlichen Elemente vermischt, harmonisiert und gemäßigt werden.

Ein Fuß ruht auf trockenem und vulkanischem Land, in dessen Hintergrund sich ein Vulkan befindet, von welchem eine Eruption ausgeht. Der andere Fuß steht im Wasser, von dessen Rändern frische Vegetation entspringt, welche einen starken Kontrast zum trockenen und öden Wesen des fernen Landes bildet. Auf ihrer Brust befindet sich ein Quadrat, das Symbol der Rechtschaffenheit. Die ganze Gestalt ist eine Repräsentation des schmalen und steilen Weges, von welchem es heißt, daß »nur wenige da sind, die ihn finden«, der allein zu dem höheren und verherrlichten Leben führt. In der Tat ist es schwierig, die stetige und ruhige Mitte zwischen zwei gegensätzlichen Kräften zu finden, und der Versuchungen sind viele, entweder zur Rechten oder zur Linken abzuschweifen, wo sich, denket daran, die drohenden Symbole des Todes und des Teufels befinden.

Der 25. Pfad des Sepher Jetzirah, zu welchem der Tarottrumpf »Das Maß« gehört, wird als der Geist der Bewährung bezeichnet, denn er stellt die erste Versuchung dar, mit welcher der Schöpfer alle rechtschaffenen Personen prüft. In diesem ist also die Versuchung stets gegenwärtig, zur einen oder anderen Seite abzuschweifen.

(Der zweite und dritte Adept übergeben dem Philosophus den Kelch und die rote Lampe, welcher sie in Form des Taukreuzes hält.)

Hauptadept: Ich erinnere Euch noch einmal daran, daß dieser Pfad zum wahren okkulten Wissen und praktischer Macht nur durch die Versöhnung dieser gegensätzlichen Kräfte beschritten werden kann. Allein das Gute ist mächtig, und allein die Wahrheit soll dauern. Das Böse ist bloß Schwäche, und die Macht der bösen Magie liegt allein im Kampfe der unausgewogenen Kräfte, welche schließlich denjenigen zerstören und ruinieren werden, der sich ihnen verschrieben hat. Wie es geschrieben ist: »Neige dich nicht herab, denn ein steiler Abgrund liegt unter der Erde – ein Abstieg von sieben Stufen; und darin ist der Thron einer bösen und schicksalhaften Macht errichtet. Neigt Euch nicht hinab in jene dunkle und grauenhafte Welt. Schändet nicht die strahlende Flamme mit der irdischen Schlacke der Materie. Neigt Euch nicht hinab, denn dieser Glanz ist nur ein scheinbarer, er ist nur die Stätte der Söhne des Unglücks.«

(Der zweite und dritte Adept nehmen die roten Lampen und den Kelch zurück und bringen sie zu ihren Tafeln zurück. Auf dem Altar befindet sich die weiße Lampe und die Tafel der Einheit. Der

Philosophus sitzt im Westen des Altares. Der zweite und dritte Adept kehren auf ihre Plätze zurück. Der Hiereus geht in den Norden, der Hegemon in den Süden. Der Hauptadept kehrt auf den Thron im Osten zurück, nimmt das Banner des Ostens auf sowie das Lamen des Hierophanten.)

Hauptadept: Da Ihr nun ein Herr des Pfades zur Pforte des Gewölbes der Adepten seid und den zweiten Grad betreten habt, der zum Zweiten oder Inneren Orden führt, ist es angemessen, daß Euch nun das volle Wissen über diese Zeichen gegeben wird, um Euer Verständnis der Kräfte der Amtsträger des Ersten oder Äußeren Ordens zu vervollständigen. Beide beziehen sich in der natürlichen Folge ihrer Zahlen auf die 6, welche der 5 folgt, denn aller Fortschritt geht schrittweise, allmählich und sicher. Die innere Offenbarung kommt zu manchen plötzlich, sogar in einem Augenzwinkern, manchmal aber auch nach langem Warten, nach einem langsamen und allmählichen Prozeß vom Anfang her. Doch muß die Flüssigkeit stets bis zum Sättigungspunkt vorbereitet sein.

Das Lamen des Hierophanten ist eine Zusammenschau Tiphareths, wozu passend das Passionskreuz aus sechs Quadraten gehört, welches einen auseinandergeklappten Würfel darstellt. Die beiden Farben Rot und Grün, die aktivste und die passivste, deren Verbindung die praktische Anwendung des Wissens um das Gleichgewicht darstellt, sind Symbole der Versöhnung der himmlischen Essenzen Feuer und Wasser, denn das versöhnende Gelb verbindet sich mit Grün zu Blau, welches die Komplementärfarbe zu Blau ist. Der kleine innere Kreis auf dem Kreuz spielt auf die Rose an, welche in der Symbolik der Rose und des Kreuzes unseres Ordens mit diesem Symbol in Verbindung steht.

Die Fläche des östlichen Banners ist weiß, die Farbe des Lichts und der Reinheit. Die Zahl ist wie im vorhergehenden Falle, des Passionskreuzes aus sechs Quadraten, die sechs von Tiphareth, das gelbe Kreuz des Sonnengoldes, der würfelförmige Stein, der in seiner Mitte das heilige Tau des Lebens trägt und auf welchem sich zur Gestalt des makrokosmischen Hexagrammes verbunden das rote Dreieck des Feuers und das blaue Dreieck des Wassers befinden, der Ruach Elohim und die Wasser der Schöpfung. Die sechs Ecken des Hexagrammes auf dem Lebensbaum ergeben die Planeten in der folgenden Zuordnung: Daath – Saturn; Chesed – Jupiter; Geburah – Mars; Netzach – Venus; Hod – Merkur; Jesod – Mond; in der Mitte befindet sich die Sonne Tiphareths.

Auf meiner Brust befindet sich das Symbol, welches Euch bis jetzt noch unbekannt ist, oh Herr des Pfades zur Pforte der Adepten. Es ist kein Symbol des Ordens des Golden Dawn, keines des Ersten oder Äußeren Ordens, nicht einmal eines Eures Grades. Es ist das Symbol der roten Rose und des goldenen Kreuzes, welches in sich die Mitte der 4, der 5 und der 6 vereint. Aber um seine Bedeutung ganz zu verstehen, müßt Ihr in die Gesellschaft jenes Ordens aufgenommen werden, zu dem der Golden Dawn einer der Schleier ist. Über diese Angelegenheit dürft Ihr mit niemandem unterhalb Eures Grades sprechen.

Von nun an kann die Aufnahme nicht mehr durch hervorragende intellektuelle Leistungen verdient werden, obwohl auch jene von Euch gefordert werden. Zum Zeichen, daß alles wahre Wissen aus der Gnade kommt, nicht von Rechts wegen, wird eine solche Aufnahme nicht aufgrund einer Forderung gewährt, sondern liegt im Ermessen der hochehrwürdigen Oberen des Zweiten Ordens. Außerdem muß eine Zeitspanne von neun Monaten verfließen, bevor die Pforte Euch wieder offensteht. 9 ist die Zahl des Mondes in Jesod, neun Mondmonate ist die Zeit der Reifung vor der Geburt; 5 ist die Zahl des Pentagrammes im Mikrokosmos, die esoterische Zahl des Mondes, die Zahl des Geistes und der vier Elemente, der Seele beim Eintritt in den Körper. 9 multipliziert mit 5 ergibt 45, die Zahl Jesods und die oberste Zahl des Saturnquadrates, wenn sich die Triade in den Stoff hinein ausdehnt.

Hauptadept: (Klopft) Ehrwürdige Brüder und Schwestern, helft mir, die Pforte zum Gewölbe der Adepten zu verschließen. (Alle erheben sich.) Würdiger Hiereus, stellt sicher, daß der Eingang gehörig gedeckt ist.

Hiereus: Ehrwürdiger Hauptadept, der Eingang ist gehörig gedeckt.

Hauptadept: Ehrwürdige Brüder und Schwestern, gebt das Zeichen des Neophyten, des Zelators, des Theoricus, des Practicus und des Philosophus. Gebt das Zeichen des Zerreißens des Schleiers. Gebt das Zeichen des Schließens des Schleiers. Ehrwürdiger zweiter Adept, welches ist das Wort?

Zweiter Adept: Peh.

Hauptadept: Resh.

Zweiter Adept: Kaph.

Hauptadept: Tau.

Zweiter Adept: Das gesamte Wort ist Paroketh, der Schleier vor dem Tabernakel.

Hauptadept: Kraft diese Wortes erkläre ich die Pforte zum Gewölbe der Adepten für gebührend geschlossen.

(Der Hauptadept zieht den Vorhang vor. Die Amtsträger nehmen ihre Stationen vor den Tafeln der Elemente ein. Der Hauptadept steht auf der Westseite des Altares und blickt nach Osten. Der Philosophus steht hinter ihm.)

Hauptadept: Bei der Macht des Namens Jod, Heh, Vau, Heh und bei der Macht des verborgenen Namens JEHESHUA, bei dem Symbol der Tafel der Einheit und bei dem Worte ETH, Geister der fünf Elemente, betet euren Schöpfer an.

(Bei den Worten »gehet hin« wird im folgenden jeder Amtsträger gleichzeitig das bannende Pentagramm seines eigenen Elementes vor der Tafel machen und mit dem Gradzeichen schließen.)

Hauptadept: Gehet hin in Frieden in eure Wohnstätte. Möge Frieden herrschen zwischen uns und euch, und seid stets bereit wiederzukommen, wenn ihr gerufen werdet.

Hauptadept: (Zieht das bannende Geistpentagramm und gibt die Zeichen LVX. Alle blicken nach Osten und schlagen das kabbalistische Kreuz, wobei sie gemeinsam sprechen:)

Alle: Dir, Tetragrammaton, gehöre an Malkuth, Geburah, Gedulah, bis in alle Ewigkeit, AMEN.

Hauptadept, dritter Adept, zweiter Adept, Hiereus, Hegemon: (Alle geben nacheinander das Klopfzeichen 4, 1.)

Die Zeremonie des Grades Adeptus Minor

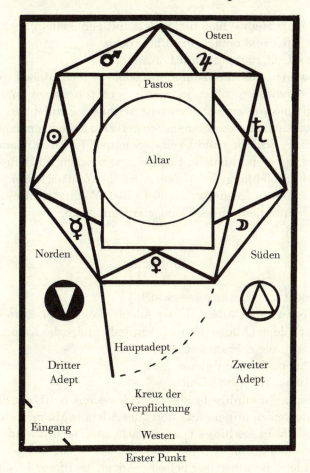

Erforderliche Amtsträger

Hauptadept 7 = 4, Barmherziger befreiter Adept (Adeptus Exemptus).
Zweiter Adept 6 = 5, Mächtiger Adeptus Major.
Dritter Adept 5 = 6, Assistierender Adeptus Minor.
Kandidat – Hodos Chamelionis.

Diese Amtsträger sollten wenigstens die genannten Grade innehaben oder höheren Grades sein. Männer und Frauen können die Ämter gleichermaßen ausfüllen. Die gewöhnlichen Teilnehmer werden als würdige Brüder und Schwestern angesprochen. Die Zeremonie wird in drei Punkte aufgeteilt.

Erforderliche Gegenstände

Roben: Hauptadept – Blau und violett, mit geflügeltem Sphärenstab.
2. Adept – Rot und orange, mit Phönixstab.
3. Adept – Gelb und pink, mit Lotusstab.
Alle tragen goldene Pantoffeln oder zu den Roben passende Schuhe. Kandidaten sollten gekreuzte Schärpen tragen, eine Erklärung und eine von zwei Oberen unterzeichnete Empfehlung. Einlassungsabzeichen; Hiereus Lamen, Schwert und Schlangendiagramm.
Schwarze Schärpe und weiße Schärpe für den Kandidaten. Schwarze Robe und Kordeln, Einlassungsabzeichen, Prüfungsbestätigung und Empfehlungen. Auf dem Altar ein Weinkelch, Kerze, Kruzifix, Kette, Dolch, Krummstab und Geißel, Weihrauch, Kreuz. Jeder Amtsträger trägt am linken Handgelenk ein Ankh.

Eröffnung

(Hauptadept klopft. Alle erheben sich.)
Hauptadept, zweiter Adept, dritter Adept: Hauptadept, dritter Adept, zweiter Adept: (Alle geben in dieser Reihenfolge das Klopfzeichen.)
Hauptadept: Avete, Fratres et Sorores.
Zweiter Adept: Roseae Rubeae.
Dritter Adept: Et Aureae Crucis.
Hauptadept: Ehrwürdige Brüder und Schwestern, helft mir, die Gruft der Adepten zu öffnen. Assistierender Adeptus Minor, stellt sicher, daß die Pforte geschlossen und bewacht ist. (Der dritte Adept führt dies aus und grüßt.)
Dritter Adept: Barmherziger befreiter Adept, die Pforte des Gewölbes ist geschlossen und bewacht.
Hauptadept: Mächtiger Adeptus Major, in welchem Zeichen habt Ihr das Portal betreten?
Zweiter Adept: Im Zeichen des Aufreißens des Schleiers (gibt es).
Hauptadept: Assistierender Adeptus Minor, in welchem Zeichen habt Ihr das Portal geschlossen?
Dritter Adept: Im Zeichen des Schließens des Schleiers (gibt es).
Zweiter Adept: PEH.
Dritter Adept: RESH.
Zweiter Adept: KAPH.
Dritter Adept: TAU.
Zweiter Adept: PAROKETH.

Dritter Adept: Welches der Schleier des Sanctum Sanctorum ist.
Hauptadept: Mächtiger Adeptus Major, welches ist die mystische Zahl dieses Grades?
Zweiter Adept: 21.
Hauptadept: Welches ist das daraus gebildete Paßwort?
Dritter Adept: ALEPH.
Hauptadept: HEH.
Dritter Adept: JOD.
Hauptadept: HEH.
Dritter Adept: EHEIEH.
Hauptadept: Mächtiger Adeptus Major, was ist das Gewölbe des Adepten?
Zweiter Adept: Die symbolische Grabstätte unseres Gründers Christian Rosenkreutz, welche als eine Darstellung des Universums gebildet ist.
Hauptadept: Assistierender Adeptus Minor, in welchem Teil desselben ist er begraben?
Dritter Adept: In der Mitte zwischen den heptagonalen Seiten und unter dem Altar mit dem Kopf nach Osten.
Hauptadept: Mächtiger Adeptus Major, warum in der Mitte?
Zweiter Adept: Weil das der Punkt vollendeten Gleichgewichts ist.
Hauptadept: Assistierender Adeptus Minor, was bedeutet der mystische Name unseres Gründers?
Dritter Adept: Die Rose und das Kreuz Christi, die nie verbleichende Rose der Schöpfung, das unsterbliche Kreuz des Lichts.
Hauptadept: Mächtiger Adeptus Major, wie wurde das Gewölbe von unseren früheren Brüdern und Schwestern genannt?
Zweiter Adept: Die Gruft des Osiris Onnophris, des Gerechtfertigten.
Hauptadept: Assistierender Adeptus Minor, welche Form hatte das Gewölbe?
Dritter Adept: Es bestand aus einem gleichseitigen Heptagon, einer Figur mit sieben Seiten.
Hauptadept: Mächtiger Adeptus Major, worauf deuten diese sieben Seiten hin?
Zweiter Adept: Die niederen Sephiroth sind sieben, die Paläste sind sieben, die Tage der Schöpfung sind sieben, sieben in die Höhe nach oben, sieben in die Tiefe nach unten.
Hauptadept: Assistierender Adeptus Minor, wo befindet sich das Gewölbe symbolisch?
Dritter Adept: In der Mitte der Erde im Berg der Höhlen, in dem mystischen Berg von Abiegnus.

Hauptadept: Mächtiger Adeptus Minor, was ist die Bedeutung des Titels Abiegnus?

Dritter Adept: Es ist Abi-agnus, das Lamm des Vaters. Durch eine Buchstabenverschiebung ergibt sich Abi-genos: vom Vater geboren oder Bia-genos: die Stärke unserer Rasse. Und diese vier Worte bilden den Satz: Berg des Lammes des Vaters und Stärke unserer Rasse. IAO. JEHESHUAH. Dieses sind die Worte! (Alle grüßen im Zeichen 5 = 6.)

Hauptadept: Mächtiger Adeptus Major, welches ist der Schlüssel zu diesem Gewölbe?

Zweiter Adept: Die Rose und das Kreuz, welche das Leben der Natur in sich fassen und die Kräfte, die im Worte I.N.R.I. verborgen sind.

Hauptadept: Assistierender Adeptus Minor, welches ist das Emblem, das wir in unserer linken Hand tragen?

Dritter Adept: Es ist die Form der Rose und des Kreuzes, das uralte Crux Ansata, das Ankh oder ägyptische Lebenssymbol.

Hauptadept: Mächtiger Adeptus Major, was ist seine Bedeutung?

Zweiter Adept: Es stellt die Kräfte der zehn Sephiroth in der Natur dar, eingeteilt in eine Hexade und eine Tetrade. Das Oval umfaßt die ersten sechs Sephiroth und das Taukreuz die niederen vier, entsprechend den vier Elementen.

Hauptadept: Assistierender Adeptus Minor, was ist es für ein Emblem, das ich auf meiner Brust trage?

Dritter Adept: Das vollständige Symbol des Rosenkreuzes.

Hauptadept: Mächtiger Adeptus Major, was ist seine Bedeutung?

Zweiter Adept: Es ist der Schlüssel der Sigille und Rituale und repräsentiert die Kraft der 22 Buchstaben in der Natur, die in eine 3, eine 7 und eine 12 eingeteilt sind. Ihre Mysterien sind viele und große.

Hauptadept: Assistierender Adeptus Minor, was ist der Stab, den Ihr tragt?

Dritter Adept: Ein einfacher Stab in den Farben der zwölf Tierkreiszeichen, gekrönt mit der Lotusblume der Isis. Er symbolisiert die Entwicklung der Schöpfung.

Hauptadept: Mächtiger Adeptus Major, Euer Stab und seine Bedeutung?

Hauptadept: Ein Stab, der im Symbol der Zweiheit endet und mit dem Taukreuz des Lebens gekrönt ist oder dem Phönixkopf, welcher dem Osiris heilig ist. Die sieben Farben zwischen Licht und Dunkelheit sind den Planeten zugeordnet. Er symbolisiert Wiedergeburt und Auferstehung vom Tode.

Hauptadept: Mein Stab wird vom geflügelten Globus gekrönt, um welchen herum sich die beiden ägyptischen Schlangen winden. Er symbolisiert die ausgeglichenen Kräfte des Geistes und der vier Elemente unter den ewigen Schwingen des Heiligen. Assistierender Adeptus Minor, welche Worte sind in der Tür des Gewölbes eingeschrieben, und wie ist sie bewacht?
Dritter Adept: Post Centum Viginti Annos Patebo. Nach 120 Jahren werde ich mich öffnen. Das Tor ist bewacht durch die Tafeln der Elemente und die cherubinischen Zeichen.
Hauptadept: Die 120 Jahre beziehen sich symbolisch auf die 5 Grade des Ersten Ordens und den Umlauf der Kraft des Pentagrammes, also die fünf vorbereitenden Prüfungen dieses Grades. Es steht geschrieben: Seine Tage sollen 120 Jahre währen. 120 durch 5 dividiert ergibt 24, die Zahl der Stunden eines Tages und die Zahl der Throne der Ältesten in der Apokalypse. 120 ist auch die Zahl, die sich durch zehn Sephiroth multipliziert mit den Tierkreiszeichen ergibt, deren Schlüssel in der Tätigkeit des Geistes und der Elemente liegt, die durch den Stab dargestellt werden, den ich trage. (Alle blicken nach Osten. Der Hauptadept öffnet die Tür weit, geht nach Osten zum Kopfe des Pastos des C.R.C. und blickt nach Westen. Der zweite tritt ein und geht in den Süden mit Blick nach Norden. Der dritte tritt ein und geht nach Norden mit Blick nach Süden. Die anderen Teilnehmer bleiben draußen, aber Hodos darf das Gewölbe betreten, um die vierte Seite zu bilden, indem er die Zeichen gibt. Die drei Amtsträger erheben ihre Stäbe zu einer Pyramide über dem Altar, dabei berühren die Stäbe unten die Kreuze.)
Zerlegen wir das Schlüsselwort. I.
Zweiter Adept: N.
Dritter Adept: R.
Alle: I.
Hauptadept: JOD.
Zweiter Adept: NUN.
Dritter Adept: RESH.
Alle: JOD.
Hauptadept: Jungfrau, Isis, mächtige Mutter.
Zweiter Adept: Skorpion, Apophis, Zerstörer.
Dritter Adept: Sonne, Osiris, erschlagen und wiedererstanden.
Alle: Isis, Apophis, Osiris – I.A.O. (Sie nehmen die Stäbe und Kreuze wieder voneinander und geben das Kreuzzeichen.)
Alle: Die Geste des erschlagenen Osiris.

Hauptadept: L – Die Geste der trauernden Isis (mit gesenktem Kopf).
Zweiter Adept: V – Die Geste Typhons und des Apophis (mit erhobenem Kopf).
Dritter Adept: X – Das Zeichen des erstandenen Osiris (mit gesenktem Kopf).
Alle: LVX (Lux), das Licht des Kreuzes. (Grußzeichen mit gesenktem Kopf. Alle verlassen die Gruft und kehren auf ihre vorherigen Plätze zurück.)
Hauptadept: Beim großen Wort JEHESHUAH, beim Schlüsselwort I.N.R.I. und durch das verborgene Wort LVX habe ich die Gruft der Adepten geöffnet. (Alle geben das LVX-Zeichen.)

Erster Punkt

(Das Grab ist wie zuvor vorbereitet, aber geschlossen, die Vorhänge sind vorgezogen. Der Hauptadept selbst ist nicht zu sehen; der zweite Adept ist der erste Amtsträger; der dritte assistierende Adept; der einführende Adept – Hodos Chamelionis.)

Zweiter Adept: Ehrwürdige Brüder und Schwestern, unser würdiger Frater XYZ, Herr des 24., 25. und 26. Pfades der Pforte zum Gewölbe der Adepten ist ein Kandidat für die Aufnahme in den Zweiten Orden und wartet draußen. Ehrwürdiger Frater Hodos Chamelionis, bereitet den Anwärter vor und seid sein Begleiter. Assistierender Adeptus Minor, bewacht die hiesige Seite des Portales und laßt sie in gebührender Form ein. (Der Anwärter wird vorbereitet, indem man ihn die Portal-Schärpe über der des Philosophusgrades tragen läßt. Er trägt das Lamen des Hiereus und eine Empfehlung der Oberen seines Tempels, ein Zertifikat für das Durchlaufen der erforderlichen Prüfungen und eine geschriebene Ansprache.)
Dritter Adept: (Er öffnet die Tür.) Wen bringt Ihr mit hierher?
Anwärter: (Laut und fest) Höret alle, daß ich, der würdige Frater XYZ vor euch stehe als ein Mitglied des Philosophusgrades des Ersten Ordens, des höchsten Grades des Äußeren Golden Dawn, eines Philosophus, qualifiziert, den wichtigen Posten eines Hiereus im Tempel des Ersten Ordens auszufüllen, einer, der die 5 Prüfungen durchlaufen hat, die zwischen dem Ersten und Zweiten Orden vorgeschrieben sind, und der als Herr des 24., 25. und 26. Pfades in der Pforte der Adepten bezeichnet werden kann. Ich trage eine

schriftliche Empfehlung der Oberen meines Tempels, die meine Qualifikation bestätigen sowie meine Ehrenhaftigkeit und Treue, wie auch das Durchlaufen der pentagonalen Prüfung. Kraft dieser Ehren und Würden komme ich nun, meine Aufnahme zu fordern und meine Anerkennung als ein Adeptus Minor des Zweiten Ordens.

Zweiter Adept: Oh Anwärter! Es steht geschrieben, daß derjenige, der sich selbst erhöht, erniedrigt werden wird, wer sich selbst aber demütigt, der soll erhöht werden, und daß die Armen im Geiste gesegnet seien, denn ihrer ist das Königreich der Himmel. Durch eine Erklärung Eurer Ehren und Würden, wie groß sie auch seien, könnt Ihr keinen Einlaß in das Grab der Adepten der roten Rose und des goldenen Kreuzes finden, sondern nur durch Demut und Reinheit des Geistes, welche dem Anwärter zu höheren Dingen anstehen. Assistierender Adeptus Minor, bringt mir die Empfehlung und die Bestätigung, welche er trägt, und testet seine Kenntnisse, bevor er wegen der Sünde seiner Anmaßung und des spirituellen Stolzes zurückgewiesen wird.

Dritter Adept: Ihr kennt die Anordnung der zehn Sephiroth auf dem Lebensbaum. Welche symbolische Waffe bildet ihre natürliche Reihenfolge? (Der Anwärter antwortet ohne Anweisung.)

Dritter Adept: Und welches symbolische Geschöpf wird durch die natürliche Abfolge der Pfade gezeichnet? (Der Anwärter antwortet ohne Anweisung.)

Zweiter Adept: Oh Anwärter, möge Euch dies ein Zeichen sein, denn das Flammenschwert und die Schlange der Weisheit seien die Symbole, welche Eure Aufnahme bewirken. Kehrt also zurück und entledigt Euch dieser Ornamente. Sie sind nicht demütig genug, Euch zur Aufnahme zu berechtigen. Ehrwürdiger Frater Hodos Chamelionis, kleidet ihn in die schwarze Robe der Trauer. Bindet seine Hände auf seinen Rücken als Symbol der bindenden Kraft seiner Verpflichtungen und legt ihm eine Kette um den Hals als ein Zeichen der Reue und Demut.

Hodos: Mächtiger Adeptus Major, so soll es geschehen. (Hodos Chamelionis grüßt und zieht sich mit dem Anwärter zurück, nimmt diesem alle Ornamente ab und bringt ihn in einfacher, schwarzer Robe zum Tor zurück, gebunden und das Diagramm des Schwertes und der Schlange tragend. Er klopft sanft. Der dritte Adept öffnet das Tor und spricht:)

Dritter Adept: Kraft welchen Symboles sucht Ihr Einlaß?

Hodos: (Zeigt das Diagramm.) Kraft des Flammenschwertes und der

Schlange der Weisheit. (Der Dritte nimmt das Abzeichen, läßt sie ein und schließt wieder die Tür.)
Zweiter Adept: Wen bringt Ihr hierher?
Hodos: Mächtiger Adeptus Major, ich bringe Euch jemanden, der die Prüfung der Demütigung durchgestanden hat und sich in Bescheidenheit nach der Einlassung in das Grab des mystischen Berges sehnt.
Zweiter Adept: Laßt dem Anwärter helfen niederzuknien. (Der Anwärter wird zur verhangenen Tür des Grabes zwischen dem dritten Adepten und dem Hodos Chamelionis gebracht. Alle blicken nach Osten und knien nieder.)
Zweiter Adept: Von deiner Hand, oh Herr, geht alles Gute aus. Mit deinem Finger hast du die Zeichen in der Natur gezogen; doch niemand kann sie lesen, der nicht in deiner Schule gelehrt wurde. Wie die Diener auf die Hände ihrer Meister schauen und die Mägde auf die ihrer Herrinnen, so schauen deshalb unsere Augen auf dich, denn du allein bist unsere Hilfe. Oh Herr, unser Gott, wer könnte dich nicht rühmen? Wer wollte dich nicht preisen?
Von dir kommt alles, und alles gehöret dir. Ob deine Liebe oder dein Zorn, alles kehrt wieder. Du kannst nichts verlieren, denn alles wendet sich wieder zu deinem Ruhme und deiner Majestät zurück. Du allein bist Herr, und niemand ist neben dir. Mit deinem mächtigen Arm tust du, was du willst, und nichts kann vor dir fliehen. Du allein hilfst den Demütigen in ihrer Not, den Sanftmütigen und den Armen, die sich dir unterwerfen. Wer sich vor dir niederwirft in Staub und Asche, dem bist du wohlgesonnen. Wer wollte dich nicht preisen, Herr des Universums, dem nichts gleichen kann, dessen Stätte im Himmel ist und in jedem tugendhaften und gottesfürchtigen Herzen?
Oh allgegenwärtiger Gott, du bist in allen Dingen. Dein Selbst ist aus dem Nichts, denn wie sonst könnte ich dich nennen? In mir selbst bin ich nichts. In dir bin ich ein Selbst und existiere in deiner Selbstheit aus dem Nichts. Lebe du in mir, und bringe mich zu dem Selbst, welches in dir ist. Amen. Die Hände des Anwärters werden entfesselt. (Dies wird ausgeführt, der Anwärter bleibt kniend. Die Amtsträger erheben sich.)
Dritter Adept: Glaubet nicht, Anwärter, daß diese Prüfung der Demut, welche Ihr durchlaufen habt, angeordnet wurde, um mit Euren Gefühlen zu spielen. Ein solches Ansinnen wäre uns fern. Euch sollte dadurch gezeigt werden, daß der wirklich weise Mensch in seinen eigenen Augen gering ist, wie groß seine Errungenschaf-

ten dem Unwissenden auch erscheinen mögen, und daß auch die höchsten intellektuellen Errungenschaften vor den Augen des Herrn des Universums nichts sind, denn er blickt in unser Herz. Wie geschrieben steht: Wenn ich an die Himmel denke, die Arbeit deiner Hände, den Mond und die Sterne, welche du einsetztest, was ist dann der Mensch vor dir, daß du an ihn denkst, oder der Sohn des Menschen, daß du ihn besuchtest? Und könntest du dich auch zu der Höhe eines Gottes auf dieser Erde erheben, wie klein und unbedeutend wärest du noch in der Gegenwart des allmächtigen Gottes.

Zweiter Adept: Erhebe dich dann, oh Anwärter der roten Rose und des goldenen Kreuzes. Erhebet Euch, verherrlicht durch das Leiden, erhebet Euch, gereinigt durch die Demut. (Der Anwärter erhebt sich.)

Zweiter Adept: Verachtet die Traurigkeit nicht und hasset nicht das Leiden, denn diese sind die Initiatoren des Herzens. Die schwarze Robe der Trauer, welche Ihr tragt, ist zugleich Symbol der Trauer wie auch der Stärke. Brüstet Euch nicht vor Eurem Bruder, wenn er gefallen ist, denn wie könnt Ihr wissen, ob Ihr der gleichen Versuchung widerstanden hättet. Lästert nicht und schmäht nicht. Wenn Ihr nicht loben könnt, dann verdammt nicht. Seht Ihr einen anderen in Schwierigkeiten und in Demütigung, und sei es auch Euer Feind, so denkt an die Zeiten Eurer eigenen Demütigung, als Ihr vor dem Tore des Grabes knietet, in die Robe der Trauer gekleidet, mit der Kette der Bedrängnis um Euren Hals, als Eure Hände hinter Eurem Rücken gebunden waren, und erfreut Euch nicht an seinem Fall. Eure Hand, die in Eurer Beziehung zu Mitgliedern des Ordens einem anderen gegeben wird, sei ein ernsthafter und echter Ausdruck der Brüderlichkeit. Achtet seine oder ihre Geheimnisse und Gefühle, wie Ihr Eure eigenen achten würdet. Ertragt Euch und vergebt einander, wie der Meister es gesagt hat. Ehrwürdiger Frater Hodos Chamelionis, welches ist das symbolische Alter des Anwärters?

Hodos: Seine Tage dauern 120 Jahre.

Zweiter Adept: Wie geschrieben steht: Mein Geist wird nicht immer mit dem Menschen streiten, denn er ist auch Fleisch, doch seine Tage währen 120 Jahre. Assistierender Adeptus Minor, welches ist die Entsprechung zu diesen 120 Jahren des symbolischen Alters des Anwärters?

Dritter Adept: Es bezieht sich auf die fünf Grade des Ersten Ordens, welche der Anwärter durchlaufen haben muß, bevor er das Grab des heiligen Berges betreten kann, denn die dreimonatige Phase zwischen dem Grade des Practicus und des Philosophus sind die Herrschaft der Elemente; und die sieben Monate zwischen dem Philosophus und der Pforte symbolisieren die Herrschaft der Planeten; da die Elemente und Planeten beide im Tierkreis tätig sind, ergibt sich aus 3 plus 7 mal 12 die Zahl 120.

Zweiter Adept: Oh Anwärter, bevor Ihr das Grab der Adepten der roten Rose und des goldenen Kreuzes betreten könnt, müßt Ihr eine feierliche Verpflichtung der Geheimhaltung, der Treue, der Brüderlichkeit und der Gerechtigkeit ablegen. Aber wie bei allen früheren Verpflichtungen ist darin nichts enthalten, was Euren bürgerlichen, moralischen oder religiösen Pflichten zuwiderliefe. Seid Ihr bereit, einen solchen Eid zu leisten?

Anwärter: Ich bin es.

Zweiter Adept: Der Anwärter werde an das Kreuz des Leidens gebunden. (Der Anwärter wird zum Kreuz geführt, seine Hände werden durch die Schlingen gesteckt, und Kordeln werden um seinen Leib und seine Füße gebunden. Auf jeder Seite stehen zwei Adepten, ihn zu unterstützen. Der dritte Adept nimmt seinen Platz ein, bereit, dem zweiten Adepten, der vor dem Anwärter steht und ihn anschaut, Kelch und Dolch zu reichen. Der zweite Adept hält das Rosen-Kruzifix vor den Anwärter und spricht:)

Zweiter Adept: Das Symbol des Leidens ist das Symbol der Stärke. Versucht also, gebunden wie Ihr seid, dieses heilige Symbol in Euren Händen zu erheben, denn wer sich nicht bemüht, wird es nicht erreichen. (Der Anwärter nimmt das Kruzifix in beide Hände, die Stricke geben hinreichend nach, um ihm dies zu ermöglichen.)

Zweiter Adept: Ich rufe dich an, großer Racheengel HUA, bei dem Gottesnamen IAO, daß du unsichtbar zum Zeugnis seines Eides deine Hand auf den Kopf dieses Anwärters legst. (Der zweite Adept erhebt seine Hände hoch, die Kraft zu invozieren. Er senkt sie dann wieder und nimmt das Kruzifix, welches der dritte Adept wieder auf den Altar legt. Der Anwärter wird nun fester an das Kreuz gebunden.)

Zweiter Adept: Sprecht mir Euren sakramentalen Namen nach und sagt:

Verpflichtung

Kether: Ich, (Frater XYZ), Mitglied des Leibes Christi, binde mich an diesem Tage geistig, wie ich jetzt körperlich an das Kreuz des Leidens gebunden bin.

Chokmah: Daß ich ein äußerst reines und selbstloses Leben führen werde und mich als ein treuer und ergebener Diener dieses Ordens erweise.

Binah: Daß ich alle Angelegenheiten dieses Ordens sowie seine Geheimnisse vor der Welt geheimhalte, wie auch vor jedem Mitglied des Ersten Ordens des Golden Dawn und vor nichteingeweihten Personen, und daß ich den Schleier der strengen Geheimhaltung zwischen dem Ersten und Zweiten Orden wahren werde.

Chesed: Daß ich die Autorität der Oberen des Ordens bis zum Äußersten anerkennen werde und daß ich kein Mitglied des Ersten Ordens initiieren oder fördern werde, weder heimlich noch offen im Tempel, ohne die gebührende Ermächtigung und Erlaubnis zu haben; daß ich keinen Kandidaten zur Aufnahme in den Ersten Orden empfehlen werde, ohne zu dem sicheren Urteil gekommen zu sein, daß er oder sie solcher großen Ehrung und solchen Vertrauens würdig ist, und auch keinen Menschen dazu drängen werde, ein Kandidat zu werden, daß ich alle Prüfungen der Mitglieder niederer Grade ohne Befürchtungen oder Begünstigung in irgendeiner Richtung überwachen werde, so daß der hohe Wissensstand nicht durch meine Mithilfe herabgezogen wird. Ich bemühe mich weiterhin, darauf zu achten, daß die notwendigen Phasen zwischen dem Grade des Practicus und des Philosophus und zwischen diesem und dem Grade der Pforte wenn möglich beibehalten werden.

Geburah: Außerdem, daß ich alle praktischen Arbeiten in Verbindung mit diesem Orden an einem Ort durchführen werde, der vor dem Blick der äußeren und uneingeweihten Welt verborgen und abgeschieden ist, daß ich unsere magischen Werkzeuge nicht zeigen werde, noch ihre Benutzung enthüllen, sondern dieses innere Rosenkreuzerwissen geheimhalten, wie es auch durch die Jahrhunderte hindurch als Geheimnis bewahrt wurde; daß ich keinen Talisman und kein Symbol in den blitzenden Farben für Uneingeweihte herstellen werde, ohne die besondere Erlaubnis der Oberen des Ordens zu haben. Daß ich vor Ungeweihten nur praktische Magie durchführen werde, die von einfacher und bereits bekannter Natur ist, und daß ich ihnen keinesfalls geheime Arbeitsweisen eröffnen werde, vor ihnen streng unsere Arbeitsweise mit dem Tarot und anderer Divination verberge, der Hellsicht und der Astralprojektion, der Weihung von Talismanen und Symbolen, der Pentagramm- und Hexagrammrituale, und ganz besonders den Gebrauch und die Zuordnung der blitzenden Farben und die Vibrationsmethode des Aussprechens der göttlichen Namen.

Tiphareth: Weiterhin schwöre und verspreche ich, daß ich mich mit göttlicher Einwilligung von heute an dem großen Werk widmen werde, welches darin besteht, mein spirituelles Wesen zu läutern und zu erheben, so daß ich im Laufe der Zeit mit göttlicher Hilfe mehr als menschlich bin, mich allmählich erhebe und mich mit dem höheren und göttlichen Genius vereine, und daß ich in diesem Falle die mir anvertraute große Macht nicht mißbrauchen werde.

Netzach: Weiterhin schwöre ich feierlich, niemals mit einem wichtigen Symbol zu arbeiten, ohne zuvor die höchsten Gottesnamen anzurufen, die damit verbunden sind, und besonders nicht mein Wissen um die praktische Magie für böse und selbstsüchtige Zwecke zu erniedrigen, für niederen materiellen Vorteil oder Vergnügen. Sollte ich dies dennoch tun, meinem Eide zuwider, so rufe ich den Racheengel HUA an, daß das Böse und Materielle auf mich zurückfalle.

Hod: Weiterhin verspreche ich, die Zulassung beider Geschlechter in unseren Orden in völliger Gleichheit zu unterstützen; und daß ich immer brüderliche Liebe und Fürsorge allen Mitgliedern des ganzen Ordens gegenüber beweisen werde, daß ich weder lästern, noch verleumden, noch Gerüchte weitersagen werde, wodurch Streit und Unbehagen erzeugt werden könnten.

Jesod: Ich werde mich bemühen, ohne Hilfestellung die Themen zu bearbeiten, deren Studium in den verschiedenen praktischen Graden vom Zelator Adeptus Minor zum Adept Adeptus Minor vorgeschrieben sind, sonst droht mir die Strafe, zu einem Herrn der Pfade der Pforte degradiert zu werden.

Malkuth: Wenn ich auf meinen Reisen einen Fremden treffen werde, der vorgibt, ein Mitglied des Rosenkreuzerordens zu sein, so werde ich ihn sorgfältig prüfen, bevor ich ihn als solchen anerkenne.

Dieses sind die Worte meines Eides als ein Adeptus Minor, zu welchem ich mich in der Gegenwart des Göttlichen und des großen Racheengels HUA verpflichte, und möge, wenn ich darin versage, die Rose zerfallen und meine magische Macht schwinden. (Der dritte Adept gibt den Dolch an den zweiten und hält ihm den Kelch bereit. Der zweite Adept taucht den Dolch in den Wein und zieht das Kreuz auf den Anwärter: auf die Stirn, die Füße, die rechte Hand und die linke Hand, sowie auf das Herz und spricht:)

Zweiter Adept: (Für die Stirn) Es sind drei, die im Himmel Zeugnis ablegen: der Vater, das Wort und der Heilige Geist, und diese drei sind eins.

(Für die Füße) Es sind drei, die auf der Erde Zeugnis ablegen: der Geist, das Wasser und das Blut, und diese drei stimmen in einem überein.

(Bei der rechten Hand) Und wenn Ihr nicht aus Wasser und Geist wiedergeboren werdet, könnt Ihr das Königreich des Himmels nicht betreten.

(Bei der linken Hand) Wenn Ihr mit Christus gekreuzigt werdet, so werdet Ihr auch mit ihm herrschen. (Schweigend zieht er das Kreuz auf das Herz. Dann sagt er:)

Zweiter Adept: Löset den Anwärter vom Kreuz des Leidens, wie geschrieben steht, daß derjenige, der sich erniedrigt, erhöht werden wird. Ehrwürdiger Frater Hodos Chamelionis, nehmt dem Anwärter die Kette der Demütigung und die Robe der Trauer ab, und verseht ihn wieder mit den gekreuzten Schärpen. (Dies wird ausgeführt.)

Dritter Adept: Höret nun, Anwärter, daß die Mysterien der Rose und des Kreuzes schon seit unvordenklichen Zeiten existiert haben, daß diese Riten ausgeführt und diese Weisheiten gelehrt wurden in Ägypten, in Eleusis, in Samothrake, in Persien, Chaldea und in Indien, und in viel älteren Ländern. Die Geschichte der Einführung dieses Mysteriums in das mittelalterliche Europa ist uns so überliefert:

Der Obere und Begründer unserer Bruderschaft in Europa wurde im Jahre 1378 geboren. Er stammte aus einer adeligen deutschen Familie, war aber arm und wurde in seinem fünften Lebensjahre in ein Kloster gegeben, wo er Griechisch und Latein lernte. Noch in seiner Jugend begleitete er einen gewissen Bruder P.A.L. auf einer Pilgerschaft in das Heilige Land. Letzterer starb jedoch in Zypern, und er wanderte weiter nach Damaskus. In Arabien gab es zu dieser Zeit einen Tempel des Ordens, der auf Hebräisch »Damkar« hieß, das heißt: das Blut des Lammes. Dort wurde er gebührend initiiert und nahm den mystischen Namen Christian Rosenkreutz an. Er erweiterte dann seine Kenntnis der arabischen Sprache, so daß er im darauffolgenden Jahr das Buch »M« ins Lateinische übersetzte, welches er später nach Europa zurückbrachte. Nach drei Jahren ging er nach Ägypten, wo sich ein anderer Tempel dieses

Ordens befand. Dort blieb er eine Zeitlang und studierte weiterhin die Mysterien der Natur. Danach machte er eine Seereise zur Stadt Fessa, wo er im dortigen Tempel empfangen wurde, und er erlernte dort das Wissen und die Bekanntschaft mit den Bewohnern der Elemente, die ihm viele ihrer Geheimnisse enthüllten.

Er sagt von der Bruderschaft, daß er ihre Weisheit nicht in der ursprünglichen Reinheit empfangen konnte und daß ihre Kabbala in gewissem Ausmaße ihrer Religion angepaßt worden war. Dennoch lernte er dort sehr viel. Nach einem zweijährigen Aufenthalt kam er nach Spanien, wo er sich darum bemühte, die Fehler der Gelehrten gemäß dem reinen Wissen zu korrigieren, welches er erlangt hatte. Jene aber lachten nur über ihn, und sie schmähten und wiesen ihn zurück, wie auch die alten Propheten fortgewiesen wurden. So wurde er auch von seinem eigenen und von anderen Völkern behandelt, wenn er auf die Fehler hinwies, die sich in ihre Religionen eingeschlichen hatten. Darum initiierte er nach fünf Jahren Aufenthalt in Deutschland drei seiner früheren Mönchsbrüder, Fratres G.W., I.A. und I.O., die viel größeres Wissen besaßen als viele andere in jener Zeit. Von diesen vieren wurde dann die Bruderschaft in Europa gegründet.

Sie studierten und arbeiteten an den Schriften und anderem Wissen, welches C.R.C. mitgebracht hatte, übertrugen die magische Sprache (jene der Tafeln der Elemente) und fertigten ein Lexikon derselben an. Auch die Rituale und ein Teil des Buches »M« wurden übertragen. Der wahre Orden des Rosenkreuzes reicht nämlich hinab in die Tiefen und hinauf in die Höhen, sogar bis zum Throne Gottes selbst und umfaßt Erzengel, Engel und Geister. Diese vier Brüder errichteten also ein Gebäude, das als Tempel und Hauptquartier des Ordens dienen sollte, und sie nannten es Collegium ad Spiritum Sanctum, Schule des Heiligen Geistes. Dies wurde fertiggestellt, und die Arbeit, den Orden aufzubauen, war sehr schwer, weil sie viel Zeit der Heilung von Kranken und Besessenen widmeten, die zu ihnen kamen. Sie initiierten vier andere, nämlich Fratres R.C. (den Sohn des Bruders des verstorbenen Vaters C.R.C.), C.B., einen begabten Künstler, B.C. und P.D., der nun der Cancellarius war. Alle waren Deutsche, bis auf I.A., und sie waren acht an der Zahl.

Ihre Übereinkunft war:

1. Daß keiner von ihnen einen anderen Beruf ausübe, als die Kranken zu heilen, und dies umsonst tue.

2. Daß sie keine besondere Tracht trügen, sondern der Mode des jeweiligen Landes folgten.
3. Daß sie sich jedes Jahr am Fronleichnamstage im Collegium ad Spiritum Sanctum träfen oder einen schriftlichen Grund ihrer Abwesenheit gäben.
4. Daß jeder eine würdige Person beliebigen Geschlechts finden solle, die ihn nach seinem Tode vertrete.
5. Daß das Wort R.C. ihr Zeichen und Siegel sei.

Die Bruderschaft sollte 100 Jahre lang geheim bleiben. Fünf der Brüder reisten in verschiedene Länder, zwei blieben bei Christian Rosenkreutz.

Zweiter Adept: Frater I.O. starb als erster in England, wo er viele wunderbare Heilungen gegeben hatte. Er war ein ausgezeichneter Kabbalist, wie sein Buch »H« bezeugt. Sein Tod war ihm von C.R.C. vorhergesagt worden, aber die später Zugelassenen gehörten dem Ersten Orden an und wußten nichts, als C.R. starb, außer was sie von Frater A. erfuhren, dem Nachfolger von B. im Zweiten Orden, und nach seinem Tode aus ihren Büchern. Sie wußten wenig von den früheren und höheren Mitgliedern und vom Gründer, auch nicht, ob die Mitglieder des Zweiten Ordens zur Weisheit der höchsten Mitglieder zugelassen waren. Das Grab, in dem der sehr erleuchtete Mann Gottes, unser Vater C.R.C., begraben war, wurde folgendermaßen entdeckt. Nachdem Frater A. in Gallia Narbonensi gestorben war, trat Frater N.N. an seine Stelle. Dieser war dabei, einen Teil des Gebäudes der Schule des Heiligen Geistes instand zu setzen und versuchte, eine Gedenktafel aus Messing beiseite zu rücken, auf welcher die Namen gewisser Brüder und andere Dinge standen. In diese Tafel war der Kopf eines schweren Nagels oder Bolzens eingelassen, so daß bei der gewaltsamen Entfernung der Tafel ein großer Stein mitgezogen wurde, welcher auf diese Weise eine Geheimtür teilweise sichtbar werden ließ. (Er zieht den Vorhang zurück und enthüllt das Tor.) Darauf war in großen Buchstaben geschrieben: Post CXX Annos Patebo – nach 120 Jahren werde ich mich öffnen, Anno Domini 1484. Frater N.N. und die mit ihm waren beseitigten dann den Rest des Mauerwerks, ließen das Tor in jener Nacht aber ungeöffnet, weil sie zuvor das ROTA befragen wollten.

Dritter Adept: Ihr werdet nun die Pforte für eine kurze Zeit verlassen, und bei Eurer Rückkehr wird die Zeremonie der Graböffnung fortgeführt werden. Nehmt diesen Stab und dieses Ankh mit Euch, mit welchem Ihr wieder eingelassen werdet. (Der Anwärter geht hinaus und trägt den Stab und das Ankh des Hauptadepten.)

Zweiter Punkt

(Das Grab wird vorbereitet, wie im Diagramm gezeigt. Im Pastos liegt der Hauptadept auf dem Rücken, um C.R.C. darzustellen. Er ist in volles Ornat gekleidet, auf seiner Brust hängt von einem doppelten Phönixkragen das vollständige Symbol des Rosenkreuzes. Seine Arme sind auf der Brust gekreuzt, er hält Krummstab und Geißel. Zwischen denselben liegt das Buch »T«. Der Deckel des Pastos ist geschlossen, und der runde Altar steht darüber. Die anderen Adepten befinden sich wie zuvor außerhalb des Grabes. Auf dem Altar liegen Rosenkreuz, Weinkelch, Kette und Dolch.)

Zweiter Adept: Assistierender Adeptus Minor, laßt nun den Anwärter ein. (Der dritte Adept öffnet das Tor, läßt den Anwärter ein, welcher Stab und Ankh des Hauptadepten trägt. Er wird vor die Tür des Gewölbes gestellt und blickt sie an.)
Zweiter Adept: Vor dem Tor des Grabes befinden sich, als symbolische Wächter, die Tafeln der Elemente und die cherubinischen Zeichen, so wie die wachsamen Cherubim und das Flammenschwert vor dem mystischen Tor von Eden standen. Diese cherubinischen Zeichen stellen die Mächte der Unterabschnitte der Tafeln dar. Der Kreis repräsentiert die vier Viertel, die auf jeder Tafel durch die Wirkung des alles durchdringenden Geistes zusammengefaßt werden, während das Kreuz darin mit seinen Speichen das Rad aus Hesekiels Vision bildet. Kreuz und Kreis sind weiß, um die Reinheit des göttlichen Geistes auszudrücken. Wir finden die Elemente nicht rein, sondern nur miteinander verbunden vor, so daß wir in der Luft nicht nur das Feine und Flüchtige finden, sondern auch Eigenschaften der Wärme, der Feuchtigkeit und Trockenheit, die in diesem beweglichen Element verbunden sind; und auch im Feuer, im Wasser und der Erde finden wir die gleiche Verbindung der Naturen. Deshalb sind auch die vier Elemente mit jedem cherubinischen Emblem durch die Wechselwirkung mit der Farbe des Elementes, worin sie tätig sind, verbunden; wie auch in der Vision des Hesekiel jeder Cherub vier Gesichter und vier Flügel hatte. Darum vergeßt nicht, daß die Tafeln und die Cherubim die Wäch-

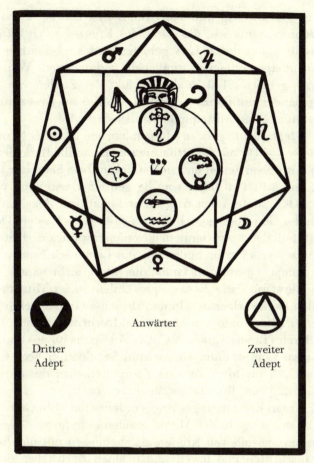

Zweiter Punkt

ter am Grabe der Adepten sind. Möge deine Zunge über unsere Mysterien Schweigen bewahren; ja, halte die Gedanken deines Herzens zurück, damit nicht ein Vogel der Luft die Sache weiterträgt.

Dritter Adept: Bei genauerer Untersuchung des Tores zum Grabe werdet Ihr wahrnehmen, wie auch Frater N.N. und die mit ihm waren wahrgenommen haben, daß unter dem CXX in der Aufschrift die Buchstaben IX zu finden sind:

POST CXX ANNOS PATEBO
IX

Das ist gleichwertig mit: Post Annos Lux Crucis Patebo – nach 120 Jahren werde ich, das Licht des Kreuzes, mich öffnen. Die Buchstaben, aus denen LVX gebildet wird, sind nämlich aus den auseinandergenommenen und neu verbundenen Winkeln des Kreuzes gemacht. 120 ist das Produkt der Zahlen von 1 bis 5, nacheinander multipliziert, weil die Zahl 5 im Kreuz durch vier Balken und einen Mittelpunkt symbolisiert wird.

Zweiter Adept: Am folgenden Morgen brachen Frater N.N. und seine Begleiter die Tür auf (er öffnet sie weit), und ihr Blick fiel auf ein Grab mit sieben Seiten und sieben Ecken. Jede Seite war fünf Fuß breit und acht Fuß hoch, wie die getreue Darstellung vor Euch zeigt. (Der zweite Adept tritt ein und geht über den Norden zum Osten des Gewölbes, er wendet sich dann nach Westen. Der dritte Adept stellt den Anwärter in den Norden mit Blick nach Süden und nimmt seinen Platz im Süden ein, mit Blick nach Norden.)

Zweiter Adept: Obwohl im Grabe die Sonne nicht scheint, wird es durch die symbolische Rose unseres Ordens in der Mitte der heptagonalen Decke erleuchtet. In der Mitte des Grabes steht ein kreisförmiger Altar mit diesen Mottos und Inschriften darauf: A.G.R.C. Ad Gloriam Roseae Crucis. A.C.R.G. Ad Crucis Rosae Gloriam. Hoc Universal Compendium Unius Mihi Sepulchrum Feci. Ich baute dieses Grab für mich als eine Zusammenschau der universellen Einheit und zum Ruhme des Rosenkreuzes.

Im nächsten Kreis steht geschrieben: Jeheshua Mihi Omnia. Jeheshua ist mir alles. In der Mitte befinden sich die vier Figuren der Cherubim, jeweils von Kreisen eingeschlossen mit den folgenden vier Inschriften und jeweils durch einen Buchstaben des Tetragrammaton unterschieden: Jod, Löwe, Nequaquam Vacuum – Es gibt keinen leeren Raum. Heh, Adler, Libertas Evangelii – Die Freiheit des Evangeliums. Vau, Mensch, Dei Intacta Gloria – Die unberührte Herrlichkeit Gottes. Heh (schließendes), Ochse, Legis Jugum – Das Joch des Gesetzes. In der Mitte all dessen befindet sich Shin, der Buchstabe des Geistes, so daß sich insgesamt der Gottesname Jeheshuah aus dem Tetragrammaton bildet. Da wir durch Gottes Hilfe so weit gekommen sind, laßt uns zusammen niederknien und sprechen (alle knien und verbinden ihre Stäbe über dem Altar):

Zweiter Adept: Allein Weiser, allein Mächtiger und allein Ewiger, dir sei Lob und Preis in Ewigkeit, der du diesem Anwärter, der vor dir kniet, gestattet hast, so weit in das Heiligtum deiner Mysterien vorzudringen. Nicht uns, sondern deinem Namen gelte der Ruhm.

Möge der Einfluß deiner Göttlichkeit auf sein Haupt niederkommen und ihn den Wert des Selbstopfers lehren, so daß er in der Stunde der Versuchung nicht wankt, sondern daß sein Name in den Höhen geschrieben steht und sein Genius in der Gegenwart der Heiligen besteht, in jener Stunde, in welcher der Sohn des Menschen vor dem Herrn der Geister angerufen wird und sein Name in der Gegenwart des Alten der Tage erscheint. Wie geschrieben steht: Wer mir aber nachfolgen will, der nehme sein Kreuz auf sich, verleugne sich selbst und folge mir nach. (Der dritte Adept gibt dem Anwärter die Kette und nimmt Stab und Kreuz von ihm an.)

Zweiter Adept: Darum nehmt diese Kette, oh Anwärter, legt sie um Euren Hals und sprecht: Ich nehme die Fessel des Leidens und des Selbstopfers. (Zweiter und dritter Adept erheben sich. Der Anwärter wiederholt die Worte, wie angewiesen.) Erhebt Euch denn im Symbole der Selbstverleugnung, mein Bruder, und breitet Eure Arme in Form eines Kreuzes aus. (Der Anwärter erhebt sich, die Füße zusammen, die Arme ausgebreitet.)

Zweiter Adept: Assistierender Adeptus Minor, nehmt den Dolch der Strafe und den Kelch der Sorgen vom Altar, damit ich den Eid des Anwärters für alle Zeit bestätige, indem ich ihn von neuem mit den Stigmata des Kreuzes zeichne. (Er nimmt den Dolch vom dritten Adepten und zeichnet den Anwärter erneut wie bei dem Eid: Stirn, Füße, rechte Hand, linke Hand und Herz. Er gibt dem dritten Adepten den Dolch zurück, welcher ihn auf den Altar legt, und übergibt dann dem Anwärter das Rosenkruzifix.) Nehmt dieses Symbol, hebt es mit beiden Händen über den Kopf und sprecht: Ich erhebe dieses als ein Zeichen des Leidens und der Stärke. Ich hörte die Stimme des Erdenkönigs laut schreien, und er sprach: Der mich in meinem Leiden unterstützte, soll auch an meinem Aufstieg teilhaben. Legt dann das Kreuz zurück auf den Altar, oh Anwärter, und sprecht: Kraft dieses Zeichens fordere ich die Öffnung des Pastos unseres Begründers, denn in dem Kreuz der Rose liegt mein Sieg. Wie geschrieben steht: Wenn du mit Christus gekreuzigt wirst, so sollst du auch mit ihm regieren. (Der Anwärter legt das Kruzifix zurück und wiederholt die Worte, wie angewiesen. Der dritte Adept gibt ihm den Stab und das Ankh des Hauptadepten. Der zweite und dritte Adept schieben den Altar beiseite, so daß der obere Teil des Pastos enthüllt wird. Sie öffnen den Deckel, so daß der Hauptadept darin sichtbar wird.)

Dritter Adept: Und das Licht schien in die Finsternis, und die Finsternis hat es nicht ergriffen.

Zweiter Adept: Berührt das Rosenkreuz auf der Brust der Gestalt vor Euch mit dem Kopfe und sprecht: Laßt das Licht aus der Dunkelheit aufsteigen. (Ausgeführt. Der Hauptadept spricht, ohne sich zu bewegen oder die Augen zu öffnen.)

Hauptadept: Mit jenem Licht im mystischen Tode begraben, mit ihm in mystischer Auferstehung wieder erhoben, gereinigt und geläutert durch ihn, unseren Meister, oh Bruder des Rosenkreuzes. Mit ihm habt Ihr Euch gemüht, oh Adept aller Zeiten, wie er habt Ihr unter Sorgen gelitten, habt Armut, Qualen und Tod durchgestanden. Sie sind nichts gewesen als die Läuterung des Goldes. Suche nach dem wahren Stein der Weisen im Gefäße deines Herzens durch den Ofen des Leidens. (Der Anwärter gibt dem Hauptadepten Stab und Ankh, der gibt ihm dafür Krummstab und Geißel.)

Hauptadept: Verlaßt nun dieses Grab, oh Anwärter, und kreuzt dabei Eure Arme auf der Brust, wobei Ihr in der rechten Hand den Krummstab der Gnade und in der linken die Geißel der Strenge haltet, Zeichen jener ewigen Kräfte, zwischen denen das Gleichgewicht des Universums hängt, jenen Kräften, deren Versöhnung den Schlüssel zum Leben darstellt, deren Trennung zum Übel und zum Tode führt. Darum seid Ihr, wer immer Ihr auch seid, unentschuldbar, wenn Ihr einen anderen verurteilt, denn indem Ihr einen anderen verdammt, verdammt Ihr nur euch selbst. Darum seid barmherzig, wie auch der Vater im Himmel barmherzig ist. Denkt an den gewaltigen Schwur der Rechtschaffenheit und des Selbstopfers, welchen Ihr freiwillig auf Euch genommen hat, und zittert darum. Und möge das demütige Gebet Eures Herzens sein: Herr und Gott, sei mir Sünder gnädig und führe mich auf dem Wege der Wahrheit.

Dritter Adept: Nachdem Frater N.N. und seine Begleiter auf diese Weise den kreisförmigen Altar beiseite geschoben und die Bronzeplatte oder den Deckel des Pastos gehoben hatten, entdeckten sie den Leichnam unseres Gründers mit all seinem Schmuck und seinen Insignien, wie Euch hier gezeigt wird. Auf seiner Brust befand sich das Buch »T«, eine Rolle, die den ganzen mystischen Tarot erläutert, an deren Ende ein kurzer Abschnitt über Christian Rosenkreuz geschrieben stand, unter den die frühen Fratres ihre Namen geschrieben hatten. Darauf folgten die Namen der drei Oberen des Ordens, nämlich: Frater Hugo Alverda, der Friese, im 576. Lebensjahr. Frater Franciscus de Bry, der Gallier, im 495. Lebensjahr. Frater Elman Zata, der Araber, im 463. Lebensjahr. Zum Schluß stand geschrieben: Ex Deo Nascimur. In Jeheshua Morimur. Per Spiritum Sanctum Reviviscimus. In Gott werden wir geboren, in Jeheshua sterben wir, im Heiligen Geiste werden wir auferstehen. (Sie schließen den Pastos wieder und stellen den Altar zurück.)

Zweiter Adept: Frater N.N. und seine Begleiter schlossen den Pastos also wieder eine Zeitlang, setzten den Altar darüber, schlossen die Tür des Grabes und setzten ihre Siegel darauf. (Alle verlassen das Gewölbe. Der Anwärter trägt Krummstab und Geißel, das Tor ist geschlossen, und der Anwärter wird aus der Pforte herausgeführt. Das Grab wird dann wieder geöffnet, und der Hauptadept wird hinausgelassen.)

Dritter Punkt

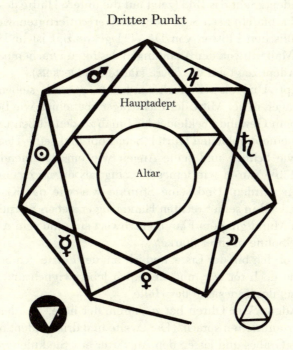

(Das Grab wird wie im Diagramm vorbereitet. Die Tür ist nicht ganz geschlossen. Im Südosten befindet sich das Diagramm des Minutum Mundum, im Nordosten das des Schwertes und der Schlange, im Osten der Berg. Der Altar steht wie zuvor, später werden Krummstab und Geißel hinzugefügt. Der Hauptadept steht mit ausgestreckten Armen im Osten. Der Pastos befindet sich draußen in der Pforte, mit dem Kopf nach Osten. Der Deckel liegt mit einem Zwischenraum daneben. Der zweite Adept sitzt am Kopf, der dritte am Fuß des Pastos. Der Anwärter wird eingelassen und trägt noch immer Krummstab und Geißel. Der zweite und dritte Adept legen ihre Roben ab.)

Zweiter Adept: Und seht, zwei Engel in weißem Gewande sitzen einer am Kopfe, der andere am Fuße, wo der Leichnam des Herrn gelegen hatte, welcher sprach: Warum sucht ihr den Lebenden unter den Toten?

Hauptadept: Ich bin die Auferstehung und das Leben. Wer an mich glaubt, der wird leben, wenn er auch tot wäre. Und wer lebt und an mich glaubt, wird niemals sterben.

Zweiter Adept: Seht das Bild (zeigt auf die untere Hälfte des Deckels) (siehe Farbtafeln nach Seite 888) des Gerechtfertigten, welcher auf den höllischen Flüssen von DAATH gekreuzigt ist und auf diese Weise Malkuth von den Windungen des roten Drachen befreit (der dritte Adept zeigt auf die obere Hälfte des Deckels).

Hauptadept: Und als ich mich umdrehte, sah ich sieben goldene Lichtträger, in der Mitte der Lichtträger aber einen wie Ben Adam, mit einem Gewande bekleidet bis hinab zu den Füßen und gegürtet mit einem goldenen Gürtel. Sein Kopf und seine Haare waren weiß wie Schnee und seine Augen wie ein flammendes Feuer. Seine Füße waren wie feines Messing, als ob sie in einem Ofen brennen würden. Und seine Stimme war wie der Klang vieler Wasser. Und in seiner rechten Hand trug er sieben Sterne, und von seinem Mund ging ein Flammenschwert aus, und sein Antlitz war wie die Sonne in ihrer Stärke.

Hauptadept: Ich bin der Erste, und ich bin der Letzte. Ich bin der, der lebt und doch tot war, und siehe, ich lebe ewiglich und halte die Schlüssel des Todes und der Hölle.

Zweiter Adept: Wer Ohren hat zu hören, der höre, was der Geist zu den Versammelten sprach. (Der zweite und dritte Adept öffnen das Tor des Grabes und lassen den Anwärter ein. Sie knien im Westen des Altares nieder und senken ihre Köpfe. Der Hauptadept steht im Osten des Altares mit ausgestreckten Armen.)

Hauptadept: Ich weiß, daß mein Erlöser lebt und daß er am Jüngsten Tage auf der Erde stehen wird. Ich bin der Weg, die Wahrheit und das Leben. Niemand kommt zum Vater, denn durch mich. Ich bin der Geläuterte, ich bin durch die Tore der Dunkelheit ins Licht getreten. Ich habe auf der Erde für das Gute gestritten, ich habe mein Werk vollendet, ich bin in das Unsichtbare eingegangen. Ich bin die Sonne in ihrem Aufgang. Ich habe die Stunde der Wolken und der Nacht durchschritten. Ich bin Amun, der Verborgene, der Öffner des Tages. Ich bin Osiris Onnophris, der Gerechtfertigte. Ich bin der Herr des Lebens, der über den Tod triumphiert. Nichts ist in mir, das nicht von den Göttern wäre. Ich bereite den Pfad, ich bin der Erlöser des Lichts. Laßt das Licht aus der Dunkelheit aufsteigen.

Anwärter: Zuvor war ich blind, doch nun sehe ich.

Hauptadept: Ich bin, der mit dem Unaussprechlichen verbindet. Ich bin, der im Unsichtbaren wohnt. Laßt den weißen Glanz des göttlichen Geistes herabkommen. (Der Hauptadept erhebt seine Hände in Anrufung des göttlichen weißen Lichts. Pause.)

Hauptadept: (Zum Anwärter) Erhebt Euch nun als ein Adeptus Minor der roten Rose und des goldenen Kreuzes im Zeichen des erschlagenen Osiris. (Alle erheben sich. Der zweite und dritte Adept heben den Anwärter auf und strecken seine Arme zu einem Kreuz aus. Dann kreuzen sie seine Arme wieder über seiner Brust und wenden ihn mit dem Gesicht nach Westen. Der Hauptadept geht in die Nähe des Anwärters, der dritte Adept in den Nordwesten. Beide verbinden ihre Stäbe über seinem Kopf und ihre Ankhs ein wenig tiefer.)

Alle: Wir nehmen Euch als einen Adeptus Minor auf im Zeichen der Rechtschaffenheit und des Selbstopfers. (Sie lassen ihre Stäbe über den tiefer liegenden Ankhs verbunden, der Hauptadept berührt die Schädelbasis, der zweite die linke Schläfe, der dritte die rechte Schläfe.)

Hauptadept: Möge sich Euer Geist dem Höheren öffnen. (Der Hauptadept legt das Ankh zwischen die Schulterblätter an die Wirbelsäule, der zweite Adept gegen die linke Brustseite, der dritte gegen die rechte.)

Zweiter Adept: Möge Euer Herz ein Zentrum des Lichts werden. (Der Hauptadept legt das Ankh an die Basis der Wirbelsäule, der zweite an die linke Hüfte, der dritte an die rechte.)

Dritter Adept: Möge Euer Körper ein Tempel des Rosenkreuzes sein. (Der Anwärter blickt nach Osten, und die Adepten kehren auf ihre vorigen Positionen zurück. Krummstab und Geißel werden über den Dolch auf den Altar gelegt, so daß sie sich an den gelben Bändern kreuzen.

Hauptadept: Sprecht folgende Worte nach, welche das Zeichen der verborgenen Weisheit unseres Ordens sind. (Dem Anwärter wird bedeutet, dem Amtsträger jedes Wort nachzusprechen.)

Hauptadept: I.
Zweiter Adept: N.
Dritter Adept: R.
Alle: I.
Hauptadept: Jod.
Zweiter Adept: Nun.
Dritter Adept: Resh.
Alle: Jod.
Hauptadept: Jungfrau, Isis, mächtige Mutter.
Zweiter Adept: Skorpion, Apophis, Zerstörer.
Dritter Adept: Sonne, Osiris, erschlagen und wiedererstanden.
Alle: Isis, Apophis, Osiris, I.A.O. (Alle nehmen ihre Stäbe wieder auseinander und geben die Geste des erschlagenen Osiris.)
Alle: Das Zeichen des erschlagenen Osiris.
Hauptadept: L. Das Zeichen der trauernden Isis (mit gesenktem Kopf).
Zweiter Adept: V. Das Zeichen des Typhon und Apophis (mit erhobenem Kopf).
Alle: X. Isis, Apophis, Osiris, I.A.O. (Mit gesenktem Kopf geben sie die Geste des Grußes. Eine Pause.)
Hauptadept: Die mystische Zahl des Grades ist 21, die Heptade mit der Triade multipliziert. Aus dieser wird das Paßwort des Grades abgeleitet, welches EHEIEH ist. Wenn es gegeben wird, sollte es folgendermaßen einzeln buchstabiert werden.
Hauptadept: Aleph.
Anwärter: Heh.
Hauptadept: Jod.
Anwärter: Heh.
Hauptadept: Das Schlüsselwort heißt I.N.R.I. und ist samt seinen Entsprechungen auf dieses vollständige Symbol des Rosenkreuzes geschrieben, das ich auf meiner Brust trage. Diese Buchstaben sind einmal als Initialen des folgenden Satzes benutzt worden: JESUS NAZARENUS REX JUDECORUM, und sie stellen deshalb das große Wort dieses Grades dar, welches JEHESHUAH ist, der hebräische Name von Jesus, der um den heiligen Buchstaben Shin gebildet ist, welcher in der Mitte des Namens Tetragrammaton den Ruach Elohim repräsentiert. Das Wort ist auch folgendermaßen interpretiert worden: Igne Natura Renovatur Integra; Igne Natura Renovando Integrat; Igne Nitrum Roris Invenitur; Intra Nobis Regnum Dei.
Hauptadept: (Zeigt auf das Diagramm des Minutum Mundum) Seht

das Diagramm Minutum Mundum oder Fundamental Coloris – das kleine Universum oder die Grundlage der Farbe. Bewahrt es wohl in Eurem Herzen und merkt es Euch gut, denn hierin liegt der Schlüssel der Natur. Wie Ihr seht, handelt es sich um ein Diagramm der Sephiroth und der Pfade mit den passend zugeordneten Farben. Achtet darauf, es nicht gegenüber Weltlichen zu enthüllen, denn seine Mysterien sind viele und große.

Kether ist das Höchste von allen, und darin spiegelt sich der göttliche weiße Glanz, über welchen weiter zu reden unangemessen wäre. Chokmah ist grau, die Mischung aller Farben. Binah ist Dunkelheit, die Absorption der Farben. Dies ist die Vollendung der übernatürlichen Triade. In Kether liegt die Wurzel der goldenen Herrlichkeit, und von dort wird gelbes Licht nach Tiphareth reflektiert. In Chokmah liegt die Wurzel des Blau, dieses wird nach Chesed reflektiert; in Binah liegt die Wurzel des Rot, und dieses wird nach Geburah reflektiert. Auf diese Weise wird die erste reflektierte Triade vollendet. Die Strahlen von Chesed und Tiphareth treffen sich in Netzach und bilden Grün. Die Strahlen von Geburah und Tiphareth treffen sich in Hod und bilden bräunliches Orange. Die Strahlen von Chesed und Geburah fallen in Jesod ein und bilden Violett. Auf diese Weise wird die dritte Triade vollendet. Die Strahlen der dritten Triade sind die drei in Malkuth gezeigten Farben, wo sie als Synthese eine vierte bilden, denn aus dem bräunlichen Orange von Hod und der grünen Natur von Netzach wird ein bestimmtes grünliches Zitron reflektiert. Aus dem bräunlichen Orange, gemischt mit dem Violett von Jesod, entsteht ein rötliches Braun, Rotbraun; und aus dem Grün und dem Violett entsteht ein bestimmtes anderes, dunkleres Grün, Oliv. Die Verbindung all dieser bildet Schwarz und grenzt an die Qlippoth. Aber die Farben der 22 Pfade werden von der ersten reflektierten Triade der Sephiroth abgeleitet und haben darin ihre Wurzeln. Die drei Übernatürlichen haben sonst nichts mit ihrer Zusammensetzung zu tun, und ihre positiven Farben werden folgendermaßen gefunden: Der Luft kommt die gelbe Farbe von Tiphareth zu, dem Wasser wird die blaue Farbe von Chesed zugeschrieben, dem Feuer gehört die rote Farbe von Geburah an, und die Farben werden in Malkuth gefunden. Die Planeten in der Regenbogenskala sind: Saturn – Indigo, Jupiter – Violett, Mars – Rot, Sonne – Orange, Merkur – Gelb, Venus – Grün, Mond – Blau.

Den Tierkreiszeichen werden die Farben folgendermaßen zugeordnet: Widder – Scharlach, Stier – rötlich Orange, Zwillinge –

Orange, Krebs – Bernstein, Löwe – grünlich Gelb, Jungfrau – gelblich Grün, Waage – Smaragd, Skorpion – grünlich Blau, Schütze – Blau, Steinbock – Indigo, Wassermann – Violett, Fische – Purpur.
Außerdem werdet Ihr beobachten können, daß zwischen den Farben der Pfade und denen der Sephiroth auf dem Baum ein Gleichgewicht und eine Harmonie herrscht. Farben sind Kräfte, die Signaturen der Kräfte, und das Kind der Kinder dieser Kräfte seid Ihr selbst. Darum befindet sich um den Thron des Allmächtigen ein herrlicher Regenbogen, und zu seinen Füßen ist ein kristallenes Meer. Es gibt auch viele andere Farbzuordnungen, wenn man in Betracht zieht, daß die verschiedenen Strahlen sich treffen und gegenseitig überlagern. Darum begrüße ich Euch bei dem mystischen Titel eines Hodos Chamelionis, des Chamäleonpfades, des Pfades der vermischten Farben, und ich gebe Euch das Symbol Hiddekels, des dritten Flusses, der vom Osten von Assiah aus fließt. (Sie kehren zum Altar zurück, und der zweite Adept deutet auf den Krummstab und die Geißel hin.)

Zweiter Adept: Die Farben des Krummstabes und der Geißel sind von jenen des Minutum Mundum abgeleitet, und darum repräsentieren sie das rechte Gleichgewicht zwischen Gnade und Strenge auf dem Lebensbaum. Der Krummstab ist eingeteilt in die symbolischen Farben für Kether, Aleph, Chokmah, Stier, Chesed, Löwe, Tiphareth, Widder, Hod, Steinbock; die Geißel in die Farben, die Netzach, Skorpion, Tiphareth, Zwillinge, Binah, Krebs, Geburah und Mem symbolisieren.

Dritter Adept: (Deutet auf Schwert und Schlange) Die Farben des Minutum Mundum stellen außerdem den Schlüssel zu jenen dar, welche das Einlassungsabzeichen des Schwertes und der Schlange ausmachen. Mit ihrer Hilfe kann es daher besser untersucht und verstanden werden. Das Schwert ist absteigend, die Schlange aufsteigend, das Schwert ist fest, die Schlange beweglich, das Schwert vereint die Sephiroth, die Schlange die Pfade. In der Schlange der Weisheit zeigt sich außerdem die aufsteigende Spirale und im Schwert das Herniederstürzen des absteigenden weißen Glanzes jenseits von Kether, welcher in verschiedene Schattierungen und Farben zerfällt und sich nach Malkuth zu immer weiter verdunkelt.

Hauptadept: (Deutet auf das Diagramm des Berges) Dieses ist der symbolische Berg Gottes in der Mitte des Universums, der heilige rosenkreuzerische Berg der Einweihung, der mystische Berg von Abiegnus. Darunter und um ihn herum sind nur Dunkelheit und

Stille, er ist mit dem unaussprechlichen Licht gekrönt. An seinem Fuße befindet sich die Mauer der Abgeschlossenheit und des Geheimnisses, dessen einziges, für den Profanen unsichtbare Tor von den beiden Säulen des Hermes gebildet wird. Der Aufstieg auf den Berg geschieht auf dem spiralförmigen Pfad der Schlange der Weisheit. Zwischen den Säulen stolpert eine Gestalt mit verbundenen Augen, die den Neophyten darstellt, dessen Unwissenheit und Wertlosigkeit, während er sich nur in diesem Grade befindet, im $0 = 0$ gezeigt wird, und dessen einzige zukünftige Berechtigung, vom Orden bemerkt und anerkannt zu werden, in der Tatsache seines Eintretens auf dem Pfade zu den anderen Graden besteht, bis er schließlich irgendwann den Gipfel erreicht.

Ich fahre nun damit fort, Euch die mystische Symbolik des Grabes selbst zu erläutern. Der Altar werde beiseite geschoben (ausgeführt). Es ist in drei Teile eingeteilt: in die weiße Decke, die heptagonalen Wände in den sieben Regenbogenfarben und den Fußboden, dessen Hauptfarbe Schwarz ist. So zeigen sich die Kräfte der Heptade zwischen dem Licht und der Dunkelheit. An der Decke befindet sich ein Dreieck, das eine Rose mit 22 Blättern einschließt. Dieses ist von einem Siebeneck umgeben, welches durch ein Heptagramm gebildet wird, das sich an den sieben Ecken der Wände reflektiert. Das Dreieck stellt die drei übernatürlichen Sephiroth dar, das Heptagramm die niederen sieben, die Rose repräsentiert die 22 Pfade der Schlange der Weisheit.

Auch der Fußboden trägt das Symbol des Dreiecks, welches in ein Heptagramm eingeschlossen ist, doch trägt dieses die Namen der umgekehrten oder bösen Sephiroth, der Qlippoth, des großen roten Drachen mit sieben Köpfen, sowie ein umgedrehtes und böses Dreieck. Auf diese Weise treten wir im Grabe der Adepten die bösen Mächte des roten Drachen nieder (der Hauptadept stampft dreimal auf das Diagramm), und so tretet auch Ihr die bösen Mächte Eures Wesens nieder.

In das böse Dreieck ist nämlich das rettende Symbol des goldenen Kreuzes in Verbindung mit der roten Rose gezeichnet, die 7mal 7 Blätter trägt, denn wie geschrieben steht, ist er hinabgestiegen in die Hölle. Das weiße Licht oben scheint noch heller wegen der Schwärze, die unten ist, und so könnt Ihr verstehen, daß das Böse das Gute hervorhebt. Zwischen dem Licht und der Dunkelheit schwingen die Farben des Regenbogens, dessen überkreuzte und reflektierte Strahlen unter Vorherrschaft der Planeten sich an diesen sieben Wänden zeigen.

Der Boden des Gewölbes

Der kreisförmige Altar

Die Decke des Gewölbes

Die Rose aus 49 Blättern
am Kopfe des Pastos

Denkt daran, daß Ihr durch das Tor des Planeten Venus eingetreten seid, dessen Symbol die gesamten zehn Sephiroth des Lebensbaumes umschließt (siehe Band 1, Seite 373). Jede Wand des Grabes hat mystisch gesehen die Breite von 5 Fuß und die Höhe von 8 Fuß, ergibt so also 40 Fuß im Quadrat, von welchen 10 Quadrate besonders gezeichnet und hervortretend sind; sie repräsentieren die zehn Sephiroth in Gestalt des Lebensbaumes, die durch den Planeten tätig sind. Die übrigen Quadrate repräsentieren die Cherubim und den ewigen Geist, die drei alchimistischen Prinzipien, die drei Elemente, die sieben Planeten und die zwölf Tierkreiszeichen, die alle in den Strahlen eines jeden Planeten tätig sind und diesen differenzieren. Beachtet, daß bei alledem allein das obere mittlere Quadrat weiß und unverändert bleibt, weil es die unveränderliche

Die Rituale des R.R. und A.D.

Weiß		
Scharlach	Zinnober	Rot
Rot-Orange		
Orange	Orange	
Bernstein		
Grünlich Gelb	Gelb	Gelb
Gelblich Grün		
Smaragd	Grün	
Grün-Blau		
Blau	Blau	Blau
Indigo	Indigo	
Violett		
Purpur	Lila	
Schwarz		

Die Wände des Gewölbes

Essenz des göttlichen Geistes darstellt. Es entwickeln sich also alle aus dem Einen, durch die vielen hindurch, unter der Herrschaft des Einen.

Die Farben der unterschiedlichen Quadrate werden entweder durch die Farbe des Planeten, vermischt mit der Farbe der darin tätigen Kraft, repräsentiert oder durch diese Farben in jeweiliger Gegenüberstellung oder auf irgendeine andere passende Weise. Die Grundlage dieser Darstellung bleibt aber das Minutum Mundum Diagramm.

Die Symbolik des Altares wurde Euch bereits am zweiten Punkt kurz erläutert. Auf dem Altar steht ein schwarzes Passionskreuz, welches mit einer Rose von 5mal 5 Blättern versehen ist, die die abwechselnden Kräfte des Geistes und der Elemente repräsentie-

Die Seite des Pastos

ren. (Der Hauptadept führt den Anwärter aus dem Grabe heraus. Zwei Adepten stellen den Altar zurück und nehmen ihre Plätze wieder wie bei Beginn des dritten Punktes ein.)

Hauptadept: Der Kopf des Pastos ist weiß, versehen mit einem goldenen griechischen Kreuz und einer roten Rose mit 49 Blättern. Das Fußende ist schwarz mit einem weißen Passionskreuz und Kreis, das sich auf einem Sockel mit zwei Stufen befindet. An den Seiten sind die 22 Farben der Pfade zwischen Licht und Dunkelheit dargestellt. (Der Anwärter wird zwischen den Deckel und den Pastos gestellt. Der Hauptadept steht ihm an der anderen Seite des Pastos gegenüber.)

Hauptadept: Frater (Soror), ich grüße Euch nun mit dem Griff dieses

Die Rituale des R.R. und A.D.

Das Kreuz der Verpflichtung

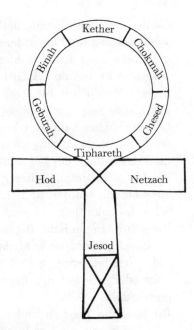

Das Ankh-Kreuz

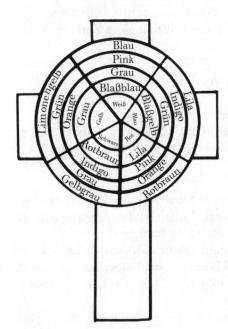

Das Siegeskreuz

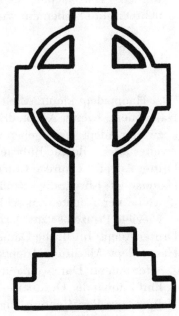

Das Ende des Pastos

Grades, welcher folgendermaßen gegeben wird (zeigt es). Auf diese Weise werden die Finger der rechten Hand derart gehalten, daß sie die Buchstaben L.V.X. bilden. Daumen und Zeigefinger werden ausgestreckt, um den Buchstaben L zu bilden. Zeige- und Mittelfinger werden ausgestreckt, um den Buchstaben V anzudeuten. Der kleine Finger wird über den Ringfinger gekreuzt, um das X zu bedeuten. Dies kann mit beiden Händen ausgeführt werden und wird stets dadurch ausgetauscht, daß die so angeordneten Finger über das Gelenk des begrüßten Bruders oder der Schwester gelegt werden. Beachtet, daß dieser Griff ausschließlich über dem Pastos ausgetauscht werden darf. Denkt auch daran, daß Ihr strengstes Schweigen darüber zu bewahren habt, an welchem Ort Ihr diesen Ritus empfangen habt. Ihr solltet gut verstehen, daß von Euch das Versprechen erwartet wird, daß Ihr niemals irgend jemandem mitteilen werdet, wann, wo oder von wem Ihr diesen Griff erhalten habt oder wer bei der Einweihung in diesem Orden anwesend gewesen ist.

Ihr habt die Zeichen und Paßworte bereits erhalten. Schließlich sollt Ihr wissen, daß es Euch niemals gestattet ist, irgend jemandem, der nicht Mitglied dieses Ordens ist, mitzuteilen, daß Ihr ein Rosenkreuzer seid. Der Pastos möge wieder in das Gewölbe gestellt werden. (Die Adepten stellen den Pastos zurück wie zuvor und nehmen ihre Stellen ein wie bei der Eröffnung der Zeremonie.)

Abschluß

(Der Hauptadept klopft. Alle erheben sich.)
Hauptadept, zweiter Adept, dritter Adept, Hauptadept, vierter Adept, zweiter Adept: (Alle geben nacheinander je ein Klopfzeichen.)
Zweiter Adept: Roseae Rubeae.
Dritter Adept: Et Aureae Crucis.
Hauptadept: Ehrwürdige Brüder und Schwestern, helft mir, das Gewölbe der Adepten zu schließen. Assistierender Adeptus Minor, wieviele Prinzen setzte Darius über sein Königreich?
Dritter Adept: Im Buche Daniel steht geschrieben, daß es 120 waren.
Hauptadept: Mächtiger Adeptus Major, wie wird diese Zahl gebildet?
Zweiter Adept: Durch einander folgende Multiplikation der ersten fünf Zahlen der Dezimalreihe.
Hauptadept: Post Centum Viginti Annos Patebo. Damit ist das Gewölbe der Adepten im mystischen Berge Abiegnus geschlossen.

(Der Hauptadept schließt die Tür des Gewölbes und zieht die Vorhänge zu.)
Dritter Adept: Ex Deo Nascimur.
Zweiter Adept: In Jeheshua Morimur.
Hauptadept: Per Spiritum Sanctum Reviviscimus.
(Alle Anwesenden geben schweigend die Geste LVX. Der Anwärter unterschreibt die innere Rolle und wird hinausgeführt. Alle legen ihre Roben ab und gehen auseinander. Der Anwärter wird angewiesen, beim Hinein- und Hinausgehen das Grußzeichen des $5 = 6$ zu geben.)

Die Gefolgschaft des Rosenkreuzes

An dieser Stelle möchte ich gerne drei Rituale vorstellen, die Arthur Edward Waite für seinen Orden geschrieben hat, den er als die »Gefolgschaft des Rosenkreuzes« bezeichnete. Wie man erwarten darf, ist der Text christlich und biblisch. Waite wurde römisch-katholisch erzogen. Es ist auch typisch für Waite, daß er sich immer gedrängt fühlte, lateinische Formulierungen einzustreuen, was vom ritualistischen Standpunkt her keine schlechte Idee ist, denn eine fremde Sprache kann ein inneres Gefühl des Staunens und der Ehrfurcht erzeugen. Im Ritual ist es also entschuldbar, in der Prosa ist es aber unverzeihlich, zumindest in dem Ausmaße, in dem Waite es in seinen verschiedenen Schriften anwandte.

Typisch für Waite ist auch der schwerfällige, schwülstige und wiederholende Stil. Ich bin kein großer Verfechter oder Bewunderer von Waites literarischem Werk. Er hatte in der Tat viel zu sagen, aber sein schriftstellerischer Stil trug nur dazu bei, die Botschaft zu verschleiern.

Freundlicherweise gab mir Robert W. Gilbert aus Bristol, der gerade eine Biographie über Waite schreibt, diese Rituale des Neophyten-, des Adeptus Minor- und Major-Grades. Diese Rituale haben mich seltsam tief berührt. Es ist, als würde man wiederum durch das Adeptus Minor-Ritual geleitet, jedoch dieses Mal mit einer anderen Melodie, in der Sprache einer anderen Zeit und im Geiste einer anderen Religion. Obwohl ich an sich einen Widerstand gegen Waite habe, muß ich bei diesen Ritualen ein wenig schlucken, habe Tränen in den Augen und fühle mich im Geiste erregt wie vor fünfzig Jahren.

Dies ist ein bemerkenswertes Eingeständnis der Wirksamkeit nicht nur des Rituales an sich, sondern auch eines Textes, den ich ansonsten als schwülstiges, aufgeblähtes, überladenes Bibelblättern abgestempelt hätte, welches ich von Herzen verabscheue.

Es gibt darin einige großartige Zeilen. Für den Fall, daß einige meiner Leser einen neuen Golden Dawn-Tempel aufbauen möchten, so könnten sie durchaus einige Stellen in die alten Rituale einbauen.

Für den Fall, daß einige bereits initiierte Ordensmitglieder die sogenannten höheren Grade erreichen möchten, kann Waites Adeptus Major-Ritual ihnen einige grundlegende Passagen liefern, die in die herkömmlichen Ordensrituale eingebracht werden können.

Die Aufnahmezeremonie in den Grad des Neophyten

Aus den Chiffre-Manuskripten neu ausgearbeitet und mit Ermächtigung der geheimen Oberen des Zweiten Ordens an die Mitglieder der anerkannten Tempel herausgegeben. In Übereinstimmung mit der Geheimlehre und dem Wissen des *Rosenkreuzes* bestätigt.

SACRAMENTUM REGIS
HÜTER DER HEILIGEN MYSTERIEN

Die Amtsträger des Grades

1. DER WÜRDIGE FRATER PHILOSOPHICUS, id est, Propositum Conscium dei – Meister des Tempels.
2. DER WÜRDIGE FRATER PRACTICUS, id est, Desiderium Conscium Dei – Wächter des Tempels.
3. DER WÜRDIGE FRATER THEORETICUS, id est, Mens Conscia Sponsi – Führer der Pfade und Grade.
4. DER ASSISTIERENDE FRATER ZELATOR, id est, Terra Illuminata – Proclamator et Lucifer.
5. DER FRATER THURIFICANS, id est, Thuribulum Ferens – Thurifer (Räucherfaßträger).
6. DER FRATER AQUARIUS, id est, Aquam Benedictam Ferens – Aquarius (Wassermann).

Die Rituale des R.R. und A.D.

7. DER FRATER OSTIARIUS, id est, Custos Liminis, ein Novize der Rosenkreuzerwache.
8. Der Imperator und Ritualleiter sitzt ex officio allen Graden der Gefolgschaft vor, entweder persönlich oder durch einen ernannten Stellvertreter.

Falls bestimmte Ämter von Schwestern der Gefolgschaft übernommen wurden, werden in den Anredeweisen die entsprechenden Änderungen vorgenommen.

Die Bekleidung der Zelebranten und der Amtsträger

1. Der würdige Frater Philosophicus trägt eine grüne Robe über seinem schwarzen Gewand und einen Kragen von roter Seide, von welchem ein kreisförmiges Lamen hängt, auf welches der Buchstabe JOD geschrieben ist. Die grüne Farbe der Robe des Meisters repräsentiert das Wachstum im Leben GOTTES. Das Symbol des Löwen ist darauf auf der linken Seite eingestickt mit der Inschrift FACIES TERTIA, FACIES LEONIS. Der Meister trägt einen Stab, der in ein Passionskreuz ausläuft, welches am Ende eines jeden der vier Arme einen Kreis trägt und einen Kreis in der Mitte des unteren Armes.
2. Der würdige Frater Practicus trägt eine gelbe Robe über seinem schwarzen Gewand, welche den Anfang der Transmutation in GOTT symbolisiert. Darauf ist das Symbol des Adlers auf der linken Seite mit folgenden Inschriften eingestickt: FACIES QUARTA, FACIES AQUILAE. Sein Kragen ist aus violetter Seide, und ein kreisförmiges Lamen hängt davon herab, worauf der Buchstabe HE eingeschrieben ist, der das erste HE des Gottesnamens darstellt. Er trägt einen Stab, der in ein flammendes Herz ausläuft.
3. Der würdige Frater Theoreticus trägt eine blaue Robe über dem schwarzen Gewand, welche das Streben und den Wunsch symbolisieren, die die große Suche einleiten und die noch unverwirklichten Dinge spiegeln. Darauf ist auf der linken Seite das Symbol des Menschen eingestickt mit den Inschriften: FACIES SECUNDA, FACIES HOMINIS. Sein Kragen ist aus oranger Seide, und davon hängt ein kreisförmiges Lamen herab, worauf der Buchstabe VAU eingeschrieben ist. Er trägt einen Stab, der in ein offenes Auge ausläuft, welches das Auge des Geistes bedeutet.

4. Der assistierende Frater Zelator trägt eine rötlich-braune Robe, die der adamischen Erde entspricht und die erste Bewegung des göttlichen Geistes zur Erschaffung einer lebenden Seele symbolisiert. Darauf ist das Symbol des Ochsen eingestickt mit der Inschrift: FACIES UNA, FACIES CHERUB. Sein Kragen ist aus blaugrüner Seide, und ein kreisförmiges Lamen hängt davon herab, worauf der Buchstabe HE eingeschrieben ist, das abschließende HE des Gottesnamens. Er trägt einen Stab, der in ein Passionskreuz ausläuft, welches auf den oberen Armen eine Krone trägt. Der Frater Zelator entspricht symbolisch dem Führer der Pfade und Grade.
5. Der Frater Thurifans trägt ein rotes Chorhemd und einen Kragen aus grüner Seide, von welchem ein kreisförmiges Lamen herabhängt, welchem ein gleichseitiges Dreieck mit der Spitze nach oben eingeschrieben ist, ein Symbol des Feuers. Er hat eine symbolische Entsprechung zum Meister.

Bestätigt als eine korrekte Abschrift der Originalhandschrift MS. SACRAMENTUM REGIS (Waite), 5 = 6.

Der heilige Orden des Golden Dawn (der Goldenen Dämmerung)

Die feierliche Eröffnungszeremonie des Tempels im Lichte

(Die Einrichtung des Tempels wird im offiziellen Diagramm gezeigt.
Die Amtsträger und Mitglieder sind im Tempel versammelt, das Tor des heiligen Bezirkes ist geschlossen und wird vom Sentinel bewacht, der mit gezogenem Schwert an der Innenseite sitzt. Der ständige Zeremonienleiter tritt vor den leeren Thron des Hierophanten und spricht:)

Zeremonienleiter: Brüder und Schwestern, der Herr ist mein Licht und meine Stütze. Im Namen von dem, der uns vor der Finsternis errettet und von den unreinen Stätten, und auf Befehl der ehrwürdigen Wächter weise ich die Amtsträger und Brüder an, die Kleidung ihres Ranges und Grades anzulegen. Umschließe unsere Pforten, oh Herr, und hüte unsere Schwellen. Kleide du uns in deine Gnade und Wahrheit.

(Die Teilnehmer nehmen die Insignien ihrer passenden Bänder und Kragen auf. Der Zeremonienleiter assistiert bei der Bekleidung der höheren Amtsträger. Nachdem dies in ernster Ordnung und ehrfürchtig heiliger Stille geschehen ist, fährt der Hierophant des Tempels oder einer der ehrwürdigen Wächter mit der Reinigung des Tempels fort wie folgt: Er siegelt mit dem Zeige- und Mittelfinger und dem Daumen seiner rechten Hand die Stirn und spricht:)

Hierophant: ATEH. (Er siegelt seine Brust und spricht:)

Hierophant: MALKUTH. (Er siegelt seine rechte Schulter und spricht:)

Hierophant: VE GEBURAH. (Er siegelt seine linke Schulter und spricht:)

Hierophant: VE GEDULAH. (Er faltet die Hände und spricht:)

Hierophant: LE OLAHM. AMEN (Diese Operation dient zu seiner eigenen Reinigung, so daß er würdig sei, das Äußere zu läutern. Dies wird mit Blick nach Osten ausgeführt. Alle stehen und wenden sich ostwärts.)

Die Bannung

(Er zieht mit dem umgedrehten Szepter oder Stab das bannende Pentagramm im Osten. Dann bringt er den Stab in die Mitte des Pentagrammes und spricht langsam und deutlich die heiligen Namen aus.)

Hierophant: JOD, HE, VAU, HE. (Er geht in den Süden und trägt dabei den Stab im gleichen Winkel erhoben und vor sich zeigend. Er zieht im Süden das Pentagramm, bringt den Stab in die Mitte und spricht den heiligen Namen:)

Hierophant: ADNI. (Er bewegt sich auf gleiche Weise in den Westen, führt die gleiche Arbeit durch und spricht den heiligen Namen:)

Hierophant: EH-JEH. (Auf gleiche Weise geht er in den Norden, führt dort die gleiche Arbeit durch und spricht das heilige Wort:)

Hierophant: AGLA. (Er bewegt sich auf gleiche Weise wieder in den Osten und hat so den Tempel einmal umkreist und in der Luft mit seinem Stab den Kreis vollendet. Dieses ist die Reinigung des Tempels. Die Teilnehmer blicken mit dem Hierophanten in die jeweilige Richtung; er schaut nun nach Osten, breitet seine Arme kreuzförmig aus und spricht:)

Hierophant:
    Vor mir RAPHAEL.
    Hinter mir GABRIEL.
    Zu meiner Rechten MICHAEL.
    Zu meiner Linken AURIEL.
    Vor mir flammt das Pentagramm,
    und hinter mir scheint der sechsstrahlige Stern.
(Dieses ist die Formel der Engel, welche die heiligen Hügel um das Jerusalem des Tempels bringt und den Tempels selbst zu einem Ring aus heiligen Hügeln um das innere Jerusalem macht. Er endet wie er begann: indem er das SIEGELNDE GEBET spricht, welches das Schließen der innern und äußeren Tore gegen die Schemen des Bösen versinnbildlicht. Er tritt dann vor den Thron des Hierophanten, blickt diesen an und spricht das folgende Gebet.)

Das Gebet vor dem Thron

Hierophant: Schöpfer des Universums, Herr der sichtbaren Welten, der Du in Deiner Allmacht Deine heiligen Zeichen in alle Richtungen der Himmel gesetzt hast und der Du Tag und Nacht durch Deine großen und kleinen Himmelslichter zu uns sprichst, durch Deine Sonne und Deine Sterne und Deine Sternbilder, wir flehen zu Dir, gib, daß die verborgene Gnade, die im strahlenden Osten wohnt, der Tagesanbruch des Lichts und die Quelle des Lebens, als Antwort auf unser Gebet hier und jetzt mit dem Throne des Hierophanten in Verbindung treten. Laß ihn in Deiner Güte zu einem wirksamen Zeichen jenes aufgehenden goldenen Lichtes werden, welches den Pfad deiner Mysterien erleuchtet; und möge dieses Licht uns zur Erlangung der Quintessenz führen, dem färbenden Stein der Weisen, der Weisheit, deren Quelle in Dir ist, und der Seligkeit, welche in Deiner Gegenwart gefunden wird.
(Auf diese Weise werden die Amtsträger und der Tempel für die auszuführende Arbeit geweiht. Diese Reinigung wird immer mit einer feierlichen Erinnerung an die mit den betreffenden Punkten verbundene Absicht durchgeführt. Wird der Tempel für einen höheren Grad als den des Neophyten geöffnet, so wird diese Eröffnung in gleicher Weise vorangeschickt. Die Übertragung des Neophytengrades macht eine weitere Reinigung am gleichen Tage unnötig. Ist das Gebet beendet, nimmt der Hierophant seinen Platz auf dem Thron im Osten ein, an welchen er sich über die nördliche

Seite des Sockels vor dem Thron annähert. Er nimmt sein Szepter auf. Alle Teilnehmer setzen sich. Eine Pause. Alle erheben sich. Der Sentinel verläßt den Tempel. Der Kerux geht über den Norden in den Nordosten des Tempels und steht auf diese Weise zur Rechten vor dem Hierophanten, mit Blick nach Osten. Er erhebt seine Lampe und den Stab.)

Hierophant: Brüder und Schwestern des Tempels der Isis Urania, die Ihr berechtigt zu den Mysterien des Golden Dawn versammelt seid, helft mir, den Tempel unseres heiligen Ordens im Grade des Neophyten zu eröffnen.

Kerux: Hekas, Hekas, este bebeloi.

(Er kehrt über den Süden und Westen zu seinem Platz zurück, wobei er die Zeichen seines Grades gibt, wenn er am Thron des Hierophanten vorübergeht. Außer bei der umgekehrten Umkreisung am Schluß des Grades müssen alle Amtsträger und Mitglieder bei ihren Bewegungen dem Sonnenlauf folgen. Beim Vorübergehen am Hierophanten und beim Betreten oder Verlassen des Tempels muß der Gruß des Grades gegeben werden.)

Hierophant: Frater Kerux, achtet darauf, daß der Tempel an der Außenseite der Pforte bewacht ist, als ein äußeres Zeichen der behüteten Mysterien, die darin sind. (Der Kerux gibt an der Innenseite des Tores ein Klopfzeichen. Der Sentinel antwortet auf gleiche Weise von der Außenseite, wobei er den Knauf seines Schwertes benutzt.)

Kerux: (Indem er den Stab erhebt) Ehrwürdiger Hierophant, der Tempel ist von außen gedeckt, das Tor von innen gesichert, und ich stehe auf der Innenseite als ein Zeuge der Wachsamkeit und des Tores der Vernunft.

Hierophant: (Mit erhobenen Augen und erhobenem Szepter) Brüder und Schwestern, laßt uns die Gedanken an die äußere Welt ablegen. Der Tempel ist von außen bewacht, möge das Herz von innen bewacht werden. (Ein Moment Pause)

Hierophant: Würdiger Frater Hiereus, erhebt das Schwert des Urteiles, und stellt Euch an die Innenseite der Pforte. Stellt sicher, daß alle Anwesenden das Licht des Ostens erblickt haben. (Der Hiereus verläßt seinen Thron, geht zum Tor des Tempels, wo er das Schwert zieht und es erhebt.)

Hiereus: Brüder und Schwestern des heiligen Ordens des Golden Dawn, gebt die Zeichen eines Lichtsuchers. (Dies wird ausgeführt, und der Hiereus steckt sein Schwert wieder in die Scheide. Er gibt die Zeichen eines Neophyten.)

Hiereus: Ehrwürdiger Hierophant, der Orient aus der Höhe ist zu uns gekommen. (Die Gesten werden vom Hierophanten wiederholt. Der Hiereus kehrt an seinen Platz zurück.)

Hierophant: Die unter uns Weilenden sind besonders die inneren Wächter. Sei bei uns an deinem heiligen Ort, oh Herr, und halte uns an deiner Stätte rein. (Er spricht dies mit erhobenen Augen und erhobenem Szepter. Eine kurze Pause.)

Hierophant: Die Zahl der Amtsträger dieses Grades und die Symbolik ihrer Ämter werde wiederholt, damit die Eigenschaften, deren Bilder sie sind, in den Sphären der hier und jetzt Anwesenden verstärkt werden, wie auch in der vollendeten Sphäre des Ordens. Würdiger Frater Hiereus, wieviele Hauptamtsträger gibt es im Neophytengrade?

Hiereus: Wie in allen Graden und Untergraden des Äußeren Ordens bilden sie die Dreiheit unterhalb der ewigen Dreieinigkeit ab, welche oben ist: Es sind der Hierophant, der Hiereus und der Hegemon.

Hierophant: Was ist diesen Titeln gemein?

Hiereus: Der Buchstabe H, das Symbol des Atems und des Lebens.

Hierophant: (Erhebt sein Szepter) Brüder und Schwestern, ich aber bezeuge, daß das Leben im Heiligen Geiste unser gemeinsames Erbe ist. (Er senkt das Szepter) Würdiger Frater Hiereus, welches ist die Zahl der Amtsträger?

Hiereus: Diese sind ebenfalls drei: der Stolistes, der Dadouchos und der Kerux, außerdem der Sentinel, der bewaffnet an der Außenseite der Pforte steht, der jene Seite bewacht und die Mitteilungen von außen empfängt, Mitglieder einläßt und auf den Kandidaten Obacht gibt, wenn er in die Vorhalle des heiligen Tempels tritt. (Der Dadouchos hebt an seinem Platze den Weihrauchschwenker und spricht, während der Weihrauch ausströmt:)

Dadouchos: Mein Platz ist im Süden des Tempels, und ich trage das Weihrauchgefäß meines Amtes. Ich repräsentiere die materielle Wärme, die sich in der Außenwelt niederschlägt, und das Feuer, das sich innen mitteilt. Über dieses Feuer wird gesagt: In der weg- und wasserlosen Wüste dieser Welt hat meine Seele nach dem Herrn gedürstet. Ich symbolisiere die Sehnsucht nach Gott, welche alle irdischen Rosen verbrannt hat und alle falschen Gärten des Vergnügens verwüstet, so daß die Seele weder Nahrung noch Wein darin findet. Ich bin die Hitze jenes übernatürlichen Feuers, welches alle Lust des Fleisches, des Auges und den Stolz verzehrt. In diesem Sinne weihe ich den Kandidaten mit Feuer. (Das Weihrauchgefäß wird gesenkt. Der Stolistes erhebt an seinem Platz den Wasserkelch.)

Stolistes: Mein Platz ist im Norden des Tempels, und ich trage das Wasser meines Atems. Ich repräsentiere die materielle Kälte und Feuchtigkeit, die sich in der äußern Welt niederschlägt, sowie die Wasser aus der Quelle der Erlösung, die sich in die innere Welt ergießen. Ich stelle die andere Seite der göttlichen Sehnsucht dar, denn wie der Hirsch nach dem Wasserbache lechzt, so sehnt sich die Seele des Menschen nach dir, oh Gott. In diesem Sinne reinige ich den Kandidaten mit Wasser. (Der Wasserkelch wird gesenkt. Der Kerux erhebt an seinem Platz nördlich vom Hiereus die Lampe.)

Kerux: Mein Platz ist an der Innenseite der Pforte. Ich trage die Lampe meines Amtes, welche das materielle Licht symbolisiert, das in die Außenwelt scheint, besonders aber das geheime Licht, welches in der Welt der Gnade aufgeht. Ich mache alle offiziellen Ankündigungen, ich berichte dem Hierophanten des Tempels, ich führe die Umkreisungen an und achte darauf, daß der Tempel in Frömmigkeit und Ehrfurcht vor den Mysterien vorbereitet wird, welche ausgeführt werden sollen. Ich gehe vor dem Kandidaten einher, wie Gott den Erwählten vor dem Pfade ihrer Rückkehr zu ihm vorangeht. (Die Lampe wird gesenkt. Der Hegemon hebt sein Szepter.)

Hegemon: Ich bin der Mittler und Versöhner, der Bereiter des Pfades zum Göttlichen. Mein Sitz ist zwischen den Säulen, und ich gebiete über das Tor zu den Mysterien. Ich stehe für die Verfassung der aufsteigenden Seele, für die Reinheit, die durch meine weiße Robe versinnbildlicht ist. Ich bin der Friede des Gleichgewichts, welcher Licht und Dunkelheit versöhnt. Ich leite das höhere Streben der Seele in der Tugend der Reinheit an. Ich bin die Religion, die sich in der Güte manifestiert, auf dem mittleren Pfade, auf welchem der Aufstieg zum Licht möglich ist. Ich trage ein mitraköpfiges Szepter, welches die sakramentale Seite der heiligen Kirchen und Religionen symbolisiert. Kraft meines Amtes und seiner hohen Symbolik bin ich in allen Graden des Ordens der Führer des Kandidaten, und ich führe ihn auf den wahren Weg. (Das Szepter des Hegemonen wird gesenkt. Der Hiereus zieht und erhebt sein Schwert. Außerdem erhebt er das Banner des Westens.)

Hiereus: Ich bin auf den Thron des Westens gesetzt. Ich symbolisiere die äußere Dunkelheit. Ich vertreibe die Bilder der Materie. Ich bin der Geist, welcher die Besessenheiten reinigt. Ich werde die Stärke in den Mysterien genannt, doch meine Stärke und Zuflucht sind in dir, oh Gott. Ich bin der Schutz vor dem Bösen im Kandidaten, ich trage das Schwert des Urteils und das Banner des abendlichen Zwielichts. Was ich repräsentiere, kündige ich am Tore zum Eingang zu den Höhen an. (Der Hiereus stellt das Banner zurück. Er steckt das Schwert in die Scheide. Der Hierophant erhebt sein eigenes Szepter und Banner.)

Hierophant: Ich bin auf den Thron des Ostens gesetzt und symbolisiere die aufgehende Sonne in der Welt des Makrokosmos. Siehe, er stellte sein Tabernakel in die Sonne. Ich regiere und gebiete über den Tempel und die Träger aller Grade. Meine Robe ist rot für das innere Feuer. Ich trage das Szepter und das Banner des Ostens. Ich erläutere die Mysterien. Ich bin von jenseits ermächtigt, den Dingen, die hinter dem Schleier sind, in ewiger Symbolik Ausdruck zu verleihen. Ich bin der Punkt, an welchem der Glaube sich in Erfahrung auflöst. Ich bin die Macht, das Licht, die Gnade und die Weisheit. (Er stellt sein Banner zurück.)

Hierophant: Frater Stolistes, in der Geste des Verständnisses und im Gedenken an das große Meer weise ich Euch an, den Tempel und die Brüder mit Wasser zu reinigen.

(Der Stolistes folgt dem Sonnenlauf, wobei er von Osten her zu seinem Platz im Norden kommt. Er blickt den Hierophanten an und bietet ihm sein Gefäß zur Weihung dar. Der Hierophant segnet es mit dem Kreuz und spricht:)

Hierophant: Oh Herr, wir flehen dich an, segne uns und diese, deine Gabe des Wassers, welche wir in deinem Dienste als ein äußeres Zeichen der Gnaden benutzen, die innen vermittelt werden.

(Der Stolistes zieht über dem Kelch ein Kreuz und sprenkelt dreimal im Osten. Er fährt dann in der Reihenfolge Süden, Westen und Norden fort, blickt in jede Richtung, wo er jeweils das Kreuzzeichen wiederholt und sprenkelt. Er vollendet den Kreis, indem er in den Osten zurückkehrt. Er schaut wieder den Hierophanten an, erhebt den Wasserkelch und spricht:)

Stolistes: Wasser des Verständnisses, Wasser des großen Meeres, ich reinige mit Wasser. (Er grüßt den Thron und kehrt über den Süden und Westen auf seinen Platz zurück.)

Hierophant: Frater Dadouchos, bei allen Symbolen der göttlichen Sehnsucht und bei den aufwärtsfliegenden Funken des heiligen Strebens, weise ich Euch an, den Tempel und die Brüder mit Feuer zu weihen. (Der Dadouchos geht von seinem Platz im Süden über den Westen und Norden zum Osten. Er blickt den Hierophanten an

Die Rituale des R.R. und A.D.

und bietet ihm sein Weihrauchgefäß zur Weihung dar. Der Hierophant segnet es mit dem Kreuz und spricht:)
Hierophant: Wir flehen dich an, oh Herr, segne uns und diese, deine Gabe des Feuers, welche wir in deinem Dienste als ein äußeres Zeichen der Gnaden benutzen wollen, die innen vermittelt werden. (Der Dadouchos zieht mit seinem Weihrauchgefäß ein Kreuz und räuchert dreimal in Richtung Osten. Er fährt damit im Süden, Westen und Norden fort, indem er in jede Richtung blickt, wie zuvor ein Kreuz zieht und dreimal räuchert. Er kehrt in den Osten zurück, hebt das Weihrauchgefäß und spricht:)
Dadouchos: Das Verlangen nach dem Hause des Herrn hat mich verzehrt. Ich habe mit dem Feuer geweiht. (Er grüßt wiederum zum Throne und kehrt direkt auf seinen Platz zurück.)
Hierophant: Demjenigen, der seine Erwählung erfüllt hat, wird die Robe der Herrlichkeit verliehen. Die mystische Prozession auf dem Pfade des Lichts findet statt.
(Der Kerux geht nach Norden und hält dort inne. Der Hegemon geht über den Süden und Westen, wo sich ihm der Hiereus anschließt, mit diesem zu den Plätzen hinter dem Kerux. Der Dadouchos folgt dem Hegemonen vom Süden über den Westen, wo er dem Hiereus gestattet, dazwischenzutreten, und so gehen sie in den Norden, wo er seinen Platz zur Rechten des Stolistes einnimmt. Kerux, Hegemon, Hiereus, Stolistes und Dadouchos umkreisen den Tempel in Richtung des Sonnenlaufs. Der Hiereus geht einmal am Hierophanten vorbei, der Hegemon zweimal und die übrigen Amtsträger dreimal, wobei sie jedesmal das Zeichen ihres Grades geben. Zum Schluß kehren sie auf ihre Plätze zurück.)
Hierophant: Im Gedenken an den Pfad unserer Rückkehr wird die mystische Prozession vollzogen. Laßt uns die Heiligkeit in der Anhörung des heiligen Gebetes verkünden, so daß das Licht und die Dunkelheit der Menschen sich vereinen, um den Herrn zu preisen. (Alle schauen nach Osten und geben die Geste des Grades, welches während der Anbetung beibehalten wird.)
Hierophant: Heilig seid Ihr, oh Herr des Universums: Lasse uns, deine Diener, ein in das Heil deiner großen Heiligkeit. Heilig seid Ihr, den die Natur nicht erschaffen hat: Wandle unsere menschliche Natur, und lasse unsere Seelen in dir erneuert werden. Heilig seid Ihr, der Weite und der Mächtige: Erhöhe uns auf dem Pfade unserer Suche, so daß wir zu guter Letzt in deine Gegenwart gelangen. Erleuchte unsere Finsternis, stärke unser Licht, oh Herr von Licht und Finsternis. (Dann nach Westen blickend:)

Hierophant: Frater Kerux, im Namen dessen, der unsere Stärke ist, unsere Zuflucht und unser Ziel von Ewigkeit her, befehle ich Euch, zu verkünden, daß dieser Tempel in der Welt der Gnade geöffnet ist. (Wie zuvor geht der Kerux zum Orte der Verkündigung am Throne des Hierophanten und spricht klar und laut, während er Lampe und Stab hebt:)

Kerux: Brüder und Schwestern, ich bezeuge, daß die Sonne in der Seele aufgegangen ist und daß das Licht der Gnade ausgebreitet ist.

Hierophant: KHABS
Hiereus: AM
Hegemon: PEKHT
Hiereus: KONX
Hegemon: OM
Hierophant: PAX
Hegemon: LICHT
Hierophant: IN
Hiereus: FÜLLE.

(Der Kerux kehrt auf seinen Platz zurück. Der Sentinel betritt den Tempel wieder. Amtsträger und Teilnehmer setzen sich. Hier endet die feierliche Eröffnungszeremonie des Tempels im Lichte.)

Die zeremonielle Aufnahme eines Neophyten in die Pforte des Golden Dawn

Der Kerux nimmt die Rose, die Lampe, den Kelch und den Teller vom Altar.

Hierophant: Brüder und Schwestern, ich ersuche Euch, Eure Herzen zum Gebet zu erheben, daß Gottes Hilfe uns in unserer Arbeit stützen möge, welche auszuführen mir als einem autorisierten Übermittler der Mysterien aufgetragen ist. Ich habe von den geheimen Oberen des Ordens die Ermächtigung erhalten, A.B. in den ersten Initiationskreis der Pforte des Golden Dawn aufzunehmen. Ich befehle darum dem würdigen Frater Hegemon, die Vorbereitung des Postulanten in seine Obhut zu nehmen und darauf zu achten, daß die inneren Dinge durch die äußeren symbolisiert werden. (Der Hegemon erhebt sich, stellt seinen Sitz von dem Platz in der Mitte zwischen den Pfeilern an eine für diesen Zweck freigelassene Stelle in bequemer Nähe und geht zur Innenseite der Tür, wo er sich nach Osten wendet, dort im Gedenken die Geste des

Neophyten gibt und dann durch die Pforte hinausgeht. Er bereitet den Kandidaten vor, indem er die Binde über seine Augen legt und einen Strick dreimal um seinen Körper windet. Während dies getan wird:)

Hierophant: Die äußeren Dinge entsprechen den inneren. Eine Zeitlang werden die Augen des Postulanten am Tore der Mysterien verdunkelt, um die Wolke zu versinnbildlichen, die auf dem Heiligtum seiner Seele liegt. Der Körper unseres Postulanten wird gebunden, um die materielle Kette anzuzeigen, welche in seinem Exil, fern der Heimat seines Herzens, auf ihm lastete. Er kann nicht allein gehen und ist deshalb von unserer Führung abhängig. Er wird in seiner Not nicht verlassen sein. Sicher und in Gewißheit wird er zu einem geheimen Orte unseres Lichts gebracht werden. In seinem Herzen sind Glaube und Hoffnung, und auf seinem schmalen Wege führt ihn der Arm der Liebe. (Wenn die Vorbereitung ausgeführt ist, gibt der Hegemon den Ruf eines Klopfzeichens an der Außenseite der Pforte. Der Kerux antwortet mit einem Klopfzeichen.)

Kerux: Ehrwürdiger Hierophant, der Mittler zwischen Licht und Dunkelheit, der Herr der Versöhnung und des Friedens steht an der äußeren Tür.

Hierophant: Könnt Ihr, Frater Kerux, bestätigen, daß er im Namen seiner Sendung und in Erfüllung der Erlösungstat zurückkehrt?

Kerux: Er will nur, daß es vollbracht werde.

Hierophant: Gott schuf die äußere Welt, wie er die innere schuf. Mögen diejenigen, die nach seinem Licht suchen, vom Frieden des Herrn erfüllt sein. Ich gestatte Euch, A.B. einzulassen, der in dieser Vorhalle seine irdischen Titel und Würden zurückließ, um aus unseren Händen den Namen zu empfangen, der sein Streben nach dem Zutritt in unsere Mitte repräsentiert. Er wird fortan als Frater Adveniat Regnum (vel aliud) bekannt sein, und möge er, der das Reich betritt, die Krone empfangen. Brüder Dadouchos und Stolistes, seid bereit, den Kandidaten bei den läuternden Zeichen des Feuers und des heiligen Wassers der Erneuerung zu empfangen. (Der Stolistes schließt sich dem Dadouchos im Süden an, indem er über den Norden und Osten geht, und zusammen gehen sie zur Tür. Die Lichter werden abgedreht. Der Kerux öffnet die Tür und nimmt seinen Platz fünf Fuß innerhalb derselben ein, wo er den weiteren Weg des Kandidaten versperrt, wenn dieser durch die Pforte getreten ist. Hinter ihm stehen Stolistes und Dadouchos. Während er den Kandidaten führt:)

Hegemon: Auch die Dunkelheit ist Gottes Werkzeug. Möge die Dunkelheit seinen Diener führen.
Dadouchos: Der Schatz des verborgenen Feuers scheine hinein.
Stolistes: Über dem großen Meere ist es und in seinen Tiefen.
Hierophant: Möge die Nacht durch den Tag erleuchtet werden. (Der Hegemon tritt wieder vor und führt den Kandidaten. Der Kerux verstellt den Weg.)
Kerux: Die heiligen Dinge sind für die Heiligen bestimmt und das Heiligtum der Einweihung für die geweihten und eingeweihten Menschen. Sohn (und Tochter) der Nacht und der Zeit und Kind der Erde, du kannst den Tempel der heiligen Mysterien nicht betreten. (Der Stolistes tritt vor, bekreuzigt den Kandidaten auf der Stirn und sprenkelt vor ihm dreimal.)
Stolistes: Im Namen der Quelle des lebendigen Wassers, welche die Erdenkinder reinigt, läutere ich dich mit Wasser.
(Er tritt zurück. Der Dadouchos tritt vor, erhebt sein Räuchergefäß vor dem Gesicht des Kandidaten, schlägt damit das Kreuzzeichen und beräuchert ihn dreimal.)
Dadouchos: Im Namen der göttlichen Sehnsucht, welche das Leben auf der Erde verwandelt, weihe ich dich mit Feuer.
(Er tritt ebenfalls mit dem Kerux zurück, welcher seine Lampe hebt, während der Hegemon nach vorn geht und den Kandidaten führt. Sind dort mehrere Kandidaten, so müssen sie alle der Reihe nach geläutert und geweiht werden. Kerux, Stolistes und Dadouchos nehmen wieder ihre Plätze ein, bleiben jedoch stehen.)
Hierophant: Erbe der Nacht und der Zeit, Kind der materiellen Welt, was suchst du an den Stätten der Seele?
Hegemon: (Antwortet für den Kandidaten) Ich bin durch die Finsternis der Nacht und der Zeit zum Tore des Tempels gekommen und suche nach dem Licht, welches innen ist.
Hierophant: Bringt den Postulanten zur westlichen Altarseite mit Blick nach Osten, wodurch das Verlangen nach dem Licht versinnbildlicht ist, welches Gott dem Suchenden gewähren wird, der gut und gebührend vorbereitet ist. (Dies wird vom Hegemonen getan, der den Kandidaten während der gesamten Zeremonie hilfreich und vorsichtig führt. Es ist diesem nicht gestattet, aus eigenen Stücken zu knien, sich zu erheben oder zu bewegen.)
Hierophant: Wir haben hier Eure Bitte um Aufnahme in diesen Orden, welcher zur Vermittlung des geistlichen Wissens für jene da ist, die im Geiste erwacht sind. Wir haben hier auch Euer feierliches Zeugnis des im Herzen empfangenen Verlangens nach der

Gnade des ewigen Lebens und der Einheit mit Gott. Wir sind belehrt worden, daß die Dinge, die des Kaisers sind, dem Kaiser gebühren, daß aber Gottes Dinge Gottes sind; und die Geheimnisse des Heiligtums sind alleine dem Heiligtum vorbehalten. Bevor Eure Aufnahme weitergehen kann, müßt Ihr eine feierliche Verpflichtung auf Euch nehmen, die Schleier des Ordens aufrechtzuerhalten, und wie Ihr in der äußeren Welt durch den Moralkodex und die gesellschaftlichen Verpflichtungen daran gebunden seid, die Gesetze beider einzuhalten, so werdet Ihr hier verpflichtet, die Regel des Tempels zu halten und niemals draußen zu enthüllen, was Ihr drinnen lernt. Aber unsererseits ziemt es sich, Euch zu versichern, was ich hiermit in Gottes Namen tue, daß Euch dieser geforderte Schwur in keiner Weise von den Gesetzen der Menschen wegführt, sondern zu einer besseren Erfüllung derselben im Lichte des göttlichen Gesetzes. Seid Ihr willens, diesen gehörigen und heilsamen Schwur zu leisten? (Der Hegemon spricht dem Kandidaten vor.)

Kandidat: Mich verlangt nach dem Licht des Hauses, und ich nehme die Gesetze auf mich. (Im Einklang mit der Symbolik kommt der Hierophant vom Thron herab und geht zur Ostseite des Altares, wobei er spricht:)

Hierophant: Es steht geschrieben, daß ich die Herzen der Menschen besuchen werde, denn der Weg des Gerechten ist meine Freude. (Er steht mit Blick nach Westen. Der Hiereus geht zur Nordseite des Altares und der Hegemon zur südlichen. Auf diese Weise bilden die drei Amtsträger ein Dreieck, an dessen Mittelpunkt an der Basis der Kandidat an der westlichen Altarseite steht. Die Träger aller Grade erheben sich und bleiben stehen, während der Schwur geleistet wird.)

Hierophant: Postulant vor dem Hause des Geistes, der du auf die Gnade wartest, ich gebiete dir im Namen des Herrn der Gnade, der die Quelle allen Lichts ist, als ein Zeichen deiner Demut und deines Gehorsams niederzuknien. (Dem Kandidaten wird bedeutet niederzuknien.) Gib mir deine rechte Hand, welche ich auf dieses heilige Zeichen des in der Finsternis leuchtenden Lichtes lege. Lege deine linke Hand in meine als ein Zeichen deiner heiligen und ernsthaften Absicht, mit welcher dein Herz zu diesem Orden kommt, so daß es mit der Ernsthaftigkeit und Heiligkeit, die im Herzen desselben wohnt, vermählt werde. Neige deinen Kopf als einer, der aus der Welt gekommen ist, um nach den Gaben zu suchen, die nicht zu der Welt gehören. Nenne zum ersten und letzten Male in Gegenwart dieser Versammlung deinen irdischen Namen und sprich mir nach.)

Hierophant: (Gefolgt vom Kandidaten) Ich, A.B., gelobe hiermit feierlich bei der Ehre meiner Seele, aus freiem Willen und meiner Handlung völlig bewußt, in Gegenwart des ewigen Vaters des Lichts, der jene belohnt, die nach ihm suchen, in Gegenwart der Brüder, die hier in der Gnade seines göttlichen Namens versammelt sind, in Einklang mit Gottes Tat und Wille, daß ich die Geheimnisse dieses Tempels und der darin vollzogenen Mysterien unverbrüchlich halten werde. Ich werde in der äußeren Welt nicht von ihnen sprechen, wenn ich mich dort bewege. Ich werde den Namen dieses Tempels oder Ordens nicht preisgeben, wie auch nicht die Namen eines seiner Mitglieder. Ich werde das Wissen, das mir darin mitgeteilt wurde, nicht enthüllen. Ich werde die Geheimnisse des Heiligtums hüten, wie ich jene meines Königs und Gottes hüten würde, der zu mir am innersten Ort meiner Seele spricht. Ich werde den Gesetzen des Ordens und den Nebengesetzen dieses Tempels entsprechen. Ich werde mich bezüglich dieses Ordens, seiner Riten, Angelegenheiten oder Kenntnisse mit keinem Mitglied, welches aus dem Orden ausgeschlossen wurde, austauschen, noch werde ich die laufende Mitgliedschaft einer Person anerkennen, die sich nicht in Besitz der gängigen Paßworte befindet, welche bei jeder Äquinox in den anerkannten Tempeln mitgeteilt werden. Hiermit schließe ich auch alle Informationen, die ich vor meiner Aufnahme in bezug auf diesen Orden erhalten habe, mit in den heiligen Eid ein. Ich erhebe mein Herz zu Gott, der mein Richter ist, und weil ich mit den wahrhaftigsten Gründen, die die Seele des Menschen erfassen kann, hierher gekommen bin, verspreche ich feierlich, daß ich von diesem Augenblick an voller Mut und Hingabe dem Pfad der göttlichen Wissenschaften folgen werde, so wie ich unverzagt dieser Zeremonie folgen werde, die ein Abbild desselben ist. Ich werde, was ich in diesem Tempel oder Orden lerne oder erhalte, annehmen wie aus den Händen Gottes, und in seine Hände wird es in Reinheit zurückkehren. Ich bestätige hiermit und hierdurch, daß ich mehr als alles andere die Gnade des geheimen Wissens ersehne. Da dieses Wissen aber auch Macht bedeutet, so schwöre ich, daß ich zu keiner Zeit und unter keiner Versuchung dieses zu Werken des Bösen anwenden werde. Soweit es in meiner Macht steht, werde ich mich fortan in meinem inneren und äußeren Wesen dieser Weihe verpflichtet fühlen, so daß ich es verdiene, die Finsternis zu verlassen und in der Welt des

Lichtes zu leben. Ich werde bei meinen Brüdern in Eintracht, Rechtschaffenheit und Reinheit weilen, eingedenk, daß der Friede in Gott liegt. Indem ich mich über diesem heiligen Symbol des über der Seele aufgehenden Lichtes verneige, schwöre ich, alle Teile und Punkte dieses Eides ohne Auslassung, Einspruch oder gedankliche Vorbehalte irgendeiner Art zu beachten, wobei ich darum bete, während ich dies in Glauben und Würde vollziehe, daß mein geheimer Name in das Buch des Lebens geschrieben werde, wie er symbolisch heute in das Buch des Ordens geschrieben wird. Ich rufe auf mein Haupt die Strafe des Ausschlusses aus dem Orden herab, sollte ich mich je absichtlich einer Übertretung darin schuldig machen. Möge ich in der Furcht vor dem zweiten Tode wandeln, dem Wechsel der unendlichen Güte zum göttlichen Zorn und des göttlichen Willens in die feindselige Strömung, die das Leben in der Seele erstarren läßt. Oh Herr, stehe mir bei in deiner Gnade, stärke mich in Herz und Nieren, denn wie ich meinen Hals unter das Schwert des Hiereus neige (es wird auf den Hals des Kandidaten gelegt), so gebe ich mich zum Urteil oder Lohne in deine Hände. So wahr mir meine mächtige und geheime Seele helfe, so wahr mir die Sonne meiner Seele helfe, erleuchte mich in den dunklen Stätten, und bringe mich am Ende zu dir. (Eine Pause.)

Hierophant: So erhebe dich, Novize des Pfortengrades im Orden des Golden Dawn. (Dem Novizen wird dabei geholfen. Hierophant und Hiereus kehren auf ihre Plätze zurück. Alle Teilnehmer setzen sich.)

Hierophant: Ehrwürdiger Hegemon, achtet darauf, daß alle Dinge darin sind – alle Freuden, alle Gefahren, alle Hoffnungen, alle Ängste sowie die Wege der Höhen und der Tiefen – und laßt den Novizen zum nördlichen Teil des Tempels bringen, um den Zustand der geistigen Kälte anzuzeigen, der Nacht des menschlichen Geistes und der verhinderten Gnade. (Dies wird entsprechend ausgeführt, doch blickt der Novize gen Osten.)

Hierophant: Ich bat darum, aus der Finsternis fortgeführt zu werden, und heilige Hände führten mich unter dem Mantel heiliger Schwingen. Ich bat darum, ins Licht gebracht zu werden, und die liebenden Schwingen schlossen sich über meinem Antlitz, damit ich nicht Gott sähe und stürbe. Ich bat, auf den Stufen zum Throne Gottes knien zu dürfen, und sie setzten mich an die heilige Stätte, sogar an das Tabernakel. Oh Herr, welch wundervolle Taten bewirkst du im Herzen der Menschen: Auf deinem Pfade will ich in Ewigkeit gehen. (Eine Pause.)

Hierophant: Möge der Novize aus der Finsternis geführt werden und, im Glauben an seine Absichten, mit einem symbolischen Fortschreiten durch die Finsternis ins Licht. Möge das äußere Symbol des inneren Lichts vor ihm herschreiten, als das schicksalhafte Ziel des Erlangten vor jenen, die für das Licht geboren sind.

(Der Dadouchos geht über den Westen zum Norden, und wenn er zur Rechten des Stolistes steht, nimmt der Kerux seinen Platz vor dem Hegemonen und dem Novizen ein und geht der Prozession voran. Stolistes und Dadouchos nehmen die dritte Reihe ein. Die Prozession bewegt sich langsam, äußerst ehrfürchtig und in völliger Stille, außer an den in der Liturgie bestimmten Punkten. Beim Vorüberschreiten im Osten klopft der Hierophant einmal. Der Kerux hält im Süden inne, Stolistes und Dadouchos treten auseinander und gehen rechts und links am Hegemonen und Novizen vorbei, bis sie vor dem Kerux stehen. Alle drehen sich um, und der Kerux verstellt mit seinem Stab den Weg. Der Kodex MSS, von welchem dieses Ritual sich herleitet, fordert an dieser Stelle nur eine Umkreisung des Tempels; es hat sich jedoch eingespielt, ihn dreifach zu umkreisen. Die erste Umkreisung fand in völliger Stille statt, nur von einem Schlag des Hiereus unterbrochen. Bei der zweiten Umkreisung klopfte der Hierophant einmal. Die Weihung im Süden fand statt, und der Novize wurde zum Hiereus gebracht. Die dritte Umkreisung vollendet den Ablauf im Norden und Osten wie oben. Diese Neuerung ist nicht autorisiert, rechtfertigt sich jedoch in einem kleinen Tempel durch größere Bequemlichkeit.)

Kerux: Die Gedanken des natürlichen Geistes sind ungeläutert und ungeweiht. Ihre Stätte findet sich nicht am Throne des Westens. (Der Stolistes bekreuzigt den Novizen auf der Stirn und sprenkelt dreimal.)

Stolistes: Im Namen der Quelle des lebendigen Wassers, welches die Gedanken der Menschen reinigt, läutere ich dich mit Wasser. (Der Dadouchos schlägt mit dem Räuchergefäß ein Kreuz und beräuchert dreimal.)

Dadouchos: Im Namen des göttlichen Verlangens, welches die Gedanken des Menschen verwandelt, weihe ich dich mit Feuer. (Stolistes und Dadouchos treten zurück auf ihre Plätze im Hintergrund.)

Hegemon: Sohn der Nacht und der Zeit, zweifach gewaschen mit heiligem Wasser und geläutert durch geweihtes Feuer, dein Weg im Westen ist frei.

(Die Prozession hält am Throne des Hiereus an, der einmal klopft. Der Kerux blickt ihn von rechts an. Der Hegemon führt den

Novizen herbei und lüftet dessen Augenbinde. Der Hiereus steht mit gezogenem Schwert und hält das Banner des Westens.)
Hiereus: Bevor du meinen Namen gelernt hast, so spricht der Wächter des Westens, kannst du nicht an mir vorbei.
Hegemon: (Für den Novizen) Du bist die Dunkelheit an der Stätte der Dunkelheit, die die Suche nach dem Licht herausfordert.
Hiereus: Das gegenwärtige Mysterium des Westens wird am Tore des Tempels zur Ermutigung der geretteten Seelen errichtet. Ich bin der Schutz vor dem Bösen, das in dir ist. Ich bin die göttliche Stärke. Ich bin das Gericht, durch welches das Gute vom Bösen geschieden wird. Ich bin die in der Finsternis wirkende Vorsehung. Schreite weiter und fürchte dich nicht, denn wer in Gott gegründet ist, zittert nicht vor der Flamme noch vor der Flut und nicht vor den schwankenden Schatten der Luft.
(Der Hegemon legt ihm die Augenbinde wieder an. Die Prozession schreitet weiter, bis sie wieder im Norden anlangt. Der Kerux dreht sich um und verstellt ein zweites Mal den Weg. Stolistes und Dadouchos treten wie vorher vor.)
Kerux: Die Bedürfnisse und Gefühle des natürlichen Menschen sind eine aufgewühlte See: Ungeläutert und ungeweiht findet sich ihre Stätte nicht am Throne des Tempels im Osten. (Der Stolistes bekreuzigt wie zuvor.)
Stolistes: Im Namen der Quelle des lebendigen Wassers, welche das Herz des Menschen reinigt, läutere ich dich mit Wasser. (Der Dadouchos räuchert wie zuvor.)
Dadouchos: Im Namen des göttlichen Verlangens, welches das Herz des Menschen wandelt, weihe ich dich mit Feuer.
Hegemon: Sohn der Nacht und der Zeit, dreifach mit heiligem Wasser gewaschen und mit geweihtem Feuer geläutert, dein Weg im Osten ist frei.
(Der Kerux führt die Prozession zum Throne des Hierophanten. Der Hegemon führt den Novizen herbei und lüftet seine Augenbinde, so daß dieser den Hierophanten sieht, welcher mit erhobenem Szepter steht und das Banner des Ostens hält.
Hierophant: Bevor du meinen Namen gelernt hast, so spricht der Wächter des Ostens, kannst du nicht an mir vorbei.
Hegemon: (Für den Novizen) Du bist das Licht an der Stätte des Lichts, Licht, das in der Dunkelheit zur Befreiung und Erlösung jener aufgeht, welche im Hause der Fesseln und der Schatten des Todes wohnen.
Hierophant: Das Mysterium des ewigen Lichts, welches in der Fin-

sternis der materiellen Dinge aufgeht und der Seele des Menschen übermittelt wird, ist im Osten des Tempels errichtet. Ich bin das angezündete Licht, das Licht des Morgens, das Verlangen in den Augen der Welt. Ich bin es, der die Mysterien erläutert. Ich bin die Liebe und die Unsterblichkeit und die Hoffnung des kommenden Reiches. Ich bin der Wächter des Schleiers, und ich spreche durch das Öffnen der Augen: So verkünde ich den Pfad der Weisheit und das geheime Gesetz des Gleichgewichts.

(Die Augenbinde wird dem Novizen wieder angelegt, und die Prozession geht weiter zum Altar. Der Hierophant verläßt seinen Thron und trägt das Szepter. Er hält a) zwischen den Säulen, b) auf halbem Wege zwischen ihnen und dem Altar oder c) nahe an der östlichen Seite des Altares inne. Der Hiereus tritt von seinem Platz zur nördlichen Seite in der westlichen Ecke. Der Hegemon stellt den Novizen in den Westen und geht zur südlichen Seite in die westliche Ecke. Der Kerux steht ein wenig hinter dem Novizen. Stolistes und Dadouchos stehen östlich des Hiereus beziehungsweise des Hegemon. Immer wenn der Hierophant innehält, spricht er langsam und deutlich:)

Hierophant: Ich komme in der Macht des Lichts. Ich komme im Lichte der Weisheit. Ich komme in der Gnade des Lichts, und das Licht trägt Heilung auf seinen Schwingen. (Danach im Osten des Altares:)

Hierophant: Siehe, ich stehe an allen deinen Türen und klopfe. Öffne dein Herz, oh Novize dieses Ordens. Nimm dein Verlangen und dein Streben in die Hand, welches dich zu diesem heiligen Tempel gebracht hat, und knie mit gesenktem Haupte (Hegemon und Kerux helfen dem Novizen hierbei). Lege sie in Demut und Ehrfurcht auf unseren Opferaltar. (Der Novize wird angewiesen, die Hände über dem Altar zu falten.)

Hierophant: Oh, der du die Herzen der Menschen heiligst, der du unser Verlangen zum Ziele führst und unser Streben zu den Stufen deines Hauses, ewiger Gott, heilige diesen Novizen unseres Ordens. Führe ihn zur Vollendung, welche in dir liegt, in den Glanz deines großen weißen Thrones. Möge, was ich ihm hier und jetzt als äußere Zeichen deiner gesegneten Sakramente und deiner allerheiligsten Symbole verleihe, möge dies in deiner Gegenwart erfüllt und in seinem Inneren verwirklicht werden zum Preise deines Namens, Welt ohne Ende, Amen, und zur Freude deiner erlösten Hierarchien.

(Dem Novizen wird geholfen, sich zu erheben. Der Hierophant tritt nahe an den Altar und erhebt sein Szepter über das Haupt des Novizen. Hiereus und Hegemon erheben Schwert und Szepter, um das Szepter des Hierophanten zu berühren.)

Hegemon: Der du errettet werden willst und aus den Pfaden der Finsternis gekommen bist, tritt dein heiliges Erbe an.

Hiereus: Du, an dem die Welt von nun an und in Ewigkeit keinen Gewinn mehr hat, tritt in das heilige Licht. (Beim Wort »Licht« entfernt der Kerux abschließend die Augenbinde, und der Sentinel dreht die Lichter an.)

Hierophant: Wir nehmen dich auf an der Stätte unserer Sakramente, unter den äußeren Zeichen der Dinge, die sich innen verwirklichen, in das reine und leuchtende Mysterium, in den Orden des Golden Dawn.

Hierophant: Die Zeichen des hohen Lichts sind im Novizen wiederhergestellt.

Hierophant: KHABS
Hiereus: AM
Hegemon: PEKHT
Hiereus: KONX
Hegemon: OM
Hierophant: PAX
Hegemon: Licht
Hierophant: In
Hiereus: Fülle

(Die drei höchsten Amtsträger nehmen ihre Szepter und das Schwert über dem Kopfe des Kandidaten zurück. Der Kerux geht in den Nordosten des Altares und erhebt seine Lampe. Der Hierophant zeigt darauf.)

Hierophant: Als die leitende Hand, die durch den dunklen Kreis deiner Wanderungen führte, ging dir das Licht der verborgenen Weisheit voraus, versinnbildlicht durch die Lampe des Kerux. Wisse und bedenke von nun an, daß diese Weisheit, welche in der Gottesfurcht beginnt, am Palast in der Mitte endet. (Außer dem Hegemonen kehren alle Amtsträger auf ihre Stationen zurück.)

Hierophant: Möge der Neophyt auf die Ostseite des Altares geführt werden. Er stehe mit Blick nach Osten. (Der Hegemon führt ihn entsprechend über den Norden zum Osten und stellt ihn in die Mitte zwischen den Altar und die Pfeiler.)

Hierophant: Würdiger Frater Hiereus, übergebt nun dem Neophyten die heiligen Zeichen, Griffe und Worte, welche dem Grade 0 = 0 in der Pforte des Golden Dawn angehören. Teilt ihm ebenfalls das derzeitige Paßwort mit, welches für den ganzen Orden gilt. (Der Hiereus geht von seinem Thron über den Norden zur schwarzen Säule und steht auf der Ostseite derselben mit Blick nach Süden. Der Hegemon verläßt den Neophyten und geht über den Norden zu einer entsprechenden Position vor der weißen Säule, jedoch mit Blick nach Norden. Das Schwert des Hiereus ist in der Scheide. Der Hiereus wendet sich nach Westen und blickt den Neophyten an. Er steht zwischen den Säulen.)

Hiereus: Frater Adveniat Regnum (vel alliud), empfangt aus meinen Händen auf Geheiß des ehrwürdigen Hierophanten die geheimen Zeichen, Griff und Wort der Pforte. Der Schritt wird dadurch gegeben, daß Ihr Euren Fuß vorstellt (er zeigt es) wie ich meinen. Die Zeichen werden genannt (er gibt ihm die Anweisungen), wobei das zweite die Antwort auf das erste ist. Das Zeichen (gibt ihm wieder die Anweisung) wird gegeben, indem man (die Anweisung wird gegeben) herausstellt, dabei wird auch (Anweisung wird gegeben) einbezogen. In dieser Stellung seid Ihr wie ein (Anweisung wird gegeben), und das soll Euch an den Zustand erinnern, in welchem Ihr noch vor kurzem zu uns kamt, nach dem Licht suchend und verlangend. Das Zeichen der Stille bezieht sich auf Euren feierlichen Eid. Kennzeichen oder Griff werden gegeben (die Anweisung wird gegeben. Der Hiereus behält den Griff bei). Dieser erinnert an Eure Suche nach Führung in der Dunkelheit. In dieser Haltung werden die Silben des Wortes flüsternd ausgetauscht. Es ist (Anweisung wird gegeben) der ägyptische Name des Gottes des Schweigens. Das derzeitige Paßwort des Ordens wird bei jeder Äquinox geändert; zur Zeit ist es (Wert wird gegeben). Ich stelle Euch nun zwischen die symbolischen Säulen am Eingangstor der verborgenen Weisheit.

(Er zieht den Neophyten im Griff seines Grades vor, achtet aber darauf, daß dieser nicht die Schwelle überschreitet, die durch die zwei Säulen vorgegeben ist. Er nimmt wieder seine Stellung an der schwarzen Säule ein.)

Hierophant: Würdiger Frater Hiereus, denket daran, daß sich hinter dem Willen des Menschen die Pforte des höchsten Mysteriums befindet.

Hiereus: Ehrwürdiger Hierophant, im Angedenken jenes Mysteriums und im Gehorsam gegenüber Eurer Anordnung verlange ich die abschließende und vollendende Weihung.

(Stolistes und Dadouchos treten nacheinander, dem Lauf der Sonne folgend, von ihren Plätzen vor. Sie erheben die Gefäße der Wei-

hung vor dem Hierophanten, wenden sich dann um und weihen den Neophyten, indem sie sprechen:)
Stolistes: Im Namen der Quelle des lebendigen Wassers, welches den Willen des Menschen läutert, weihe ich dich mit Wasser.
Dadouchos: Im Namen des göttlichen Verlangens, welches den Willen des Menschen wieder umwendet, weihe ich dich mit Feuer. (Sie grüßen wieder vor dem Thron und kehren auf ihre Plätze zurück.)
Hierophant: Würdiger Frater Hegemon, löst zwischen den Pfeilern die Fessel des Neophyten, um die Wandlung der niederen Persönlichkeitsteile zu versinnbildlichen, so daß diese mit der Tätigkeit des Willens übereinstimmen mögen, wenn der Wille sich zum Lichte gewendet hat. (Dies wird entsprechend ausgeführt, das Szepter des Hegemonen wird vom Hiereus in Obhut genommen.)
Hierophant: Verseht unseren Bruder nun mit dem mystischen Abzeichen seines Grades. (Der Neophyt wird mit dem Bande versehen, und dadurch wird der zeremonielle Teil seiner Aufnahme vollendet. Die stille Umkreisung im Licht, welche an dieser Stelle stattzufinden pflegte, findet keine Bestätigung im Kodex MSS. Ihr wurde eine einfache Anweisung seitens der Hierophanten vorausgeschickt.)
Hegemon: Empfangt auf Anweisung des ehrwürdigen Hierophanten das Abzeichen des Grades: Die vorherrschende Farbe ist Schwarz und repräsentiert die Dunkelheit, doch dämmert darin das Licht der ewigen Dreiheit.
Hierophant: Nehmt nun Euren Platz als anerkannter und aufgenommener Neophyt an der nördlichen Seite des Tempels nach Westen hin ein.
(Der Hiereus gibt dem Hegemonen das Szepter zurück. Der Hegemon schreitet um die weiße Säule herum, führt den Neophyten in Sonnenrichtung zu seinem angestammten Platz und kehrt auf den seinen zwischen den Säulen zurück, wohin der Sitz wieder gestellt wird. Dadurch ist der zeremonielle Teil der Aufnahme beendet. Der Kerux stellt Rose, Lampe, Kelch und Teller wieder auf den Altar zurück. Alle Amtsträger setzen sich.)
Hierophant: Frater Adveniat Regnum (vel aliud), der Orden des Golden Dawn überbringt Euch sein herzlichles Willkommen zur Aufnahme als ein Neophyt dieses Tempels. Möge über Euer Kommen aus dem irdischen in das geistige Leben Freude herrschen in den gesegneten Hierarchien, und möge diese Freude reflektiert werden und wie Regen der Liebe in das Innerste Eures Herzens fallen. Eure Vorbereitung als Kandidat fand im Körper statt, um die grö-

ßere Vorbereitung zu versinnbildlichen, welche Ihr bereits in Eurem Herzen vollzogen hattet, bevor Ihr als ein Postulant angenommen werden konntet. Die dreifache Kordel, die um Euch gelegt wurde, repräsentierte die dreifache Fessel Eurer Sterblichkeit. Als sie schließlich gelöst wurde, bedeutete dies die Befreiung Eurer höheren Teile. Der sakramentale Titel, den Ihr anstelle Eurer irdischen Bestimmung angenommen habt, ist ein Zeichen Eures heiligen Namens im Tempel, welcher darüber ist. Näher könnt Ihr in Eurem Streben nicht an das herankommen, was in diesem Leben vor Euch verborgen bleibt. Die Augenbinde war ein Bild der Dunkelheit des materiellen Geistes. Das Räuchern bei Euren mehreren Weihungen deutete die Reinigung durch Feuer von dem himmlischen Räucheraltare an. Möget Ihr dadurch wie durch eine brennende Kohle in Herz und Nieren geläutert werden. Die Bekreuzigung mit dem Lustralwasser und das mystische Wasserversprengen deutete sakramental die Verfassung an, in welcher Euer Name im Buche des Lebens aufgeschrieben wird. Der Altar, vor welchem Ihr kniet, hat die Form eines Doppelwürfels, dessen Grundseite notwendigerweise verborgen bleibt. Die Außenflächen sind jedoch zu sehen, während sich auf der Oberseite die heiligen Symbole befinden, auf welche Ihr geschworen habt und durch welche Ihr im Anblick Gottes gebunden seid von nun an bis in Ewigkeit. Der Altar ist schwarz, als ein Bild des Zustandes der natürlichen Menschheit und der Dunkelheit der unerschaffenen Welt, bevor das Wort des schöpferischen Lichts an sie erging. Das Wort wird durch das weiße Dreieck auf dem Altar versinnbildlicht. Es ist das Zeichen der göttlichen Gegenwart in der Natur und auch derjenigen, welche in Eurer Seele, mein Bruder, als eine Manifestation des Göttlichen errichtet werden muß. An der Spitze des weißen Dreiecks liegt ein rotes Kreuz, welches ein Zeichen von ihm ist, der sich im Universum im Licht und in der Seele in Gnade entfaltet. (Der Hierophant erhebt sich und breitet seine Arme zur Form eines Kreuzes aus.)

Hierophant: Dir, oh Herr und allmächtiger Vater, sei Dank für das geheime Wort, welches im Herzen empfangen und geboren wird. Wir nahmen dein Kreuz und dein Leiden wegen der herrlichen Auferstehung an, welche kommen wird. Möge dein Wort auch im Herzen dieses Neophyten geboren werden, möge es wachsen in Gnade und Wahrheit. Möge die Macht und Vollendung seiner Fülle sein wie die Herrlichkeit eines Königs. (Der Hierophant nimmt seinen Platz wieder ein.)

Hierophant: Im Osten des würfelförmigen Altares befinden sich die Säulen, die in der Entsprechung auf Seth, Hermes und Salomo bezogen werden als Anspielungen auf die geheime Tradition und ihre Fortführung durch die Hüter der Mysterien. Sie tragen bestimmte hieroglyphische Texte aus dem Totenritual. Sie stellen Symbole des ewigen Gleichgewichts dar, aktiv und passiv, fest und flüchtig, Strenge und Gnade. Die räumlichen Dreiecke an ihrer Spitze tragen jedes eine verschleierte Lampe und versinnbildlichen die Dreiheit des Lebens. Zwischen ihnen liegt der schmale Pfad der verborgenen Weisheit. Durch diesen Pfad bin ich herabgeschritten, um Euch, mein Bruder, ins Licht zurückzuführen. An der Schwelle desselben und zwischen den beiden Säulen empfingt Ihr die Geheimnisse des Grades, das Abzeichen und die abschließende Weihung.

Ihr sollt nun erfahren, daß der Hierophant auf seinem Throne im Osten die Substanz, den Beweis und die Erfahrung symbolisiert, welche sich im Glauben an das Ewige ausdrücken. Er ist in der Natur die aufgehende Sonne und die Macht, das Licht, die Gnade und die Weisheit in der Welt der Vorsehung. Es heißt: Ex Oriente Lux, und das Licht ist für die Erleuchtung der Völker der Erde. Siehe, er setzte sein Tabernakel in die Sonne, auf daß unsere Füße auf den Pfad des Friedens geführt werden. Auf diese Weise kommt der Orient aus der Höhe zu uns herab. Außerdem ist die Absicht diese, daß das Wissen um die Errettung seinem Volke gewährt werde. Das ist die Bedeutung der Macht des Hierophanten, und die Übermittlung derselben ist seine Gnade, denn Gnade ist überall. Die Übermittlung seines Lichts ist seine Weisheit, und diese Weisheit versinnbildlicht, was vom Munde des Allerhöchsten ausgeht, was von einem Ende zum anderen reicht und stark und süß über alle Dinge gebietet. Der Hierophant ist auch der belehrende Geist an dem Ort, wo der Schleier reißt.

Der Hiereus auf dem Throne des Westens ist die untergehende Sonne in der Natur und die göttliche Stärke in der Welt der Vorsehung. An der Schwelle der Einweihung aber ist die Stärke Gottes, die Kraft und der Wille, die Seele lebend zu erretten, wenn sie ausgegangen ist, nach dem wahren Licht zu suchen. Dieser Art ist die Stärke. Der Hiereus entspricht auch jener göttlichen Finsternis, welche hinter allem manifestierten göttlichen Licht wohnt.

Der Hegemon repräsentiert die Religion, deren Grundlage im Glauben liegt, aber auch in der heiligen Hoffnung. Er ist der Mittler, der Versöhner, der Bereiter des Pfades zum Göttlichen. Auf besondere Weise repräsentiert er die Bedingung für den Aufstieg der Seele, der die Reinheit ist, die durch seine weiße Rose symbolisiert wird. Kraft dieser Eigenschaft führt er das höhere Streben des Geistes. Reinheit aber ist nicht nur die Bedingung, sondern in gewissem Sinne auch das Ziel. Sie bildet nicht nur das erste Glied in der Kette, welche uns von der Erde zum Himmel bringt, sie ist auch die Kette selbst. Sie ist die Jakobsleiter, durch welche das Streben aufsteigt und die großen Einflüsse von oben herabsteigen. Das heißt, daß die reine und unbefleckte Religion vor Gott und dem Vater folgende ist: Die Vaterlosen und die Verwitweten in ihrem Leide zu besuchen und sich selbst von der Welt unbefleckt zu halten. Der Hegemon tritt zwichen den Pfeilern hervor und geht sogar aus der Tür des Tempels hinaus zur Stätte der Uneingeweihten. Er wird gesendet, jene zu erretten, die abgefallen sind. Sein Amt ist jenen gegenüber, die des göttlichen Gemahles verwitwet sind, und jenen, die vaterlos, ohne Gott in der Welt sind. Wenn er darum hinausgeht, so ist es, als spräche eine Stimme: Und so hat Gott die Welt geliebt.

Doch überlagern sich auch die Qualitäten und Gnadengaben und Tugenden, welche durch die höchsten Amtsträger repräsentiert werden. In gewissem Sinne repräsentieren also auch der Hierophant und Hiereus beide die Liebe, die über dem Universum ist, kraft deren Korrespondenzen es Gott möglich ist, dem Herzen des Menschen so nahe zu sein, daß es leichter ist, ihn zu erreichen, als ihn zu verfehlen. Darum ist der Pfad aufwärts ein natürlicher und gerader im Vergleich zu dem Pfade, der abwärts führt.

Bezüglich der niederen Amtsträger habt Ihr bereits gehört, was die Lampe und Funktion des Kerux symbolisieren. Er ist das Licht des Zieles, welches den Scharen der Erlösung vorangeht. Stolistes und Dadouchos, welche im Süden und Norden sitzen, tragen die äußeren Zeichen der Dinge, welche innen läutern. Kraft dieser Lustrationen und Weihungen kommt der Kandidat schließlich zum Osten, wie die Suche zum Ziel kommt und das Verlangen die Erfüllung findet. (Pause)

Hierophant: Frater Kerux, ich gebiete Euch, zu verkünden, daß der Neophyt die Pforte betreten hat und in die Mysterien des Neophytengrades des heiligen Ordens des Golden Dawn aufgenommen worden ist. (Der Kerux geht über den Westen nach Norden, stellt sich zur Rechten vor den Hierophanten mit Blick nach Westen und erhebt seine Lampe und seinen Stab.)

Kerux: Im Namen Gottes, der unser Licht ist, und auf Geheiß des ehrwürdigen Hierophanten, höret alle: Ich verkünde und bezeuge, daß A.B., der von nun an unter uns bei dem sakramentalen Titel eines Frater (vel Soror) Adveniat Regnum (vel aliud) bekannt sein wird, die Pforte des Golden Dawn durchschritten hat und zu den Mysterien des Neophytengrades zugelassen wurde. (Er kehrt in Sonnenlaufrichtung auf seinen Platz zurück.)

Hiereus: Frater Adveniat Regnum (vel aliud), ich mahne Euch, den Geheimhaltungseid stets im Gedächtnis zu behalten, welchen Ihr beim Eintritt in diesen Orden geleistet habt. Seht ihn als eine Ehrenprobe, seine getreue Beachtung als ein Anrecht auf die Erlösung, eine Berechtigung für Euren seelischen Fortschritt an. In dem Schweigen liegt Kraft, die Saat der Weisheit wird darin gesät, und sie wächst in Dunkelheit und Mysterium. Gedenket des Mysteriums, welches Euch eröffnet wurde, es ist ein Schatten des größeren Mysteriums, von welchem die Zunge nicht sprechen kann. Ehret Gott, der unser Licht ist. Von ihm gehen alle Dinge aus, und zu ihm kehren alle Dinge zurück. Verlangt weiterhin nach jener göttlichen Vision, welche zu suchen Ihr gelobt habt. Denket daran, daß jene, die Euch vorausgegangen sind, Euch auf den Pfad zu diesem Ziele stellen können, daß die Seele aber aus eigener Kraft aufsteigen muß, bis die Gnade und die Kraft herabkommen und in ihrem geheimen Heiligtum Wohnung nehmen. Denket daran, daß die göttlichen Dinge nicht für jene bestimmt sind, die allein den Körper verstehen. Denket dran, daß auf dem Pfade aufwärts viele Lasten abgeworfen werden und daß nur die Leichtgekleideten den Gipfel erreichen werden. Gedenket der Barmherzigkeit der Weisen und achtet die Religionen, die Euren Mitmenschen heilig sind, denn viele Pfade führen in die Mitte. Denkt an das Gesetz des Gleichgewichts und lernt mit seiner Hilfe zwischen Gut und Böse zu unterscheiden, das eine zu wählen und vom anderen abzulassen, bis die Zeit kommt, daß die Güte allein das Herz erfüllen wird. Denkt schließlich daran, daß Standhaftigkeit über alle Schwierigkeiten siegen wird, und laßt Euch nicht durch jene entmutigen, welche Euch in der Suche nach dem verborgenen Wissen erwarten, dessen Grund und Ziel Gott ist.

Hierophant: Der Anspruch auf Euer Fortschreiten zum nächsten Grade des Ordens hängt zum Teil von Euch selbst ab und zum Teile von uns. Denkt nach über das, was Euch in der Pforte zum geheimen Licht mitgeteilt wurde. In solchem Nachdenken und in der Erforschung Eures Gewissens werdet Ihr weiteres Licht finden, und jenes Licht sei Eure Berechtigung. Die Anweisungen, die wir zu Eurer Führung anbieten, können vom Cancellarius angefordert werden, doch Eure Beförderung selbst kann nur durch die Ermächtigung des Zweiten Ordens stattfinden. (Dann folgt die Ansprache des Neophytengrades, welche durch den Hierophanten oder einen der Tempelhüter gehalten wird.)

Die Ansprache

Hierophant: Brüder und Schwestern, Träger aller Ordensgrade, bei der mir von den Hütern dieses Tempels übermittelten Macht lade ich Euch ein, mit andächtigem Herzen der Ansprache zuzuhören, die zum Grade des Neophyten gehört. Besonders richten wir diese Worte an Euch, unser Bruder, der Ihr heute unter uns aufgenommen worden seid, und wir vertrauen Euch, diese Worte in Eurem Gedächtnis zu bewahren und sie zu Eurem eigenen und unserem Vorteile auszufüllen. Wir haben über Euch die Morgenröte angerufen, das Gold des Morgens, wie auch das ausströmende Licht. Wir meinen, daß Ihr innerhalb der friedvollen Stätte dieses Ordens nicht nur einen Ort der geistlichen Kontemplation fern der äußeren Welt Eurer täglichen Verpflichtungen finden werdet, sondern auch ein Heiligtum, wo die Symbole des heiligen Wissens Euch etwas von der Strahlung oder Widerspiegelung jenes direkten Lichtes bringen werden, welches im Tempel des Lichts scheint, jenem Tempel, der nicht mit irdischen Füßen betreten werden kann und nicht mit den verschleierten Augen dieses unseres sterblichen Körpers gesehen wird. Wir glauben auch, daß dieser Orden für Euch einer jener heimatlichen Herde wird, um welchen sich die brüderliche Liebe schart, jene Liebe, die uns in der Stunde der inneren Not nicht verläßt. In dieser Hinsicht sind wir Euch angelobt, den wir aufgenommen haben, wie Ihr Euch uns angelobt habt: Wir fordern Euch auf, dessen zu gedenken, wie auch wir uns daran erinnern, und zu den letzten Dingen, die wir Euch dieses Mal anbieten können, gehört die Hauptmaxime der Brüderlichkeit, die in der Verwandtschaft im Geiste begründet ist. Bruder, der Schlüssel zu allen großen Mysterien liegt in den Händen der Liebe.

Was die Erfahrung anbetrifft, durch die Ihr gerade gegangen seid, so haben wir nun Gelegenheit, Euch daran zu erinnern, daß wir im physischen Zustande aus der Dunkelheit ins Licht kommen und daß im intellektuellen Zustande die meisten Vergleiche zwischen Licht und Dunkelheit eine Kurzfassung der wirklichen Bedeutung ausmachen. Der Fortschritt des Kandidaten von dem einen zum anderen Zustand im Grade des Neophyten wird unter uns auf eine besondere Weise verstanden, welche gleichzeitig eine gewisse natürliche Analogie zu der gewöhnlichen Bedeutung hat. Die Geburt der Seele in unserem Bewußtsein gleicht der Geburt im physischen Leben. Wie das Leben des Kandidaten seiner Aufnahme im Orden vorausging, so geht die innere Seele dem Augenblick voraus, in dem sie gleichermaßen aus ihrer Verborgenheit in uns hervortritt und sich in unseren Handlungen niederzuschlagen beginnt. Das ist der Anfang des übernatürlichen Lebens, des Lebens der Gnade; und der ganze Grad ist ein Symbol dessen. Wenn das Verlangen nach dem Hause des Herrn in uns erwacht, hat unser Herausgang aus der Dunkelheit bereits begonnen. Wir sind zur lebendigen Schönheit gerufen, was unter uns heißt, daß die Lampe des verborgenen Wissens erhoben ist und uns auf unserem Wege vorausgeht. Es ist die Erfahrung jener, die uns im Aufstieg auf den heiligen Berg vorausgegangen sind. Mögen wir durch die klare Luft des höheren Strebens und die erhobenen Regionen des Geistes in jene Welt der Flamme eingehen, wo die Söhne und Töchter des Verlangens sind! Wenn Verlangen und Streben in uns ihr Ziel erreicht haben, dann kann schließlich jenes Brot und jenes Salz kommuniziert werden, welche nicht mehr Zeichen der Erde, sondern die Nahrung der Seele sind! Mögen wir von dem Wein trinken, der jenen vorbehalten ist, die nach dem Reiche unseres Vaters dürsten! Der Lustrationen und Weihungen sind viele in Erwartung jener Zeit, wenn Gott uns mit lebendigem Wasser von unseren Sünden reinigen wird, das er durch die Kammern unseres Geistes ergießt, und unsere Herzen mit jenem Feuer, welches auf der Erde entzündet wird und uns schließlich in den Himmel trägt.

Brüder, wir haben es und werden es auch in Zukunft nicht nur mit der Frage der Religion zu tun haben, sondern mit ihrem Herzen und Zentrum hinter all jenen äußeren Differenzen der Systeme, Kirchen und Sekten. Die Ordensgrade des Golden Dawn sind die Grade unseres Fortschreitens in Gott; und in diesen, wie auch in jenem um nichts weniger symbolischen Fortschreiten des täglichen Lebens, sind sie mit uns, ob sie nun dabei symbolisch verbleiben oder ob wir in ihnen, und sie damit auch in uns, in den Bereich wirklicher Erfahrung fortschreiten. Wegen dieses unendlichen Bereichs, der hinter dem gewobenen Kreis der offiziellen Religion liegt, wird Euch in diesem Grade geraten, deren Formen zu achten. Die äußeren Kirchen stellen Türen dar, die sich für viele öffnen, warum nicht auch für Euch? Vielleicht ist eine unter ihnen, die sich auch für Euch zu einer Stätte des Friedens öffnet, zum Licht, welches letztlich jeden Menschen erleuchten wird, der in diese Welt kommt. Auf diesen Bereich schauend und des Zieles unseres Verlangens eingedenk, laßt uns beten, daß wir alle, Erben einer sterbenden Welt, das andere Erbe in der Welt ohne Ende antreten mögen.

(Die Protokolle des vorigen Treffens oder andere offizielle Angelegenheiten werden an dieser Stelle vorgenommen.)

Die feierliche Schließungszeremonie des Tempels im Grade des Neophyten

Der Sentinel hat den Tempel verlassen: Ohne weitere Ermahnung seitens des Hierophanten ist der Kerux wie gewöhnlich zum Platze der Verkündung gegangen und hat seine Lampe und den Stab erhoben.

Kerux: Hekas, Hekas, este bebeloi. (Er geht in Sonnenumlaufrichtung auf seinen Platz zurück.)

Hierophant: Brüder und Schwestern, helft mir unter Bannung aller irdischen Gedanken und in der Andacht des Herzens, den Tempel im Grade des Neophyten zu schließen. (Alle erheben sich.)

Hierophant: Möge der Wächter der heiligen Stätte an der Innenseite der Pforte sicherstellen, daß der Tempel gedeckt ist.

(Der Kerux gibt ein Klopfzeichen auf der Innenseite der Tür. Der Sentinel antwortet auf gleiche Weise von der Außenseite, wobei er den Knauf seines Schwertes benutzt.)

Kerux: Ehrwürdiger Hierophant, er ist an der inneren und äußeren Seite sicher bewacht.

Hierophant: Brüder und Schwestern, erhebt Eure Herzen. Ich meinerseits bezeuge, daß die Welt und ihr Prinz immer noch außen vor sind. Würdiger Frater Hiereus, stellt sicher, daß alle Anwesenden die Goldene Dämmerung (the Golden Dawn, Anmerkung des Übersetzers) erblickt haben, die das Licht im innersten Herzen ist.

Hiereus: Brüder und Schwestern, gebt mir die äußeren Gesten, welche dem ersten Grade des inneren Lichts zugeordnet sind. (Ausgeführt) Ehrwürdiger Hierophant, sie haben seinen Stern im Osten gesehen und sind gekommen, ihn anzubeten. (Das erste Zeichen wird hierbei vom Hiereus, das zweite vom Hierophanten gegeben.)

Hierophant: Mögen der Engel des großen Rates, der Friedensfürst und das Licht, welches jeden Menschen in dieser Welt erleuchten wird, unseren Tagen Gnade und Erleuchtung schenken. Der Tempel werde mit Wasser gereinigt und mit Feuer geweiht, um die innere Läuterung zu versinnbildlichen.
(Der Stolistes folgt dem Sonnenlauf und kommt von seinem Platz im Norden in den Osten. Mit seinem Kelch schlägt er ein Kreuz und sprenkelt im Osten dreimal. Er vollzieht die gleiche Zeremonie in den anderen Vierteln und kehrt in den Osten zurück, wo er den Hierophanten wieder anblickt, seinen Wasserkelch erhebt und spricht:)
Stolistes: Wassser des Verstehens, Wasser der großen See: Ich habe mit Wasser gereinigt.
(Er grüßt den Thron und kehrt über den Süden und Westen zu seinem Platz zurück. Der Dadouchos folgt, wobei er mit seinem Räuchergefäß die gleiche Prozedur vollzieht. Nachdem er in den Osten zurückgekehrt ist, erhebt er sein Räuchergefäß.)
Dadouchos: Das Verlangen nach dem Hause des Herrn hat mich verzehrt: Ich habe mit Feuer geweiht. (Er grüßt den Thron und geht zurück.)
Hierophant: Die umgekehrte mystische Prozession auf dem Pfade des Lichts findet nun statt.
(Der Kerux geht vom Westen in den Süden. Der Hegemon geht über den Norden nach Westen und Süden. Der Hiereus geht direkt nach Süden. Der Stolistes geht über den Westen nach Süden. Der Dadouchos nimmt seinen Platz zur Rechten des Stolistes ein. Wenn sich die Prozession auf diese Weise gebildet hat, führt der Kerux alle von Süden nach Osten, und alle grüßen, wenn sie am Throne des Hierophanten vorüberschreiten. Wenn die Prozession den Thron des Hiereus erreicht hat, geht er zu demselben zurück. Wenn sie den Thron des Hierophanten zum zweiten Male passiert, geht der Hegemon auf seinen Platz. Die anderen umkreisen und grüßen ein drittes Mal, wobei dann jeder an seinem Platz stehenbleibt.)
Hierophant: Im Gedenken an das schwindende Licht der Natur und um die Rückkehr der Seele in die materielle Welt anzuzeigen, wobei sie die Symbole des Lichtes trägt, ist die umgekehrte mystische Prozession vollbracht worden. Laßt uns den heiligen und ewigen Gott anbeten, welcher der Vater ist und das Ziel all unseres Verlangens.
(Der Hierophant steigt von seinem Thron herab und blickt nach

Osten. Alle wenden sich nach Osten und bleiben in der Geste des Grades stehen, bis die Anbetung vorüber ist.)

Hierophant: Oh, der du deine Diener in allen Generationen gerufen hast und deine Auserwählten zu deinem Dienste absondertest, der du unsere Herzen mit dem Streben nach der Vereinigung mit dir erfülltest und all die Ströme deiner Gnade mit den Hilfen zum Vollbringen, gib uns unser tägliches Verlangen nach dir heute und immer. Wir ersuchen dich, gewähre uns zum Schluß dieses feierlichen Dienstes, den wir zu deinem Preise durchgeführt haben, daß bei unserem Hinausgang in die Welt die Fülle deiner wirksamen Gnade bei uns bleibe, wie beim Eintritt in dein Heiligtum. (Er legt das Szepter nieder und blickt nach Westen. Alle schauen wie zuvor.)

Hierophant: Brüder und Schwestern aller Ordensgrade, laßt uns in der körperlichen Kommunion der sakramentalen Nahrung uns gemeinsam daran erinnern, daß auch die Seele an der göttlichen Substanz teilhaben kann. (Er geht in den Westen des Altares und blickt nach Osten.)

Hierophant: (Er kommuniziert mit Brot und Salz.) Habt darum mit mir teil, so bitte ich euch, an diesem mit Salz gewürzten Brot, einem Zeichen der Erde. Gedenkt eures Anteils an der Erde und des Salzes der Heiligkeit, welches sie würzt. (Er erhebt die mystische Rose.) Atmet mit mir den Duft dieser Rose ein, Zeichen der Luft. Laßt die Bilder eures Verstehens und die Gedanken eures Geistes wie süßen Weihrauch im Angesicht Gottes aufsteigen. (Er erhebt den Kelch.) Trinkt nun mit mir aus diesem Kelch, dem geweihten Zeichen des Wasserelementes. (Er trinkt.) Mögen so eure Gefühle und Bedürfnisse in Gott geweiht und verwandelt werden. (Dann hält er seine Hände über das Feuer.) Laßt schließlich eure Hände, wie meine, von der Wärme dieses heiligen Feuers berühren, und gedenket des Feuers des Verlangens, welches den Willen weiht und wandelt, bis er sich aus dem verfallenden Körper zur lebendigen Einheit mit dem ewigen Willen erhebt.

(Er führt die Lampe zu seiner Stirn und trägt sie mit sich zur östlichen Seite des Altares. Dort stellt er sie an ihren früheren Platz und dient dem Imperator des Tempels, indem er für ihn die jeweiligen Elemente erhebt und sie ihm übergibt. Dies wird dann von jedem Kommunizierenden der Reihe nach wiederholt. Die Reihenfolge der Kommunion ist folgende: Der Hierophant, die Hüter des Tempels, die Amtsträger des Tempels außer dem Kerux, welcher im Süden des Altares mit dem Weinkrug steht, die Mitglieder des

Zweiten Ordens, die äußeren Mitglieder in der Reihenfolge der Grade, einschließlich des Sentinel, schließlich der Neophyt des Tages, dem der Kerux hilft. Wenn der Neophyt im Osten des Altares steht, tritt der Kerux in den Westen und kommuniziert. Wenn ihm der Kelch gereicht wird, trinkt er den Wein, hält dann das Gefäß hoch und dreht es um, wobei er mit lauter Stimme ruft:)

Kerux: Es ist vollbracht. (Er stellt den Kelch zurück, hebt die Lampe über seinen Kopf, geht zum Osten des Altares, blickt nach Osten, neigt seinen Kopf vor dem Hierophanten und spricht:)

Kerux: In Anbetung der heiligen Einheit und in Gehorsam gegenüber dem göttlichen Willen.

Hierophant: (Klopft zweimal.) Tetelestai.

Hiereus: (Klopft zweimal. Alle geben die Gesten ihrer Grade. Der Kerux kehrt in den Westen zurück und dann auf seinen Platz, nachdem er die Lampe zurückgestellt hat.)

Hierophant: Möge, was wir im Körper empfangen haben, für unsere Seelen die ewige Verbindung zu jenem Leben versinnbildlichen, das über der Natur ist und herabkommt, oh Herr, von dir; das herabkommt zur Wandlung unserer Persönlichkeit in die große Quintessenz zum Erlangen des Summum Bonum, der wahren Weisheit, der unaussprechlichen Seligkeit und des Zieles unserer Suche in dir. (Alle unten genannten Amtsträger geben zwei Klopfzeichen.)

Hierophant: KHABS
Hiereus: AM
Hegemon: PEKHT
Hiereus: KONX
Hegemon: OM
Hierophant: PAX
Hegemon: Licht
Hierophant: In
Hiereus: Fülle.

(Hier endet das Ritual des Neophytengrades. Ehre sei dem Herrn in der Höhe für die Barmherzigkeit, die er uns gnädig erwiesen hat.)

Adeptus Minor

Die Zelebranten des Grades

Der Hauptadept, der per Investitur den erhabenen Grad 7 = 4 innehat, den eines autorisierten Lehrers. Er ist das lebende Symbol der SEPHIRAH CHESED, der Sprecher des höchsten Grades im Dritten Orden. Sein Ehrentitel ist: barmherziger befreiter Adept.

Der zweite Adept, der per Institution den höchst geheimen Grad 6 = 5 innehat. Er repräsentiert die SEPHIRAH GEBURAH und ist der Sprecher des darin liegenden Mysteriums. Sein Ehrentitel ist: mächtiger Adeptus Major.

Der dritte Adept, vorzugsweise ein älteres Mitglied des Grades 5 = 6, ist das lebende Symbol der SEPHIRAH TIPHARETH und Sprecher der Adepti Minores. Sein offizieller Titel ist: assistierender Frater Adeptus.

Zusätzlich zu den Ausführungen gibt es einen diensthabenden Bruder, der als Wächter der Schwelle und Anweiser des Grades gilt. Er wird als letzter eingelassen, und der Postulant befindet sich besonders in seiner Obhut. Sein gebührender Titel ist: würdiger Frater Custos Liminis. Nicht ausführende Teilnehmer werden als würdige Brüder und Schwestern angesprochen.

Roben und Schmuck der Zelebranten und Teilnehmer

1. DER BARMHERZIGE BEFREITE ADEPT trägt einen Talar und eine Robe in Violett. Um den Leib trägt er einen zitronfarbenen Gürtel, eine Farbe, in der auch die Kapuze seiner Robe gesäumt ist. Sein Birett ist violett und trägt an der Vorderseite das Quadrat von CHESED, welches mit Gold verziert ist. Auf der linken Seite seiner Robe ist das Symbol des Salzes eingestickt. Sein Kragen ist von zitronfarbener Seide, und daran hängt das Symbolum Magnum des Rosenkreuzes, welches allein er kraft seines Amtes tragen darf. Er trägt einen Stab, der in die Gestalt des wiedererstandenen Christus ausläuft.

2. DER MÄCHTIGE ADEPTUS MAJOR trägt einen Talar und eine Robe in Rot. Sein Gürtel ist Grün. In dieser Farbe ist auch die Kapuze seiner Robe gesäumt. Sein Birett ist rot und trägt das Pentagramm von GEBURAH an der Vorderseite, mit Gold ge-

schmückt. Auf der linken Seite seiner Robe ist das Symbol des Sulfur eingestickt. Sein Kragen ist aus grüner Seide, wovon ein goldenes Pentagramm herabhängt, in dessen Mitte sich eine Rose mit fünf Blättern befindet. Er trägt einen Stab, der in einen weißen Doppelwürfel ausläuft, auf dessen vier Seiten die Buchstaben JOD, HE, VAU, HE geschrieben sind und auf dessen oberer Seite der Buchstabe SHIN steht, alle in reinem Gold.

3. DER ASSISTIERENDE FRATER ADEPTUS trägt einen Talar und eine Robe in Orange. Er trägt einen blauen Gürtel um den Leib. In Blau ist auch die Kapuze seiner Robe gesäumt. Sein Birett ist orange und trägt das Hexagramm vom TIPHARETH an der Vorderseite, mit Gold geschmückt. Das Symbol des Merkur ist an der linken Seite seiner Robe eingestickt. Sein Kragen ist aus blauer Seide, und ein besonderes Symbol des Rosenkreuzes hängt daran, welches dem Grad des Adeptus Minor zugehört. Er trägt seinen Stab, der in ein Kruzifix ausläuft.

4. DER WÜRDIGE FRATER CUSTOS LIMINIS trägt die gewöhnliche Kleidung der Adepti Minores, welche aus einem weißen Talar mit orangem Schal oder Gürtel und einem Kragen aus blauer Seide besteht, woran ein goldenes Passionskreuz hängt, in dessen Mittelpunkt sich die rote Rose mit fünf Blättern befindet. Er trägt einen Stab, der in eine Friedenstaube ausläuft, ähnlich dem eines Ostiarius (Anm. d. Übers.: geistliches Pförtneramt) in den Welten unter TIPHARETH.

Die Farben der Roben, die von den drei Zelebranten getragen werden, bedeuten: solares Orange – die Sonne der Rechtfertigung in Christus, den Glanz des Geistes, wenn er durch einen bestimmten Grad des Bewußtseins in GOTT erleuchtet ist; Rot – den Sieg der Seele, die den Tod in der Liebe überwunden hat; Violett – das königliche Leben der Auferstehung und den in GOTT vollendeten Willen.

Die inoffizielle Kleidung, die der Imperator der Gefolgschaft in den Graden des Dritten Ordens trägt, ist der gewöhnliche weiße Talar mit orangem Gürtel, unter Hinzufügung eines Kragens aus weißer Seide, an dem ein goldenes Lamen hängt, in welchem sich das heilige Achteck befindet, das innerhalb des Kreises ebenfalls mit Gold geschmückt ist. Die Krone des Biretts ist kreuzförmig mit einer Rose von fünf Blättern am Überschneidungspunkt der Kreuzesarme, doch hat die Rose die gleiche Farbe wie das Birett selbst.

Die Gefolgschaft des Rosenkreuzes

Die Eröffnung des Hauses und Heiligtums der Adepten

Die Einrichtung des Hauses und Heiligtums folgt den ungeschriebenen vorhergehenden Fällen. Vor dem Heiligtum befindet sich der Schleier. Die Brüder des Hause sind versammelt und tragen ihre weißen Roben, die Schals oder Gürtel ihrer jeweiligen Grade und das Rosenkreuz von TIPHARETH. Die drei Zelebranten haben ihre Kleidung und Insignien angelegt. Sie nehmen die Ritualstäbe auf und treten zu ihren unveränderlichen Stationen als Hüter des Schleiers. Der angemessene Platz des dienenden Fraters Adeptus als eines Hüters der Schwelle ist bei der Tür des heiligen Hauses. Alle Brüder sitzen schweigend in Andacht.

Adeptus Exemptus, Adeptus Major, Adeptus Minor: (Alle drei Amtsträger klopfen zweimal. Alle erheben sich.)
Adeptus Exemptus: Salvete, Fratres et Sorores Roseae et Aureae Crucis.
Adeptus Major: Euch sei Heil und Segen im Herrn.
Assistierender Frater Adeptus: Vigilate, Fratres et Sorores.
Adeptus Exemptus: Würdige Brüder Adepten, helft mir, das Haus des Heiligen Geistes im Herzen und Innersten des Herzens, im manifesten Leben der Natur und im spirituellen Bewußtsein als der Sonne des höheren Lebens zu eröffnen. (Pause)
Adeptus Exemptus: Würdiger Frater Custos Liminis, versiegelt die Tür des Hauses gegen jeden Eindringling mit dem Kennwort: GOTT ist innen. (Dies wird entsprechend getan, und der Wächter der Schwelle verbeugt sich danach im Gruß, die Arme über der Brust gekreuzt.)
Frater Custos Liminis: Barmherziger befreiter Adept, das Siegel befindet sich auf der Schwelle des Hauses, und ich bezeuge, daß das heilige Kennwort stets in Gedenken gehalten wird.
Adeptus Exemptus: Mächtiger Adeptus Major, bei welchem Zeichen öffnen wir das Haus des Geistes und sein Heiligtum?
Adeptus Major: Im Zeichen des auf das Kreuz der Sephiroth ausgestreckten Messias. (Er gibt das Zeichen des Öffnens.)
Adeptus Exemptus: Assistierender Frater Adeptus, was ist die innere Bedeutung desselben?
Assistierender Frater Adeptus: Es ist das Zeichen des Teilens des

Die Rituale des R.R. und A.D.

Schleiers, welches die Auflösung der materiellen Schleier zur Enthüllung des geistlichen Lebens und die Öffnung des Heiligtums zur Einlassung des Postulanten symbolisiert.

Adeptus Exemptus: Mächtiger Adeptus Major, was ist die tiefere Bedeutung?

Adeptus Major: Barmherziger befreiter Adept, der symbolische Schleier ist der des Allerheiligsten, und ich bezeuge, daß der Schleier der für die fleischlichen Augen manifestierte Christus ist.

Adeptus Exemptus: Assistierender Frater Adeptus, in welchem Zeichen schließen wir das Haus des Geistes und sein Heiligstes?

Assistierender Frater Adeptus: Im Zeichen des Geistes, der im Herzen der Bruderschaft empfangen wurde und dort wohnt. (Dabei gibt er das Zeichen des Schließens.)

Adeptus Exemptus: Mächtiger Adeptus Major, was ist seine innere Bedeutung?

Adeptus Major: Diese ist ebenfalls zweifach: Es zeigt das Schließen des materiellen Schleiers hinter dem Postulanten an, wenn er eingetreten und hineingegangen ist. In einem tieferen Sinne aber bezeugt es die Notwendigkeit der ständigen Manifestation Christi als des Tabernakels des mystischen Christus. Der Schleier des Tempels öffnet sich, doch ist er noch nicht zerrissen. Er löst sich auf, und er wird wieder gefestigt. Weder verändert er sich noch wird er wegbewegt.

Adeptus Exemptus: JOD

Adeptus Major: HE

Assistierender Frater Adeptus: SHIN

Adeptus Major: VAU

Assistierender Frater Adeptus: HE

Adeptus Exemptus: JEHESHUA

Assistierender Frater Adeptus: Heilig, heilig, heilig – der Schleier des Allerheiligsten.

Adeptus Exemptus: Mächtiger Adeptus Major, welches heilige Wort hütet die Schwelle des Hauses an der Innenseite des Portales?

Adeptus Major: Es ist die Bekräftigung des absoluten Seins – ALEPH, HE, JOD, HE –, welches von der Krone des Baumes herab reflektiert wird. Es bedeutet das ICH BIN, und jeder Bruder des Rosenkreuzes, der es in der wahren Bedeutung aussprechen kann oder in GOTT, der alles in allem ist, hat das Ziel unserer Suche erreicht.

Adeptus Exemptus: Assistierender Frater Adeptus, welches ist die mystische Zahl dieses Grades, die von jenem heiligen Wort abgeleitet wird?

Assistierender Frater Adeptus: In der Folge der Orden und Riten ist es die Zahl 21.
Adeptus Exemptus: Mächtiger Adeptus Major, was ist das Haus des Heiligen Geistes?
Adeptus Major: Ein geistlicher Palast, eine geheime Kirche der Erwählten, eine Schule der mystischen Liebe.
Adeptus Exemptus: Assistierender Frater Adeptus, wo liegt das heilige Haus symbolisch, und worauf ist es gebaut?
Assistierender Frater Adeptus: An der Stätte der heiligen Mysterien, dem unsichtbaren Berg der Weisen. Seine Fundamente ruhen auf dem Eckstein, und jener Stein ist der mystische Christus.
Adeptus Exemptus: Mächtiger Adeptus Major, wie wurde jener heilige Berg von den älteren Wahrern der Mysterien genannt?
Adeptus Major: Er wurde als Mons Abiegnus, der Berg der Tannen, bezeichnet, doch besteht ein besonderer Bezug zu dem heiligen Tannenzapfen, dem symbolischen Zapfen der alten Mysterien. Es ist eine Stätte der Aufnahme, des Fortschreitens und der schließlichen Erfüllung. In seiner entferntesten Bedeutung steht der Zapfen für die verborgenen Bedeutungen und Symbole des geschriebenen Wortes, die vielfachen Interpretationen der im Äußeren angezeigten Dinge. Der Berg ist die Stätte des Aufstieges, die Reihe der Vollendung und die Reise der Seele in GOTT. An seinem Gipfel schauen wir auf, um am Ziele unserer Suche in Frieden den Gruß darzubieten, wenn die Sehnsucht der Augen und des Herzens schließlich durch die Seele erfüllt worden ist.
Adeptus Exemptus: Assistierender Frater Adeptus, wie wurde der Berg in der Tradition des Rosenkeuzes bezeichnet?
Assistierender Frater Adeptus: Es ist der wahre Horeb und Kalvarienberg, worauf das wahre Zion liegt, ein Haus lebendigen Brotes.
Adeptus Exemptus: Mächtiger Adeptus Major, was ist das Heiligtum des Hauses?
Adeptus Major: Es ist die heiligste Stätte des Mysteriums, welche im Dritten Orden enthüllt wird und durch die Seele in Christus Erfüllung findet.
Adeptus Exemptus: Auf welche Weisen stellt sich dieses Mysterium dar, wie es im heiligen Grade des Adeptus Minor gezeigt wurde?
Adeptus Major: Durch Leben, Tod und Auferstehung – durch das Leben, welches auf die Wiedergeburt, den mystischen und göttlichen Tod folgt, und durch die Herrlichkeit jener, welche aus der großen Finsternis hervorgetreten und in der Einheit erneuert worden sind.

Adeptus Exemptus: Assistierender Frater Adeptus, wie wird das Heiligtum des Hauses in der äußeren Seite unserer Tradition dargestellt?

Assistierender Frater Adeptus: Es ist das Grab unseres geliebten Begründers, Christian Rosenkreutz, welches er als ein Gleichnis des Universums fertigte, als eine Tür, die bei der Geburt geöffnet wird, und einen Tempel, der sich vom irdischen in das geistige Leben hinein öffnet. Es heißt, daß er in der Mitte desselben ruhte, weil dies der Punkt der vollendeten Ruhe am Platze der Tätigkeit ist.

Adeptus Exemptus: Mächtiger Adeptus Major, worauf deutet der Name unseres mystischen Gründers hin?

Adeptus Major: Auf die Rose Christi, die sich auf dem Kreuz der menschlichen Persönlichkeit manifestiert.

Adeptus Exemptus: Assistierender Frater Adeptus, welche Gestalt hat das Heiligtum?

Assistierender Frater Adeptus: Es ist eine Figur aus sieben gleichen Seiten, die das Leben in der Natur und die Gnade hinter der Natur versinnbildlichen.

Adeptus Exemptus: Mächtiger Adeptus Major, worauf beziehen sich in ihrem tiefsten Sinne diese sieben Seiten unter Berücksichtigung des Entsprechungsgesetzes zwischen den oberen und den unteren Dingen?

Adeptus Major: Auf die sieben Handlungen der Gnade im Heiligen Geiste des Menschen; auf die sieben Tage der Schöpfung im Gleichnis GOTTES, welcher unser Ziel ist; auf die sieben niederen SEPHIROTH; auf die Planeten, welche ebenfalls sieben sind; auf die sieben Maximen der goldenen Regel, durch welche sie in den Graden des Rosenkreuzes vergeistigt wird. Die große mystische Zahl herrscht in den Höhen vor, wie auch in den Tiefen, sowohl in der niederen als auch in der höheren Welt.

Adeptus Exemptus: Assistierender Frater Adeptus, durch welches Tor betreten wir das Allerheiligste?

Assistierender Frater Adeptus: EST OMNIS ANIMA VENUE. Es wird durch das Tor des mystischen Planeten Venus betreten, und der Seele wird ein Bräutigam versprochen.

Adeptus Exemptus: Mächtiger Adeptus Major, was ist im Heiligtum gegenwärtig?

Adeptus Major: Es ist die ewige Liebe, kraft welcher GOTT der Natur innewohnt und kraft welcher das Lamm bei der Grundlegung der Welt geschlachtet wird und Christus in uns wohnt.

Adeptus Exemptus: Assistierender Frater Adeptus, was ist das Amt des Postulanten?

Assistierender Frater Adeptus: Den Schleier zu durchschreiten und durch seine eigene Liebe und sein Verlangen zu dem zu erwachen, was darinnen ist.

Adeptus Exemptus: Mächtiger Adeptus Major, welches äußere Zeichen trage ich auf meinem Herzen, und was ist seine innere Bedeutung?

Adeptus Major: Es ist das SAKRAMENTUM MAGNUM des Rosenkreuzes, welches für das ewige Wort steht, das in der Natur verborgen ist, und für die Manifestation des erklärten Wortes. In ihm liegt die Harmonie und Entwicklung aller Rosenkreuz-Symbolik, und es hat in den größeren Mysterien viele Bedeutungen.

Adeptus Exemptus: Assistierender Frater Adeptus, welchen Amtsstab tragt Ihr in Eurer rechten Hand?

Assistierender Frater Adeptus: Das Zeichen des fleischgewordenen Wortes, welches in das menschliche Leben kam. Aus diesem Grunde ist der Mensch der Schlüssel aller Dinge und das Kreuz das Zeichen der Herrlichkeit. Die Buchstaben, die es schmücken, sind INRI, die das Mysterium dieses Schlüssels enthalten. Es ist das große Geheimnis des Daseins.

Adeptus Exemptus: Mächtiger Adeptus Major, welche Botschaft trägt Euer Amtsstab?

Adeptus Major: Es ist das, was vorher ist und was danach kommt, das Leben im verborgenen Zustande, das unausgesprochene Wort und die Stille des zurückgezogenen Wortes. Der würfelförmige Räucheraltar entfaltet sich als das Kreuz des Lebens. Das Leben Christi ist ein Opfer, so wie das Räucherwerk auf dem Altar GOTTES geopfert wird. Nach vollendeter Opferung jedoch faltet das Lebenskreuz seine Arme in der Heiligkeit wieder ein, und das Leben wird in GOTT zurückgezogen. Das Kreuz kehrt in den Würfel zurück, und das fleischgewordene Wort verbirgt sich im aus Felsen gehauenen Grabe. Die Buchstaben, die es schmücken, sind JOD, HE, SHIN, VAU, HE, und ich bezeuge hiermit, daß dem Menschen kein anderer Name gegeben ist, in dem er gerettet wird. Dieses ist darum das große Wort des Grades.

Adeptus Exemptus: Auf meinem Amtsstabe erhebt sich das Zeichen der Auferstehung. Ich bin es, der dieses von der Höhe des Dritten Ordens herab bezeugt, und ich bin ein treuer Zeuge der Mysterien des erstandenen Wortes, welches den Tod überwunden hat und in Macht und Herrlichkeit gekleidet ist. Die Buchstaben dieses Mysteriums sind LVX, und dieses ist das Licht der Welt. (Hier entsteht eine kleine Pause.)

Adeptus Exemptus: Assistierender Frater Adeptus, welche Worte sind in die Tür des Heiligsten eingeschrieben, und wie ist es bewacht?

Assistierender Frater Adeptus: Die Worte sind: POST CENTUM VIGINTI ANNOS PATEBO. Die Tür wird durch den heiligen Buchstaben SHIN bewacht, welcher der Buchstabe des Christus-Geistes ist. Wie geschrieben steht: Seine Tage werden 120 Jahre währen. Während dieser symbolischen Zeit streitet der Geist Christi mit dem des Menschen. Hat der Mensch sein Alter vollendet, so wird die Zahl 120 durch eine Operation der 3 und 5 auf die mystische Achtheit reduziert, wodurch sich die Zahl Christi ergibt und die Zahl der Wiedergeburt. Die Dreiheit regiert in allen Dingen, und die Gnade der Fünfheit wird im Geiste des Menschen erklärt: daß Christus in uns allen sei.

(Der würdige Frater Custos Liminis, Führer der Grade, gibt ein Klopfzeichen. Der Schleier wird vor dem zweiten und dritten Zelebranten geöffnet. Der Hauptzelebrant öffnet die Tür zum Heiligtum ganz. Er tritt zwischen die anderen Zelebranten, die mit erhobenen Stäben nach innen blicken. Er betritt das Heiligtum und geht in Richtung des Sonnenlaufes zum wahren Osten, wo er sich umwendet und nach Westen blickt. Der zweite Zelebrant tritt auf die Südseite des Altares und der dritte auf die Nordseite. Sie blicken nach innen. Die drei Zelebranten stehen aufrecht, die Stäbe in der rechten Hand erhoben und die linke Hand auf dem Herzen.)

Adeptus Exemptus: ALEPH, HE

Adeptus Major: JOD, HE

Assistierender Frater Adeptus: EHJEH

Adeptus Exemptus: Wie geschrieben steht: Bevor Adam war, BIN ICH.

Adeptus Major: Was sagt ihr, was ich, der Sohn des Menschen, sei?

Assistierender Frater Adeptus: Christus, die Macht und Weisheit GOTTES.

Adeptus Exemptus: I.N.

Adeptus Major: R

Assistierender Frater Adeptus: I

Adeptus Exemptus: JEHESHUAH

Adeptus Major: NAZAREUS

Assistierender Frater Adeptus: Rex Judaeorum

Adeptus Exemptus: LVX, das Licht der Welt. (Der zweite und der dritte Zelebrant gehen direkt zur Tür und stellen sich beiderseits davon mit Blick nach innen auf. Der Hauptzelebrant kommt im Sonnenumlaufsinn herum und tritt zwischen ihnen hindurch, wobei er spricht:)

Adeptus Exemptus: Mögen wir, die wir viele sind, eins sein im Leibe Christi, ein Geist und eine Seele, welche eins sind in ihm. (Die Tür ist jetzt angelehnt, und die Zelebranten stehen an ihren Plätzen.)

Assistierender Frater Adeptus: Brüder und Schwestern, im Namen des großen Meisters und kraft des Seins in Christo, öffne ich dieses Haus des Geistes (klopft zweimal).

Adeptus Major: (Klopft zweimal)

Adeptus Exemptus: Ich habe sein Heiligstes geöffnet. (Klopft zweimal. Das Eröffnungszeichen des Grades wird von allen Anwesenden gegeben. Hiermit endet das feierliche Amt der Eröffnung des Hauses und Heiligtums der Adepten.)

Der erste Punkt

(Der Altar wird aus dem Heiligtum herausgenommen und in die Mitte des Tempels gestellt. Rosen, Kruzifix, Lampe, Kelch, Dolch und Kette bleiben auf den heiligen Symbolen liegen, zu welchen sie gehören. Das heilige Kreuz des Eides ist in der Mitte des Heiligtums errichtet. Die Tür des Heiligtums ist verschlossen und der Schleier ist darübergezogen. Die Zelebranten nehmen ihre Plätze ein, wie auch der würdige Frater Custos Liminis. Der Kandidat ist allein an einem Betpult in der vollbeleuchteten Vorhalle, er hält eine Rolle mit Sprüchen über das Leben der Kreuzigung in der Hand. Der barmherzige befreite Adept gibt den Ruf eines Klopfzeichens.)

Adeptus Exemptus: Würdige Brüder und Schwestern, gesegnet sei, der im Namen des Herrn kommt, um nach dem Licht seiner Herrlichkeit zu suchen. (Der Hüter der Schwelle erhebt sich im Eröffnungszeichen des Grades.)

Frater Custos Liminis: Ich zeuge für unseren Frater Adveniat Regnum (vel aliud), der an der Schwelle zu TIPHARETH steht. Er ist in den äußeren Wegen vorbereitet worden, und der Tempel der inneren Gnade wurde bereitet, ihn zu empfangen.

Adeptus Exemptus: Würdiger Frater Custos Liminis, geht hinaus und teilt dem Anwärter mit, daß nun die rechte Zeit ist und daß in diesem Hause der Schönheit die Sonne der Erlösung scheint. Als der Prokurator des Tempels solltet Ihr ihn vorbereiten und ihn in die heilige Vorhalle führen. (Der Hüter der Schwelle gibt die Geste des Schließens dieses Grades und verläßt den Tempel, wobei er die Tür hinter sich sichert.)

Adeptus Exemptus: Assistierender Frater Adeptus, bewacht die Innenseite des Portales. Bei der mir verliehenen Macht und gemäß des getreuen Zeugnisses öffnet jenen, die klopfen. (Der assistierende Frater Adeptus erhebt sich in der Geste des Grades und nimmt seinen Platz an der Tür ein, wo er stehenbleibt.)

Adeptus Exemptus: Brüder und Schwestern, die heiligen Mysterien lassen uns stets an den einen Weg denken, der seit alter Zeit bekannt ist und verkündet wurde.

Adeptus Major: Vom Vater des Lichtes gehen viele Lichter aus, und auch die Finsternis zeugt von ihm.

Adeptus Exemptus: Wir bekennen, daß wir nach der Krone gestrebt haben, weil wir Kinder des Königs sind, und wir trachten nach der Herrlichkeit GOTTES und beten, daß sie manifest werde.

Adeptus Major: Vom natürlichen Leben des Menschen geht ein schmaler Pfad aus, der sogar bis zur Krone des Alls führt, und der Name dieses Pfades ist Großmut.

Adeptus Exemptus: Der mittlere Ort in demselben ist mit dem Titel der Schönheit geschmückt, und die Sonne der Schönheit scheint von der Spitze desselben.

Adeptus Major: Es ist bekanntgemacht worden, daß das Licht der Seele dem Licht der Sonne gleicht. Laßt uns darum aufschauen, denn die Rettung ist nah. (Diese Zeilen sollten klar und ziemlich langsam rezitiert werden, mit einigen Pausen dazwischen, denn sie sind dazu gedacht, die Zeit der Vorbereitung des Kandidaten auszufüllen. Während dieses im Tempel stattfindet, hat der Führer des Grades den Postulanten in der Vorhalle begrüßt, indem er sagte:)

Frater Custos Liminis: Der Mensch betritt sein wahres Selbst wie der Priester die heilige Stätte. (Der Führer des Grades bereitet den Postulanten vor, welcher bereits seinen Talar angelegt hat, indem er ihn mit der Robe und dem Kragen versieht, welche zu einem Meister des Tempels in den Graden unterhalb der Pforte des Dritten Ordens gehören. Während er dies tut, sagt er:)

Frater Custos Liminis: Wir verlangen danach, unsere Mängel abzulegen und in GOTT gekleidet zu werden. (Danach führt der Führer des Grades den Postulanten zur Tempeltür und gibt mit bestimmter Kraft und bestimmten Abstand den Ruf des Grades: Er klopft zweimal. Der assistierende Frater Adeptus öffnet die Tür und sagt:)

Assistierender Frater Adeptus: Gesegnet und heilig ist, wer in das wahre Wissen eintritt. Weisheit und Einsicht treffen sich, ihren Einfluß über ihn auszuschütten.

(Der Führer des Grades ist eingetreten und führt dabei den Postulanten. Hinter ihnen wird die Tür gesichert. Der assistierende Frater Adeptus kehrt auf seinen Platz zurück. Der Führer des Grades bringt den Postulanten zu einer freien Stelle östlich des Altares und stellt ihn dort mit Blick nach Osten.)

Frater Custos Liminis: Barmherziger befreiter Adept, ich bringe Euch hier unseren geliebten Frater Adveniat Regnum (vel nomen aliud), der seine ganze Hoffnung in GOTT legt, welcher unser aller Ziel ist, und nach dem Leben in TIPHARETH und der Gnade des inneren Christus verlangt. Er hat die Pfade und Grade der niederen Orden durchschritten, er ist darin in allen vier Teilen seiner natürlichen Persönlichkeit geläutert und geweiht worden. Er hat seinen Willen GOTT zugewandt, als jemand, der in der Finsternis der Nacht und Zeit sein Angesicht nach Jerusalem wandte. Er hat gesehen, wie sich die Finsternis hinter den ewigen Bergen aufhellte, wie das Licht im Osten durchbrach. Das Gedenken an jenes Licht lebt in ihm. Es hat ihm den engen und geraden Pfad gezeigt, durch welchen der Geist des Anwärters zu TIPHARETH aufsteigt. An der Pforte dessen, an dem Punkt, wo der Schleier sich teilt, ist er durch die zweite Geburt in der Symbolik unserer heiligen Gefolgschaft gegangen. Ihm wurde gesagt, daß die Tür sich öffnen wird, und in seinem Herzen hat sie sich bereits geöffnet. Er hat sein ganzes Wesen in der Gegenwart des göttlichen Willens auf dem himmlischen Altar der Räucheropfer dargebracht. Es heißt, daß die Gerufenen durch eine solche Opferung für die Erkenntnis des höheren Lebens erwählt werden. Es wurde gesagt, daß er eintreten und hineingehen solle. Gebt ihm, der im geistigen Bethlehem geboren und unter der Herrschaft des alten Gesetzes am zweiten Punkte der Pforte im Tempel dargeboten wurde, was sein Herz auf der Suche nach dem Göttlichen in ihm verlangt, an der Stätte des geläuterten Lebens, welches auf die Wiedergeburt folgt. Bei meinem getreuen Zeugnis bittet er darum, unter Euch aufgenommen zu werden. (Der Führer des Grades kehrt nun auf seinen Platz zurück.)

Adeptus Exemptus: Gesegnet sind, welche auf den Pfaden und SEPHIROTH der Gefolgschaft des Rosenkreuzes im Herzen wiedergeboren worden sind und dafür ihr Leben geweiht haben. Frater Adveniat Regnum (vel nomen aliud), wir erkennen Eure Berechtigungen und die darin enthaltenen Forderungen an. Auch die Eide unseres ermächtigten Boten, der an der Schwelle zu TIPHARETH sprach, sind getreu und wahr, Amen, für nun und immerdar. Doch Ihr, der Ihr eingeweiht wurdet und unter den Lichtern und Schatten unserer äußeren Gefilde von Grad zu Grad fortgeschritten seid, habt noch eine Lektion zu lernen. Diese ist die Herrlichkeit des Kreuzes Christi. Der würfelförmige Altar, auf welchen Ihr im ersten Grade der Gefolgschaft verpflichtet wurdet, ist der Altar Eurer Persönlichkeit; und dieser Würfel muß sich zum Kreuze des göttlichen Lebens entfalten.

Adeptus Major: Der rein und geweiht ist; der sich in Wille und Einsicht GOTT als seinem Ziel zugewandt hat; der sein ganzes Wesen dargebracht hat, daß es dem göttlichen Zweck im Universum angepaßt werde und von nun an und in Ewigkeit Teil des GÖTTLICHEN Willens sei, befindet sich nun an der Schwelle zu TIPHARETH. Das erneuerte Leben jenes Grades, in welchen Ihr eintreten wollt, ist in bezug auf alles, was sich darunter befindet, ein Leben der Kreuzigung.

Assistierender Frater Adeptus: Das Kreuz ist das Zeichen der Opferung und darum auch des Sieges, die Verwirklichung der Heiligkeit des Selbstes. Das Leiden, welches es gemäß dem Naturgesetz symbolisiert, wird durch die Herrlichkeit ersetzt oder transmutiert, deren Bild es gemäß dem Gesetz der Gnade ist. Seine innere Bedeutung enthält das Geheimnis der Befreiung.

Adeptus Exemptus: Möge die mystische Rose und das goldene Kreuz Euer sein. Möge unser symbolischer Brauch Euch zum Leben im Lichte führen, ja zum Lichte des Kreuzes und zum Leben der Rose darauf. (Der Führer des Grades erhebt sich von seinem Platz, geht um den kreisförmigen Altar herum, nimmt die Silberkette herunter und stellt sich an die Seite des Postulanten.)

Assistierender Frater Adeptus: Darum, oh Frater Adveniat Regnum (vel nomen aliud), nehmt diese Kette. Erhebt sie in Eurer rechten Hand und sprecht: Ich nehme die Fessel des Dienstes im Gesetz des Lichtes an. (Der Führer des Grades hat dem Postulanten die Kette in die Hand gelegt, und dieser wiederholt die Formel, die Worte der Handlung anpassend. Der Führer legt die Kette wieder zurück und geht wieder auf seinen Platz.)

Assistierender Frater Adeptus: Wenn die Kette auf dem Altar liegt, ruht sie auf dem Stier der Erde. Sie bezieht sich auf den materiellen Teil Eurer Persönlichkeit, welcher durch die Riten unseres Ordens geläutert worden ist. Einst war sie aus Blei, mein Bruder, und eine Sorgenlast, nun hat sie die Wandlung erfahren und ist darum aus Silber, die Fessel geistigen Gehorsams, heiliger Hingabe und des von der Liebe vorgeschriebenen Dienstes. Darum ist das Joch leicht. Ihr habt sie zum Zeugnis des großen Gesetzes der Erfüllung erhoben, welches den Körper des Adepten beherrscht. (Hier entsteht eine kurze Pause.)

Adeptus Exemptus: Mächtiger Adeptus Major, was ist das symbolische Alter unseres geliebten Postulanten?

Adeptus Major: Barmherziger befreiter Adept, seine Tage betragen 120 Jahre.

Adeptus Exemptus: Wie geschrieben steht: Mein Geist soll nicht ewig mit dem Menschen streiten, denn er ist auch Fleisch, doch seine Tage sollen 120 Jahren währen. Assistierender Frater Adeptus, worauf bezieht sich dieses, dem Postulanten symbolisch zugeschriebene Alter?

Assistierender Frater Adeptus: Es ist die Zeit des natürlichen Lebens, bevor GOTT im Herzen verkündet wird. Es endet in der Ruhe des Herzens, wenn das Geläuterte und Geweihte in GOTT eintritt.

Adeptus Exemptus: Frater Adveniat Regnum (vel nomen aliud), möget Ihr den Frieden dieser Ruhe kennenlernen und die Gabe des Verständnisses des heiligen Lichtes erhalten. Dieses ist das Haus des Geistes, welches auf den geheimen Berg gebaut ist, von dem es heißt, er befinde sich mystisch im Zentrum der Erde, wie denn alle Dinge innen sind. Hier befindet sich auch das Heiligtum der Adepten, wo Euer Eid der völligen Hingabe auf das Kreuz unserer Mysterien geleistet werden muß. Seid Ihr willens, Eure Erwählung durch den Orden auf diese Weise zu bestätigen? (Der Führer des Grades ist zum Altar gekommen, er nimmt die Altarlampe und legt sie dem Postulanten in die Hände. Nachdem der Postulant seine Zustimmung in eigenen Worten erklärt hat, sagt er:)

Adeptus Exemptus: Erhebt die Lampe zu Eurer Stirn, wobei Ihr sie in beiden Händen halten sollt, und sprecht mir nach: Im Namen GOTTES, der meine Hilfe ist, und auf das Kreuz des Lebens nach dem Lichte des Kreuzes schauend.

(Dies wird entsprechend ausgeführt, und der Postulant hält die Lampe weiterhin erhoben. Der zweite und dritte Zelebrant erheben sich von ihren Plätzen und ziehen leise den Schleier von der Tür des Heiligtums. Der barmherzige befreite Adept öffnet die Tür zum Heiligtum völlig. Das Rosenlicht an der Decke ist mit rotem Krepp verschleiert, und das Kreuz in der Mitte des Heiligtums zeichnet sich schwach ab.)

Adeptus Exemptus: Die herrliche Sonne TIPHARETHS möge auf

den Gipfel des Kalvarienberges scheinen. (Der barmherzige befreite Adept steht an der Schwelle des Heiligtums und blickt nach Westen. Der zweite und der dritte Zelebrant knien beiderseits von ihm und schauen nach Osten. Die nichtamtierenden Brüder knien nieder, dabei weist der Führer des Grades den Postulanten an. Der barmherzige befreite Adept streckt seine Arme in Form eines Kreuzes aus.)
Adeptus Exemptus: Brüder und Schwestern, laßt uns dem Herrn alles Guten unsere feierliche Anbetung darbringen, ihm, der das geheime Licht in die Welt sandte und nur erwartet, daß es manifestiert werde. (Der barmherzige befreite Adept legt die Arme über seiner Brust zusammen und gibt so das zweite Zeichen des Grades. Er wendet sich nach Osten, bleibt aber stehen.)

Das Gebet des Hauptzelebranten

Von dir, höchster Vater, kommt alle Wahrheit, und unentwegt verteilst du die größten Segnungen und Gnaden. Besonders hast du die Natur mit symbolischen Zeichen geschmückt und hast jene göttliche Schule errichtet, welche die wahre Deutung derselben weitergibt. Durch ihre Anleitung führe uns hinter alle Ausdrucksformen, hinter alle Darstellungen der manifestierten Welt in den Zustand jenseits von Raum und Zeit, in den stillen, unausgesprochenen Frieden und in jene liebende Stille, deren Bedeutung allein du bist. Nur in dir liegt unsere Hilfe; in dir liegt unser Bleiben und unsere Kraft in den Tagen unserer Versuchung. Alles hat seine Quelle in dir, und zum Troste deiner Tiefen muß alles schließlich zurückkehren. Mit ganzem Herzen streben wir danach, in deiner Liebe erneuert zu werden. Empfange uns, wir flehen dich an, stehe uns bei in unserer Not, und reinige und wandle du, dessen Thron in seiner Majestät über die unerreichbaren Himmel erhoben ist, deine Kinder der zweiten Geburt, die armen Brüder deiner niederen Gefilde, daß du in unseren Herzen eine Stätte findest. Tritt zu uns im Leben des Kreuzes, tritt zu uns im mystischen Tode, bringe uns die Auferstehung, welche in dir liegt. Gib uns durch alle Grade der Christenheit die Verwirklichung der Vereinigung, so daß wir das Selbst erlangen, welches in dir ist. So kommen wir wiederum zu uns selbst, in das Reich, welches unser und dein ist; und jene, die in der Manifestation getrennt waren, mögen sich selbst erkennen als eines Geistes in dir, der du alles in allem bist.
Die Knienden erheben sich. Der zweite und dritte Zelebrant setzen

sich mit den nicht amtierenden Brüdern. Der Führer des Grades bringt das Rosenkruzifix vom Altar und gibt es dem Hauptzelebranten. Der Führer des Grades geht zur Westseite des Altares, von wo er nach Osten blickt. Der Postulant steht an der östlichen Seite mit dem Rücken zum Altar. Der barmherzige befreite Adept erhebt das Rosenkruzifix vor den versammelten Brüdern und Schwestern, während er sich dem Postulanten nähert und spricht:

Adeptus Exemptus: IN HOC SIGNO VINCES. (Wenn er den Postulanten erreicht, erhebt der barmherzige befreite Adept das Rosenkruzifix über den geneigten Kopf des Postulanten und spricht:)

Adeptus Exemptus: Frater Adveniat Regnum (vel nomen aliud), gebt mir das erste Zeichen, welches Ihr an der Schwelle zu TIPHARETH in der Pforte des Dritten Ordens erhalten habt. (Da der Postulant bereits geprüft worden ist, wird es ihm jetzt nicht vorgemacht. Er gibt das Zeichen des Öffnens des Schleiers und verweilt darin. Der barmherzige befreite Adept taucht den Dolch in den Wein und bekreuzigt den Postulanten auf der Stirn.)

Adeptus Exemptus: Es sind drei, die im Himmel Zeugnis ablegen, der Vater, das Wort und der Heilige Geist. Diese drei aber sind eins. (Er taucht den Dolch in den Wein und bekreuzigt die Füße des Postulanten.)

Adeptus Exemptus: Drei sind es, die auf der Erde Zeugnis ablegen: der Geist und das Wasser und das Blut. Diese drei stimmen in einem überein. (Er taucht den Dolch in den Wein und bekreuzigt den Postulanten in der rechten Handinnenfläche.)

Adeptus Exemptus: Bevor ein Mensch nicht aus Wasser und dem Heiligen Geist wiedergeboren wird, kann er das Königreich GOTTES nicht betreten. (Er taucht den Dolch in den Wein und bekreuzigt den Postulanten in der linken Handfläche.)

Adeptus Exemptus: Wenn wir in Christus gekreuzigt werden, werden wir auch mit ihm herrschen. (Es entsteht eine kleine Pause.)

Adeptus Exemptus: Frater Adveniat Regnum (vel nomen aliud), gebt mir das Zeichen des Schließens, welches Ihr auf der Schwelle zu TIPHARETH an der Pforte des Dritten Ordens erhalten habt. (Der Postulant gibt das Zeichen des Schließens des Schleiers und verweilt darin. Der barmherzige befreite Adept taucht den Dolch in den Wein und bekreuzigt den Postulanten auf der Brust über seinen verschränkten Armen.)

Adeptus Exemptus: Möge der Herr als eine ewige Gegenwart in Euch wohnen.

(Der Postulant verbleibt in der Geste. Der Führer des Grades nimmt den Dolch an und legt ihn mit dem Kelch zurück auf den Altar. Er kehrt dann zu seinem Platz zurück und bleibt dort stehen. Der zweite und dritte Zelebrant nähern sich und nehmen eine Stellung beiderseits des Postulanten ein, wobei sie nach Osten blicken. Der barmherzige befreite Adept wendet sich ostwärts und bewegt sich langsam, mit erhobenem Stabe auf das Heiligtum zu. Die Führer folgen mit dem Postulanten, bleiben jedoch in einiger Entfernung vom Hauptzelebranten. Der barmherzige befreite Adept betritt das Heiligtum. In gebührendem Abstand hält er innen inne und wendet sich nach Westen. Die Führer und der Postulant kommen an der Schwelle des Heiligtums an und halten dort inne. Die Führer haben die Stäbe erhoben und blicken einwärts. Der barmherzige befreite Adept zieht den Postulanten über die Schwelle und spricht:)

Adeptus Exemptus: Friedliche Absicht herrsche zwischen uns. Komme in Frieden.

(Mit diesen Worten hat er den Postulanten zum Fuße des Kreuzes gebracht. Er zieht sich hinter das Kreuz zurück und wendet sich nach Westen, während der zweite und dritte Zelebrant herantreten und den Postulanten an das Kreuz binden. Danach gehen sie auf ihre Plätze beiderseits der Schwelle und blicken nach innen. Der Führer des Grades gibt ein Klopfzeichen, und die nichtamtierenden Brüder erheben sich und bleiben stehen. Der barmherzige befreite Adept tritt vor den Postulanten. Er erhebt sein Angesicht und seine Hände.)

Adeptus Exemptus: Geist der Höhen, schaue herab; Hüter unserer heiligen Gefilde; jungfräuliche Seele der Christenheit; Führer der Erwählten in GOTT. Bei dem 'gepriesenen Namen der SCHEKINA, die in der Gegenwart des Heiligtumes weilt, höre nun den feierlichen Eid. Empfange das vollständige Opfer dieses Bruders des Rosenkreuzes. (Dann spricht er mit nur für den Postulanten vernehmbarer Stimme:)

Adeptus Exemptus: Wiederholt Euren sakramentalen Namen und sprecht mir nach: (Der barmherzige befreite Adept verkündet mit klarer Stimme:)

Der Eid des Grades

Ich, Frater Adveniat Regnum (vel nomen aliud), ein Anwärter des geistlichen Lebens, der im Lichte des Rosenkreuzes vorbereitet, geläutert und geweiht worden ist und danach in der Pforte des Dritten Ordens eine zweite Geburt symbolisch erlebt hat, bringe mein Leben am mystischen Kreuze der Christenheit in Heiligkeit dem göttlichen Ziele dar, welches dem Herzen und der Seele verkündet wird. Ich dürste nach dem Bewußtsein im Geiste, dem Wissen um die ewigen Dinge und der Verwirklichung der Anwesenheit GOTTES in jenem inneren Heiligtum. Ich versichere, daß ich von diesem Tage an, soweit es mir möglich ist, nach der höchsten Krone der himmlischen Einheit in KETHER suchen werde; daß ich stets nach der Vollendung durch das Mysterium der Weisheit in CHOKMAH trachten werde, welche die himmlische Weisheit ist, wo die Strenge in die Gnade verwandelt wird, und mein Haus darin als einen Tempel des Heiligen Geistes errichten werde; daß ich nach dem Geiste des Verstehens streben werde, dem Geiste der Klugheit und Stärke, dem Geiste des Wissens und der Wahrheit, und nach der Gründung seiner Gaben und Früchte im Meere von BINAH, welche die himmlische Einsicht ist, worin die Kommunion der Erwählten liegt; daß ich nach der Auferstehung eines Adepten streben werde, dem Körper der Erlösung, dem mystischen Leben in der Einheit und dem in CHESED verkündeten Worte; daß ich bereit sein werde, den Sabbath zu betreten, wenn der Ruf an mich ergeht, und den Bräutigam der Seele ersehnen werde, das in der Stille empfangene Wort, die heilige Erlösung von GEBURAH in der Halle des Mitgefühls und des Urteils, wo der Tod vom Munde des Herrn und nicht von der Schlange ausgeht. Ich gelobe feierlich im Hinblick auf den Tag, wo ich des geistlichen Lohnes teilhaftig werde, daß ich nach meinen besten Fähigkeiten und in voller Hingabe das Leben des Aufgenommenseins in TIPHARETH führen und nach der Schönheit des Lebens und der verweilenden Gegenwart des Geistes streben werde. Ich werde der Regel TIPHARETHS folgen, worin die Bundeslade liegt, als einer, der aus Wasser und dem Heiligen Geiste wiedergeboren ist. Ich werde im Einklang mit dem Willen bleiben, in der Weihung der Bedürfnisse und in der Hingabe der Gedanken, in der Läuterung meiner körperlichen Anteile und so die Kleider der Seele bereiten, als einer, der GOTT anverlobt ist und der das Wort der Vereinigung sucht. Hier und jetzt bestätige ich in der Symbolik, daß ich das Kreuz in Christus annehmen werde, daß ich danach mit ihm in das Tal des Schweigens absteigen und in die Herrlichkeit seiner

Vereinigung aufsteigen werde. Um meinetwillen ist der Schleier des Heiligtums geöffnet worden, und ich weiß, daß der Schleier heilig ist. Ich werde seine Geheimnisse hüten, welche die Mysterien des heiligen Wissens sind, wie ich mich auch des ersten und heiligen Vertrauens in meiner Verpflichtung der niederen Grade der Gefolgschaft für würdig erwiesen habe und dies weiterhin tun werde. Ich werde die Gesetze des Heiligtums getreulich, würdig und gehorsam beachten. Hiermit und hierdurch erneuere ich die Eide der Brüderlichkeit und Gemeinschaftlichkeit zusammen mit den anderen Verpflichtungen, durch welche ich zuvor gebunden worden bin. Das Gesetz ist ein Gesetz des Gemeinschaftsgeistes. Mit meinesgleichen und mit den Miterben des Dritten Ordens werde ich vollendete Einheit in dem Mysterium des Glaubens halten. Mein Verlangen richtet sich auf die göttliche Einheit, und im Wissen, daß es in meinen eigenen Handlungen und Willen liegt, ob der Baum des Wissens mir auch der Baum des Lebens sein wird, bezeuge ich hiermit, daß weder Tod noch Leben mich fortan von der Liebe und dem Dienste GOTTES trennen können.

Dieses sei in Reinheit mein Gelöbnis, durch welches ich in meinem höheren Anteile über die Sphäre der Elemente gehoben zu werden trachte, in welcher ich einst wohnte. Ich werde mich bemühen, die niederen SEPHIROTH meiner Natur in die Verwirklichung der ewigen Gegenwart nachzuziehen. Ziehe mich, mein Herr und mein GOTT, nach CHESED, GEBURAH und TIPHARETH, in meine unvergängliche Seele, in den Frieden in ihrer Mitte, so daß ich, wie ich auf dein Geheiß in die manifestierte Welt hineintrat, auf deinen Willen hin auch in die unmanifestierte Welt zurückkehre. Möge das Licht der innewohnenden Herrlichkeit im Reiche dieser Welt in mir wohnen, daß ich dieser Welt nicht mehr angehöre, sondern jener, welche von dir mit dem Leben der Gnade in die Herzen herabkommt und welche jene, die sie erlangen, in das Land der Lebenden trägt, ja in das Reich des Himmels, die Welt ohne Ende.

(Der barmherzige befreite Adept tritt am Kreuz zur Seite und wendet sich westwärts. Er erhebt seine Arme zu voller Höhe. Die nichtamtierenden Brüder setzen sich.)

Adeptus Exemptus: Brüder und Schwestern, seht den Sohn des Kreuzes, unseren getreuen und geliebten Bruder, Bruder des Rosenkreuzes, Frater Adveniat Regnum (vel nomen aliud), auf dem mystischen Baum ausgestreckt. Er stellt den göttlichen Sohn der heiligen Überlieferung dar, den Erstgeborenen der Mächtigen, dessen

Haupt in DAATH ruht, dessen Arme auf CHESED und GEBURAH ausgestreckt sind, über dessen Herz sich TIPHARETH befindet und dessen Füße in MALKUTH stehen. Wie der göttliche Sohn zu einem Werk der Auswahl im Universum in Erscheinung trat, so ist auch unser Bruder in GOTT an diesem Tage aus der materiellen Welt in diesem Heiligtum unserer heiligen Versammlung erschienen. Der Doppelwürfel seiner natürlichen Persönlichkeit ist zum Kreuze geworden. Möge er ihm zum Baume des Lebens werden, zum Heile aller seiner Wesenszüge. Möge er im höchsten Sinne erkennen, daß das Leben in TIPHARETH wahrhaft ein Leben des Kreuzes ist. Möge er am Ende dessen herausfinden, auf welche Weise das Kreuz dieses Lebens sich zusammenfaltet und zu jenem weißen Steine wird, in dessen Mitte ein neuer Name geschrieben ist, den kein Mensch kennt, wenn er ihn nicht empfängt. (Es entsteht ein kurzer Raum völligen Schweigens. Der zweite Zelebrant erhebt seine Arme.)

Adeptus Major: Ich bezeuge, daß das Ziel in GOTT liegt und daß das Ziel dem Beginne gleicht. (Der dritte Zelebrant erhebt seine Arme.)

Assistierender Frater Adeptus: Ich bezeuge, daß die Sonne des Urteils, die auf das Kreuz scheint, auch die Sonne der Liebe, und daß die Liebe das Leben in TIPHARETH ist. (Der barmherzige befreite Adept zeigt feierlich auf den Postulanten.)

Adeptus Exemptus: HIC PENDIT FRATER FIDELISSIMUS, FRATER ROSEAE CRUCIS. (Der zweite und dritte Zelebrant schließen die Tür des Heiligtums und ziehen den Schleier davor. Der barmherzige befreite Adept bindet den Postulanten los und gibt ihm seinen eigenen Amtsstab.)

Adeptus Exemptus: Frater Adveniat Regnum (vel nomen aliud), gehet hin in Frieden und sündiget nicht mehr. Gedenket nun und fortan, daß Ihr zum Kreuze geworden seid. Möget Ihr auch die Rose darauf sein.

(Er weist dem Postulanten den Weg, welcher die Tür öffnet. Der zweite und dritte Adept erheben den Schleier, um gerade sein Durchgehen zu ermöglichen, aber nicht weiter. Der Führer des Grades tritt vor und führt den Postulanten vom Tempel fort. Hier endet der erste Punkt.)

Der zweite Punkt

Das Kreuz des Eides wird weggestellt und die Bahre in das Heiligtum gebracht. Der Hauptzelebrant nimmt darauf in einer Ruhestellung Platz. Über ihn wird der rote Schleier GEBURAHS gelegt, so daß er ihn von Kopf bis Fuß bedeckt und seine Umrisse verbirgt. Der Altar wird wieder in das Heiligtum gestellt. In diesem Raum wird das Licht ausgelöscht, bis auf die verhüllte rote Lampe, die auf dem Altar brennt. Die Tür des Heiligtums ist verschlossen und der Vorhang vorgezogen. Im Tempel werden die Lichter verdunkelt. Der zweite und der dritte Adept sitzen zu beiden Seiten der Tür des Heiligtums. Die Amtsträger und Brüder sitzen in völliger Stille.

Derweil hat der Führer des Grades den Postulanten in die Vorhalle geführt, wo ihm seine Bekleidung und seine Insignien eines Meisters des niederen Tempels abgenommen werden. Er wird in Weiß gekleidet mit orangem Gürtel und Rosenkreuz, wie es einem Adeptus Minor angemessen ist. Während dies geschieht:

Frater Custos Liminis: Sei gekleidet in das Gewand der Wiedererstehung und des erneuerten Lebens in GOTT. Möge GOTT selbst Euch mit der Rechfertigung der Heiligen gürten. Gedenket Eurerseits, oh Bruder des Rosenkreuzes, daß das Leben in TIPHARETH das Brautgewand vorbereitet, welches die Seele am Tage ihrer mystischen Hochzeit bekleiden wird.

(Dem Postulanten wird das Rufzeichen des Grades erklärt, und er klopft zweimal. Wenn die Stille durch das Klopfen draußen unterbrochen wird, geht der dritte Zelebrant zur Tür des Tempels und läßt diejenigen ein, die geklopft haben. Hinter ihnen wird die Tür durch den Führer des Grades gesichert, der den Stab des Hauptzelebranten nimmt, den der Postulant bis jetzt getragen hat. Wenn sie an der Innenseite der Tür stehen:)

Dritter Zelebrant: Frater Adveniat Regnum (vel nomen aliud), empfangt aus meinen Händen den heiligen Griff dieses Grades.

(Dieser wird dadurch gegeben, daß man die linke Hand mit ausgestreckten Fingern auf die Brust legt, die rechten Hände gegeneinander ebenfalls mit ausgestreckten Fingern erhebt, dann die Finger ineinander verschränkt, zunächst ausgestreckt und dann um die andere Hand faltet, wobei gleichzeitig die Grußworte ausgetauscht werden: AVE, FRATER (vel SOROR), welche beantwortet wird: ROSEAE ET AUREAE CRUCIS. Dann werden gleichzeitig die Worte PAX CHRISTI TECUM gesprochen. Der dritte Zelebrant kehrt auf seinen Platz zurück. Der Führer des Grades führt den Postulanten zu einem Sitz vor den nichtamtierenden Teilnehmern mit Blick auf die Tür des Heiligtums. Der assistierende Frater Adeptus beginnt dann zu rezitieren:)

Die Legende des Rosenkreuzes

Assistierender Frater Adeptus: Geliebter Postulant und Brüder, die besonderen hier ausgeübten Mysterien und das in der Symbolik des Ordens des Rosenkreuzes vermittelte Wissen haben sich seit unvordenklichen Zeiten unter verschiedenen Schleiern immer wieder gezeigt. Die Heiligtümer einer geheimen Tradition sind unter vielen Völkern errichtet worden, und es gab keine Zeit, in welcher die Einweihungsriten sich nicht in der Welt befanden. Es gab auch nie eine Zeit und einen Ort, wo die großen Mysterien einen anderen Gegenstand ihrer Suche hatten als jenen einen und unausweichlichen Gegenstand, der allein jeden Menschen betrifft, welcher das Bewußtsein der Erwähltheit erlangt hat. Unter vielen Namen und vielen verschiedenen Ausführungen und Formen sind alle wahren Rituale und Mysterien ihrer Absicht nach immer ein Ritual gewesen, welches ein Mysterium eröffnet, und zwar – um es kurz zusammenzufassen – die Wiedervereinigung des Menschen in GOTT. Es gibt eine Vielzahl offizieller Dogmen, jede mögliche Art der Ausschmückung der Symbolik, aber vom Neophyten bis zum Epopten weiß jeder Postulant, der die Kenntnis seiner Quelle erworben hat, daß sein letztes Ziel in einer bewußten Rückkehr in dieselbe besteht.

Die alten Riten sind nicht mehr, und die von ihnen verbliebenen Aufzeichnungen sind meistens unzulängliche Erinnerungen und oft bloße Spuren oder Gerüchte. Die in den Einweihungen liegenden Wahrheiten jedoch sind für immer lebendig. Durch eine Ermächtigung von oben, von einer großen und heiligen Versammlung, die in einem Heiligtum wohnt, das nicht von Händen gemacht ist, verborgen hinter dem Schleier, wurde das hierarchische Mysterium Christi erneut in Raum und Zeit durch die Erscheinung unseres Herrn und Erlösers errichtet. Für uns ist er auf besondere Weise das große Beispiel der Einweihung, sein Weg, seine Wahrheit und sein Leben. Er zeigte den Pfad und das Ziel nicht mehr in Riten und Symbolen, sondern in der Lebensweise, und suchte jene, die daran teilhaben sollten, Erben und Teilhaber mit ihm, all jene, die das große Geheimnis erkannt haben, daß seine Geschichte auch die ihre ist und in jeder Seele neu erlebt werden muß. Die zweite Geburt, die Ihr, mein Bruder, in der Symbolik durchlaufen habt, entspricht der Geburt zu Bethlehem. Das Leben des Kreuzes in TIPHARETH, unter dem Gesetze von TIPHARETH, soll Euch wie das Leben Christi sein. Danach folgt das Mysterium des Todes und der Auferstehung in GOTT, welches in den Graden danach verborgen ist. Wenn die Dinge, die ihr jetzt und von nun an symbolisch erleidet und teilt, Eurem ganzen Wesen innerlich und äußerlich eingeboren worden sind, dann werdet Ihr in das Christsein eingetreten sein oder in das, was bildhaft als der Zustand des Erbes und der Bruderschaft im Herrn bezeichnet wird. Hier wird das heilige Wissen von der Seele ausgesprochen und das Leben der Einweihung in all ihren Stufen, sogar bis zum Ziele von allem, nach der Lehre und Praxis des Rosenkreuzes. Ihr werdet beobachten, daß diese allgemein von der offiziellen und konventionellen Geheimhaltung der niederen Mysterien abweicht, denn sie besteht nicht in verbalen oder okkulten Formeln. Die Darstellung ist im wesentlichen die Geschichte der heiligen Berichte. Doch in ihrer inneren Praxis und ihrem Verständnis ist es ein Mysterium der Erfahrung. Dieses ist wahrhaft geheim, denn es kann überall verkündet werden und wird nur in den Herzen derjenigen verstanden und verwirklicht, die in die innere Erfahrung eingetreten sind. Zusätzlich zu den öffentlichen Erinnerungen wie den Berichten über Heilige und Adepten in allen Kirchen und Schulen der Christenheit, gibt es die geheime Tradition, die in christlicher Zeit in kryptischer Literatur verborgen ist, von welcher die Alchemie ein bemerkenswertes Beispiel der spirituellen Seite darstellt. Die frühe Geschichte des Rosenkreuzes ist besonders mit diesem Aspekt des großen Themas verbunden, obwohl sie sich vielen Dingen widmete und auch in ihrem Durchgang durch die Jahrhunderte und verschiedene Länder Europas viele Veränderungen durchgemacht hat. Hier und jetzt hat sie ihre Entwicklung in den heiligen Riten unserer Gefolgschaft beendet. Unter uns, mein Bruder, wird das Alter nicht als ein Beweis des Wertes angesehen, und wir bekennen, daß wir uns von vielem getrennt haben, was aus anscheinend fehlgeleitetem und ungeordnetem Enthusiasmus entstanden war, während wir fortfahren, das Heilige zu bewahren. Es handelte sich um die Pilgerreise einer Seele in GOTT, eine Reise zurück in die Mitte. Er verweilte auch bei anderen Versammlungen, wovon man sagen kann, daß er dort zu sich selbst kam und daß sein Inneres ihn empfing. Wie er im Hofe des Klosters nach dem Buchstaben gelehrt wurde, so lernte er woanders gemäß der Gnade der inneren Bedeutung. Was sich seinem Klopfen öffnete, waren innere und äußere Dinge, von GOTT, dem Menschen und dem Universum, dem Makrokosmos und dem Minutum Mundum, den Reisen und Wandlungen der Seele und der Ruhe der Seele in der Einheit. Von dort ging sein Aufstieg durch alle Pfade und Welten des Baumes nach KETHER.

Schließlich kehrte er in die Welt zurück, als einer der von CHESED zur Heilung der Völker zurückkehrte. Doch wurde er verachtet und von den Menschen zurückgewiesen, besonders von den Weisen in ihrer Weisheit. Nur in seinem eigenen Kloster fand er dann wenige Erwählte, mit denen er im Hause des Heiligen Geistes wohnte. Auf diese Weise begann unsere Bruderschaft des Rosenkreuzes, die zunächst nur vier Personen umfaßte, die Zahl unserer natürlichen Menschlichkeit, die aber später auf acht anwuchs, die Zahl des Christus. Man kam überein, daß die Bruderschaft als solche 120 Jahre lang geheim bleiben sollte, für jene symbolische Periode, die dem irdischen Alter des Postulanten entspricht, wenn er an der Schwelle zu TIPHARETH steht und die zweite Geburt erwartet, das neue Zeitalter und das Leben der Auferstehung darin. In der Folge wurden einige Brüder bei ihren tätigen Diensten über viele Länder verstreut. Sie ernannten entsprechend den Ordensgesetzen Nachfolger, und auf diese Weise entstand der zweite Kreis der Eingeweihten, welcher in den ursprünglichen Berichten erwähnt ist. Die Jahre verflossen, und der liebende Bruder CRC war von dem Hause des Heiligen Geistes in TIPHARETH zur geheimen Kirche in DAATH hinübergegangen. Die Mitglieder des ersten Kreises waren auch zu ihrer Zeit verstorben. Diejenigen, die danach kamen, wußten wenig über die Anfänge der Bruderschaft und waren auch – wie die Berichte andeuten – nicht zu allen Dingen zugelassen. Sie waren eher philosophische Brüder, die in der SEPHIRAH NETZACH das Ende der angesetzten Zeit, nämlich 120 Jahre, erwarteten.

Adeptus Major: Diese kam in unserer Lesart der Legende so. Nachdem sie die mystische Erfahrung der zweiten Geburt durchlaufen hatten, welche in der Symbolik der Pforte des Dritten Ordens erläutert ist, wurde im Hause des Heiligen Geistes eine feierliche Versammlung von Adepten einberufen. Die Kinder der Pforte wurden aufgenommen, und der Schleier wurde vom Heiligtum zurückgezogen. (Der zweite und dritte Zelebrant erheben sich von ihren

Plätzen und ziehen den Schleier fort. Anschließend nehmen sie wieder ihre Sitze ein.)
Adeptus Major: Auf diese Weise wurde die Tür des Einganges enthüllt, welche die Inschrift POST CENTUM VIGINTI ANNOS PATEBO trug, die um den heiligen Buchstaben SHIN herum geschrieben war. Sie wurde begleitet von den vier lebendigen Geschöpfen und gekrönt vom Rade des Geistes. Damals wie heute stellte dies die Wandlung der menschlichen Persönlichkeit durch das innere Christstein dar, welches vom kosmischen Christus überschattet wird. (Der zweite Zelebrant hat auf die Tür des Heiligtums und die darauf befindlichen Verzierungen gezeigt. Er erhebt sich nun von seinem Platz, wie auch der dritte Zelebrant.)
Adeptus Major: Frater Adveniat Regnum (vel nomen aliud), ich bezeuge, daß die Tür durch den mächtigen Adeptus Major, Non Nobis, Domine, geöffnet wurde und daß die dazu Berufenen und Erwählten das Innere geschaut haben, über welches die Aufzeichnungen der Vergangenheit eine schwere Hülle aus Bildern legten. Was sie sahen und hörten, betraf eine Epoche, die in ihrem eigenen Leben der Adeptschaft kommen wird. Auf gleiche Weise sollt Ihr nun hören und sehen, sofern die Gaben des Geistes Euer sind, wenn ich nun diese Tür öffne.
(Mit diesen abschließenden Worten verdunkelt der würdige Frater Custos Liminis alle Lichter im Tempel, und die Tür des Heiligtums wird geöffnet. Nur die schwache rote Lampe auf dem Altar erhellt das Heiligtum. Der Hauptzelebrant unter dem großen roten Schleier wird durch keine deutliche Umrißlinie verraten. Überall sind nur wabernde Schatten.)
Adeptus Major: Da Ihr nun durch Gottes heiligste Gnade auf Eurer Reise soweit gekommen seid, laßt uns an der Schwelle seines herrlichen Heiligtums unsere Hände erheben.
Assistierender Frater Adeptus: IN ATRIIS TUIS, O HIERUSALEM, FLECTAMUS GENUA. (Die Zelebranten und alle Anwesenden knien nieder.)
Der zweite Zelebrant (rezitiert):

Das Gebet des Tempelhofes

Wir beten dich an in der Verborgenheit seiner Gegenwart, in der Finsternis und dem Lichte der Welten, im stillen Tempel unserer Seele. Dein Wort werde in der Verborgenheit genannt, und deine

Herrlichkeit werde darin verkündet. In der Stille des Herzens werden wir dich hören; mit inneren Augen werden wir dich sehen; das Licht deines inneren Heiligtums wird das äußere Licht verwandeln; das äußere Licht wird wie das innere sein – allein du im Leben und in der Zeit; du im Tode und der Auferstehung; und in dir werden wir in der kommenden Welt der Auferstehung Erfüllung finden, oh Ziel und Krone von allem. Du hast diesen Postulanten berufen und erwählt, der hier im Hofe deiner großen Mysterien kniet. Lasse ihn die Geheimnisse deines Heiligtums erblicken, das Leben und den Tod in dir. Eröffne ihm die kommende Herrlichkeit. Erhebe diesen Sohn des Menschen zur göttlichen Sohnschaft in dir, einen Erben und Teilhaber an der Christenheit, oh Vater aller Welten. (Die Zelebranten erheben sich. Die nichtamtierenden Brüder nehmen wieder ihre Plätze ein. Der Postulant bleibt auf seinen Knien.)

Adeptus Major: Wer Meister in Israel sein will, muß mehr als eine Stunde wachen; aber hieraus entsteht die Wache der Seele.

Assistierender Frater Adeptus: Die Tage für die Taten und die Nacht für die Kontemplation; aus dieser Folge entsteht die große Suche und das darin gefundene Ziel.

Adeptus Major: Es steht geschrieben, daß er denen, die er liebt, den Schlaf gewährt, und hierin liegt ein Mysterium Gottes.

Assistierender Frater Adeptus: Der Schlaf der Gedanken wird in der großen Lehre verlangt, und der Schlaf des mystischen Todes ist der Schatten des ewigen Sabbaths.

(Dem Postulanten wird von den beiden Zelebranten geholfen, sich zu erheben. Er wird über die Schwelle gezogen und an der Westseite des Altares stehengelassen. Der zweite und dritte Adept gehen direkt zur südlichen beziehungsweise nördlichen Seite. Der Postulant kann nun in der Verborgenheit des Schleiers die verhüllte und stille Gestalt des Hauptzelebranten erkennen.)

Adeptus Major: Ihr seht ein Heiligtum mit sieben Seiten und sieben Ecken, von denen jede fünf Fuß breit und acht Fuß hoch ist. Keine irdische Sonne kann hier hineinscheinen, doch dient der glimmende Strahl einer Altarlampe dazu, die Dunkelheit sichtbar zu machen. Dieser bildhaft verborgene Schimmer scheint nur den düsteren Ausdruck zu unterstreichen, den Ihr hier vorfindet. In der Mitte der Krypta steht der kreisförmige Altar, welcher mit einer Goldtafel bedeckt ist und auf dem Verschiedenes eingraviert und geschrieben ist. In den Kreis der ersten Umrandung ist die Hauptmaxime des wahren Lebens der Adeptschaft geschrieben: JEHES-

HUAH MIHI OMNIA. Der zweite Kreis enthält in einem Code das charakteristische Motto der Gefolgschaft: AGRC – AD GLORIAM ROSEAE CRUCIS. Die Inschrift im dritten Kreise ist: HOC ARCANISSIMAE CLAUSTRUM DEITATIS MIHI SEPULCHRUM FECI.
Der innere Raum enthält ein großes kosmisches Kreuz, welches an den Armen vier Kreise trägt, die die traditionellen Symbole der vier lebendigen Geschöpfe und folgende vier Inschriften trägt, wenn man im Sonnenlauf vom Süden her beginnt:

1. NEQUAQUAM VACUUM.
2. LEGIS JUGUM.
3. LIBERTAS EVANGELII.
4. DEI GLORIA INTACTA.

(Wenn es zur Belehrung des Postulanten wichtig erscheint, die Inschriften zu erklären, dann können sie wörtlich so übersetzt werden: 1. Jesus bedeutet mir alles. 2. Zum Ruhme des Rosenkreuzes. 3. Dieses innere Heiligtum des verborgenen Gottes schuf ich als ein Grab für mich selbst. 4. Keine Leere. 5. Das Joch des Gesetzes. 6. Die Freiheit des Evangeliums. 7. Die unberührte Herrlichkeit Gottes.)
Sie entsprechen den Gottesnamen JOD, HE, VAU, HE und ALEPH, HE, JOD, HE, die über Kreuz von Süden beziehungsweise Osten zu lesen sind, mit dem Gottesnamen ADNI, welcher als ein Titel der SCHEKINAH zu verstehen ist und von Osten gegen den Sonnenlaufsinn gelesen wird und mit dem heiligen Wort AGLA, welches im Süden beginnt und der Sonnenlaufrichtung folgt. Am Schnittpunkt der Arme in der Mitte des kosmischen Kreuzes befindet sich das Rad oder der Kreis des Geistes mit acht Speichen, welche vom heiligen Buchstaben SHIN ausgehen. Hier ist die Lehre des Rosenkreuzes im Grade des Adeptus Minor formuliert und symbolisiert, mit Andeutungen der Mysterien, die diesen Grad überschreiten. Die Lehre gründet auf Erfahrung, die Erfahrung Christi, die sich in den vier Teilen unserer Persönlichkeit verwirklicht, kraft welcher am Ziele der heiligen Adeptschaft unsere menschlichen Elemente wie die vier mystischen Geschöpfe den großen weißen Thron Gottes umgeben, welcher innen ist.
Frater Adveniat Regnum (vel nomen aliud), die Zeichen Eurer geweihten Persönlichkeit befinden sich neben ihren Entsprechungen auf dem Altare. Symbolum ad symbolum loquitur, wie in der Stille das Herz zum Herzen. Nehmt die Silberkette auf, welche

Euren materiellen Anteil repräsentiert, der im Leben der Wiedergeburt gewandelt ist. Erhebt sie in Eurer rechten Hand wie einer, der GOTT in allem bestätigt, was in seinem Dasein auftritt. Denket nun und fortan daran, daß es einen allesdurchdringenden Geist gibt, welcher unsere lebendige Erde verwandelt. Legt die mystische Kette nieder als einer, der festgestellt hat, daß die silberne Kordel in allem gelöst wird, was die Knechtschaft betrifft. Nehmt den goldenen Dolch und erhebt ihn in Eurer rechten Hand. Möge der ewige Geist Euren menschlichen Geist erheben. Gedenket des Schwertes des Geistes und denkt daran, daß die geläuterte Vernunft goldene Gaben in sich birgt, vom Geiste herabgesandte Gaben. Seid Ihr, mein Bruder, ein Loskäufer des im Ofen geprüften Goldes, und wenn Ihr darin geprüft werdet, so tretet wie geläutertes Gold hervor. Werdet darum durch die Erneuerung des Geistes gewandelt, und Ihr werdet keine Vernichtung kennen. Legt den goldenen Dolch zurück und nehmt den Kelch der Segnungen auf, denn das gewandelte Verlangen wird über alle Segnungen erhoben. Nehmt vom Kelche in Barmherzigkeit und empfanget den Wein des Reiches. Stellt ihn wieder auf den Altar und hebt die Lampe hoch. Möget Ihr Licht an der Stätte des Lichtes sein und ein aus dem Menschen nach dem Willen des Fleisches Geborener, aber danach aus GOTT nach seinem heiligen Willen Geborener, möget Ihr darin Euer Ziel finden. Seid standhaft in den Wegen des Herrn. Stellt die Lampe auf den Altar zurück in die Mitte aller sprechenden Symbole, und gedenket der dort versinnbildlichten Dinge. Die Zeichen werden sich auflösen, aber Ihr werdet ihr Leben sein, denn was das Rat des Geistes in der Mitte des Altarkreises anzeigt, soll Euer höchstes inneres Leben sein. Und der Tod wird nicht mehr sein. (Die Zelebranten wenden sich nach Osten.)

Adeptus Major: PATER AETERNUS DEUS, DONA NOBIS VITAM.

Assistierender Frater Adeptus: VITEM AETERNAM TUAM DONA NOBIS, DOMINE.

Adeptus Major: FILI REDEMPTOR MUNDI DEUS, DONA NOBIS VERBUM.

Assistierender Frater Adeptus: ET VERBUM CARO FACTUM ERIT.

Adeptus Major: SPIRITUS SANCTE DEUS, LUMEN DONA NOBIS.

Assistierender Frater Adeptus: LUMEN VERITATIS TUAE, ET IN TE RESURGAMUS NOS.

(Nach diesen Sprüchen entsteht ein Augenblick völliger Stille. Dann spricht der Hauptzelebrant innerhalb des Schleiers.)

Adeptus Exemptus: In sechs Tagen seines Lebens wird der materielle

Mensch geschaffen, und danach kommt der Feiertag. Der natürliche Mensch ist nach seinem eigenen Maße vollendet, darüber hinaus aber gibt es die Menschheit des heiligen Tempels. Aus dem Leben des Menschen in der Natur, aus dem darauf folgenden Tode, der den Blick weiter öffnet, haben wir vom Geiste Berufenen einen Weg der Erhebung zu einer vollendeteren Weise gesucht. Indem er das verliert, was der natürliche Mensch am meisten begehrt, findet der spirituelle Mensch nach sechs Tagen sich selbst. Wir haben das Leben in GOTT gesucht und sind in ihm für alles gekreuzigt worden, was hier unten zwischen dem göttlichen Leben und dem freien Weg unserer Suche steht. Wir haben die alten Gewänder abgelegt und gebetet, in GOTT gekleidet zu werden. Wir haben erkannt, daß die Suche Liebe ist und daß diese auch das Ziel ist. Auf den Pfaden der Kontemplation, welche Pfade der Liebe sind, im Gesetze des Opfers, welches geheiligte Liebe ist, haben wir erkannt, daß das Leben Liebe ist. An der Schwelle des Lebens in TIPHARETH der göttlichen Liebe geöffnet, sind wir durch die Liebe in das ewige wahre Leben geboren worden. Wir haben unser ganzes Wesen dem heiligen Einstrom der Liebe geöffnet, und dieses ist das Leben des Kreuzes. Wir sind zur mystischen Rose in der Mitte des heiligen Kreuzes geworden. Das Geheimnis des Todes ist aber auch das Geheimnis der Liebe. Wir sind auf dem Kreuze von TIPHARETH gestorben. Es ist der mystische Tod des Kusses. Es gibt ein Verlangen, welches tötet und auch lebendig macht, Amen, für nun und immerdar. (Die Stimme unter dem Schleier erstirbt, und es entsteht wieder völlige Stille. Danach spricht die Stimme.)

Adeptus Exemptus: Einst war der Tag unserer Verlobten, denn die zweite Geburt ist die Verlobung. Wir haben unsere Hochzeitsgewänder vorbereitet. Dieses ist auch das Leben in TIPHARETH. Uns verlangte, in Christus aufgelöst zu werden und bei ihm zu sein. Dieses ist der Kreuzestod. Dann folgt die große Finsternis wie in einem Felsengrab, aber der an der Tür steht und klopft, kommt und tritt ein. Dieses ist die Hochzeit der Seele. (Die Stimme unter dem Schleier erstirbt, und wieder entsteht völlige Stille. Danach aber spricht die Stimme.)

Adeptus Exemptus: Bruder des Rosenkreuzes, die hohen Gaben werden nicht von Mensch zu Mensch vermittelt, denn was der Mensch einem anderen verleihen kann, ist ihm selbst nur verliehen worden. Aus diesem Grunde steht über die Solidarität und Brüderlichkeit hinaus jeder von uns allein. Stehe darum auf, mein Bruder, und bewahre mit deinesgleichen uns Miterben eine völlige Einheit im Mysterium des Glaubens. Denke jedoch daran, daß eine Nacht kommt, und stehe darum als einer, der seinen Ruf erwartet, in die Finsternis zu treten. Wer wiedergeboren wird, muß auch sterben und in das Tal der Stille eingehen. Das Heiligtum deines Grabes ist in den Fels der Zeitalter gegraben, und deine Zeit rückt nahe. (Die Stimme hinter dem Schleier schwindet, und die darauf folgende Stille ist nur kurz. Die Zelebranten haben ihre Plätze an den Seiten des Postulanten eingenommen, den sie wieder zur Schwelle zurückziehen, aber noch nach Osten blicken lassen.)

Adeptus Major: Ich bestätige, daß der Frater Non Nobis, Domine und die bei ihm waren die Stimme des Meisters im Hause des Geistes und seinem Heiligtum hörten, wie er über die göttliche Finsternis und die Einheit mit dem Göttlichen darin zeugte. Es ist dies eine Öffnung der inneren Welt und die uneingeschränkte Verwirklichung der göttlichen Gegenwart in der bewußten Seele, obwohl es in den uns verbliebenen Berichten anders dargestellt wird. Zunächst heißt es da, daß sie den Leichnam des Begründers entdeckten, der ein Buch der Mysterien auf der Brust hielt, einen Schatz, der der Welt verborgen bleiben mußte. Es heißt aber auch, daß dieses Buch als Kollophon die Inschrift enthielt: EX DEO NASCIMUR, IN JESU MORIMUR, PER SPIRITUM SANCTUM REVIVISCIMUS. Dies ist eine kurze Zusammenfassung des Rosenkreuzes in all seinen Entwicklungsgraden. Bewahret dieses im Herzen, mein Bruder, wenn Ihr das Herz als die Erde des mystischen Reiches bereitet. Laßt es als einen Keim darin wohnen. Die Buchstaben der Welt werden sterben, und die Blume des inneren Gewahrseins wird daraus hervorgehen. Es ist stets weise, die Symbole in ihrer Bedeutung aufgehen zu lassen. Der materielle Teil sollte sich im Lichte seiner spirituellen Bedeutung auflösen, und das bedeutet unter uns, hinter die Symbole zu kommen. Doch gibt es keinen Gegenstand in der Natur, keine Erinnerung in dem niedergeschriebenen Gnadenworte, welche nicht in dieser Weise benutzt werden können. Es gibt keine Idee, weder von göttlichen Dingen oder Personen noch von Heiligen und Engeln, welche uns nicht mit Hilfe dieser philosophischen Betrachtungen des geheimen Wissens eröffnet werden.

Assistierender Frater Adeptus: Wir wissen, daß auf diese Weise unser verstorbener Gründer Christian Rosenkreutz dennoch in der verborgenen Kirche der Adepten über das Leben, den Tod und die Wiedererstehung in GOTT spricht. Nachdem sie ihn im Geiste gehört und gesehen haben, befestigten darum Frater Non Nobis, Domine und seine Begleiter zu guter Letzt die Tür des Heiligtums ad interiora terrae und rezitierten ihre feierliche Schließung an diesem Punkte unseres christlichen Mysteriums, wobei sie ihre Siegel darauf setzten. (Die Zelebranten verlassen das Heiligtum zusammen mit dem Postulanten. Die Tür des Heiligtums ist geschlossen. Der zweite Zelebrant lehnt seinen Stab gegen die Tür. Er nimmt den Postulanten bei den Händen und schaut ihn voller Ernst an.)

Adeptus Major: Ich sage Euch aber, Frater Adveniat Regnum (vel nomen aliud), daß dieses auch Eure eigene Geschichte ist. (Der Führer des Grades tritt vor und führt den Postulanten aus dem Tempel. Hier endet der zweite Punkt.)

Der dritte Punkt

(Der Tempel und das innere Heiligtum sind überall heller und vollständiger erleuchtet als beim ersten. Die Tür des Heiligtums steht halb offen, aber der Schleier ist über der Schwelle vorgezogen. Die Stühle des zweiten und dritten Zelebranten sind in einiger Entfernung westlich zur Mitte des Tempels hin aufgestellt, die Zelebranten sitzen mit Blick nach Osten. Hinter ihnen ist ein leerer Platz für den Postulanten. Der Hauptzelebrant steht innerhalb des Heiligtums aufgerichtet an der östlichen Altarseite; die dazwischenliegende Tür verbirgt ihn aber vor den Außenstehenden. Diese sitzen in Erwartung und schweigen. In der Zwischenzeit hat der Führer des Grades den Postulanten in den Vorhof geführt, wo er eine Weile ausruht. Während die beiden zusammensitzen:)

Frater Custos Liminis: Geliebter Bruder, Ihr habt oft von dem Licht gehört, welches in die Finsternis scheint und welches von der Finsternis nicht erfaßt wird. Es ist das Licht der mystischen Erfüllung und des höheren Lebens. Wo es abwesend ist, ist der natürliche Mensch nach seinem eigenen Maße vollständig, hat aber keinen bewußten Anteil an der Ewigkeit und regiert bloß als ein Führer des Tierreiches. In einer Art Anzündung des höheren Lichtes kann in ihm ein Verlangen nach dem wahren Ziele erwachen, welches dann vor alle Dinge tritt. Er macht sich auf die große Suche. Das Licht in ihm ist auch ein Licht vor ihm, und das Verlangen nach dem heiligen Hause brennt in seinem Herzen. So wird er zu unserem Heiligtum gebracht und lernt das Licht zu verstehen, welches vom Rosenkreuze scheint. Es ist eine Erinnerung für ihn, daß keine Einweihung und kein Fortschritt das Licht automatisch übertragen kann. Sie bleiben innerhalb ihrer Regel und ihrer Ordnung und wirken nur symbolisch. Möget Ihr, der Ihr im Ritual wiedergeboren wurdet, im seelischen Leben erneuert werden, und mögen Leben, Tod und Auferstehung Stufen Eurer inneren Erfahrung werden, mehr als eine beredsame Aufführung innerhalb der Zeremonie. (Der Führer des Grades bringt den Postulanten an die Tür des Tempels. Er gibt das Klopfzeichen des Grades (zweimal), und sie treten unangemeldet ein. Hinter ihnen wird die Tür gesichert. Während sie sich durch den Tempel bewegen:)

Frater Custos Liminis: Wer die Hüllen der Sinne ablegt wie beiseitegelegte Leinengewänder und den fleischlichen Geist wie ein Tuch um den Kopf, der soll in seinem geistlichen Teil im göttlichen Leben auferstehen. (Der Postulant steht nun hinter den Sitzen des zweiten und dritten Zelebranten in der Mitte zwischen ihnen und schaut auf die Tür des Heiligtums. Der Führer des Grades ist auf seinen Platz zurückgekehrt.)

Adeptus Major: Der in den Mysterien der göttlichen Erfahrung fortgeschritten ist, geht wieder hinaus in die Welt, und die Erinnerung in ihm ist wie ein Buchstabe der heiligen Bücher.

Assistierender Frater Adeptus: Der im Tempel mitgeteilte Geist ist dem Tempel vorbehalten.

Adeptus Major: Außerhalb des Heiligtums des Rosenkreuzes kann also allein der Buchstabe verwendet werden.

Assistierender Frater Adeptus: Der Schatten des Lichts liegt nur über der Loge der Adepten.

Adeptus Major: Auch im Heiligtum wird der Buchstabe verwendet, aber hinter ihm liegen zahlreiche Bedeutungen.

Assistierender Frater Adeptus: Alle Grade enden jedoch in der Erwartung, sie deuten auf etwas Größeres als sich selbst hin, wozu der Postulant der bildhaften Mysterien in der wahren Erfahrung aufsteigen soll.

Adeptus Major: Die Einweihungen in die Mysterien sind jedoch echt und wirksam, weil sie in bedeutungsvollen Zeichen und Symbolen das lebendige Ziel der Adeptschaft vermitteln; und solche Zeichen können darum Kanäle des Lebens werden.

Assistierender Frater Adeptus: Mögen alle sakramentalen Kanäle geöffnet und das lebendige Wort ausgesprochen werden.

Adeptus Major: Im Schweigen der Gedanken werden wir das Wort des Lebens hören. (Der Hauptzelebrant spricht im Heiligtum.)
Adeptus Exemptus: Ich bin die Auferstehung und das Leben. Wer an mich glaubt, wird leben, wenn er auch tot wäre, und wer lebt und an mich glaubt, wird nie sterben. (Der Frater Custos Liminis bewegt sich schweigend zur Tür des Heiligtums und zieht den Schleier weg, wobei er sagt:)
Frater Custos Liminis: Der Engel des Herrn stieg vom Himmel herab und kam und rollte den Stein von der Tür fort. (Der Hauptzelebrant spricht im Heiligtum.)
Adeptus Exemptus: Ich bin das ALPHA und das OMEGA, der Erste und der Letzte. Ich bin der lebt und tot war, und siehe, ich lebe für immer, Amen, und ich halte die Schlüssel der Hölle und des Todes. (Der Führer des Grades geht herum zum Postulanten, den er zur Schwelle des Heiligtums führt, wo er ihm bedeutet niederzuknien. Er öffnet die Tür des Heiligtums völlig. Der zweite und dritte Zelebrant sowie alle Teilnehmer stehen auf. Der Postulant sieht den aufrechten Hauptzelebranten, die Arme zu Kreuzform ausgestreckt. Der Führer des Grades geht zu einer Seite des Eingangs.)
Frater Custos Liminis: Ich weiß, daß mein Erlöser lebt und daß er am Jüngsten Tage auf der Erde stehen wird. Ich selbst werde ihn sehen. Meine Augen werden ihn erblicken und keinen anderen. Die Adern in meinem Leibe werden von dem heißen Verlangen nach jenem Tage verzehrt. (Er bleibt schweigend an seinem Platz.)
Adeptus Exemptus: Ich bin der getreue Zeuge, der Erstgeborene unter den Toten und der Erste der Könige der Erde. Ich bin der Weg, die Wahrheit und das Leben. Niemand kommt zum Vater denn durch mich. Friede sei mit euch. Ich habe die Arbeit beendet. Ich weiß, woher ich kam und wohin ich gehe. Wer an mich glaubt, glaubt nicht an mich, sondern an den, der mich gesandt hat. Ich gehe meinen Weg zu ihm, der mich sandte. Ich steige auf zu meinem Vater und zu eurem Vater, zu meinem GOTT und zu eurem GOTT. Ich bin das Licht der Welt. Wer mir folgt, wird nicht in Finsternis wandeln, sondern das Licht des Lebens haben. (Der barmherzige befreite Adept erhebt seine Hände und sein Gesicht.)
Adeptus Major: Wer Ohren hat zu hören, der höre, was der Geist zu den Gemeinden sprach.
Assistierender Frater Adeptus: Christus ist nun von den Toten erstanden und zum Erstling jener geworden, die schliefen. (Der Führer des Grades tritt vor, und während der Postulant den Erstandenen sieht und hört, weist er ihn an, mit ihm zu sprechen.)

Frater Custos Liminis: (Spricht für den Postulanten.) Doch weiß ich eines, daß ich, der ich blind war, nun sehe.

Adeptus Exemptus: Ich lasse meinen Frieden bei Euch, ich gebe Euch meinen Frieden. Der Geist der Wahrheit bleibe fortan bei Euch und erkläre Euch alle Dinge. Möge die große, strahlende Herrlichkeit des göttlichen Geistes herniederkommen. (Der Führer des Grades hat sich schweigend auf seinen Platz zurückgezogen und steht dort. Der Hauptzelebrant tritt um den Altar herum zur Schwelle des Heiligtums und legt seine Hände auf den Kopf des Postulanten, nachdem er seinen Stab beiseite gelegt hat.)

Adeptus Exemptus: Dieses ist auch Eure eigene Geschichte, darum beachtet sie wohl, Geliebter. (Der Hauptzelebrant erhebt den Postulanten.)

Adeptus Exemptus: Ich erhebe Euch in die Gemeinschaft der Adepten im Hause des Heiligen Geistes. (Der Hauptzelebrant siegelt den Postulanten an der Stirn.)

Adeptus Exemptus: Möge Euer Geist sich der Verwirklichung öffnen, die höher als das Wissen ist. (Er siegelt den Postulanten über dem Herzen.)

Adeptus Exemptus: Möge Euer Herz ein Heiligtum des Lichtes werden. (Er siegelt den Postulanten auf den Hüften.)

Adeptus Exemptus: Möge Euer Körper ein Tempel des Rosenkreuzes sein. (Er erhebt seine Hände.)

Adeptus Exemptus: Möge die Herrlichkeit des Herrn dieses Haus des Herrn erfüllen.

(Mit Ausnahme des Hauptzelebranten und des Postulanten nehmen alle wieder ihre Plätze ein. Der Hauptzelebrant wendet sich mit dem Postulanten nach Osten und führt ihn zur Westseite des Altares. Er nimmt seinen Stab wieder auf und geht damit zum Osten, wo er sich nach Westen wendet.)

Adeptus Exemptus: Der Dritte Orden des Rosenkreuzes stellt symbolisch drei Erfahrungsstufen in der Verwirklichung des Göttlichen dar; und diese Verwirklichung ist eine innerliche. Diese Stufen werden in den drei Punkten des Grades TIPHARETH zusammengefaßt, in welchen Ihr nun eingetreten seid. Dieser stellt darum eine Zusammenfassung des Dritten Ordens dar, so wie der Neophytengrad am Anfang der heiligen Mysterien ein Kompendium der Arbeit darstellt, die in den Welten der Handlung und der Formung auszuführen sind. Im Grade des Adeptus Minor wird der Postulant endgültig auf den Pfad zur Erfüllung gesetzt, welcher als der Weg, die Wahrheit und das Leben in Christus zu verstehen ist – das erneuerte Leben der Seele, der Zustand des mystischen Todes und das Auferstehungsleben in der Einheit. Das Heiligtum des Adepten stellt symbolisch den Aufstieg der Seele in GOTT dar, von den Tiefen durch die Pfade des Christseins zu den Höhen. Zunächst ist dort der dunkle Boden, auf welchem wir stehen, aus dem wir uns erhoben haben, die materiellen Dinge und die Absorption der Seele darin. Unter dem goldenen Altar unserer Hingabe und unseres Opfers liegt ein umgekehrtes Dreieck, welchem ein Siebeneck einbeschrieben ist, welche sich beide auf die Schatten-SEPHIROTH beziehen, im Gegensatz zu denen des Lichts. Auf diese Weise überwältigen und fesseln wir im Heiligtum der Adepten durch die Tugend der Hingabe und der Opferbereitschaft symbolisch die bösen Kräfte unseres Wesens. SUPER ASPIDEM ET BASILISCUM AMBULAVI ET CONCULCAVI LEONEM ET DRACONEM. In die Mitte des schwarzen Dreiecks ist darum das erlösende Symbol des goldenen Kreuzes, geschmückt mit einer roten Rose von 49 Blättern, gesetzt, welches die Rose der Lichttore ist. Um diese herum sind die vier Worte geschrieben: ER FUHR ZUR HÖLLE. Dies spielt auf die göttliche Gegenwart in allen Phasen unseres Wesens an, sowohl in unserer Dunkelheit als auch in unserem Licht, zwischen den Fesseln des bösen Gesetzes und der Freiheit der Gottessöhne. Wir haben uns vom bösen Gesetz befreit, und darum sind die Schatten der zurückgebliebenen Dinge unter uns abgebildet.

Die sieben Bände des Heiligtums repräsentieren den im Planetensystem zusammengefaßten Kosmos, die Gnade der Sakramente, die sich uns im Universum zeigt, die Herrlichkeit der Welt, wie sie im Lichte der Adeptschaft erscheint, SUB SPECIE AETERNITATIS. Es ist die Welt vom Standpunkt des Heiligtums aus. Sie wird in jenem Lichte gesehen, das für diejenigen, die ohne das Bewußtsein GOTTES sind, niemals auf dem Land oder dem Meere schien; es ist das Licht, das aber für jene immer gegenwärtig ist, die die Welt vom Gipfel des Patmos her ansehen, diejenigen, die wissen, wie es ist, im Geiste beim Tage des Herrn gewesen zu sein, und die die Stimme gehört haben, die zu allen spricht, die Ohren haben: Siehe, ich komme bald. Darum wird das Licht vom Inneren des Adepten des Rosenkreuzes her mitgeteilt. Es gibt eine doppelte Transfiguration: die des Menschen und die seiner Welt. Er ändert die Welt nicht, sondern für ihn, mit ihm und in ihm findet eine Wandlung ihrer Erscheinungsweise statt. Das Bewußtsein der inneren Gegenwärtigkeit reagiert auf die äußeren Dinge, und dann scheint die göttliche Gegenwart durch das ganze Universum. Es ist die Transmutation des erneuerten Lebens, des christlichen Lebens auf der Erde. Auf diese Weise wandelt die Heiligkeit alle Dinge, und der Adept wird zum Färbestein.

Im Christsein wird die Welt gewandelt. Die sieben Wände sind aber auch Zeichen der Zustände innerhalb des Postulanten, sie sind die sieben Stufen des Fortschreitens von Welt zu Welt im Orden des Rosenkreuzes. In dieser Hinsicht stellt jede Wand ein Tor dar, und Ihr habt das Heiligtum durch das Tor der Venus betreten, wie Ihr in Eurem früheren Fortschritt durch das Tor der Erde gegangen seid, um in die SEPHIRAH JESOD zu gelangen, durch das des Mondes zu HOD und schließlich durch das Tor Merkurs auf Eurem Wege von HOD zu NETZACH. Die anderen Wände, die mit den astronomischen Zeichen der Sonne, des Mars, des Jupiters und des Saturns geschmückt sind, zeigen, daß Ihr noch weitere Tore zu öffnen habt. Hinter diesen liegt das höchste Mysterium des Rosenkreuzes.

Die sieben Wände werden allerdings nur durch Entsprechungen den materiellen Planeten zugeordnet, denn die wahren Sterne befinden sich in Euch, und Ihr wißt bereits, daß sich in unserem sakramentalen System der Mond auf das reflektierte Licht der Vernunft bezieht, Merkur auf den Zustand unserer Bedürfnisse, die auf GOTT gerichtet werden müssen, und Venus auf die Wandlung und Umkehrung des Willens und Strebens, wodurch allein die Seele zu einer Venus werden und in GOTT wiedergeboren werden kann, um dann ein Gefäß und Träger der inneren Göttlichkeit zu sein. Die sieben Wände stellen auch die SEPHIROTH von JESOD bis DAATH dar, wobei zu beachten ist, daß letztere zwar in der mystischen Dekade liegt, von unserer geheimen Tradition jedoch nicht mit dieser genannt wird. Sie ist die Schwelle zu den Übernatürlichen. In der Mitte der Oberseite einer jeden Wand befindet sich das weiße Rad oder Zeichen des Christusgeistes, welches sich auf die göttliche Gegenwart bezieht, die in der gesamten Schöpfung anwesend ist und in allen Zuständen der Gnade und Erfüllung wirkt, die die Seele des Menschen erfahren kann. Das Zeichen des Planeten selbst nimmt die Mitte der Wand ein und ist von einem Kreis derjenigen SEPHIRAH umschlossen, zu der es gehört, während sich darum herum die Gottesnamen und die Titel der Sephiroth befinden, die zum jeweiligen Zahlenwert gehören. Der Boden einer jeden Wand befindet sich auf der Regenbogen- oder Spektralfarbe, die dem jeweiligen Planeten zugehört, während ihr spirituelles Gegenstück das der heiligen SEPHIRAH ist. Hierin liegt ein Mysterium, das in den verschiedenen Farbreihen, die mit diesem Grade zusammenhängen, abgebildet ist, weshalb ich Euch den sakramentalen Namen eines Frater Hodos Chamelionis verleihe, was Pfad des Chamäleons bedeutet. Die Farben symbolisieren die Gnaden. So mögt Ihr von einer Gnade zur anderen, von Herrlichkeit zu Herrlichkeit weiterschreiten.

Die übernatürlichen SEPHIROTH werden durch das Dreieck an der Decke dargestellt, und in diese Dreiheit ist eine Rose mit 22 Blättern gesetzt, ähnlich jener, die ich auf meinem Herzen trage. Das Licht in der Mitte ist das Licht des Christusgeistes, und es verbreitet sich über das gesamte Heiligtum. Die Blätter stellen die Pfade des Christseins dar, Pfade auf dem Lebensbaum, von denen Ihr bereits einige bereist habt. Die Rose wird in die Mitte des Dreiecks gesetzt, welches die drei Übernatürlichen repräsentiert, denn Christus ist der Weg, die Wahrheit des Lebens, und kein Mensch kommt zum Vater denn durch ihn, durch den wir schließlich in GOTT zurückgezogen zu werden hoffen, wie diese heilige Rose im Dach unseres Heiligtums in das heilige Delta zurückgezogen wird.

Frater Adveniat Regnum (vel nomen aliud), schaue auf das, was du bist, und gedenke stets der Berufung zum Leben in Christus. Mögest du wie Christus wissen, woher du kamst und wohin du gehest. Das christliche Leben in unserem Orden wie auch in allen heiligen Geschichten steht zum göttlichen Leben in Palästina nur in loser Entsprechung, ist aber nach seinem eigenen Maße exakt. Der Zustand des mystischen Todes, welcher durch den zweiten Punkt des Grades von TIPHARETH angedeutet wird, ist nur eine grobe Entsprechung zum Tode auf dem Kalvarienberg. Der symbolisch erstandene Adept, der am dritten Punkte Zeugnis ablegt, nimmt in keiner Hinsicht die Rolle des großen erschienenen Meisters in der dramatischen Aufführung ein, doch bezeugt er die Auferstehung des Geistes, ein erlebtes Mysterium, welches jene erwartet, die zur Vereinigung mit dem Göttlichen gebracht werden. (Der Hauptzelebrant geht in den Süden und führt den Postulanten aus dem Heiligtum. Er schließt die Tür hinter sich, versiegelt sie aber nicht. Der zweite und dritte Zelebrant treten von ihren Plätzen hervor.)

Adeptus Exemptus: Die heilige und mystische Zahl dieses Grades ist 21, deren Wurzel in der Dreiheit liegt. Sie ergibt sich aus dem ersten der heiligen Namen und Worte, welcher Euch nun mitgeteilt wird. Folgt ihnen Eurerseits mit Herz und Vernunft.

Adeptus Exemptus: ALEPH, HE
Adeptus Major: JOD, HE
Assistierender Frater Adeptus: EHJEH
Adeptus Exemptus: Wie geschrieben steht: Bevor Adam war, BIN ICH.
Adeptus Major: Was sagt ihr, was ich, der Sohn des Menschen, sei?
Assistierender Frater Adeptus: Christus, die Macht und Weisheit GOTTES.
Adeptus Exemptus: I.N.
Adeptus Major: R
Assistierender Frater Adeptus: I
Adeptus Exemptus: JEHESHUAH
Adeptus Major: NAZAREUS
Assistierender Frater Adeptus: Rex Judaeorum
Adeptus Exemptus: LVX, das Licht der Welt
Assistierender Frater Adeptus: Denkt daran, daß TIPHARETH in der geheimen Überlieferung als die vermittelnde Intelligenz bezeichnet wird. (Hier endet der dritte Punkt.)

Das Abschlußamt des Hauses und Heiligtums der Adepten

(Die Zelebranten des Ritus sitzen als Wächter des Schleiers. Die Tür zum Heiligtum ist angelehnt, der Schleier jedoch ist vorgezogen. Der neue Adeptus ist zu einem Platz neben dem Frater Custos Liminis geführt worden.)

Adeptus Exemptus, Adeptus Major, assistierender Frater Adeptus: (Jeder Amtsträger klopft zweimal.)
Adeptus Exemptus: Valete, Fratres et Sorores Roseae et Aureae Crucis.
Adeptus Major: Möge die Freude des Herrn der Barmherzigkeit in der Höhe und in der Tiefe sein und die Gaben des Geistes und seine Früchte auf uns kommen lassen.
Assistierender Frater Adeptus: Orate, Fratres et Sorores. Ehre sei GOTT in der Höhe, der sein Volk besucht und erlöst hat.
Adeptus Exemptus: Würdige Brüder und Adepten, helft mir, das Haus und sein Heiligstes in der Fülle des spirituellen Lebens zu schließen, wie es im Allerheiligsten verkündet wurde und in den gnadenvollen, herrlichen und göttlichen Andeutungen dieser erhabenen Zeremonie. Assistierender Frater Adeptus, wieviele Jahre lang streitet der Geist Gottes mit dem menschlichen Geist?

Die Rituale des R.R. und A.D.

Assistierender Frater Adeptus: Barmherziger befreiter Adept, es steht geschrieben, daß der heiligste Geist sich 120 Jahre lang um die Vereinigung bemüht.
Adeptus Exemptus: Mächtiger Adeptus Major, was bedeutet diese Zahl?
Adeptus Major: Die Vierheit unserer natürlichen Menschlichkeit wird zur Fünfheit, und durch eine Rechenoperation der 4 und 5 wird die Zahl 120 auf die Sechsheit reduziert, welches die Zahl des Lebens in TIPHARETH ist.
Adeptus Exemptus: Assistierender Frater Adeptus, wann öffnen wir das Heiligtum des heiligen Hauses für das Mysterium dieses Grades?
Assistierender Frater Adeptus: Wenn der Postulant das Alter von 120 Jahren erreicht hat.
Adeptus Exemptus: Mächtiger Adeptus Major, für welchen Zeitraum schließen wir es?
Adeptus Major: Barmherziger befreiter Adept, es wird in Erwartung und Schweigen des großen Verlangens geschlossen, während der Geist Gottes sich um den menschlichen Geist bemüht.
Adeptus Exemptus: POST CENTUM VIGINTI ANNOS PATEBO. (Er schließt und sichert die Tür.) Darum schaue ich auf die Grade, welche zur Höhe führen, zur Höhe selbst und zum Gipfel, oh Brüder des Rosenkreuzes, in der Andacht des Geistes, in der Hingabe des Herzens, in der großen Liebe und dem großen Verlangen, welche allein jenseits von Zeit und Raum ihr Ziel finden können, und schließe damit das Heiligtum der Adepten.
Assistierender Frater Adeptus: Ich schließe das Haus des Heiligen Geistes auf dem mystischen Berge der Weisen.
Assistierender Frater Adeptus: Ex Deo nascimur. (Klopft zweimal.)
Adeptus Major: In Jeheshua morimur. (Klopft zweimal).
Adeptus Exemptus: Per Spiritum Sanctum reviviscimus. (Klopft zweimal. Das Zeichen des Schließens wird von allen Anwesenden gegeben. Hier endet das Hochamt der Schließung des Hauses und Heiligtums der Adepten.)

Die Zeremonie des Adeptus Major

Die Eröffnung

Das Gewölbe des Grades 5 = 6 ist in die Farben der weiblichen Skala gehüllt, die Pforte selbst in die rötlich-violette Farbe des Merkur. In der Mitte des Vorhofes außerhalb der Pforte befindet sich der mystische Altar dieses Ritus in Form eines vollendeten, weiß verhüllten Würfels. An seiner Westseite stehen zwei große Kerzenhalter oder Säulen auf dem Boden, der südliche trägt eine angezündete Kerze und der nördliche einen Schädel. Falls möglich, sollte die Kerze die einzige Beleuchtung im Tempel sein, aber abgeschattete oder sonstwie verdunkelte Lampen können, falls nötig, an symbolisch unwesentlichen Stellen aufgestellt werden. Die Tarottrümpfe zu Lamed und Mem werden Seite an Seite auf dem Altar plaziert. Die ihnen zugehörigen Pfade werden nur durch die beiden Pfeiler angezeigt, die den Pfad Lamed versinnbildlichen und durch das Grab selbst, das Mem versinnbildlicht. Für die Zelebranten stehen gegenüber dem Grab zwei Plätze bereit, der südliche für den Hauptadepten nahe dem Altar, derjenige des zweiten Adepten in gleichem Abstand an der nördlichen Seite. Beide Amtsträger erscheinen in Roben, wie bei den entsprechenden Zelebranten des Grades 5 = 6, und werden mit den gleichen Titeln angesprochen, wobei der barmherzige befreite Adept tatsächlich oder zum Zweck des Rituals den erhabenen Grad 7 = 4 führen sollte. Im strengen Sinne findet sich der Hauptzelebrant deshalb in der gleichen Lage wie der Praemonstrator eines äußeren Tempels, das heißt als ein von jenseits ermächtigter Herrscher. Der Führer des Ritus hat seinen angestammten Platz an der Eingangstür und kümmert sich besonders um das Kommen und Gehen des Kandidaten. Er trägt den Titel eines Fraters Parepidemos Vallis.

Es sollte beachtet werden, daß der erste Punkt der Zeremonie der Pforte zum Grade 5 = 6 entspricht und daß das zu Mem gehörige Portal die Tür zum Grabe selbst ist. In beiden Fällen ist der Durchgang von Sephirah zu Sephirah ein direkter, gerader und nicht der verschlungene Pfad der Schlange wie in den Graden des äußeren Ordens. Der barmherzige befreite Adept eröffnet den Ritus mit einem einzelnen Klopfen und fährt dann wie folgt fort.

Die Rituale des R.R. und A.D.

Hauptadept: Fratres und Sorores Adepti Majores, ich lade euch ein, eure Absicht mit der meinen im großen Akt des Öffnens des westlichen Schreines zu vereinen. (Alle erheben sich.)

Hauptadept: Mächtiger Adeptus Major, nachdem wir auf unserer Reise vom Äußeren zur Mitte bis hier gelangt sind und eingedenk all dessen, was jenseits des Sichtbaren liegt, laßt uns eine Weile innehalten, denn der Tag ist fast vergangen.

Zweiter Adept: Wir haben zu unserer Zeit viele Sphären durchwandert, sind im Auf und Ab des Laufs der Welt und des Lebens oft wiedergekommen und werden zweifelsohne noch einmal wiederkehren.

Hauptadept: Das habt Ihr wohl gesprochen, getreuer Begleiter in unserem gemeinsamen Exil! Laßt uns deshalb des Zentrums gedenken.

Zweiter Adept: Es ist bekannt, daß dies auch die Höhe ist, zu welcher viele Stimmen uns rufen.

Hauptadept: Es ist gut, daß jene, die gerufen sind, zu ihrer Erwählung gehen sollen, daß aber auch jene, die später kommen, den Pfad weniger mühsam finden, weil andere vorhergegangen sind.

Zweiter Adept: Darum ersuche ich euch, daran zu denken, daß wir auf der Suche nach der Höhe oder der Mitte nicht allein stehen.

Hauptadept: Hinter den Türen dieses Heiligtums ist für uns stets ein Platz zur Andacht, den wir zunächst als eine Ruhestätte auf dem Weg und eine Zuflucht für uns gefunden haben, wo sich dann für uns die ernsthafte Aufgabe ergibt, die Türen weit für andere Reisende zu öffnen, deren Klopfen draußen zu hören ist.

Zweiter Adept: Oh Meister, erkläret in Eurer Barmherzigkeit, welcher Art dieser Platz ist.

Hauptadept: Es ist das Haus der Liebe, welches auch das Haus des Urteiles ist.

Zweiter Adept: Welches ist sein Zeichen?

Hauptadept: Das der mystischen Rose, das Symbol der großen Mutter.

Zweiter Adept: Darum, Meister, laßt uns niederknien, denn dieses ist eine heilige Stätte.

Wir wissen, daß der erste Tod lehrreich und bis jetzt durchaus nötig ist, und hoffen, daß der zweite Tod niemals Macht über uns zu erlangen vermag. Als Walter des Mysteriums in diesem kleinen Reich deiner Liebe, ersuchen wir dich, oh Herrin des Lebens, im großen Namen deiner Liebe, TABOONA TABANU, und bei anderen Symbolen deiner unendlichen Tugend, die wir zuvor in deiner Gegenwart rezitiert haben, wie auch bei jenen anderen Worten, die hier unausgesprochen bleiben. Darin ersuchen wir dich und rufen dich an, daß die errettende Gnade deines Geistes hier und fortan bei uns sei und daß sie uns nicht nur erleuchte, sondern auch unsere Herzen stärke. Mögen wir derart sicher und würdig das Werk vollenden, das wir auszuführen gedenken. Herrin und Mutter, wir haben unter vielen Herrschaften geweilt, unter Zeiten der Jugend, Zeiten der Reife, Zeiten des Alters, Auflösungen der natürlichen Finsternis, der abgeleiteten Lichter der Sorgen, die uns nicht weiterführen, und der Freuden, die uns vom Wege ablenken. Schließlich jedoch verging der Ruf, der uns zum Wissen um dich brachte, und da wir begreifen, daß es uns zu guter Letzt gegeben würde, andere auf dem von dir geöffneten Pfade anzuführen, so bitten wir dich in deiner großen Milde um das Licht, sie gut zu führen.

Zweiter Adept: Wie geschrieben ist: Mein Haus ist ein Gebetshaus.

Hauptadept: In solchem Geiste erkläre ich nun, daß dieser Vorhof mystisch für die Arbeit geöffnet sei, welche wir mystisch in der Kraft auszuführen haben, die uns verliehen ist.

Zweiter Adept: Möge es so sein, mein Bruder, Amen.

Hauptadept: Amen.

Zweiter Adept: Alle setzen sich.

Die symbolische Beförderungszeremonie

Der erste Punkt

Die Pfade des Grades 6 = 5

Hauptadept: In getreuen Worten steht geschrieben, daß die Führer der Verwirrten die wahren Lenker der Menschen sind. Zu Beginn dieser hohen Feierlichkeit bezeuge ich, daß wir die Hüter des Lebens sind. Kraft unseres hohen Amtes sind wir gesandt, viele aus großem Kummer in kühle und sichere Kammern zu bringen.

Zweiter Adept: Derart ist uns eine hohe Pflicht auferlegt. Bei Eurem vollendeten Mitgefühl ersuche ich Euch darum, Erbarmen mit der Seele unseres getreuen Genossen, des ehrwürdigen Fraters Filius natus, filius datus (vel alius), zu haben, den wir aus dem Drange der Zeit, sogar auf Kosten seines sichtbaren Wesens, mit dem wir an anderer Stelle bekannt wurden, die Wohltat des Schweigens aufzuerlegen ermahnt sind.

Hauptadept: Bezeugt Ihr, mächtiger Adeptus Major, daß nun die angenommene Zeit ist?
Zweiter Adept: Ja, der Tag der Erlösung.
Hauptadept: Brüder und Schwestern, ich ersuche Euch, mir liebenden Herzens zu helfen, eine höhere Anweisung zu suchen.
Zweiter Adept: Es steht geschrieben, daß die Barmherzigen gesegnet sind und daß ihnen Barmherzigkeit gewährt werde.
Hauptadept: Ehrwürdiger Frater Parepidemos Vallis. Ihr habt meinen Befehl, Euch der Verfassung des Kandidaten zu vergewissern, darauf zu achten, daß er gebührend vorbereitet ist, und ihn in gebührender Form vorzustellen.
Führer: Barmherziger befreiter Adept, ich gehorche Eurem Gebote. (Er verläßt den Vorhof und geht den Kandidaten vorbereiten, der in einer anderen Kammer bereit ist, noch unter dem Gebote seiner Wacht, welche ihm die Lippen entsprechend den Ritualvorschriften versiegelt hat. Der Kandidat ist nun in die Roben eines assistierenden Adeptus Minor gekleidet, mit dazugehörigem Stab und Insignien. Nachdem er so gebührend vorbereitet ist und soweit als möglich von seinem Führer nicht angesprochen wurde, wird er zur Tür der Vorhalle geführt, wo der Führer den feierlichen Ruf des Grades ertönen läßt. Dieser wird innen gehört, der zweite Adept verläßt seinen Platz an der Nordseite des Altares und schlägt die Stunde des Ritus auf dem Gong an der Tür der Gruft. Der Bequemlichkeit halber kann dies auch von einem anderen der Brüder oder Schwestern ausgeführt werden.)
Hauptadept: Mächtiger Adeptus Major, was ist dies?
Zweiter Adept: Barmherziger befreiter Adept, dies ist die Stunde des Sonnenuntergangs.
Hauptadept: Ich behaupte, es sei die Stunde des Ritus.
Zweiter Adept: Die Nacht rückt näher, worin kein Mensch arbeiten soll.
Hauptadept: Darum ist es angemessen und gerecht, daß wir uns mühen, die Zeit zu erfüllen. (Während dieser Ausführungen kehrt der zweite Adept auf seinen Platz zurück. Wenn die Stunde geschlagen hat, tritt der Führer des Ritus, der damit eine Antwort auf sein Klopfzeichen erhielt, mit dem Kandidaten ein, wonach der Vorhof sofort bewacht wird. Das Eintreten wird so geregelt, daß der Kandidat die Frage des Hauptadepten nach dem Gong noch hört. Während der Führer des Ritus seinen Schützling vorbringt:)
Hauptadept: Im Namen jener, die bei uns sind, einer großen Gemeinschaft, die die Stätte unseres Mysteriums hütet, entbiete ich euch

Willkommen, Brüder. (Der Führer stellt den Kandidaten an die Ostseite der Halle mit Blick nach Westen.)

Hauptadept: Frater Parepidemos Vallis, wer ist jener, der Euch gefolgt ist?

Führer: Es handelt sich um den assistierenden Adeptus Minor Filius natus, filius datus (vel alius), der uns gut bekannt ist und der die Wohltat des Heiligtums sucht, nachdem seine Zeit erfüllt ist.

Hauptadept: Welches ist das Alter unseres hochwürdigen Bruders?

Führer: Es ist sechs Jahre und mehr.

Hauptadept: Könnt Ihr bezeugen, Frater Parepidemos Vallis, daß er sich während der Zeit seiner Vorbereitung von Sonnenuntergang bis Sonnenuntergang der äußeren Worte enthalten hat?

Führer: Unser Bruder selbst bezeugt es gemäß seines heiligen Eides. (Der zweite Adept wendet sich direkt an den Kandidaten.)

Zweiter Adept: In welchem Zeichen tretet Ihr ein? (Vor seinem Eintritt ist dem Kandidaten eine Schrift mit Anweisungen übergeben worden, welche nötig sind, um sein völliges Schweigen während des gesamten Ablaufs zu bewahren. Auf Anweisung des Ritualführers gibt er die Geste des Grades 5 = 6.)

Zweiter Adept: Glaubt Ihr fest und völlig daran, daß es jenseits dieses Grades Mysterien gibt, die zurückgehalten werden und daß der verschlossene Schleier keine unbekannte Finsternis verbirgt? (Der Kandidat gibt das Zeichen des erschlagenen Osiris.)

Zweiter Adept: Barmherziger befreiter Adept, unser ehrwürdiger Bruder trägt den sakramentalen Namen Filius natus, filius datus (vel alius). Er ist ein Adeptus Minor des R.R. und A.C. Er hatte das Amt eines Assistierenden innerhalb der Pforte des Gewölbes inne. Er hat die Stimme unseres geliebten Vaters gehört und trachtet zur rechten Zeit danach, vom Tode zum Leben zu kommen.

Hauptadept: Mächtiger Adeptus Major, ich bezeuge, daß über viele Reiche gesetzt werden soll, wer bis in die kleinsten Dinge getreu geblieben ist. Bezeugt auch Ihr, daß unser Bruder den Eid des Schweigens von Sonnenuntergang bis Sonnenuntergang an diesem großen Tage seiner Beförderung erfüllt hat?

Zweiter Adept: Es ist bekannt, daß er selbst es bezeugt.

Hauptadept: Assistierender Adeptus Minor, gebt mir ein Zeichen des Eides. (Der Kandidat, der zuvor entsprechende Anweisungen erhalten hat, legt drei Finger der rechten Hand auf seinen Mund und erhebt dann die linke.)

Hauptadept: Es heißt auch: Siehe, ich komme bald und bringe den Lohn mit mir.

Zweiter Adept: Für jene, die bis in den Tod getreu waren.

Hauptadept: Assistierender Adeptus Minor, da die Geistesgaben und -gnaden in jedem Grade ihrer Reifung neue Verantwortungen mit sich bringen, frage ich Euch nun, ob Ihr willens seid, diese mit dem rechten Gefühl für ihre Wichtigkeit anzunehmen, und mit der festen Absicht, sie bis zum Ende zu tragen. (Der Ritualführer tritt hinter den Kandidaten, streckt seine Arme zur Form eines Kreuzes aus und sagt als sein Schützer:)

Führer: Barmherziger befreiter Adept, ich habe gehört, daß die Erben der wahren Berechtigung sich stets des Jochs ihrer Berufung erinnern sollen.

Hauptadept: Darum ersuche ich Euch nun in Eurer momentanen aufrechten Stellung, in der Ihr die Arme zum heiligen Kreuzeszeichen ausgestreckt habt, mir in Eurem Herzen nachzusprechen:

Die Verpflichtung

Ich, Frater N.N., assistierender Adeptus Minor des Grades 5 = 6 in der Bruderschaft der roten Rose und des goldenen Kreuzes, erkenne und bekenne hier an der Stätte des Ordens lebhaft, daß die Mysterien der größeren Einweihungen durch unsichtbare Siegel vor der Kenntnis aller Profanen geschützt sind und daß die wesentlichen Geheimnisse niemals offen verbreitet werden können, auch wenn die äußeren Zeichen der Außenwelt sichtbar werden. Ich bezeuge auch, daß ihre Mitteilung in der Stille der Seele stattfindet, vom jenseitigen Licht zu den innersten Tiefen unserer Einsicht, in dem Glauben, in welchem meine Arme hier zum äußeren Kreuzzeichen ausgestreckt sind. An der Schwelle der Dinge stehend, die mir noch unbekannt sind, seien sie auch nahe, sind aus diesem Grunde die einzigen Versprechen, die das souveräne Oberhaupt des Ordens hier und jetzt verlangen kann, daß ich hier und jetzt anbiete, anstelle eines Eides die Dinge geheimzuhalten, die sich der Enthüllung entziehen, daß ich verspreche, unter Einsatz meiner gesamten Fähigkeiten, die Mysterien des Heiligtumes durch die gebührende Beobachtung ihrer Siegel und Schleier zu bewahren. Zum Zeugnis dessen vollende ich das heilige Zeichen. (Der Kandidat kreuzt hier in Übereinstimmung mit seinen Anweisungen die Arme über der Brust und senkt ehrfurchtsvoll seinen Kopf.)

Hauptadept: Geliebter Bruder, wir wissen, daß zu gegebener Zeit etwas die Türen zur Ewigkeit öffnen muß und daß die mystischen

Pfade und Tore dieses erhabenen Grades im Hinblick auf Euch bereits in unserem Herzen geöffnet worden sind, da Ihr soeben diesen Eid auf Euch genommen habt. Mächtiger Adeptus Major, welches ist die allgemeine Verfassung unseres geliebten Bruders? (Während dieser Rede ist der Führer des Ritus im Sonnenlauf auf seinen Platz zurückgekehrt.)

Zweiter Adept: Er ist mit der Eitelkeit vertraut gemacht worden, und die Zeit ist gekommen, da er müde wurde.

Hauptadept: Dieses ist die Stelle in der Welt, wo das Herz aufhört, sich zu sorgen und wo die Müden Ruhe finden.

Zweiter Adept: Er ist vielen Zufällen unterworfen gewesen und verlangt nach dem, was bleibend ist.

Hauptadept: Es gibt einen, in dem kein Wandel ist und kein Schatten der Vergänglichkeit.

Zweiter Adept: Er verlangt darum, um jeden Preis zu dem heiligen Berge in das ewige Leben aufzusteigen.

Hauptadept: Bei der Aufgabe, die wir übernommen haben, fällt es uns zu, unserem geliebten Bruder in der aufgetretenen Not zu helfen, so daß er aus eigenem Willen aus den äußeren Dingen hervortrete und in die inneren Dinge eintrete. Mächtiger Adeptus Major, Ihr werdet ihm helfen, an der östlichen Seite des Altares niederzuknien, während wir uns unsererseits der Quelle der Kraft und des Lichts um Licht und Unterstützung zuwenden werden. (Dies wird entsprechend ausgeführt, und die Zelebranten knien mit Blick nach Westen nieder, wo das Tor der Rose ist.)

Das Gebet der Pforte

Hauptadept: Oh barmherzige und göttliche Herrin des Lebens, welches im Inneren erscheint, du hast diesen Mann gerufen, unseren Bruder, der in den geheimen Stätten seines Herzens das Wort deiner Berufung vernahm. Wir ersuchen dich, ihm die Gabe der Standhaftigkeit zu verleihen, daß er in den Versuchungen seiner Stärke nicht falle, sondern seine Seele geduldig halte, bis dein Wort voller Kraft und Erlösung wieder ergeht, wenn er sich auf dein Geheiß verjüngt erhebt zu wahrer Auferstehung und wissen wird, daß unter den Schleiern des Urteils und der Strenge die hohen Paläste deiner Milde liegen, wo er dich bei deinem wahren Namen grüßen wird, um das Licht von der Krone zu erlangen. Wir beten auch zu dir, uns wie ihm gnädig zu sein, den wir unter deiner

Führung erwählt haben, unseren geliebten Frater N.N., daß wir ihn am Ende glorreich erneuern zur Ehre deines heiligen Namens und seiner immerwährenden Erhöhung in dir, nachdem wir die Sorge um seinen angeordneten Durchgang durch die Hallen deiner liebevollen Keuschheit auf uns genommen haben. Lob und Preis sei TABOONA TABANU die Jahre und Zeitalter hindurch, wie auch dem Mysterium Gottes. Amen. (Die Zelebranten und der Kandidat erheben sich. Die Zelebranten nehmen ihre Plätze ein. Dem Kandidaten wird in der Position des dritten Adepten ebenfalls ein Sitz gegeben, das heißt an der Tür des Gewölbes im Grade 5 = 6, an der nördlichen Seite mit Blick nach Westen.

Zweiter Adept: Assistierender Adeptus Minor, Ihr habt unter unserer Obhut bereits viele Pfade der Erfahrung durchlaufen und seid in viele Grade unseres Mysteriums vorgerückt. In jedem derselben übergibt sich der Kandidat durch einen Willensakt dem Orden, der ihm dafür sein Maß an Erleuchtung zuteilt. Vor langer Zeit habt Ihr die Schwelle des geistlichen Wissens überschritten, aber noch fern von Eurem Ziele habt Ihr, wenigstens in gewissem Sinne, Zeiten des Durstes und der Trockenheit kennengelernt. Dennoch habt Ihr stets auf jene besseren Dinge geschaut, die im Land der Lebenden kommen. Alle Grade jedoch enden in der Erwartung, alle deuten auf ein Größeres hin als sich selbst, wovon der Kandidat sich zu einer Erfahrung der wahren Ordnung erheben sollte, denn sie wird noch immer in Symbolen vermittelt, und während der Zeit unseres irdischen Exiles wird das Wort des Lebens niemals von Lippen ausgesprochen. Dennoch sind die Einweihungen in die Mysterien wahrhaft und wirksam, denn in ausführlichen Zeichen und Symbolen vermitteln sie das lebendige Ziel der Adeptschaft. Sie deuten auf die geheime Doktrin der Vereinigung hin; und wir sind, jenseits der Zeit, aus Gott hervorgegangen, der unser Ziel ist; und wir streben danach, jenseits der Zeit zu ihm zurückzukehren; darum fordern die Eide unserer Aufnahme große Zurückhaltung, nicht nur in bezug auf die Äußerlichkeiten, sondern auch in bezug auf das Wesen, welches durch unseren Fortschritt angezeigt wird, ganz abgesehen von jenen Dingen, die sich hier des Ausdrucks entziehen. Aus diesem Grunde nimmt der Eingeweihte nur die Buchstaben der heiligen Bücher mit sich in die Welt. Der im Tempel vermittelte Geist ist dem Tempel vorbehalten. Außerhalb des Heiligtums kann nur der Buchstabe verwandt werden. Außerhalb der Loge der Adepten ist stets Nacht. Auch im Heiligtum wird der Buchstabe verwandt, aber dort liegen hinter ihm viele Bedeu-

tungen, wie auch die Einrichtung unserer Loge etwas anzeigt, was
darüber liegt, während unsere grundlegenden Lehren für jene, die
es verstehen können, zum Ausdruck bringen, daß auch etwas
danach kommt. Wir sind zur Zeit, geliebter Bruder, nicht in der
Mitte, jedenfalls nicht vom Wesen her. In gewissem Sinne sind wir
daraus hervorgegangen und werden am Ende wieder dorthin zurückkehren. Wir sind nackt in unser Exil herausgetreten, wir gehen
nackt auf unseren Ruf. Auch bei unserer zweiten Geburt müssen
wir nackt hervortreten, nachdem wir die Dinge ablegten, die vorher waren. Wir treten in einen neuen Bewußtseinszustand ein und
werden von diesem bekleidet. In diesem Stadium Eurer Erfahrung
ersuche ich Euch, daran zu denken, daß sich das erznatürliche
Leben, welches in unserer Lehre manchmal durch das Zeichen der
vier Elemente und der großen Quintessenz versinnbildlicht wird,
erhebt und das Leben annimmt, welches mitten im Tode unserer
natürlichen Menschlichkeit liegt, es hilflos in das Heiligtum bringt,
um dort belebt und erleuchtet zu werden, nicht ohne eine gewisse
notwendige Gewalt, durch einen Akt der Kraft und des Willens.
Erinnert Euch auch daran, daß keine Initiation oder Beförderung
das Licht automatisch überträgt, sondern nur symbolisch, was ihr
Gesetz und ihre Regel ist. Nur in diesem Sinne bedeuten die
Heiligtümer der Mysterien jene Stätten, in welchen das Licht
einem jeden Menschen zugeteilt wird, der in diese Welt kommt. In
diesem Sinne sind jene Stätten Welten der Überschreitung, die
Penetralia, in welchen Plotinus die Identität von Subjekt und Objekt fand, Tempel der ideellen Wirklichkeit, die hinter den Erscheinungen verborgen ist. In diesem Sinne schließlich und all dessen
entkleidet, was uns schön und begehrenswert erscheint, will Gott,
daß wir alle Schleier beiseite lassen und unbekleidet hervortreten,
wie wir gekommen sind.
Dieses sind absichtlich einzelne Gedanken, kein geordneter Vortrag, doch dienen sie einem besonderen Zweck in Verbindung mit
dem geheimen Wissen, welches in diesem Grade mitgeteilt wird.
Sie werden den vorbereitenden Postulanten an vieles erinnern, was
seine persönlichen Überlegungen zweifellos bereits angedeutet
haben, daß abgesehen von der besonderen Bedeutung der ausdrücklichen Symbolik, die in den aufeinanderfolgenden Einteilungen unseres Mysteriums enthalten sind, der gesamte Prozeß seines
Fortschreitens als eine formale Zusammenfassung des seelischen
Lebens des Menschen betrachtet werden kann. Mit einem Wort,
die Geschichte der Seele wird in ihren Reisen und Wandlungen

dargelegt. Eine Aufstellung dieser Art kann sicherlich auf verschiedene Weise vorgebracht werden, und der Ausdruck eines einzelnen Satzes läßt auch verschiedene parallele Interpretationen zu, welche in eine allgemeine Harmonie einmünden können. Es kann aber das ausgedrückt werden, was am natürlichsten zu den Graden unseres Ordens paßt, soweit sie bis jetzt durchschritten worden sind.
Die Neophytenzeremonie des Äußeren Ordens des Golden Dawn wird unter verschiedenen Gesichtspunkten eine der wichtigsten des Systems bleiben, denn sie entspricht dem ersten Aufrufen des spirituellen Lichts in der Leere der universellen Finsternis, sie ist das Fiat Lux einer neuen Ordnung, die Bewegung über den gestaltlosen Wassern. Jenes Wort des Erleuchtungsmysteriums, ursprünglich dazu gedacht, das Mysterium der Dunkelheit zu zerstreuen, wird zu einer Botschaft an die ungeborene Seele, und dazu läßt der Einstrom des Lichts bekannt werden, daß die Seele Fleisch annehmen muß, um Vollendung zu finden. Hierdurch wird eine ferne vorgeburtliche Erfahrung angedeutet, doch haben wir keine mystische Symbolik, die zu uns über das spräche, was dem vorausging. Wir wissen nur, daß die Seele von Gott ausgegangen ist und sich von dieser göttlichen Einheit gelöst hatte oder daß es für ihren Fortschritt notwendig wurde, einer bestimmten Umgebung anzuhaften, doch auch nur, damit sie schließlich von allen äußeren Dingen abließe und zur Einheit zurückkehre. Der zweite Grad des Äußeren Ordens, welcher als Zelator bezeichnet wird, ist mit einer geistlichen Verfassung beschäftigt, die von der Erfahrung unterschieden wird und ihr vorausgeht, worin die Seele die Bedingung ihrer Arbeit durch die Suche nach ihren wahren Urhebern herausbildet, oder, um es mit einfacheren Worten zu sagen, die Seele sucht nach ihren Eltern. Im Grade des Theoricus wurden wir an die hermetische Philosophie erinnert, welche ihren Schülern gewöhnlich klarmacht, daß es sinnlos war, nach der Praxis zu suchen, bevor sie eine klare Theorie ausgearbeitet hatten. In gewisser Weise bildet die Seele die Theorie der Arbeit außerhalb des ersten Zustandes, der im zweiten Grade erreicht wurde. Es hat bis dahin gut funktioniert, so daß die Suche beendet ist. Die Seele hat ihre Eltern gefunden, der Vorgang der Befruchtung ist eingeleitet. Die Seele hat aus eigenem Willen dem Eintauchen in die Materie zugestimmt und ist in den tiefen Schlaf der Reifung eingetreten. Im Grade des Practicus wird symbolisch jener unsichtbare Prozeß dargestellt, durch welchen der physische Körper geformt wird und der Bau des Hauses beginnt.

Der nächste Grad bezieht sich auf die Errichtung des Hauses in Schönheit, um zum Tempel der lebendigen Seele zu werden. Obwohl derselbe passend als Grad des Philosophus bezeichnet wird, ist der gesamte Prozeß ein automatischer, denn das große Experiment wird kraft jener Mächte fortgesetzt, die anfangs in Bewegung versetzt wurden.

Die Seele hat der Erinnerung an ihr früheres Wissen entsagt und die Weisheit der Welt nicht erlangt. Sie kann dennoch als eine eingeordnet werden, die derselben geneigt ist und in Einklang mit ihren Zielen gehandelt hat. Wir kommen jetzt zu dem Grade, der in unserem System keine Zahl hat. In einer entfernteren Interpretation bezeichnet er das Ereignis der Geburt in das natürliche Leben. Um dies zu erlangen, hat die Seele alle Überbleibsel ihrer vorherigen Vorrechte aufgegeben und gleichzeitig aus dem Kelch des Vergessens getrunken. Bei seinem Eintritt in dieses Leben hat der neugeborene Mensch die Erinnerung an die Vergangenheit verloren. Vor ihm breitet sich nun eine unbekannte Zukunft aus, wie vor jenen, die zu einer bestimmten Zeit im Orden des Golden Dawn als Empfangene in die Erfahrung der Pforte eintreten und sich wenigstens hypothetisch nicht darüber im klaren sind, ob sich etwas dahinter befindet, während ein auferlegtes Vergessen oder Ablassen symbolisch durch den geänderten Namen des Teilnehmers angezeigt wird, der durch die offenbare Verleugnung seiner irdischen Würden in den ersten Kreis der Bruderschaft eingetreten ist. Bei seiner Aufnahme wird der Philosophus in der Tat zu einem Herrn jener Pforte und der Pfade, die dorthin führen. Das Gewölbe aber befindet sich im Schoße des Mysteriums, und nie hörte er die Stimme unseres mystischen Begründers, der tot ist und der noch spricht. Für all jene, die durch die Tür eingetreten sind oder wenigstens bis zu dieser Stufe noch nicht die Katastrophe des Scheiterns erlebten, kommt die Zeit, sei es nun kurz oder lang, wo sie in den Grad $5 = 6$ aufgenommen werden, in welchem sich die Lebenskräfte manifestieren. Eine aus symbolischen Gründen auf sechs Jahre festgelegte Zahl hindurch durchlaufen sie unterschiedliche Erfahrungen, welche die materielle Existenz symbolisieren. Hierbei verhält es sich bei ihnen wie bei Menschen, deren Augen gerade erst geöffnet wurden, sie nehmen viele Dinge in verzerrtem Lichte und manche verdreht wahr. In gewissem Grade befinden sie sich in der Wunderwelt der Kindheit. Sie unterscheiden Dinge der okkulten Sphäre anstelle der wahren Dinge der Mystik. Ihnen sind fast aus Notwendigkeit die schwachen Nachklänge des Magischen anstelle des Geschehens gegeben, welches zum größeren Mysterium gehört. Aus Mustern, die tatsächlich höhere Bedeutungen besitzen, machen sie sich ihre Flitter- und Spielsachen, denn die Bedeutung ist nicht direkt vermittelt worden. So unterliegen sie in unterschiedlichem Maße den Illusionen, die mit den astralen Daseinsbereichen verbunden sind. In diesem Grade gehen sie auch seltsame Ehen ein und akzeptieren das Phänomen der Theurgie für den Pfad der Vereinigung. Es ist eine Zeit der Wahrsageübungen, der Zukunftsvorhersagen, der astrologischen Studien, der Errichtung von phantastischen Gebilden auf die Grade und Liturgien. Sie glauben, sie besäßen großes und geheimes Wissen, wenn sie sich auf dem Schicksalsgrade in seltsamer oder verkehrter Richtung bewegen, aber Sapiens Dominabitur Astris war nicht nach dieser Weise. Wenn sie diese Übergangsstadien später ablegen, bleiben einige ganz auf der Strecke, andere verbleiben mit einem bloß künstlichen und automatischen Interesse in ihrem spirituellen Fortschritt. Unnötig zu sagen, daß andere niemals wirklich von den Illusionen der Schwelle betrogen werden oder mit dem geteilten Licht zufrieden sind, welches jenseits derselben scheint, um sie auf ihrem Weg zu ermutigen. Sie haben ihre eigenen Sorgen, jedoch keinen Grund, jene zu fürchten, die an den Schwellen wohnen, wie sie keine Neigung haben, den falschen Glanz für das wahre Strahlen zu halten, das noch kommen wird. Auf vielfältige Weise werden sie zur rechten Benutzung der Lebenskräfte geführt auf der Suche nach dem heiligen Symbol des Lammes, welches bei der Grundlegung der Welt geschlachtet wurde, jenes Erbauers, der in der Gruft seiner eigenen Schöpfung begraben ist. Jener wird im Sterben leben, er hat sein Leben und seine Kraft fern der Stätte seines Begräbnisses gelassen, so daß der Mensch sie bei seiner großen Suche annehmen kann.

Nur wenn der Kandidat bereit ist, sein Leben und seine Macht in ihm zu erneuern, der sie gegeben hat, wird ihm dafür dieses Gleichgewicht verliehen, daß er die Stimme des Symboles hört und den Weg seiner Erscheinung vom Grabe erblickt. Man wird verstehen, daß die bewußte Verwirklichung dieser Symbolik auf der fraglichen Stufe noch nicht ausdrücklich gefordert wird und, wie schon gesagt, die Qualität der Anweisungen schwankt. Auf jeden Fall aber kommt zu gegebener Zeit jedes geleitete Mitglied des Grades $5 = 6$ zu der Erkenntnis, daß die Folge der Riten im Orden, abgesehen vom Schema der Sephiroth, darauf hindeutet, daß jenseits des Adeptus Minor eine höhere Wissensstufe vorhanden sein muß, wie auch im materiellen Leben für jeden denkenden Menschen ein Augenblick kommt, wo er erkennt, und sei es auch schwach, daß die irdischen Dinge nicht die große Ganzheit sind. Diese symbolische Erfahrung der andern Seite des Daseins bietet der Grad 6 = 5 dem vorbereiteten Postulanten. Dieses wird Euch nun angeboten, doch bevor wir fortfahren, ist es nötig, daß ich Euch formal danach frage, ob Ihr immer noch dazu bereit seid, den Ritus Eurer Beförderung fortzusetzen und Euch der strengen Prüfung Eurer Standhaftigkeit und Stärke zu unterziehen, welche damit notwendigerweise einhergeht. Ist dies der Fall, so werdet Ihr Euch erheben und Eure Zustimmung durch Mitteilung der LVX-Geste des Grades 5 = 6 geben. (Der Postulant, der weiterzugehen beabsichtigt, gibt die erforderlichen Gesten, wobei er sich zu diesem Zweck von seinem Platz erhebt und sich hinterher wieder setzt.)

Hauptadept: Geliebter Bruder, der Orden zollt Eurer Stärke Beifall. Wie geschrieben steht: Die Letzten werden die Ersten sein, und der assistierende Adeptus Minor unterscheidet sich nicht grundsätzlich vom befreiten Adepten. Eure Kenntnis der hierarchischen Symbolik, die die Mysterien auszeichnet, wird Euch gezeigt haben, daß die Zahl der Zelebranten eines jeden Ritus stets einer oder drei ist. Darum haben wir uns gleichsam zu einer gemeinsamen Handlung vereinigt, welche zum Teil von uns, zum Teil von Euch abhängt. Aus diesem Grunde seid Ihr in der gegenwärtigen Zeremonie mit dem Titel eines dritten Adepten der Prozedur des Grades 5 = 6 angesprochen worden. Als solchen übergebe ich Euch für den Augenblick wiederum den Händen des zweiten Zelebranten. (Der Hauptadept nimmt seinen Platz wieder ein.)

Zweiter Adept: Assistierender Adeptus Minor, ich bitte Euch, Euch der Ostseite des Altares zu nähern. (Dies wird entsprechend ausgeführt, und der zweite Adept erhebt sich, so daß er die Diagramme auf dem Altar sehen kann, wenn er den Pfad Lamed erklärt.)

Zweiter Adept: Das Portal des Grades 6 = 5 wird wie in früheren Fällen dadurch erreicht, daß Ihr symbolisch bestimmte Pfade durchschreitet, welche die Kommunikationskanäle von Sephirah zu Sephirah im Schema des Lebensbaumes sind. Jetzt sind für Euch die Pfade von Lamed und Mem offen, durch welche Geburah im Aufstieg vom Grade eines Adeptus Minor und vom Grade eines Practicus im Orden des Golden Dawn erreicht werden kann. Alle wahren Pfade sind jedoch die Pfade der Einheit, und jene, die in die Mysterien aufgenommen worden sind, wissen, daß der Mensch auf viele unterschiedliche Weisen dahin zurückkehrt, woher er kam. Beobachtet hier bitte, daß der Kandidat im Ersten Orden den Pfaden gemäß des Schemas ihrer Entsprechung zum Körper der Schlange auf dem Lebensbaum gefolgt ist, und im Zweiten Orden und den Graden der dazugehörigen Pforte folgt er ihnen in direktem Aufstieg. Das erklärt sich dadurch, daß vor der Geburt die Pfade der Natur nach Wachstum und Evolution den Lauf des menschlichen Fortschrittes bestimmten, in den Graden nach der Geburt ist sein eigener Wille jedoch seine Stütze. Die Buchstaben Lamed und Mem sind in der Kabbalistik beide wichtig, und wie Ihr bereits wißt, entsprechen sie in einer anderen Symbolfolge dem 11. und 12. Tarottrumpf, welche in den Diagrammen auf diesem Altar dargestellt sind.

Eure Aufmerksamkeit wird besonders auf den Punkt der Gerechtigkeit gezogen beziehungsweise auf den Buchstaben Lamed, welcher viele Entsprechungen hat. Die Autoren des Sohar und die alten Scholasten verweilen bei der Form des Lamed, welches der höchste aller Buchstaben ist; und sie sagen auch, es sei zusammengesetzt, aus dem Vau und Kaph gebildet. Das sind die Einzelheiten in ihrer Feinheit, Ihr sollt aber auch wissen, daß seine Herrschaft in der Stunde des Planeten Shabbathai oder Saturn liegt, denn von Binah, dem großen Sabbath, dessen Ruhe wir alle ersehnen, besteht ein Einstrom zum Pfade Lamed, durch den Pfad von Geburah, von der Sephirah Binah. Weiterhin ist dafür das Mysterium des Gleichgewichts kennzeichnend. Die Stätte Geburahs kann aber nur von jenen ertragen werden, die ihre Lüste zurückhalten, denn sie ist das himmlische Tribunal und bezeichnet in diesem Sinne die Kraft des Willens, wie Lamed die Verfassung des Gleichgewichts darstellt, welches die Pforte der Mysterien bildet. Die derart ausgedrückten Ideen werden in einer anderen Symbolfolge in den zwei Säulen unterschiedlich dargestellt, welche an der Westseite des Altares stehen und eine brennende Kerze beziehungsweise einen menschlichen Schädel tragen. Wir brauchen uns hier um die konventionellen Zuordnungen des Lichts in der mystischen Ordnung und die sich aus den abgesonderten Teilen des Menschen ergebenden Lektionen nicht zu kümmern. Sie sprechen ganz für sich selbst. Wenig Erkenntnis herrscht jedoch über den Tod, der uns in der Mitte des gewöhnlichen Lebens umgibt. Was das mystische Ziel nicht erreicht, erreicht auch nicht das höchste Leben, außerhalb dessen wir uns nur in einer Sphäre der Abbilder befinden. Wie oft, oh Bruder, habt Ihr von einem Licht gehört, das in die Dunkelheit scheint und das die Dunkelheit nicht erfassen kann. Das Licht, von dem hier die Rede ist, ist das mystische Ziel und zugleich das Leben des Lebens. Es ist das, von welchem es in der Kabbala heißt, daß ohne es der natürliche Mensch vollständig nach seiner eigenen Weise ist, daß ihm die Natur das nötige Verständnis vermittelte, sich zu schützen und seine täglichen Bedürfnisse zu erfüllen, doch hat er in keiner Hinsicht einen Teil an der Ewigkeit, er regiert nur als ein Führer der tierischen Welt. Zu dieser natürlichen Verfassung kann jedoch ein weiteres Licht hinzugefügt werden, in dem das Verlangen nach dem wahren Ziel erwacht, welches vor allen Dingen ist, und nach dem Leben, welches jenseits des Lebens der offenbaren Ordnung ist. Dann ist er bereit, sich auf die große Suche zu machen, wenn das höhere Licht, welches jetzt in ihn eingegangen ist, dann auch vor ihm einhergeht und das Verlangen nach dem heiligen Hause in seinem Herzen entzündet ist. Auf diese Weise gerät er in das Urteil und die Härten seiner Erwählung, in welchen sich die Liebe verbirgt, die ihn zu seinem Ziele bringen wird, denn wie der natürliche Mensch einer gewissen elementaren Gerechtigkeit unterworfen ist, die zu seiner Verfassung paßt, so gibt es auch eine höhere Gerechtigkeit, die in der Seele der Erwählten wirkt, so daß sie wahrlich den Tod schmecken werden, um unter der Obhut des getreuen Geistes für immer in das Leben einzugehen. Ihr könnt jedoch durch die Pforte Lamed nicht in jene Mysterien eintreten, die jenseits des Grades sind, der das materielle Leben symbolisiert. Dessen Kontemplation und der dazugehörige Pfad stellen einen Mittelzustand zwischen Leben und Tod dar; das Ziel derselben ist, was wir symbolisch als den Pfad Mem bezeichnen. Zur Erinnerung an diese Meditation und an die Stätte, die sie einnimmt, stelle ich Euch zwischen die beiden Pfeiler, die eine brennende Kerze als Zeichen des Lebens und den Schädel als Zeugnis der Sterblichkeit tragen. Ich fordere Euch auf, des leidenschaftslosen Gleichgewichts zu gedenken, das zwischen Leben und Tod schwebt. Ich bitte Euch, zu beobachten, daß der Altar dieses Grades würfelförmig und weiß ist, um zu zeigen, daß das Kreuz der Erscheinung des Lebens in Tiphareth seine Arme wieder zu einem Zustand der Reinheit einfalten muß, bevor Ihr die Erscheinung der Rose in der Verborgenheit entdecken könnt. (Der zweite Adept hat den Kandidaten im Sonnenumlaufsinn zur westlichen Altarseite gebracht und kehrt auf seinen Platz zurück. Der Hauptadept erhebt sich und wendet sich nach innen zum Altar, ohne seinen Platz zu verlassen. Der Kandidat sieht das Diagramm des Gehängten mit dem Regenbogen darüber und dem Riesenkopf darunter.)

Hauptadept: Assistierender Adeptus Minor, Ihr werdet Euch daran erinnern, daß der Buchstabe Mem die Mittelposition in der Folge der drei Mutterbuchstaben innehat. In der Schule des Sohar heißt es, daß er durch den Abstieg seines Einflusses zum Abyssos offen wirksam ist und auf diese Weise die Erhebung jener großen Wasser einschränkt, die sonst die Erde überschwemmen würden. In seiner verschlossenen Wirksamkeit schränkt er die Macht des Gerichts in seinem absteigenden Laufe ein. Es heißt auch, daß er wie ein Gefäß ist, das abwechselnd versiegelt und unversiegelt ist, je nachdem ob sein Einstrom in die niederen Erscheinungen gehemmt oder überströmend ist. In unserem rosenkreuzerischen System entwickelt sich die Symbolik Mems auf besondere Weise im Zusammenhang mit dem 12. Tarottrumpf. Ihr seid ja mit der allgemeinen Bedeutung des Gehängten bereits vertraut, werdet in diesem Grade jedoch dazu aufgefordert, ihn auf neue Weise zu betrachten, welche dennoch mit den vorherigen Deutungsweisen in Einklang steht, weil sie einen einfachen Fortschritt derselben darstellt. Das erzwungene Opfer und die Bestrafung, der ungewollte und schicksalhafte Verlust, welche ihm in unserer Tarotlehre zugeschrieben werden, sind hier mit dem göttlichen Tode verbunden, mit dem Opfer Gottes selbst. Dieser Tod steht in engem Zusammenhang mit der wahren Bedeutung des Hochamtes am Tage C[1], in welchem der Hauptadept gleichzeitig den Begründer des Rosenkreuzordens und den Begründer des Universums symbolisiert. Jedes Jahr wird der Orden für einen Augenblick der Zeit entzogen, um aus dem Chaos neu gebildet zu werden, so wird der Begründer in die Verborgenheit des Grabes entzogen, wie Euch in der Symbolik des Grades 5 = 6 erklärt wurde. Der Errichter unserer Rosenkreuzer-Bruderschaft wurde fortgenommen, damit das Licht zu seinen Schülern käme, und der Schöpfer der großen Welt ging in eine andere Verborgenheit ein, denn Gott stirbt, damit der Mensch lebe und ihn nicht nur suche, sondern finde.

Die Symbolik, mit der wir uns beschäftigen, erinnert auch an die apokalyptische Figur des Lammes, welches bei der Begründung der Welt geschlachtet wird. Dies weist den früheren Erklärungen entsprechend darauf hin, daß die Hauptkatastrophe des Universums, die exoterisch als der Fall des Menschen bezeichnet wird, eine Art unbegreiflichen Zwang auf das göttliche Wesen ausübte, so daß der Ablauf dessen, was uns als Erlösung bekannt ist, in gewisser Weise

---

[1] Anm. d. Übers.: Der Tag C. meint den Fronleichnamstag (Corpus Christi).

also eine ewige Notwendigkeit und eine Folge des freien Willens eher des Menschen als Gottes erscheint. Da die ägyptische Symbolik in den Graden unserer zwei Orden sehr wichtig genommen wird, sollte uns Mem auch durch das Opfer Christi an die Analogie zur Legende des toten Osiris erinnern. Eine von seinen Bezeichnungen war die des schiffbrüchigen und ertrunkenen Seemannes, so wie dieser furchtbare Trumpf, den Ihr nun in seiner wahren Gestalt seht, einen ertrunkenen Riesen zeigt.

Der 23. Tarottrumpf (Anm. d. Übers.: Hier ist offenbar immer noch vom zwölften Tarottrumpf die Rede. Es gibt überhaupt nur 22 Trümpfe.) bezieht sich auf das Elementarzeichen des Wassers, wie Ihr wißt, und auf diesem Diagramm wird der ertrunkene Riese als auf einem Felsenboden des Meeres ruhend dargestellt, mit dem Regenbogen zu seinen Füßen, der all dem entspricht, was in einem von Ewigkeit her vorgesehenen Opfer unter der Welt der Erscheinungen versunken ist, worin zumindest in einer Hinsicht eine notwendige Begrenzung liegt, die das göttliche Wesen in seiner Manifestation erleiden mußte. Mit einem Wort, das Göttliche ist in den Wassern des natürlichen Lebens ertrunken. Das gilt in dieser Hinsicht für die äußere Welt und auch für die Menschheit, in die der göttliche Funke jenseits aller Sinneswahrnehmungen und jenseits des logischen Verständnisses in die Wasser des materiellen Daeins getaucht ist. In beiden Fällen entspricht das Symbol, mit dem wir es hier zu tun haben, der Legende unseres Begründers, der in der Mitte der Gruft schläft, der von einem Regenbogen umgeben ist, wie im Heiligtum Israels die Gegenwart der Schekinah wohnte. Wir müssen weiterhin daran denken, daß der Ozean der Erscheinungswelt die mystische Arche Noahs auf seiner Oberfläche trägt, welche in gewisser Hinsicht das Gefäß der Entsprechungen darstellt, worin die Grundformen aller Dinge aus den Überbleibseln der alten Einweihungen gesammelt wurden, um in einer neuen Ära übermittelt zu werden. In anderer Hinsicht, die jedoch mit der ersten eng verknüpft ist, stellt die Arche den Körper des Menschen dar, das Schiff der Menschheit, ausgesetzt auf den Wassern der Welt, welche das Göttliche in ihnen verbergen. Es ist der kollektive und individuelle Mensch, der Mensch im Besitz seiner Sinne, wie auch von ihnen eingeschlossen. Da ist jenes in ihm, was in der Zeit seiner Prüfung in so tiefen Schlaf versenkt wird wie der symbolische Riese. Sein ursprünglich großes Wesen wird im Körper eingeschränkt wie Gott in der Schöpfung. Wir können die Arche noch unter einem anderen Blickwinkel betrachten, denn die großen Symbole öffnen sich vielfältig zum Unendlichen, auf das sie hindeuten, doch ist es winzig, wie in einem umgekehrten Glas. Es ist nämlich jenes, welches eine Zeitlang die Verbindung der Seele zur Außenwelt aufhebt, so daß sie den Einstrom des Göttlichen empfangen kann. Es ist das Haus tiefer Kontemplation, wohlgerichteter, klarer Gedanken, durch welche wir für einen Moment den Ausgang finden, sogar aus den Gedanken selbst heraus, zur Welt der wahren Erfahrung. Die Zeremonie des Grades $5 = 6$ symbolisiert diesen Zustand der Einkehr, in Verbindung mit welchem Ihr Euch daran erinnern sollt, daß im Dach einst ein Fenster war, durch welches die Taube hinein- und hinausflog, einmal in vergeblichem Fluge, weil viele Flügel an die goldenen Tore klopften, ein andermal mit dem Olivenzweig des Friedens, welcher für uns die Enthebung aus dem sinnlichen Leben bedeutet. Einmal aber kam die Stunde, wo die Taube nicht mehr zurückkehrte, weil das Streben und Mühen der Seele schließlich seine Erfüllung findet. Wir haben, geliebter Bruder, sehr ausführlich die Bedeutung gewisser Symbole erläutert, denn obwohl die Arbeit der Loslösung in der Enthebung von der Welt kaum weniger wirksam ist, können wir doch auf viele Weisen schließlich hinter den Schleier kommen. Darum spreche ich noch über das Merkur, von welchem uns die Alchimisten in ihrer geheimen Sprache mitteilen, daß es durch sein inneres Sulfur gebunden ist, und diese Wirkung beruht auf einer Konjunktion ihrer Sonne und ihres Mondes, der Hochzeit von Adam und Eva. Dies kann auch mystisch aufgefaßt werden, denn es heißt, daß darin auch die Vereinigung von Himmel und Erde liege, woran wir sehen können, daß alle Symbolsysteme, wie verschieden sie auch scheinen, sich schließlich in der Identität ihres einen Gegenstandes treffen. Weiterhin wird auch versichert, daß wir das Merkur nun im Körper eingeschlossen wahrnehmen, daß aber ein Tag kommen wird, wo wir es von seinen derzeitigen Begrenzungen befreit sehen werden, als ein reines, stetes, deutliches Feuer erscheinend. Weiterhin wissen wir, daß das von den Weisen beschriebene Merkur eine flüssige oder flüchtige Substanz ist und daß es das Werk der Weisheit ist, es festzuhalten. Diese Feststellungen werden durch eine Deutungsweise verständlich gemacht, die für diesen Grad besonders gültig ist, denn das Merkur deutet auf den Gedanken hin. Durch Zielstrebigkeit, Ruhe und Einfachheit überschreitet das Bewußtsein die materiellen Grenzen, die es einschließen, und wird auf seine Weise dem Universalen zugänglig. Dabei wird ein großes Werk des Willens in Gang gesetzt,

das niemals stirbt, die gedankliche Konzentration durch einen hohen Akt des Wollens. Erinnert Euch an die apokalyptische Versprechung für jenen, der überwindet. Die letzte Eroberung ist die des logischen Verständnisses, so daß der Gedanke durch den Gedanken bis zu jenem Punkt vermindert wird, an welchem er für eine Zeit verschwindet, aber schließlich wiederkehrt und durch die Wandlung einer großen Erfahrung strahlend geworden ist. Ihr wißt, daß der natürliche Geist des Menschen vor allem irdisch ist und daß der Pfad unseres Aufstieges zum mystischen Berge uns weit von der Erde fortführen muß, weit von den Wegen und Gestalten des materiellen Geistes. Ihr wißt weiterhin, daß der gewöhnliche Gedanke abschweift und flüchtig ist und daß es sich dabei um das Merkur handelt, welches der Adept festigen soll. Ich habe hier im Namen der Alchimisten über unser eingeschlossenes und befreites Merkur gesprochen, welches auch die Gestalt unserer Gedanken ist, einer davon in die Materie verirrt und darin eingeschlossen, der andere befreit, der eine flüchtig, der andere durch die Weisheit gefestigt. Ihre Entsprechungen in der ägyptischen Symbolik sind ANUBIS, der Wächter des ägyptischen Grabes, der den Eintritt in dasselbe verwehrt, so daß das mystische Grab das Tor zum Leben ist; und THOTH, der den Menschen schließlich dazu befähigt einzudringen. Nach diesem Wort wird bei allen Einweihungen gesucht, es wird verkehrt und umgeschrieben, es wird auf viele Weisen ersetzt, um schließlich in den Hüllen einer anderen Bedeutung entdeckt zu werden, wie der heilige Paulus sagt: Wir werden nicht alle sterben, sondern wir werden in einem Augenblick gewandelt, im Handumdrehen. In der Stille der Gedanken werden wir das Wort des Lebens hören. Das Absolute überschreitet das Denken, aber es tritt bei einer gewissen Leere ein, das Herz zu erfüllen, und auf diese Weise ist Gott wahrhaft bei uns.
Assistierender Adeptus Minor, ich bitte Euch nun, daran zu denken, daß die Totengötter nutzlos sind, sei es Christus oder Osiris. Könnte der in die großen Wasser getauchte Titan niemals erwachen, so hätte es keinen Zweck, daß wir an ihm teilhätten, denn wir suchen nach dem erfüllteren Leben, nach jener Wahrheit und Schönheit, die immer alt, doch immer neu ist. Doch wie in der alten Legende die Übermittlung der großen Grußgeste die Prinzessin aus einem Schlaf von einhundert Jahren erweckte, so ist der Schlaf der Götter für die Seele der Postulanten am Tore des Allerheiligsten kostbar, denn in jenem Zentrum herrscht die völlige Stille großer Tätigkeit. Sie sind nicht tot, sondern schlafen. An uns liegt es, sie durch die

Durchdringung des Zentrums in Erscheinung zu rufen, und auf diese Weise wird das Göttliche in uns erwachen. Aus diesem Grunde auch entsprechen die Glieder des Titanen ihrer Lage nach der Gestalt der Swastika, denn er scheint tot zu sein und hat einen wirklichen Tod erlitten, doch ist er die Quelle des Lebens und der Wirksamkeit im ganzen Universum. Aus diesem Grunde auch symbolisiert die Richtung des Titanengesichts den Ruf Gottes an den Menschen. (Der Hauptadept wendet sich nach Osten und zeigt auf die Tür des Grabes, auf welcher sich das Merkursymbol befindet.)

Hauptadept: Geliebter Bruder, zu guter Letzt werden wir alle in das Haus des Vaters zurückgerufen. Fürchtet darum nicht die dazwischenkommenden Wasser, auch wenn sie für die einfachen Sinne kalt sind. Eine solche Pein wurde in der Erfahrung des mystischen Todes angedeutet, welche Ihr nun durchlaufen habt, wie die großen Meister, die uns vorausgegangen sind. Der Tod des Menschen ist der Weg zur Auferstehung des Gottes. Ihr müßt wie unser traditioneller Begründer mit dem Licht im mystischen Tode begraben werden, damit Ihr Euch in mystischer Auferstehung wieder erheben könnt. Denkt daran, daß Ihr, werdet Ihr mit Christus gekreuzigt, auch mit ihm herrschen werdet. Darin liegt die Torheit des Kreuzes, welches den Weisen der Welt ein Ärgernis ist. Schließlich fordere ich Euch auf, zu beachten, daß Ihr das Gewölbe des Lebens im Grade 5 = 6 durch das Tor der Venus betreten habt, aber nun an der Schwelle des Tores von Merkur steht, durch welches Ihr die Gruft des mystischen Todes betreten werdet.

Wie sich das Spektrum in der Königsreihe mit einem grünen Streifen öffnet, so verteilt es sich in der Reihe der Königin, welche die Reihe des Winters, der Nacht und des Todesschattens ist, zwischen Violett und Rot. In dieser Skala ist Merkur darum rötlich-violett, die Farbe der Tür vor Euch. Das Portal zum Gewölbe des Lebens liegt in NETZACH, das Portal zum Grabe der Sterblichkeit und dem Pfade MEM jedoch liegt in HOD. Es ist auch zu beachten, daß die Tür des Grabes der Sterblichkeit in ihrem niederen Aspekt auf Argus hindeutet, den Hundertäugigen, den Hermes erschlug, um IO, die einige mit ISIS identifizieren, aus ihrer Gefangenschaft in Gestalt einer Färse zu erlösen. (Es entsteht eine kurze Pause.)

Hauptadept: Mächtiger Adeptus Major, Ihr habt meine Erlaubnis, das Tor der Gruft zu öffnen. Möge Gott uns alle zum ewigen Leben führen.

Zweiter Adept: Amen, Bruder. Möge Gott ewig bei uns sein und sein Friede mit deinem Geiste. (Die Gruft wird geöffnet. Darin befindet sich ein einfacher Ebenholzsarg mit einer silbernen Inschrift auf dem Deckel, welche den sakramentalen Namen des Kandidaten zeigt. Am Kopfende des Sarkophags brennt eine einzelne Kerze. Der zweite Adept führt den Kandidaten zur Ostseite des Altars. Von dort bringen ihn die zwei Zelebranten über die Schwelle. Sie halten an der Tür zum Gewölbe inne.)

Hauptadept: Das einzelne Licht, das vor Euch am Ostende der Gruft brennt, bedeutet die auf einen Punkt konzentrierte Meditation. Hier ist ihre Stunde und ihr Ort. Der Pastos des Hauptzelebranten im Grade $5 = 6$ ist vielfarbig, um die Schönheiten der Schöpfung anzuzeigen, die durch das Opfer Gottes in Erscheinung trat. Es ist der Bund Gottes mit dem Universum, welcher aus dem göttlichen Willen hervorgegangen ist. Dieser Sarg ist schwarz, um die Einatmung und Ruhe des materiellen Lebens zu zeigen. Assistierender Adeptus Minor, jedem Menschen ist es gewährt, einmal zu sterben und ins Urteil zu kommen. Was aber in den höheren Dingen als göttliche Liebe erscheint, tritt in den niederen als Gerechtigkeit auf. Richtig verstanden, ist der Tod die abschließende Prüfung des Kandidaten vor der Aufnahme in die Halle der größeren Mysterien. Das Portal zur Mitte geht durch das Tor der Gruft, und dem Menschen ist kein anderer Eingang gewährt, durch welchen er zu seiner Ruhestätte finden kann. Der mystische Tod hat jedoch nicht mit der Auflösung der körperlichen Anteile zu tun, sondern ist der, den die Kabbalisten als Mors Osculi bezeichnen. Dabei geht es darum, die irdische Geistessubstanz beiseite zu lassen, damit das Unvergängliche in uns sich mit dem Unvergänglichen im Universum vereinen kann, mit jenen großen und hohen Dingen, deren Wirksamkeitssphäre über den Fesseln der Sinne liegt. Aus diesem Grunde müßt Ihr aller Insignien entkleidet werden, denn wir treten nackt in die Welt. Reinheit allein, wie Eure weiße Robe sie symbolisiert, kann Euch beim Eintritt in die Gruft begleiten. (Abgesehen von der weißen Robe wird dem Kandidaten sein gesamter Schmuck abgenommen. Er wird zur Nordseite der Gruft und dort zur Linken geführt. Der Hauptzelebrant nimmt seine Stellung hinter der Kerze am Kopf des Sarges ein und der zweite Zelebrant im Süden mit Blick auf den Kandidaten. Der Deckel des Sarges wird fortgenommen.)

Zweiter Adept: Es wird Zeit, daß wir Tasche und Ranzen aufnehmen und in das Mysterium des Todes eintreten.

Hauptadept: Gäbe es nicht den kühlen, ruhespendenden und wohltuenden Tod, so hätten wir keinen Anteil an der Auferstehung.

Zweiter Adept: Jeder Mensch ist letztlich berufen, allein zu stehen, das heißt unabhängig von seinesgleichen.

Hauptadept: Doch ist ein Mensch allein, was die Welt betrifft, so ist er der Gegenwart Gottes näher.

Zweiter Adept: Hierin liegt die göttliche Hilfe, welche stets bei uns bleibt, das Gleichgewicht der Kräfte, die Ordnung der Vernunftkräfte und die Regelung der Phasen der Seele, welche die Bedingung des ewigen Lebens sind.

Hauptadept: Geliebter Bruder, auch wir haben im tiefen Meer der Sinne geschlafen, wir haben den Preis für unser Exil gezahlt. (Der Hauptzelebrant schließt sich dem zweiten Zelebranten im Süden an, und sie nehmen wieder ihre Plätze zu beiden Seiten des Kandidaten ein, dem sie helfen, in den Sarg zu steigen und sich dort hinzulegen. Nachdem dies ausgeführt ist, spricht der Hauptzelebrant:)

Hauptadept: Es gibt viele Zeugen und über ihnen die hohen und heiligen Wächter, in deren unfehlbarer Obhut wir während der folgenden feierlichen Wacht, die sechs Stunden währt, beschützt sein werden. Kraft des Willens und Zeugnisses der Mysterien übergeben wir Euch den heiligen Schatten, daß Ihr durch diesen letzten Durchgang aus den Dingen hervortreten möget, welche jenen anderen Platz machen, die allein bleibend sind. (Die beiden Zelebranten gehen in Sonnenlaufrichtung zur Westseite der Gruft, halten hier inne und schauen auf den Sarg.)

Hauptadept: Bei der mir übertragenen Macht bete ich zu dir, Vater der Gnaden, und zu den Helfern des göttlichen Willens und ersuche euch, auf diesen unseren Bruder die lebendige Macht des Wortes und seine Erleuchtung auszugießen.

Zweiter Adept: Beatus in conspectu domini mors sanctorum ejus.

(Die Zelebranten verlassen die Gruft, und die Pforte wird geschlossen, zu diesem Zeitpunkt jedoch noch nicht befestigt. Während der folgenden Periode wird draußen die größtmögliche Stille bewahrt, abgesehen von den Losungen der Nacht, die feierlich, aber mit unterdrückter Stimme ausgesprochen werden. Der Tempelhof wird zwei Wächtern in Obhut gegeben, die beide Brüder oder Schwestern des Grades 6 = 5 sein müssen, je nachdem ob der Kandidat männlich oder weiblich ist. Im ersteren Falle ist es nicht notwendig, daß sie die Zelebranten des Ritus sind. Ihre zeremonielle Aufgabe ist es, die Stunden und die Viertel auf einem gedämpften Gong zu schlagen und die vorschriebenen Losungen auszutauschen. Ihnen obliegt auch die Sorge für den Kandidaten, so daß mit ihm oder ihr im Falle einer Krankheit oder anderer Bedürfnisse eine Verständigung möglich ist, in welchem Falle der Ritus für eine Zeit unterbrochen und die Pforte geöffnet wird. Sollte der Kandidat die Vigilie nicht durchhalten können, so tritt automatisch eine Aufhebung in Kraft und das Schweigegebot wird zurückgenommen. Im Falle einer zeitweiligen Krankheit wird es aufgehoben, falls nötig, jedoch nur für den betreffenden Zeitraum. Unter normalen Umständen wird der Tempelhof still für den dritten Punkt vorbereitet. Dies geschieht entsprechende Zeit vor Ablauf der angesetzten sechs Stunden.)

Der zweite Punkt

Das Amt der heiligen Wache

Das Amt der Vigilie kann von einem der Wächter oder von beiden abwechselnd ausgeübt werden. Dies gilt insbesonders für die Zelebranten, falls die Ausführung ihnen obliegt, denn die Vorbereitung der Kammer für den nächsten Punkt macht einige Unterbrechungen notwendig. Die Losungen der Nachtwache folgen einer bestimmten Ordnung, die beim Rezitieren eingehalten werden sollte. Der Ausspruch folgt unmittelbar auf den Stunden- oder Viertelstundenschlag.

Die erste Losung

Wer Herr in Israel sein will, muß mehr als eine Stunde Wacht halten; dieses aber ist die Vigilie der Seele.

Die zweite Losung

Den Tag für die Arbeit, die Nacht zur Kontemplation; aus dieser Einheit geht das große Werk hervor.

Die dritte Losung

Es steht geschrieben, daß er denen Schlaf gewährt, die er liebt, und hierin liegt ein großes Mysterium.

Die vierte Losung

Der Schlaf der Gedanken wird an der Schwelle der Ekstase erreicht, der Schlaf des Todes aber ist der Schatten des ewigen Sabbaths.

Die fünfte Losung

Wer durch große Willenskraft die Hülle der Sinne ablegt, wird als ein zur rechten Zeit Geborener die hohe Symbolik der ersten Früchte der Auferstehung erhalten.

Die sechste Losung

Die großen Gaben werden nicht von Mensch zu Mensch vermittelt, denn ein Mensch kann dem anderen nur geben, was er von sich selbst übrig hat. Über die Solidarität und Brüderlichkeit hinaus steht darum ein jeder von uns allein.

Die siebente Losung

Im Verluste dessen, was weltliche Menschen für erstrebenswert und kostbar halten, findet der spirituelle Mensch nach vielen Tagen sich selbst.

Die achte Losung

Der natürliche Mensch ist nach seinem eigenen Maße vollendet, darüber aber gibt es den heiligen Tempel.

Die neunte Losung

Vom natürlichen Leben des Menschen aus führt ein bestimmter schmaler Pfad zur Krone, und dieser wird als Großherzigkeit bezeichnet.

Die zehnte Losung

Würde der Pfeiler der Gnade von jenem des Urteiles getrennt, so fiele das Gewölbe des Tempels.

Die elfte Losung

Die Beständigkeit und das Gleichgewicht des Universums sind die Freude des erschienenen Herrn.

Die zwölfte Losung

Ein Mensch weicht vom Wege der Natur ab und gerät dadurch ins Urteil.

Die dreizehnte Losung

Es kann geschehen, daß ein Mensch wiederum unter die Herrschaft der Natur gerät und später erneut abweicht, dieses Mal jedoch tritt er in die Sphäre des Merkur ein.

Die vierzehnte Losung

Niemand kann jene Tore überschreiten, außer durch den Ruf des Wissens.

Die fünfzehnte Losung

Wer ins wahre Wissen eintritt, ist gesegnet und heilig. Weisheit und Verständnis treffen sich, um ihren Einfluß auf ihn auszuschütten.

Die sechzehnte Losung

Die übernatürliche Dreiheit würde sich niemals außerhalb von uns manifestieren, gäbe es nicht die innere Dreiheit.

Die siebzehnte Losung

Die heiligen Mysterien rufen uns stets auf den Weg zurück, der von alters her bekannt ist und verkündet wurde.

Die achtzehnte Losung

Viele Lichter deuten auf den Vater des Lichtes hin, und die Finsternis bezeugt ihn.

Die neunzehnte Losung

Wir bekennen, daß wir nach der Krone gestrebt haben, denn wir sind die Königssöhne, und wir trachten nach der Herrlichkeit Gottes, wenn sie in Erscheinung treten wird.

Die zwanzigste Losung

In sechs seiner Lebenstage wird der materielle Mensch vollendet, und darauf folgt ein Feiertag.

Die einundzwanzigste Losung

Das Geheimnis des Todes entspricht dem Geheimnis der Geburt, und der Mensch wird in seiner Auferstehung wiedergeboren.

Die zweiundzwanzigste Losung

Uns verlangt danach, die Sterblichkeit abzulegen und in Gott gekleidet zu werden.

Die dreiundzwanzigste Losung

Der Mensch tritt in sein wahres Selbst ein, wie ein Priester in die heilige Stätte tritt.

Die vierundzwanzigste Losung

Es heißt, das Licht der Seele sei wie das Licht des Thrones. Laßt uns darum aufschauen, denn unsere Erlösung rückt näher.

Hier endet der zweite Punkt

Die Einrichtung der Halle für den dritten Punkt

Die nötigen Vorbereitungen in der Einrichtung und Bekleidung der Amtsträger müssen – so leise wie möglich – gegen Ende der heiligen Nachtwache im zweiten Punkt ausgeführt werden. Die Halle stellt eine Kammer im Mittelpunkt der Erde dar. Die Tür der Kammer befindet sich im Nordwesten und trägt das Symbol einer fünfblättrigen Rose, die leuchten sollte. In der Kammer sitzt eine Priesterin, die die Jungfrau-Mutter repräsentiert. Sie ist von Weihrauch, Brot, Honig, Blumen, Wein und einer Schale Milch umgeben. Eine Lagerstatt mit beidseitig aufgemalten Löwen wird in die Mitte des Raumes an die Stelle des Altares gestellt, der fortgenommen wird.

Die für den dritten Punkt erforderlichen Amtsträger sind:

Der Hauptzelebrant,
der zweite Adept,
der Führer des Ritus,
Die Priesterin (als Nut) im Schrein,
zwei andere Priesterinnen.

Die Priester und Priesterinnen sind weiß gekleidet. Die Läuterung der Gefäße und des Schreines findet vor Beginn des dritten Punktes statt.

Der dritte Punkt

Die Zeremonie des S.O.S.

Die zwölfte Stunde, Mitternacht, wird ungedämpft, mit gewisser Resonanz geschlagen. Wenn dies schließlich geschehen ist, öffnen die beiden Zelebranten des Ritus die Tür zur Gruft, treten ein und neh-

Die Rituale des R.R. und A.D.

men ihre Plätze südlich und nördlich des Ebenholzsarges ein, wo sie sich gegenüberstehen. Die Verfassung des Kandidaten wird beobachtet. Falls nötig, bekommt er Unterstützung.

Hauptadept: Die Stunden des Schlafes sind lang, doch nun ist es Zeit zu erwachen.
Zweiter Adept: Glaubt Ihr, diese Knochen werden leben?
Hauptadept: Das Wort des Herrn wird über den sterblichen Rest ergehen, und der tot war, wird auferstehen.
Zweiter Adept: In Erwartung erwarten wir den Herrn.
Hauptadept: Die weisen Meister haben bestätigt, daß Merkur tötet und lebendig macht.
Zweiter Adept: Darum ist der Grad des Todes, welcher durch die Tür Merkurs betreten wird, der eines symbolischen Todes. Die Priester, Prinzen und Weisen von Israel sagen, daß der Fortgang im Tode nicht anders ist, als der Übergang von einer Welt und einem System in ein anderes. Wenn dies für den Abstieg von Sephirah zu Sephirah gilt, dann gilt dies auch für das Zurückkehren von Sphäre zu Sphäre in der Heimkehr zur Mitte.
Hauptadept: Mächtiger Adeptus Major, was ist diese Mitte?
Zweiter Adept: Es ist der Mittelpunkt des Universums, wo das Mysterium des Lebens in das höhere Mysterium des Lebens einmündet.
Hauptadept: Durch welchen Pfad ist es zu erreichen?
Zweiter Adept: Durch den Pfad der Pforte zur Gruft der Sterblichkeit und danach durch den Schatten des Todes.
Hauptadept: Welches ist das Mysterium der Mitte?
Zweiter Adept: Es steht geschrieben, daß das Auge es nicht erblickt, noch das Ohr es gehört hat, daß es nicht in das Herz des Menschen eingekehrt ist, daß er erfahre, was Gott für jene bereit hat, die ihn lieben.
Hauptadept: Mächtiger Adeptus Major, bei der mir verliehenen Macht fordere ich Euch hier und jetzt auf, die äußeren Worte des Mysteriums mitzuteilen.
Zweiter Adept: Barmherziger befreiter Adept, das Mysterium des Lebens des Lebens wird in den herrlichen Mysterien der Auferstehung vom Tode mitgeteilt.
Hauptadept: Wie können wir einem anderen das vermitteln, was von den Sinnen nicht unterschieden, noch vom innersten Herzen verwirklicht werden kann?
Zweiter Adept: Uns ist nicht gegeben, diese Mysterien anders auszudrücken als durch ein stellvertretendes Symbol.

Hauptadept: Im Namen und in der Kraft dieses stellvertretenden Symboles (er bückt sich und siegelt die Stirn des Kandidaten), bei der brüderlichen Liebe, die so stark wie das Leben und stärker als der Tod ist (er siegelt die Brust des Kandidaten) und beim Kreuz, welches den Tod überwindet (er siegelt die beiden Schultern des Kandidaten) sage ich dir: Stehe auf und tritt heraus.
(Der Kandidat wird aus dem Sarg aufgerichtet. Beide Zelebranten geben das Zeichen des Schweigens an, da es nötig ist, daß er sich der Sprache enthält, bis sein Mund in diesem Punkte zeremoniell geöffnet worden ist. Ihm wird in der Gruft ein Platz angewiesen, und zu seiner Erfrischung werden ihm sakramentales Brot und Wein angeboten. Dann wird er zum westlichen Ende geführt, wo er zwischen den Zelebranten steht und zur Tür des Grabes blickt.)
Hauptadept: Gesegnet sei, wer die Stätte der Dunkelheit betreten hat und aus dem Schatten des Todes lebendig hervortritt.
Zweiter Adept: Es steht geschrieben, daß in Geburah die ewige Quelle der Liebe zu finden ist, obwohl diese auch die Stätte des Urteiles ist.
Hauptadept: Laßt uns geschwind von dieser Stätte der Schatten fortgehen, denn getreue Zeugen haben berichtet, daß draußen wahres Licht ist. (Der Kandidat wird aus dem Grab heraus und an der Lagerstatt des S.O.S. vorbei zur Tür des Schreines im Westen gebracht. Der Hauptadept sagt:)
Hauptadept: Laßt den Postulanten niederknien und der Rose seine Huldigung darbringen, wobei er die Erde mit seiner Stirn berühre. (Dies wird entsprechend ausgeführt.)

Das Ritual des S.O.S.

Der Kandidat wird wieder aufgerichtet, und der zweite Adept berührt seinen Mund mit der Dechsel[1], während ein Schrein des Osiris, gekrönt von einem Bilde des Anubis als Schakal, in feierlicher Prozession herumgetragen wird.

Hauptadept: Heil, Osiris, Haupt des Amentet, Herr der Unsterblichen, der du bis zu den äußeren Bereichen des Raumes reichst, Herr über die Gebete der Gläubigen, Oberster unter den Mächtigen! Heil, Anubis, Bewohner der Gruft, großer Herr in der heiligen

---
[1] Anm. d. Übers.: eine Art Beil

Wohnstatt! Gewähre den Toten zu leben: Gib uns, im Leben Gott zu kennen. (Vom zweiten Adepten und dem Ritualführer werden die Schulter und das Herz zu Füßen des Kandidaten gelegt.)

Hauptadept: Sie haben Euch als Auge des Horus das Opfer dargebracht. Sie haben Euch das Herz des Horus dargebracht. Das Opfer ist vollendet: Möge sich niemand dem Willen der Götter widersetzen. Siehe, Horus (zeigt auf den zweiten Adepten) hat überwunden, was Euch verschlingen würde! Siehe, Horus ist der Geist, der heilige Sohn, der Retter der Seele, der heilige Vater, Osiris. (Der zweite Adept hält die Schulter des Opfers an den Mund des Kandidaten.)

Hauptadept: Ich bin dein Geist, dein Sohn, Horus. Ich spreche zu deiner Seele, Osiris. Ich habe deinen Mund berührt. Der Geist der Göttlichen liebt deine Seele. (Die Priesterinnen schlagen sich an die Brust und rufen klagend:) Weh! Oh weh! Laut weinen wir für jene, die in Ketten sind.

Hauptadept: Mächtiger Adeptus Major, nehmt nun den widderköpfigen Stab und laßt die Stimme frei... (ausgeführt).

Hauptadept: Nehmt den widderköpfigen Stab und befreit das Augenlicht von... (Ausgeführt. Die Priesterinnen wehklagen wieder.) Weh! Weh! Dieser Mann (diese Frau) ist in Ketten, er (sie) kann sich selbst nicht von den Fesseln befreien. (Der Kandidat wird auf das löwenköpfige Lager gelegt, den Kopf nach Norden, die Füße nach Süden. Eine Priesterin ist an seinem Kopf, die andere an den Füßen. Der Führer geht herum und sprenkelt mit einem Papyrusgras kräftig Wasser in die vier Richtungen.)

Hauptadept: Oh Osiris, alles was an... hassenswert ist, ist dir gebracht worden und alle bösen Buchstaben im Namen des... (nennt den Namen). Thoth! Komm! Komm! Nimm diese bösen Buchstaben in deine hohle Hand und lege sie zu Füßen des Osiris (wird viermal wiederholt). Oh Thoth, lege das Böse, welches im Herzen von (nennt den Namen) ist, zu Füßen des Osiris. (Wiederholt dies fünfmal. Der Führer nimmt Weihrauch und brennt ihn in den vier Richtungen ab.)

Hauptadept: Siehe, der Gott der Schöpfung, der Gott, der deine Glieder formt und bildet, wohnt in deinem Herzen. Er ist dein Streben, und dein Streben gewährt dir an diesem Tage Schutz. (Der Ritualführer gießt Wasser aus und verbrennt Weihrauch vor dem Kandidaten.)

Führer: Oh (nennt den Namen), ich habe Euch die Essenz des Horusauges gegeben, die erleuchtende Kraft des Geistes. Euer Angesicht ist damit erfüllt, und sein Duft breitete sich über Euch aus. (Der Führer benetzt die Lippen mit Öl.)

Führer: Empfang die kristallene Salbe, den Duft der heiligen Stätten. (Der Führer gießt mit Soda vermischtes Wasser aus und bringt es zwischen die Brauen.) Ihr seid rein wie Horus, rein wie Seth, die Falken des Nordens und des Südens. (Er nimmt den schwarzen Stab und legt ihn auf die Lippen des Kandidaten.)

Hauptadept: Heil! Heiliger! Die beiden Falken haben Euren Mund geöffnet, und darum sei Euch fortan die Sprache im Himmel, auf der Erde und in der Rose gewährt. Euch ist das Auge des Horus gegeben worden. Trinkt die Milch Eurer himmlischen Mutter. (Der Führer gibt ihm ein kleines Gefäß mit Milch, und der Kandidat trinkt. Dies wird mit einem andern kleinen Milchgefäß wiederholt, welches ihm der zweite Adept gibt. Der Kandidat erhebt sich auf seine Füße.)

Hauptadept: Das geläuterte Menschenkind hat eine heilige Stelle erreicht. An dieser Stelle wird er (sie) zu einem Kind des Himmels werden. (Pause) Möge der Kandidat mit dem fünffachen Band des Osiris gefesselt werden, so daß er die fünffache Verpflichtung ausspreche. (Die beiden Priester bringen eine Bandage, die fünf Meter lang ist, und binden sie um den linken Fuß des Kandidaten. Sie wird um den Fuß gewickelt, und der Hauptadept gibt ihm Anweisung zu sagen:)

Hauptadept: (Bei der ersten Wicklung) Ich widme meine Füße den Pfaden des Ra. (Sie wird um die Beine gewickelt.)

Hauptadept: (Bei der zweiten Wicklung) Ich widme mein Leben der Mutter Gottes. (Sie wird ums Herz gebunden.)

Hauptadept: (Bei der dritten Wicklung) Ich widme mein Herz der göttlichen Verzückung. (Sie wird um den Hals gebunden.)

Hauptadept: (Bei der vierten Wicklung) Ich widme meinen Geist der großen Suche. (Sie wird um den Kopf gebunden).

Hauptadept: (Bei der fünften Wicklung) Ich widme mich selbst jenem mächtigen Stern im Himmel, der alles enthält, was ich war, bin oder sein werde. Möge ich mich selbst als eins mit Gott erkennen, und mögen meine Lippen vergehen, bevor ich die Mysterien ausspreche oder ihre Profanierung erleide. (Der Kandidat wird auf die Löwencouch gelegt. Die Priesterinnen zu Kopf und Füßen singen abwechselnd sanft mit beruhigendem Flüstern:)

Priesterin:
Kind des Lichtes, tritt hervor!
Sternenkörper der sterbenden Gestalt, tritt hervor!

Kind des Lichtes, tritt ein bei den verschlossenen Toren.
Sternenkörper der sterbenden Gestalt, dein Leben ist dir sicher.
Die Schlüssel der Tür sind in dir,
Der Pfad der Wahrheit liegt in Eurer Reichweite.
Siehe, die Tür ist vor Euch.
Tretet ein, tretet ein, fürchtet Euch nicht.
(Diese Ansprache wird dreimal wiederholt. Die Priesterin der inneren Kammer spricht und bildet dabei den Sternenkörper des Kandidaten vor sich, wobei sie die Gestalt der Göttin annimmt.)
Priesterin: Ich bin die Verschleierte, kein Sterblicher darf mein Gesicht sehen und leben, doch mag der Sternenkörper die Stätte des Mysteriums betreten. Kind des Lichtes, ich heiße dich willkommen. (Die äußeren Priesterinnen fahren fort, abwechselnd zu murmeln.)
Priesterin:
Siehe, die Tür ist vor Euch,
Tretet ein, tretet ein, fürchtet Euch nicht.
Zweiter Adept: (In einem Leopardenfell) Ich bin der im Triumphe erscheint. Ich bin, der seinen Weg durch die Rose nimmt. Ich erstrahle als Herr des Lebens, der herrliche Herr des Tages.
Hauptadept: (Spricht für den Kandidaten) Oh stille Stätte der Mysterien, die in ihrer Schwester ist, welche die Formen erschafft wie der Gott der Schöpfung, öffne mir die versiegelte Kammer. Gewähre mir, als die Sonne zu erscheinen wie der Kopf des blendenden Glanzes, daß ich in der versiegelten Kammer strahle, daß ich als Ra im Tore der doppelten Kammer wolkenlos erstehe, daß ich in der Gegenwart des großen Gottes brenne, wie in der Gegenwart jenes göttlichen Lichtes, das in der Ewigkeit wohnt.
Zweiter Adept: (Als Horus sprechend) Ich reise über den Himmel. Ich verehre den Glanz, der meine Augen erleuchtet. Ich fliege, um die Herrlichkeiten der Leuchtenden in Gegenwart von Ra zu sehen. Ja, ich bin zu Ra gewandelt, der allen Eingeweihten das Leben gibt, wenn er über die Lande der Erde geht.
Hauptadept: Oh Reisender! Der du die Schatten der Leuchtenden im heiligen Lande verteilst, gib diesem Wanderer den vollendeten Pfad, daß er durch die Rose der Begünstigten hindurchschreite, wie auf dem Pfade, der zur Erneuerung derer bereitet ist, die ihre Kräfte nicht sammeln können. (Pause) Oh herrliche, ungeborene Seelen, helft diesem Wanderer mit eurem unbefleckten Geiste, daß er (sie) geläutert und geheiligt werde. (Die Priester erheben ihre Stäbe und invozieren.)

Hauptadept: (Nach einer Pause) Ich bin, der im Tore der Pfade herrscht, der in seinem eigenen Namen eintritt und als endlose Zeit wiedererscheint, Herr der Äonen der Welt ist sein Name. (Die Priesterin drinnen:)

Priesterin: Das Werk ist vollendet. Horus hat sein Auge empfangen. Laßt ihn als das Löwenjunge hervortreten, und mögen die Palmenblüten des Lichtes in ihm sein. (Die Priester segnen ihn durch Erheben ihrer Stäbe.)

Hauptadept: Möget Ihr unter dem Schutze der Lichtkrieger hervortreten; möge Euer Fleisch gesund sein und Euer Glanz ein Schutz Eures Körpers; möge Euer in Euch wohnender Schöpfer in Verbindung mit Eurem heiligen Geiste sein, wenn dieser die Gaben aus der Höhe bringt. (Während der Hauptadept diese Worte spricht, wird die Tür des Schreines geöffnet. Die Priesterin drinnen:)

Priesterin: Der Friede des Osiris sei mit dir. Die Schwingen der Isis überschatten dich. Gehe als ein Licht in die Welt, und möge die Finsternis wie die Sohlen unter deinen Füßen sein.

(Die Priesterin kommt heraus und gibt dem Kandidaten eine rote Rose. Ihm wird auf die Füße geholfen, und er wird der Priesterin gegenübergestellt und entfesselt. Die Priesterin teilt dem Kandidaten die Gesten des Grades 6 = 5 stumm mit, während der Hauptadept sie folgendermaßen erklärt:

Hauptadept: Die Geste des Grades 6 = 5 ist eine zweifache und entspricht den Haltungen der Priesterinnen an Kopf und Füßen des Lagers, auf dem Ihr ausgestreckt wart. Darum werden beide Hände vor die Augen gehalten, mit nach außen gekehrten Innenflächen, die Arme werden vorgestreckt und das Gesicht nach links oder nach rechts gedreht. Letzteres bedeutet das Abtun des niederen Begehrens und entspricht der am Fuße der Bahre knienden Nephthys. Das erste Zeichen bedeutet das Beiseitelassen der manifestierten Symbole des Geistes zusammen mit den sterblichen Wünschen und entspricht der Isis am Kopfe der Bahre. Das Wegdrehen des Gesichts nach der linken Seite ist der erste Teil des zwiefältigen Zeichens, das zur Rechten ist der zweite Teil. Der Griff oder das Zeichen ist symbolisch für die Vereinigung der Gegensätze und die Form des Pentagrammes. Es wird durch die linke Hand gegeben, die die rechte ergreift. Auf diese Weise kann der Griff auch mit beiden Händen gegeben werden. Er bildet den Schlüssel zu den größeren und kleineren Pentagrammritualen. Die aktiven Elemente gehören zur rechten, die passiven Elemente zur linken Hand, während sich der Geist auf beide bezieht. Es ist auch zu bemerken, daß die evozierenden Linien der Luft und des Wassers so angeordnet sind, daß ihre Kräfte aus den Händen gezogen werden, und die der Erde und des Feuers so, daß die Kräfte der Elemente aus dem Körper gezogen werden. Die ausgleichenden Pentagramme, jene des Geistes, werden an den Daumenlinien begonnen. Das Symbol dafür ist Pison, der erste Fluß von Eden, welcher in das Land fließt, wo das Gold ist.

Die mystische Zahl ist 15, wovon das Paßwort JOD HE gebildet wird, die konstruktive Form des Tetragrammaton, die aus der Bedeutung des Existierens oder Daseins abgeleitet wird. Es kann auch Begehren, Fall, Vernichtung bedeuten. Das Paßwort zeigt auf diese Weise die Teilung der Wege an, wonach der Mensch nicht sowohl Gott als auch dem Mammon dienen kann. Die mystischen Titel sind PAREPIDEMOS VALLIS und DOULOS SILENTII. Beide zusammen werden gedeutet als Diener des Schweigens, der im Tal der Gräber der Erdenkönige verweilt, worin es Euer Vorrecht und Eure Pflicht ist, Euer eigenes Grab zu bauen. Es gibt auch einen geheimen ägyptischen Titel, welcher SHEN SOKARI ist; das bedeutet: das Siegel dessen, der verschließt. In diesem Sinne ist das Pentagramm das Siegel Salomos, weil es das Siegel des Friedens ist. Da dieses der Grad der Rose ist, gehört das Pentagramm ihm auf besondere Weise an, während das Hexagramm sich auf Tiphareth oder die Sonne und den geläuterten Menschen bezieht und in unserem Schema der höheren Grade als der Schild des Geliebten oder Davids gedeutet wird. Das große Wort ist TABOONA, der hebräische Name der Sophia, welcher aus der gleichen Wurzel abgeleitet wird wie Binah und darum auf die große Mutter hindeutet. Eine gewisse Umwandlung führt zum Namen TABANU, unserem Verlangen und unserer Sehnsucht. Ihr müßt wissen, daß das Verlangen nach der großen Mutter das Herz des Postulanten erfüllen muß, wenn er zu den unaussprechlichen Graden weiterschreitet, denn in der Vereinigung mit ihr liegt unsere Läuterung, wie im salzigen Meere von Binah. Dies ist die mystische Einheit des Liebenden und der Geliebten.

Die Zeremonie der Tempelschließung

Hauptadept: Fratres und Sorores Majores, ich bezeuge, daß das hiermit vollendete Mysterium sich in Einklang mit allen Mysterien befindet, daß die Dinge, die oben sind, jenen Dingen entsprechen, die unten sind. Die höheren Grade des Fortschritts jenseits dieses Grades sind identisch mit ihren Wurzeln und denen, die darunter sind, denn eine jede Erfahrung steht mit allen Dingen des Universums in Zusammenhang. Mächtiger Adeptus Major, ist dies auch Euer Zeugnis?

Zweiter Adept: Unter den getreuen Zeugen bin ich der geringste, doch habe ich das Ende der Suche gesehen, denn es gibt keine so verdunkelte Brille der Vision, daß sie sie lange verbergen könnte. Auch ich bin von ferne her gekommen, und die Erfahrung vieler Welten ist auf mein Herz gelegt.

Hauptadept: Ich fordere Euch nicht im Glauben an Eure Vision auf, das große Ende zu verkünden, denn unter jenen, die dem Mysterienpfade gefolgt und darin fortgeschritten sind, ist bekannt, daß sich das Mysterium in tiefere Verborgenheit zurückzieht, wenn wir uns am meisten verpflichtet haben, alle Schleier abzulegen. Was, falls nötig, alle verschiedenen symbolischen Ausdrucksformen annimmt, weicht auch, falls nötig, vor jedem darstellenden Zugriff in den Abyssos zurück, welcher keine Form entläßt. Darum frage ich Euch nicht danach, was Ihr gesehen habt, sondern danach, was Ihr tatet?

Zweiter Adept: Ich bin so weit in die Ferne, sogar bis in die weiteste Ferne gereist, daß ich die untergehende Sonne erreicht habe.

Hauptadept: Bruder, das war eine lange Reise, doch war dies das Ziel Eurer Pilgerfahrt?

Zweiter Adept: Das war es nicht, barmherziger befreiter Adept, denn ich setzte meinen Weg später jenseits der untergehenden Sonne fort.

Hauptadept: Das war auch ein langer Weg, aber ich bitte euch, wohin brachte er Euch?

Zweiter Adept: Zum ägyptischen Lande von Amentet, zum Berge des Sonnenuntergangs und schließlich zu der Höhle, die im Berge ist.

Hauptadept: Uns ist gesagt worden, daß jene, die diesen fernen Punkt erreichen, nicht länger als eine Jahreszeit vor dem Tor der Höhle bleiben.

Zweiter Adept: Was mich betrifft, so klopfte ich und trat ein, Meister, und hatte solchen Erfolg, daß ich schließlich bis in die Mitte gelangte.

Hauptadept: Mächtiger Adeptus Major, ich ersuche Euch in Eurer Güte, einen Teil oder einen Schatten dessen zu zeigen, was Ihr darin gefunden habt, und ich selbst bürge dafür, daß die heilige Versammlung zuhören wird, wenn Ihr Eure Nachricht überbringt.

Zweiter Adept: Barmherziger befreiter Adept, in der Tat ist der Geist willig, doch die Zunge ist schwach. In größter Ergebenheit muß ich Euch sagen, wie auch Ihr mir sagen würdet, daß ich es nicht weiß, sondern nur Gott.
Hauptadept: Ich erahne die Hindernisse, die Euch dieses Mal im Wege sind. Könnt Ihr mir auch versichern, daß Ihr von der Pilgerfahrt nichts zurückgebracht habt? (Der zweite Adept zeigt feierlich auf die Tür K im Westen.)
Zweiter Adept: Barmherziger befreiter Adept, ich bezeuge, daß die große Mutter mir das Symbol der Rose gab und daß ich nach vielen Wanderungen damit zurückgekehrt bin.
Hauptadept: Damit sind die Operationen dieses Grades vollendet. Bei der mir verliehenen Kraft und gemäß meiner hohen Verantwortung schließe ich den heiligen Tempel im Namen von TABOONA TABANU.
(Die Priesterin wendet sich um, huldigt dem Schrein, tritt ein und nimmt den Teller. Die übrigen knien. Wenn alles ausgeführt ist, wendet sie sich wiederum um, schließt die Tür von außen und steht vor dem Schrein mit Blick darauf.)
Priesterin: Wundervolle Himmelsmutter, Nut, Herrin des Firmamentes, gewähre uns, daß jeder Fehler, den wir beim Versuch, dein altehrwürdiges Ritual auszuführen, gemacht haben könnten, durch die Ernsthaftigkeit derer aufgewogen werde, die in ihrer Suche nach der Weisheit, die einst in Ägypten lebte, soweit gekommen sind. Gewähre uns Schutz und Frieden, von nun an und in Ewigkeit.

Ergieße dein Licht über uns, hier und für alle Zeit.